GESTÃO DE MARKETING

www.saraivauni.com.br

Claude Machline
Francisco José Grandis Rojo
Homero Miguel Psillakis
João De Simoni Soderini Ferracciù
Juracy Gomes Parente
Marcelo Raposo Cherto
Marcos Henrique Nogueira Cobra
Maria Cecilia Coutinho de Arruda
Miriam Bretzke
Nicolau André de Miguel
Ricardo Fasti de Souza
Sergio Roberto Dias
Tadeu Francisco Masano
Tania Maria Vidigal Limeira
Victoria Jones

Coordenação
Sergio Roberto Dias

GESTÃO DE MARKETING

Professores do Departamento de Mercadologia da FGV-EAESP e Convidados

Editora Saraiva

Editora Saraiva
Rua Henrique Schaumann, 270 – CEP: 05413-010
Pinheiros – TEL.: PABX (0XX11) 3613-3000
Fax: (11) 3611-3308 – Televendas: (0XX11) 3613-3344
Fax Vendas: (0XX11) 3268-3268 – São Paulo – SP
Endereço Internet: http://www.saraivauni.com.br

Filiais

AMAZONAS/RONDÔNIA/RORAIMA/ACRE
Rua Costa Azevedo, 56 – Centro
Fone/Fax: (0XX92) 3633-4227 / 3633-4782 – Manaus

BAHIA/SERGIPE
Rua Agripino Dórea, 23 – Brotas
Fone: (0XX71) 3381-5854 / 3381-5895 / 3381-0959 – Salvador

BAURU/SÃO PAULO (sala dos professores)
Rua Monsenhor Claro, 2-55/2-57 – Centro
Fone: (0XX14) 3234-5643 – 3234-7401 – Bauru

CAMPINAS/SÃO PAULO (sala dos professores)
Rua Camargo Pimentel, 660 – Jd. Guanabara
Fone: (0XX19) 3243-8004 / 3243-8259 – Campinas

CEARÁ/PIAUÍ/MARANHÃO
Av. Filomeno Gomes, 670 – Jacarecanga
Fone: (0XX85) 3238-2323 / 3238-1331 – Fortaleza

DISTRITO FEDERAL
SIA/SUL Trecho 2, Lote 850 – Setor de Indústria e Abastecimento
Fone: (0XX61) 3344-2920 / 3344-2951 / 3344-1709 – Brasília

GOIÁS/TOCANTINS
Av. Independência, 5330 – Setor Aeroporto
Fone: (0XX62) 3225-2882 / 3212-2806 / 3224-3016 – Goiânia

MATO GROSSO DO SUL/MATO GROSSO
Rua 14 de Julho, 3148 – Centro
Fone: (0XX67) 3382-3682 / 3382-0112 – Campo Grande

MINAS GERAIS
Rua Além Paraíba, 449 – Lagoinha
Fone: (0XX31) 3429-8300 – Belo Horizonte

PARÁ/AMAPÁ
Travessa Apinagés, 186 – Batista Campos
Fone: (0XX91) 3222-9034 / 3224-9038 / 3241-0499 – Belém

PARANÁ/SANTA CATARINA
Rua Conselheiro Laurindo, 2895 – Prado Velho
Fone: (0XX41) 3332-4894 – Curitiba

PERNAMBUCO/ ALAGOAS/ PARAÍBA/ R. G. DO NORTE
Rua Corredor do Bispo, 185 – Boa Vista
Fone: (0XX81) 3421-4246 / 3421-4510 – Recife

RIBEIRÃO PRETO/SÃO PAULO
Av. Francisco Junqueira, 1255 – Centro
Fone: (0XX16) 3610-5843 / 3610-8284 – Ribeirão Preto

RIO DE JANEIRO/ESPÍRITO SANTO
Rua Visconde de Santa Isabel, 113 a 119 – Vila Isabel
Fone: (0XX21) 2577-9494 / 2577-8867 / 2577-9565 – Rio de Janeiro

RIO GRANDE DO SUL
Av. A. J. Renner, 231 – Farrapos
Fone: (0XX51) 3371- 4001 / 3371-1467 / 3371-1567 – Porto Alegre

SÃO JOSÉ DO RIO PRETO/SÃO PAULO (sala dos professores)
Av. Brig. Faria Lima, 6363 – Rio Preto Shopping Center – V. São José
Fone: (0XX17) 3227-3819 / 3227-0982 / 3227-5249 – São José do Rio Preto

SÃO JOSÉ DOS CAMPOS/SÃO PAULO (sala dos professores)
Rua Santa Luzia, 106 – Jd. Santa Madalena
Fone: (0XX12) 3921-0732 – São José dos Campos

SÃO PAULO
Av. Antártica, 92 – Barra Funda
Fone: PABX (0XX11) 3613-3666 – São Paulo

351.861.002.001

ISBN 978-85-02-10417-4

CIP-BRASIL. CATALOGAÇÃO NA FONTE
SINDICATO NACIONAL DOS EDITORES DE LIVROS, RJ.

Nardis, Shidosi Graziano, 1976-

Gestão de Marketing / Coordenação Sergio Roberto Dias. - São Paulo : Saraiva, 2010, 2ª ed.

Vários autores
ISBN 978-85-02-10417-4

1. Marketing – Administração I. Dias, Sergio Roberto

02-0528 CDD-658.8

Direção editorial	Flávia Alves Bravin
Coordenação editorial	Ana Paula Matos Gisele Folha Mós Juliana Rodrigues de Queiroz Rita de Cássia da Silva
Produção editorial	Daniela Nogueira Secondo Rosana Peroni Fazolari
Marketing editorial	Nathalia Setrini
Suporte editorial	Renata Moraes
Colaboração especial	Tânia Modesto Veludo de Oliveira
Projeto gráfico e diagramação	ESCI-Editoração
Capa	Antonio Roberto Bressan
Foto de capa	ImageBank
Atualização da 2ª edição	ERJ Composição Editorial

Contato com o editorial
editorialuniversitario@editorasaraiva.com.br

2ª Edição

SaraivaUni

Sobre os Autores

Claude Machline é professor emérito da FGV-EAESP.

Francisco José Grandis Rojo é professor de Marketing da FGV--EAESP, tendo cursado o mestrado e doutorado nesta instituição. Possui especialização em Marketing de Alimentos pela Universidade de Cornell. É consultor de diversas empresas.

Homero Miguel Psillakis tem mestrado e doutorado em Administração pela FGV-EAESP. Atualmente é coordenador acadêmico dos cursos *in-company* da Educação Continuada (GVpec). Atua também como empresário e consultor.

João De Simoni Soderini Ferracciù é presidente da De Simoni Associados e especialista em Promoções de Vendas.

Juracy Gomes Parente é professor e coordenador do Centro de Excelência em Varejo da Fundação Getulio Vargas – São Paulo. Cursou o doutorado em Administração de Empresas pela Universidade de Londres e o MBA em Administração pela Universidade de Cornell.

Marcelo Raposo Cherto é professor de franchising e canais de marketing há mais de 12 anos, tendo sido docente da FGV-EAESP e atualmente professor do MBA-Varejo da USP. É presidente do Grupo Cherto e do Instituto Franchising. Fundador da Associação Brasileira de Franchising (ABF), da qual foi vice-presidente Jurídico e vice-presidente de Operações.

Marcos Henrique Nogueira Cobra é mestre e doutor em Administração pela FGV-EAESP. Professor titular de Marketing na FGV-EAESP, na qual foi chefe do departamento de Marketing entre 1995 a 1999. Foi professor visitante na Universitá Luigi Bocconi em Milão, Itália, professor conferencista na Universidade Nova de Lisboa e na Pace University, em Nova York. É consultor nas áreas de Marketing, Planejamento Estratégico e Vendas.

Maria Cecilia Coutinho de Arruda é mestre em Administração pela FGV-EAESP e doutora em Administração pela Universidade de São Paulo, nos dois casos com ênfase em Marketing. É professora adjunta do Departamento de Mercadologia da FGV-EAESP, onde atua como Coordenadora do CENE (Centro de Estudos sobre Ética nas Organizações). É também vice-presidente da International Society of Business, Economics, and Ethics (ISBEE).

Miriam Bretzke é doutora e mestre em marketing pela FGV-EAESP e professora dos cursos de pós-graduação da FGV-EAESP e ESPM. Publicou o livro Marketing de Relacionamento e Competição em Tempo Real com CRM (Customer Relationship Management), com conceitos inovadores, além de artigos publicados no exterior. É membro da DMA (Direct Marketing Association), da ABEMD, e como consultora aconselha empresas entre as 500 maiores, no Brasil e América Latina.

Nicolau André de Miguel é doutor em administração pela FGV-EAESP, e doutor em Psicologia Social e do Trabalho pelo IP-USP. Professor da UNIFIEO em Osasco-SP, FGV-EAESP e do Instituto Nacional de Pós-Graduação. Trabalhou mais de 22 anos na IBM Brasil nas áreas de vendas, marketing, desenvolvimento gerencial e relacionamento com canais de marketing.

Ricardo Fasti de Souza é economista, mestre e doutor em Administração com especialização em Marketing. Professor e coordenador acadêmico-pedagógico do GVnext — Curso de Especialização em Negócios para Executivos na FGV-EAESP.

Sergio Roberto Dias é professor de Marketing da FGV-EAESP. Cursou MBA em Michigan State University e cursos de especialização pelo IMI/Harvard. Foi Diretor de Marketing de grandes empresas por mais de 20 anos e ex-coordenador da GVconsult. É sócio-diretor da CEMARK S/C Ltda.

Tadeu Francisco Masano é especialista em geografia de mercado, e mestre e doutor pela Universidade de São Paulo. Atualmente é professor da FGV-EAESP.

Tania Maria Vidigal Limeira fez mestrado e doutorado em administração de empresas pela FGV-EAESP. Atuou como gerente de marketing nas empresas Johnson & Johnson, Microsoft, entre outras. É professora de Marketing na FGV-EAESP e professora convidada da Reims School of Management, na França.

Victoria Jones é professora da FGV-EAESP, Master of Arts em Comunicação pela Universidade da Pennsylvania e Ph.D. em Comunicação pela Universidade de Cornell.

Contatos com os autores: marketing@editorasaraiva.com.br

Nota do Coordenador

O mundo acadêmico e empresarial brasileiro sabe que a Escola de Administração de Empresas de São Paulo da Fundação Getulio Vargas (FGV-EAESP) foi pioneira no ensino da Administração de Empresas no Brasil.

Também de forma pioneira, um grupo de professores de Marketing da Escola, visando ao melhor aproveitamento de seus alunos, escreveu os primeiros (e muito bons) livros-texto de Marketing.

Affonso C. Arantes, Gustavo de Sá e Silva, Polia Hamburger, Raimar Richers, Orlando Figueiredo e outros mais produziram dois excelentes livros: *Ensaios de Administração Mercadológica* e *Administração Mercadológica, Princípios e Métodos*.

Hoje, decorridos cerca de 40 anos após esse fato, novamente a experiência se repete, e esta obra, agora com uma gama maior de coautores, pretende seguir os passos daqueles que nos ensinaram a gostar de Marketing.

O sonho deve continuar. Esperamos que esta iniciativa estimule, dentro de pouco tempo, a produção de novos e melhores livros de Marketing, escritos por vocês, nossos atuais leitores.

Sergio Roberto Dias

Sumário

Capítulo 1 Fundamentos de Marketing 1
1.1 Definição de marketing 2
1.2 Conceitos aplicados em marketing 3
1.3 Aplicações do marketing 6
1.4 Função do marketing 9
1.5 Administração de marketing 10

Capítulo 2 Análise de Mercado 17
2.1 Segmentação de mercado 18
2.2 Vantagens da segmentação de mercado 19
2.3 Formas ou critérios para a segmentação 20
2.3.1 Segmentação demográfica 21
2.3.2 Segmentação socioeconômica 21
2.3.3 Segmentação geográfica 21
2.3.4 Segmentação por benefícios 22
2.3.5 Segmentação por grau de utilização 22
2.3.6 Segmentação psicográfica 23
2.4 Estratégias de segmentação 23
2.5 Quantificação de mercado 24
2.5.1 Potencial de mercado 26
2.5.2 Potencial de vendas 28
2.5.3 Previsão de vendas 29
2.5.4 Determinação de cotas 29

Capítulo 3 Comportamento do Cliente 37
3.1 Conhecendo os clientes 38
3.1.1 Transformar o consumidor em cliente 38
3.1.2 Tipologia do cliente 39
3.1.3 Papéis do cliente 41
3.2 Conhecendo os mercados 43
3.2.1 Os diferentes mercados 43
3.2.2 A importância dos mercados 47
3.3 Compreendendo o comportamento do cliente 49
3.3.1 O modelo de comportamento de compra 49
3.3.2 Fatores que influenciam o comportamento do cliente 51
3.3.2.1 Fatores de mercado 52
3.3.2.2 Fatores culturais 53
3.3.2.3 Fatores sociais 59
3.3.2.4 Fatores pessoais 62
3.3.2.5 Fatores psicológicos 70

3.4 Desvendando o processo decisório de compra 78
3.4.1 Processo de compra no mercado de bens de consumo 80
3.4.1.1 Tipos de compra no mercado de bens de consumo 81
3.4.2 Processo de compra do mercado de negócios 83
3.4.2.1 Tipos de compra no mercado de negócios 84

Capítulo 4 Administração de Produtos 95
4.1 Componentes da estratégia de produtos 96
4.2 Ciclo de vida do produto 98
4.2.1 Conceito de ciclo de vida de produtos e o de curva de adoção de inovações 101
4.3 As estratégias de diferenciação e posicionamento de produtos 103
4.3.1 Estratégias de diferenciação 103
4.3.2 Posicionamento 104
4.3.2.1 Posicionamento do produto 105
4.3.2.2 Posicionamento no mercado e da empresa 105
4.4 Classificação dos produtos 105
4.5 Características dos serviços 106
4.5.1 Classificação dos serviços 107
4.5.2 Riscos para os clientes 108
4.5.3 Os oito componentes da administração integrada de serviços 108
4.6 Marca e embalagem 109
4.6.1 Definição de marca 109
4.6.2 Escolha da marca 110
4.6.3 Tipos de marca 110
4.6.4 Embalagem 111
4.7 Desenvolvimento de novos produtos e serviços 111
4.8 Estratégia de produtos intensivos em tecnologia 112
4.8.1 Estratégias para mercados intensivos em tecnologia 115
4.8.1.1 Estratégia de posicionamento vertical 115
4.8.1.2 Estratégia de *design* de produto 116
4.8.1.3 Estratégia de transferência de direitos de propriedade 116
4.8.1.4 Estratégia de migração entre gerações de produtos 116
4.9 O impacto da internet na administração de produtos 117

Capítulo 5 Estratégia de Distribuição 125
5.1 Gestão de distribuição 126
5.2 Definições *a priori* 127
5.3 Distribuição direta ou indireta? 127
5.4 Integração, cooperação e conflitos no sistema de distribuição 129
5.5 Critérios para seleção dos componentes do sistema 131
5.6 Tipos e classificação de intermediários 131
5.7 Estruturas alternativas 132
5.7.1 Bens industriais 137
5.8 Mudanças no sistema de distribuição 138

Capítulo 6 Varejo 143
6.1 Introdução 144

6.2 O papel do varejo na estrutura de distribuição 145
6.3 A função do varejo 145
6.4 Principais tipos de varejistas 146
6.4.1 Tipos de varejo 146
6.4.1.1 O varejo com lojas 147
6.4.1.2 O varejo sem lojas 153
6.4.2 Formas de organização 155
6.4.3 Conceitos de localização 157
6.5 Decisões de marketing do varejo 160
6.5.1 Definição de público-alvo 160
6.5.2 Localização 160
6.5.3 Preço 161
6.5.4 Propaganda e promoções 161
6.5.5 Variedade 162

Capítulo 7 Geografia de Mercado 167
7.1 A importância da geografia de mercado 168
7.2 Compreendendo as cidades 169
7.2.1 A cidade e o varejo 169
7.2.2 Formação urbana 172
7.2.3 Zoneamento e uso do solo 175
7.2.4 Barreiras geográficas 176
7.2.5 Sistema viário 176
7.2.6 Polos geradores de tráfego 177
7.3 O referencial teórico 177
7.3.1 A teoria do lugar central de Cristaller 177
7.3.2 A lei de Reilly 180
7.3.3 O modelo de Huff 181
7.3.4 Os princípios de Nelson 186
7.3.5 O método análogo 187
7.3.6 O princípio da compatibilidade 188
7.4 O ferramental de apoio 188
7.4.1 Geografia 188
7.4.2 GIS — Sistemas de Informações Geográficas 191
7.4.3 Cartografia digital 191
7.4.4 GPS — Sistema de Posicionamento Global 191
7.4.5 Sensoriamento remoto 192
7.5 Comportamentos de consumo e localização 192
7.5.1 Segmentação 193
7.5.2 Classificação de produtos 193
7.5.3 Tipos de atração 193
7.5.4 Avaliação de produtos 194
7.6 Avaliando a microlocalização 195
7.6.1 Acessibilidade 195
7.6.2 Tipos de fluxo 197
7.6.3 Local 198

7.7 Determinando a área de influência 199
7.7.1 Mapeamento de clientes 199
7.7.2 Classificação de área de influência 200
7.8 Dimensionamento de mercado 202
7.8.1 Variáveis críticas 202
7.8.2 Estrutura de gastos 202
7.8.3 Potencial de consumo 203
7.8.4 Concorrência 204
7.8.5 Avaliação do volume negocial 205
7.9 Índice de saturação 207

Capítulo 8 Logística 215
8.1 Definições 216
8.2 Conceitos básicos de logística 219
8.3 Campos de atuação da logística 221
8.4 Princípios de logística 223
8.4.1 Princípios de localização de depósitos 226
8.4.2 Princípios de construção e arranjo físico dos depósitos 226
8.4.3 Princípios de transporte 226
8.4.4 Princípios de gestão de estoques 227
8.5 Considerações finais 227

Capítulo 9 *Franchising* e outros Canais de Marketing 231
9.1 A hora e a vez dos canais de marketing 232
9.1.1 Crescer é preciso 232
9.1.2 Em busca de cobertura, controle e redução de custos 232
9.1.3 Diferenciação por meio de canais de marketing 233
9.1.4 Explorando a distribuição 233
9.2 Compreendendo a *franchising* 235
9.2.1 A essência 235
9.2.2 Definição 236
9.2.3 Origens e evolução 236
9.2.4 Franqueados e franqueadores 239
9.2.5 Classificando as operações 239
9.2.5.1 Primeira e segunda geração: marca e produto 239
9.2.5.2 Terceira geração: formato de negócio 239
9.2.5.3 Quarta geração: a rede que aprende 240
9.2.5.4 Quinta geração: as franquias sociais 241
9.2.5.5 Sexta geração: muito além das franquias 241
9.2.6 Papéis de franqueados e franqueadores 242
9.2.7 Vantagens e desafios 243
9.2.8 Alguns cuidados importantes 244
9.2.9 Principais tendências 245
9.3 Considerações finais 248

CAPÍTULO 10 ADMINISTRAÇÃO DE PREÇO 253
10.1 INTRODUÇÃO 254
10.2 DEFINIÇÃO DA ORIENTAÇÃO ESTRATÉGICA 254
10.3 PREÇO E ESTRATÉGIA MERCADOLÓGICA 255
10.4 OS AGREGADOS QUE INFLUENCIAM OS PREÇOS 255
10.4.1 ESTRUTURA DE CUSTOS 256
10.4.2 ASPECTOS ORGANIZACIONAIS 256
10.4.3 ANALISANDO O CONSUMIDOR/CLIENTE 257
10.4.4 ANALISANDO O COMPOSTO COMPETITIVO 260
10.4.5 FATORES AMBIENTAIS 261
10.5 TIPOS DE PRECIFICAÇÃO 261
10.5.1 PRECIFICAÇÃO BASEADA EM CUSTOS 261
10.5.2 PRECIFICAÇÃO BASEADA EM VALOR 262
10.5.3 PRECIFICAÇÃO BASEADA NA CONCORRÊNCIA 263
10.6 TÁTICAS DE PREÇOS 264
10.7 O PREÇO SOB A ÓTICA DO MARKETING 265

CAPÍTULO 11 ADMINISTRAÇÃO DAS COMUNICAÇÕES DE MARKETING 271
11.1 O CONCEITO DE COMUNICAÇÃO INTEGRADA DE MARKETING 272
11.2 O PROCESSO DE COMUNICAÇÃO 275
11.3 O PLANO DE COMUNICAÇÃO DE MARKETING 278
11.3.1 ANÁLISE DO PROBLEMA OU DA OPORTUNIDADE 279
11.3.2 DEFINIÇÃO DOS OBJETIVOS DA COMUNICAÇÃO 279
11.3.3 SELEÇÃO DO PÚBLICO-ALVO DA COMUNICAÇÃO 280
11.3.4 SELEÇÃO DOS ELEMENTOS DO COMPOSTO DE COMUNICAÇÃO 280
11.3.5 DEFINIÇÃO DA ESTRATÉGIA DA MENSAGEM 281
11.3.6 DEFINIÇÃO DOS MEIOS DE COMUNICAÇÃO 281
11.3.7 DEFINIÇÃO DO ORÇAMENTO DE COMUNICAÇÃO 282
11.3.8 IMPLEMENTAÇÃO DO PLANO 283
11.3.9 AVALIAÇÃO DOS RESULTADOS 284
11.4 PROPAGANDA 284
11.4.1 CONCEITOS E APLICAÇÕES 284
11.4.2 ESTRATÉGIA DE CONTEÚDO OU MENSAGEM 286
11.4.3 ESTRATÉGIA DE MÍDIA 292
11.4.4 MEIOS PARA AVALIAÇÃO DOS RESULTADOS DA PROPAGANDA 297
11.5 PROMOÇÃO DE VENDAS E MARKETING DIRETO 298
11.5.1 PROMOÇÕES AO CONSUMIDOR 299
11.5.2 PROMOÇÕES PARA O CANAL DE VENDAS 300
11.5.3 MARKETING DIRETO 300
11.5.4 *MERCHANDISING* E A COMUNICAÇÃO NO PONTO DE VENDA 301
11.6 RELAÇÕES PÚBLICAS E PUBLICIDADE 301
11.7 ADMINISTRANDO A COMUNICAÇÃO INTEGRADA DE MARKETING 302
11.7.1 COMUNICAÇÃO E CICLO DE VIDA DO PRODUTO 302
11.7.2 CARACTERÍSTICAS DO PÚBLICO-ALVO 303
11.7.3 CARACTERÍSTICAS DA CONCORRÊNCIA 303
11.7.4 OBJETIVOS DOS DIVERSOS *STAKEHOLDERS* 303

Capítulo 12 A Venda Pessoal **309**

12.1 A importância e o papel da venda pessoal 310
12.2 As atuais tendências e estratégias em marketing 311
12.2.1 Rede de marketing 311
12.2.2 Marketing de relacionamento 312
12.3 As competências dos vendedores com desempenho superior 316
12.3.1 Como definir as tarefas e competências dos vendedores 318
12.4 A administração do esforço de vendas 321
12.4.1 Recrutamento 321
12.4.2 Seleção 321
12.4.3 Treinamento 322
12.4.4 Organização e estrutura de territórios 323
12.4.5 Plano de vendas 323
12.4.5.1 Estruturas de territórios de vendas 324
12.4.5.2 Cotas de vendas 324
12.4.5.3 Incentivos e Remuneração 325
12.4.5.4 Ética em vendas 326
12.4.6 Vendas internas 326
12.4.7 Tamanho da força de vendas 327
12.4.8 Plano de carreira 327
12.4.9 Automação da força de vendas e administração do conhecimento 328
12.5 Funções da gerência de vendas 328
12.6 Liderança e comunicação 329
12.7 Supervisão e desenvolvimento 330
12.8 Comunicação e métodos da venda pessoal 331
12.8.1 Elementos da comunicação do vendedor 331
12.9 Métodos de vendas 333
12.9.1 Venda tradicional 333
12.9.2 Venda criativa 333
12.9.3 Venda missionária 333
12.9.4 Venda consultiva 334
12.9.5 Venda negociação 334
12.9.6 Venda colaboração (não manipulativa) 335
12.9.7 Venda SPIN 336
12.9.8 Venda em equipe 336
12.9.9 Venda personalizada 337
12.9.10 Venda direta 338
12.10 Administração de conflitos 338
12.11 Controles e avaliação de desempenho 339

Capítulo 13 Promoção de Vendas **345**

13.1 Promoções de vendas & *merchandising*: Visão acadêmica *versus* prática 346
13.2 Algumas técnicas promocionais 346
13.3 O papel das promoções de vendas 348

13.4 O papel do *merchandising* e da sua mais importante função: a exibitécnica 348
13.4.1 Para que serve a exibitécnica? 350
13.5 Decisões *in stores* — compras planejadas *versus* compras por impulso 351
13.6 As promoções de vendas comprometem as marcas? 351
13.7 Mudanças de promoções táticas para estratégicas 353
13.8 Promoção de vendas: uma outra visão 354

Capítulo 14 O Sistema de Informação de Marketing e a Pesquisa de Marketing 361
14.1 Introdução 362
14.2 Sistema de informação de marketing 362
14.3 Componentes dos sistemas de informação de marketing 364
14.3.1 Sistema de inteligência de marketing 364
14.3.2 O sistema interno de dados 367
14.3.3 Sistema de pesquisa de marketing 368
14.4 Problema e objetivos da pesquisa 369
14.5 O projeto de pesquisa 370
14.5.1 Tipos de pesquisa 371
14.6 A coleta de dados 371
14.6.1 Experimento 372
14.6.2 Observação 375
14.6.3 Pesquisa qualitativa 376
14.6.4 Levantamento por entrevistas e questionários 380
14.7 Elaboração de questionários 384
14.8 Plano de amostragem 386
14.8.1 Métodos de amostragem 386
14.8.2 Tamanho da amostra 388
14.9 A pesquisa de marketing como estímulo ao foco no cliente 389

Capítulo 15 Marketing Direto 395
15.1 O marketing direto e sua evolução 396
15.2 Conceito e escopo do marketing direto 398
15.3 Características do marketing direto 399
15.4 A operacionalização do marketing direto 400
15.4.1 A lista e a tecnologia de banco de dados 401
15.4.2 As mídias 408
15.4.3 Oferta 422
15.5 Marketing direto como canal de vendas 424
15.6 As aplicações do marketing direto 427
15.6.1 Programas de fidelização 428
15.6.2 Quiosques como ferramenta de marketing direto 430
15.6.3 *Home shopping shows* 431
15.6.4 Programas de *lead generation* 431

CAPÍTULO 16 ESTRATÉGIAS MERCADOLÓGICAS 441
16.1 INTRODUÇÃO 442
16.2 AS RAZÕES DOS PLANOS FORMAIS 443
16.3 DIFERENTES NÍVEIS DE PLANOS 444
16.4 PLANEJAMENTO CORPORATIVO E DIVISIONAL 444
16.5 PLANEJAMENTO ESTRATÉGICO DA UEN 446
16.5.1 DEFINIÇÃO DE MISSÃO DA UEN 446
16.5.2 ANÁLISE DO NEGÓCIO 446
16.5.3 ANÁLISE DO AMBIENTE EXTERNO 447
16.5.4 ANÁLISE DO AMBIENTE INTERNO 447
16.5.5 ESTABELECIMENTO DE OBJETIVOS E METAS 449
16.5.6 ESTABELECIMENTO DE ESTRATÉGIAS 449
16.5.7 PROGRAMA DE AÇÃO, IMPLANTAÇÃO E CONTROLE 450
16.6 PLANO DE PRODUTO OU LINHA DE PRODUTO 450
APÊNDICE 455
A.16.1 A MATRIZ BCG 455
A.16.2 A MATRIZ DE ATRATIVIDADE DO MERCADO 457
A.16.3 A MATRIZ PRODUTO-MERCADO 458
A.16.4 FATORES-CHAVE DE SUCESSO 459
A.16.5 ESTABELECIMENTO DE OBJETIVOS 460
A.16.6 ESTRATÉGIAS: REQUISITOS E RISCOS 462
A.16.7 ESTRATÉGIAS FOCADAS NA CONCORRÊNCIA 463
A.16.8 ESTRATÉGIAS FOCADAS NO MERCADO 467
A.16.9 ESTRATÉGIAS FOCADAS NOS POTENCIAIS DA EMPRESA OU PRODUTO 467
A.16.10 CADEIA DE VALORES 468
A.16.11 SISTEMAS DE CONTROLE 470

CAPÍTULO 17 PLANO DE MARKETING 475
17.1 INTRODUÇÃO 476
17.2 PROPÓSITOS DE UM PLANO DE MARKETING 476
17.2.1 O PLANO DE MARKETING COMO UM ROTEIRO 477
17.2.2 O PLANO DE MARKETING COMO UM RELATÓRIO 478
17.2.3 O PLANO DE MARKETING COMO FERRAMENTA DE PERSUASÃO 478
17.3 CARACTERÍSTICAS DE UM BOM PLANO DE MARKETING 479
17.4 A REDAÇÃO DE UM PLANO DE MARKETING 481
17.4.1 DESENVOLVENDO O PLANO 481
17.5 AS PARTES DE UM PLANO DE MARKETING 481
17.5.1 ANÁLISES 482
17.5.2 A SITUAÇÃO ATUAL DE MERCADO 483
17.5.3 OBJETIVOS 483

17.5.4 Estratégias 485
17.5.5 Implementação 486
17.5.6 Resumos 488
17.5.7 Páginas de apresentação 489
17.6 Exemplos de estruturas de planos de marketing 490

Capítulo 18 Avaliação do Desempenho Estratégico em Marketing 495

18.1 Introdução 496
18.1.1 Desafios externos 496
18.1.2 Desafios internos 496
18.2 O redirecionamento do marketing 498
18.2.1 Redirecionamento das estratégias de comunicação 498
18.2.2 Redirecionamento das estratégias de segmentação 498
18.2.3 Redirecionamento da equipe de vendas 499
18.2.4 Aspectos necessários ao redirecionamento de marketing 499
18.3 Diagnóstico do ambiente estratégico 500
18.4 É preciso competir para progredir 500
18.5 Modelos de avaliação de competitividade 501
18.5.1 Avaliação do ambiente interno 501
18.5.2 Matriz de avaliação competitiva — fatores organizacionais 503
18.6 A magia do valor percebido 503
18.6.1 O que tem valor para um cliente? 503
18.6.2 A Natureza do valor 504
18.6.3 Como investir em conhecimento? 504
18.6.4 Questões-chave a serem respondidas 505
18.6.5 Objetivos do valor percebido 507
18.6.6 O modelo de valor para o cliente 507
18.6.7 Como construir o modelo de valor para o cliente 508
18.6.8 Entendendo o valor percebido pelo cliente 508
18.7 Análise de desempenho com clientes e consumidores 509
18.7.1 Lista de verificação para avaliação da capacidade competitiva 509

Capítulo 19 Ética em Marketing 517

19.1 Discutindo a ética 518
19.1.1 Ética nos negócios 518
19.1.1.1 Ética nas organizações 518

19.1.2 Ética em marketing 520
19.1.3 Ética na pesquisa de mercado 521
19.1.4 Ética na gerência do composto mercadológico 523
19.1.4.1 Ética na administração do produto 523
19.1.4.2 Ética na Administração do Preço 524
19.1.4.3 Ética na venda pessoal 524
19.1.4.4 Ética na propaganda 524
19.1.4.5 Ética na administração da distribuição 525
19.1.5 Ética na auditoria e controle mercadológico 526
19.1.6 Ética no marketing internacional 526
19.2 Conclusão 527

Créditos de Propagandas 531

Índice Remissivo 533

Capítulo 1

Fundamentos de Marketing

Tania Maria Vidigal Limeira

VISÃO GERAL DO CAPÍTULO

Neste capítulo, discutiremos os conceitos centrais da função do marketing, abordando as contribuições conceituais e teóricas de ciências como a Psicologia, a Sociologia e a Economia. Tratamos ainda da importância do marketing para as empresas e para as sociedades, falando sobre a responsabilidade social e a postura ética do profissional de marketing.

OBJETIVOS DO CAPÍTULO

Depois de concluir este capítulo, você será capaz de:

1. definir marketing;
2. definir os principais conceitos originários de outras áreas que são aplicados no marketing;
3. definir os principais conceitos referentes às aplicações do marketing;
4. discutir a função do marketing e as decisões relacionadas às variáveis controláveis;
5. identificar as áreas de responsabilidade, os papéis e os relacionamentos interdepartamentais do gerente de marketing; e
6. definir administração de marketing e planejamento de marketing.

1.1 DEFINIÇÃO DE MARKETING

Marketing é a função empresarial que cria continuamente valor para o cliente e gera vantagem competitiva duradoura para a empresa, por meio da gestão estratégica das variáveis controláveis de marketing: produto, preço, comunicação e distribuição.

Marketing é uma palavra em inglês derivada de *market,* que significa *mercado.* É utilizada para expressar a ação voltada para o mercado. Assim, entende-se que a empresa que pratica o *marketing* tem o mercado como a razão e o foco de suas ações.

O conceito moderno de marketing surgiu no pós-guerra, na década de 1950, quando o avanço da industrialização mundial acirrou a competição entre as empresas e a disputa pelos mercados trouxe novos desafios. Já não bastava desenvolver e produzir produtos e serviços com qualidade e a custo competitivo para que receitas e lucros fossem alcançados. O cliente passou a contar com o poder de escolha, selecionando a alternativa que lhe proporcionasse a melhor relação entre custo e benefício.

As empresas, reconhecendo que a decisão final sobre a compra estava nas mãos dos clientes, passaram a adotar práticas como pesquisa e análise de mercado, adequação dos produtos segundo as características e necessidades dos clientes, comunicação dos benefícios do produto em veículos de massa, promoção de vendas, expansão e diversificação dos canais de distribuição. Passou-se a orientar as decisões e ações das empresas para o mercado, surgindo novos conceitos como "empresa orientada para o mercado", "criação de vantagem competitiva" e, mais recentemente, "criação de valor para o cliente", entre outros.

Portanto, o **conceito de marketing** pode ser entendido como *a função empresarial que cria continuamente valor para o cliente e gera vantagem competitiva duradoura para a empresa, por meio da gestão estratégica das variáveis controláveis de marketing: produto, preço, comunicação e distribuição.*

A prática contínua, eficaz e competente da função de marketing possibilita o crescimento sólido das receitas e dos lucros da empresa, bem como a realização plena de sua contribuição social.

O marketing também pode ser entendido como *o processo social voltado para satisfazer as necessidades e os desejos de pessoas e organizações, por meio da criação da troca livre e competitiva de produtos e serviços que geram valor para as partes envolvidas no processo*[1]. Outra definição de marketing bastante utilizada, na qual estão incluídas as atividades do composto de marketing, é a da American Marketing Association (AMA) (www.ama.org/), que considera o marketing como *o processo de planejar e executar a concepção, precificação, promoção e distribuição de ideias, produtos e serviços.*

Orientação para o mercado é a filosofia empresarial que envolve todas as funções organizacionais e enfatiza os consumidores, distribuidores, concorrentes, influenciadores e macroambiente.

O conceito, atualmente bastante difundido, de *orientação para o mercado* pode ser entendido como a filosofia empresarial que envolve todas as funções da empresa e enfatiza os cinco atores do mercado, a saber: consumidores, distribuidores, concorrentes, influenciadores e macroambiente. A **empresa orientada para o mercado** é a que aloca recursos humanos e materiais a fim de: coletar informações sobre as expectativas e os comportamentos dos

[1] LAMBIN, Jean-Jacques. *Market-driven management.* London: McMillan, 2000.

diversos atores do mercado; elaborar um plano de ação orientado para o mercado, e implementar o mercado com a participação de todas as áreas funcionais. Isso implica mudanças nos processos organizacionais, com a predominância de equipes multidisciplinares e a necessidade de coordenação interdisciplinar.

O conceito de marketing aqui apresentado requer, para a sua plena compreensão, que outros conceitos sejam entendidos com clareza. Os principais conceitos aplicados em marketing serão apresentados de maneira sucinta e não exaustiva no tópico a seguir e, detalhadamente, nos capítulos subsequentes, os quais tratarão ainda de novos conceitos, de acordo com o tema específico desenvolvido em cada capítulo.

1.2 CONCEITOS APLICADOS EM MARKETING

O marketing, como disciplina aplicada na prática empresarial, utiliza conceitos originários de outras disciplinas e de ciências como Economia, Estatística, Psicologia e Sociologia.

Um dos fundamentos teóricos do conceito de marketing é a **teoria da escolha individual**, formulada pelo economista clássico Adam Smith (1776), cujo pressuposto é que o bem-estar da sociedade é o resultado da convergência entre os interesses individuais do comprador e os do vendedor, por meio da troca voluntária e competitiva. Essa teoria engloba quatro princípios:

1. as pessoas buscam experiências que valham a pena;
2. a escolha individual determina o que vale a pena;
3. por meio da troca livre e competitiva, os objetivos individuais serão realizados;
4. as pessoas são responsáveis pelas suas ações e escolhem o que é melhor para elas (princípio da soberania do consumidor).

Teoria da escolha individual é o pressuposto segundo o qual o bem-estar da sociedade resulta da convergência de interesses individuais do comprador e do vendedor, por meio da troca voluntária e competitiva.

O conceito de mercado, originário da Economia, é fundamental para a prática do marketing. Por **mercado** entende-se o conjunto de pessoas e/ou organizações cujas necessidades podem ser satisfeitas por produtos ou serviços e que dispõem de renda para adquiri-los. Desse conceito derivam as noções de **mercado de consumo**, referente a pessoas, e de **mercado organizacional**, referente a organizações.

Mercado é o conjunto de pessoas e/ou organizações cujas necessidades podem ser satisfeitas por produtos ou serviços e que dispõem de renda para adquiri-los.

O **mercado-alvo** é aquele para o qual a empresa irá direcionar seus investimentos e focar sua estratégia de marketing. Ele é selecionado com base na análise de atratividade e competitividade realizada pelo gerente de marketing. A análise de atratividade de mercado consiste no dimensionamento da demanda potencial e dos resultados de receitas e lucros a serem alcançados pela empresa, ao longo do ciclo de vida do produto. A análise de competitividade é a avaliação das vantagens competitivas do produto em relação à concorrência.

Segmento de mercado é um grupo de consumidores com necessidades e características comuns entre si, mas diferentes em relação a outros grupos, que exige estratégia e programa de marketing distintos.

Segmento de mercado, por sua vez, é um grupo de consumidores com necessidades e características comuns entre si, mas diferentes em relação a outros grupos, que exige estratégia e programa de marketing distintos. Portanto, a **segmentação de mercado** é uma estratégia de marketing que identifica grupos de clientes potenciais de acordo com uma ou mais características — geográficas, psicográficas, demográficas, comportamentais —,

Segmentação de mercado é uma estratégia de marketing que identifica grupos de clientes potenciais segundo uma ou mais características.

tendo como objetivo elaborar programas de marketing mais eficientes e orientados para um ou mais segmentos selecionados.

Necessidade é o estado de carência e privação sentido por uma pessoa, que provoca a motivação para o consumo. A necessidade inata é inerente à natureza humana e não pode ser esgotada. A necessidade adquirida é derivada do ambiente cultural e social e pode ser esgotada.

Por **necessidade** entende-se um estado de carência ou privação sentido por uma pessoa que provoca a motivação para o consumo como meio de superar tal estado. A necessidade pode ser de dois tipos: *inata* ou *adquirida.* A *necessidade inata,* também chamada de *genérica*, é aquela inerente à natureza humana e que não pode ser esgotada, como as necessidades de natureza física ou biológica — fome, sede, calor. A *necessidade adquirida* é a derivada do ambiente cultural e social, isto é, depende da experiência, das relações e da evolução da sociedade. E pode ser esgotada ou saturada, por estar associada à resposta tecnológica dominante (produto) num dado momento, a qual evolui ao longo do tempo. Exemplos de necessidades adquiridas são o desejo de pertencer a um grupo, ser reconhecido e valorizado, e a necessidade de ter um trabalho, *status* ou prestígio.

Satisfação da necessidade é o estado de realização atingido quando o desempenho do produto se iguala à expectativa do cliente ou a supera.

Valor para o cliente é a diferença entre os benefícios obtidos e os custos incorridos pelo cliente.

A **satisfação da necessidade** é atingida quando o resultado do desempenho do produto ou serviço se iguala à expectativa do cliente ou a supera. Já o conceito de *valor* significa a diferença entre os benefícios obtidos e os custos incorridos. Os *custos* podem ser de natureza econômica (preço pago), física (tempo de espera, tempo de deslocamento, esforço físico, mal-estar), emocional ou psicológica (medo, insegurança, risco de vida, constrangimento). Portanto, o valor decorre da relação custo-benefício percebida pelo cliente. Quanto maiores os benefícios percebidos em relação aos custos incorridos, maior o **valor do produto para o cliente**.

Vantagem competitiva é a competência exclusiva da empresa que não pode ser copiada pelos concorrentes e que gera uma posição de mercado superior e duradoura.

A **vantagem competitiva** refere-se a uma competência exclusiva da empresa, que não pode ser copiada por seus concorrentes e que gera uma posição de mercado superior e duradoura. Portanto, é resultado da capacidade da empresa em criar valor para o cliente e para os *stakeholders,* conceito criado em 1985 pelo professor Michael Porter em seu livro *Vantagem competitiva,* que define como *stakeholders* os diversos públicos interessados ou direta/indiretamente afetados pelas ações da empresa, como órgãos governamentais, organismos sociais, partidos políticos, sindicatos de trabalhadores, acionistas, fornecedores, parceiros etc.

Produto é o termo que designa o que satisfaz a necessidade e o desejo do cliente.

Atributos do produto são as características funcionais, formais e estéticas do produto.

Produto é um termo genérico que designa o que satisfaz a necessidade e o desejo do cliente, seja um bem tangível (alimento, roupa, carro), um bem intangível (serviço) ou outro meio de satisfação (pessoas, ideias, emoções, por exemplo). **Atributos do produto** são suas características funcionais (desempenho, sabor, temperatura, velocidade etc.), formais (tamanho, cor, peso) ou estéticas *(design,* estilo), percebidas e conhecidas, ou não, pelo cliente.

Benefícios do produto são os resultados obtidos com o uso ou consumo do produto, que satisfazem os desejos e as necessidades dos clientes. Podem ser de natureza física (saciar a fome), emocional (receber elogios), psicológica (sentir segurança) ou social (ser aceito pelo grupo). Portanto, os clientes compram benefícios e não atributos. Estes são meios para que os benefícios sejam alcançados.

Serviço é um bem intangível, uma ação ou um desempenho que cria valor por meio de uma mudança desejada no cliente ou em benefício dele.

Serviço, por sua vez, é um bem intangível, uma ação ou um desempenho que cria valor por meio de uma mudança desejada no cliente ou em benefício dele.

As principais características dos serviços são as seguintes:

- são intangíveis;
- há o envolvimento do cliente no processo;
- são perecíveis;
- as pessoas constituem parte do serviço;
- não existe estoque;
- os clientes têm dificuldade de avaliar os serviços;
- o cliente não obtém a propriedade;
- o tempo é relativamente mais importante;
- o sistema de entrega pode ser por meio de canal físico ou eletrônico (Internet).

Demanda de mercado ou função demanda de mercado é o valor total que seria comprado pelos clientes em dada condição de investimento de marketing pelas empresas.

Demanda de mercado é o valor total comprado pelos clientes em determinada condição de investimento de marketing pelas empresas.

Não é um número fixo, mas uma função de determinadas condições. O **potencial de mercado** é o nível máximo de demanda a ser atingido com o máximo de investimento de marketing. Ou seja:

Potencial de mercado é o nível máximo de demanda a ser atingido com o máximo de investimento de marketing.

Q = n x q x p (potencial de mercado)
n = número de compradores
q = quantidade média por comprador (por ano)
p = preço médio unitário

A **demanda do produto**, por sua vez, é o resultado da participação do produto na demanda de mercado. É função da eficácia dos investimentos em marketing realizados pela empresa.

Demanda do produto é o resultado da participação do produto na demanda do mercado.

Ambiente de marketing é o conjunto de fatores externos ou internos à empresa que interferem nas decisões e nos resultados das ações de marketing realizadas. Como fatores externos, podemos citar a estrutura e a conjuntura econômicas, a estrutura e a dinâmica políticas, a estrutura e a dinâmica social, a evolução das ciências e da tecnologia, os valores e hábitos culturais, por exemplo. Esses fatores não podem ser controlados pela empresa, porém, é responsabilidade do gerente de marketing analisá-los, avaliá-los, entender seu histórico e evolução, bem como as possíveis tendências de evolução futura, de modo a elaborar cenários que minimizem os riscos das decisões e ações de marketing.

Ambiente de marketing é o conjunto de fatores externos ou internos à empresa que interferem nas decisões e nos resultados das ações de marketing realizadas.

O mercado de consumo e o mercado organizacional se diferenciam em muitos fatores, inclusive na maneira como estabelecem sua comunicação. O anúncio ao lado se refere ao pacote *Business Security*, oferecido pela Embratel ao mercado organizacional, pacote que dispõe de vários recursos de segurança para conexão com a Internet mais econômicos do que o sistema tradicional. Observe como a mensagem é dirigida para o segmento de empresas, enfocando o dia a dia das organizações.

AlmapBBDO

1.3 APLICAÇÕES DO MARKETING

Neste tópico, serão abordadas as várias aplicações do marketing, que surgem a partir da evolução das práticas empresariais e da dinâmica econômica, social, cultural, política e tecnológica mundial.

O **marketing direto** evolui para uma estratégia de comunicação e comercialização de produtos ou serviços com o cliente, sem intermediação de meios ou canais de terceiros.

A primeira aplicação a se considerar é o chamado **marketing direto**, surgido na década de 1960 e praticado por grandes lojas norte-americanas, como a Sears, que consistia na oferta de seus produtos por meio do envio de catálogos impressos pelo correio, para milhões de domicílios de clientes ou clientes potenciais. Sendo inicialmente uma estratégia de comunicação direta com o cliente, evoluiu para uma estratégia de comunicação e comercialização de produtos ou serviços com o cliente, sem intermediação de meios ou canais de terceiros.

Originalmente, os programas de marketing direto utilizavam listas de clientes (*mailing lists*) e catálogos enviados pelo correio (*mala direta*), solicitando uma resposta direta do cliente, que resulta, em geral, na venda por telefone (*televenda*). Também eram utilizados *cupons* de desconto distribuídos por anúncios em jornais e revistas, em folhetos, nas lojas ou porta a porta.

Atualmente, os meios para a execução do marketing direto se ampliaram e podem contar com vendedores, televendas, *telemarketing* e *call center* (Central de Atendimento Telefônico — CAT), equipes de profissionais que fazem uso de visitas, telefonemas, correio tradicional ou eletrônico (*e-mail*) ou outros meios eletrônicos, como a televisão e a Internet, para atender ao cliente, estabelecer um relacionamento com ele e realizar vendas.

Com a evolução da informática, na década de 1980, surgiram os sistemas de gerenciamento de bancos de dados (*Database Management System — DBMS*), sistemas informatizados (*software* e *hardware*) que registram e tratam um grande número de informações, coletadas em tempo real, sobre os eventos da empresa, como também os contatos e eventos de relacionamento com os clientes. Surge, então, o conceito de ***Database Marketing* (DBM)**, também conhecido como marketing de banco de dados, que é a aplicação da tecnologia de sistemas de bancos de dados para implementar mais eficazmente as estratégias e os programas de marketing.

A informática continua evoluindo, e novas aplicações de sistemas surgem para auxiliar o gerente de marketing. Os sistemas de ***datamining***, por exemplo, permitem, por meio de técnicas estatísticas e matemáticas (árvores de decisão, redes neurais), o tratamento e a análise de grandes quantidades de dados, para reconhecimento de padrões, tendências e correlações, visando a produzir modelos preditivos que antecipem as reações dos clientes e os resultados das ações de marketing.

Marketing de relacionamento é uma estratégia que visa a construir uma relação duradoura com o cliente.

O **marketing de relacionamento** é um conceito surgido na década de 1990 como uma evolução do marketing direto e do *database marketing,* motivado por pesquisas que indicavam que conquistar um novo cliente custava, em média, cinco vezes mais que reter um cliente. É definido como uma *estratégia que visa a construir uma relação duradoura com o cliente* *baseada em confiança, colaboração, compromisso, parceria, investimentos e benefícios mútuos, resultando na otimização do retorno para a empresa e seus clientes.* Esse conceito foi desenvolvido pelos professores Marcos Cobra e Áurea Ribeiro (2000) no livro *Marketing: magia e sedução,* e também por outros autores, como Terry Vavra (1993) e Merlin Stone (2000).

Tal estratégia é mais adequada para clientes que compram grandes volumes e apresentam um bom potencial de venda e lucro para a empresa a longo prazo. Para realizar o marketing de relacionamento, a empresa deve selecionar os clientes que apresentam maior *lifetime value* ou **valor patrimonial de longo prazo**, que é calculado pela projeção do aumento do valor de um cliente no futuro. O valor futuro do cliente é calculado com base na projeção de lucros futuros a serem gerados pelo relacionamento.

Em geral, tais clientes são grandes organizações que adquirem produtos e serviços de alto valor agregado, ou pessoas físicas com elevado poder aquisitivo. Alguns bancos, por exemplo, aplicam essa estratégia ao procurar implementar o relacionamento com seus clientes de maior valor patrimonial por meio de serviços e programas de atendimento chamados de *Private Banking* ou *Asset Management.*

O **marketing de fidelização** ou **de retenção** é o primeiro nível do marketing de relacionamento. É definido como a estratégia para fidelizar ou reter o cliente por meio de ações integradas, sistemáticas e contínuas de comunicação e promoção, gerando frequência e repetição de compra por parte dos clientes e recompensando-os por isso. É a estratégia mais adequada para ativar e reter segmentos de clientes selecionados, cujo potencial de negócios poderá ou não evoluir ao longo do tempo.

Marketing de fidelização ou **de retenção** é a estratégia para fidelizar ou reter o cliente por meio de ações integradas, sistemáticas e contínuas de comunicação e promoção, gerando frequência e repetição de compra por parte dos clientes e recompensando-os por isso.

O marketing de fidelização tem sido bastante utilizado por administradoras de cartão de crédito (programas de prêmios por frequência de uso e volumes comprados com cartões) e por companhias aéreas (programas de milhagens gratuitas para os passageiros que mais usam os serviços da companhia).

O **marketing um a um** ou **marketing individualizado** é o estágio mais avançado do marketing de relacionamento, em que cada cliente é tratado individualmente e a oferta da empresa é totalmente customizada para o cliente. Nesse caso, a empresa e o cliente adotam políticas de colaboração que resultam, por exemplo, em investimentos conjuntos em tecnologia e desenvolvimento de produtos. O setor de autopeças e seus clientes, as montadoras de automóveis, são exemplos de aplicação desse tipo de estratégia. Os autores Don Peppers e Martha Rogers trataram desse tema no livro *Marketing um a um* (1996).

O **marketing um a um** ou **marketing individualizado** é o estágio em que cada cliente é tratado individualmente e a oferta da empresa é totalmente customizada em função dele.

A evolução da informática tem contribuído para a implementação eficaz dessas estratégias. Nesse sentido, no final da década de 1990, surgiram os sistemas de *Customer Relationship Management* (CRM), ou **gerenciamento do relacionamento com o cliente,** para otimizar a gestão integrada do relacionamento com os clientes.

Segundo Paul Battista (2000), o conceito de CRM refere-se ao desenvolvimento de uma estratégia de relacionamento e à implementação de processos operacionais baseados em infraestrutura computacional e de telecomunicações, visando a adquirir, servir e reter os clientes. Para Miriam Bretzke (2000),

Marketing de transação é a realização de uma venda como transação única, sem perspectiva de continuidade.

Marketing pessoal é a aplicação do composto de marketing para gerar interesse, atenção e preferência com relação a uma determinada pessoa.

Marketing social é o marketing voltado para organizações sem fins lucrativos, organismos e causas sociais.

Marketing institucional são as ações de marketing direcionadas para a criação de imagem favorável e preferência para uma determinada organização ou empresa.

Marketing internacional é a aplicação do composto de marketing para desenvolver oportunidades de negócios nos mercados externos ao de origem da empresa.

Marketing interativo é o conjunto de ações de marketing direcionadas para criar uma interação entre o cliente e a empresa, em que o cliente tem um papel ativo, possibilitando a personalização e a customização de produtos e serviços.

Marketing digital ou **Web marketing** é o conjunto de ações de marketing intermediadas por canais eletrônicos como a Internet, em que o cliente controla a quantidade e o tipo da informação recebida.

o CRM é uma estratégia que possui raízes no marketing de relacionamento e impacta a gestão da empresa, sendo a sua implantação assentada sobre dois pilares: um processo de trabalho orientado para o cliente, que permeia e é compartilhado por toda a empresa, e o uso intensivo de informações sobre o cliente, suportadas pela informatização de vendas, marketing e serviços.

Marketing de transação é a realização de uma venda como transação única, sem perspectiva de continuidade. É, tradicionalmente, o modo de venda de produtos padronizados, de baixo preço e consumo imediato, como a pipoca ou o refrigerante vendido por ambulantes na rua.

Marketing pessoal é a aplicação do composto de marketing para gerar interesse, atenção e preferência com relação a uma determinada pessoa. O marketing pessoal é geralmente adotado por políticos, artistas, esportistas e outros profissionais cuja atividade pressuponha grande projeção e reconhecimento popular, ou que, por interesse pessoal, desejem se tornar celebridades.

O **marketing social** é dirigido para organizações sem fins lucrativos, organismos e causas sociais. Cada vez mais, as empresas reconhecem seu papel social e aplicam recursos em programas voltados para as comunidades carentes ou causas sociais, como preservação do meio ambiente, desenvolvimento dos esportes, das artes e da cultura, educação e saneamento.

Marketing institucional são as ações de marketing direcionadas para a criação de imagem favorável e preferência para uma determinada organização ou empresa. A imagem da empresa, juntamente com a do produto, são fatores importantes que influenciam a decisão de compra dos clientes. Partindo dessa premissa, muitas empresas realizam investimentos em atividades como propaganda e relações públicas, que projetam a imagem da empresa para o público-alvo, visando a criar atitude favorável, credibilidade e preferência.

Marketing internacional é a aplicação do composto de marketing para desenvolver oportunidades de negócios nos mercados externos ao de origem da empresa. As empresas multinacionais e, mais recentemente, as brasileiras implementam estratégias de introdução e expansão no mercado mundial como meio de acelerar o crescimento, neutralizar a concorrência e ganhar economias de escala.

Marketing interativo é o conceito que expressa o conjunto de ações de marketing direcionadas a criar uma interação entre o cliente e a empresa, em que o cliente tem um papel ativo, possibilitando a personalização e a customização de produtos e serviços. No início, o marketing interativo era praticado por empresas ou profissionais de serviços, como consultorias e escolas, ou por empresas de marketing direto. Posteriormente, a interatividade foi sendo ampliada por meio das áreas de atendimento aos clientes, telemarketing e *call center* (CAT), que atendem às reclamações dos clientes e ouvem suas sugestões.

Com a evolução da tecnologia da informação e da comunicação, especialmente a Internet, o marketing interativo evoluiu para o chamado **marketing digital** ou **Web marketing**, conceito que expressa o conjunto de ações de marketing intermediadas por canais eletrônicos como a Internet, em que o cliente controla a quantidade e o tipo da informação recebida. A expectativa é que o marketing pela Internet e, principalmente, o comércio eletrônico (as vendas de produtos e serviços pela Internet) venham a se tornar uma estratégia competitiva primordial e amplamente adotada pelas empresas.

1.4 FUNÇÃO DO MARKETING

O marketing, na perspectiva aqui adotada de *função empresarial,* integra o conjunto de funções desempenhadas na empresa, como produção, finanças, logística, recursos humanos, sistemas de informação, engenharia de produtos, pesquisa tecnológica, entre outras, que gerenciam recursos e geram resultados para agregar valor econômico ao processo empresarial como um todo. Portanto, a função de marketing engloba a tomada de decisões, a gestão de recursos, a coordenação de processos e a avaliação de resultados, como qualquer outra função empresarial.

As decisões e ações específicas da função de marketing, que compõem o chamado **composto de marketing**, também conhecido como *marketing mix* ou os "quatro Ps", referem-se a quatro variáveis: *produto, preço, promoção* e *[ponto de] distribuição.* Portanto, o gerente de marketing é o profissional responsável pelas decisões relativas a essas quatro variáveis.

Composto de marketing é o conjunto de quatro ferramentas que a empresa utiliza na criação de valor para o cliente: produto, preço, promoção e ponto de distribuição.

As decisões de produto englobam a identificação de oportunidades de lançamento de produtos e serviços, a adequação destes às necessidades e desejos dos clientes, a formulação das estratégias de produto e linhas de produtos (como diferenciação, posicionamento etc.) e a administração do ciclo de vida do produto, entre outras.

As decisões de preço envolvem a seleção da estratégia de preço que gere vantagem competitiva e diferenciação para cada produto ou linha de produto, bem como maximize o retorno para a empresa e para os parceiros do canal de distribuição.

As decisões de promoção são aquelas relativas aos investimentos em estratégias e atividades de comunicação (propaganda, marketing direto, relações públicas, publicidade, eventos, seminários) e promoção de vendas (sorteios, prêmios ao consumidor, descontos de preços, brindes e outros).

As decisões da variável *distribuição* (originariamente, tradução da palavra *place*, em inglês) englobam a escolha dos canais de vendas e distribuição para que o produto esteja no lugar certo, no momento certo, e o cliente possa realizar a compra e satisfazer a sua necessidade.

Portanto, o gerente de marketing é responsável pelo planejamento, pela organização e pelo controle das atividades estratégicas e táticas de marketing, visando a otimizar o valor para o cliente e, simultaneamente, para o acionista. Apesar de muitos não acreditarem na possibilidade de se atingir um ponto de equilíbrio entre esses dois objetivos, considerados conflitantes, o crescimento e a solidez da empresa a longo prazo dependem desse equilíbrio.

As quatro grandes áreas de responsabilidade do gerente de marketing podem ser resumidas a seguir:

1. análise de marketing: analisar os riscos e as oportunidades de mercado;
2. planejamento de marketing: selecionar o mercado-alvo e as estratégias de marketing;
3. implementação de marketing: desenvolver o *mix* ou composto de marketing; e
4. controle de marketing: avaliar os resultados das estratégias e dos programas.

Em muitas organizações, o gerente de marketing desempenha os seguintes papéis:

- analisa o mercado e identifica as oportunidades de negócios a serem desenvolvidas;
- persuade a alta direção da empresa a respeito da atratividade da oportunidade e dos investimentos a serem realizados;
- formula as estratégias e táticas de produto e serviços, promoção e pontos de distribuição (composto de marketing), visando a criar vantagem competitiva e gerar valor para o cliente; e
- lidera a organização na orientação para o mercado e na criação de valor para o cliente.

Dentro desse contexto, o gerente de marketing assume a posição de líder, estimulando a inovação, coordenando processos de mudança, assumindo riscos, apoiando e orientando equipes, integrando as várias funções organizacionais, representando a empresa perante comunidades e órgãos do governo e zelando pelos interesses dos clientes diante dos acionistas da empresa.

O relacionamento do gerente de marketing com as outras áreas funcionais está resumido a seguir:

- **Finanças:** compartilha as decisões de custo produto/serviço, margem de lucro, preço, estimativa de vendas, financiamento das vendas, investimentos em produção, tecnologia e marketing;
- **Pesquisa & Desenvolvimento:** decisões de atributos e benefícios de produtos/serviços e embalagens; tecnologia de produção e materiais; custo do produto; lançamento de produtos; testes de conceitos; protótipos;
- **Recursos Humanos:** seleção, treinamento e avaliação das equipes operacionais e de marketing; valores e políticas da empresa que afetem sua imagem, a atitude dos funcionários e os resultados;
- **Produção:** decisões de custo; tempo de produção; qualidade e atributos do produto e da embalagem; plano de produção e estoque de segurança; tempo de resposta/entrega; logística de distribuição; localização de depósitos; custos; e
- **Suprimentos:** decisões de custo e qualidade de materiais; fornecimento e estoque de segurança de materiais; estimativa de vendas; tecnologia.

Assim, o marketing é uma função que orienta e integra as decisões e ações da empresa para criar valor para seus clientes e *stakeholders,* tirando o melhor proveito das condições competitivas de mercado.

Administração de marketing é o processo de planejamento, execução e controle das estratégias e táticas de marketing para otimizar os resultados de clientes e *stakeholders*.

1.5 ADMINISTRAÇÃO DE MARKETING

A **administração de marketing** é o conceito que resume a função do marketing e é entendida como o processo de planejamento, execução e controle das estratégias e táticas de marketing, visando a otimizar os resultados para os clientes e os *stakeholders* da empresa.

Responsabilidade estratégica é o conjunto de decisões estratégicas de marketing.

A administração de marketing pode ser desmembrada em duas grandes áreas de responsabilidades: a *estratégica* e a *operacional.* Por **responsabilidade estratégica** entende-se o conjunto de decisões das estratégias de marketing, que incluem a análise e a segmentação de mercado, a decisão de quais produtos e serviços oferecer (estratégia de produtos e serviços), a que preço (estratégia de preço), por quais canais (estratégia de distribuição) e meios de comunicação (estratégia de comunicação e promoção).

A **responsabilidade operacional** engloba as ações táticas e operacionais de marketing, como a execução das vendas; o desenho e a produção dos materiais de comunicação; a atração, o desenvolvimento e o controle dos canais de vendas, como lojistas, atacadistas, distribuidores, vendedores e agentes autônomos; o gerenciamento dos estoques nos canais de distribuição; a implementação operacional das ações promocionais, como descontos de vendas, distribuição de prêmios e brindes, realização de sorteios, distribuição de amostras grátis etc.

Responsabilidade operacional é o conjunto de ações táticas e operacionais de marketing.

A face mais visível do marketing são exatamente as atividades operacionais, de vendas, comunicação e promoção. Muitas empresas ainda acreditam que a função de marketing restringe-se à responsabilidade operacional, e consideram as decisões estratégicas como responsabilidade da direção geral da empresa. O risco desse tipo de visão é que as decisões sejam tomadas sem a análise adequada das variáveis de mercado, sendo baseadas no julgamento subjetivo dos níveis executivos ou influenciadas por outras áreas organizacionais, como finanças e produção, ao sabor do poder de persuasão dos respectivos gerentes.

O **planejamento de marketing** é o meio de realização da responsabilidade estratégica do gerente de marketing.

O **planejamento de marketing** é o meio de realização da responsabilidade estratégica do gerente de marketing. É a etapa inicial de todo o processo de administração de marketing, quando são definidos os objetivos de mercado e tomadas as decisões estratégicas, incluindo a análise de mercado, análise da concorrência, definição de cenários, avaliação de riscos e oportunidades, seleção do mercado-alvo, decisão das estratégias do composto de marketing, dos investimentos e orçamentos e dos meios de avaliação dos resultados das ações planejadas.

Em resumo, o desafio para o profissional de marketing é, sempre, muito grande, porque o ambiente competitivo está em permanente mudança, o comportamento e as necessidades dos clientes também evoluem e existem conflitos entre os objetivos empresariais e os diversos interesses dos clientes e *stakeholders*. Cabe ao profissional de marketing buscar o equilíbrio, pautando suas decisões e ações com princípios éticos e reconhecendo o papel social a ser desempenhado pelas empresas.

A Figura 1.1 descreve a sequência de etapas do planejamento de marketing.

Figura 1.1
Etapas do planejamento de marketing

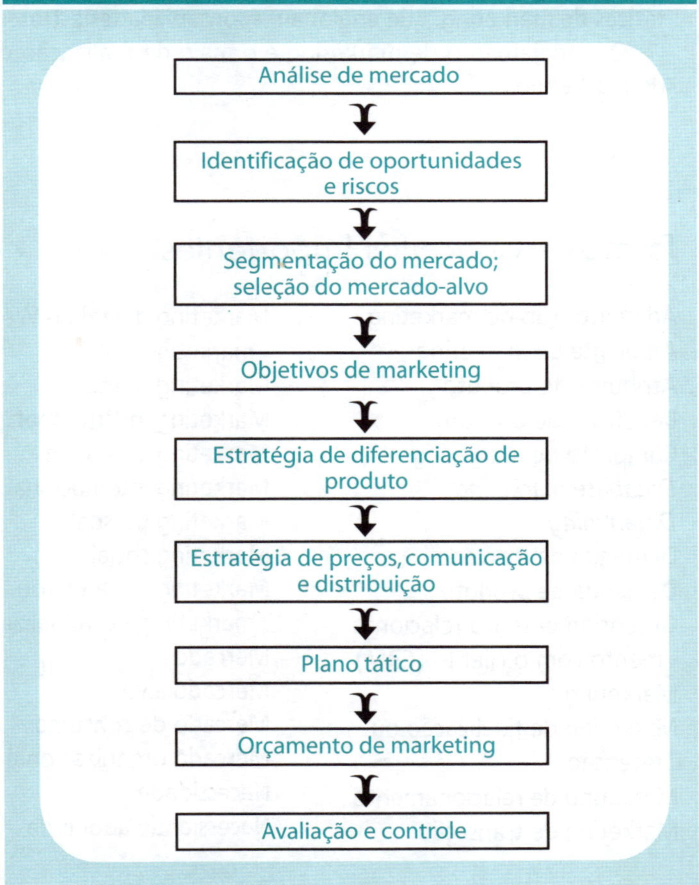

RESUMO

O conceito de marketing evoluiu desde seu surgimento. Podemos definir marketing como a função empresarial que cria valor para o cliente continuamente e gera vantagem competitiva duradoura para a empresa, por meio da *gestão estratégica das variáveis controláveis de marketing: produto, preço, comunicação* e *distribuição.*

O marketing utiliza alguns conceitos originários das áreas de Matemática, Estatística, Psicologia e Sociologia, dando origem a termos que são aplicados na prática empresarial, como os conceitos de teoria da escolha individual, mercado de consumo e organizacional, mercado-alvo, segmentação de mercado, necessidade inata e adquirida, satisfação, valor, custo, vantagem competitiva, produto (atributos e benefícios), serviço, demanda de mercado, potencial de mercado, demanda de produto e ambiente de marketing.

A partir da evolução das práticas empresariais, surgiram novos conceitos de aplicações do marketing, como marketing direto, *database marketing, datamining,* marketing de relacionamento, valor patrimonial de longo prazo, marketing de fidelização ou retenção, marketing um a um ou marketing individualizado, gerenciamento do relacionamento com o cliente, marketing de transação, marketing pessoal, marketing social, marketing institucional, marketing internacional, marketing interativo, marketing digital ou Web marketing.

A função do marketing envolve tomada de decisões, gestão de recursos, coordenação de processos e avaliação de resultados dentro de quatro áreas de responsabilidade: análise, planejamento, implementação e controle.

As decisões e ações específicas da função de marketing envolvem quatro variáveis controláveis que compõem o chamado composto de marketing. Essas variáveis controláveis são: produto, preço, promoção e distribuição.

Administração de marketing é o processo de planejamento, execução e controle das estratégias e táticas de marketing, que engloba responsabilidades estratégicas e operacionais.

O planejamento de marketing é o meio de realização da responsabilidade estratégica do gerente de marketing.

Termos e Conceitos Importantes

Administração de marketing
Ambiente de marketing
Atributos do produto
Benefícios do produto
Composto de marketing
Database marketing
Datamining
Demanda de mercado
Demanda de produto
Gerenciamento do relacionamento com o cliente (CRM)
Marketing
Marketing de fidelização ou retenção
Marketing de relacionamento
Marketing de transação
Marketing digital ou Web marketing
Marketing direto
Marketing institucional
Marketing interativo
Marketing internacional
Marketing pessoal
Marketing social
Marketing um a um ou marketing individualizado
Mercado
Mercado-alvo
Mercado de consumo
Mercado organizacional
Necessidade
Necessidade adquirida
Necessidade inata
Orientação para o mercado
Planejamento de marketing
Potencial de mercado
Produto
Responsabilidade estratégica
Responsabilidade operacional
Satisfação
Segmentação de mercado
Segmento de mercado
Serviço
Teoria da escolha individual
Valor
Valor patrimonial de longo prazo
Vantagem competitiva

QUESTÕES PARA REVISÃO E DISCUSSÃO

1. Compare as definições de marketing apresentadas neste capítulo e, com suas palavras, sugira uma nova definição.
2. A cidade de Brotas, no estado de São Paulo, está desenvolvendo com muito sucesso atividades turísticas voltadas para esporte e aventura. O número de agências especializadas nesse tipo de atividade vem crescendo muito nos últimos anos; poucas regiões têm condições de oferecer tantas opções de lazer, adrenalina e diversão.

   Fonte: Adaptado de CARRANCA, Adriana; SALLUM, Érika. A praia da adrenalina. *Veja São Paulo,* ano 34, n. 16, abr. 2001, Parte integrante da revista *Veja.*

   Com base no texto apresentado, reflita sobre as razões para o sucesso desse empreendimento usando os conceitos de necessidade, satisfação e valor.
3. Identifique o tipo de marketing desenvolvido nas seguintes situações:
   - uma companhia aérea que fornece cartão com plano de milhagem ao passageiro;
   - um artista que aparece em colunas sociais;
   - uma empresa de Internet que vende seus produtos via rede, de acordo com as preferências do cliente;
   - uma fundação de apoio ao menor carente que divulga seus trabalhos em um programa de televisão.
4. O que é composto de marketing? Defina cada uma das variáveis de decisão que o compõem.
5. Quais são os principais papéis desempenhados pelo gerente de marketing?
6. O gerente de marketing relaciona-se diretamente com outras áreas funcionais da empresa. Enumere as principais áreas com que ele mantém contato, descrevendo as atividades compartilhadas por elas.
7. Diferencie responsabilidade estratégica e operacional, dando exemplos das atividades de marketing envolvidas em cada uma delas.

RESOLVENDO UM CASO

NOVAS APLICAÇÕES PARA MARKETING

A evolução das práticas empresariais, com a incorporação de tecnologias e o ajustamento constante aos ambientes econômico, político, social e cultural, está promovendo o surgimento de novas aplicações para o marketing.

As empresas se veem diante de avançados conceitos de marketing e procuram, a partir disso, meios para operacionalizá-los em seu dia a dia.

Muitas delas vêm buscando orientar suas estratégias para o mercado, investindo em políticas de relacionamento com o cliente e, até mesmo, em atividades de marketing individualizado.

A Internet favorece a aplicação prática desses conceitos, permitindo a personalização e adaptação de produtos. Porém, ainda há um longo caminho a ser percorrido para se alcançar o ideal da relação cliente-empresa.

Algumas empresas do mundo da moda estão utilizando a Web para conhecer melhor seus clientes e, assim, promover um atendimento mais focalizado. A C&A está operando um programa de relacionamento na rede. Os resultados desse programa indicam que 35% das pessoas que compraram na C&A estavam fazendo compras na Internet pela primeira vez.

Lançado em 1999, o *site* da Viva Vida, outra empresa da área de moda, corresponde a cerca de 5% do faturamento da empresa. Esse *site* oferece um serviço de consultoria de moda em que uma equipe responde às dúvidas de clientes de forma particular. Hoje, a Viva Vida conta com a autorização de 60 mil clientes para envio de *newsletters* semanais com novidades sobre a loja.

A Triton, no mercado B2B[2], implementou um programa com proprietários e vendedores de lojas multimarcas que possibilita a mensuração do desempenho das lojas e dos funcionários. Por meio dessa iniciativa, a Triton é capaz de mapear as suas vendas e acompanhar o tempo de comercialização de seus produtos e de coleções antigas. Esse projeto está possibilitando o direcionamento de compras futuras de forma personalizada para as lojas.

Percebe-se que as empresas de confecção estão se movimentando para construir uma relação duradoura com o cliente, baseada na confiança e no compromisso. A customização da oferta representa, ainda, um grande desafio.

O marketing está se tornando cada vez mais complexo. As empresas devem buscar oportunidades de diferenciação nas ferramentas que podem ser adaptadas às exigências de cada nova situação.

Fonte: RAPP, Stan. Muitos para um. *HSM Management,* n. 17, p. 6-10, nov./dez. 1999; BATOCHIO, Renata. Inventando moda. *Meio & Mensagem,* 12 mar. 2001.

PERGUNTAS

1. Por que é importante para as empresas do mundo da moda direcionar suas ações para os clientes?
2. Quais são as principais atividades de marketing que as empresas do mundo da moda estão aplicando para criar um relacionamento com seus clientes?
3. Em sua opinião, você acha que essas empresas estão orientando suas atividades de maneira adequada?

Explore mais

www.vivavida.com.br www.cea.com.br www.triton.com.br

ELABORANDO UM PROJETO

RELACIONAMENTO COM ÁREAS FUNCIONAIS DA EMPRESA

Imagine que você seja gerente de marketing de uma empresa e que esteja planejando o lançamento de um novo produto. Você tem um grande projeto em mãos, mas, para executá-lo, vai precisar do apoio de outras áreas funcionais. Você está requisitando que a empresa disponibilize uma equipe multidisciplinar para trabalhar em seu projeto. Para aprovar o seu pedido, a diretoria pediu que descrevesse os tipos de atividade de que vai necessitar de cada área. Haverá necessidade de análise de financiamentos? E de desenvolvimento de novas tecnologias para incorporar ao produto? Será preciso contratar novos funcionários? Para esse projeto, você deverá descrever o tipo de produto que será lançado e analisar a necessidade de contato e o nível de relacionamento que vai estabelecer com as outras áreas funcionais da empresa.

[2] B2B = *business-to-business,* ou seja, mercado organizacional, de empresa para empresa.

BIBLIOGRAFIA

BATTISTA, Paul. CRM: promise and reality. *CMA Management Magazine*, New York, May 2000.

BRETZKE, Miriam. *Marketing de relacionamento e competição em tempo real*. São Paulo: Atlas, 2000.

CHURCHILL JR., Gilbert A.; PETER, J. Paul. *Marketing:* criando valor para os clientes. São Paulo: Saraiva, 2000.

COBRA, Marcos; RIBEIRO, Áurea. *Marketing:* magia e sedução. São Paulo: Cobra, 2000.

DELL, Michael. *Dell:* estratégias que revolucionaram o mercado. São Paulo: Market Books, 1999.

KOTLER, Philip. *Marketing management:* the millenium edition. New Jersey: Prentice Hall, 2000.

_____. *Marketing para o século 21*. São Paulo: Futura, 1999.

LAMBIN, Jean-Jacques. *Market-driven management*. London: MacMillan, 2000.

PEPPERS, Don; ROGERS, Martha. *Marketing um a um*. Rio de Janeiro: Campus, 1996.

PORTER, Michael. *Competitive advantage.* New York: Free Press.1985.

STONE, Merlin; WOODCOCK, N. *Marketing de relacionamento*. São Paulo: Littera Mundi, 2000.

VAVRA, Terry. *Marketing de relacionamento*. São Paulo: Atlas, 2000.

Capítulo 2

Análise de Mercado

Sergio Roberto Dias

VISÃO GERAL DO CAPÍTULO

Neste capítulo, apresentaremos o conceito de segmentação de mercado, discutindo sua importância para os negócios e para o planejamento estratégico da empresa. Explicaremos quais as vantagens que uma organização pode obter ao segmentar o mercado e detalharemos os principais critérios utilizados na segmentação. Finalmente, abordaremos as estratégias de segmentação, introduzindo os conceitos de penetração e ocupação de mercado.

OBJETIVOS DO CAPÍTULO

Depois de concluir este capítulo, você será capaz de:

1. discutir a importância da segmentação de mercado para qualquer tipo de negócio ou objetivo de plano de marketing;
2. descrever as vantagens da segmentação de mercado;
3. detalhar as principais formas para segmentação de mercado; e
4. identificar as estratégias de segmentação de mercado que podem ser adotadas por uma empresa.

2.1 SEGMENTAÇÃO DE MERCADO

Se você está pensando em desenvolver seu próprio negócio, ou em lançar um novo produto no mercado, ou, ainda, se foi recentemente contratado para se responsabilizar pelo marketing de alguma empresa, então uma das perguntas que deverá fazer a si mesmo, antes de qualquer coisa, é: a quem interessa este produto? Ou quem pode estar interessado em receber este benefício que meu produto (ou serviço) oferece? Ou melhor, quem é o meu cliente?

Qual é o perfil do meu cliente potencial? Que tipo de pessoa e de consumidor ele é? Quais são seus hábitos de compra? Qual o seu estilo de vida?

Para podermos elaborar nossos planos e estratégias de marketing da melhor forma possível (a fim de obter os melhores resultados), temos de responder a todas as perguntas acima e a muitas outras.

Esse é o ambiente da segmentação de mercado. E o que vem a ser segmentação de mercado? Art Weinstein, em seu livro *Segmentação de mercado*[1], define **segmentação de mercado** como o processo de dividir mercados em grupos de consumidores potenciais com necessidades e/ou características semelhantes e que provavelmente terão comportamentos de compra semelhantes.

Segmentação de mercado é o processo de dividir mercados em grupos de consumidores potenciais com necessidades e/ou características semelhantes que provavelmente exibirão comportamentos de compra semelhantes.

Sabemos que os consumidores não são todos iguais, e tampouco suas preferências para um mesmo tipo de produto. Há uma complexidade de realidades que devem ser analisadas, selecionadas e definidas para que se tenha uma boa imagem do perfil qualitativo de nosso mercado potencial. Sexo, idade, renda, escolaridade, tipo e localização do domicílio, profissão, grau de utilização do produto, personalidade etc. são algumas das variáveis dessa realidade a ser analisada. Por exemplo, você pode presumir que qualquer pessoa com mais de 18 anos quer ter um carro. Mas que carro? De luxo ou popular? De passeio ou utilitário? Grande ou compacto? A resposta a qualquer uma dessas perguntas passa pela definição, *a priori,* do perfil do consumidor de cada uma das versões acima. Depois, é preciso agrupá-los, definindo que grupos mais provavelmente comprariam este ou aquele modelo. Esse trabalho é a segmentação de mercado.

Um cidadão pode desejar adquirir um carro esportivo e veloz, porém caro. Mas ele pode comprar? Tem recursos para isso? Alguém pode preferir uma pasta de dentes importada cujo atributo principal seja o de combater o tártaro, outro pode preferir aquela que tem efeito branqueador sobre os dentes. No primeiro caso, há de se levar o fator *renda* em consideração. No segundo, deve-se trabalhar com o conceito de *benefício* esperado.

O trabalho de identificar, agrupar e localizar os consumidores-alvo sempre se justifica pelas vantagens que essa prática acarreta, como veremos adiante. Esse trabalho pode ser feito para bens de consumo, industriais e/ou serviços e para empresas públicas e privadas. Uma empresa do setor financeiro interessada em colocar no mercado uma forma de investimento agressivo, que exija investimento mínimo de R$ 500.000,00, deverá dirigir seus esforços de marketing para que tipo de cliente potencial? Provavelmente

[1] WEINSTEIN, Art. *Segmentação de mercado.* São Paulo: Atlas, 1995, p. 18.

para pessoas do sexo masculino, com mais de 30 anos de idade e que já sejam investidores no mercado financeiro. O bairro onde mora, o número de bens que possui, o clube que frequenta, os cartões de crédito que utiliza e a frequência com que viaja ao exterior são variáveis que, se identificadas e conhecidas, facilitam sobremaneira o trabalho de planejamento do marketing correto para o sucesso com esse cliente potencial. Em seguida, agrupam-se os clientes potenciais com esse perfil, definindo-se sua localização geográfica (agrupando-os por segmento geográfico).

Para uma marca de arroz embalado, talvez bastasse conhecer o tamanho da população dos diferentes segmentos geográficos que se pretende explorar, visto que a maioria da população brasileira consome arroz com grande frequência. O número de domicílios também talvez fosse suficiente. Mas, para aperfeiçoar o processo, a empresa talvez definisse que seus clientes potenciais são: mulheres (porque elas é que compram mais frequentemente) com mais de 20 anos de idade, casadas, com filhos e cuja principal atividade seja a administração do lar.

Uma empresa de bens industriais segmentaria seu mercado identificando as empresas (por ramo de atividade e porte, por exemplo) que utilizam a matéria-prima, os componentes ou os produtos acabados que ela oferece. No caso dos bens industriais, o trabalho de segmentação, de qualificação do mercado-alvo, é bem mais fácil devido ao menor número de clientes industriais e sua relativa concentração geográfica.

É preciso voltar a frisar que a segmentação de mercado é importante em qualquer circunstância, para qualquer tipo de negócio e qualquer objetivo de plano mercadológico. Diante dessa afirmação, alguém poderia argumentar que ela é válida para o marketing de massa, mas não é relevante para o micromarketing, o marketing um a um. Isso não é verdade, porque mesmo que se faça uso do marketing cliente a cliente, um a um, individual e personalizado, ainda assim esse cliente terá perfil, características e hábitos de consumo compatíveis com os do segmento-alvo. Assim, o processo de segmentar mercados é vital para a correta qualificação de mercados que, como insumo para qualquer plano e estratégia de marketing, é fundamental, como veremos a seguir.

2.2 VANTAGENS DA SEGMENTAÇÃO DE MERCADO

As vantagens da segmentação de mercado são inúmeras e da maior importância para o marketing de qualquer empresa. Vejamos algumas.

- Talvez a mais importante seja que, conhecendo melhor seu cliente, você poderá servi-lo melhor. Quanto mais detalhado for esse conhecimento, melhor será o ajuste das variáveis de marketing, portanto, melhor será seu plano de marketing.
- Conhecendo quem são seus clientes e tendo-os agrupado, será mais fácil contá-los. Então, a segmentação de mercado acaba sendo um pré-requisito fundamental para o trabalho de *quantificação de mercado,* definindo-se quantos são seus clientes potenciais.

- Quando se sabe quem são, onde estão e quantos são, fica mais fácil o trabalho de definirmos o *tipo e a intensidade da distribuição* que devemos desenvolver para atendermos corretamente aos clientes-alvo. Poderemos definir com mais precisão o tipo de distribuição, o perfil do intermediário ideal e a quantidade e localização desses intermediários, o que nos remeterá também às informações sobre a logística necessária (e seu custo).
- Conhecendo as características dos grupos de clientes-alvo, seus costumes e hábitos, poderemos nos comunicar melhor com eles, dado que, estando inteirados de seus hábitos de consumo de mídia, são maiores nossas chances de *utilizarmos mais objetivamente os recursos da propaganda.*
- Fica mais objetiva a tarefa de pesquisar nosso mercado. Desenvolvermos cada vez mais as informações sobre nossos segmentos-alvo implica desenvolvermos, cada vez mais, os planos e as estratégias mais adequados a esses segmentos.
- O conhecimento do segmento-alvo permite que façamos um trabalho de melhor resultado no que concerne aos esforços de *posicionamento de nosso produto.* E não só isso, como também se torna mais fácil identificar oportunidades para novos lançamentos de produtos. É fácil percebermos, então, que o plano e as estratégias de marketing são grandemente beneficiados. O trabalho de planejar e definir estratégias de marketing é mais fácil quando já se segmentou o mercado. O plano fica, essencialmente, mais objetivo, e, portanto, mais propenso a melhores resultados.

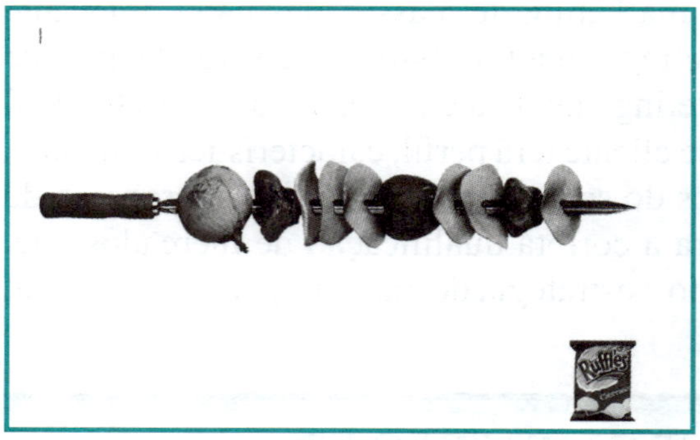

Almap BBDO

A segmentação de mercado permite que a empresa direcione seus esforços para seu público-alvo, focalizando os atributos que os consumidores consideram mais importantes. A produção desse anúncio da Elma Chips está voltada para o segmento de mercado composto por jovens de 11 a 24 anos de idade — os maiores consumidores de salgadinhos.

2.3 FORMAS OU CRITÉRIOS PARA A SEGMENTAÇÃO

O processo de segmentação de mercado utiliza sempre a pesquisa. Com ela, é possível que se chegue ao resultado do agrupamento desejado (segmento-alvo). Dado que a segmentação de mercado é fundamental para o desenvolvimento das estratégias de marketing, quanto mais e melhor se investir na pesquisa para segmentação, melhores resultados operacionais deverão ser obtidos.

Os objetivos principais da pesquisa de segmentação são responder a perguntas como:

• quem são nossos consumidores-alvo?; e
• quais são seus hábitos de consumo?

Técnicas e práticas de pesquisa de marketing serão apresentadas no Capítulo 14. Por ora, trataremos das diversas formas de segmentação.

2.3.1 SEGMENTAÇÃO DEMOGRÁFICA

A **demografia** estuda estatisticamente as populações e suas características. Dessa forma, a **segmentação demográfica** diz respeito a dividir os mercados com base nessas características da população. Algumas de suas variáveis principais são:

• faixa etária;
• sexo;
• tamanho médio das famílias;
• estado civil;
• número de unidades domiciliares; e
• nacionalidade, religião, raça e genealogia.

A pesquisa de identificação dessas variáveis já nos conduz a informações bastante relevantes para a meta de identificação e qualificação de nosso mercado-alvo. Ela nos dá também dados relevantes sobre a dimensão de nosso mercado potencial, como veremos adiante.

Demografia é o estudo estatístico das populações e suas características

Segmentação demográfica é o processo de identificar segmentos de mercado com base nas características da população.

2.3.2 SEGMENTAÇÃO SOCIOECONÔMICA

A **segmentação socioeconômica** divide o mercado com base nas características sociais e econômicas da população. Ou seja, seu objetivo é identificar segmentos com base nas seguintes variáveis principais:

• classe social;
• renda (*per capita*, discricionária, familiar etc.);
• escolaridade;
• ocupação profissional; e
• posse de bens (imóveis, veículos etc.).

Segmentação socioeconômica é o processo de identificar segmentos de mercado com base nas características sociais e econômicas da população, como renda, posse de bens, escolaridade, classe social e ocupação profissional.

2.3.3 SEGMENTAÇÃO GEOGRÁFICA

Quando se quer realizar um bom trabalho de segmentação de mercado, é preciso considerar como imprescindível a realização da segmentação geográfica. A **segmentação geográfica** divide o mercado com base em critérios geográficos, como localização e densidade populacional.

Segundo Michael J. Weiss[2], o lugar em que se vive determina a maneira como se vive. Conhecendo onde e como as pessoas vivem, fica mais fácil atender às suas necessidades, com mais chance de sucesso nessa empreitada.

Os locais onde as pessoas trabalham, moram, passam as férias têm grande impacto sobre o seu comportamento de compras.

Os critérios para segmentação geográfica podem ser: países, Estados, municípios, comarcas, bairros e microrregiões dos bairros. A seleção do(s) critério(s) será sempre em função dos objetivos de penetração e/ou ocupação de mercado pretendida.

Segmentação geográfica é o processo de identificar segmentos de mercado com base em critérios geográficos, como localização e densidade populacional.

---

[2] WEISS, Michael J. *The clustering of America...* New York, Tilden, 1988.

Os censos geodemográficos e os dados secundários gerados por órgãos públicos e entidades são as fontes mais comumente utilizadas para a realização desse tipo de segmentação.

2.3.4 SEGMENTAÇÃO POR BENEFÍCIOS

Em geral, as pessoas adquirem um bem em função do(s) benefício(s). Que vantagens, que satisfações determinado produto pode oferecer aos consumidores?

Segmentação por benefícios é o processo de identificar segmentos de mercado com base nos benefícios procurados pelos clientes.

A **segmentação por benefícios** divide o mercado com base nos benefícios procurados pelos cliente. Desse modo, há pessoas que adquirem seus veículos buscando o atributo potência, velocidade. Outras buscam, por exemplo, a economia de combustível e de manutenção em geral. Uns e outros procuram benefícios distintos na mesma categoria de produtos. Há pessoas que adquirem um relógio caro para ostentar luxo ou, talvez, estimuladas por valores estéticos. Outras preferem um relógio prático e barato. Os benefícios podem satisfazer a necessidades físicas, psicológicas, sociais ou emocionais. Saber por que as pessoas compram este ou aquele produto e qual (ou quais) o benefício (ou benefícios) que elas esperam com seu consumo (ou uso) facilita muito a formulação e a administração não apenas do nosso composto de oferta, como também da política de preços, de comunicação, de venda e de distribuição de nossos produtos.

2.3.5 SEGMENTAÇÃO POR GRAU DE UTILIZAÇÃO

Trata-se de detectarmos a *frequência de uso* e, portanto, a frequência de compra de determinado produto/serviço. Os segmentos, nesse caso, são identificados baseando-se no nível de consumo. Assim, a **segmentação por grau de utilização** divide o mercado com base no nível de consumo.

Segmentação por grau de utilização é o processo de identificar segmentos de mercado com base no nível de consumo.

Heavy user é um usuário contínuo de determinado produto.

É muito comum ouvirmos o termo *heavy user.* Um ***heavy user*** é um usuário contínuo de determinado produto.

Um fabricante de vestuário masculino precisa saber quais os segmentos que:

- compram muito;
- compram medianamente; e
- compram pouco

seus produtos (ou as categorias de produtos que ele fabrica ou pretende fabricar). De posse dessa informação, ele poderá direcionar melhor seus esforços de marketing, visando a obter os melhores resultados para sua empresa.

Essa forma de segmentação engloba dois componentes importantes, a saber:

- qual a frequência de uso do produto;
- qual a variedade do uso (as formas ou aplicações diferentes para o produto utilizado).

As vantagens da realização desse trabalho são óbvias. Torna-se possível melhorar a comunicação com os segmentos, manter e criar mercados com melhor gestão produto/comunicação/mercado, explorar melhor o posicionamento do produto, melhorar a distribuição, e assim por diante.

2.3.6 SEGMENTAÇÃO PSICOGRÁFICA

A **segmentação psicográfica** divide o mercado com base no modo como as pessoas pensam e levam suas vidas. Por meio da segmentação psicográfica, podem ser analisados:

- estilo de vida (uma das formas mais comuns);
- fatores psicológicos, antropológicos e sociológicos;
- autoconceito;
- personalidade;
- valores; e
- atividades, interesses e opiniões.

A **segmentação psicográfica** é o processo de identificar segmentos de mercado com base no modo como as pessoas pensam (autoconceito, personalidade e valores) e levam suas vidas (estilos de vida, atividades, interesses e opiniões).

O indivíduo moderno e o tradicional podem ser segmentados, por exemplo, sociologicamente (além de outras formas). Assim, o agressivo e o pacato, os que priorizam a racionalidade *versus* a emotividade, os que votam em diferentes partidos, os *workaholics* e os *bons vivants* são exemplos de tipos pesquisados e agrupados conforme algum ou alguns dos critérios acima. Não é uma tarefa fácil fazer esse tipo de segmentação, mas é possível e, não raro, necessário.

O *Values and Lifestyles Program* (VALS-2)[3], por exemplo, tipifica, para efeito de segmentação psicográfica, os seguintes tipos:

- **efetivadores** (*actualizers*): independentes, líderes, arrojados, gosto sofisticado;
- **satisfeitos** (*fulfilleds*): organizados, autoconfiantes, intelectuais, buscam funcionalidade;
- **confiantes** (*believers*): positivos, respeitosos, fiéis, preferem marcas nacionais ou já estabelecidas;
- **realizadores** (*achievers*): convencionais, pragmáticos, conscientes de marca;
- **batalhadores** (*strivers*): alegres, tendenciosos, imitam aqueles que têm prestígio;
- **experimentadores** (*experiencers*): impacientes, impulsivos, espontâneos;
- **fazedores** (*makers*): práticos, autoconfiantes, orientados para a família, menos impressionados por posses materiais; e
- **lutadores** (*struglers*): cuidadosos, conservadores, conformistas.

2.4 ESTRATÉGIAS DE SEGMENTAÇÃO

Como e com que intensidade se pretende explorar os segmentos de mercado identificados? Algumas decisões importantes terão de ser tomadas para que essa pergunta seja respondida e operacionalizada.

Há, desde logo, as seguintes alternativas a considerar:

Estratégia de segmentação de *não diferenciação*. Nesse caso, a empresa opta por explorar todo o seu mercado potencial, em todas as regiões geográficas possíveis, valendo-se de apenas *um* plano de marketing, único e válido para todo o mercado. Isso significa que ela decidiu ignorar as possíveis

[3] Values and Lifestyles Program. Descriptive materials for the VALS-2 segmentation system. MENLO PARL, Calif. SRI International, 1989. In: WEINSTEIN, Art. *Segmentação de mercado.* São Paulo: Atlas, 1995.

diferenças existentes entre um segmento e outro, tratando a todos da mesma forma (mesmo tratamento mercadológico, mesma estratégia).

Estratégia de segmentação por *diferenciação*. Aqui a empresa reconhece e leva em consideração uma ou algumas diferenças significativas que possam existir entre seus segmentos-alvo e opta por tratá-los de forma distinta, preparando e executando *planos de marketing específicos* (mais de um, portanto, para cada segmento que decida tratar diferenciadamente).

Estratégia de *concentração*. Por uma série de motivos, como a proximidade de suas instalações, o significativo potencial, sinergias reais e/ou possíveis, a empresa escolhe um segmento como prioritário, como o mais importante e prático, e decide *concentrar* todos os seus esforços apenas nele, fazendo-o com um *plano de marketing* específico para aquele segmento.

Essas estratégias estão sempre atreladas à segmentação geográfica, como ficou claro até agora.

Penetração de mercado é a presença de uma empresa no mercado, mesmo que de maneira pouco representativa.

Ocupação de mercado é a presença da empresa no mercado em uma posição forte, bastante significativa em termos de concorrência e, portanto, de participação de mercado.

Podem, também, incorporar ao tema estratégia os conceitos de **penetração de mercado** e **ocupação de mercado**. Penetrar em algum mercado significa estar presente nele, ainda que de maneira pouco representativa (participação de mercado pequena ou insignificante). Ocupar mercado significa ter nele uma posição forte, bastante significativa em termos de concorrência e, portanto, de participação de mercado.

Uma empresa que opte por uma estratégia de não diferenciação poderá ter um elevado índice de penetração, mas não necessariamente um elevado índice de ocupação em todos os segmentos explorados.

Por outro lado, a empresa que opte pela estratégia de concentração estará sempre buscando a maior participação de mercado possível nesse segmento (buscando o maior nível de ocupação que puder), ao menos em tese.

Os conceitos de penetração e ocupação serão sempre mais bem aplicados quando a empresa já tiver feito seu trabalho de *quantificar* os diferentes segmentos.

2.5 QUANTIFICAÇÃO DE MERCADO

Quantificação de mercado é o estudo das definições dos objetivos de venda, de participação de mercado, das cotas de venda por regiões e/ou vendedores.

Uma das áreas de estudo e prática do marketing que mais cuidados requer é a da **quantificação de mercado**. As definições dos objetivos de venda, de participação de mercado, das cotas de venda por regiões e/ou vendedores são cruciais para o bom desempenho da empresa, seja ela de que tipo e natureza for.

Para que seja possível melhorar as nossas decisões quanto aos aspectos que dizem respeito à quantificação, algumas providências devem ser tomadas, como citaremos a seguir.

Variáveis macroeconômicas. É importante sabermos como está e como será a saúde da economia. Assim, se o Produto Interno Bruto (PIB) estiver crescendo e a perspectiva para o ano seguinte também for de crescimento, é de se supor que, de maneira geral, as empresas alcancem um resultado satisfatório.

Qualquer empresa que conte com um bom banco de dados (e deveria sempre contar com um) terá os dados históricos de suas vendas, bem como os relativos à evolução do PIB. Por meio de cálculos de correlação e das previsões para o PIB do ano seguinte, será possível começar a calcular as provisões de vendas para essa empresa. O mesmo raciocínio aplica-se a outras variáveis da economia, como variáveis de renda *(per capita,* discricionária etc.), de mão de obra empregada (ou taxa de desemprego), de juros, variação cambial etc.

Como sabemos, o PIB é calculado por setores. Dessa maneira, a empresa poderá realizar seus cálculos de correlação com os dados do setor do PIB no qual ela atua (setor industrial, comercial, agrícola ou de serviços).

Fatores como variação cambial, taxa de desemprego, custo do dinheiro, importações, consumo de energia elétrica, entre outros, devem ser analisados e utilizados principalmente quando se verificar forte influência, forte correlação com o desempenho do setor em que estivermos atuando.

Num plano mais específico, será sempre de fundamental importância o conhecimento mais detalhado possível da oferta e demanda de nosso setor e dos setores complementares.

Estudos minuciosos de demanda pressupõem a existência de um bom banco de dados que não apenas nos permita fazer boas previsões como também tomarmos decisões estratégicas mais corretas. Assim, no plano das médias corretivas sobre a demanda, temos, como exemplo:

Demanda satisfatória: quando as previsões são realizadas frequentemente. Nesse caso, para que essa situação se mantenha, será necessário avaliar constantemente o grau de satisfação dos clientes, o movimento da concorrência, que provavelmente está tentando tomar parte de nossa participação de mercado, e o nosso nível de serviços, e procurar sempre melhorar nosso desempenho.

Demanda decrescente: nesse caso, cabe avaliar a necessidade de realizar mudanças no produto e/ou seu processo de comunicação e vendas, sem descartar a possibilidade de eliminá-lo.

Demanda sazonal: procurar lançar produtos cuja demanda ocorra numa sazonalidade ao contrário, a fim de tentar linearizar o faturamento da empresa. Deve-se tentar ainda desenvolver novos usos ou hábitos de consumo do produto, bem como novos consumidores, se possível.

Demanda indiferente: ocorre quando se percebe a indiferença do consumidor para com o produto (que não está posicionado na mente do cliente). Nesse caso, cabe, pela comunicação, tentar divulgar os atributos e benefícios do produto, no sentido de posicioná-lo, gerando então o interesse por parte do consumidor.

Demanda excessiva: quando previsões são facilmente realizadas e a carteira de pedidos cresce rapidamente, ameaçando gerar desabastecimento (falta do produto no mercado). Uma situação assim poderá resultar numa insatisfação do consumidor, que poderá levá-lo, no extremo, à rejeição da marca. Cabe, nesse caso, o uso de uma **estratégia de marketing** seletivo, ou seja, uma estratégia que visa a reduzir o consumo. Como? Priorizando segmentos, reduzindo a comunicação sobre o mercado e os custos de venda e distribuição nos segmentos menos rentáveis ou menos importantes do ponto de vista de potencial; o aumento do preço também pode ser usado, respeitada a elasticidade desse preço. Essas são algumas das considerações pertinentes à necessidade de trabalharmos corretamente os aspectos quantitativos que interferem diretamente no nosso trabalho de planejamento e previsões relativas ao desempenho esperado de nossa empresa ou produto. A seguir, apresentaremos mais algumas ferramentas operacionais necessárias ao trabalho de quantificação de nosso mercado.

2.5.1 POTENCIAL DE MERCADO

Na prática, o *termo potencial de mercado* é comumente empregado para representar quanto um setor de negócios ou uma empresa poderá vender seus produtos ou qual é a oportunidade de vendas que o mercado em análise apresenta. Na verdade, isso significa potencial de vendas, que, conforme veremos na próxima seção, é um número absoluto que reflete quanto determinado setor de negócios, pela sua tendência histórica e/ou pesquisas de mercado, poderá vender (ou quanto determinado setor de negócios/segmento poderá consumir).

Potencial de mercado é um número relativo, estático, que define o tamanho relativo dos diferentes segmentos geográficos que estão sendo medidos.

Potencial de mercado, na sua conceituação tradicional, é um número relativo, estático (refere-se apenas ao momento em que os dados foram coletados), e que define o tamanho relativo dos diferentes segmentos geográficos que estão sendo medidos.

Suponhamos que uma empresa do setor de alimentos (bens de conveniência) queira explorar uma região que envolve três grandes cidades situadas ao longo de uma determinada rodovia. Para isso, quer conhecer o tamanho relativo, ou seja, o *potencial de mercado* dessas cidades.

Uma vez que gêneros alimentícios são consumidos por toda e qualquer pessoa, a maneira mais simples de calcular o potencial seria a seguinte:

Quadro 2.1

	Cidade A	Cidade B	Cidade C	Total
População (milhões de pessoas)	2,5	1,0	1,5	5,0
%	50	20	30	100

Desse modo, a empresa constataria que a cidade A representa metade do potencial total avaliado. A cidade A é 2,5 vezes maior que a cidade B, e a cidade C é uma vez e meia maior que a cidade B.

Se a mesma empresa vendesse gêneros alimentícios caros e supérfluos (por exemplo: temperos importados e sofisticados), a variável renda também passaria a ser importante. Aí, por exemplo, o cálculo do potencial poderia ser assim realizado:

Quadro 2.2

	A	B	C	Total
População (milhões de pessoas)	2,5	1,0	1,5	5,0
%	50	20	30	100
Renda (*per capita*, por exemplo, em mil)	5,0	2,5	2,5	10,0
%	50	25	25	100
Potencial de mercado[4]	50	22,5	27,5	100

[4] Calculado somando-se os percentuais verticais (de cada cidade) e tirando-se a média aritmética deles.

Se a empresa operasse com *bens duráveis, de compra comparada*, como televisores ou máquinas de lavar roupas, o cálculo, ainda num modelo simples, poderia ser o seguinte:

Quadro 2.3

Cidade / Variável	A	B	C	Total
População (milhões de pessoas)	**2,5**	**1,0**	**1,5**	**5,0**
%	**50**	**20**	**30**	**100**
N.º de domicílios (em mil)	**500**	**250**	**400**	**1.150**
%	**43,5**	**21,7**	**34,8**	**100,0**
Renda *per capita* (em mil)	**5,0**	**2,5**	**2,5**	**10,0**
%	**50**	**25**	**25**	**100**
Potencial de mercado	**47,8**	**22,2**	**30,0**	**100,0**

Se um laboratório farmacêutico quisesse saber o tamanho relativo de cada município brasileiro para com isso organizar melhor seus esforços de marketing, ele poderia calcular:

Quadro 2.4

	A	B	Outros Municípios
N.º de leitos de hospitais	**500**	**150**	**Etc.**
%	**0,6**	**0,2**	**%**
N.º de médicos	**25**	**10**	**Etc.**
%	**0,4**	**0,15**	**%**
Potencial de mercado s/ país (%)	**0,5**	**0,175**	

O cálculo do potencial de mercado, relembrando, é precedido sempre de uma definição dos segmentos geográficos que se quer medir. Recomenda-se com muita frequência, especialmente quando se vai calcular o potencial de mercado de bens de consumo, que se use o município como padrão e unidade a ser medida. Uma empresa que explore ou deseje explorar o país todo deve agir dessa forma. Ainda que pretenda explorar apenas alguns segmentos geográficos, o cálculo do potencial de mercado, porque mede o tamanho relativo dos segmentos, desde logo já define uma classificação por tamanho, permitindo que a empresa possa, pela priorização por tamanho, definir os segmentos em que pretende atuar.

Um supermercado (assim como um banco, a fim de selecionar o melhor lugar para a instalação de sua agência) poderá trabalhar com o conceito de *microrregião*, medindo o potencial de poucas quadras (uma a uma) de uma mesma avenida.[5]

As variáveis escolhidas para o cálculo devem ter estreita relação com o negócio, uma correlação forte. Além disso, quanto maior o número de variáveis (pertinentes) usadas, maior será a qualidade do resultado da medição. A coleta dos dados dessas variáveis deve se referir ao mesmo

[5] Nesse caso, poderia utilizar as seguintes variáveis para a medição do potencial: densidade demográfica, população, número de pontos comerciais, fluxo de veículos, entre outras.

período de tempo. É possível também, para refinar ainda mais o método, ponderar as variáveis, como a seguir. Suponhamos que uma empresa do setor financeiro queira colocar papéis (investimentos) em dois mercados distintos. Assim, por exemplo:

Variáveis escolhidas	**Peso**
• Imposto de renda pago	5
• ICMS recolhido	2
• Depósitos bancários	3

Dados coletados:

Quadro 2.5

	Mercado 1	Mercado 2
IR (R$ milhões)	**100**	**300**
ICMS (R$ milhões)	**70**	**100**
Depósitos bancários (R$ milhões)	**30**	**35**

Cálculo do potencial:

$$\mathbf{M1} = \frac{(100 \times 5) + (70 \times 2) + (30 \times 3)}{10} = 73$$

$$\mathbf{M2} = \frac{(300 \times 5) + (100 \times 2) + (35 \times 3)}{100} = 180{,}5$$

$$73 + 180{,}5 = 253{,}5$$

$$\text{PM de M1} = \frac{73}{253{,}5} = 28{,}8\%$$

$$\text{PM de M2} = \frac{180{,}5}{253{,}5} = 71{,}2\%$$

De posse dessa informação, a empresa pode:

- optar por trabalhar apenas no Mercado 2, visto que ele é suficientemente grande (concentração dos esforços nesse segmento); e
- optar por explorar os dois mercados, já sabendo como alocar seus esforços de marketing e como deverá ser a resposta do mercado, ao menos em tese.

Na prática, empresas maduras, operando em mercados maduros, com o tempo colocam suas vendas a par com o potencial de mercado. Números *in loco* auxiliam na apuração das razões dessas diferenças.

2.5.2 POTENCIAL DE VENDAS

Potencial de vendas é um número absoluto que reflete quanto determinado setor de negócios, por sua tendência histórica e/ou pesquisas de mercado, poderá vender (ou quanto determinado setor de negócios/segmento poderá consumir).

Como vimos, o **potencial de vendas** reflete quanto determinado setor de negócios, por sua tendência histórica e/ou pesquisas de mercado, poderá vender (ou quanto determinado setor de negócios/segmento poderá consumir). Ou seja, representa a demanda total esperada para as vendas. Ele é um número que trata das vendas realizadas por um *ramo de negócios,* e não apenas de uma ou outra das empresas que nele se inserem. O que se quer é saber qual foi o desempenho histórico das vendas do setor, do ramo de negócios, a fim de com isso poder fazer projeções futuras. Por meio das séries históricas das vendas do setor, fazemos então projeções dessa reta para podermos prever as vendas futuras, como representado no Gráfico 2. l.

Gráfico 2.1
Vendas das indústrias automobilísticas

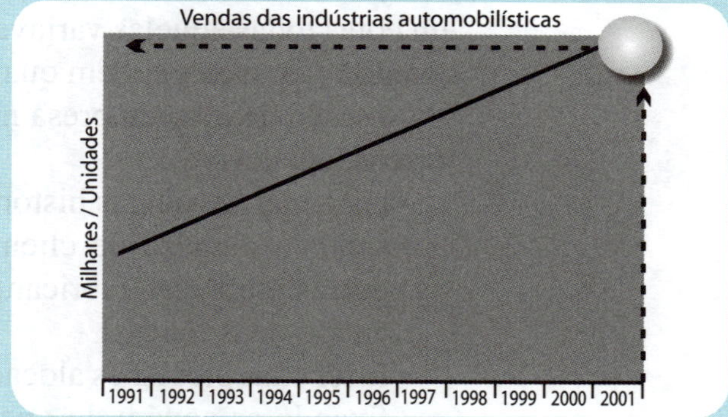

O leitor usará quais ou quantos métodos entender mais adequados (estatísticos, mão livre, médias móveis, semimóveis etc.) para trabalhar com a reta.

Cotejando essa reta com aquela de sua empresa, o administrador saberá se está ganhando ou perdendo participação de mercado, não sem antes ter visualizado a saúde e as perspectivas do setor em que opera.

2.5.3 PREVISÃO DE VENDAS

A previsão de vendas, tal como o potencial de vendas, refere-se a um número absoluto obtido a partir dos dados históricos de venda de sua empresa. Correlacionando as vendas com uma ou mais variáveis, será possível fazer a previsão das vendas futuras (na prática, estima-se sempre o ano seguinte, com mais segurança).

Um bom banco de dados, com séries históricas significativas e aplicação das ferramentas estatísticas compatíveis, poderá gerar informações suficientes para se fazerem boas previsões. O tratamento estatístico da curva histórica de vendas não exclui o expediente, sempre saudável, de ouvir a equipe de vendas a respeito de qual é a sua previsão. Equipes de campo e gerentes de venda, pela experiência prática e pelo contato constante com os clientes reais e potenciais, costumam fornecer informações bastante valiosas quando da realização de previsões de venda.

A importância da previsão de vendas para a empresa é vital, uma vez que ela não apenas orienta o plano de marketing em todo o seu aspecto quantitativo — detalhando por região/filial, produto, vendedor e cronograma —, como também é peça fundamental para as áreas de produção e financeira.

2.5.4 DETERMINAÇÃO DE COTAS

Realizado o cálculo da previsão de vendas, faz-se em seguida o da determinação de cotas, com o detalhamento da previsão de vendas por região, filial, vendedor, cliente, produto etc. Define-se, dessa maneira, quanto deverá ser vendido, de acordo com um cronograma (dia, semana, mês, ano) de determinado produto, ou linha(s) de produto(s), seguindo algumas das formas citadas anteriormente.

A segmentação geográfica e a previsão de vendas são fundamentais para a determinação de cotas. O conhecimento (informações) sobre os dados de vendas passados por vendedor, região, produtos etc. permite que se façam boas determinações de cotas. O controle constante sobre o número de clientes reais e potenciais existentes no mercado também é fundamental, visto que possibilita o controle das políticas de manutenção e criação de mercados.

Modernamente, as cotas fixadas para as equipes de venda definem não apenas volume de faturamento, mas incluem também cotas por famílias ou itens de produto, por número de clientes atendidos (número de pedidos tirados), número de novos clientes conquistados (quando for possível e desejado), número de cobranças realizadas etc. Enfim, transformam-se em cotas todas aquelas variáveis de desempenho, consideradas não apenas quantitativa, mas também qualitativamente desejadas.

No caso de uma empresa nova, se houver condições de usar dados históricos, ela deverá:

- conhecer as vendas históricas do ramo de negócio;
- saber o número de clientes potenciais (segmento-alvo), sejam eles outras empresas fabricantes, intermediários (atacado e/ou varejo) ou até pessoas físicas;
- fazer suas previsões alocadas por segmento geográfico a ser explorado, fixando-as aquém do que se gostaria, corrigindo-as à medida que os resultados justificarem;
- fixar metas do mesmo modo, ou seja, modestamente, estimulando fortemente, por meio da remuneração dos vendedores, o desenvolvimento de clientela (metaclientes), no sentido de acelerar a formação do cadastro de clientes.

Esses são os passos tradicionais do processo de quantificação de mercado, em seus aspectos mais abrangentes. Assim, as previsões devem ser o mais detalhadas possível, acompanhando os aspectos qualitativos e quantitativos do plano de marketing. Isso refletirá em grandes benefícios para, por exemplo:

- alocação de verba para propaganda e promoção de vendas;
- definição do tamanho da força de vendas;
- custo da distribuição, aí incluídos os custos da logística;
- análise do desempenho do composto de produtos; e
- custo de marketing em geral.

Um exemplo simples: uma empresa de pequeno porte produtora de ferragens (fechaduras e cadeados) e que operava somente na capital de São Paulo decidiu organizar seus dados de mercado para ter uma fotografia melhor de sua realidade. Dividiu a capital em zonas Norte, Sul, Leste e Oeste. Calculou o potencial de mercado das quatro regiões da seguinte forma:

Quadro 2.6

	Zona Norte	Zona Sul	Zona Leste	Zona Oeste	Total
N.º de domicílios em quantidade (em mil)	**400**	**650**	**800**	**750**	**2.600**
N.º de domicílios (%)	**15,4**	**25,0**	**30,7**	**28,8**	**100,0**
N.º de lojas de ferragens	**150**	**200**	**170**	**250**	**770**
N.º de lojas de ferragens (%)	**17,2**	**34,5**	**19,5**	**28,7**	**100,0**
Renda *per capita* (R$ mil)	**3,5**	**6,0**	**2,5**	**4,0**	**16,0**
Renda *per capita* (%)	**21,8**	**37,5**	**15,6**	**25,0**	**100,0**
Potencial de mercado	**18,13**	**32,33**	**21,90**	**27,50**	**100,0**

Ela colocou os dados de renda *per capita* no cálculo de potencial porque seus produtos eram de qualidade e preço superiores à média dos concorrentes. A empresa obteve com a Federação das Indústrias dados relativos às vendas do setor, no país, nos últimos dez anos, conforme mostrado na tabela a seguir.

O ano de 2000 foi atípico, por força de falta de matéria-prima para o setor. Lembre-se: isto é apenas um exemplo hipotético. A capital de São Paulo, nos últimos anos, vinha significando 25% do potencial de mercado do país. Com isso, a empresa calculou as vendas totais da capital e cotejou com suas vendas, como a seguir:

Quadro 2.7

Ano	Vendas do setor (US$ milhões)
1993	25,0
1994	27,5
1995	35,7
1996	57,2
1997	74,3
1998	104,0
1999	197,6
2000	80,0
2001	210,5
2002	270,0

Quadro 2.8

Ano	Vendas do ramo de negócio (US$ milhões) na capital de São Paulo	Vendas da empresa (US$ milhões)	Participação de mercado (%)
1993	6,25	0,625	10,0
1994	6,87	1,10	14,7
1995	8,92	1,51	16,9
1996	14,30	2,43	17,0
1997	18,57	3,34	18,0
1998	26,00	5,20	20,0
1999	49,40	9,80	19,8
2000	20,00	3,60	18,0
2001	52,62	8,94	17,0
2002	67,50	10,80	16,0

Ao perceber que estava perdendo participação de mercado nos últimos anos, a empresa tratou de pesquisar se esse problema ocorria de forma geral em todas as suas zonas de venda ou se isso era um fato isolado de alguma zona específica. Cotejou então suas vendas por zona com o potencial de mercado delas. Então:

Quadro 2.9

	Potencial de mercado (%)	Vendas (2002) (%)
Zona Norte	18,13	19,00
Zona Sul	32,33	30,00
Zona Leste	21,90	17,00
Zona Oeste	27,50	34,00

Com base no quadro anterior, a empresa decidiu verificar, mais detalhadamente, as razões pelas quais seu desempenho estava acima do par na Zona Norte e, mais fortemente ainda, na Zona Oeste, enquanto nas duas outras zonas (Sul e Leste) seu desempenho estava aquém do desejado. Montou, então, o quadro seguinte:

Quadro 2.10

	Zona Norte	Zona Sul	Zona Leste	Zona Oeste
N.º de clientes (varejo)	**150**	**300**	**170**	**250**
N.º de vendedores	**10**	**15**	**12**	**25**
N.º de clientes / n.º de vendedores	**15**	**20**	**14**	**10**
Investimento (R$ mil) em promoção de vendas junto aos clientes	**400**	**300**	**300**	**1.000**
R$ investidos por cliente / ano	**2.666**	**1.000**	**1.764**	**4.000**

Com esse quadro ficou fácil para a empresa perceber por que estava tendo sucesso nas zonas Norte e Oeste e fracasso nas duas outras zonas (sob o aspecto de comparação com os porcentuais de potencial de mercado). Visando a reverter essa situação de queda da participação de mercado, a empresa imediatamente tomou as seguintes decisões:

- reorganização do número de vendedores como abaixo:
  ZN — 15 vendedores
  ZS — 30 vendedores
  ZL — 17 vendedores
  ZO — 25 vendedores
- investimento promocional: aplicação de R$ 4 mil / ano por cliente;
- aumento do valor previsto de vendas para o ano seguinte, a fim de elevar a participação de mercado (negociando com a equipe/diretoria); e
- redefinição de cotas, como consequência da decisão acima.

Com isso, a empresa esperava melhorar seu desempenho de mercado, recuperando o espaço perdido já no exercício seguinte. Supomos agora que o leitor, com base nas informações aqui colocadas, possa fazer seus cálculos de potencial de mercado, sofisticando-os como achar melhor, respeitando sempre seus custos. O que importa para o autor é passar a ideia, o processo e a sugestão de métodos que auxiliem o leitor nessa tarefa.

RESUMO

Segmentação de mercado é o processo de dividir mercados em grupos de consumidores potenciais com necessidades e/ou características semelhantes.

A segmentação pode ser realizada em todos os tipos de negócios, para bens de consumo, industriais ou de serviços, para empresas públicas ou privadas, voltadas tanto ao marketing de massa como ao marketing um a um.

Há várias vantagens em segmentar um mercado. A empresa passa a conhecer melhor o seu cliente e a contatá-lo com mais facilidade; prepara-se para a etapa de quantificação de mercado e direciona os esforços de marketing ao cliente-alvo, sem desperdício de recursos.

As principais formas de segmentação de mercado são: segmentação demográfica (por exemplo, tamanho de família, número de domicílios e estado civil), segmentação socioeconômica (por exemplo, classe social, renda e escolaridade), segmentação geográfica (por exemplo, estados, municípios e bairros), segmentação por benefícios (por exemplo, praticidade e preço de um produto), segmentação por grau de utilização (por exemplo, frequência de uso) e segmentação psicográfica (por exemplo, estilo de vida, personalidade e opiniões).

As estratégias de segmentação podem ser de não diferenciação, de diferenciação ou de concentração.

A empresa que adota a estratégia de não diferenciação decide explorar todo o seu mercado por meio de um único plano de marketing, ignorando as diferenças existentes entre os segmentos.

Na estratégia de segmentação por diferenciação, a empresa trata os segmentos de forma distinta, levando em consideração uma ou algumas diferenças significativas que possam existir entre eles.

Na estratégia de concentração, a empresa elege um segmento como prioritário e decide concentrar todos os seus esforços exclusivamente nele, o que é feito com um plano de marketing específico para aquele segmento.

Termos e Conceitos Importantes

Ocupação de mercado | Penetração de mercado | Segmentação de mercado

QUESTÕES PARA REVISÃO E DISCUSSÃO

1. "A segmentação de mercado é válida tanto para o marketing de massa como para o marketing um a um." Você concorda com essa afirmação? Justifique sua resposta.
2. Quais são as vantagens da segmentação de mercado?
3. Dê exemplos de algumas variáveis que estão incorporadas à segmentação demográfica.
4. O que é segmentação de mercado por benefícios?
5. Cite e explique as premissas nas quais a segmentação por grau de utilização está baseada.
6. Para cada produto a seguir, identifique o tipo de segmentação mais adequado e justifique sua resposta:
   - seguro de vida;
   - curso de inglês;
   - barbeador;
   - comida congelada; e
   - carrinho de bebê.
7. Diferencie os conceitos de ocupação e penetração de mercado.

RESOLVENDO UM CASO

SEGMENTAÇÃO PARA MULHERES

Alguns autores acreditam que a concentração dos esforços de marketing em nichos de mercado e o acompanhamento de sua evolução são fatores determinantes para o sucesso e posicionamento de uma empresa.

Por apresentar uma série de características peculiares, o público feminino vem recebendo atenção especial de muitas empresas, sendo tratado como um segmento à parte.

Porém, sabe-se que o público feminino inclui grupos com diferentes comportamentos que podem variar segundo a posição social, idade e personalidade.

Muitas organizações encaram as mulheres como um segmento de mercado único e indivisível, ignorando as necessidades dos distintos grupos de consumidores do sexo feminino.

Os esforços de marketing das empresas, sobretudo relacionados com a comunicação e direcionados ao público feminino, devem respeitar a evolução de seus perfis de comportamento. As mulheres deixaram para trás os estigmas de "supermulheres" e "rainhas do *stress*", atribuídos a elas na década passada, quando buscavam a adaptação de seus estilos de vida à nova rotina de trabalho. Atualmente, elas preferem encontrar equilíbrio na vida. A conciliação de carreira, família e lar não é mais encarada como algo extraordinário e passou a fazer parte do dia a dia da média geral.

Alguns autores acreditam que não basta segmentar o mercado por gênero; é preciso identificar nichos que traduzam as necessidades e os desejos do público feminino para determinado tipo de produto ou serviço.

Por outro lado, a excessiva segmentação de mercado pode trazer transtornos relacionados a custos para as empresas.

No mercado brasileiro, verifica-se uma *supersegmentação* das publicações femininas. As editoras lançam revistas na tentativa de cativar especificidades das consumidoras — a jovem, a independente, a dona de casa —, mas encontram resistência de anunciantes, publicitários e até mesmo de leitoras para aceitar a validade de tamanha diferenciação.

A quantidade de publicações femininas é bastante grande. É possível encontrar várias revistas destinadas a adolescentes, mulheres maduras e mulheres na faixa dos 20-30 anos. O problema é que, muitas vezes, o público não consegue reconhecer o mercado para o qual a revista está dirigida, uma vez que até suas capas se tornam muito parecidas e pouco diferenciadas. Além do mais, uma revista supersegmentada não consegue absorver um número significativo de leitoras para atrair os anunciantes, o que pode acarretar sua descontinuação no mercado.

O desafio da segmentação é identificar segmentos ou nichos de mercado capazes de trazer retornos satisfatórios às empresas. Para isso, deve haver um constante monitoramento do mercado, já que as mudanças de perfil e comportamento podem alterar as decisões de segmentação de uma forma muito rápida.

PERGUNTAS

1. Qual é o problema trazido por uma segmentação de mercado abrangente que não direciona os esforços da empresa para um público-alvo?
2. Em sua opinião, como as editoras de revistas femininas poderiam encontrar um equilíbrio para a supersegmentação?
3. Que outros tipos de produtos poderiam ser segmentados para o público feminino?

Fontes: RIBEIRO, Marili; VILELA, Angélica. Muitas revistas para poucas mulheres. *Gazeta Mercantil,* 28 maio 2001; Mulheres — mercado. *HSM Management,* 23 nov./dez. 2000. Veja também o *site* www.paralela.com.br.

ELABORANDO UM PROJETO

SEGMENTANDO ATIVIDADES DE LAZER

Os consumidores, ao efetuarem compras para satisfazer suas necessidades e anseios, deixam claras suas preferências por determinados tipos de produtos e serviços. Pense em alguma atividade que você goste de realizar em suas horas livres. Você gosta de ler? De praticar esportes? De viajar? De cozinhar? Com certeza, você é um grande consumidor de produtos e serviços associados a essa atividade, que, segundo sua percepção, é sinônimo de lazer.

Agora, pense em outras pessoas que compartilham com você o gosto por essa atividade. O que vocês têm em comum?

Para o seu projeto, você deverá escolher um segmento de consumidores que realizam um tipo de atividade comum a sua e selecionar, por exemplo, o segmento de pessoas que gostam de livros de arquitetura, de lutar caratê, de viajar pelo Brasil ou de cozinhar, desde que você também esteja incluído nesse nicho.

Deverá refletir sobre as influências que o grupo selecionado para análise e no qual você também está incluído sofre em suas decisões de compra. A partir disso, deverá analisar o critério e a estratégia que a empresa proporcionadora de tal atividade utiliza para segmentar o mercado e alcançar consumidores como você.

Algumas empresas contribuem para a oferta dessas atividades de lazer, como, no caso dos exemplos citados, livrarias e editoras, clubes de esportes, pousadas e hotéis ou fabricantes de temperos especiais. Você deverá escolher apenas uma empresa e determinar a forma e a estratégia de segmentação adotada por ela para atingi-lo e o grupo no qual você está inserido.

BIBLIOGRAFIA

SRI INTERNATIONAL. Values and lifestyles program. Descriptive materials for the VALS-2 segmentation system. Menlo Parl, California, 1989. In WEINSTEIN, Art. *Segmentação de mercado*. São Paulo: Atlas, 1995.

WEINSTEIN, Art. *Segmentação de mercado*. São Paulo: Atlas, 1995.

WEISS, Michael J. *The clustering of America*... New York: Tilden, 1988.

Capítulo 3

Comportamento do Cliente

Miriam Bretzke

VISÃO GERAL DO CAPÍTULO

Este capítulo apresentará os fundamentos teóricos da disciplina relacionada ao comportamento do cliente, tanto no mercado de bens de consumo como no mercado de negócios. O enfoque principal será sensibilizar o leitor de que o estudo do comportamento é essencial ao marketing, uma atividade empresarial que enfoca as necessidades dos clientes e seus desejos. Isso significa que o estudo dessa disciplina deve ser feito, também, sob a égide do marketing de relacionamento, que será detalhado posteriormente, neste capítulo.

OBJETIVOS DO CAPÍTULO

Depois de concluir este capítulo, você deverá ser capaz de:

1. compreender a evolução do estudo do comportamento do cliente, sua importância e suas aplicações;
2. discutir tendências no comportamento do cliente;
3. compreender como se forma o comportamento de compra;
4. identificar quais são as variáveis que explicam o comportamento do cliente;
5. descrever quais as principais teorias que explicam o comportamento do cliente;
6. identificar as principais diferenças e semelhanças entre o comportamento do cliente e o do comprador organizacional; e
7. formular estratégias considerando o comportamento do cliente.

3.1 CONHECENDO OS CLIENTES

3.1.1 TRANSFORMAR O CONSUMIDOR EM CLIENTE

Em meados da década de 1990, os estudiosos já sinalizavam que uma força vinda do consumidor estava dando início à *era do cliente.* Bretzke[1], em 1992, escreveu que "na era do cliente os consumidores querem voltar a ser clientes, para serem tratados como indivíduos, com suas necessidades entendidas e atendidas individualmente". Era o período de transição do marketing tradicional para o marketing de relacionamento, que exigiu e exige um conhecimento muito mais profundo e detalhado dos determinantes do comportamento do cliente e de seu processo decisório de compra. Em 1999, Kotler[2] e Sheth, Mittal e Newman[3], em suas duas mais recentes publicações sobre marketing e comportamento do cliente, utilizam, respectivamente, o termo *cliente* em vez de *consumidor.* Portanto, **cliente** designa uma pessoa ou unidade organizacional que desempenha um papel no processo de troca ou transação com uma empresa ou organização.

Cliente designa uma pessoa ou unidade organizacional que desempenha um papel no processo de troca ou transação com uma empresa ou organização.

Esse conceito de cliente é muito importante, pois os livros didáticos, em geral, ainda usam o termo *consumidor* quando se referem aos indivíduos e às famílias que compram ou adquirem produtos e serviços para consumo pessoal. Clientes, para esses autores, referem-se somente ao mercado de negócios, isto é, às organizações que compram bens e serviços a serem usados na produção de outros produtos e serviços, que são revendidos, alugados ou fornecidos para terceiros.

Segundo Sheth, Mittal e Newman[4], a utilização do termo *consumidor* para referir-se ao mercado de bens de consumo é didática, pois, na prática, o termo amplamente usado nas lojas, bancos e prestadores de serviços é *cliente.* Tratar o consumidor como cliente não significa desconsiderar as diferenças existentes entre a comercialização de um pote de 250 g de margarina para uma dona de casa e de um balde de 5 kg para um fabricante de bolachas, mas, sim, considerar que, independentemente do tipo de mercado, quem influencia e toma as decisões de compra são pessoas, com valores, crenças e atitudes moldados pela sociedade e pela personalidade.

O termo *cliente* refere-se também às pessoas que assumem diferentes papéis no processo de compra, como o especificador, o influenciador, o comprador, o pagante, o usuário ou aquele que consome o produto, que percebem e assumem atitudes diferenciadas diante dos estímulos de marketing, de acordo com o envolvimento e comprometimento com a compra, numa determinada situação ou contexto.

---

[1] BRETZKE, Miriam. *O marketing de relacionamento*: integração entre informática e marketing na busca da vantagem competitiva. 1992. Dissertação (Mestrado em Administração) — Fundação Getulio Vargas — Escola de Administração de Empresas de São Paulo (FGV-EAESP), São Paulo, p. 103.

[2] KOTLER, Philip. *Marketing para o século XXI:* como criar, conquistar e dominar mercados. São Paulo: Futura, 2000.

[3] SHETH, Jadish N.; MITTAL, Banwari; NEWMAN, Bruce I. *Comportamento do cliente:* indo além do comportamento do consumidor. São Paulo: Atlas, 2001, p. 29.

[4] Ibid., p. 29.

3.1.2 TIPOLOGIA DO CLIENTE

Outro aspecto muito importante é que cliente pode ser tanto o cliente potencial como o cliente atual de uma empresa. No contexto do marketing de relacionamento, que se propõe a construir relacionamentos de longo prazo com os clientes, é fundamental entender como se desenvolve a lealdade. Muitos autores criaram tipologias que buscam descrever e classificar o cliente de acordo com o estágio, a intensidade do relacionamento e o envolvimento com a marca.

Gráfico 3.1
Tipologia do cliente potencial

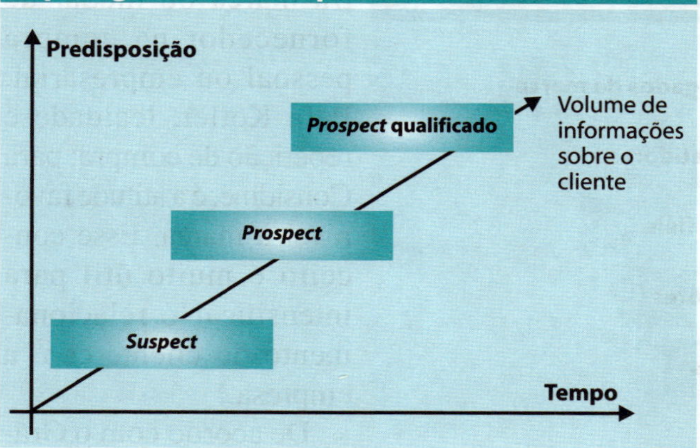

Para Kossen[5], o relacionamento de uma pessoa ou empresa se inicia muito antes do acionamento da força de vendas, da ida a uma loja ou do clique na Internet para efetuar a compra. Em 1982, Kossen definiu, de acordo com o volume de informações, o potencial de compra e a predisposição do cliente à compra, a tipologia para o cliente potencial: *suspect, prospect* e *prospect* qualificado (Gráfico 3.1).

Suspect são as pessoas ou empresas consideradas possíveis compradoras do produto ou serviço. O perfil do *suspect* é determinado na segmentação de mercado.

Prospect são pessoas ou empresas que podem se beneficiar do produto ou serviço e têm o potencial financeiro e o poder de decisão para a compra. Para considerar um *suspect* como *prospect,* deve-se ter um conjunto de informações qualificadas sobre ele.

O ***prospect* qualificado** pode surgir quando se inicia o processo de relacionamento com o *prospect* e este manifesta algum tipo de interesse na empresa, quer solicitando literatura, assistindo a um seminário, pedindo a visita do vendedor, cadastrando-se no *site* ou indo à loja. A importância dessa tipologia é a possibilidade de desenvolver um *prospect* ao aumentar o conhecimento deste sobre o produto e/ou alterando sua percepção com o uso da comunicação.

Hoje, um dos aspectos com que as empresas mais se preocupam é a manutenção dos clientes. Para tanto, é preciso entender como os clientes se relacionam após a venda e como as decisões podem ser direcionadas para sustentar o relacionamento construído pelo processo de conquista e fidelização.

[5] KOSSEN, Stan. *Creative selling today.* 2. ed. New York: Harper & Row Publishers, 1982, p. 145.

Considine Raphael[6], em 1990, analisando o comportamento do cliente por meio da construção do relacionamento, concluiu que existem níveis de lealdade que são percorridos numa dada sequência que ele denominou de *escada de lealdade*. A tipologia de Considine considera a lealdade a principal variável para a classificação do cliente[7].

Um dos aspectos interessantes da escada da lealdade é que, para repetir a compra, é preciso que o cliente seja fiel, isto é, que sua experiência de marca gere uma atitude positiva para que compre novamente. Repetidas compras levam o cliente a indicar a marca e até a defendê-la, sendo muito menos suscetível de comprar outra marca ou mudar de fornecedor na compra pessoal ou empresarial. Para Kotler, lealdade é repetição de compra; para Considine, é a atitude favorável à marca. Esse conceito é muito útil para intensificar o relacionamento do cliente com a empresa.[8]

Gráfico 3.2
Escada da lealdade

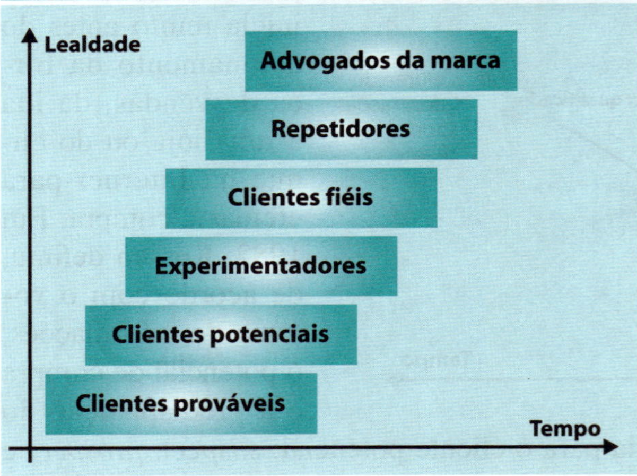

De acordo com o Gráfico 3.2, **clientes prováveis** correspondem ao conceito de *suspect* de Kossen, isto é, são considerados possíveis compradores do produto ou serviço.

Clientes potenciais são pessoas ou empresas que podem se tornar clientes do produto ou serviço, tendo manifestado predisposição de compra, ou sobre as quais existem informações suficientes no banco de dados para determinar estatisticamente uma propensão de compra. Engloba os conceitos de *prospect* e *prospect* qualificado de Kossen. Os **experimentadores** são os clientes que realizaram a primeira compra.

Clientes fiéis são os clientes que estão satisfeitos, têm atitude favorável em relação à marca, repetem a compra, mas não concentram a maioria do volume comprado naquela marca específica. **Repetidores** são os clientes que concentram a maior parte das compras do produto ou serviço em determinada marca.

---

[6] RAPHAEL, Considine apud BICKERT, J. *Adventures in relevance marketing*. Denver: National Demographics & Lifestyles, 1990.

[7] Alguns autores distinguem entre *fidelidade* e *lealdade*. Para Kotler, a lealdade dos clientes é a mensuração em percentual do volume de compras que os clientes fazem como uma empresa em relação ao total comprado de todas as empresas que vendem o mesmo produto ou serviço (KOTLER, Philip. *Administração de marketing*: análise, planejamento, implementação e controle. 5. ed. São Paulo: Atlas, 1998. p. 666). Para a autora, a fidelidade é uma atitude favorável em relação a uma determinada marca, gerada pela percepção adquirida por sucessivas experiências positivas de marca, que leva à compra e contínuas recompras do produto ou serviço e à indicação da marca para outros clientes.

[8] Considine não conceitua detalhadamente os diversos tipos de clientes. Por isso, neste capítulo, a descrição dos tipos de cliente foi adaptada segundo o entendimento da autora.

Advogados da marca são os clientes que, além de repetirem a compra, têm um alto envolvimento emocional com a marca e indicam o produto ou serviço a outras pessoas ou empresas. É o aspecto que Regis McKenna[9] considera um dos principais benefícios do marketing de relacionamento, denominando de efeito boca a boca (*word of mouth*): o fenômeno em que os clientes promovem a marca e geram vendas adicionais por indicação. Alguns autores chamam os advogados da marca de entusiastas da marca, o que parece mais apropriado em relação à atitude que se espera do cliente.

Em 1987, Schmid propôs a seguinte hierarquia de clientes[10]: *suspect*, *prospect*, cliente de primeira compra, cliente de segunda compra e cliente advogado da marca, conforme apresentado no Gráfico 3.3. Para definir essa tipologia, utilizou como principal critério o número de compras realizadas e o tipo de relacionamento. A premissa básica é que, para tornar o cliente fiel, é preciso considerar que a primeira e a segunda compras são cruciais, pois o cliente ainda está avaliando a empresa (marca) como fornecedora. Por isso, é preciso preparar a empresa para diferenciar a comunicação e o atendimento na primeira e na segunda compra e evitar qualquer fator de insatisfação que possa mudar a percepção que o cliente tem da empresa, além de oferecer valor agregado para que a experiência de marca seja gratificante. *Suspect* e *prospect* assumem o mesmo conceito proposto por Kossen e Considine, sendo *experimentador* o *cliente que faz a primeira compra*; já o advogado da marca inclui as demais categorias de Considine.

Gráfico 3.3
Hierarquia de clientes

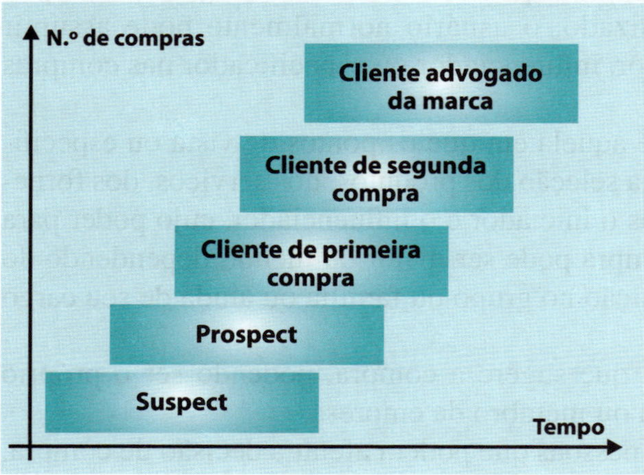

3.1.3 PAPÉIS DO CLIENTE

Tanto no mercado de consumo como no de negócios, se considerarmos o papel que uma pessoa assume na decisão de compra, podemos definir dois tipos de participação: **direta** e **indireta**.

Participação direta é aquela que se relaciona diretamente com o processo de escolha, compra e consumo ou uso. Dessa forma, temos o especificador, o decisor, o comprador e o usuário.

Participação direta é aquela que se relaciona diretamente com o processo de escolha, compra e consumo ou uso.

O **especificador** é o profissional que determina as características e funcionalidades do produto ou serviço a ser comprado e participa da

[9] McKENNA, Regis. *Relationship marketing*: successful strategies for the age of the customer. New York: Addison-Wesley, 1991.

[10] SCHMID, Jack. *Once is not enough*. New Canaan: Catalog Age, 1997, p. 203-204.

seleção das alternativas de marca ou de fornecimento. Exerce um papel muito importante nas compras técnicas, em uma compra nova ou quando é preciso modificar a especificação.

O **decisor** é a pessoa que tem o poder de decidir pela compra do produto, serviço, marca ou aprovar os fornecedores. No caso do mercado de negócios, ele também aprova as condições comerciais negociadas pelo comprador.

Quem efetivamente faz a compra é o **comprador**. No caso do mercado de bens de consumo, quem compra é quem normalmente paga. Já no mercado de negócios, os compradores selecionam fornecedores e negociam as condições da compra. Quem paga é a área financeira.

O **usuário** é aquele que irá efetivamente usar e consumir o produto ou serviço. No mercado de bens de consumo, pode assumir concomitantemente alguns dos papéis de compra. No mercado de negócios, no qual o processo é mais formalizado, o usuário normalmente pode assumir também o papel de iniciador, influenciador ou especificador nas compras menos complexas.

Participação indireta é aquela em que os pontos de vista ou especificações podem influenciar na seleção dos produtos, dos serviços, fornecedores ou lojas.

Participação indireta é aquela em que os pontos de vista ou especificações podem influenciar na seleção dos produtos, dos serviços, dos fornecedores ou das lojas. Temos o iniciador e o influenciador, cujo poder para interferir na decisão de compra pode ser maior ou menor, dependendo do tipo de pessoa e de sua posição no grupo ou família ou ainda de seu cargo na empresa.

O **iniciador** é a pessoa que sugere a compra, podendo ser o próprio usuário ou qualquer pessoa ou membro da empresa.

Os **influenciadores** são pessoas que podem afetar a decisão de compra. No mercado de negócios, sua influência é menor, porém significativa. No mercado de bens de consumo, a influência de outros membros da família, amigos e parentes é, principalmente sobre a criança, muito importante na formação de alguns hábitos de consumo.

Sheth, Mittal & Newman[11] consideram apenas três papéis: o comprador, o pagante e o usuário. Portanto, cliente é a pessoa que assume ao menos um dos três papéis. **Comprador** é aquele que decide pela compra e corresponde ao decisor na classificação de papéis proposta anteriormente. **Pagante** é a pessoa que financia a compra, e **usuário** é a pessoa que efetivamente consome ou usa o produto ou serviço.

Kotler[12], em relação ao mercado de negócios, não separa especificador e infuenciador, considerando-os em um único papel, mas acrescenta dois outros: os **aprovadores**, que autorizam as ações propostas por decisores ou compradores; e os **fiscais internos**, que podem bloquear o acesso de vendedores aos participantes do processo decisório de compra.

Particularmente nas empresas com gestão participativa, que delegam maior autonomia aos colaboradores, e no mundo digital, que favorece as relações diretas entre compradores e vendedores, o papel dos fiscais internos perde o sentido. O mesmo raciocínio aplica-se aos aprovadores, pois

[11] SHETH; MITTAL; NEWMAN, 2001, p. 30; 53-71.

[12] KOTLER, 1998, p. 177 e 192.

normalmente os decisores têm autonomia para aprovar a compra e as condições do negócio. Além disso, com menos níveis decisórios nas empresas e com o enxugamento dos quadros de pessoal, o número de participantes do centro de compras é menor. Isso também se observa no mercado de bens de consumo, em que a autonomia e/ou poder de influência das crianças e adolescentes numa compra é muito maior, e muitas vezes eles assumem o papel de decisores e compradores.

Portanto, tanto no mercado de bens de consumo como no de negócios, os profissionais de marketing precisam identificar que pessoas ou departamentos estão envolvidos na decisão de compra e que papel assumem diante das diferentes situações de compra. Existem empresas que estabelecem relacionamento e comunicação com todos os profissionais de uma unidade de compra. Em 1992, a autora, num trabalho de consultoria para a IBM, identificou 296 unidades de decisão na Petrobras, com diferentes necessidades, totalizando mais de 1.000 pessoas no banco de dados de clientes, as quais foram atingidas por campanhas de comunicação dirigida específicas, por necessidade (solução tecnológica) e estágio de relacionamento (conscientizando sobre a solução, ou mesmo agendando uma visita de vendas, por exemplo).

A mesma pessoa tende, em diferentes papéis, a ter comportamentos diferentes, de acordo com o que imagina que é esperado dela. Também terá comportamento diferente de acordo com o tipo de produto ou serviço a ser comprado. Por exemplo, numa compra rotineira de baixo risco, os fatores, o número de pessoas ou os departamentos envolvidos são menores e exigirão menos tempo. Porém, quando se trata de um produto novo ou uma situação de compra complexa, o tempo entre a especificação ou percepção da necessidade é muito maior, e o custo psicológico associado à decisão cresce.

3.2 CONHECENDO OS MERCADOS

3.2.1 OS DIFERENTES MERCADOS

Uma mesma pessoa pode ser cliente em relação a vários tipos de produtos ou serviços, exercendo diferentes papéis no processo de compra. Por exemplo, a senhora Márcia faz as compras para sua casa, influencia o marido na compra do automóvel, utiliza serviços bancários e é compradora de insumos na empresa em que trabalha. Em cada uma das situações, a maneira como ela irá interpretar os estímulos que recebe, avaliar as alternativas de compra e tomar sua decisão sobre que produto e marca comprar é diferente, porém é similar à de determinados grupos de pessoas, que podem ser reunidas em segmentos de clientes homogêneos e perfeitamente identificáveis, de acordo com o tipo de mercado no qual desenvolvem atividades físicas e mentais relacionadas ao processo de compra.

Da mesma forma, as empresas podem produzir produtos e oferecer serviços que podem ser comercializados tanto no mercado de bens de consumo, constituído de famílias e indivíduos que adquirem produtos e serviços para consumo pessoal, como para o mercado de negócios (em inglês, *business--to-business* — B2B)[13], constituído de organizações que compram bens e serviços para serem usados na produção de outros produtos ou na prestação de serviços que são revendidos[14], alugados ou fornecidos para outras pessoas ou outras organizações.

Figura 3.1
Tipos de mercado

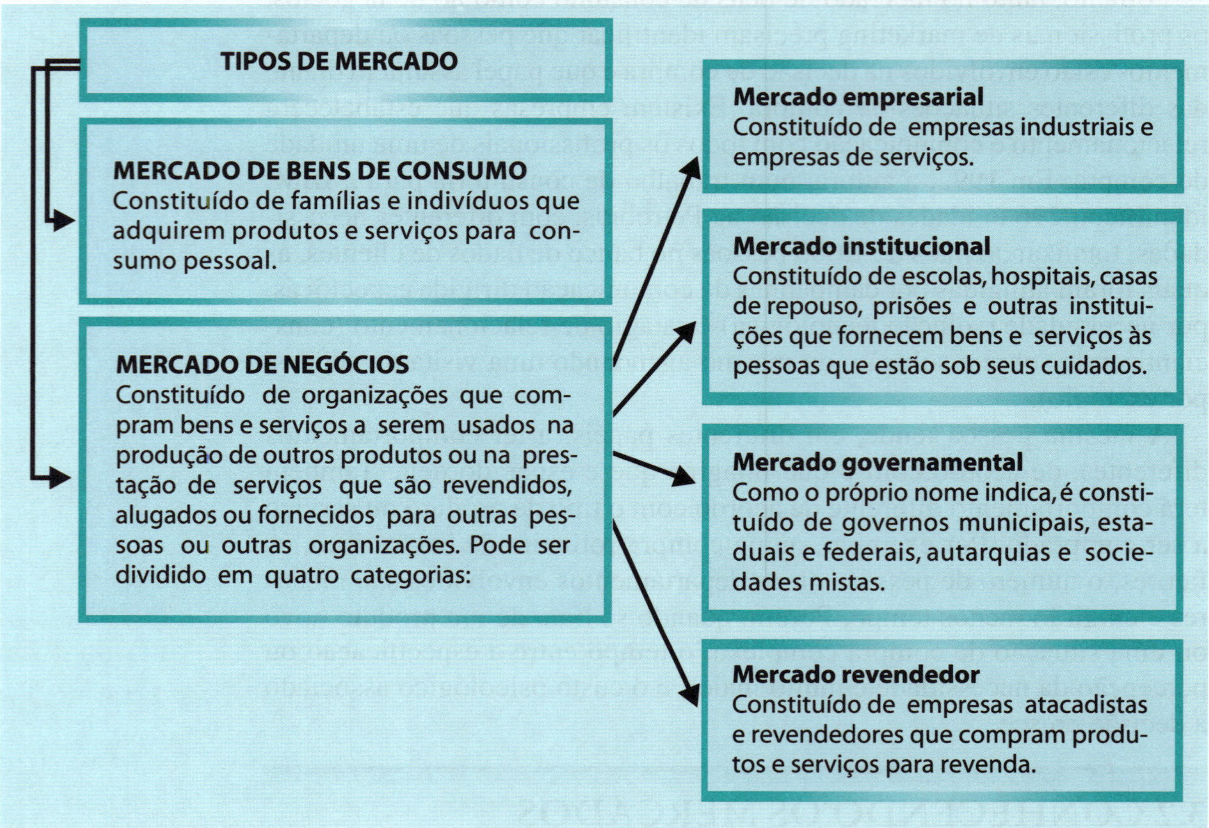

Quando produz produtos e serviços que podem atender a diversos mercados, uma empresa normalmente analisa, planeja e desenvolve compostos de marketing específicos para os diferentes tipos de mercado, considerando o comportamento e os processos decisórios de compra dos clientes nas diferentes situações de compra. Assim, a Nestlé poderá desenvolver duas linhas de produtos achocolatados, uma para ser comercializada na rede varejista, em embalagens próprias para atender a famílias, e outra para atender a hospitais, creches e escolas. Além da adaptação da linha de produtos, notadamente no aspecto da embalagem, ela possui política de preços e estrutura de vendas diferentes, e a comunicação combina diferentes técnicas, como propaganda, promoção, eventos e marketing direto, realizando campanhas

[13] Foi adotado o termo *mercado de negócios*, apesar de alguns autores usarem a denominação *mercado industrial*, pois consideramos tal expressão restritiva, além de poder ser interpretada em português como própria das indústrias.

[14] BOONE, Louis E.; KURTZ, David L. *Contemporary marketing*. 8. ed. New York: The Dryden Press, 1995, p. 285.

de comunicação integrada, multicanais e multissegmentadas[15], com apelos e mensagens personalizadas, visando a otimizar as verbas e a atingir com pertinência os diferentes tipos de cliente.

Em geral, as compras empresariais, governamentais e institucionais são semelhantes em muitos aspectos. O mercado governamental faz suas compras por licitações, e os fornecedores são homologados por critérios rígidos e conhecidos em edital. Muitas organizações do mercado institucional também usam procedimentos semelhantes, só que, nesse caso, o procedimento é chamado de concorrência pública. No mercado empresarial, as empresas certificadas pela ISO normalmente solicitam três orçamentos para as compras improdutivas e, para as compras de insumos e matérias-primas, têm contratos de fornecimento.

O mercado de negócios difere do de bens de consumo no número menor de compradores, na maior concentração geográfica, na demanda com padrões próprios. Hunt[16] propôs algumas diferenças entre o mercado consumidor e organizacional, considerando os 4Ps conforme as duas primeiras colunas do Quadro 3.1. A última coluna do quadro é uma revisão dessas diferenças, feita pela autora, para demonstrar que tais diferenças diminuem substancialmente no contexto do marketing de relacionamento ou das novas práticas do marketing, principalmente em relação ao composto promocional e ao relacionamento com os clientes.

Os clientes desejam fazer negócios com empresas que ofereçam serviços agregados a seus produtos, antes, durante e após a venda. Por outro lado, as empresas, mesmo aquelas que atendem somente ao mercado de bens de consumo, necessitam conhecer melhor seus clientes, comunicar-se por meio de técnicas de marketing direto ou de comunicação dirigida e estabelecer algum tipo de relacionamento pelos diversos canais, como o telemarketing (centrais de atendimento) e a Internet (*sites* de venda ou relacionamento). As empresas, ainda que contem com uma rede de distribuição competente, estão disponibilizando canais de comunicação diretos, com centrais de atendimento (telefone, chat e e-mail) e *sites* especialmente preparados para dialogar com o cliente final.

Portanto, as empresas do mercado de bens de consumo passam a planejar o composto de marketing, deixando de recorrer à propaganda como principal técnica para criar a imagem de marca e usando ativamente a comunicação dirigida, notadamente o marketing direto, para estabelecer um diálogo com os clientes.

Além disso, a necessidade de diferenciar os produtos e serviços está conduzindo a um planejamento diferenciado da linha de produtos, que permite

---

[15] *Campanhas de comunicação integrada* caracterizam-se pelo mesmo posicionamento, pela mesma mensagem, independentemente da técnica, mídia ou canal. Porém, *multicanal* implica o uso dos canais de forma integrada, pois o canal Internet tem utilizado normalmente a própria Internet como mídia, o que não traz os resultados desejados. O erro é considerar que o cliente que navega é cliente só da Internet. *Multissegmentada* refere-se à possibilidade que a tecnologia da informação, notadamente de *database marketing* e CRM, oferece de personalizar o nome e até o texto de uma carta ou folheto, atingindo milhares de pessoas a custo individual competitivo.

[16] HUNT, Michael; SPEH, Thomas. *Business marketing management*. 5. ed. New York: The Dryden Press, 1995, p. 13.

às empresas atender de maneira personalizada a segmentos muito pequenos, sem perder a economia de escala. Esse tipo de produção ou prestação de serviço, denominado **customização em massa**[17], é diferente de oferecer uma linha de produto com diversas versões ou modelos, e, portanto, exige um profundo conhecimento das expectativas e necessidades dos clientes e muitas vezes requer que o intermediário (varejista ou atacadista) realize parte do processo de customização para a entrega efetiva do produto ou serviço personalizado.

Quadro 3.1
Principais diferenças entre os mercados de bens de consumo e de negócios

Variáveis	Mercado de negócios	Mercado de bens de consumo no contexto do marketing tradicional	Mercado de bens de consumo no contexto do marketing de relacionamento
Produtos	De natureza mais técnica, linha de produtos mais flexível. Os serviços de valor agregado são muito importantes.	Linha de produtos padronizada; serviços de valor agregado são menos importantes.	Linha de produtos mais customizada. Produção flexível ou serviços personalizados. Serviços de valor agregado são os diferenciais mais importantes.
Preço	Lista-padrão e preços negociados para produtos específicos.	Lista de preços inflexível ou pouca flexibilidade.	Lista de preços adaptada para que possam ser agregados serviços ou alterações nos produtos e serviços, com maior responsabilidade da força de vendas ou de canais diretos de vendas.
Distribuição	Menor, com venda direta.	Maior, com diversos intermediários.	A Internet permite atender diretamente o cliente final por meio do *e-commerce* ou fazer a pré-venda, deixando a cargo do intermediário finalizar a venda e entregar o produto.
Composto promocional	Ênfase na venda pessoal.	Ênfase na propaganda.	Mídias tradicionais ampliam o nível de ruído e falham ao comunicar, com clareza, as mensagens. Portanto, é preciso integrar propaganda, promoção e marketing direto.
Relacionamento com os clientes	Mais estreito e complexo.	Contato menos frequente, relacionamento de curta duração.	O contato torna-se mais frequente pelos canais de comunicação com novas formas de interação. Divide-se com os intermediários o entendimento (busca de informações e pesquisa) e o atendimento aos clientes.

[17] Para aprofundar este assunto, recomenda-se a leitura do livro de PINE, B. Joseph. *Personalizando produtos e serviços*: customização maciça, a nova fronteira da competição dos negócios. São Paulo: Makron Books, 1994.

Processo decisório de compra	Envolvimento de um maior número de grupos da organização.	Individual ou da unidade familiar.	Atualmente, ocorre maior troca de informações entre as pessoas, e o processo torna-se mais complexo. Além disso, ocorre maior interferência dos grupos nas decisões das pessoas e/ou famílias.

Fonte: Adaptado de HUNT, Michael; SPEH, Thomas. *Business marketing management*. 5th. ed. New York: The Dryden Press, 1995. p. 13.

Por exemplo, em alguns shoppings é possível comprar um boné ou uma camiseta, bordados na hora, com a combinação de mensagem, cor e desenho que o cliente deseja. Um outro exemplo são as máquinas misturadoras de tintas, instaladas nas lojas de material de construção, que fornecem a mais variada gama de cores e matizes, de acordo com a especificação do cliente. A produção flexível foi viabilizada pelos avanços recentes da tecnologia. Encontramos outro exemplo de produção flexível na indústria moveleira. Os móveis são projetados para que a produção fabrique módulos, que, combinados pelos clientes em montagens, possibilitam os mais diferentes formatos, atendendo a necessidades muito peculiares. Muitas vezes, a customização dos produtos é feita agregando serviços personalizados, pois estes podem ser oferecidos com muito mais facilidade que a produção flexível.

3.2.2 A IMPORTÂNCIA DOS MERCADOS

Os números relativos ao volume comprado em cada um dos mercados diferem. Para dar uma ordem de grandeza, tem-se que o mercado de bens de consumo representa, aproximadamente, R$ 800 bilhões/ano, com as seguintes peculiaridades:

- R$ 226 bilhões em compras anuais foram consumidos pela classe C, em 12,6 milhões de domicílios brasileiros com renda familiar entre quatro e dez salários mínimos; essas famílias são responsáveis por 28% do consumo nacional, de acordo com estimativas do Boston Consulting Group (BCG);[18]
- R$ 520 bilhões do mercado de consumo são movimentados pelas classes de maior poder aquisitivo, que somam 28 milhões de domicílios; e
- existem no Brasil cerca de 43 milhões de unidades de consumo ou domicílios, 20 milhões na região Sudeste, segundo dados do Instituto Brasileiro de Geografia e Estatística (IBGE).[19]

O mercado empresarial é constituído, segundo dados do IBGE 2000, por aproximadamente:

- 125 mil indústrias, que geraram uma receita líquida de R$ 593 bilhões, empregando 4 milhões de pessoas. O setor alimentício e de bebidas é o segmento mais significativo, com uma receita líquida de R$ 107 milhões, empregando 107 mil pessoas em 20 mil empresas;

[18] "Mercados pouco explorados: descobrindo a classe C", estudo da equipe brasileira do Boston Consulting Group (BCG). Foram realizadas duas rodadas: uma pesquisa quantitativa, com 1,7 mil consumidores, entrevistados em sete cidades (São Paulo, Belo Horizonte, Porto Alegre, Recife, Campinas, Ribeirão Preto e Santos), validada por uma pesquisa qualitativa com a técnica de *focus group*. O estudo é datado de maio de 2002.

[19] Todas as informações creditadas ao IBGE foram retiradas do *site* <http://www.ibge.net>.

- 1 milhão de empresas comerciais formalmente constituídas, com 1.100.000 estabelecimentos dedicados à venda (lojas), que auferiram receitas de R$ 453 bilhões e ocuparam 4 milhões de pessoas;
- 766 mil empresas de serviços, como transporte, correios e telecomunicações, serviços terceirizados principalmente por empresas, hotéis e outros, gerando uma receita de R$ 217 bilhões e empregando 6 milhões de pessoas.

O mercado revendedor não possui dados exatos, porém os atacadistas representam 82.549 empresas (6,7% das empresas comerciais do Brasil), gerando R$ 175 milhões de receita bruta, com 744 mil pessoas ocupadas. O comércio varejista e atacadista de veículos e peças conta com 105.945 empresas (6,2% das empresas comerciais), que respondem por 697 mil pessoas empregadas e R$ 103 milhões (13,2% do faturamento).

O mercado governamental, como em todo o mundo, é um dos maiores compradores. No Brasil, ele gasta no consumo de serviços e produtos algo em torno de R$ 200 bilhões por ano, segundo dados do IBGE de 1998. Desse montante, R$ 130 bilhões correspondem ao Governo Federal.

A respeito do mercado institucional, temos pouquíssimas informações. É possível obter nos órgãos oficiais alguns dados sobre o número de hospitais, escolas, prisões e sobre seus gastos. Acerca de outros segmentos, como as organizações não governamentais (ONGs) e instituições de caridade, é preciso fazer uma pesquisa específica, definindo muito bem que tipo de instituição fará parte do segmento e quais são as fontes de informações. Normalmente, mesmo assim é preciso depurar os dados.

Vejamos os principais dados desse mercado:

- O número de estabelecimentos do Sistema Penitenciário Brasileiro é 918, dos quais 476 são cadeias públicas, 363 são penitenciárias e 25 são hospitais. Os 918 estabelecimentos gastaram, em 2001, cerca de R$ 4,8 milhões, segundo o Departamento Penitenciário Nacional (http://www.mj.gov. br/depen/).
- A rede hospitalar brasileira é composta de 2.418 hospitais públicos e 2.275 privados. Dos hospitais privados, cerca de 1.740 são filantrópicos. Os gastos da rede hospitalar representaram 2,1 % do PIB, correspondendo a R$ 19,9 milhões, em 1998, segundo o Ministério da Saúde. Os estabelecimentos de saúde em atividade no território nacional, exceto hospitais, totalizavam 62.728 unidades, sendo 30.394 pertencentes ao setor privado e 32.334 ao setor público (http://portalweb02.saude.gov.br/saude/).
- Em 1998, havia 290.927 escolas públicas, sendo 54% de ensino fundamental e 23% de pré-escola. As escolas privadas somavam 65.484 unidades, 38% dedicadas à pré-escola e 28% ao ensino fundamental. O total gasto com educação foi de R$ 49,5 milhões, representando 5,2% do PIB em 1998, segundo o Ministério da Educação (http://www.mec.gov.br/).

Deve-se levar em conta que nem todos os gastos se referem a produtos ou serviços; normalmente, mais de 50% é gasto com pessoal. Mesmo assim, os dados acima são bons indicadores do número de clientes pessoas jurídicas existente em cada um dos segmentos desse mercado.

3.3 COMPREENDENDO O COMPORTAMENTO DO CLIENTE

As mudanças nos cenários demográfico e tecnológico, iniciadas há três décadas, viram triunfar o indivíduo, com mudanças substanciais em seu comportamento como cliente, em seus desejos, suas necessidades e, consequentemente, em seu estilo de vida, o que o fez demandar produtos ou serviços com mais qualidade e valor extra. Por outro lado, o decréscimo no custo do processamento e armazenamento de dados e das telecomunicações e a maior disponibilização de aplicativos e sistemas tornaram viável uma reviravolta no pensamento estratégico do marketing, que, pelo uso de novas técnicas de pesquisa e da tecnologia de banco de dados, permitiu capturar e tratar um conjunto muito mais amplo de informações sobre o cliente, tornando possível realmente entender as necessidades dos clientes, individualmente e em tempo real.

Essas informações são utilizadas para criar programas de comunicação efetivos, pertinentes a cada indivíduo ou organização, porque captam preferências e necessidades individuais. Para a captação dessas informações, o estudo do comportamento do cliente é fundamental e traz um novo desafio a essa disciplina, pois o advento da Internet exige que esse conhecimento seja atualizado e utilizado em tempo real, num processo frenético de personalização do diálogo, das ofertas e, interativamente, até de produtos e serviços.

Nesse contexto, o estudo do comportamento do cliente assume uma dimensão muito mais complexa. O profissional de marketing não deve começar se concentrando na habilidade de sua mensagem publicitária ou no talento do vendedor para vender o produto, mas deve prestar atenção nos tipos de cliente, em suas necessidades e expectativas de atendimento e no relacionamento individual que deseja ter com eles. Em seguida, precisa planejar sua pesquisa, sua mídia, a propaganda de consciência, a promoção de vendas, a política de preços e as estratégias de comercialização, tudo isso de maneira adequada, transformando o conhecido monólogo da propaganda em um diálogo, encontrando novos modos de ouvir o que seus clientes estão tentando dizer e responder em tempo real.

3.3.1 O MODELO DE COMPORTAMENTO DE COMPRA

A profusão de marcas e modelos de produtos e serviços, as novas técnicas de vendas, as novas formas de comunicação, os programas de lealdade, o fenômeno da globalização e da Internet são algumas das principais influências externas que têm atuado sobre o cliente, modificando muito rapidamente suas preferências e sua percepção e tendo um impacto singular sobre os diferentes tipos de cliente, tomando-os cada vez mais exigentes e mais refratários às mensagens que recebem de diferentes mídias. Por outro lado, quando são examinadas as influências internas que atuam sobre cada comportamento — por exemplo, motivação, personalidade e atitudes —, percebe-se que ainda se sabe muito pouco sobre a base emocional da motivação, a influência da personalidade e, principalmente, sobre como se forma a propensão do cliente a preferir determinadas lojas, marcas e fornecedores, tanto no mundo real como no virtual.

Para explicar as decisões de compra, diversos autores recorrem ao modelo de estímulo-resposta ou da caixa preta, representado na Figura 3.2.

Figura 3.2
Modelo estímulo-resposta do comportamento de compra

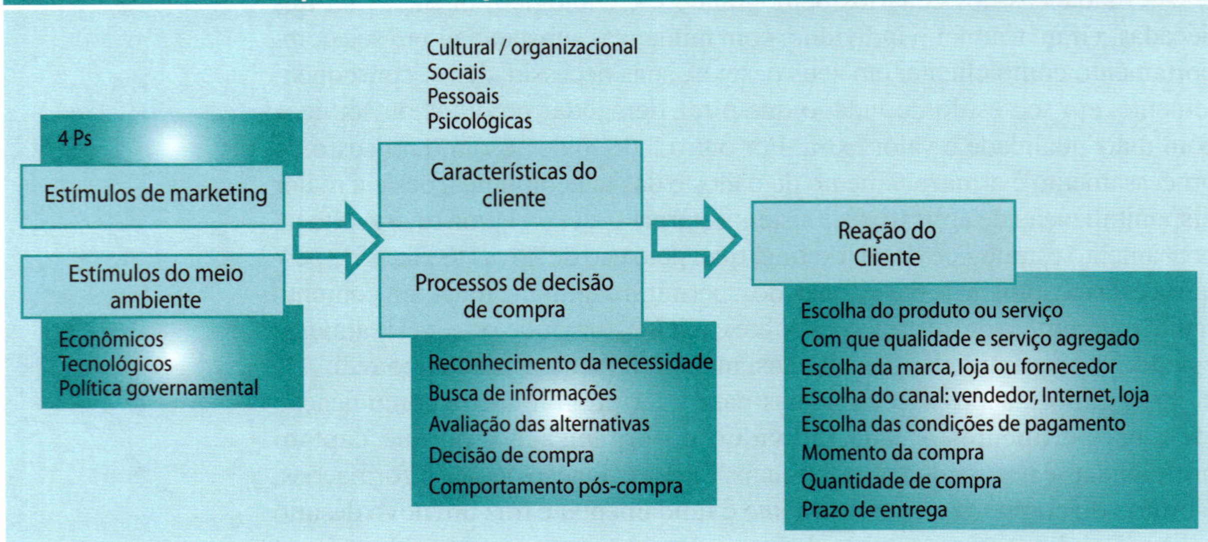

Nesse modelo, as decisões dos profissionais de marketing referentes aos 4Ps (produto, preço, ponto e promoção) são os estímulos que, somados aos do meio ambiente, provocam impacto no cliente, o qual irá prestar atenção, reter e reagir às informações de acordo com suas características pessoais, percorrendo um processo de decisão que levará a uma resposta. Por exemplo, é hora do almoço e o cliente se dirige a seu restaurante habitual, levanta os olhos e sua atenção é capturada por um *outdoor* que faz referência a um festival de frutos do mar num restaurante próximo. Se a pessoa gosta de frutos do mar, tem os recursos financeiros e tempo, ficará motivada a almoçar no restaurante anunciado no *outdoor*, que de outra forma nem teria sido considerado como alternativa. Assim como esse, existem inúmeros exemplos de como se pode influenciar o cliente mudando sua predisposição de compra. No mercado de negócios, os vendedores despertam necessidades não percebidas por meio da divulgação de produtos e serviços e seus benefícios, e esse processo é decisivo para que o cliente perceba o ganho que terá com a aquisição. No caso de compra rotineira, o vendedor pode influenciar o comprador a modificar a especificação de compra, incluindo serviços ou módulos complementares, e, assim, conseguir uma nova oportunidade de negociar o fornecimento desse produto.

As pessoas percebem os estímulos de forma diferente, dependendo não só de suas características pessoais, mas também das características e da natureza do estímulo e do contexto social, cultural e organizacional no qual o estímulo ocorre. Como características do estímulo, entendem-se as variações sensoriais (audição, olfato, visão, tato, paladar). As mais fortes, embora percebidas mais intensamente, podem ser rejeitadas. Por exemplo, numa butique, uma música suave favorece a permanência do cliente, porém uma música alta o incomoda e distrai no processo de escolha das roupas.

Quanto ao conteúdo informativo, é preciso distinguir a informação que capta a atenção daquela que visa a informar e persuadir o cliente. Os publicitários usam uma mensagem de impacto, com poucas informações, para captar a atenção e passar o conceito. Já os profissionais de marketing direto, que utilizam mídias dirigidas e mala direta, além de captar a atenção, procuram fornecer informações que auxiliem o cliente na avaliação das alternativas e na decisão de compra. No exemplo do *outdoor*, uma foto do prato principal do restaurante tende a prender a atenção mais facilmente das pessoas que estão com fome, isto é, indo almoçar. Porém, se o cliente desejasse um pouco mais de informação sobre como chegar ao local ou sobre os pratos, precisaria ligar para o restaurante. Os profissionais de marketing direto poderiam incluir um número 0800 (discagem gratuita) e o endereço do *site* no *outdoor*, ou complementar essa comunicação com uma mala direta aos possíveis clientes. Os nomes dos possíveis clientes poderiam ser obtidos com a compra de uma lista dos moradores ou usuários da área de influência do restaurante.

3.3.2 FATORES QUE INFLUENCIAM O COMPORTAMENTO DO CLIENTE

Os autores são unânimes em considerar que as unidades familiares e empresariais são atingidas pelas ações publicitárias diferentemente, e múltiplos fatores influenciam a maneira como tomam suas decisões de compra. Um dos grandes desafios do marketing é compreender como esses fatores se combinam, se excluem ou se somam para gerar uma atitude favorável no cliente e isolar os mais importantes e passíveis de serem modificados pelas decisões do composto de marketing, a fim de atuar positivamente sobre um determinado segmento de clientes.

Figura 3.3
Fatores que influenciam o comportamento de compra

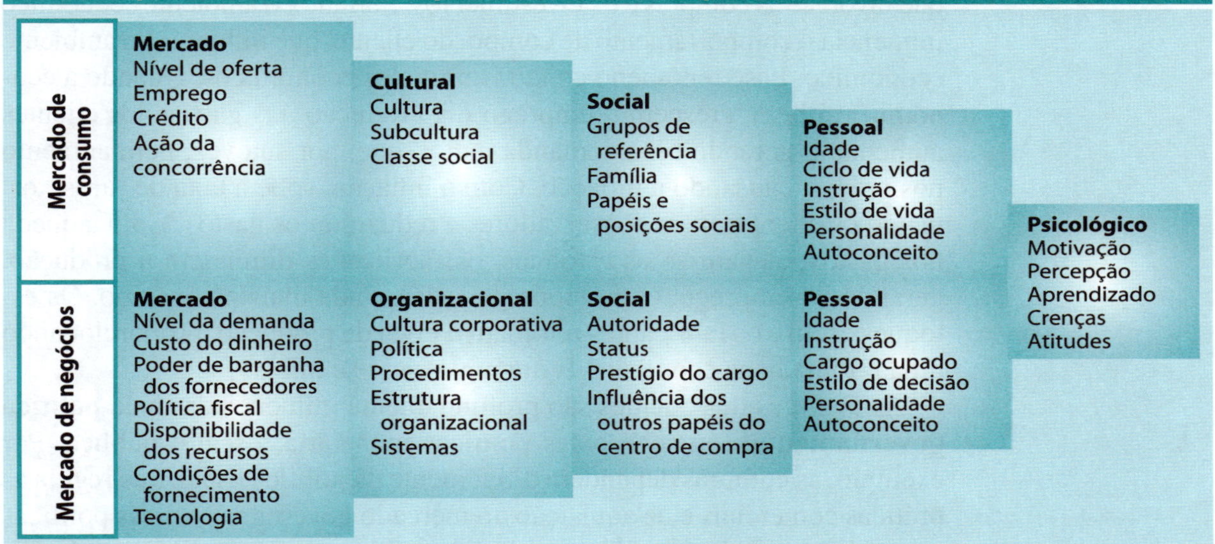

Fonte: Adaptado de KOTLER, Philip. Administr*ação de Marketing: análise*, planejamento, implementação e controle. 5. Ed. São Paulo: Ed. Atlas, 1997, p. 163 e 194.

Sabe-se que os fatores que influenciam as compras dos clientes são: o contexto do mercado, os fatores culturais/organizacionais, os determinantes sociais, as condições pessoais, as características psicológicas das pessoas e a estrutura de poder na organização, resumidos na Figura 3.3, adaptada da análise feita por Kotler.[20] Na parte superior são apresentados os principais fatores que afetam o mercado de consumo e, na parte inferior, os que afetam o mercado de negócios. Cumpre ressaltar que muitos fatores atuam em ambos os mercados, porém com intensidade e efeitos diferentes, como é o caso dos fatores pessoais e psicológicos. A análise dos diversos fatores será feita considerando sempre sua influência tanto no mercado de consumo como no de negócios.

3.3.2.1 FATORES DE MERCADO

Em qualquer país, o **fator econômico** altera o contexto de mercado, já que o estado geral da economia influencia o comportamento do cliente, afetando seu senso de otimismo e, consequentemente, sua predisposição de compra. A situação de um país com respeito aos níveis de emprego, salários e disponibilidade de crédito para consumo, bem como à oferta de produtos, é, portanto, um dos mais fortes estímulos do meio ambiente que alteram o comportamento do cliente, reduzindo ou expandindo o poder de compra das famílias e interferindo na disposição de compra, por meio do sentimento de otimismo ou pessimismo, que faz o cliente antecipar ou adiar as compras.

No mercado de negócios, a inflação, a taxa de juros e de câmbio e o clima econômico favorável ou desfavorável podem interferir no custo do dinheiro, reduzindo ou ampliando a capacidade produtiva. Os investimentos em estoques, a atualização tecnológica e outros fatores podem ter impacto favorável ou desfavorável, tornando os clientes (decisores e compradores) mais conservadores ou arrojados.

Resumindo, o bom desempenho da economia cria um clima de otimismo que favorece as compras e os investimentos. Portanto, o ambiente econômico influencia o comportamento de compra do cliente, que influencia o ambiente econômico. Esse fenômeno conduz aos ciclos econômicos. Quando a economia vai bem, crescem o emprego e a produção. Os gastos dos clientes aumentam, gerando uma demanda maior, que, por sua vez, gera aumento nos preços, causando a inflação. Com a inflação, sobe a taxa de juros, tornando os clientes mais conservadores e reduzindo os gastos. Com a queda nos gastos, elevam-se os estoques, os fabricantes diminuem a produção, gerando desemprego. O desemprego reduz ainda mais o consumo. Os estoques caem e os fabricantes retomam o nível de produção, proporcionando uma retomada na economia. E um novo ciclo se inicia.

As compras dos clientes são profundamente influenciadas pela **política governamental**, ou seja, pelas políticas monetária, fiscal e pública. Por exemplo, as compras dependem diretamente da política fiscal, que regula as práticas comerciais e de aquisição do mercado governamental. As políticas monetária e fiscal influenciam o comportamento do mercado por meio dos

[20] KOTLER, 1988, p. 163 e 164.

ajustes nas taxas de juros, na reserva monetária e nos impostos, podendo estimular o consumo, ao facilitar o crédito, ou reduzi-lo, mediante ações restritivas. O custo do dinheiro que financia o mercado de negócios também depende das decisões sobre as taxas de juros e de câmbio, a política fiscal e o financiamento da produção. A política pública, ao estabelecer regulamentações econômicas, ambientais, sobre produtos e sobre a crescente onda de fusões e aquisições, pode estimular ou inibir a produção ou o consumo de determinados produtos ou serviços.

A **tecnologia** está mudando a natureza do marketing pelo impacto que causa no próprio marketing: novos produtos, novas mídias, novos serviços, *feedback* melhor e mais rápido das informações sobre o comportamento do cliente, integração com a cadeia de suprimentos[21] e muitos outros desenvolvimentos exigem dos executivos de marketing maior agilidade no processo decisório e a construção de cenários que simulem como cada inovação afetará sua atuação sobre o mercado.

Por outro lado, novas tecnologias têm propiciado ciclos mais rápidos de projeto e de vida dos produtos, que tornam o mercado altamente competitivo. Estamos no que podemos chamar de era do marketing em tempo real.[22 e 23] Os clientes têm acesso a informações sobre produtos e empresas e notícias em nível mundial, quase instantaneamente. Isso gera mais sofisticação e maior diversidade de gostos, preferências, necessidades e expectativas das pessoas, criando perfis de compra cada vez mais singulares, que exigem ser atendidos. Com acesso quase instantâneo a qualquer tipo de informação, o comprador deseja estabelecer trocas e relacionamentos no momento em que lhe convém e onde desejar. Um dos exemplos desse fato é o *e-procurement*, uma aplicação da Internet que substitui o sistema de compras atuais das empresas por um processo automatizado e que já era realidade em 2002 (veja o Quadro 3.10, mais à frente). Para poder responder ao cliente e atendê-lo no tempo exigido, o marketing de relacionamento dependerá, sobretudo, do uso correto das novas tecnologias para oferecer aos clientes maior conveniência de compra e obtenção de informações. Além disso, como já mencionado anteriormente, a tecnologia irá viabilizar a oferta de produtos e serviços personalizados, que será o diferencial competitivo.

As principais mudanças culturais recentes referentes ao mercado de consumo foram:

- culto à saúde e beleza física;
- informalidade no vestir;
- uso da Internet para compra e lazer;
- maior tempo para lazer;
- maior autonomia nas decisões de compra para crianças e adolescentes;
- maior participação da mulher nas decisões de compra de alguns produtos, como carro, residência e investimentos financeiros.

3.3.2.2 FATORES CULTURAIS

Desde pequena, a pessoa sofre profundas influências da cultura da sociedade em que vive. A **cultura** é um centro complexo de valores e crenças

A **cultura** é um centro complexo de valores e crenças criado pela sociedade, passado de geração a geração no ambiente familiar e reforçado por instituições como a escola e igrejas.

[21] PORTER, Michael E. *Vantagem competitiva*. São Paulo: Campus, 1989, p. 49.

[22] McKENNA, 1991, p. 45 e 78.

[23] McKENNA, Regis. *Competindo em tempo real*: estratégias vencedoras para a era do cliente nunca satisfeito. 3. ed. São Paulo: Campus, 1998, p. 9 e 48.

criado pela sociedade, passado de geração a geração no ambiente familiar e reforçado por instituições como a escola e igrejas. É a determinante mais básica das necessidades e do comportamento de uma pessoa. Muitos hábitos de consumo fazem parte da cultura de uma sociedade. Por exemplo, a comida, a vestimenta, as festas populares etc. Dependendo da cultura de cada pessoa (por exemplo, preferir ler a ver TV, ou música sertaneja a rock), haverá maior ou menor predisposição ao consumo e, consequentemente, mercado maior ou menor para determinados produtos ou serviços.

As empresas também são afetadas, desde os objetivos de sua fundação, muitas vezes motivadas por um ideal baseado numa profunda crença e valor social, como é o caso das organizações sem fins lucrativos. Nas empresas comerciais, a definição da missão, os investimentos em projetos sociais e a política de suprimentos podem favorecer a compra de determinados fornecedores e o investimento no bem-estar dos funcionários. Podem, inclusive, alterar o portfólio de produtos comprados e seu montante. Por exemplo, quando instituiu a merenda escolar, baseado num valor social (garantir a qualidade de vida da população), o governo passou a comprar toneladas de produtos alimentícios e utensílios de cozinha, aumentando a procura por esses itens.

As principais mudanças culturais recentes referentes ao mercado de negócios foram:

- foco no *core business*;
- mercados globalizados;
- administração focada no cliente;
- consciência da responsabilidade social da empresa;
- governança corporativa.

Quando as empresas, com base no valor da cultura organizacional de focar na atividade-fim da empresa (*core business*), passam a terceirizar algumas de suas operações, como a atividade-meio de telemarketing (*call center*), isso gera, além do surgimento de novas empresas, mudanças no processo de compra de serviços, exigindo procedimentos de análise, seleção e controle desse tipo de fornecedor. As empresas conscientes socialmente aplicam parte de sua verba de comunicação em projetos que melhoram a qualidade de vida da população e colaboram com instituições como a Associação Brasileira dos Fabricantes de Brinquedos, Abrinq (http://www.abrinq.org.br), que defende os direitos das crianças. Muitas empresas estão deixando de comprar de empresas que usam mão de obra infantil e trabalho semiescravo de mulheres ou que não respeitam o meio ambiente. Também se observa que o conceito de governança corporativa, que implica maior transparência na gestão e responsabilidade com os acionistas e com o mercado, tem alterado as práticas de algumas empresas.

As **subculturas** estão baseadas em experiências e situações de vida em comum que se diferenciam e formam segmentos separados de uma cultura organizada, em torno de fatores como raça, nacionalidade, religião ou localização geográfica.

As **subculturas** têm os mesmos sistemas de valores da cultura, mas estão baseadas em experiências e situações de vida em comum que se diferenciam e formam segmentos separados de uma cultura organizada, em torno de fatores como raça, nacionalidade, religião ou localização geográfica. Os interesses comuns e as características de cada subcultura frequentemente representam oportunidades de marketing, pois os clientes desse segmento desejam, cada vez mais, verem atendidas as suas necessidades específicas, privilegiando produtos e serviços que considerem seus hábitos de consumo, suas crenças e os valores subculturais.

No mercado de negócios também ocorre o fenômeno de subculturas, pois as empresas incorporam os valores e as crenças das pessoas que as compõem e as práticas comerciais próprias do grupo estratégico a que pertencem. Porter[24] identificou que as empresas tendem a desenvolver estratégias de negócios comuns às empresas percebidas como concorrentes, que ele denominou de grupos estratégicos. As empresas do mesmo grupo estratégico têm uma cultura organizacional que direciona seu processo decisório e mantêm em seus níveis gerenciais pessoas que se adaptam mais facilmente, atuando de acordo com o sistema de valores organizacional. Dessa forma, podemos verificar que as empresas multinacionais e nacionais, empresas grandes, médias e pequenas demandam recursos, produtos e procedimentos de fornecimento distintos.

Figura 3.4
Distribuição da população por raças no Brasil

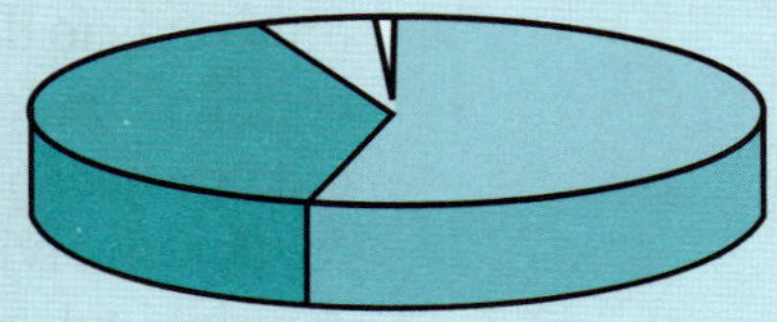

Fonte: IBGE, http://www.ibge.net.

O estudo das **classes socioeconômicas** é muito importante, pois permite agrupar as pessoas em estratos que combinam fatores como ocupação, educação, riqueza, renda e outras variáveis que suscitam valores, interesses e comportamentos similares entre os membros de determinada classe. Portanto, as pessoas de uma mesma classe mostram preferências semelhantes de marca e produtos em áreas como alimentos, higiene e limpeza, vestuário, atividades de lazer e automóveis, e têm padrões de compra próprios. As classes sociais são divisões relativamente homogêneas e duradouras de uma sociedade, sobre as quais o IBGE e outras entidades públicas e privadas desenvolvem estudos e dados estatísticos, sendo fontes muito úteis aos profissionais de marketing.

Quadro 3.2
Classes econômicas segundo Critério Brasil

Classe	Pontos
A1	30-34
A2	25-29
B1	21-24
B2	17-20
C	11-16
D	6-10
E	0-5

Os critérios para classificação social do país foram estabelecidos pela Associação Brasileira de Anunciantes (ABA — http://www.aba.com.br) e pela Associação Nacional das Empresas de Pesquisa de Mercado (Anep — http://www.anep.org.br), com a participação da Associação Brasileira dos Institutos de Pesquisa de Mercado (Abipeme — http://www.abipeme.org.br), com base nos levantamentos socioeconômicos de 1993 e 1997 e com o objetivo de definir grandes classes que atendam às necessidades de segmentação (por poder aquisitivo) da grande maioria das empresas. O Critério Brasil[25], adotado atualmente, mantém o

[24] PORTER, Michael E. *Estratégia competitiva:* técnicas para análise de indústrias e da concorrência. Rio de Janeiro: Campus, 1997, p. 62.

[25] O novo sistema, batizado de Critério de Classificação Econômica Brasil (CCEB), enfatiza sua função de estimar o poder de compra das pessoas e famílias urbanas, abandonando a pretensão de classificar a população em termos de classes sociais. A divisão de mercado definida pelas entidades é de classes exclusivamente econômicas.

sistema de classificação por pontuação utilizado nos critérios anteriores, porém atualizou a composição da planilha de pontuação, para melhor refletir o potencial de consumo do brasileiro. A classificação socioeconômica do Brasil foi estratificada em cinco classes, subdividindo-se as duas de maior poder aquisitivo: Al, A2, BI, B2, C, D, E.

O critério representou uma grande contribuição, pois constitui uma fórmula padrão, possibilitando medições contínuas e comparações entre pesquisas. Porém, alguns estudiosos e profissionais do marketing propõem uma revisão do Critério Brasil, pois sua efetividade para estimar o poder de compra é cada vez mais questionável, complicando os trabalhos de pesquisa e de projeção do mercado. Isso porque a metodologia dessa classificação foi desenvolvida antes de 1997, quando o país viveu um *boom* de consumo. A principal crítica é que a renda da família é ignorada, juntando, numa mesma classe, clientes com rendas substancialmente diferentes, enquanto consumidores com renda idêntica figuram como pertencentes a classes distintas. Além disso, o principal critério para indicar a mobilidade social é a aquisição ou perda de bens. Por exemplo, uma família que possui determinado conjunto de bens seria classificada como B se o chefe não tivesse formação universitária. Porém, se o chefe dessa mesma família tivesse curso superior, ela seria classificada como pertencente à classe A. Da mesma forma, quando possui crédito ou facilidade de compra, a pessoa se desloca de uma classe para outra sem necessariamente refletir o potencial de consumo da nova classe.

Os profissionais de marketing devem considerar que o Critério Brasil, ou qualquer outro critério econômico, não é suficiente para uma boa classificação em pesquisas qualitativas ou nos estudos de segmentação e de potencial. Recomenda-se obter, além do Critério Brasil, o máximo de informações sobre os clientes, incluindo, então, seus comportamentos de compra, suas preferências e seus interesses, hábitos de lazer, *hobbies* e até características de personalidade.

Quadro 3.3
Renda Familiar por classe

Classe	Pontos	Faixa de renda (R$)	Renda média (R$)
A1	30-34	5.555,00 ou mais	5.894,00
A2	25-29	2.944,00 a 5.554,00	3.743,00
B1	21-24	1.771,00 a 2.943,00	2.444,00
B2	17-20	1.065,00 a 1.770,00	1.614,00
C	11-16	497,00 a 1.064,00	844,00
D	6-10	263,00 a 496,00	435,00
E	0-5	até 262,00	229,00

Um dos estudos que contribuíram sobremaneira para entender as classes sociais e seu comportamento de compra foi o desenvolvido por

Christiane Gade[26], que atribuiu características de personalidade às classes sociais, conforme descrito no Quadro 3.4.

Quadro 3.4
Perfis psicográficos atribuídos às classes sociais[27]

Classe A1 Elite social: inclui os herdeiros; mantém uma relação aristocrática com o dinheiro; geralmente é bastante tradicionalista, discreta e sóbria; é grupo de referência para as classes A2 e B2.	**Classe A2** Muitas vezes, tem renda superior à classe A1; são os altos executivos e empresários, tecnocratas; geralmente, sua ascensão é recente, com raízes nas classes B e C; fortemente sensível ao consumo de signos de *status*; ligada ao dinheiro, poder e não raro cultura e bom gosto; valoriza as peças exclusivas como símbolos distintivos.
Classes B1 e B2 Profissionais diferenciados, com nível acadêmico superior; valorizam a formação cultural e profissional como garantia de manutenção ou ascensão de *status*; são sensíveis aos apelos de conforto e bom gosto.	**Classe C** Família típica trabalhadora, com tendências conservadoras; valoriza a qualidade dos bens duráveis; geralmente, não confia no próprio gosto; busca orientação na classe B1, como grupo de referência, e em publicações especializadas; é sensível ao preço.
Classe D Tem ocupações profissionais não diferenciadas; sensível, sobretudo, aos bens duráveis; costuma ter lealdade à marca, como forma de minimizar a ansiedade e insegurança que incide nos processos de compra, para os quais tem pouco conhecimento.	**Classe E** Baixo nível de instrução, pequena disponibilidade ao raciocínio abstrato, simbólico; revela um comportamento de compra com tendências impulsivas (busca satisfação "quando pode"), o que a leva à aceitação de preços superiores ao valor real do produto ou a conduz a sistemas de crédito pouco favoráveis.

As empresas também podem ser classificadas em divisões relativamente homogêneas e duradouras, e estas compartilham valores, interesses e comportamentos similares. Uma das divisões mais aceitas é aquela que classifica as empresas de acordo com o porte, conforme o Quadro 3.5.

O número de pequenas, médias e grandes empresas é aproximado, devido à grande divergência de metodologia dos diversos órgãos governamentais e entidades particulares.

[26] GADE, Christiane. *Psicologia do consumidor*. São Paulo: EPU, 1980; e GADE, Christiane. *Psicologia do consumidor e da propaganda*. São Paulo: EPU, 1998.

[27] GADE, 1980, apresenta a classificação antiga, que usava a terminologia de classe média alta, que transformamos em A1; classe alta inferior, A2; classe média (B1 e B2), e classe média inferior, equivalente à C; classe baixa superior (D), e inferior (E). Essa terminologia fez, durante anos, com que as pessoas fossem percebidas de acordo com as posições inferiores ou superiores que ocupavam, as quais eram vinculadas a suas classes sociais.

Quadro 3.5
Classificação das empresas por porte

Classe	Número de empresas (em mil)	Número de empregados	
ME (micro)	3.149,1	Indústria	até 19 empregados
		Comércio/serviços	até 9 empregados
PE (pequena)	301,6	Indústria	de 20 a 99 empregados
		Comércio/serviços	de 10 a 49 empregados
MDE (média)	133,1	Indústria	de 100 a 499 empregados
		Comércio/serviços	de 50 a 99 empregados
GE (grande)	5,1	Indústria	acima de 499 empregados
		Comércio/serviços	mais de 99 empregados
Total	3.588,9		

Fonte: Total de empresas: IBGE. Cadastro central de empresas do IBGE, ativas em 1998. Número de microempresas: Sebrae. Disponível em: <http://www.sebrae.com.br>.

Essas empresas recebem das autoridades tratamento diferenciado, desde o que diz respeito à parte jurídica e fiscal até a linhas de crédito e fomento. Também se fazem representar por sindicatos e associações que tratam exclusivamente de seus interesses. Da mesma forma que as pessoas que pertencem a uma classe, as empresas apresentam preferências distintas por produtos em áreas de tecnologia da informação, máquinas e equipamentos e treinamento, de acordo com suas políticas internas e a disponibilidade de investimento. Por exemplo, as grandes empresas gastam mais em treinamento de seus funcionários, pois ele é parte do conjunto de valores organizacionais. Os fornecedores das micro e das pequenas e médias empresas precisam oferecer muito mais assessoria, assumindo parte do trabalho dos especificadores, pois esse tipo de empresa normalmente dispõe de um quadro de pessoal mais reduzido. Conhecer o perfil de compra e as necessidades básicas de cada classe empresarial facilita o atendimento das necessidades e expectativas dos clientes, podendo-se desenvolver, mesmo com micro, pequenas e médias empresas, relações rentáveis de longo prazo.

As micro e pequenas empresas representam, no país, cerca de 98% do mercado de negócios, em número de empresas, e geram perto de 60% do total dos empregos na indústria, no comércio e em serviços. Apenas no ano de 1999, foram constituídas 475.005 empresas no país; 267.525 eram microempresas, representando um percentual de 56,32% desse total, segundo o Serviço Brasileiro de Apoio às Micro e Pequenas Empresas (Sebrae). O Sudeste foi a região que registrou o maior número de microempresas constituídas, com um total de 124.147, seguida do Sul, com 55.737; Nordeste, 45.551; Centro-Oeste, 27.366; e Norte, com 14.724. Essas empresas, bem como as médias e pequenas, têm procedimentos de homologação de fornecedores.[28]

[28] SEBRAE. Microempresas. A micro e a pequena empresa no Brasil. Disponível em: <http://www.sebrae.com.br>. Acesso em: 16 ago. 2002.

As grandes empresas podem, por sua vez, ser desmembradas em: empresas globais, transnacionais, multinacionais e nacionais. As compras das empresas globais são normalmente alinhadas mundialmente, favorecendo os fornecedores globais, em detrimento das empresas nacionais. Por exemplo, a compra de *softwares* e de serviços de agências de propaganda é contratada pela matriz, e a empresa é atendida no Brasil pelo escritório local da agência de propaganda global.

Um dos fatores que exerceram forte influência sobre o comportamento de compra das empresas foi a certificação da qualidade, que forçou as empresas a solicitarem três orçamentos ou cotações, principalmente para as compras improdutivas (não relacionadas com a produção ou entrega do serviço). A Internet veio facilitar esse procedimento, com a disponibilização de portais de ofertas de produtos e de compra. Em termos de **procedimentos**, **estruturas** e **sistemas das organizações**, a tecnologia da informação foi o fator que mais mudanças ensejou, provocando a redução de custos dos produtos e dos serviços comprados e da própria área administrativa, influenciando também o lucro bruto. O acesso ao mercado global, como fornecedor e comprador, tem distribuído a relação de força (poder de barganha) entre comprador e vendedor. Apesar de cada empresa ter seus próprios objetivos e sua própria política de compras, os portais e as técnicas de *e-procurement* têm criado novos papéis para os departamentos de suprimentos e compras, extrapolando os limites da própria organização. Um dos exemplos dessa nova tendência é a criação de portais de compras como o da Covisint (http://www.covisint.com), uma *joint-venture* entre a DaimlerChrysler, a Ford e a General Motors, cujo objetivo é racionalizar o processo de compras e aumentar o poder de barganha. Desde sua fundação, já atraiu outras montadoras, como a Renault, a Peugeot e a Nissan, e inúmeros fornecedores, como Dana, Delphi, Johnsons Control, Siemens, Visteon, entre outros.

E-procurement é uma aplicação da Internet destinada a realizar a integração de sistemas e processos entre a empresa e seus fornecedores, substituindo o mecanismo de compras atuais por um processo automatizado, com maior grau de segurança e eficiência, a menor custo.

E-procurement é uma aplicação da Internet destinada a realizar a integração de sistemas e processos entre a empresa e seus fornecedores.

Portanto, há algum tempo, a área de suprimentos sofre uma revisão dentro da estrutura organizacional, passando a fazer o gerenciamento estratégico dos fornecedores e das compras. Com os recursos e as facilidades do mercado eletrônico, as pequenas e médias empresas também podem realizar suas compras por meio dos portais, aproveitando ofertas de produtos a preços muito reduzidos. Esse ambiente de negócios exige, portanto, profissionais capazes de entender e negociar eficazmente num cenário de oferta e procura completamente diferente, o que leva a uma maior profissionalização e a um maior poder dentro da empresa.

3.3.2.3 FATORES SOCIAIS

Os fatores sociais mais importantes que atuam sobre o processo decisório dos clientes são os grupos que, desde a mais tenra idade, moldam a pessoa, influenciam e mudam seu comportamento de compra.

O comportamento do ser humano é baseado na aprendizagem propiciada pela interação social entre as pessoas. Quando esse contato se transforma numa relação psicológica explícita, dá-se a ele o nome de **grupo de referência**, que é formado por pessoas que mantêm uma relação de interdependência, na qual o comportamento de cada membro influencia o comportamento de cada um dos outros. Essas pessoas partilham, geralmente, as mesmas crenças, valores e desejos em relação ao comportamento de compra. O grupo influencia a concepção que as pessoas ou organizações têm de si mesmas, constituindo seu ponto de referência.

Na infância, a família, um dos grupos de maior influência sobre o comportamento de compra, transmite um conjunto de valores que molda as preferências e cria hábitos de consumo. Mais tarde, a criança, em contato com os colegas, parentes e outros grupos, *aprende*, adquire e experimenta novos produtos, requalificando-os, e até toma novas decisões a respeito de seu comportamento. Na idade adulta, novos grupos passam a exercer influência sobre as pessoas: os amigos da faculdade, os colegas de trabalho, o pessoal do clube, e assim por diante.

Da mesma forma, as empresas, ao serem criadas, recebem a influência do grupo de empresas do mesmo ramo, que servem de modelo ou não para sua própria atuação. A técnica de *benchmarking*, que consiste em se orientar pelas melhores práticas de outros grupos de empresas, faz com que políticas e práticas administrativas sejam adotadas pelas empresas recém-chegadas a um segmento. Com o tempo, assim como as pessoas, as empresas passam a participar de associações de classe, federações e sindicatos, para troca de informações e defesa de seus valores e de suas práticas de negócios.

Os grupos tendem a exercer pressões para que o indivíduo e as empresas não se tornem desviantes, se conformem com o comportamento padrão do grupo e atuem de acordo com o papel que lhes é atribuído. Recompensando os comportamentos conformados e punindo os marginais, os grupos permitem que a sociedade sobreviva, garantindo a transmissão de valores, normas e rituais.

A importância de cada grupo e quanto do seu comportamento é assimilado dependem da intensidade da interação, do grau de interdependência e do tipo de personalidade das pessoas ou da cultura organizacional. Jung[29], em seus estudos, afirma que as pessoas podem ser caracterizadas como primariamente orientadas para seu interior ou para o exterior. Se são orientadas para o exterior, envolvem-se com o mundo externo, das pessoas e das coisas, e são muito mais influenciáveis. Esses clientes são tão orientados para os outros que podem ser facilmente convencidos, em vez de demonstrarem suas próprias opiniões. Necessitam se proteger para não serem dominados pelos outros. Já para as pessoas introvertidas, a influência do grupo tende a ser menor.

As empresas também são classificadas como aquelas que se expõem pouco (*low profile*) e aquelas que inclusive contratam assessorias de imprensa para divulgar suas opiniões, valores e conquistas e, por isso, acabam influenciando as outras, muitas vezes tornando-se o modelo do grupo.

[29] JUNG, Carl Gustav. *O desenvolvimento da personalidade*. 7. ed. São Paulo: Vozes, 1986.

Os grupos de referência baseiam-se em um mecanismo de aspiração (ou de repulsão). Segundo a natureza dos grupos, os produtos e seu modo de compra podem ter um papel simbólico maior ou menor. Isto é, refletir a imagem desejada e seu *status* para os demais membros do grupo. Certos produtos ou serviços são percebidos como aqueles que facilitam a aceitação (ou entrada) em determinados grupos. Quanto mais simbólico é o produto ou serviço, maior seu poder de influência. Nas compras rotineiras, a influência do grupo é menor, porém, na compra de carros, aparelhos de som ou cigarro, a influência é grande, em relação tanto ao produto quanto à marca. Nas empresas, atualmente, para contratação de consultoria, compra de máquinas e equipamentos e tecnologia da informação, existe a prática de verificar o que está sendo comprado pelo mercado e a satisfação deste com o produto, o atendimento e a economia obtidos.

Os grupos podem ser classificados, de acordo com o tipo de influência que exercem, em:

- **grupos de associados**: aos quais as pessoas ou empresas pertencem — por exemplo, os estudantes de uma escola de administração;
- **grupos modelos**: aos quais as pessoas ou empresas gostariam de pertencer — por exemplo, alguns alunos da escola de administração aspiram fazer parte dos executivos de marketing das empresas multinacionais; e
- **grupos desassociados**: cujos valores as pessoas ou empresas rejeitam — por exemplo, muitos profissionais não aceitam trabalhar em determinadas empresas que não são politicamente corretas.

Os grupos também podem ser classificados, de acordo com o tipo de interdependência e a forma de interação, em informais e formais, e estes, em primários e secundários, conforme o Quadro 3.6. A família, um dos principais grupos primários, pode ainda ser classificada em **família de orientação**, que são os pais e irmãos — que compartilham crenças, valores a respeito de religião, política e economia, e opiniões sobre ambição pessoal e autovalor, influindo até mesmo no comportamento inconsciente do comprador —, e **família de procriação**, a mulher/marido e filhos — que têm mais influência direta no comportamento de compras diárias do que qualquer organização social.

Quadro 3.6
Os tipos de grupos de referência

	Informais	Formais
Primários	Família Amigos	Escola Trabalho
Secundários	Associações esportivas e de lazer	Associação de classe Organizações diversas

Para o marketing, entender o mecanismo dos grupos permite ajustar a comunicação, embora a comunicação direcionada para os grupos primários seja mais difícil, por causa da atomização da audiência. Os grupos secundários são mais fáceis de identificar, pois são menos numerosos, mas, neles, a informação circulará mal se a comunicação não for realizada por meio dos membros do grupo com representação ou liderança.

No mercado de negócios, a influência dos grupos é tão significativa que muitas empresas oferecem condições especiais para empresas formadoras de opinião, pois essa venda irá representar uma referência no mercado, facilitando negócios com empresas do mesmo segmento. Outras promovem vendas por meio da associação de classe. No Conselho Regional de Engenharia, Arquitetura e Agronomia (Crea), por exemplo, a mensagem é totalmente customizada para os profissionais que compõem o seu público. O retorno em vendas é muito maior, pois existe, de certa forma, uma vinculação do produto com a associação à qual os clientes pertencem.

As **pessoas e empresas ocupam certas posições**, que são definidas pelo conjunto de direitos e deveres das pessoas ou empresas nos grupos a que pertencem. Seu **papel** consiste nas atividades esperadas de uma pessoa ou empresa com relação aos outros do grupo. Cada papel está associado a um ***status***, que reflete a opinião geral da sociedade sobre um determinado papel. Portanto, dentro de cada grupo, cada membro possui uma **posição**, um ***status*** e um **papel**.

Um dos papéis sociais que sofreram grande mudança foi o da mulher, que assume hoje um *status* igual ao do homem. O IBGE, por exemplo, tem uma trilha de estatística e de análise dedicada à mulher, acompanhando uma série de indicadores sociais. No estudo "Perfil das mulheres responsáveis pelos domicílios no Brasil", baseado em dados do Censo 2000 (http:// www.ibge.net), o IBGE concluiu que "[...] as mulheres são maioria no país, têm vida média mais elevada que os homens e assumem cada vez mais o comando das famílias. Os números atestam: a nova mulher brasileira desempenha um papel cada vez mais importante na sociedade". Isso significa que a mulher participa muito mais das decisões de compra e influencia os outros membros da família.

Outro fato importante é que 11,2 milhões de mulheres — ou 12,9% das 86,2 milhões de brasileiras — têm sob sua responsabilidade 24,9% dos domicílios do país. Em 1991, apenas 18,1% dos domicílios estavam nessa situação. Portanto, as mulheres são, sozinhas, responsáveis pelas compras de 24,9% dos domicílios brasileiros.

Nas empresas, os usuários, que antes tinham seu papel limitado, passam a participar de maneira mais significativa na especificação dos produtos que irão consumir ou utilizar em seu dia a dia. Também a área de compras deixa de ser um mero executor da ordem de compra para assumir um papel mais estratégico. Os compradores têm maior nível de escolaridade que no passado, e seus cargos são mais bem remunerados, refletindo sua valorização profissional.

3.3.2.4 FATORES PESSOAIS

Entre os fatores pessoais mais influentes no comportamento de compra, estão: idade e ciclo de vida, ocupação, situação econômica e estilo de vida.

As pessoas, ao longo de sua vida, além das mudanças de hábito e novas expectativas advindas com a maturidade, passam a comprar diversos produtos, como roupas e remédios, e serviços, como lazer, de acordo com a idade. Suas preferências e necessidades variam de acordo com a **idade**, o **ciclo de vida familiar** e **estágios psicológicos**. O ciclo de vida de uma família compreende as diversas formas como a família pode estar estruturada ao longo da vida de uma pessoa, e o comportamento de compra que pode ser associado a cada ciclo. Esse fator é tão importante que é um dos critérios de segmentação mais amplamente utilizado pelos profissionais de marketing.

Família unicelular
Solteiros, divorciados ou viúvos que moram sós.

Família com um dos pais
Divorciados ou viúvos com filhos

Família com os dois pais
Casados com filhos
Casais que têm filhos de outras uniões

Família sem filhos
Jovens casais
Casais com filhos casados

Os principais estágios do ciclo de vida são: solteiros e viúvos, casais sem filhos e casais com filhos. Se for considerado o tipo de produto e serviço que cada ciclo familiar consome, é recomendável considerar o fator idade.

No universo dos domicílios sob a responsabilidade de mulheres, segundo o Censo 2000[30], 2 milhões tinham um só morador. Dessas mulheres que moravam sozinhas, 53,3% tinham mais de 60 anos. Já nos domicílios sob responsabilidade masculina, tal percentual é de 6,2%, representando 2, 1 milhões de homens que moravam sós. Mais uma vez, além de razões culturais, a maior esperança de vida feminina influi nessa diferença.

Portanto, uma infinidade de produtos está mais diretamente relacionada à idade e ao ciclo de vida familiar que a qualquer outro fator. Pessoas que moram sós necessitam de produtos em embalagens menores, para evitar o desperdício, e, normalmente, têm maior renda disponível. Quando jovens ou muito velhos têm recursos financeiros, investem em produtos e atividades de lazer: *surf*, *wind-surf*, jogos, equipamentos para carros, material de *camping*, equipamento de cozinha etc.

Casais sem filhos, se são de classe média, possuem melhor situação financeira. Compram bens duráveis, como carro, geladeira, aparelhos de som, eletrodomésticos etc. Normalmente, o casal trabalha.

Casais com filhos pequenos compram alimentos para crianças, vitaminas, remédios, brinquedos etc. Interessados por novos produtos, são influenciados pelos comerciais de televisão. A esposa ainda trabalha fora de casa. Crianças recém-nascidas demandam produtos específicos, como móveis, fraldas, utensílios e roupas, por exemplo. Quando o casal tem mais de um filho, a mulher tende a deixar o trabalho para cuidar dos filhos.

Já as pessoas mais idosas normalmente têm a renda dividida com filhos ou dependentes, quando de classe média ou C e D. Necessitam de remédios, atenção, afeição e segurança. Compram pacotes de viagens e outros produtos ou serviços de lazer, quando podem.

A comunicação com os jovens deve ser feita em sua linguagem, fazendo referência aos valores de cada grupo, que formam subculturas bastante diferentes. Os profissionais de marketing enfrentam um grande desafio na comunicação com eles, pois, mesmo que possam ser atingidos por uma mídia de massa como a TV, ainda persiste a questão dos apelos que de fato influenciam seu comportamento de compra. Esse mercado promissor tem levado empresas como Danone, Alpargatas, Tilibra e muitas outras a investirem no desenvolvimento de produtos e serviços e na comunicação. Desde muito pequenas, as crianças são atingidas com comerciais, que procuram fidelizá-las à marca. O texto a seguir apresenta uma radiografia do jovem feita pelos institutos Akatu e Indicator Pesquisa de Mercado, finalizada no mês de março de 2002.

[30] IBGE. Disponível em: <http://www.ibge.net>.

Aprendendo um pouco mais...

Jovem brasileiro no século XXI

Os institutos Akatu e Indicator Pesquisa de Mercado realizaram uma pesquisa em que foram entrevistados 259 jovens entre 18 e 25 anos das principais capitais do país. O estudo mostra que eles não se vêem como responsáveis pelas transformações sociais, pensam em obter um diploma só para ter uma profissão, desprezam a política, não gostam de ler e acham que tudo o que fazem só causa impacto na sua própria vida, rejeitam discutir temas que não afetam suas vidas e vivem bem numa sociedade de consumo.

Para 56% dos brasileiros entre 18 e 25 anos, comprar mais significa mais felicidade, pouco importando os problemas ambientais decorrentes do consumismo exagerado. A juventude brasileira é a que mais gosta de fazer compras e assistir a programas de TV, quando comparada a jovens de outros países (França, Itália, Japão, Estados Unidos, Argentina, México, Austrália e Índia).

Entre as inquietações dos jovens estão temas como o desemprego e a melhoria dos sistemas de saúde, mas eles não se preocupam nem um pouco com o aumento populacional ou as mudanças climáticas. Um indicativo de quanto pensam no hoje e pouco no amanhã. Na opinião deles, a forma como ocupam o tempo livre, trabalham e até comem não afeta a economia, o ambiente ou a sociedade. Porém, o jovem consumidor brasileiro não é influenciável. Falam mais alto o preço e a qualidade dos produtos. Ele ainda se considera livre para fazer as escolhas e é pouco manipulável. Ao contrário de americanos e italianos, entre os quais mais da metade dos jovens diz sofrer uma influência negativa dos anúncios.

Fonte: NUNOMURA, Eduardo. Jovem brasileiro gosta de comprar e ver TV. *Estado de S. Paulo*, 15 mar. 2002.

As empresas, assim como as pessoas, passam por ciclos de vida que demandam a compra de serviços e produtos diferenciados. Portanto, a empresa passa por períodos característicos de infância, adolescência e maturidade, estágios com contextos peculiares de delegação de autoridade e maturidade da cultura organizacional, do processo decisório e das necessidades de investimento. De acordo com o ramo de atividade, esses períodos podem ser mais ou menos longos.

Por exemplo, empresas recém-formadas demandam alto investimento em instalações, equipamentos e máquinas, muitas vezes financiado por órgãos do governo, como o Banco Nacional de Desenvolvimento Econômico e Social (BNDES), ou bancos privados, dependendo do montante investido. Demandam também serviços especializados de advocacia, registro de marcas, recrutamento, seleção e treinamento de pessoal e desenvolvimento da marca e dos logotipos da empresa, bem como planejamento de comunicação, e assim por diante. Com o passar do tempo, a empresa precisa reformar suas instalações, modernizar suas máquinas e equipamentos, lançar novos produtos e rever a marca, demandando periodicamente produtos e serviços não rotineiros. Esse tipo de entendimento é importante para os executivos de marketing, que podem planejar o atendimento e as vendas durante os diversos ciclos de demanda do cliente, atuando proativamente e estimulando o cliente a considerar novas necessidades em seu planejamento de compras.

Aprendendo um pouco mais...

Conquistando o mercado infantil

As crianças e jovens de até 14 anos representam 32% dos brasileiros, ou seja, quase 50 milhões de consumidores, com consumo estimado pelos especialistas em R$ 120 milhões. Nos Estados Unidos, crianças e adolescentes chegam a influenciar compras de US$ 200 bilhões. Segundo um estudo da agência Young & Rubicam[31], as crianças consomem 40% dos refrigerantes, 30% dos biscoitos e 80% das bebidas achocolatadas produzidos no Brasil. Porém, não é fácil conquistar esse público. É preciso investir no conhecimento do mercado, que pode ser obtido por meio de pesquisas. Também é preciso inovar nas ações de comunicação. Um exemplo de caso de sucesso é o da Elma Chips. Veja por quê.

Tazos ajudam a Elma Chips a conquistar a criançada[32]

A Elma Chips conseguiu aumentar em 110% suas vendas de salgadinhos. Seus pacotes são comercializados, desde 2001, à razão de 3,5 milhões de unidades diárias. O segredo chama-se *tazo*, um disco colorido, pouco maior que a moeda de um real. Nos recreios e nas festas infantis, a garotada entre 5 e 14 anos só quer saber dos tazos, que vêm de brinde dentro dos pacotes de salgadinhos. Estampados com figuras do Pernalonga, Patolino, Piu-Piu, Frajola e outros, cerca de 250 milhões de disquinhos já foram distribuídos no Brasil, quase dois tazos por habitante. A companhia investiu R$ 5 milhões em campanhas publicitárias e distribuiu mais de 1 milhão de álbuns, assim como *pads* de computador, que servem de *tapetaço* para a brincadeira. Equipes uniformizadas visitaram mais de 4 mil escolas em todo o país, para mostrar como brincar com o tazo. É uma versão renovada do velho jogo de bafo. Você empilha os disquinhos e, com a ajuda de um botão, tenta virar a face do maior número possível deles.

A americana Frito-Lay, à qual está vinculada a Elma Chips, já havia tido retornos elevados de vendas com o tazo na Europa, na Austrália, no México e em outros países latino-americanos. O tazo já faz sucesso com milhões de crianças na Austrália, Inglaterra, Holanda, México, Portugal e Turquia, onde o brinde levou a um aumento médio de 50% nas vendas de salgadinhos. Os disquinhos já têm até endereços na Internet. As chamadas Swap Pages são *sites* para troca de tazos do mundo inteiro.

O jogo surgiu de forma rudimentar no Havaí, onde as crianças usavam tampas de latas de leite como discos. Mesmo para uma promoção internacional como essa, a cultura e os hábitos de cada país podem fazer a diferença entre sucesso e fracasso. O projeto acabado, que envolveu pesquisas e a contratação de psicólogos, custou R$ 25 milhões. Como os psicólogos descobriram que, por achar o jogo muito difícil, as crianças se desinteressavam, foram feitas adaptações. Surgiu, então, o *kit* com acessórios que facilitam o manuseio dos discos. O fator-chave do sucesso foi o trabalho dos demonstradores da Elma Chips, que visitaram escolas e atingiram cerca de 5 milhões de crianças, estimulando o pequeno cliente a comprar o produto.

[31] BLECHER, Nelson. Pense pequeno. *Exame*, 3 dez. 1997.

[32] MELLO, Patrícia. Discos coloridos são a nova "febre" da garotada nas escolas. *Jornal da Tarde*, 1 jun. 1997.

As pessoas, de acordo com seu tipo de instrução ou sua educação formal, têm acesso a determinados cargos no mercado de trabalho, fazendo parte de um grupo que pressupõe um determinado comportamento social. Consequentemente, frequentam certos lugares, com determinado estilo de roupa, e adotam os símbolos de *status* próprios do cargo. Por exemplo, espera-se que os consultores de uma consultoria de gestão empresarial de grande porte usem ternos de boa marca, portem um *notebook* e tenham cursos de pós-graduação ou Master of Business Administration (MBA) na respectiva área de especialização. Já um publicitário vestido dessa forma seria considerado inadequado, pois se espera que esse tipo de profissional se vista descontraidamente, porém na vanguarda da moda. O *notebook* possivelmente está guardado numa pasta pouco convencional.

Portanto, cada **ocupação** — médico, advogado, dentista, cabeleireiro — demanda produtos, serviços e instrumentos próprios de sua prática. O mais interessante é o fato de que até pessoas com a mesma ocupação podem ser agrupadas em segmentos menores, nos quais o comportamento e os hábitos de consumo de lazer, roupas, discos, livros e diversos outros produtos e serviços serão peculiares. Por exemplo, entre os administradores, pode ser notada uma grande diferença entre os executivos de finanças e produção, mais conservadores, e os de marketing e vendas, mais inovadores ou impulsivos. Outro exemplo: os vendedores utilizam o cheque especial com muito mais frequência que o pessoal administrativo, e assim por diante.

Da mesma forma, empresas do mesmo ramo de atividade, além de compras de suprimentos semelhantes, também apresentam comportamentos parecidos, podendo ser mais ou menos ousadas em suas decisões de investimentos. A escolha da região também está relacionada ao ramo da empresa — por exemplo, consultorias, agências de propaganda, escritórios de advocacia e prestação de serviços, que dependem de suas instalações para compor sua identidade e seu posicionamento, tendem a selecionar locais de maior prestígio social e a investir no requinte e na adequação da decoração de seus escritórios. O investimento em tecnologia da informação, no conjunto de soluções e períodos de atualização, também está condicionado às necessidades específicas de cada ramo de atividade e seu entorno competitivo.

Assim como as pessoas — e porque as decisões empresariais são tomadas por pessoas —, existem ramos de atividade nos quais as empresas são mais conservadoras na adoção de novas práticas de gestão, de inovações tecnológicas e na agressividade de sua força de vendas do que em outros ramos. Muito desse padrão de comportamento pode ser explicado pela estrutura de mercado mais ou menos competitiva. Porém, existe uma grande parte que pode ser explicada pelo tipo de liderança e pelo perfil de seus dirigentes.

De qualquer maneira, os profissionais de marketing podem aproveitar melhor as oportunidades oferecidas pelo conhecimento dos grupos ou categorias ocupacionais que podem ser atendidos de forma diferenciada por seus produtos e serviços e, assim, concentrar seus esforços de marketing nesses segmentos. Diversos jornais desenvolvem estratégias de conquista de novos clientes com campanhas de venda de assinaturas por mala direta e telemarketing, aluando de forma segmentada por categoria profissional, por meio de associações de classe como o Crea, os conselhos regionais de medicina (CRMs) e os conselhos regionais de administração (CRAs). Os benefícios da assinatura, os brindes e as condições de pagamento e, principalmente, a mensagem da carta, do folheto ou do diálogo de vendas pelo telefone (*script*) são desenvolvidos com o jargão da profissão (linguagem típica), considerando as necessidades de cada segmento. Os retornos em venda são de 30% a 50% superiores aos que uma comunicação genérica alcançaria.

No mercado de consumo, a renda disponível, a economia ou a facilidade de financiamento, considerando o crédito e as taxas de juros — ou seja, a **situação econômica** —, determinam não só o que comprar, mas quando comprar. Se as taxas de juros dos financiamentos ou do cartão de crédito estiverem muito altas, a tendência é postergar a compra. No mercado de negócio, as empresas e organizações, à medida que a situação financeira torna o risco econômico maior, promovem cortes em novos investimentos e tentam reduzir os estoques, renegociando prazos de entrega e até mesmo promovendo a substituição de fornecedores.

Os profissionais de marketing, principalmente aqueles cujos produtos e serviços dependem da renda, acompanham os indicadores econômicos, reagindo rapidamente para reduzir o impacto negativo ou aproveitar a oportunidade. É preciso que as empresas tenham rapidez nas decisões e flexibilidade para se ajustarem às mudanças. Pode ser necessário reprojetar o produto, fracionando a unidade de compra, lançar uma nova marca a preços mais competitivos, para evitar a substituição da marca, realizar a venda direta como forma de vender mais barato, renegociar as margens com os canais, e assim por diante.

Um exemplo de criatividade diante de problemas econômicos ocorreu no varejo. Recessão e taxas de juros muito altas levaram os varejistas a utilizar o parcelamento das compras, mediante a modalidade de venda com cheques pré-datados. O cheque pré-datado foi tão bem-sucedido que se transformou numa prática ampla e generalizada por praticamente todo tipo de varejo.

A indústria automobilística tem promovido diversas ações conjuntas com as concessionárias, a fim de criar pacotes promocionais de peças e serviços, reduzindo substancialmente o preço, para evitar que o cliente postergue a decisão de fazer um serviço ou trocar a peça. Os bancos das montadoras, nos momentos de recessão, baixam as taxas de juros e aumentam os prazos, para que o cliente tenha facilidade de pagar e possa comprar um carro, mesmo com renda reduzida.

Algumas empresas de TV a cabo e de telefones celulares adotaram o seguro-desemprego como uma maneira de aumentar as vendas, pois o cliente, inseguro diante de uma possível situação econômica desfavorável, trazida pelo desemprego, postergava a decisão de compra. As companhias de energia elétrica adotam o seguro-desemprego para agregar valor para o cliente, que percebe a empresa como interessada em seus problemas.

No mercado de negócios, muitas empresas financiam o investimento de fornecedores que estão em situação econômica desfavorável. Outras empresas fornecedoras concedem mais prazo para viabilizar a venda. O profissional de marketing precisa monitorar o mercado, pois, mesmo quando a situação da economia, afeta a situação econômica de um segmento de clientes, e ocorre a queda nas vendas, ele tem diversas maneiras de adaptar o composto de marketing para reverter a situação. É nesses momentos que novas práticas podem ser desenvolvidas para que a empresa mantenha suas vendas e o cliente fique satisfeito.

Quanto mais os profissionais de marketing aumentaram seu entendimento do comportamento do cliente e refinaram as técnicas de segmentação de mercado, na tentativa de encontrar nichos de mercado com necessidades não atendidas, mais se evidenciou que fatores como cultura, idade, renda, classe social, ocupação, personalidade e outros determinantes explicavam apenas parte do comportamento de compra. Era preciso encontrar um fator agregador que pudesse classificar os clientes por seus valores e crenças, combinados aos diferentes fatores que influenciam seu comportamento, para criar um perfil de ação e interação com o mundo e, portanto, do padrão de vida. Dessa forma, seria possível explicar como pessoas de uma mesma classe social, com a mesma renda disponível e com a mesma ocupação, têm decisões tão diferentes em relação ao que fazer com o dinheiro, aonde ir, que produtos comprar e de que qualidade.

Estilo de vida é o fator que identifica a maneira como a pessoa vive, qual é seu traço pessoal no agir, na prática das atividades e no comportamento em geral.

O fator que identifica a maneira como a pessoa vive, qual é seu traço pessoal ao agir, na prática das atividades e no comportamento em geral, é o que chamamos de **estilo de vida**. O estilo de vida reflete o que as pessoas pensam de si mesmas (teoria do autoconceito) e o que valorizam. A técnica adotada para definir os perfis dos clientes em termos do estilo de vida foi a psicografia, pois está baseada em mensurações quantitativas. **Psicografia** são as características das pessoas descritas em sua constituição psicológica e comportamental (veja o Apêndice, no final deste capítulo, com as teorias relacionadas ao comportamento de compra), envolvendo as dimensões essenciais do cliente, como atividades, interesses e opiniões.

Quadro 3.7
Dimensões essenciais do cliente

Atividades	Interesses	Opiniões
Trabalho	Família	Sobre eles mesmos
Passatempo	Lar	Problemas sociais
Eventos sociais	Emprego	Política
Férias	Comunidade	Negócios
Entretenimento	Recreação	Economia
Clube	Forma física, moda	Educação
Comunidade	Alimento	Produtos
Esportes	Façanhas	Cultura

Fonte: Adaptado de PLUMMER, J. The concept and application of life-style segmentation. *Journal of Marketing*, jan. 1974, p. 34.

Para mensurar os valores, o autoconceito e o estilo de vida (psicografia), os pesquisadores apresentam uma série de frases sobre atividades, interesses e opiniões, com as quais as pessoas podem concordar ou não. Os clientes com respostas semelhantes são agrupados, pois se entende que têm estilos de vida, valores e autoconceitos semelhantes e podem ser descritos com determinado perfil AIO[33], chamado perfil psicográfico.

[33] PLUMMER, J. The concept and application of life-style segmentation. *Journal of Marketing*, jan. 1974, p. 34.

Em todos os livros didáticos, é mencionado o Values and Lifestyle Program (VALS), desenvolvido pela SRI International, que, em 1978, classificou toda a população americana em nove grupos, com base nas identidades que as pessoas buscam e implementam por meio de seu comportamento de compra. Com base na Hierarquia de Maslow[34], esse sistema classificou as necessidades humanas numa ordem decrescente de importância (uma pessoa tende a satisfazer suas necessidades mais urgentes primeiro), utilizando também a teoria de Jung e a teoria do caráter social de Riesman, segundo a qual as pessoas são orientadas para o ambiente externo ou para seu interior.

Mais tarde, surgiu o VALS 2, definindo oito segmentos em duas dimensões: auto-orientação e recursos. Os segmentos são: efetivadores, satisfeitos, realizadores, experimentadores, religiosos, lutadores, fazedores e esforçados. Para nós, no Brasil, os perfis psicográficos que mais se aproximam do cliente brasileiro estão presentes no estudo realizado pela agência de publicidade Backer Spielvogel Bates Worldwide (BSBW)[35]. Em 1990, essa agência pesquisou 17 países e encontrou cinco perfis: os batalhadores, os realizados, os adaptados, os tradicionais e os pressionados.

Em 2001, a autora, num estudo realizado para uma indústria automobilística do Brasil, desenvolveu, partindo dos perfis da BSBW, uma proposta de segmentação para clientes, encontrando bastante consistência com os perfis globais, conforme o Quadro 3.9. Cumpre ressaltar que as empresas podem utilizar os perfis genéricos, mas precisam rever a descrição, fazendo uma pesquisa de verificação com os clientes da marca.

Como a montadora tem um banco de dados dos seus clientes (CRM), foi possível saber qual era a representação de cada perfil na base total de clientes, verificando-se a efetividade da comunicação. Esse tipo de conhecimento também permite direcionar a estratégia de conquista para atingir segmentos específicos, adaptando a comunicação (mensagens e mídias), as condições de pagamento, ofertas etc., atuando sobre os fatores que terão o poder de criar preferência pela marca e influenciar a decisão de compra.

Quadro 3.8
Perfis Psicográficos VALS

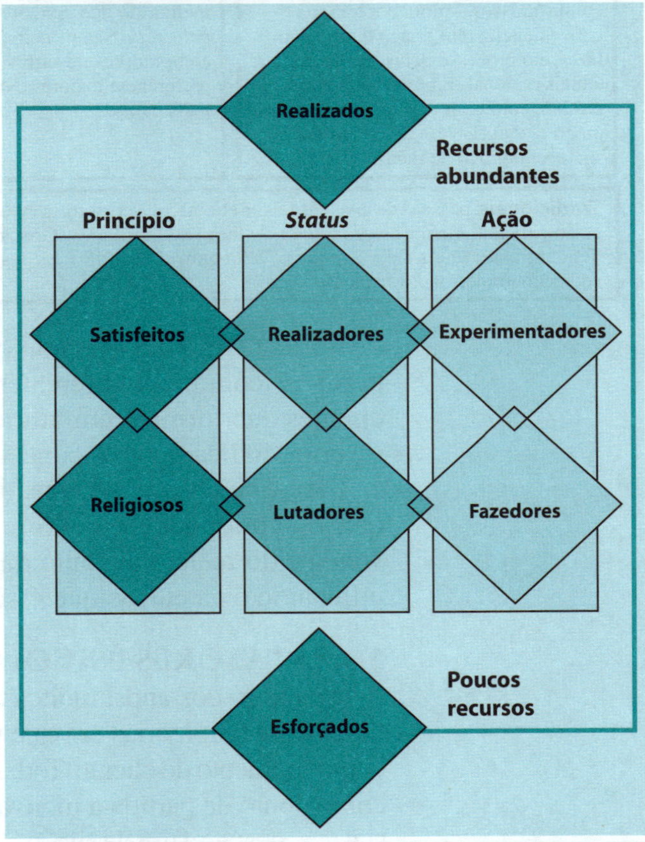

Fonte: SRI International. Para a descrição completa dos perfis psicográficos VALS, acesse www.sric-bi.com/VALS/types.shtml.

[34] Para aprofundamento, consulte o Apêndice no final deste capítulo.

[35] PIIRTO, Rebecca. Why they buy: global psychographics. *American Demographics*, dez. 1990, p. 8.

Quadro 3.9
Exemplo do uso do VALS ao mercado de automóveis no Brasil

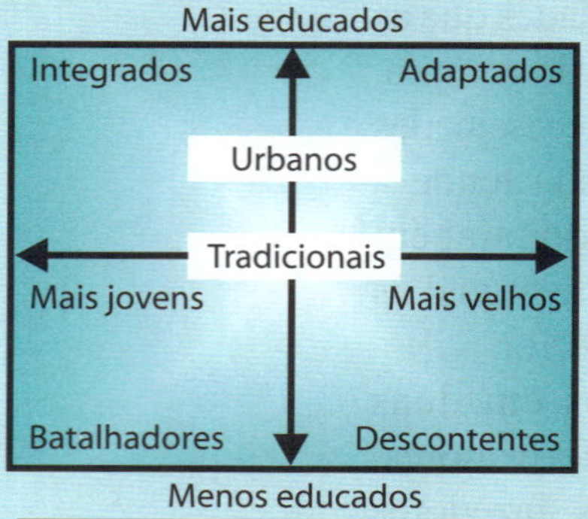

Integrados: jovens, porém já alcançaram o sucesso desejado. São afluentes socialmente e formadores de opinião. Valorizam qualidade e prestígio. São mais moderados e dão valor à realização profissional. São compradores seletivos e de espírito crítico, compram carros de marcas de prestígio. Preferem carro com estilo e desempenho. Têm o nível socioeconômico mais alto de todos os grupos.

Adaptados: são os clientes mais velhos que vivem confortavelmente. Estão satisfeitos consigo mesmos e com suas vidas e respeitam novas idéias, sem abrir mão de seus próprios pontos de vista e valores. Como clientes, são mais práticos, menos propensos a decidir uma compra pela marca. Compram carros de fabricantes tradicionais e modelos clássicos. Trocam de carro quando conveniente, tanto por novos como por usados.

Urbanos: esse segmento é dominado por solteiros, famílias sem crianças e mulheres, de diversas faixas etárias, que têm dificuldade em administrar todos os seus problemas e compromissos. Valorizam tempo e conveniência, têm pouco tempo para lazer, e o processo decisório de compra é mais racional. Preferem um carro prático, com bom desempenho e a um preço razoável. Têm nível cultural e socioeconômico de médio a baixo.

Descontentes: são os clientes mais velhos que têm dificuldade para manter a posição adquirida. Estão insatisfeitos com suas vidas e buscam meios de aparentar uma situação melhor do que têm. Sentem-se *traídos pela vida*. São principalmente compradores de carros usados, de preferência maiores. Nível educacional mais baixo.

Batalhadores: jovens (menos de 35), aspiram à ascensão socioeconômica e estão continuamente sob pressão. Preferem comprar *marca* (*status*), apesar de serem bastante conscientes em relação a preços. Valorizam a facilidade de pagar, pois desejam trocar o carro sempre que possível. Sentem-se atraídos por promessas de melhor emprego, dinheiro e segurança.

Tradicionais: pessoas de diversas faixas etárias, que personificam os valores mais antigos da sociedade. Resistem a mudanças e estão satisfeitos com os produtos que lhes são familiares. Gostam de marcas populares e bem conhecidas/recomendadas. Tendem a ser mais fiéis à marca. Valorizam a família e as instituições sociais. Têm nível cultural mais baixo e nível socioeconômico baixo ou médio.

Portanto, tanto países como grupos de clientes de uma marca podem ter perfis psicográficos diferentes, assim como podem existir segmentos de clientes que formam um híbrido entre os perfis padrão. Por isso, é preciso rever periodicamente o conceito e a classificação.

Esse tipo de análise, que, antes do advento do CRM, era feito por pesquisa, agora pode ser feito por meio da coleta de dados no momento da venda e do relacionamento mais constante da montadora com seu cliente, utilizando os recursos que esses tipos de *software* oferecem.

3.3.2.5 FATORES PSICOLÓGICOS

Ao longo dos anos, muitos autores, de diferentes escolas de pensamento, desenvolveram teorias em que procuraram explicar os processos internos do comportamento do cliente. Todas as teorias consideram que o ato de compra tem como ponto de partida a motivação para atender a uma necessidade, que, por sua vez, desperta um desejo, o qual será atendido de forma específica, determinada pelas preferências, que estarão diretamente relacionadas ao autoconceito. Contrapondo-se à motivação, surgem os freios, que decorrem da percepção de risco associada à compra. Entre a força da motivação e a do freio, interfere a personalidade do indivíduo, que, aliada à percepção que o cliente tem dos produtos, criada pela comunicação, desencadeará atitudes positivas ou negativas, formando a preferência e levando ou não a uma decisão de compra.

A primeira escola a estudar o comportamento de compra foi a do pensamento econômico, rejeitada como modelo explicativo do comportamento do cliente pelos profissionais de marketing, pois considera apenas os motivos racionais e utilitaristas. Isto é, o cliente escolherá a melhor alternativa para comprar, de acordo com o retorno esperado. As teorias mais aceitas, de acordo com o referencial teórico utilizado, podem ser classificadas em três tipos de abordagens principais, como veremos a seguir.

- **Abordagens psicológicas**: o objeto de estudo é o cliente como indivíduo. Procuram explicar os fatores psicológicos — como motivação, percepção, aprendizagem e crenças, e como as atitudes se formam e podem ser modificadas ou influenciadas por ações de marketing. Os principais estudiosos ligados a essa abordagem são Freud, Erik Erickson e Herzberg (escola psicanalítica), e Watson, Skinner e Guthrie (escola behaviorista).
- **Abordagem da aprendizagem**: o objeto de estudo é a maneira como uma pessoa adquire, processa e utiliza a informação disponível. Os teóricos em que essa abordagem se funda são Lewin e Festiger (escola cognitivista) e Skinner (escola behaviorista).
- **Abordagens humanistas**: o objeto de estudo é o cliente como um ser que tem um potencial de autorrealização, como todo ser humano, e parte-se da premissa de que a pessoa se comporta de forma coerente e orientada para um objetivo. Maslow e Rogers são os principais nomes associados a essa abordagem.

Para aprofundar o assunto, no final do capítulo foi incluído um quadro que apresenta as premissas de cada escola, sua principal contribuição, seus usos no marketing e suas limitações.

Os fatores psicológicos mais importantes a serem estudados para o entendimento do comportamento de compra do cliente são: motivação, percepção, atitude, aprendizagem e autoconceito. Cada estágio do processo de compra é influenciado por fatores psicológicos diferentes. A correspondência entre os estágios e os fatores psicológicos é mostrada na Figura 3.5. Como os profissionais de marketing podem aproveitar esse conhecimento em seu processo decisório será detalhado a seguir.

Figura 3.5
Fatores psicológicos e sua influência nos diversos estágios do processo de compra

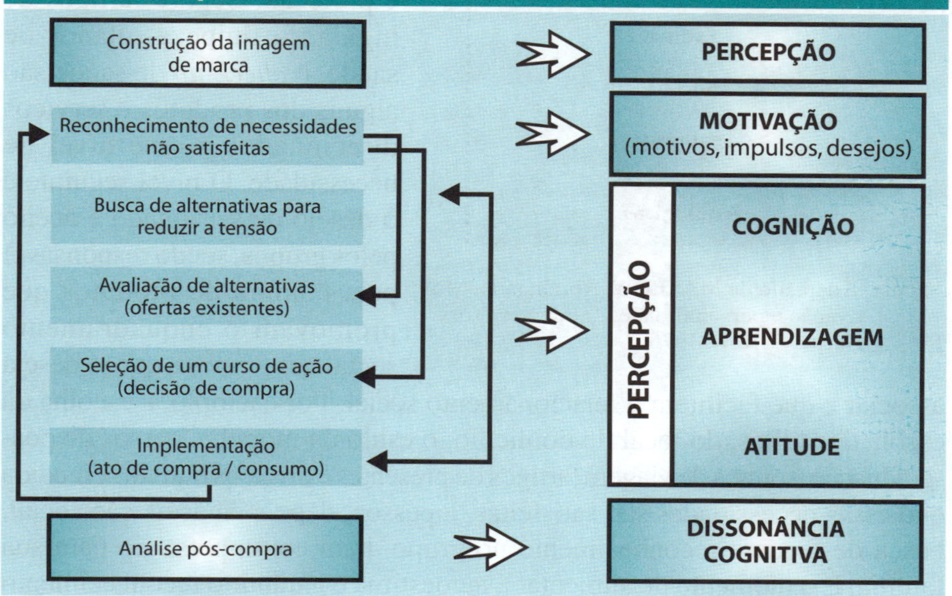

Motivação é o impulso que leva a pessoa a agir. É uma necessidade que se torna suficientemente premente, levando a pessoa a buscar sua satisfação. As principais teorias da motivação humana são duas: a teoria de Freud e a de Maslow.

Teoria da Motivação de Freud. De acordo com essa teoria, as pessoas não compreendem inteiramente suas motivações. Assim, quando uma pessoa compra um carro novo, ela pode racionalizar o motivo da compra e dar uma razão plausível, como ter mais segurança ou manter o valor do ativo, porém, no fundo, estará comprando para se sentir mais bem-sucedida ou para impressionar outras pessoas de seu grupo. A técnica para descobrir os motivos mais profundos é a pesquisa motivacional. Os executivos de marketing devem estar atentos para a dimensão simbólica da compra: um produto ou serviço é comprado pelo que faz e pelo que representa. Certos objetos satisfazem mais a determinadas instâncias psíquicas do que outros, assim como a satisfação desses desejos pode entrar em conflito com os valores das pessoas, inibindo a compra.

Teoria da Motivação de Maslow. Parte do pressuposto de que o comportamento humano não pode ser explicado pela simples relação entre estímulo e resposta ou como resultado de impulsos e conflitos. Maslow explicou que as pessoas são dirigidas por certas necessidades em ocasiões específicas, tendo como meta principal a autorrealização. As pessoas são impelidas a satisfazer suas necessidades de acordo com uma hierarquia, conforme mostra a Figura 3.6, da mais premente à menos urgente. Na medida em que uma necessidade é satisfeita, a pessoa tenta satisfazer a próxima da hierarquia.

Os clientes do mercado de consumo atendem, primeiramente, às necessidades fisiológicas fundamentais a todos os seres humanos, como alimentação e alguns itens de primeira necessidade. As classes de menor poder aquisitivo reservam grande parte de seus ganhos para atender a essas necessidades. Com mais renda disponível, a principal preocupação é com segurança e proteção. Seguro, artigos de higiene e limpeza, planos de saúde, o *check-up* de saúde são alguns dos produtos e serviços direcionados a esse nível de necessidade. O nível seguinte é o desejo de ser amado e aceito pelos grupos, sendo responsável pela compra de produtos que promovam o enquadramento social nos grupos a que se deseja associar e que facilitem o relacionamento social. Por exemplo, a escolha da escola dos filhos, do local do domicílio, o estilo da moradia, cursos de pós-graduação, sonhos de viagem, artigos de presentes e diversos outros. À medida que essas necessidades são satisfeitas, a pessoa, depois da aceitação social, busca destaque e reconhecimento no grupo, bem como prestígio para sua família. É o momento de aumentar a autoestima e garantir o reconhecimento

Figura 3.6
Hierarquia das necessidades de Maslow

Fonte: Adaptado de MASLOW, Abraham H. Motivação e personalidade. 2. Ed. New York: Harper & Row, 1970.

de sua posição social, por meio da compra de produtos que sejam símbolo de *status* e prestígio, como carro ou casa de luxo, artigos de marcas famosas e que representam gratificação pessoal (perfumes, flores, chocolates especiais, vinhos finos), viagens da moda e frequentar lugares sofisticados.

Convém ressaltar que esse tipo de necessidade não está relacionado a uma determinada classe social. Mesmo nas camadas de menor poder aquisitivo, as pessoas podem entender que suas necessidades mais básicas já estão atendidas e passar a desejar produtos considerados de prestígio em sua classe social. No final de 2001, a Bretzke Consultoria, ao realizar, para a Rede Champion, do Carrefour, uma pesquisa com o público de classes C e D, para identificar que artigos poderiam ter maior aceitação como brindes num programa de fidelização, descobriu-se que as panelas de inox eram símbolos de *status* e, portanto, objeto de desejo entre as donas de casa pesquisadas. Da mesma forma, mudar de um bairro de periferia muito pobre para um bairro de classe C impressionará as pessoas do grupo a que pertencem. Para essas pessoas, mudar de bairro representa um claro indicador de sucesso profissional e pessoal.

O último nível da hierarquia é a autorrealização. Todas as atividades que representam um crescimento pessoal são motivadas por esse tipo de necessidade. Alguns exemplos podem ser encontrados nos cursos de arte, música, ioga, elevação espiritual e estudos religiosos; leituras com conteúdo filosófico e humano; coleções de antiguidades ou outros objetos; desenvolvimento de alguma habilidade especial, como pintura, escultura ou esportes; participação em grupos de voluntariado, e assim por diante.

No mercado de negócios, a hierarquia de Maslow também se observa. Segundo Sheth, Mittal e Newman[36], isso pode ser observado em dois níveis: nas empresas e nas pessoas que trabalham nas empresas. As empresas precisam primeiramente garantir sua sobrevivência, adquirindo os recursos necessários para seu funcionamento. Dessa forma, a verba é destinada à compra e à contratação de matérias-primas, pessoal, máquinas, equipamentos e insumos básicos. Depois, é preciso garantir o patrimônio e o bem-estar dos funcionários. São contratados, então, serviços de segurança, de manutenção de máquinas e equipamentos e o seguro das instalações e outros bens.

Para garantir a aceitação por parte dos funcionários, são implantados serviços que promovam a qualidade de vida e a satisfação. Para isso, são contratados serviços de consultoria que desenvolvem planos de carreira, serviços médicos, aulas de línguas e sistema de bolsa de estudos. Para melhorar a percepção que os clientes têm da empresa, são desenvolvidos programas sociais, ou parte da verba de comunicação é investida em marketing cultural e nos projetos que melhoram a qualidade do atendimento, como a certificação da qualidade e programas de fidelização.

O sucesso de uma empresa é medido não só em termos de lucro, mas também do reconhecimento social que ela obtém, aferido por meio de prêmios, entrevistas nos meios de comunicação e outros. A necessidade de estima faz as empresas se inscreverem em premiações como o iBest, Marketing Best, Prêmio Abemd de Resultados e muitos outros. Investem em

[36] SHETH; MITTAL; NEWMAN, 2001, p. 330.

projetos que confiram prestígio e o reconhecimento dos seus pares, como *e-commerce*, ou fazem associações internacionais. A autorrealização é o ideal de cada empresa, expresso em sua declaração de visão, missão e nos valores de sua cultura. É assumir plenamente a orientação do marketing social, em que a responsabilidade com o meio ambiente, com as questões da diversidade, da governança corporativa, da ética e do bem-estar de seus clientes, torna-se parte de sua cultura organizacional, não apenas como programas que são defendidos por alguns colaboradores, mas como parte do pensar, do agir e do reagir de todos os níveis organizacionais que orientam o processo decisório.

As pessoas estão mais propensas a prestar atenção aos estímulos de marketing e do meio ambiente e a agir influenciadas por eles de acordo com a **percepção**, que é o processo pelo qual elas selecionam, organizam e interpretam informações para formar uma imagem significativa do mundo. Para Kurt Lewin[37], a motivação depende de como a pessoa percebe o estado de fatores que influenciam seu comportamento. O que é percebido nem sempre corresponde à situação real, objetiva. Pessoas sujeitas aos mesmos estímulos reagem diferentemente, de acordo com a percepção dos estímulos e da situação.

Percepção é o processo pelo qual as pessoas selecionam, organizam e interpretam informações para formar uma imagem significativa do mundo.

As pessoas estão sujeitas, diariamente, a muitos estímulos, originados em mídias como televisão, rádio, jornais, revistas, *outdoors*, painéis e Internet, que levam a mensagem das empresas para seus clientes. Por onde se passa existem estímulos que influenciam os sentidos das pessoas, como as vitrines dos próprios estabelecimentos comerciais, além dos comentários de amigos e colegas sobre produtos e serviços. Os outros agentes de compra também criam estímulos para garantir às suas solicitações a atenção necessária. Por exemplo, uma criança pode chamar a atenção do pai toda vez que passa por outra criança com bicicleta, indicando as qualidades do produto.

Diante de tantos estímulos, a pessoa tende a reagir a alguns e a ignorar outros. E, mesmo entre aqueles que chamaram a atenção, somente alguns são retidos na mente e, destes, parte é percebida de forma peculiar, diferente do que a mensagem original quis dizer, devido a três mecanismos associados à percepção: atenção seletiva, retenção seletiva e distorção seletiva. **Atenção seletiva** significa que o cliente percebe os estímulos que estão mais relacionados com suas necessidades momentâneas. **Distorção seletiva** é sua tendência de interpretar as informações conforme as intenções pessoais, reforçando suas preconcepções. Já na **retenção seletiva**, o cliente tende a reter as informações que reforçam suas crenças e valores.

Por exemplo, depois que o cliente, seja do mercado de consumo, seja do de negócios, está consciente de que necessita comprar algo, cada vez que abre uma revista, olha a televisão ou mesmo no ambiente cotidiano, quando ocorre uma referência ao produto ou serviço em questão, inconscientemente ele concentra sua atenção.

Para que ocorra a percepção, é preciso que haja a sucessão de três fases: exposição, atenção e decodificação. Por isso, os profissionais de marketing devem selecionar as mídias, atuando, assim, na exposição do cliente à

[37] Apud KARSAKLIAN, Eliane. *Comportamento do consumidor*. São Paulo: Atlas, 2000, p. 24.

informação. Quando, no processo de compra, as empresas estão divulgando seus produtos e serviços, a mensagem enviada passa pelos processos perceptivos, desde o reconhecimento da necessidade até a pós-compra. Portanto, para obter a atenção, deve-se selecionar a mensagem mais pertinente ao cliente que se deseja atingir, e é preciso compreender os padrões mentais dos clientes na decodificação e como eles afetam a interpretação da comunicação e os processos de compra.

Um dos grandes desafios ao profissional de marketing associados à percepção é a dificuldade em detectar o viés perceptual, originado pela distorção entre a imagem registrada e a imagem real do produto, serviço ou marca, pois os clientes têm dificuldade de distinguir a diferença entre os múltiplos estímulos que recebem.

A **cognição** é um processo complexo e, como tratado anteriormente, inclui julgamento, memória e percepção. Identifica-se com o intelecto, com o conhecimento.

A **cognição** é um processo complexo que inclui julgamento, memória e percepção.

No julgamento, interfere o conjunto de crenças e valores individuais, que é o pensamento descritivo da pessoa sobre alguma coisa. As crenças podem se basear em conhecimento real, opinião ou fé. Os profissionais de marketing interessam-se pelas crenças das pessoas relativas a produtos ou serviços, porque essas crenças constituem imagens de marcas e produtos, que afetam o comportamento de compra. A comunicação, na construção de marca, procura oferecer um referencial sobre a marca e sobre os produtos ou serviços que possam ser utilizados nos diversos estágios (procura de informações, avaliação de alternativas ou fornecedores etc.).

O processo da memória consiste em adquirir e registrar a informação de maneira a poder acessá-la mais tarde. Um dos casos em que os profissionais de marketing utilizam esse conceito é a definição da mensagem e a frequência com que ela deve ser veiculada na mídia. Para isso, utilizam uma série de técnicas que garantem a retenção da mensagem, como associá-la com personalidades ou o humor, entre outros.

A maioria do comportamento humano é aprendida. A teoria da aprendizagem behaviorista propõe um estudo objetivo, partindo do fato de que a aprendizagem implica o desenvolvimento das relações entre estímulo e resposta, segundo os behavioristas. A **aprendizagem** de uma pessoa é produzida, então, pela atuação recíproca de impulsos (estímulos internos), estímulos, sugestões, resposta e reforço. Os estímulos podem ser os produtos, a comunicação, a atuação dos vendedores, os serviços ou o preço, e as respostas obtidas podem ser uma atitude favorável, a compra de um produto ou a homologação da empresa como fornecedor. A maior crítica à abordagem behaviorista da aprendizagem refere-se ao fato de que ela ignora que, na maioria das vezes, o comportamento observável é decorrente da interpretação dos estímulos, que resulta de um processo intencional e criativo. Os profissionais de marketing podem desenvolver a demanda ou a compra de um produto, associando-o a impulsos fortes, usando sugestões ou atividades de pré-venda motivadoras e fornecendo reforço positivo.

Em relação ao processo de aprendizagem, a abordagem cognitivista o considera um processo criativo e deliberado, apoiando-se na formulação de hipóteses, na análise das informações disponíveis ou obtidas e na avaliação de possíveis resultados. A escola cognitivista da aprendizagem propõe que não há um processo automático de conexão entre estímulo e resposta. O comportamento de uma pessoa depende tanto de escolhas conscientes como dos acontecimentos do meio sobre os quais ela não tem controle mas que atuam sobre ela. Dessa forma, a aprendizagem é uma resposta a estímulos externos, porém inclui em sua análise os processos mentais internos da pessoa. Uma das principais críticas a essa abordagem é que ela coloca uma ênfase muito grande no processamento das informações, em detrimento dos processos intuitivos.

Um dos usos da aprendizagem com maior crescimento são os programas de fidelização, que, além de recompensarem a compra repetida (condicionamento instrumental), oferecem, por meio da comunicação continuada, uma forma mental de aquisição de novos conhecimentos e de uma compreensão cada vez mais relevante da marca, num processo rico, complexo, com associações simbólicas, que vão muito além da recompensa com pontos ou milhagens. Os profissionais de marketing podem utilizar os diversos modelos da formação de atitudes para sua tomada de decisão. Um dos mais usados é o modelo expectativa-valor, que procura explicar a atitude em relação a um produto pelo conhecimento dos atributos e por sua avaliação.

Allport[38], Katz[39], Fishbein[40] e Rosenberg[41] estudaram os fatores ligados à atitude e sua importância para explicar o comportamento do cliente. Atitudes são avaliações, sentimentos e tendências relativamente consistentes, relacionado a um objeto ou ideia. **Atitude**, com relação a um produto, serviço ou marca, é a avaliação, positiva ou negativa, que o cliente faz de produtos ou serviços.

Atitude é a avaliação, positiva ou negativa, que o cliente faz de produtos ou serviços.

É difícil mudar as atitudes, e um dos maiores desafios é desenvolver estratégias de marketing, principalmente na comunicação, que construam uma marca forte que garanta uma atitude favorável. Além disso, existe uma grande dificuldade para os profissionais de marketing criarem modelos que permitam identificar como uma pessoa forma suas avaliações e antecipar a aceitação de um produto, por exemplo. As atitudes têm quatro funções básicas, segundo Katz[42]: a **função instrumental ajustativa**, que visa a maximizar os ganhos; a **função egodefensiva**, que serve para a proteção do eu; a **função de expressão de valores**, que faz a pessoa expressar atitudes apropriadas a seus valores pessoais; e a **função de conhecimento**, que permite construir o universo de forma organizada, procurando dar significado e organização às percepções.

---

[38] ALLPORT, G. apud THOMAS, D. *Dave's way*: a new approach to old fashioned success. New York: G. D. Putnan's, 1991, p. 83-120.

[39] KATZ, Daniel. The functional approach to the study of attitudes. *Public Opinion Quarterly*, n. 24, 1960.

[40] FISHBEIN, M.; AJZEN, I. *Belief, attitude, intention, and behavior*: an introduction to the theory and research. London: Addisson-Wesley, 1975.

[41] ROSENBERG, M. Cognitive structure and attitudinal aspects. *Journal of Abnormal and Social Psychology*, 1956, p. 367-372.

[42] KATZ, 1960, p. 123.

Para muitos autores, atitude e predisposição são a mesma coisa, porém é possível refinar o conceito e dizer que a atitude positiva ou negativa pode existir, e o cliente até mesmo considera o produto ou serviço em sua avaliação de alternativas; mas, a predisposição de compra passa a existir no estágio de seleção das alternativas, quando ele estabelece a preferência e, de fato, está disposto a comprar uma das marcas ou de um dos fornecedores selecionados.

Para os profissionais de marketing, a compreensão das atitudes e preferências é de suma importância para atuar sobre o comportamento de compra, pois precisam continuamente ajustar o seu composto de marketing em um ambiente mutante, no qual as posições de marca jamais são permanentes e em que novos produtos e produtos substitutivos alteram a posição competitiva.

Nesse contexto, os fatores de mercado, sociais e pessoais pouco suscetíveis de mudanças no curto prazo servem para classificar o cliente e conhecer suas motivações, porém são insuficientes para reagir rapidamente quando se quer conquistar novos clientes e fidelizá-los. É preciso modificar e/ou influenciar a atitude do cliente nos diversos estágios do processo de compra.

Festinger[43] foi um dos principais estudiosos da **dissonância cognitiva**, que é o fenômeno do conflito que se estabelece no processo cognitivo associado ao comportamento de compra. Para o comprador, é preciso haver congruência e equilíbrio entre os componentes e as funções da atitude. Caso contrário, ocorrerá a dissonância cognitiva, o estado psicologicamente incômodo que surge da incerteza do acerto na decisão de compra. O comprador procurará resolver tal incômodo por meio da reorganização da estrutura cognitiva. Os cognitivistas enfatizam que os conflitos entre expectativas, crenças, atitudes, percepções, informações e concepções que o cliente tem durante o processo de compra conduzem à dissonância cognitiva.

Dissonância cognitiva é o estado psicologicamente incômodo que surge da incerteza do acerto na decisão de compra.

Essa teoria, apesar de criticada por considerar apenas o aspecto da inconsistência cognitiva, é muito útil, pois explica a reação dos clientes no pós-compra, quando duas cognições estão em dissonância: *a cognição de que a decisão tomada foi adequada e a cognição de que a decisão pode não ter sido a melhor*. O retorno a um ponto de equilíbrio pode se dar de duas maneiras: encontrar uma razão que explique a incoerência (distorça a realidade) ou modificar a atitude para que coincida com os atos. Essa dissonância tenderá a ser dissolvida por meio de mecanismos psicológicos, como apoio social a sua escolha ou informações que confirmem sua validade. No entanto, a única forma de alcançar o equilíbrio é pensar que a decisão foi melhor do que considerada no início.

Os profissionais de marketing têm atuado intensivamente no composto de marketing para evitar a dissonância pós-compra, pois, para gerar a referência boca a boca, que é uma das fontes de geração de receita, é preciso que o cliente esteja plenamente satisfeito e consciente dos benefícios do produto ou serviço por ele comprado. Assim, incluem informações relevantes no produto ou serviço, pois em geral é aí que os clientes buscam mais informações para resolver sua dissonância. Também é preciso (como faz a

[43] FESTINGER, Leon, A. *A theory of cognitive dissonance.* Apud EVANSTON; ROW; PETERSON, 1957.

indústria automobilística) realizar pesquisas de satisfação para verificar se existe motivo real de insatisfação. As empresas também evitam a incoerência na comunicação ou no comportamento de seus colaboradores e canais de distribuição.

3.4 DESVENDANDO O PROCESSO DECISÓRIO DE COMPRA

O conhecimento do modo como surge a necessidade de comprar, como ocorre a procura de informação, e também dos fatores levados em consideração na decisão de compra, é fundamental para entender o comportamento do cliente e realizar o planejamento do composto de marketing.

Na década de 1960, o estudo do então chamado consumidor adquire maturidade e surge, em 1966, com Nicósia[44], o primeiro modelo simplificado, reconhecendo que a motivação de compra surge da atitude positiva existente previamente em relação à marca. Atitude essa formada pelo processo de comunicação da empresa, decodificado de acordo com as características de cada indivíduo, gerando, então, a avaliação e despertando o desejo e a compra. Um dos modelos mais utilizados é o de Engel, Blackwell e Miniard[45], apresentado em 1968 (por Engel, Kollat e Blackwell). Baseado na escola behaviorista, o modelo tem quatro módulos: os estímulos mercadológicos, as variáveis de influência, o processamento da informação e o processo de decisão, que é o eixo central.

Howard & Sheth[46], em 1969, apresentam um modelo com visão sistêmica, bastante complexo. Tal modelo tenta explicar como um cliente transforma, por meio dos mecanismos da aprendizagem, os estímulos (*inputs*) em decisões de compra (*outputs*) e que fatores, como a percepção, a aprendizagem, classe social etc., atuam sobre o cliente, resultando no comportamento de compra propriamente dito (*outputs*).

Todos os três modelos têm pontos fortes e fracos, porém o que se pode concluir em linhas gerais é que os estímulos de marketing são fundamentais para que os clientes se decidam pelo produto ou serviço de uma determinada marca. A estratégia de comunicação cria a consciência de marca, sendo de vital importância para o mercado de bens de consumo. No momento da decisão por um produto, aquele que foi capaz de gerar uma atitude favorável em relação à marca, por meio da propaganda e do relacionamento construído pelo atendimento diferenciado e por outras ações de fidelização, terá a preferência. No mercado de negócios, os relacionamentos construídos pela força de vendas e pelos canais de relacionamento também são vitais, principalmente agora, quando o mercado cada vez mais concorre por preço e somente uma percepção de entrega de valor superior favorecerá a seleção de uma empresa como fornecedora de longo prazo. A decisão de preço é crítica, pois, na falta

[44] NICÓSIA, F. *Consumer decision process*. Englewood Cliffs: Prentice Hall, 1996.

[45] ENGEL; KOLLAT; BLACKWELL. *Consumer behavior*. Fort Worth: The Dryden Press, 1995.

[46] HOWARD, J.; SHETH, J. *The theory of buyer behavior*. New York: John Wiley, 1969.

de um diferencial competitivo muito forte, o produto de menor preço tende a ser favorecido. Além disso, não basta ter o diferencial, é preciso comunicá-lo convenientemente.

No mercado de consumo, o comportamento de compra é um processo composto de cinco fases, a saber: *reconhecimento da necessidade, busca de informações, avaliação das alternativas, escolha (compra)* e *análise pós-compra*. Já no mercado de negócios, o processo é mais complexo e se dá em oito estágios, que são: *identificação do problema, descrição da necessidade em geral, especificação técnica, identificação dos fornecedores, solicitação de proposta, seleção dos fornecedores, especificação da rotina do pedido, revisão* e *desempenho*.

Porém, percebe-se uma clara correspondência entre os diversos estágios quando a compra é uma solução complexa no mercado de bens de consumo, ou uma recompra modificada, ou a compra de um novo produto ou serviço no mercado de negócios. Por conseguinte, apesar das diferenças quanto à formalização dos procedimentos e à política de compra inerentes à compra organizacional, as quais definem uma série de normas de conduta, em relação aos processos mentais, os comportamentos de compra no mercado de bens de consumo e no de negócios são idênticos no que concerne à percepção, à cognição, à aprendizagem, às influências do grupo, e aos aspectos culturais e da cultura organizacionais.

Além do processo formal (físico) de compra, existem os processos mentais, que se iniciam com a motivação, a qual estimula o cliente a agir. O cliente passa a considerar o que sabe e o que tem para atender a essas necessidades (conjunto evocado), surgindo em sua mente as alternativas de produtos ou serviços e as marcas associadas. Nas considerações para a compra organizacional, o cliente conta com uma série de procedimentos aceitos e validados que servem de referência para suas decisões, que podemos chamar de fatores de decisão. Porém, mesmo assim, exatamente como em suas compras pessoais ou para a família, atuam as regras cognitivas originárias da aprendizagem, que ele utiliza para avaliar as alternativas disponíveis.

E cada cliente, de acordo com sua personalidade e seu referencial cognitivo, adapta as regras, o que faz com que, mesmo nas compras organizacionais, interfiram fatores subjetivos. A articulação das motivações com o conjunto evocado e com os critérios de escolha (objetivos e subjetivos) resulta em predisposições que expressam as preferências dos compradores. Se essas preferências irão se concretizar ou não, depende dos fatores inibidores, que, no mercado de negócios, podem ser preços mais altos, experiência negativa com o produto ou não conformidade com as especificações; e, no mercado de consumo, podem ser a percepção da adequação da compra, preço, opinião de outros envolvidos na compra e normas sociais. Além desses, ainda existem os fatores situacionais, como disponibilidade da marca, condições de fornecimento etc. Ocorrendo a decisão de compra, existe o sentimento de satisfação resultante da percepção de quanto aquela compra e suas condições atenderam às expectativas do comprador e demais agentes do processo de compra.

Um fator externo que determina os recursos, em tempo, em esforço físico e humano, e a duração de um processo de compra é a importância da compra e o risco associado. Portanto, quanto mais o produto ou serviço é de alto valor ou existe alto envolvimento emocional na compra, mais tempo leva o processo. No caso do mercado de negócios, estudos de viabilidade econômica podem ser requeridos, e a compra poderá exigir um número maior de decisores. No caso da compra de um *software*, poderá ser contratada uma consultoria externa, com experiência nesse tipo de produto, para especificar, selecionar a solução e fazer o cálculo de retorno do investimento, a fim de justificar e aprovar o gasto. No mercado de consumo, as pessoas recorrem a profissionais para facilitar a compra, como é o caso do corretor de seguros e do decorador, para a compra de seguros e de artigos de decoração, respectivamente.

Quadro 3.10
Comparação dos processos de compra nos mercados de bens de consumo e de negócios

Mercado de bens de consumo	Mercado de negócios
Reconhecimento da necessidade	Identificação do problema Descrição geral da necessidade
Busca de informações ou procura da solução	Especificação do produto
Avaliação de alternativas	Identificação de fornecedores Solicitação de proposta
Decisão de compra	Seleção de fornecedor Especificação da rotina do pedido
Comportamento de pós-compra	Revisão e desempenho

3.4.1 PROCESSO DE COMPRA NO MERCADO DE BENS DE CONSUMO

O processo de compra se inicia quando certos estímulos de marketing ou do ambiente chamam a atenção de uma pessoa, despertando uma necessidade, que é um sentimento de discrepância entre o estado atual e o desejado. Caso diversos fatores pessoais, como disponibilidade financeira e percepção de adequação, não desestimulem a satisfação da necessidade, existe o desencadeamento de uma percepção seletiva sobre os estímulos que reforçam a necessidade e recorre-se à memória para verificar se existem informações suficientes para uma decisão em relação à solução procurada. Caso não haja, inicia-se um processo de busca de informações, com consultas a amigos, parentes, especialistas, e pesquisa em lojas ou na Internet. Portanto, anúncios de produtos ou serviços, o *site* na Internet ou a disposição de produtos nas lojas são formas de atuar sobre os clientes nesse estágio do processo de compra.

Figura 3.7
O processo de compra no mercado de consumo

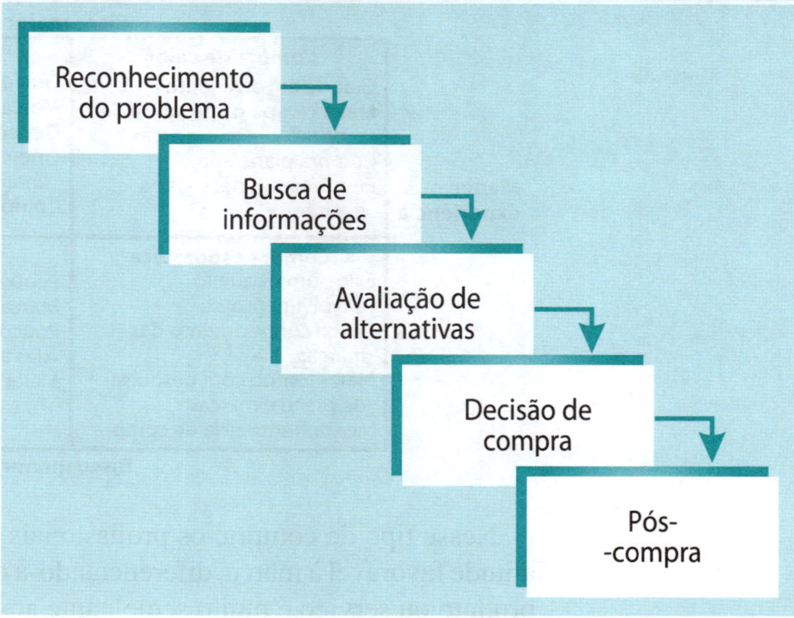

Novamente, a pessoa pode sofrer influência de fatores sociais e pessoais, e também de fatores situacionais, como condição de crédito ou falta do produto, que podem encerrar o processo nessa etapa. Caso a pessoa siga adiante, irá avaliar as alternativas e decidir-se ou não pela compra. Nesse estágio, a imagem de marca, as condições de compra e pagamento, a disponibilização dos produtos no ponto de venda, o preço e os serviços de valor agregado e a comunicação nas mídias adequadas são os fatores decisivos para a seleção da marca ou do fornecedor.

Após a compra, existe uma análise que verifica se a compra foi adequada em relação às expectativas iniciais. Pode ocorrer uma busca de informações complementares para reduzir a dissonância cognitiva. Essa dissonância tenderá a ser dissolvida por meio de mecanismos psicológicos, como apoio social à escolha ou informações que confirmem sua validade. E, como já foi explicado, a única forma de alcançar o equilíbrio é pensar que a decisão foi melhor do que se percebera no momento da compra.

3.4.1.1 TIPOS DE COMPRA NO MERCADO DE BENS DE CONSUMO

Podemos classificar as situações de compra usando diversos critérios, porém o que se aplica a uma gama maior de situações é aquele que considera a percepção de risco e a experiência anterior com o mesmo tipo de compra, conforme Figura 3.8. Nesse caso, a percepção de risco envolve o valor da compra, mas também o conhecimento sobre o produto ou serviço e a marca. Na **compra rotineira**, a preferência de marca já existe, criada pela comunicação de massa, ou não é relevante para a decisão de compra. Existe pouco envolvimento do cliente na compra, pois os produtos são de baixo valor e não representam risco financeiro. Exemplos de compra rotineira são os produtos comprados nos supermercados (alimentos, higiene e limpeza), os serviços de lavanderia, cabeleireiro, compra de meias femininas, pizza etc.

Na **compra rotineira**, a preferência de marca já existe, criada pela comunicação de massa, ou não é relevante para a decisão de compra.

Figura 3.8
Tipos de compra no mercado de bens de consumo

Risco maior

Menor experiência	**Compra de valor** Grande envolvimento Maior tempo na pesquisa de produto, preço e marcas Compra planejada Envolve mais pessoas na decisão	**Compra ocasional** Grande envolvimento Marcas mais conhecidas Depende das condições do mercado e/ou disponibilidade financeira Compra com ciclos definidos	**Maior experiência**
	Compra esporádica Exige um pequeno envolvimento Pouco conhecimento das marcas Maior tempo com pesquisa de preço e marcas Menor frequência de compra	**Compra rotineira** Pequeno envolvimento Marcas já conhecidas Pouco tempo com avaliação das alternativas Maior frequência de compra	

Risco menor

Nesse tipo de compra, os profissionais de marketing buscam gerar uma atitude favorável à marca, diferenciando-a dos concorrentes. Muitas vezes, o produto ou serviço é muito semelhante aos outros no mercado. Nesse caso, os profissionais de marketing precisam criar uma marca forte, para que o cliente seja fiel e não faça substituições no momento da compra. Quanto mais indiferenciado for o produto e quanto mais concorrentes houver no mercado, maior é o investimento que é preciso fazer na marca.

Na **compra esporádica**, o cliente costuma gastar mais tempo na obtenção do produto.

Na **compra esporádica**, incluem-se produtos e serviços como pequenos utensílios domésticos, certo tipo de roupas, viagens de curta duração, livros, CDs, vinhos, queijos e alimentos para ocasiões especiais. Nesse caso, o cliente gasta mais tempo na obtenção do produto. Para alguns clientes, que compram esses itens com maior frequência, esse tipo de compra pode ser classificado como rotineiro. Portanto, a classificação não depende só do tipo de produto.

A **compra ocasional** agrega alto conhecimento da marca ou da loja, dependendo apenas dos custos monetários.

Carros, joias, presentes de casamento e de aniversários de pessoas especiais, bens duráveis, reforma da casa, planos de saúde são alguns dos produtos de **compra ocasional**. Quanto maior o conhecimento da marca ou da loja e melhores as referências de amigos e parentes, maior é o número de informações e menor é o custo psicológico associado à compra, restando, portanto, apenas o custo monetário, que está relacionado ao valor a ser gasto, bem como a importância relativa da compra. Já existe experiência naquele tipo de compra. Por exemplo, na compra de um presente, quanto mais favorável for a situação financeira, menor será o custo psicológico da compra e maior a disposição de gastar mais, reduzindo a percepção do custo monetário.

A **compra de valor (compra planejada)** associa montante investido com o risco da decisão.

Residência, investimentos, viagens de longa duração, festa de casamento, investimentos financeiros, obras de arte, cirurgia plástica são alguns exemplos de **compra de valor (compra planejada)**, que associa o montante investido com o risco da decisão. Por exemplo, na compra de uma residência, além do valor a ser investido no bem propriamente dito, existem fatores, como comprometimento da renda disponível, tipo de construção, localização do imóvel e estilo da construção, que representam decisões importantes e associam um grande custo psicológico (*stress*) à compra, gerando uma percepção de risco muito maior do que aquele associado ao valor do investimento.

As situações de compra interferem nos diversos estágios do processo de compra, pois, enquanto na compra rotineira o cliente chega quase instantaneamente à decisão de compra, a compra planejada pode demorar, às vezes, mais de seis meses, período no qual o cliente se informa, avalia, busca mais informações, muda de predisposição em relação a determinada marca ou produto, até que finalmente concilie os interesses dos outros participantes da decisão e se sinta confortável para decidir pela marca, condições de pagamento e outros aspectos associados à compra.

3.4.2 PROCESSO DE COMPRA DO MERCADO DE NEGÓCIOS

Como foi ressaltado, os clientes do mercado de negócios guardam muitas semelhanças com os clientes do mercado de bens de consumo, pois são pessoas que tomam decisões. Porém, no mercado de negócios, os procedimentos de compra são mais estruturados, envolvendo profissionais especializados e treinados para essa atividade, pois enfrentam decisões de compra muito mais complexas. Os fornecedores passam, normalmente, por um processo de avaliação e homologação, que é mais ou menos rígido, de acordo com o tipo de produto e risco envolvido.

Figura 3.9
Processo de compra

1. Identificação do problema
↓
2. Descrição geral da necessidade
↓
3. Especificação técnica
↓
4. Identificação de fornecedores
↓
5. Solicitação de proposta
↓
6. Seleção de fornecedor
↓
7. Especificação rotineira do pedido
↓
8. Revisão e desempenho

Hoje, os profissionais de marketing, na venda e no atendimento ao mercado de negócios, enfrentam um grande desafio, pois a qualidade dos produtos não é mais o principal diferencial. Para se diferenciar, é preciso agregar valor na forma de serviços adicionais. Por outro lado, existe uma pressão muito grande por redução nos preços, principalmente nos suprimentos improdutivos e considerados não estratégicos. Vender e manter a margem por meio de uma negociação *ganha-ganha* tem sido uma tarefa que envolve toda a empresa na busca de redução de custos, para que os preços possam ser colocados em patamares competitivos. Por exemplo, a prática dos leilões eletrônicos para a compra de materiais produtivos, indiretos e de serviços tem exigido das empresas fornecedoras maior controle de custos e maior competência para conhecer os preços praticados no mercado pelos concorrentes. Esse tipo de compra é conhecido como leilão reverso, no qual fornecedores convidados dão seus lances e, ao contrário do que ocorre nos leilões tradicionais, a vantagem é de quem oferece o menor preço.

A prática de *e-procurement* e a formação de *joint-ventures* de grandes empresas para a compra de insumos têm mudado as políticas de suprimentos, melhorado a qualificação dos profissionais de compra e alterado a importância relativa dos diversos papéis na unidade de compra e, principalmente, os procedimentos e processos de compra. A Internet tem facilitado o acesso quase em tempo real a fornecedores em qualquer parte do mundo, fazendo com que a concorrência seja realmente globalizada. Da mesma forma, os fornecedores também têm acesso a mercados e condições que antes não eram viáveis, o que tende a equilibrar um pouco o poder entre compradores e vendedores.

A Unilever, numa palestra realizada em 2001, na Fundação Getulio Vargas, apresentou uma análise do quadro anterior e posterior à implantação do *e-procurement*, indicando que houve 5% de redução nos custos dos produtos vendidos, 10% nas despesas operacionais e 50% de aumento no lucro bruto.

Do ponto de vista das empresas que desejam atuar no mercado de negócio, é preciso preparar as áreas de vendas para desenvolverem estratégias que iniciem o relacionamento com os clientes bem antes da cotação ou da formalização do pedido. A venda deve-se iniciar na identificação pró-ativa das necessidades de fornecimento dos clientes, atuando nos diversos momentos do processo da compra. A vantagem competitiva é maior quando o fornecedor assume o papel de iniciador ou de especificador da compra.

3.4.2.1 TIPOS DE COMPRA NO MERCADO DE NEGÓCIOS

As situações de compra envolvem riscos que variam de intensidade. Quanto mais rotineira e de baixo valor é a compra, menor é o risco envolvido. Utilizando os mesmos critérios para a classificação das situações de compra do mercado de negócios e a classificação tradicional das situações de compra, tem-se a tipologia das situações de compra apresentada na Figura 3.10. Convém ressaltar que mais experiência se refere ao procedimento de compra, e, no risco, consideram-se não só o custo do que será comprado, mas, principalmente, fatores associados à especificação técnica e à garantia do fornecimento com a qualidade, os preços e os prazos desejados. Na **recompra direta**, os produtos a serem comprados já foram especificados, e os fornecedores e o procedimento de compra, bem como as condições de fornecimento, já estão definidos. A compra é rotineira, conhecida, sem risco. Porém, quando ocorre alguma modificação, mesmo nas condições negociais (preço, quantidade ou característica do produto), existe uma revisão das condições do pedido ou uma nova seleção de fornecedores. Tem-se, então, a **recompra modificada**.

Na **recompra direta**, os produtos a serem comprados, os fornecedores e o procedimento de compra, bem como as condições de fornecimento, já foram especificados.

Na **recompra modificada**, ocorre alguma modificação nas condições negociais (preço, quantidade ou característica do produto), nas condições do pedido ou uma nova seleção de fornecedores.

Figura 3.10
Tipos de compra no mercado de negócios

Risco maior (topo) / Risco menor (base); Menor experiência (esquerda) / Maior experiência (direita)

	Menor experiência	Maior experiência
Risco maior	**Compra de sistemas** Maior tempo na especificação Envolve mais pessoas na decisão e negociação Vários fornecedores envolvidos na venda Homologação mais complexa	**Compra nova** Grande envolvimento dos diversos agentes/papéis Exige especificação técnica Maior tempo gasto no processo de compra Ocorre a homologação de fornecedores
Risco menor	**Recompra modificada** Exige especificação técnica Fornecedores conhecidos Maior tempo para negociação Menor frequência de compra	**Recompra direta** Existe procedimento de compra Fornecedores homologados Frequência de compra definida

A **compra nova** e a **compra de sistemas** são aquelas que envolvem, normalmente, todos os profissionais que desempenham algum papel na unidade de compra. Passa pelos diversos estágios do processo decisório de compra, desde a identificação da necessidade e a especificação até a formalização do primeiro pedido. Porém, a compra de sistemas é muito mais complexa, tanto na especificação como na avaliação e seleção de fornecedores, pois envolve vários fornecedores ou um integrador, que se responsabiliza pela entrega completa do sistema. Também exige um processo de negociação e contratação mais demorado e complexo, por vezes necessitando do acompanhamento de uma consultoria jurídica, conforme o sistema comprado. Após o primeiro pedido, a situação de compra torna-se uma recompra direta.

A **compra nova** e a **de sistemas** são aquelas que envolvem, normalmente, todos os profissionais que desempenham algum papel na unidade de compra. Passa-se pelos diversos estágios do processo decisório de compra, desde a identificação da necessidade e especificação até a formalização do primeiro pedido.

Exemplo de compra de sistema é a de uma máquina para lavagem de garrafas, que necessita, para seu funcionamento, de instalação elétrica e hidráulica, além da preparação das instalações para receber o maquinário. O fornecedor pode realizar a especificação dos requisitos de instalação necessários ao funcionamento, que irão demandar a contratação de outros fornecedores, os quais precisam especificar as condições de entrega e o prazo, além do preço. Esse segundo nível de fornecedores, por sua vez, precisa ser homologado, ocasionando um processo mais demorado. Na área de tecnologia da informação, a compra de uma solução de CRM[47], mencionada anteriormente, é uma compra de sistemas bem típica, pois envolve a compra das licenças do *software*, cuja implantação requer conhecimento especializado que uma única empresa dificilmente possui. Portanto, é preciso reunir, na venda de um sistema de CRM, uma consultoria em marketing de relacionamento que defina a estratégia de gerenciamento dos clientes, uma consultoria para a revisão dos processos organizacionais e uma empresa que implante o *software*. Normalmente, uma das empresas, chamada de integradora, lidera o consórcio de empresas e se responsabiliza pelo projeto.

Figura 3.11
Classificação dos fornecedores

Valor estratégico do produto

Crítico	**Fornecedor parceiro** Sem ou pouca concorrência Relação de interdependência Grande poder de barganha Condições de negociação mais favoráveis	**Fornecedor estratégico** Diferenciação no prazo de entrega e serviços agregados Pouco poder de barganha Preço baixo é essencial
Menos Importante	**Fornecedor especializado** Sem ou pouca concorrência Condições de negociação mais favoráveis Poder de barganha maior	**Fornecedor de *commodity*** Concorrência por preço Tendência de venda por leilões reversos Pouco poder de barganha

Um — **Poucos** — **Muitos**

Número de fornecedores

[47] Para aprofundamento desse assunto, recomenda-se a leitura do Capítulo 10 do livro *Marketing de relacionamento com CRM em tempo real* (veja a Bibliografia, mais adiante, no capítulo).

Um dos fatores mais importantes, tanto para os fornecedores estabelecerem sua estratégia de vendas como para os compradores desenvolverem sua estratégia de suprimentos, é a classificação dos fornecedores de acordo com a importância dos produtos na cadeia de suprimentos. A Figura 3.11 apresenta a classificação de fornecedores de acordo com a importância dos serviços e produtos oferecidos para a cadeia de valor do cliente. Apenas quando o fornecedor tem pouca concorrência é que terá maior poder de barganha, mas mesmo assim é preciso manter a competitividade, pois as fusões e incorporações podem mudar a estrutura de fornecimento do mercado por meio de novos entrantes, desequilibrando as forças concorrenciais. A Figura 3.11 mostra claramente que, em três quartos das situações, quer seja porque existem muitos concorrentes, ou porque o produto ou serviço é menos importante, o poder de barganha está nas mãos do comprador. Para reverter essa situação, muitas empresas procuram vender uma solução na qual o produto ou serviço é apenas uma parte da necessidade, aumentando, dessa forma, a margem, pela agregação de serviços de maior valor. Por exemplo, uma empresa, em vez de comprar apenas os móveis, deseja que o fornecedor também inclua a reforma e a pintura das instalações, a remoção e a venda dos móveis antigos e a instalação da infraestrutura de telefonia e informática, entregando o local pronto para ser ocupado. A IBM há muito tempo já utiliza o conceito de venda de solução, no qual, por meio de parcerias com empresas de *software* e consultorias, oferece ao cliente um pacote de *hardware*, *software*, customização, implantação e treinamento. Portanto, entrega um pacote de valor agregado que atenderá plenamente às necessidades do cliente, em vez de somente um conjunto de computadores.

Normalmente, as empresas ou organizações de qualquer tipo já possuem procedimentos de compra definidos e uma série de fornecedores homologados ou que já realizam o fornecimento. No caso de recompra direta, os diversos profissionais dentro de uma empresa podem iniciar o processo de compra de um produto ou serviço por meio de uma requisição de compra. Esses profissionais podem ter autonomia de compra ou precisar da aprovação de seus superiores ou de outras áreas responsáveis pela decisão de compra. Na requisição de compra, normalmente, é preciso indicar a quantidade necessária, a finalidade, o centro de custo ao qual vai ser debitada a compra e as especificações técnicas e os padrões de qualidade desejados. Quando a requisição de compra é recebida pela área de suprimentos, já existe uma rotina de pedido, que pode ter um contrato de fornecimento ou, então, é preciso solicitar três cotações dos fornecedores cadastrados. No caso de *e-procurement*, coloca-se a tomada de preços no *site* e os fornecedores cadastrados acessam as condições de fornecimento e fazem sua proposta.

Quanto mais crítico for o produto ou serviço, mais criteriosa será a passagem pelos estágios acima. No caso do fornecimento de suprimentos críticos para a produção ou entrega do serviço, o estágio da especificação técnica, seleção dos fornecedores e especificação da rotina do pedido, que normalmente envolve contratos de mais longo prazo, se toma mais importante.

A busca de fornecedores, que antes da Internet demandava um tempo considerável, hoje pode ser feita com um clique. O mesmo acontece com a solicitação de propostas. É na negociação do preço, das condições de fornecimento e na especificação da rotina do pedido que o talento do comprador como negociador desempenha um papel muito importante. Em alguns casos, é preciso envolver a alta direção das empresas para obter condições diferenciadas de atendimento.

Tradicionalmente, a compra governamental é feita por licitações, em que os fornecedores são homologados por critérios rígidos e conhecidos em edital. Esse é um processo lento e complicado, em que o período entre a publicação do edital, a recepção das propostas, a homologação do fornecedor e a entrega do produto comprado pode levar de seis meses a um ano. Nos últimos dois anos, o processo de compras do governo foi extremamente influenciado pela Internet. Apesar de algumas polêmicas sobre os esforços recentes, um dos grandes avanços é o Pregão Eletrônico (www.comprasnet.gov.br) do Sistema de Serviços Gerais (Sisg), que entrou em funcionamento em maio de 2001. O Sisg é integrado pelos órgãos e pelas entidades da administração federal direta, autárquica e fundacional. Esse sistema organiza a gestão das atividades de serviços gerais, compreendendo licitações, contratações, transportes, comunicações administrativas, documentação e administração de edifícios públicos e de imóveis. O Pregão Eletrônico trouxe uma grande melhoria das compras governamentais, pois conferiu maior agilidade às aquisições, ao desburocratizar os procedimentos para a habilitação e o cumprimento da sequência de etapas da licitação. Também possibilitou o incremento da competitividade e a ampliação das oportunidades para que um maior número de empresas participe das licitações, contribuindo para o esforço de redução de despesas, de acordo com as metas de ajuste fiscal.

O Pregão Eletrônico garante economias imediatas nas aquisições de bens e serviços compreendidas nas despesas de custeio da máquina administrativa federal. Dados do Serviço Federal de Processamento de Dados (Serpro) estimam que, em 2002, o Pregão Eletrônico foi responsável por 20% do volume de aquisições, devendo aumentar essa participação gradativamente de acordo com a inclusão de outros setores do governo.

Aprendendo um pouco mais...

O *e-procurement* da DaimlerChrysler do Brasil

Desde novembro de 2000, a área de compra de materias da DaimlerChrysler do Brasil, empresa que reúne as marcas Mercedes-Benz, Chrysler, Dodge e Jeep, adotou a base eletrônica para a negociação e aquisição de materiais, utilizando a plataforma mundial Covisint para a realização de leilões eletrônicos para compra de materiais produtivos, indiretos e de serviços. Dessa forma, todas as transações entre os compradores da DaimlerChrysler do Brasil e seus respectivos fornecedores de materiais produtivos e indiretos, como também de serviços, são feitas por meio de *e-procurement*, obtendo-se maior agilidade no processo de aquisição, otimização e redução de custos operacionais. Os fornecedores interessados cadastram-se no próprio *site* e passam por um processo de certificação, recebendo um *e-mail* com um arquivo com o certificado do fornecedor e sua senha, que permitirá o acesso às coletas de preços, garantindo a segurança dos dados enviados eletronicamente. Esse procedimento é necessário somente para a primeira tramitação. Toda a troca de dados *on-line* é feita por meio de *e-documents* (documentos eletrônicos), a começar pela cotação de preços, que, além de informações detalhadas do fornecedor, pode também conter desenhos e anexos.

Fonte: *Site* da DaimlerChrysler no Brasil (http://www.daimlerchrysler.com.br).

RESUMO

Este capítulo contempla os três principais tópicos que o profissional de marketing precisa conhecer sobre o assunto.

Na primeira parte, o foco foram os fundamentos teóricos do comportamento do cliente. O conceito de comportamento do cliente refere-se às atividades mentais e físicas que culminam numa decisão de compra e no processo de troca. Abrange, portanto, desde o momento em que o cliente é exposto a uma mensagem, percebe uma necessidade, avalia as alternativas disponíveis (marcas), vai a uma loja para pesquisar preços ou faz uma cotação pela Internet, até as situações de pós-venda, como a utilização do produto ou serviço e a satisfação decorrente.

Também foram apresentadas algumas tipologias do cliente, que permitem compreender o processo de transformar um cliente potencial em cliente entusiasta da marca. Depois, os principais mercados foram classificados em: mercados de consumo, de negócios, institucional, revendedor e governamental, para os quais algumas publicações utilizam denominações como *B2C, B2B, B2T, B2G*, em que *B* significa *Business*, *C*, *Consumer*, *T*, *Trade* e *G*, *Government* (2 é forma reduzida para "to", em inglês).

Na segunda parte, os determinantes do comportamento do cliente foram explicados: fatores externos e internos, atitude, motivação, percepção, personalidade, estilos de vida, inovações tecnológicas, grupos de referência, decisões políticas e outros. Eles influenciam o comportamento de compra do cliente dos mercados de consumo e de negócios. Isto é, como o cliente percebe e reage aos estímulos resultantes das decisões de marketing, no intuito de criar a consciência de marca, despertar a necessidade, obter a preferência e levar a uma decisão de compra imediata.

Na terceira parte, verificamos como é o processo decisório de compra: como o cliente toma as decisões e como o próprio processo de decisão e os estímulos externos afetam seu comportamento.

Termos e Conceitos Importantes

Aprendizagem
Atitude
Cliente
Cognição
Comportamento do cliente
Compra de sistemas
Compra de valor
Compra esporádica
Compra nova
Compra ocasional
Compra rotineira
Crenças
Dissonância Cognitiva
Grupo
Hierarquia das necessidades de Maslow
Hierarquia de clientes
Mercado
Mercado de bens de consumo
Mercado de negócios
Motivação
Percepção
Processo decisório de compra
Recompra direta
Recompra modificada
Teoria behaviorista
Teoria cognitiva
Teoria da aprendizagem
Teoria da motivação de Freud

RESOLVENDO UM CASO

CONQUISTANDO UM MERCADO MADURO

Os brasileiros de 60 anos ou mais chegam a aproximadamente 15 milhões, representando cerca de 8% da população. Desses 15 milhões de pessoas, quase 3 milhões têm renda superior a três salários mínimos, o que significa mais de R$ 1 bilhão mensais para gastar. Isso sem incluir as pessoas na faixa entre 40 e 50 anos. Estima-se que, se for considerada apenas a renda média da população brasileira, o aumento do número de pessoas com mais de 50 anos resultará no surgimento de um mercado anual de R$ 325 milhões nos próximos dez anos, segundo pesquisa do Programa de Estudos do Futuro (Profuturo) da FIA/USP[48]. O orçamento médio das famílias deverá crescer ainda mais quando os mais velhos passarem a receber os rendimentos dos planos de previdência privada. A mudança no perfil da população brasileira, com a diminuição da participação da população jovem na estrutura social, em contraposição ao aumento do papel da terceira idade, tem implicações no consumo, e as empresas preparam-se para conquistar sua participação no emergente *mercado maduro*.

Existem dúvidas sobre se o envelhecimento representa mesmo uma mudança mais acentuada nos hábitos de consumo. Estudos psicológicos indicam que a pessoa, durante o processo de envelhecimento, se apega mais a seus antigos costumes, em vez de trocá-los por novos. A idade não apaga as diferenças sociais, culturais, geográficas etc. Ao contrário, ao envelhecer a pessoa acentua suas características próprias, num processo chamado de individualização. Nesse caso, o crescimento nas faixas etárias mais altas não corresponderia a uma mudança substancial nos padrões de consumo. Os clientes, a não ser em situações específicas, tenderiam a se manter fiéis aos produtos e serviços de outras fases da vida.

Porém, essa conclusão deve ser considerada com reservas, pois os brasileiros acima de 60 anos, por exemplo, dão pouca importância a fatores como *status* e prestígio do automóvel, ao contrário das outras faixas etárias. No Brasil, a cada década de vida, o consumidor passa a dar menos importância ao *design* e ao luxo, preferindo modelos que ofereçam espaço, autonomia, segurança e conforto, segundo pesquisas da indústria automobilística. Portanto, na realidade, ocorre uma mudança no padrão de consumo, principalmente nos setores de construção civil, educação, lazer e turismo. Outros setores de destaque: bancos e setor financeiro, saúde e serviços médicos e bens duráveis.

Algumas empresas, como a Bradesco Seguros e o Banco Real/ABN AMRO Bank, anteciparam-se no lançamento de novidades para esse segmento. Por exemplo, o Top Sênior, linha de seguros da Bradesco Seguros para pessoas de 59 a 80 anos, já possui 15 mil clientes. Eles pagam em torno de R$ 200 por mês para acumular um capital de R$ 15 mil. Depois de observar o aumento da expectativa de vida da população, a Bradesco Seguros alterou sua política e elevou a idade de ingresso no programa para 65 anos. Outro banco atento às mudanças demográficas é o Banco Real/ABN AMRO Bank. Desde 1995, o banco mantém um programa voltado para os clientes com mais de 60 anos. A eles são oferecidos produtos financeiros com taxas de administração e aplicações mínimas inferiores às exigidas do resto dos clientes, representando 10% da base e 20% dos investimentos em marketing.

No setor de cosméticos, a Natura foi a primeira empresa a lançar produtos que estampam no rótulo a segmentação por faixa etária. Seu creme antissinais Chronos possui uma fórmula específica para cada ciclo biológico: dos 30 aos 35 anos, dos 45 aos 60 e dos 60 em diante. Segundo a Natura, as vendas nessa última faixa cresceram 30% entre 2000 e 2001. Bem acima dos 5% que o mercado de cremes e loções para o rosto atingiu no período. A Avon, concorrente da Natura, oferece o Renew, um creme anti-idade que está entre os mais caros no catálogo da empresa. O Renew representa atualmente metade das vendas da Avon no Brasil.

O setor da construção de conjuntos residenciais e *flats* apresentará uma demanda crescente por condomínios e conjuntos equipados para idosos, oferecendo instalações modernas, janelas amplas e arquitetura adaptada a eles. Um exemplo é o Residencial Santa Catarina, um tipo de *flat* de alto luxo inaugurado no bairro paulistano do Paraíso. Lançado pela Associação Congregação de Santa Catarina, o prédio tem 125 apartamentos com quarto, banheiro, sala e cozinha. A maioria das unidades possui móveis e acessórios adaptados para pessoas idosas, com

48 REBOUÇAS, Lídia. Os novos velhos. *Exame*, 22 jul. 2000, p. 22.

dificuldade de locomoção e que, eventualmente, usam cadeira de rodas. O banheiro tem barras de apoio e há pelo menos três botões para chamadas de emergência, que acionam a recepção e a unidade de saúde. Além dos serviços comuns aos hotéis, o residencial oferece assistência médica e mantém atividades esportivas e culturais para estimular o convívio dos moradores. A mensalidade num apartamento desses custa R$ 3.850 por pessoa e R$ 5.400 por casal. No setor de turismo, 20% dos pacotes de viagem vendidos em 2000 eram voltados para grupos com mais de 60 anos.

Apesar dos exemplos acima, a maioria dos profissionais de marketing tem demonstrado considerar o mercado maduro como um todo homogêneo, achando que o envelhecimento anula as diferenças individuais. Porém, mesmo entre as pessoas com mais de 60 anos existem diferenças muito grandes. Por exemplo, um terço das 11.160.635 mulheres responsáveis por domicílios tem mais de 60 anos — na maioria, viúvas. A segmentação desse mercado, portanto, é um grande desafio. Além disso, a falta de conhecimento e experiência sobre o mercado maduro cria dificuldades para a formulação das estratégias de marketing e para a divulgação de produtos e serviços. Ao mesmo tempo, porém, esse segmento representa uma oportunidade para as empresas voltadas para os chamados *nichos de mercado*, grupos de clientes ligados por hábitos comuns de consumo.

Considerando que você foi contratado por uma empresa do ramo de confecção (roupas masculinas e femininas, esporte e esporte fino) para desenvolver uma unidade de negócios voltada para o mercado maduro, com base no texto acima e em pesquisas na Internet:

1. descreva como os diversos fatores influenciam esse segmento de mercado (selecione apenas os mais relevantes);
2. segmente o mercado das pessoas acima de 60 anos, e para cada segmento indique que tipos de produtos e serviços podem ser oferecidos (descreva detalhadamente);
3. defina uma estratégia de comunicação que melhor atinja esse mercado; e
4. defina os canais de venda mais indicados para cada segmento (lojas, mala direta, catálogo, telemarketing). Justifique.

Explore mais

Associação Brasileira de Telemarketing	**http://www.abt.org.br**
Associação Brasileira de Marketing Direto	**http://www.abemd.org.br**
Direct Marketing Association	**http://www.the-dma.org**
IBGE	**http://www.ibge.net**
Pregão Eletrônico	**http://www.comprasnet.gov.br**
Associação Brasileira dos Institutos de Pesquisa de Mercado (Abipeme)	**http://www.abipeme.org.br**
Associação Brasileira de Anunciantes (ABA)	**http://www.aba.com.br**
Associação Nacional de Empresas de Pesquisa (Anep)	**http://www.anep.org.br**
European Society for Opinion and Marketing Research (Esomar)	**http://www.esomar.org**

ELABORANDO UM PROJETO I

NO MERCADO DE BENS DE CONSUMO

Escolha um determinado grupo de clientes, que pode ser a mulher casada com filhos pequenos. Vá a um supermercado que atenda a diversas classes sociais, entre os dias 5 e 10, período no qual costumam ocorrer as compras do mês. Identifique uma mulher jovem com filho pequeno que pertença, aparentemente, a uma determinada classe social. Solicite permissão para observá-la, explicando o propósito da pesquisa. Discretamente, verifique seu comportamento de compra e o que comprou. Anote. Repita duas vezes sua observação, selecionando mulheres de outras classes, para comparação. Em sua observação, fique atento a aspectos como: leitura dos rótulos dos produtos, comparação de preços, substituição de um produto

- por outro, abandono de produto no caixa, produtos da mesma marca nos três carrinhos e categoria de produtos comprados, como açougue, padaria, hortifrutigranjeiros, limpeza e higiene, gêneros de primeira necessidade e supérfluos (vinhos, queijos, artigos mais caros, por exemplo). Descreva comparativamente o comportamento das três mulheres e indique como os diversos fatores que influenciam a compra podem ter determinado as escolhas de produtos e marcas.

ELABORANDO UM PROJETO II

NO MERCADO DE NEGÓCIOS

Selecione uma grande empresa do mercado, localize seu *site* e procure identificar como é seu comportamento de compra e sua política de escolha de fornecedores. Anote. Percorra mais alguns *sites* de pequenas, médias e grandes empresas. Você pode levar em consideração o *site* da DaimlerChrysler, comentado neste capítulo (http://www.daimlerchrysler.com.br). Em sua avaliação, leve em consideração a existência ou não de alguns fatores:

a) descrição da política de compras;
b) facilidade para cadastro como fornecedor;
c) regras de homologação definidas no *site*;
d) fornecimento do nome dos compradores;
e) classificação dos produtos para enquadramento do fornecedor;
f) existência de algum tipo de preocupação com o desenvolvimento de fornecedores, como eventos realizados ou publicação destinada aos fornecedores; e
g) existência de algum tipo de *e-procurement* implantado etc.

Crie um sistema de classificação das empresas visitadas com base em alguns critérios e avalie-os. Justifique cada critério utilizado. Se você fosse um fornecedor, com qual das empresas gostaria de fazer negócio? Por quê? O que você modificaria no *site* de cada uma das empresas visitadas para melhorar seu processo de compra e o relacionamento com os fornecedores?

BIBLIOGRAFIA

BRETZKE, Miriam. *Marketing de relacionamento com CRM para competir em tempo real*. São Paulo: Atlas, 2000.

ENGEL, J.; BLACKWELL, R. D.; KOLLAT, D. *Consumer behavior*. New York: Holt, Rinehart and Winston, 1968.

HOWARD, J.; SHETH, J. N. *The theory of buyer behavior*. New York: Harper & Row, 1969.

KARSAKLIAN, Eliane. *Comportamento do consumidor*. São Paulo: Atlas, 2000.

KOSSEN, Stan. *Creative selling today*. 2. ed. New York: Harper & Row, 1982.

KOTLER, Philip. *Marketing para o século XXI*: como criar, conquistar e dominar mercados. São Paulo: Futura, 2000.

LUNN, J. A. *Consumer decision process models*: models of buyer behavior. New York: Harper & Row, 1974.

NICÓSIA, F. M. *Consumer decision process*: marketing and advertising implications. Englewood Cliffs: Prentice Hall, 1966.

PINE II, B. Joseph. *Personalizando produtos e serviços*: customização maciça, a nova fronteira da competição dos negócios. São Paulo: Makron Books, 1994.

RAN, P.; SAEED, S. Models of consumer behavior: the state of the art. *Journal of the Academy of Marketing Science*, v. 9, n. 3, Summer 1981, p. 300-316.

SHETH, Jadish N.; MITTAL, Banwari; NEWMAN, Bruce I. *Comportamento do cliente*, indo além do comportamento do consumidor. São Paulo: Atlas, 2001.

ZALTMAN, G.; PINSON, C. R. A.; ALGEMAR, R. *Metatheory and consumer research*. New York: Holt, Rinehart and Winston, 1973.

APÊNDICE

Comparativo entre as teorias psicológicas dos autores mais consultados no estudo do comportamento de compra.

TEORIAS PSICOLÓGICAS			
PREMISSA	**PRINCIPAL CONTRIBUIÇÃO**	**USO NO MARKETING**	**LIMITAÇÃO**
PSICANALÍTICA			
FREUD			
Para explicar a personalidade, Freud estabelece três instâncias psíquicas responsáveis pelo comportamento: o *id*, fonte da energia psíquica dos impulsos primitivos, o *ego*, regulador dos impulsos selvagens do *id* ligados ao princípio da realidade, e o *superego*, a quem cabe a representação interna das proibições sociais. Propôs que a base da personalidade se forma durante a infância, até os cinco anos de idade, passando por três fases ou crises (oral, anal e fálica), que seriam mais ou menos superadas de acordo com os mecanismos colocados em	A contribuição de Freud ao comportamento de compra se relaciona com a formação da personalidade e o estudo das motivações humanas. As principais conclusões são: as forças psicológicas reais que moldam o comportamento das pessoas são altamente inconscientes; uma pessoa não pode entender plenamente suas próprias motivações; existe uma dimensão simbólica da compra: um produto ou serviço é comprado pelo que ele faz e pelo que representa, sendo seguro que certos objetos satisfazem mais a determinadas instâncias psíquicas do que outros, assim como a satisfação desses desejos pode entrar em conflito com esta ou aquela entidade.	Análise, em termos de personalidade e de estruturação psíquica, de que componentes e traços do produto teriam maior aceitação. Entendimento dos apelos mais favoráveis em relação à comunicação e principalmente à propaganda, de acordo com as fases da vida e a personalidade. No desenvolvimento de novos produtos, pode-se definir que características irão satisfazer os clientes, de acordo com as características psicológicas associadas a um dos três estágios da personalidade. Por exemplo, uma pessoa com sua fase criança bloqueada no estado fálico tende a privilegiar embalagens e objetos em formato de cone ou cilindro.	Seus conceitos e postulados não são passíveis de verificação empírica. Além disso, há evidências de que a personalidade evolui continuamente.
ERIK ERICKSON[49]			
Propôs que a personalidade evolui durante toda a vida e não é determinada unicamente pela infância, como concluiu Freud.	Concluiu que existem oito fases no desenvolvimento da personalidade, nos quais ocorrem sentimentos antagônicos ou ambíguos, desde o nascimento até a velhice.	Os profissionais de marketing podem analisar as necessidades de produtos e apelos da comunicação mais efetivos para cada uma das oitos fases propostas por Erickson. É muito útil na segmentação por ciclo de vida e no entendimento do comportamento de compra em cada um dos ciclos.	Uma limitação é que podem ser encontradas poucas aplicações práticas relacionadas diretamente ao comportamento de compra.

[49] ERICKSON, Erik. Speech style and impression formation in a count sitting. The effects of powerful and powerless speech. *Journal of Business*, Oct. 1959, p. 340-369.

HERZBERG[50]			
Explica a motivação identificando dois fatores que podem estar presentes para motivar uma compra: fatores de insatisfação e fatores de satisfação.	Herzberg[51] diz que, para motivar uma compra, não basta que os fatores de insatisfação estejam ausentes. Pelo contrário, os fatores de satisfação devem estar bem presentes.	O marketing pode utilizar os conceitos para orientar a mensagem da comunicação e os outros esforços de marketing, mapeando os fatores de satisfação que serão a principal diferença em relação à marca ou ao produto que o cliente irá escolher.	A teoria apresenta duas sugestões, mais ou menos óbvias: evitar os fatores de insatisfação e apresentar os fatores de satisfação.
BEHAVIORISTA			
Os principais expoentes desta teoria foram Watson, que realizou os primeiros estudos, e Skinner,[52] um dos seus discípulos mais eminentes. Essa teoria propõe o estudo exclusivamente objetivo da pessoa, determinando que a única fonte do comportamento humano é o observável. Acredita nos mecanismos de estímulo--resposta e reforço. Em relação à motivação, os behavioristas consideram que o impulso é a força que impele a ação. A presença do reforço positivo reduz o impulso e leva a respostas desejadas, isto é, condicionadas. Em relação à aprendizagem, partem da hipótese de que a aprendizagem é uma resposta a estímulos externos. Fundamentam-se em duas teorias para explicar o mecanismo de estímulo-resposta: condicionamento clássico, associada à experiência de Pavlov, e instrumental, associada aos estudos de Skinner.	O behaviorismo concluiu que uma pessoa desenvolve um padrão de respostas comportamentais por causa das recompensas ou punições oferecidas por seu ambiente. Uma de suas maiores contribuições está relacionada ao estudo da aprendizagem. Segundo seus teóricos, haveria o condicionamento clássico e o instrumental. O primeiro seria o resultado do processo de associação entre dois estímulos, que permite a um deles adquirir, após repetição, a capacidade de provocar a resposta que o outro poderia desencadear sozinho. Já o condicionamento instrumental apareceria quando a pessoa memoriza os comportamentos que resultaram numa experiência positiva e esquece os demais. As respostas instrumentais são conscientes e articuladas, ao contrário do que acontece no condicionamento clássico, em que são involuntárias e pouco elaboradas.	Os profissionais de marketing utilizam amplamente a teoria behaviorista para formar o hábito de compra, usando a comunicação, as promoções de venda com reforço explícito (oferta), para induzir o hábito ou quebrar o hábito de compra das marcas concorrentes. O condicionamento clássico é bastante usado em propaganda na televisão e no rádio. Por exemplo, a Embratel associa sua marca e seus serviços à simpatia da modelo Ana Paula Arósio e espera que essa associação aumente sua probabilidade de ser escolhida como fornecedora. Exemplos do uso do condicionamento instrumental são: a promoção dos bichinhos da Parmalat e da Tazmania, da Helmann Chips, os *test-drives* das concessionárias e a degustação de produtos e amostras grátis.	Não procura explicar os processos psicológicos internos relacionados ao estímulo--resposta. Apenas constata e mede a natureza e a força dessa associação.

[50] HERZBERG, Frederick. *Work and the future of man*. Cleveland: William Collins, 1966.

[51] TUIERRY, Henk; KOOPMAN-IWERNA, Agnes M. Motivation and satisfaction. In: DRENTH, R. J. (Org). *Handbook of work and organizational psychology*. New York: John Wiley, 1884, p. 141-142.

[52] SKINNER, B. F. *Science and human behavior*. New York: MacMillan, 1953.

HUMANISTA			
MASLOW[53]			
Parte do pressuposto de que o comportamento humano não pode ser explicado pela simples relação entre estímulo e resposta ou como resultado de impulsos e conflitos. Maslow explicou que as pessoas são dirigidas por certas necessidades em ocasiões específicas, tendo como meta principal a autorrealização.	Maslow hierarquizou as necessidades humanas, numa ordem decrescente de importância. Uma pessoa tende a satisfazer suas necessidades mais urgentes primeiro. É uma das teorias da motivação mais conceituada e amplamente utilizada.	Com a teoria de Maslow, pode-se entender como os vários produtos atendem às diferentes necessidades. Porém, é preciso identificar como o cliente deseja que essas necessidades sejam atendidas.	Determina que as compras de um cliente dependem só das suas necessidades mais profundas, dos produtos e serviços disponíveis, desconsiderando a influência do modo como são percebidos.
ROGERS			
Como humanista, Rogers acredita no potencial de autorrealização de todo ser humano e parte da premissa de que a pessoa se comporta de uma forma coerente e orientada para um objetivo. As pessoas vivem seus autoconceitos por meio de suas compras. As empresas também têm autoconceito e dirigem suas compras e seus investimentos para cumprir sua missão, que é a expressão de seu autoconceito.	A principal contribuição é o entendimento de que as necessidades e motivações são integradas de forma lógica. Isso significa que as pessoas têm um autoconceito: uma configuração organizada da percepção de si mesmas. Assim, o comportamento de compra é influenciado pelos valores, pelas metas e pelos objetivos, definidos a partir do motivo central, que é melhorar a visão de si mesmo na busca de autoestima.	Os profissionais de marketing utilizam esse conceito nos estudos de segmentação por estilo de vida. Outra aplicação é a análise do perfil do autoconceito dos clientes em termos de determinados traços da personalidade, e a comparação com as percepções relativas à marca, com base nesses traços. Caso a correspondência seja pequena, é preciso fazer mudanças no produto ou na comunicação de marketing.	Os custos elevados de pesquisa para determinação do autoconceito e a dificuldade de separar esse fator dos outros que influenciam o consumo.

[53] MASLOW, Abraham. *Motivation and personality*. 2nd ed. New York: Harper & Row, 1970, p. 80-106.

Capítulo 4

Administração de Produtos

Tania Maria Vidigal Limeira

VISÃO GERAL DO CAPÍTULO

A formulação da estratégia de produtos e a administração do composto de produtos são parte da responsabilidade estratégica do gerente de marketing. Neste capítulo abordaremos as etapas do processo de administração estratégica de produtos e serviços, detalhando as várias atividades envolvidas na criação de marcas líderes de mercado.

Iniciaremos o capítulo apresentando os componentes da estratégia de produtos. Em seguida, descreveremos o ciclo de vida e as estratégias de diferenciação e posicionamento. Classificaremos e caracterizaremos produtos e serviços e discutiremos o processo para o desenvolvimento de novos produtos e serviços. Abordaremos questões sobre marcas e embalagens e sobre as estratégias de produtos intensivos em tecnologia. Concluiremos o capítulo ressaltando os impactos que a Internet vem causando na administração de produtos.

OBJETIVOS DO CAPÍTULO

Depois de concluir este capítulo, você será capaz de:

1. detalhar os componentes da estratégia de produtos;
2. descrever as fases do ciclo de vida do produto;
3. discutir as estratégias de diferenciação e posicionamento;
4. classificar produtos de acordo com sua natureza e características;
5. caracterizar serviços;
6. discutir as estratégias para estabelecimento de marcas e embalagem de um produto;
7. explicar as etapas de desenvolvimento de um novo produto ou serviço;
8. descrever as estratégias de produtos intensivos em tecnologia;
9. discutir o impacto da Internet sobre a administração de produtos.

4.1 COMPONENTES DA ESTRATÉGIA DE PRODUTOS

Quando se inicia o planejamento de marketing, deve-se realizar a análise do mercado, que inclui o comportamento e o perfil dos clientes, a concorrência e as variáveis do ambiente de marketing. Como resultado, espera-se obter uma visão das oportunidades e dos riscos para o desenvolvimento da linha atual de produtos e serviços da empresa ou para o lançamento de novos produtos.

A formulação das estratégias de marketing, uma delas a de produtos e serviços, tem a finalidade de orientar a alocação de investimentos, bem como possibilitar a orientação das várias atividades da empresa para a geração de vantagens competitivas e a criação de valor para os clientes, a empresa e seus *stakeholders*.

O gerente de marketing deve, como parte da sua responsabilidade estratégica, selecionar o público-alvo e decidir sobre os produtos e serviços a serem desenvolvidos, a lista de atributos e benefícios integrantes do produto ou serviço, a marca, a embalagem e a imagem a ser criada para o produto. Essas decisões compõem a estratégia de produtos e serviços.

Segundo Lehmann & Winer[1], uma estratégia de produtos só será eficaz em criar vantagem competitiva para a empresa quando ocorrer pelo menos uma das condições descritas a seguir:

- o concorrente não pode realizar a mesma estratégia, seja devido à existência de uma patente ou à ausência das competências necessárias, como capacidade instalada, tecnologia de produto ou capacidade de distribuição;
- o concorrente prefere não adotar a mesma estratégia porque não obterá vantagem competitiva ou não alcançará resultados atraentes em receitas e lucros;
- o concorrente estará em desvantagem se adotar a mesma estratégia ou porque não tem estrutura, porte, recursos para investimentos ou capacitação adequados, ou porque será seguidor e não o líder do mercado;
- se o concorrente adotar a mesma estratégia, quem ganhará será a empresa pioneira, porque é ela que será beneficiada pela posição de liderança de mercado e não a sua concorrente. Exemplo disso é quando os clientes associam a propaganda do concorrente à marca da empresa líder.

Os componentes de uma *estratégia de produtos* são os seguintes:

- *objetivos de mercado,* como vendas, participação de mercado e lucros;
- *público-alvo* selecionado, suas características demográficas, psicográficas e expectativas;
- *benefícios e atributos* do produto ou serviço que os diferenciam da concorrência e representam valor para os clientes;
- *patentes* do produto;
- *serviços* a serem agregados ao produto, como suporte pós-venda, assistência técnica, treinamento etc.;
- *parceiros* que adicionam benefícios ao produto da empresa e agregam valor ao cliente, por meio de tecnologia, produtos ou serviços;

---

[1] LEHMANN, Donald; WINER, Russell S. *Product management.* NewYork: McGraw-Hill, 1997.

- *marca;*
- *embalagem;* e
- *posicionamento* e *imagem* desejados para a marca.

As decisões de estratégia de produtos integram o chamado **composto de produtos**, entendido como *o conjunto de decisões estratégicas de marketing referentes às linhas de produtos da empresa.* Segundo Kotler[2], as decisões de composto de produtos têm quatro dimensões: amplitude, extensão, profundidade e consistência.

Composto de produtos é o conjunto de decisões estratégicas de marketing referentes às linhas de produtos da empresa.

A **amplitude** do composto de produtos refere-se ao número de linhas de produtos da empresa. Por exemplo, em 1999, a Parmalat comercializava no Brasil seis linhas de produtos, a saber: leite, massas, biscoitos, cereais, derivados de tomate e margarinas.

Amplitude é o número de linhas de produtos da empresa.

A estratégia de **extensão** de linha refere-se ao número de itens de produto em cada linha. Por exemplo, em 1999, a linha de leites da Parmalat possuía sete itens de produto, a saber: leite Parmalat integral, semidesnatado, desnatado, fortificado, *light,* com lactose reduzida e com vitaminas.

Extensão é o número de itens do produto em cada linha.

A **profundidade** refere-se ao número de versões de produtos. Por exemplo, um biscoito, com três tamanhos de embalagem (50 gramas, 100 gramas e 200 gramas) e cinco sabores (baunilha, morango, chocolate, laranja e canela), terá profundidade de 15.

Profundidade é o número de versões do produto.

E a **consistência** do composto de produtos refere-se ao nível de semelhança entre as linhas e os produtos quanto à matéria-prima, ao processo de produção, aos canais de distribuição, ao padrão de qualidade e à imagem de marca.

Consistência refere-se ao nível de semelhança entre as linhas e os produtos quanto a determinadas variáveis.

Portanto, o gerente de marketing deve decidir se lançará novas linhas de produtos, novos itens em cada linha, ou novas versões para os produtos existentes, bem como o nível de consistência entre as diversas linhas.

A empresa de consultoria Boston Consulting Group (BCG) criou um método de análise do composto de produtos, também chamado de **portfólio de produtos ou negócios**, segundo o grau de atratividade de mercado e a posição relativa da empresa. A matriz de crescimento-participação abaixo contém, no eixo vertical, a taxa de crescimento do mercado e, no eixo horizontal, a participação relativa no mercado.

Portfólio de produtos ou negócios (matriz BCG) é um método de análise do composto de produtos que associa o grau de atratividade do mercado e a posição relativa da empresa.

Gráfico 4.1
Matriz de crescimento-participação do BCG

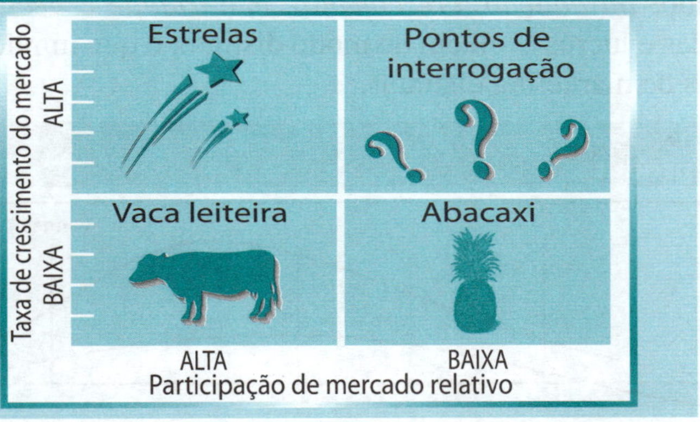

[2] KOTLER, Philip. *Administração de marketing:* análise, planejamento, implementação e controle. São Paulo: Atlas, 1998.

Com base nessa matriz, são identificados quatro tipos de produtos ou negócios.

1. Produtos *estrela* são aqueles com alta taxa de crescimento em vendas e alta participação e que, como produtos de grande potencial, requerem altos investimentos para o seu desenvolvimento.
2. Produtos *vaca leiteira* têm alta participação de mercado, baixo crescimento e baixo potencial, e, em geral, estão em mercados maduros. Esses produtos são geradores de caixa, que deverá ser usado para financiar o desenvolvimento dos produtos *estrela* ou *ponto de interrogação.*
3. Produtos *ponto de interrogação* estão em mercados de alta taxa de crescimento, mas apresentam ainda baixa participação de mercado. Nesse caso, não se sabe se o produto se tomará uma *estrela* ou um *abacaxi.* O seu desenvolvimento consome grandes investimentos e apresenta maior risco.
4. Produtos *abacaxi* são os que apresentam baixa taxa de crescimento e baixa participação de mercado. Não tendo bom potencial, sua atratividade é reduzida. A empresa deverá decidir sobre a retirada do produto do mercado.

Segundo esse modelo, a empresa deve buscar um portfólio de produtos equilibrado, com vários produtos classificados como estrela, vaca leiteira ou ponto de interrogação. Como os produtos vaca leiteira são os que geram caixa para financiar os outros, a empresa deve procurar manter uma quantidade suficiente desses produtos para poder financiar o crescimento de produtos novos, que estão, em geral, nas categorias estrela e ponto de interrogação. Estudaremos a matriz BCG com mais detalhes na Seção A.16. l do Capítulo 16.

As alternativas de estratégia de produto estão relacionadas com os objetivos da empresa e com o ciclo de vida dos produtos. No tópico seguinte, será apresentado o conceito de ciclo de vida de produto e as alternativas de estratégia segundo as fases do ciclo de vida.

4.2 CICLO DE VIDA DO PRODUTO

Ciclo de vida do produto é uma ferramenta de decisões de marketing que pressupõe que um produto percorre quatro fases distintas ao longo de sua presença no mercado: introdução, crescimento, maturidade e declínio.

O conceito de **ciclo de vida do produto** (CVP) é bastante utilizado como ferramenta para decisões de estratégias de marketing. Segundo esse conceito, um produto percorre quatro fases distintas ao longo de sua presença no mercado: *introdução, crescimento, maturidade* e *declínio.* Em cada fase, vendas e lucros evoluem de modo distinto, o que implica a adoção de estratégias de marketing distintas.

Gráfico 4.2
Curva de ciclo de vida de um produto

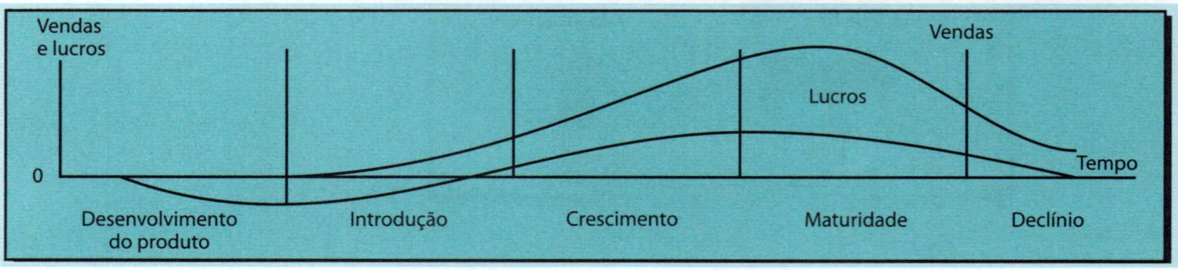

Fonte: SANDHUSEN, Richard L. *Marketing básico.* São Paulo: Saraiva, 1998.

Introdução. A fase de introdução começa com o *lançamento do produto* e caracteriza-se por lento crescimento das vendas e baixos lucros, ou mesmo prejuízos, devido aos altos investimentos, à inexistência de economias de escala e ao desconhecimento do produto ou serviço por grande parte do público-alvo.

Crescimento. A fase seguinte é a de *crescimento,* quando a taxa de adoção do produto pelos clientes potenciais é acelerada, as vendas crescem acentuadamente e os lucros acompanham o crescimento das vendas, à medida que se ganham economias de escala. Em geral, as vendas do produto aumentam mais rapidamente do que a demanda total do mercado, possibilitando os ganhos de participação de mercado. É nesse estágio que surgem novos concorrentes, que lançam outros produtos para aproveitar as altas taxas de crescimento da demanda. O mercado fica mais competitivo, exigindo maiores investimentos em marketing para sustentar os ganhos de participação de mercado.

Segundo Igor Ansoff[3], em seu clássico livro *Estratégia empresarial*, cuja primeira edição foi lançada em 1957, as empresas podem adotar quatro alternativas de estratégia para o crescimento, como demonstrado na matriz produto-mercado apresentada na Figura 4.1.

Figura 4.1
A matriz produto-mercado: alternativas de estratégia de crescimento

	Produto atual	Produto novo
Mercado atual	Penetração de mercado	Desenvolvimento de produto
Mercado novo	Desenvolvimento de mercado	Diversificação

Fonte: ANSOFF, Igor H. *Estratégia empresarial.* São Paulo: Makron, 1984.

A **estratégia de penetração** refere-se a investimentos em produtos existentes no mercado em que a empresa já atua. Os investimentos serão em melhorias de produto, comunicação e distribuição, visando a acelerar os ganhos de participação de mercado e vendas. Em geral, são lançadas novas versões do produto, como um novo perfume, sabor, tamanho ou novas embalagens. Expandem-se os canais de vendas ou aumenta-se a quantidade de vendedores para atingir maior cobertura do mercado. Investe-se em propaganda e promoções, como distribuição de amostras do produto, ofertas de brindes e sorteios de prêmios.

Estratégia de penetração refere-se a investimentos que a empresa realiza em produtos existentes no mercado em que já atua.

A **estratégia de desenvolvimento de produto** refere-se ao lançamento de um novo produto no mercado em que a empresa já atua. Como exemplo, lançar um xampu para os clientes da empresa, que já consomem sabonetes e desodorantes. Os investimentos serão, principalmente, no lançamento do

Estratégia de desenvolvimento de produto é o lançamento de um novo produto no mercado em que a empresa já atua.

[3] ANSOFF, Igor H. *Estratégia empresarial.* São Paulo: Makron, 1984.

produto, incluindo comunicação e distribuição, visando a acelerar os ganhos de participação de mercado e vendas. A propaganda é uma ferramenta importante para posicionar e diferenciar a marca, bem como para construir sua imagem junto ao público-alvo. A distribuição precisa ser rapidamente ampliada para permitir maior cobertura do mercado.

Estratégia de desenvolvimento de mercado é a distribuição do produto existente em mercados nos quais a empresa ainda não atua.

Estratégia de diversificação é o lançamento de novos produtos em mercados em que a empresa não atua.

A **estratégia de desenvolvimento de mercado** refere-se à distribuição do produto existente em mercados nos quais a empresa ainda não atua. Um exemplo é a estratégia de exportação, com o lançamento e a distribuição do produto em mercados fora do país de origem. Ou, ainda, a distribuição do produto em novas áreas geográficas.

A **estratégia de diversificação** refere-se ao lançamento de novos produtos em mercados em que a empresa não atua. Como exemplo, uma empresa que produz alimentos e lança produtos no mercado de higiene e limpeza, o que exige uma nova tecnologia, um novo processo produtivo e até novos canais de distribuição. A estratégia de diversificação é aplicada quando os negócios existentes estão em fase de maturidade ou declínio e não dão o retorno adequado aos investimentos da empresa. Nesse caso, a empresa não realiza mais investimentos nos negócios existentes e aplica seus recursos em novos negócios, cuja demanda tem potencial de crescimento.

Maturidade. A terceira fase do ciclo de vida é a maturidade, quando as vendas do produto tendem a se estabilizar, acompanhando o crescimento vegetativo do mercado, que é pequeno ou, até, nulo. Nessa fase, há um grande número de concorrentes e a disputa pelo mercado fica acirrada, já que o crescimento só é possível com a perda de participação dos concorrentes.

Na fase de maturidade, a estratégia mais adotada é a manutenção da participação de mercado por meio de investimentos em promoções, ofertas e descontos de preço, de modo a gerar volume de vendas. Em contrapartida, para garantir a manutenção dos lucros, a empresa reduz investimentos em tecnologia, inovações de produto e propaganda. Algumas empresas, visando a ganhar participação da concorrência, reposicionam o produto para atrair novos segmentos de mercado, lançando novas versões ou fazendo pequenas inovações em embalagem e *design* para atrair novos consumidores e prolongar o estágio de maturidade, adiando a entrada na fase de declínio. Outras optam por realizar investimentos na estratégia de diversificação, procurando novos negócios em mercados de potencial de crescimento.

Declínio. A quarta fase é a do declínio, quando o produto fica obsoleto e é gradativamente substituído por novos. Nessa fase, as vendas são decrescentes e, para minimizar prejuízos, algumas empresas reduzem ou eliminam os investimentos, outras retiram o produto do mercado, e há as que reduzem a distribuição, atendendo exclusivamente aos segmentos de maior volume, ou os preços, diminuem o número de itens ou versões de produto ou deixam de investir em propaganda, tecnologia e inovações de produto. Nessa etapa, é necessário reduzir custos para minimizar a redução dos lucros.

Gráfico 4.3
Curva de ciclo de vida de produtos de moda

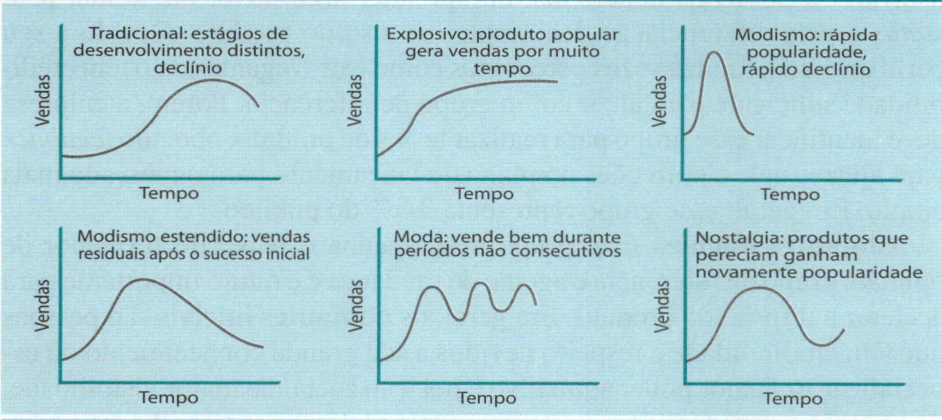

Fonte: SANDHUSEN, Richard L. *Marketing básico.* São Paulo: Saraiva, 1998.

A curva de ciclo de vida pode apresentar variações em seu formato e extensão, de acordo com o tipo de produto e a sua demanda. Os produtos relacionados à moda, como roupas, sapatos, filmes e brinquedos, por exemplo, têm ciclos de vida de menor duração, pois a demanda é estimulada e renovada a cada mudança de estilo ou relançamento da moda, como apresentado na curva acima.

Almap BBDO

Para diversificar sua oferta, as organizações podem lançar novos produtos em mercados em que já atuam ou lançar seus produtos tradicionais em novos mercados. Neste anúncio, a Bauducco faz referência ao lançamento de uma nova linha de biscoitos salgados em um segmento no qual tem ampla atuação, com produtos como panetones, torradas e biscoito *champanhe*.

4.2.1 CONCEITO DE CICLO DE VIDA DE PRODUTOS E O DE CURVA DE ADOÇÃO DE INOVAÇÕES

Relacionado ao conceito de ciclo de vida de produtos está o de **curva de adoção de inovações**, definido por Everett Rogers[4]. Segundo esse autor, o comportamento do público na adoção de um novo produto, principalmente aqueles que representam uma inovação tecnológica, pode ser classificado em cinco tipos, como descrito a seguir:

Inovadores. O segmento de público dos que são os primeiros a adotar a inovação. Em geral, os **inovadores** são pessoas que aceitam correr o risco

Inovadores são as pessoas que compõem o segmento dos primeiros a adotar a inovação.

[4] ROGERS, Everett. New product adoption and diffusion. *Journal of Consumer Research,* p. 290-301, 1976.

de adquirir um produto ainda não difundido em troca de ser o primeiro a usufruir os possíveis benefícios, ou aprender algo novo, ou, ainda, pelo *status* e pela diferenciação decorrentes do uso do produto. Devido a seu perfil arrojado, muitas vezes percebidos como extravagantes, não têm credibilidade suficiente para atuar como grupo de referência. Porém, a empresa deve identificar esse grupo para realizar testes de produto, obtendo *feedback* para ajustes nele e correções no plano de lançamento para o mercado mais amplo. Em geral, esse grupo representa 2,5% do público.

Adotantes iniciais são os consumidores que desempenham o papel de formadores de opinião, grupo de referência e agentes de mudança, tendo muita importância para acelerar a difusão do produto.

Maioria inicial são os segmentos de maior poder aquisitivo, que se apoiam nas propagandas do produto e nas opiniões dos adotantes iniciais.

Maioria tardia são os segmentos que tendem a ser mais céticos e conservadores, menos sensíveis aos apelos da inovação e esperam a queda de preços ou pressão dos amigos para passar a consumir o produto.

Retardatários são os segmentos dos últimos a adotar uma inovação.

Adotantes iniciais. Este grupo desempenha o papel de formador de opinião, grupo de referência e agente de mudança e é muito importante para acelerar a difusão do produto. Em geral, os **adotantes iniciais** são pessoas que têm credibilidade e respeito devidos a seu grande conhecimento ou especialização, maior poder aquisitivo e posição social de maior visibilidade. A empresa deve identificar essas pessoas e realizar um trabalho de apoio, esclarecimento, incentivo e educação. Representam 13,5% do público.

Maioria inicial. É o público dos segmentos de maior poder aquisitivo, que se apoiam nas propagandas do produto e nas opiniões dos adotantes iniciais. A **maioria inicial** é o grupo responsável pelo maior volume a ser adquirido, tomando-se o cliente típico do produto. A estratégia de marketing deve objetivar a conquista da fidelidade desse grupo, mantendo-o permanentemente satisfeito. Representa 34% do público.

Maioria tardia. Grupo que compõe 34% do público e que tende a ser mais cético e conservador e, em geral, tem menor poder aquisitivo. As pessoas do grupo **maioria tardia** são menos sensíveis aos apelos da inovação e esperam pela queda de preços ou pressão dos amigos para passar a consumir o produto.

Retardatários. Os **retardatários** são os últimos a adotar uma inovação. Representam 16% do público. Em geral, são pessoas idosas, de baixo poder aquisitivo, ou residentes em áreas rurais, mais distantes. Pouco contribuem para o desempenho das vendas do produto, não merecendo ser alvo de ações de marketing dirigidas.

O Gráfico 4.4 estabelece uma relação entre a curva de ciclo de vida de produto e a adoção de inovação:

Gráfico 4.4
Relação entre a curva de ciclo de vida e a adoção de inovações

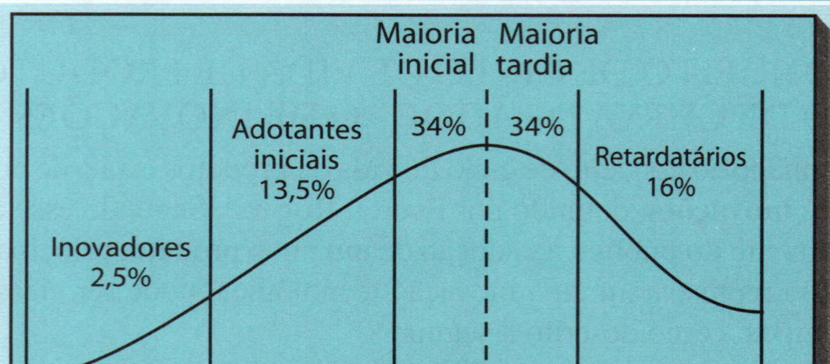

Fonte: SANDHUSEN, Richard L. *Marketing básico*. São Paulo: Saraiva, 1998.

4.3 AS ESTRATÉGIAS DE DIFERENCIAÇÃO E POSICIONAMENTO DE PRODUTOS

4.3.1 ESTRATÉGIAS DE DIFERENCIAÇÃO

Para que o produto alcance a liderança de mercado e crie vantagem competitiva e valor para o cliente, o gerente de marketing deve adotar uma **estratégia de diferenciação**, entendida como a estratégia que visa a desenvolver um conjunto de diferenças significativas e valorizadas pelo cliente para distinguir seu produto do dos concorrentes. Se o cliente não percebe a diferença nem o valor do produto, esse produto estará fadado ao fracasso.

Estratégia de diferenciação é a estratégia que visa a desenvolver um conjunto de diferenças significativas e valorizadas pelo cliente para distinguir seu produto do dos concorrentes.

A diferenciação poderá ser alcançada de cinco maneiras, a saber:

1. preço ou vantagem de custo;
2. atributos e benefícios do produto;
3. serviços agregados;
4. canal de distribuição; e
5. imagem de marca.

A **diferenciação por preço** só é duradoura e sustentável no médio e longo prazos se a empresa conseguir real vantagem competitiva em custos e não puder ser imitada pela concorrência. Tal vantagem, em geral, decorre de especificações de produto exclusivas, protegidas por patentes, ou processos de produção e distribuição diferenciados em custo e que não podem ser copiados.

A **diferenciação por atributos e benefícios do produto** requer o desenvolvimento de inovações de produto que tenham como base pesquisas de marketing, pesquisa e desenvolvimento de produtos e novas tecnologias. O resultado será proporcional aos investimentos realizados pela empresa e à sua competência em introduzir no mercado inovações que não possam ser copiadas pela concorrência ou, pelo menos, que demorem a ser copiadas. Essa é a alternativa estratégica de maior solidez e de menor vulnerabilidade para a empresa no médio e no longo prazo, porque as inovações tecnológicas podem ser protegidas por patentes que bloqueiem a cópia pela concorrência. No caso de um produto já lançado no mercado, a empresa deve manter sua diferenciação por meio de melhorias em seus atributos, como novas versões de produto, novas embalagens, novas características: sabor, perfume, cor, durabilidade, nível de desempenho etc.

A **diferenciação por serviços agregados,** por meio da oferta combinada de produtos e serviços, é, muitas vezes, a única opção estratégica possível, principalmente em mercados maduros e com produtos não diferenciados, quando se esgotarem as possibilidades de inovação tecnológica. No entanto, a oferta de serviços, em geral, pode ser copiada pela concorrência, anulando o efeito da diferenciação. A solução é oferecer serviços que dificilmente possam ser copiados ou cuja qualidade seja percebida e valorizada pelo cliente. Como exemplos de serviços agregados podemos mencionar entrega em domicílio, treinamento, assistência técnica, serviço de estacionamento, troca ou conserto de produtos etc.

A **diferenciação por canal de distribuição** pode ser alcançada quando os produtos são distribuídos por meio de canais exclusivos, que não podem ser utilizados pela concorrência.

A **diferenciação por imagem** significa criar na mente do público uma imagem diferenciada e valorizada para a marca. Nos mercados competitivos, em que a diferenciação por atributos e benefícios se torna cada vez mais difícil, a imagem da marca é a principal geradora de vantagem competitiva e valor para os clientes. O fator de marketing que contribui decisivamente para a criação da imagem da marca é a propaganda.

Imagem de marca é o conjunto de percepção e associações que o consumidor desenvolve com relação a um produto.

A **imagem de marca** pode ser entendida como o conjunto de percepções e associações, tanto favoráveis como desfavoráveis, que o consumidor desenvolve com relação a um produto. É um importante fator de motivação ou desmotivação para o consumo. O consumidor só irá se interessar em comprar um produto se a imagem que possui daquele produto for favorável e corresponder à imagem que ele tem de si mesmo (autoimagem) ou à imagem que ele deseja transmitir sobre si mesmo para os outros (autoimagem projetada). Portanto, as marcas são símbolos que, por conterem significados, são meios de expressão para os indivíduos.

A marca é a imagem que existe na mente

"Diariamente, milhares de mensagens concorrem por um espaço na mente do consumidor. Portanto, não se engane! A mente é o campo de batalha."

Fonte: RIES, Al; TROUT, Jack. *Positioning*: the battle for your mind. New York: Prentice Hall: 1981.

4.3.2 POSICIONAMENTO

Posicionamento é a criação de uma posição ou imagem na mente do consumidor que seja diferenciada em relação aos produtos oferecidos pela concorrência.

O conceito de **posicionamento** refere-se à criação de uma *posição ou imagem para a marca na mente* do consumidor que seja diferenciada em relação às marcas da concorrência, a fim de obter vantagem competitiva. O conceito de *posição na mente do consumidor* é uma ampliação do conceito de imagem de marca, porque resulta da comparação e avaliação das marcas concorrentes feitas pelo consumidor. Ou seja, a posição na mente é a imagem de marca formada a partir da avaliação do produto em relação a seus concorrentes.

O posicionamento resulta em uma *proposição de valor* que contém: a definição do *público-alvo;* o *benefício* a ser comunicado; a *justificativa* para o benefício, que são os atributos do produto que dão credibilidade à promessa de benefício; a descrição da *personalidade* a ser construída para a marca. A proposição de valor é também chamada de estratégia central *(core strategy),* estratégia de conteúdo *(copy strategy* ou *copy platform)* ou proposição única de venda *(unique selling proposition),* e integra o plano estratégico de comunicação da marca.

Um dos autores que melhor desenvolveu o conceito de posicionamento foi Regis McKenna (1999).[5] Segundo ele, o âmago de uma estratégia de marketing de sucesso é uma boa estratégia de posicionamento, que permita

[5] MCKENNA, Regis. *Estratégias de marketing em tempos de crise.* Rio de Janeiro: Campus, 1989.

à empresa alcançar uma presença singular no mercado. Todos os outros fatores estratégicos de marketing (produto, preço, promoção e distribuição) devem ser derivados do posicionamento.

McKenna propõe um modelo chamado *posicionamento dinâmico,* apoiado em dois conceitos: o primeiro é que o posicionamento se forma gradativamente, como a personalidade de uma pessoa; e o segundo é que o posicionamento é multidimensional, envolvendo três estágios interconectados: o posicionamento do produto, o posicionamento no mercado e o posicionamento da empresa.

4.3.2.1 POSICIONAMENTO DO PRODUTO

O posicionamento do produto deve seguir quatro ideias básicas, a saber:

1. o mercado é que posiciona o produto e não a empresa;
2. o posicionamento deve basear-se em fatores intangíveis, como liderança tecnológica ou qualidade;
3. deve-se fixar como alvo um público específico; e
4. a empresa deve estar disposta a experimentar, corrigindo rapidamente os erros a partir das respostas do mercado.

4.3.2.2 POSICIONAMENTO NO MERCADO E DA EMPRESA

O posicionamento no mercado requer que o produto conquiste credibilidade e reconhecimento junto aos clientes. No estágio final, referente ao posicionamento da empresa, ela deve posicionar-se a si mesma, o que é feito basicamente por meio do sucesso financeiro.

4.4 CLASSIFICAÇÃO DOS PRODUTOS

Para a formulação das estratégias de produtos, é necessário distinguir os vários tipos de produtos e serviços, entendendo sua natureza e suas características.

Os **produtos de consumo** são aqueles comprados por pessoas físicas para seu benefício pessoal ou de sua família. Podem ser classificados em:

Produtos de consumo são aqueles comprados por pessoas físicas para seu benefício pessoal ou de sua família.

- **produtos de conveniência**, comprados com frequência, sem comparação com outros produtos e, predominantemente, com preços baixos, como pão, leite, arroz e feijão;
- **produtos de compra comparada**, comprados com menos frequência, pelo processo de comparação de atributos e benefícios com outros produtos, tendo, em geral, preços altos, como roupas, móveis, aparelhos eletrônicos; e
- **produtos de especialidade**, com características bem diferenciadas e/ou imagem de marca forte, mais difíceis de serem encontrados e pelos quais o cliente realiza um esforço maior de procura e compra, como produtos de grife (relógio Rolex, por exemplo) ou serviços altamente especializados (cirurgia plástica, por exemplo).

Produtos industriais são aqueles adquiridos por empresas como insumos de produção de outros produtos ou para a realização de outros negócios. Entre os produtos industriais, há matérias-primas, componentes e peças; itens de capital, como instalações, máquinas e ferramentas; suprimentos, que não entram na composição do produto final, como materiais para manutenção da fábrica, materiais de escritório, como papel, caneta, ar-condicionado etc.; e serviços, como consertos, manutenção e consultoria.

Produtos industriais são aqueles adquiridos por empresa como insumos de produção de outros produtos ou para a realização de outros negócios.

Produto durável é aquele que tem duração avaliada em número de anos de vida útil.

Produto não durável é aquele consumido imediatamente ou em pouco tempo, medido em número de meses.

Produto ampliado é o conceito que designa um produto tangível e os serviços a ele agregados.

Serviço é um bem intangível, podendo ser entendido como uma ação ou um desempenho que cria valor por meio de uma mudança desejada no cliente ou em seu benefício.

Produto durável é aquele que tem duração avaliada em número de anos de vida útil, como geladeira e automóvel.

Produto não durável é aquele consumido imediatamente ou em pouco tempo, medido em número de meses, como os alimentos naturais ou semi-industrializados, que, na maioria das vezes, precisam ser conservados em geladeira.

Produto ampliado é o conceito que designa um produto tangível e os serviços a ele agregados, como assistência técnica e treinamento. Em geral, o custo desses serviços adicionais já está incluído no preço do produto. O conceito de **produto híbrido** expressa o produto tangível acompanhado de serviços, sendo que a metade da oferta é produto e a outra metade é serviço.

Serviço é um bem intangível, podendo ser entendido como uma ação ou um desempenho que cria valor por meio de uma mudança desejada no cliente ou em seu benefício. Os atributos de um serviço são seus componentes tangíveis e intangíveis, avaliados ou assumidos pelo cliente. São três os tipos de atributo do serviço: aquele que pode ser pesquisado e avaliado antes da compra *(search attributes);* aquele que pode ser avaliado somente durante a realização do serviço *(experience attributes);* e o atributo que não pode ser avaliado nem mesmo após a realização do serviço *(credence attributes).*

4.5 CARACTERÍSTICAS DOS SERVIÇOS

O setor terciário ou de serviços vem tendo participação crescente no Produto Interno Bruto (PIB) das grandes economias mundiais. De acordo com Lovelock[6], a participação do setor é preponderante também nos países latino-americanos, conforme demonstra o Quadro 4.1.

Quadro 4.1
Setor de serviços nos países latino-americanos (%)

Países	Participação dos serviços no PNB	Força de trabalho em serviços
Argentina	63	57
Brasil	52	53
Costa Rica	59	48
El Salvador	66	60
Equador	50	51
Guatemala	55	32
Honduras	50	42
México	63	50
Panamá	72	67
Porto Rico	57	70
República Dominicana	62	58
Trindad e Tobago	55	57
Uruguai	64	60
Venezuela	53	61

Fonte: LOVELOCK, Christopher: WRIGHT, Lauren. *Serviços*: marketing e gestão. São Paulo: Saraiva, 2001, p. 7.

[6] LOVELOCK, Christopher; WRIGHT, Lauren. *Serviços*: marketing e gestão. São Paulo: Saraiva, 2001.

Estatísticas indicam que cerca de 70% do Produto Nacional Bruto e dos empregos nos Estados Unidos estão no setor de serviços.[7] No Brasil, ocorre a mesma tendência. Em São Paulo, por exemplo, 52% dos empregados no setor formal da economia estavam alocados no setor de serviços em 1998.[8] Para formular a estratégia de marketing de serviços, a empresa deve levar em consideração as onze características específicas dos serviços, a saber:

1. *intangibilidade:* o serviço não tem aparência nem consistência físicas;
2. *variabilidade:* por ser realizado por pessoas, torna-se difícil manter alto grau de padronização permanente;
3. *perecibilidade:* é impossível armazenar o serviço;
4. *ausência de estoque:* característica decorrente da sua perecibilidade;
5. o cliente não pode obter a propriedade sobre os serviços;
6. simultaneidade entre produção e consumo;
7. envolvimento do cliente no processo;
8. as pessoas constituem parte do serviço;
9. dificuldade para os clientes avaliarem;
10. importância do tempo; e
11. o sistema de entrega pode ser feito por meio de um canal físico ou eletrônico (Internet).

4.5.1 CLASSIFICAÇÃO DOS SERVIÇOS

Os serviços podem ser diferenciados e classificados de acordo com as seguintes características:

Tangibilidade. Alguns serviços englobam produtos tangíveis. A rede de lanchonetes McDonald's, por exemplo, oferece o serviço de preparação de lanches, que inclui a entrega de bens tangíveis como o sanduíche, a batata frita e o sorvete. Outros serviços são totalmente intangíveis, como uma consultoria ou uma cirurgia.

Receptor direto do benefício. Pode ser o próprio cliente, um bem de sua propriedade, como o automóvel, ou uma pessoa de sua família, como um filho. Nesses casos, podem ser classificados como: *processamento com pessoas* (por exemplo, o corte de cabelo), *processamento com estímulo mental* (por exemplo, apresentação de uma peça de teatro); *processamento com bens* (lavar o carro); *processamento com informações* (processamento de dados, pesquisa de mercado ou consultoria).[9]

Customização do processo. Alguns serviços podem ser totalmente customizados, como o do alfaiate ou o do cabeleireiro; outros não, como o preparo do hambúrguer do McDonald's.

Relacionamento com o cliente. Alguns serviços exigem a presença física do cliente ou sua colaboração direta, como no corte de cabelo ou num treinamento; outros não exigem nenhum contato com o cliente, como a lavagem de roupas em uma lavanderia.

---

[7] KOTLER, 1998.

[8] Dados da Fundação Sistema Estadual de Análise de Dados (Seade).

[9] LOVELOCK; WRIGHT, 2001, p. 36.

Previsibilidade da demanda. A demanda de alguns serviços é difícil de ser prevista, como uma cirurgia; a de outros já é mais previsível, como a das refeições em um restaurante.

4.5.2 RISCOS PARA OS CLIENTES

Devido a suas características, o processo de aquisição de um serviço apresenta mais riscos para os clientes, os quais podem ser de sete tipos, descritos a seguir:

1. **risco funcional:** mau desempenho;
2. **risco financeiro:** perda financeira, custos imprevistos;
3. **risco temporal:** atrasos, perda de tempo;
4. **risco físico:** doença, mal-estar físico;
5. **risco psicológico:** emoções negativas, medo;
6. **risco social:** como os outros vão reagir?; e
7. **risco sensorial:** sentidos negativos (odor).

Para gerar satisfação e fidelidade dos clientes, o marketing de serviços deve contemplar a integração com as outras áreas funcionais da empresa responsáveis pela operação dos serviços, principalmente a área de recursos humanos, que define as políticas de recrutamento, treinamento e remuneração dos profissionais. O serviço é uma *experiência,* cuja intensidade, qualidade e memorabilidade dependem do profissional que o desempenha.

4.5.3 OS OITO COMPONENTES DA ADMINISTRAÇÃO INTEGRADA DE SERVIÇOS

Portanto, na elaboração de estratégias de marketing de serviços, devem ser consideradas oito variáveis estratégicas (8 Ps), a saber:[10]

1. **elementos do produto** (*product elements*): características do serviço, tendo como referência os benefícios desejados pelo consumidor;
2. **ponto de distribuição e tempo** (*place and time*): canais de distribuição e de entrega, que podem ser por meios físicos ou eletrônicos;
3. **processo:** o método e a sequência na qual o serviço é executado, devendo-se avaliar os graus de padronização e de customização dos processos;
4. **produtividade e qualidade:** é uma variável estratégica pois afeta o custo e o tempo de execução do serviço; porém, muitas vezes pode também afetar a qualidade;
5. **pessoas:** diversos são os serviços que dependem diretamente da interação entre cliente e a pessoa prestadora do serviço. A natureza dessa interação é que irá gerar a percepção da qualidade do serviço por parte do cliente;
6. **promoção e informação:** necessidade de informar o cliente para que ele participe adequadamente do processo de execução ou para que possa avaliares benefícios;
7. **preço e outros custos do serviço:** o cliente paga por um serviço não apenas as unidades monetárias que desembolsou, mas também outros aspectos, como tempo e custo psicológico (ansiedade e incertezas); e

[10] Ibid., p.21-23.

8. **evidência física** (*physical evidence*): em virtude da sua intangibilidade, o fornecedor procura tangibilizar os serviços pelos aspectos de evidência física, como funcionários, instalações físicas e outros.

As variáveis *pessoas, processos, evidência física* e *produtividade* são, geralmente, de responsabilidade da área de operações das empresas de serviços. Porém, em virtude de influenciarem o grau de satisfação do cliente, o gerente de marketing é corresponsável pela definição e implementação das estratégias relativas a esses 4 Ps.

Quanto a processos, o gerente de marketing precisa conhecê-los muito bem, para poder aprimorá-los e encontrar oportunidades ao longo do seu fluxo. Sobre as pessoas, ele tem de estar atento à interação entre o cliente e os funcionários, o que é determinante na percepção do serviço por parte dos clientes. Por outro lado, os funcionários precisam estar motivados e envolvidos. A produtividade influencia a capacidade de atendimento e a qualidade dos serviços. Finalmente, a evidência física é fator estratégico porque é por meio dela que o cliente poderá tangibilizar o serviço, minimizar os riscos e valorá-lo.

4.6 MARCA E EMBALAGEM

4.6.1 DEFINIÇÃO DE MARCA

Marca é uma letra, uma palavra, um símbolo ou qualquer combinação desses elementos adotada para identificar produtos e serviços de um fornecedor específico. O desafio do profissional de marketing é desenvolver um conjunto de *significados* para que a marca se torne o principal ativo permanente da empresa.

Marca é uma letra, uma palavra, um símbolo ou qualquer combinação desses elementos adotada para identificar produtos e serviços de um fornecedor específico.

Segundo Kotler[11], a marca pode englobar até quatro níveis de significados, a saber:

1. **Benefícios.** São o resultado esperado com o uso do produto. Por exemplo, um carro não oferece apenas o benefício básico de transporte, mas também os benefícios de *status,* aceitação pelo grupo, conforto e segurança. Os clientes não compram atributos, compram benefícios.
2. **Atributos.** São as características estéticas e funcionais do produto. No exemplo do carro, os atributos serão a cor, o tamanho, a potência do motor, o consumo de combustível, a mecânica, o custo de manutenção, a resistência, a durabilidade etc.
3. **Valores associados à marca.** São reconhecidos, identificados e valorizados pelo público-alvo. Como exemplo, a marca pode transmitir valores associados à família, igualdade social, ajuda ao próximo, preservação do meio ambiente etc.
4. **Personalidade.** Isto é, os traços de personalidade associados à marca por meio da propaganda, como modernidade, autonomia, independência, ética, maturidade, experiência etc. A marca atrai o público cuja autoimagem real ou projetada se encaixa na imagem percebida

[11] KOTLER, 1998.

da marca. Portanto, as marcas são instrumentos de projeção da autoimagem ou autoconceito de cada indivíduo.

O **valor de uma marca** é o resultado do grau de lembrança da marca pelo público, mais o grau de fidelidade dos seus clientes e a força da imagem associada à marca.

O **valor de uma marca**, ou *brand equity*, é o resultado do grau de lembrança ou conscientização da marca pelo público (*brand awareness*), mais o grau de fidelidade dos seus clientes (*brand loyalty*) e a força da imagem associada à marca (*brand association*). O valor da marca é expresso pelo seu valor de venda. Por exemplo, as marcas Coca-Cola e Microsoft têm, por si só, um valor de venda superior ao do total de ativos da empresa.

4.6.2 ESCOLHA DA MARCA

O nome da marca deve ser escolhido com base nos seguintes fatores:

- deve sugerir os benefícios oferecidos pelo produto;
- deve ser positivo, distintivo e fácil de falar e lembrar;
- deve ser coerente com a imagem do produto ou da empresa; e
- deve poder ser registrado legalmente.

4.6.3 TIPOS DE MARCA

As alternativas de construção da marca (ou *branding*) devem considerar os conceitos a seguir:

Marca nominal. Aquela que designa um produto e pode ser expressa em palavras (por exemplo, Nescafé, Yopa, Passatempo).

Marca de família. Uso da mesma marca nominal para toda uma linha de produtos (por exemplo, Nescau, como marca de uma linha de produtos derivados do chocolate — o achocolatado, a barra de chocolate, o biscoito de chocolate).

Extensão de marca. Prática de usar uma marca existente para um novo produto (por exemplo, sabonete e xampu Vinólia; leite e biscoito Parmalat).

Marca de fabricante. Nome legal de uma empresa. Algumas empresas utilizam a marca de fabricante para designar seus produtos (por exemplo, Parmalat, Arisco).

Marca própria. Estratégia de marca utilizada pelas empresas distribuidoras ou varejistas para vender produtos fabricados por terceiros, em geral empresas desconhecidas, visando à diferenciação, fidelização dos clientes, bem como poder de barganha em relação às grandes marcas, líderes de mercado. A marca do produto é a própria marca do varejista ou distribuidor (por exemplo: produtos Carrefour) ou é criada uma nova marca de propriedade do varejista.

Marca de terceiros ou licenciada. O uso de uma marca conhecida, por meio de um contrato de licenciamento, para designar um produto, como nomes de artistas ou personalidades (por exemplo: Xuxa, Michael Jordan), personagens de filmes e desenhos animados (por exemplo: Mickey, Minnie, Mônica) ou, ainda, marcas de fabricante (por exemplo: Nike).

Marca registrada. Marca que foi registrada legalmente (por exemplo: Nestlé).

Símbolo de marca. Parte de uma marca que não pode ser expressa em palavras (por exemplo: os arcos dourados do McDonald's, o símbolo da Nike).

4.6.4 EMBALAGEM

Quanto à **embalagem**, ela é um componente importante do composto de produto. Como recipiente ou envoltório para o produto, deve desempenhar as seguintes funções:

Embalagem é o recipiente ou envoltório do produto.

- proteger o produto e preservar sua qualidade durante a vida útil;
- despertar a atenção do cliente pelo *design* e pelo material diferenciados;
- comunicar os benefícios e atributos do produto;
- ser coerente com a imagem desejada para o produto; e
- atender aos requisitos legais.

Além de proteger o produto, a embalagem deve contribuir para o fortalecimento da imagem da marca, além de agir como "comercial relâmpago", atraindo, informando, criando confiança e despertando desejo de compra.

4.7 DESENVOLVIMENTO DE NOVOS PRODUTOS E SERVIÇOS

"De cada 58 ideias de novos produtos que surgem nas empresas, apenas 12 transformam-se efetivamente em projetos. Destas, cinco são descartadas na fase de análise financeira e outras quatro morrem no estágio de desenvolvimento de produto. Três produtos, apenas, chegam a passar por teste de mercado e um único é lançado com sucesso."[12]

O lançamento de novos produtos é um componente muito importante da estratégia de marketing das empresas de sucesso. Porém, exige muitos investimentos e nem todas as empresas são bem-sucedidas nessa tarefa, como revela a citação acima.

O processo de desenvolvimento de um novo produto deve seguir as etapas descritas abaixo:

1. **Geração e triagem de novas ideias.** As empresas inovadoras estão em processo permanente de busca de novas ideias e investem bastante nisso. Uma das maneiras de buscar novas ideias é estimular os funcionários a isso, premiando-os quando novos produtos são desenvolvidos e lançados com base em suas ideias. As áreas de tecnologia e de pesquisa e desenvolvimento de produtos também são fontes geradoras de ideias. A pesquisa de marketing pode ser utilizada, obtendo-se informações dos clientes sobre suas necessidades e desejos não satisfeitos, sugestões de mudanças nos produtos e opiniões sobre novos produtos.
2. **Desenvolvimento e teste do conceito de produto.** Após a seleção da ideia de um novo produto, o passo seguinte é formular o conceito do produto e testá-lo com uma amostra do público usuário potencial. O conceito de produto é a definição dos benefícios e das características do novo produto na forma de texto impresso, com ou sem a imagem ilustrada de seu formato, das dimensões ou suas características. Nessa etapa, o objetivo é avaliar a aceitação ou a rejeição do público em relação à ideia do novo produto.
3. **Desenvolvimento e teste do protótipo.** Após a aprovação da ideia do novo produto pelo público usuário potencial, a empresa prossegue o

[12] Ibid.

desenvolvimento até o estágio de construção de um ou mais protótipos, na forma física mais acabada possível. O objetivo é avaliar a aceitação do público, bem como realizar estudos de viabilidade tecnológica, econômico-financeira e de produção.

4. **Desenvolvimento das estratégias e programas de marketing.** Se o novo produto for aprovado nos testes e estudos da etapa anterior, o gerente de marketing elaborará a proposta de lançamento do produto (*product business plan*), com o detalhamento da estratégia de marketing recomendada; a previsão dos investimentos necessários, das vendas, das receitas e dos lucros; o orçamento de marketing, e o cronograma de implantação. A direção geral da empresa irá ou não aprovar o lançamento, de acordo com a análise de atratividade do negócio e os objetivos estratégicos da empresa.
5. **Desenvolvimento final do produto.** Se o lançamento do novo produto for aprovado na etapa anterior, a empresa inicia os investimentos em capacidade produtiva, logística e distribuição, visando ao lançamento do produto no menor prazo possível. O gerente de marketing tem um papel importante nessa etapa, como coordenador e líder, acompanhando e orientando as áreas da empresa e os parceiros externos envolvidos no projeto. Além da fabricação do produto e da formação dos estoques, nessa etapa são produzidos todos os materiais de marketing e são treinados os vendedores, o canal de distribuição e as equipes envolvidas no atendimento aos clientes.
6. **Teste de mercado.** Visando a minimizar os riscos de um lançamento em larga escala e permitir o ajuste do produto e dos outros componentes do composto de marketing, o gerente de marketing pode optar pela realização de um teste de mercado, lançando o produto numa área geográfica reduzida e controlada. O risco nessa etapa é a reação da concorrência, que poderá se antecipar e lançar em larga escala um produto concorrente, atrapalhando o lançamento do novo produto.
7. **Lançamento no mercado.** Uma vez que os resultados do teste de mercado sejam favoráveis, o gerente de marketing inicia o lançamento em larga escala do novo produto.
8. **Monitoramento dos resultados.** Durante a introdução do produto no mercado, o gerente de marketing deve monitorar permanentemente os principais fatores indicadores de resultados e os fatores críticos de sucesso, como o volume de vendas, a participação de mercado, o preço de venda, a reação da concorrência, o grau de satisfação dos clientes e o nível de estoque nos canais de distribuição.

4.8 ESTRATÉGIA DE PRODUTOS INTENSIVOS EM TECNOLOGIA

Na literatura de marketing, a definição de inovação, ou produto intensivo em tecnologia relaciona o conceito com a extensão das rupturas que um novo produto pode provocar na infraestrutura e nos padrões de comportamento vigentes. Usando essa abordagem *product-oriented,* ou seja, voltada para o produto, identificam-se três tipos de inovações: *inovação contínua, inovação dinâmica* e *inovação descontínua.*

A *inovação contínua* envolve a introdução de um produto modificado, isto é, refere-se a novos atributos e características de um produto existente, e é a que exerce o menor impacto nos padrões de comportamento. Um exemplo é uma nova versão do *software* Microsoft Office ou um novo modelo de carro de marca existente, como o Gol.

A *inovação dinâmica* envolve o lançamento de um novo produto, implicando algum tipo de mudança de comportamento, porém, sem alterar significativamente os padrões vigentes. Exemplos desse tipo de inovação foram os lançamentos das fraldas descartáveis, dos fornos de micro-ondas, dos CD Players e dos DVDs.

A *inovação descontínua,* por sua vez, envolve a introdução de produtos totalmente novos que requerem a adoção de novos padrões de comportamento e também, em muitos casos, a construção de nova infraestrutura e novos modelos de negócios. A Internet é um exemplo de inovação descontínua, assim como a introdução do primeiro avião, do automóvel, do telefone e da televisão.

Sobre o comportamento do consumidor em relação a inovações ou produtos e serviços intensivos em tecnologia, vários pesquisadores procuraram entender os fatores que levam o consumidor a adotar ou a resistir a uma inovação tecnológica, de modo a criar modelos que expliquem tal tipo de comportamento. Assim, são identificadas cinco características que afetam o grau de aceitação de um novo produto, a saber: vantagem relativa, compatibilidade, complexidade, divisibilidade e comunicabilidade.

A vantagem relativa é o grau em que o consumidor potencial percebe a superioridade de um produto em relação às alternativas existentes. A compatibilidade é o grau em que o consumidor potencial considera o produto coerente com relação às suas necessidades, aos seus valores, às suas práticas e ao seu estilo de vida, bem como o grau de compatibilidade com os outros bens que possui. A complexidade é o grau de dificuldade do consumidor em aprender a usar o produto. A divisibilidade é a possibilidade de o consumidor experimentar o produto com custo e quantidade reduzidos. E a comunicabilidade é a facilidade com que os atributos e benefícios do novo produto podem ser comunicados para o consumidor, ou imaginados e percebidos por ele.

Com a evolução tecnológica e a expansão da demanda por produtos intensivos em tecnologia, vários autores passaram a estudar e a procurar entender as especificidades das estratégias adotadas pelas empresas de tecnologia.

Em trabalho recente, George John, Allen M. Weiss e Shantanu Dutta[13] procuraram descrever os principais fatores que caracterizam os mercados intensivos em tecnologia, como os de tecnologia da informação e de telecomunicações, e como esses fatores influenciam as decisões estratégicas das empresas de tecnologia.

Mercados intensivos em tecnologia são aqueles em que os produtos são baseados em um alto grau de *know-how* científico e técnico.

Segundo esses autores, os **mercados intensivos em tecnologia** podem ser definidos como aqueles em que os produtos são baseados em um alto grau de

[13] JOHN, George; WEISS, Allen; DUTTA, Shantanu. Marketing in technology-intensive markets: toward a conceptual framework. *Journal of Marketing,* vol. 63, p. 78-91, Special Issue, 1999.

know-how científico e técnico. A palavra *know-how* é sinônimo de tecnologia e significa conhecimento científico aplicado a diversas finalidades ou incorporado à funcionalidade de um produto. O *know-how* tem como principal característica o fato de nunca se esgotar e de ser infinitamente expandível.

A natureza da tecnologia provoca seis características centrais dos mercados, como descrito a seguir, de acordo com os autores referidos:

1. **Alta estrutura de custo para a produção da primeira unidade.** O custo de produção da primeira unidade do produto intensivo em tecnologia, como um *software* ou um *hardware*, é muito alto, devido ao grande investimento em pesquisa e desenvolvimento.
2. **Problemas na transferência da propriedade intelectual.** Esse tipo de problema surge antes da comercialização do produto intensivo em tecnologia, porque o cliente, tendo dificuldade em avaliar os benefícios a serem alcançados, não consegue determinar o valor do produto e o preço a ser pago. Problemas surgem após a comercialização do produto ou serviço, como um *software* ou um novo processo operacional, quando o cliente adquire conhecimento sobre o produto durante o seu uso e retém uma parte significativa do conhecimento mesmo após o término do contrato. Esses problemas se agravam quando o conhecimento transferido para o cliente é de natureza tácita, que não pode ser facilmente registrado legalmente ou constatado por terceiros. Já o conhecimento que pode ser registrado e codificado, como uma fórmula de produto farmacêutico, pode ser transmitido por meio das especificações de uma patente.
3. **Integração e diversidade das tecnologias.** A base de conhecimento pode ser amplamente disseminada e compartilhada entre empresas e usuários. Consequentemente, a amplitude do conhecimento aplicado cresce ao longo do tempo, e os produtos transformam-se em sistemas de componentes (*decomposable systems*). Assim, melhorias podem ser realizadas em um componente do sistema independentemente dos outros componentes. Isso possibilita modularidade no processo de desenvolvimento de produtos. Quanto mais diversificadas forem as tecnologias, menos provável é a existência de uma empresa em posição dominante nos vários segmentos de componentes, subsistemas e sistemas que integram um produto final.
4. **Compatibilidade.** Consiste em um conjunto de padrões e regras que permite que subsistemas de produtos sejam integrados sem modificação especial. Em alguns mercados, a compatibilidade é decorrência de uma empresa com posição dominante, que estabelece o padrão do mercado. Esse fator exerce influência sobre as decisões de desenvolvimento de produto. A falta de compatibilidade entre componentes e sistemas aumenta os custos de integração ou impossibilita a viabilidade de mercado para os sistemas não compatíveis.
5. **Retorno e benefício crescentes para os usuários.** Também chamado de efeito *bandwagon,* refere-se à situação na qual a utilidade do produto é uma função do número de pessoas que já o adotaram. Quanto mais pessoas adotarem o produto, maior será o benefício para todos os adotantes, porque a utilidade do produto aumenta.

6. **Expectativas dos clientes de melhorias crescentes e contínuas.** Os clientes criam expectativas de que surjam melhorias contínuas e crescentes dos produtos, acompanhadas de preços decrescentes. Em função dessas melhorias contínuas, o processo de decisão dos clientes considera uma avaliação do valor e do custo da base instalada *versus* o valor e o investimento associados às novas gerações de produtos.

4.8.1 ESTRATÉGIAS PARA MERCADOS INTENSIVOS EM TECNOLOGIA

Partindo dessas características dos mercados intensivos em tecnologia, os autores identificaram as quatro principais decisões de marketing a serem tomadas pelas empresas de tecnologia, conforme descrito a seguir.

4.8.1.1 ESTRATÉGIA DE POSICIONAMENTO VERTICAL

Esta estratégia refere-se à decisão do que será vendido, isto é, a maneira escolhida para transformar *know-how* em receitas. Segundo os autores já citados, são seis as alternativas de decisão, que variam numa escala em função do maior ou menor investimento em que o cliente incorrerá a partir da aquisição do produto ou serviço.

Cada uma dessas alternativas oferece possibilidades diferentes de receitas, lucros e vantagens competitivas. Por exemplo, no mercado de computadores pessoais, os lucros hoje fluem para os produtores de componentes e subsistemas, como a Intel, a Cisco e a Microsoft. Já no mercado de computadores de grande porte (*mainframes*), os lucros são maiores para as empresas que vendem sistemas, como a IBM e a NEC. Segue demonstração da escala de alternativas.

Quadro 4.2
Alternativas de posicionamento vertical segundo a escala

+
- Vender ou licenciar o *know-how*;
- Vender protótipo ou prova do conceito;
- Vender um componente;
- Vender um subsistema;
- Vender um sistema;
- Operar um *bureau* de serviços.

(-)

Fonte: Adaptado de JOHN, George; WEISS, Allen; DUTTA, Shantanu. Marketing in technology - intensive markets: toward a conceptual framework. Journal of Marketing, vol. 63, p. 78-91, Special Issue, 1999.

A primeira alternativa, de vender ou licenciar o *know-how,* implica maiores investimentos pelo cliente para que se obtenha o resultado esperado. E a última alternativa implica os menores investimentos, visto que o cliente adquire os serviços finais que vão lhe oferecer a solução completa, sem investimentos posteriores.

Historicamente, a estratégia mais adotada tem sido a de vender o produto ou serviço na sua forma mais acabada, isto é, as três primeiras opções do Quadro 4.2, a saber: venda de um componente, de um subsistema ou de um sistema.

Pesquisas indicam que o volume de receitas advindas de *royalties* tem sido inferior a 1 % do total das receitas nos mercados de tecnologia, valor muito inferior ao percentual gasto em Pesquisa & Desenvolvimento pelas empresas. Porém, outros estudos recentes citados pelos autores indicam que está havendo uma tendência maior de as empresas aumentarem suas receitas com *royalties*, isto é, optando pela estratégia de vender ou licenciar o *know-how*.

4.8.1.2 ESTRATÉGIA DE *DESIGN* DE PRODUTO

Segundo os autores, há duas estratégias de *design* de produto:

1. escolher entre o *design* de uma plataforma *versus* o *design* de um produto;
2. escolher entre usar um *design* modular (*modular system design*) ou o tradicional *design* otimizado de produto (*optimized product design*).

A estratégia de plataforma (*reference design*) consiste em oferecer diferentes variações para segmentos distintos, sendo que cada uma é baseada em um núcleo comum. Se os custos incrementáveis para desenvolver as variações forem relativamente menores do que os do núcleo principal, então pode ser mais atraente desenvolvê-las. Desenvolver produtos totalmente exclusivos e diferenciados para cada segmento de cliente pode se tornar inviável quando os investimentos forem muito altos.

A estratégia de *design* modular consiste em produzir sistemas baseados em componentes que podem ser desmembrados e isolados. Já o processo tradicional de *design* otimizado de produto implica o desenho de componentes totalmente interdependentes, ou seja, a mudança em um componente implica a mudança nos outros. A empresa deve escolher qual a melhor estratégia, que representa significativa vantagem competitiva.

A tecnologia da Internet potencializou a estratégia de customização em massa, que é a produção em massa personalizada, isto é, a oferta de grande variedade de partes padronizadas do produto para atender aos clientes em larga escala e de maneira customizada. Essa estratégia só pode ser implantada se a empresa adotar a estratégia de *design* modular.

4.8.1.3 ESTRATÉGIA DE TRANSFERÊNCIA DE DIREITOS DE PROPRIEDADE

As alternativas de transferência de direitos de propriedade variam entre a transferência completa e total de direitos, em que o cliente detém a posse absoluta do produto e pode dispor dele como bem entender, e as alternativas de licenciamento, que são restritivas em termos de quantidade, ocasião e finalidade de uso.

4.8.1.4 ESTRATÉGIA DE MIGRAÇÃO ENTRE GERAÇÕES DE PRODUTOS

Essa estratégia refere-se à decisão de como fazer o cliente migrar do produto atual para um novo produto. As decisões dos clientes são influenciadas pelo grau de certeza ou incerteza em relação aos custos e benefícios a serem atingidos pela adoção de um novo produto.

As decisões de marketing referem-se ao momento de lançar um novo produto ou de retirar o produto antigo do mercado, bem como o grau de suporte a ser dado para o cliente realizar a migração para a nova geração de produtos.

Assim, verifica-se que as estratégias para o lançamento de produtos intensivos em tecnologia têm aspectos diferentes a serem considerados, devido à natureza dos mercados e da dinâmica competitiva decorrentes da tecnologia e de seu processo de difusão.

4.9 O IMPACTO DA INTERNET NA ADMINISTRAÇÃO DE PRODUTOS

Neste tópico serão abordados alguns fatores a serem considerados na formulação das estratégias de composto de produtos a partir da difusão da tecnologia da Internet.

Segundo analistas, no final do século passado, o setor da tecnologia da informação entra na sua terceira onda de inovação tecnológica, com a difusão da tecnologia da Internet. A primeira onda aconteceu na década de 1950, com os computadores de grande porte, os *mainframes,* e a segunda ocorreu com a tecnologia dos computadores pessoais ou microcomputadores, a partir da década de 1970.

A chamada *nova economia digital* é o resultado mais visível da difusão da tecnologia digital em inúmeros outros setores da economia mundial, com o uso de microprocessadores em produtos, tornando-os "inteligentes" *(smart cards, smart cars, smart TVs, smarts shoes* etc.). Essa nova tecnologia proporcionará taxas de crescimento expressivas para os produtores que lançarem novos produtos utilizando-se dela, devido às inúmeras oportunidades de novos negócios que são abertas diariamente.[14]

A difusão acelerada da Internet e das tecnologias de *hardware* e *software* a ela associadas cria novas oportunidades de negócios tanto nos mercados organizacionais, as transações conhecidas como *business-to-business (B2B),* como nos mercados de consumo, as transações *business-to-consumer (B2C).*

A Internet, sendo adotada como padrão mundial de comunicação, vem provocando a expansão dos investimentos e, consequentemente, dos mercados. Segundo estimativas do IDC[15], os investimentos das empresas em infraestrutura para a Internet nos Estados Unidos deve crescer de US$ 85 bilhões, em 1999, para US$ 203 bilhões, em 2002. Esses investimentos englobam gastos de infraestrutura, *hardware*, *software* e serviços de terceiros, bem como as despesas internas de salários e despesas gerais associadas à implantação e manutenção.

Os setores da economia que realizam os maiores investimentos em Internet são o de serviços financeiros, com gastos de US$ 16,6 bilhões em 1999, o setor de produção, com gastos de US$ 24 bilhões, o de varejo, com US$ 6,2 bilhões, e o de comunicação e *online media,* com US$ 10,7 bilhões.

---

[14] EVANS, Philip. Strategy and the new economics of information. *Harvard Business Review,* p. 71-82, set./out. 1997.

[15] IDC RELATÓRIO W17999. Internet futures spending model. 1997-2002: business gears up for e-Commerce. *International Data Corporation.* Disponível em: <http://www.idc.com>. Acesso em: fev. 1999.

Outra importante consequência da Internet são as mudanças estruturais na dinâmica competitiva dos mercados e o seu impacto sobre os modelos de negócios, principalmente nos processos de produção, vendas e distribuição.[16] Na antiga economia, o fluxo de informações era físico e analógico e se dava por meio de cheques, dinheiro, notas fiscais, relatórios, livros, jornais, revistas, reuniões, mapas, fotos, fitas de vídeo, filmes, partituras, telefonemas, folhetos, anúncios, passagens aéreas e, inclusive, o vendedor.

Na nova economia, a informação se separa do seu meio físico de transporte e rompe a maneira tradicional de comunicação e de formação da cadeia de valor. A informação passa a ser digital, um sistema binário, representado por 0 ou 1, com *bits* armazenados em computadores e fluxo na velocidade da luz. Consequentemente, a comunicação pode ser rica (*rich*) e de alta cobertura (*reach*), simultaneamente.

O comércio eletrônico, por exemplo, é o resultado mais perceptível dessa tendência. Segundo estimativas do IDC, o comércio eletrônico (*e-commerce*) pela Internet deverá atingir volume de US$ 1 trilhão em 2003, e o número de usuários comprando via Internet deverá crescer de 31 milhões em 1998 para 183 milhões em 2003. A expansão pode ser ainda maior, já que esse número representará apenas 36% do total de usuários da Internet em 2003.

O impacto da Internet sobre a estratégia de produtos se dá pelo menos de quatro maneiras: pela aceleração da velocidade de desenvolvimento e lançamento de novos produtos; pelo aumento da quantidade de novos produtos e serviços lançados; pela redução dos preços; e pela estratégia de customização de massa.[17]

A redução do ciclo de desenvolvimento de produto é possibilitada pelas novas tecnologias de informação e comunicação. Por exemplo, empresas como a Sony conseguem lançar milhares de novos produtos em um ano, na medida em que reduzem os custos e o tempo de desenvolvimento de anos para meses.

A ampliação dos lançamentos de novos produtos segue a ideia predominante "torne seu produto obsoleto senão outros o farão". A convergência tecnológica, com a fusão das empresas e produtos de *software*, *hardware*, telecomunicações e entretenimento, amplia as possibilidades de lançamento de novos produtos, como a Web TV e os telefones celulares com acesso à Internet.

A redução dos preços é consequência das economias de escala e das mudanças na cadeia de valor. Entendendo a cadeia de valor como o conjunto das atividades agregadoras de valor mais a informação que une essas atividades e os agentes envolvidos (clientes, fornecedores, canais), verifica-se que a informação tem o papel de definir a relação entre as partes da cadeia de valor e que é a base da vantagem competitiva.

Assim, o impacto das novas tecnologias de informação e comunicação será maior nos setores em que a informação tem alta participação na estrutura de

---

[16] TAPSCOTT, Don. *The digital economy*. New York: McGraw-Hill, 1999.

[17] DRUCKER, Peter et al. Competing in the information economy. *Harvard Business Review*, p. 18-32, set./out. 1997.

custo, quando o produto é a informação em si (jornais, livros e revistas) ou a distribuição é o principal componente do custo (empresas distribuidoras e varejistas). Além disso, as novas tecnologias quebram o poder baseado na exclusividade de acesso e de domínio da informação, e as atividades, funções, produtos e serviços cujo único valor agregado é a informação perdem vantagem competitiva. Os setores de serviços estão sendo os mais diretamente afetados pela difusão da Internet.

A estratégia de customização em massa, adotada pioneiramente pela fabricante de computadores Dell (1999), tem sido considerada a nova tendência para a obtenção de crescimento e vantagem competitiva. O objetivo é oferecer opções de escolha aos clientes, que podem selecionar os componentes desejados para um dado produto sem pagar a mais por isto. Como exemplo, as meninas, no *site* da boneca Barbie, encontram 6 mil variantes para a boneca e podem escolher aquela que desejam ganhar de presente de seus pais (www.barbie.com/mydesign/look.asp).

A Internet, de maneira econômica e rápida, possibilitará a customização de produtos e serviços para grande quantidade de clientes. As empresas que não explorarem esse potencial adequadamente estarão correndo sério risco de perder vantagem competitiva e participação de mercado.

RESUMO

As decisões sobre seleção de público-alvo, desenvolvimento de produtos, atributos do produto, marca, embalagem e imagem compõem a estratégia de produtos de uma empresa.

O profissional de marketing deve avaliar o mercado para decidir sobre novos lançamentos de produtos e de linhas de produtos, novas versões para os produtos existentes e nível de consistência entre elas.

A diferenciação de produtos poderá ser alcançada por meio de estratégias de preço ou vantagem de custo, atributos e benefícios do produto, serviços agregados, canal de distribuição ou por imagem de marca. O posicionamento no mercado requer que o produto conquiste credibilidade e reconhecimento junto aos clientes.

Os serviços são um tipo de produto com características específicas. Para formular a estratégia de marketing de serviços, a empresa deve levar em consideração todas as suas características específicas, como intangibilidade, variabilidade, perecibilidade, ausência de estoque, não propriedade do cliente, simultaneidade entre produção e consumo, envolvimento do cliente no processo, pessoas como parte do serviço, dificuldade de avaliação dos clientes, importância do tempo e sistemas de entrega.

A marca e a embalagem também são fatores de grande importância para uma estratégia de produtos. O desafio do profissional de marketing nesse caso é desenvolver um conjunto de significados para a marca que a torne o principal ativo permanente da empresa. As alternativas de estratégia de marca são marca nominal, marca de família, extensão de marca, marca de fabricante, marca própria, marca de terceiros, marca registrada e símbolo de marca.

O processo de desenvolvimento de um novo produto envolve geração e triagem de ideias, desenvolvimento e teste do conceito do produto e do protótipo, desenvolvimento de estratégias e programas de marketing, desenvolvimento final do produto, teste de mercado, lançamento no mercado e, finalmente, monitoramento dos resultados.

A natureza tecnológica de alguns produtos provoca algumas características especiais nesses mercados, como problemas na transferência da propriedade intelectual, integração e diversidade de tecnologias, compatibilidade, crescente retorno e benefícios para os usuários, e expectativas dos clientes de melhorias crescentes e contínuas. As empresas que atuam em mercados intensivos em tecnologia devem abordar determinados tipos de estratégias, como a de posicionamento vertical, de *design* de produto, de transferência de direitos de propriedade e de migração entre geração de produtos.

A Internet vem impactando a maneira como as organizações gerenciam suas estratégias de produtos, afetando a velocidade de desenvolvimento e lançamento de novos produtos, a quantidade de novos produtos e serviços lançados, a redução dos preços e a estratégia de customização de massa.

Termos e Conceitos Importantes

Adotantes iniciais
Amplitude
Ciclo de vida do produto
Composto de produtos
Embalagem
Estratégia de desenvolvimento
Estratégia de desenvolvimento de mercado
Estratégia de diferenciação
Estratégia de diversificação
Estratégia de penetração
Extensão
Imagem de marca
Inovação descontínua
Inovadores
Maioria inicial
Maioria tardia
Marca
Mercados intensivos em tecnologia
Portfólio de produtos ou negócios (matriz BCG)
Posicionamento
Produto ampliado
Produto durável
Produtos de consumo
Produtos industriais
Produto não durável
Profundidade
Retardatários
Serviço
Valor da marca (*brand equity*)

QUESTÕES PARA REVISÃO E DISCUSSÃO

1. Discuta a importância de a empresa buscar um equilíbrio em seu portfólio de produtos, utilizando-se dos conceitos da matriz BCG.
2. Classifique os seguintes produtos de acordo com a fase em que se encontram no ciclo de vida. Justifique sua resposta.
   - Máquina de escrever;
   - telefone celular;
   - *e-book* (livro eletrônico);
   - televisão;
   - videocassete; e
   - máquina fotográfica digital.
3. Caracterize as estratégias de crescimento adotadas pelas empresas nas duas situações seguintes: lançamento de um novo creme dental por uma empresa do setor de higiene pessoal e exportação de uma linha de tecidos por um fabricante nacional.
4. Faça uma associação entre a curva de adoção de inovações e a curva do ciclo de vida do produto.
5. Quais estratégias podem ser utilizadas para obter diferenciação de produtos?
6. Explique o modelo de posicionamento dinâmico de McKenna.
7. O que é um produto híbrido? Cite um exemplo.
8. Descreva as características dos serviços e explique os riscos percebidos pelo consumidor na compra de um serviço.
9. Identifique as oito variáveis estratégicas de serviços nas atividades de uma agência de viagens e turismo.
10. Quais fatores devem ser levados em consideração para a escolha de um nome de marca?
11. Detalhe o processo de desenvolvimento de um novo produto.
12. Identifique as características centrais de mercados intensivos em tecnologia.
13. Cite e explique as estratégias de mercados intensivos em tecnologia.
14. Quais são os impactos da Internet nas estratégias de produtos?

RESOLVENDO UM CASO

A VEZ DOS SEMIPRONTOS

A grandeza e a amplitude do mercado brasileiro são fatores de atração para muitas empresas, pois condicionam a existência de uma grande massa de consumidores.

Apesar de o baixo poder aquisitivo de uma parte significativa da população, o Brasil representa um mercado de consumo promissor para muitos produtos. Os produtos do setor alimentício, por exemplo, se beneficiam muito do volume proporcionado por esse mercado.

As organizações que atuam no setor de alimentos vêm sentindo os impactos das mudanças nos hábitos de consumo dos brasileiros.

O perfil de consumo do brasileiro está incorporando uma demanda por maior praticidade devido ao menor tempo disponível para preparo das refeições e cuidados com o lar. Essa situação está promovendo o surgimento de produtos mais adequados às novas necessidades e exigências do consumidor.

As empresas que, em um passado recente, conseguiram antecipar essa tendência estão ganhando participação de mercado e a preferência de consumidores. É dentro desse contexto que produtos como pratos prontos congelados, chás prontos para consumo e misturas prontas para bolo estão ganhando espaço.

Em 1993, a Sadia iniciou seus investimentos em pratos congelados, percebendo antecipadamente os movimentos de consumo do mercado. Esse produto, que atualmente é considerado estratégico dentro da empresa, teve seu volume de vendas multiplicado nos últimos anos. De acordo com dados da pesquisa realizada pela Nielsen em 2000, essa categoria de produtos cresceu 26,5% em relação ao ano anterior.

Houve também um crescimento significativo das vendas de misturas para bolo. A J. Macêdo, acompanhando a alta de produtos que proporcionam facilidade e praticidade, estendeu a marca da farinha de trigo "Dona Benta" para outras linhas, que incluem misturas para bolo.

A Nutrir, pioneira no lançamento de *cappuccino* em pó no país, com o seu produto "3 Corações", continua apostando na praticidade de seus produtos. Essa empresa vem orientando seus esforços para um novo lançamento, pretendendo ganhar mercado com o lançamento de chá com leite em pó.

De uma forma geral, os chás ganharam um novo impulso nos últimos anos. À medida que o consumo de chás para infusão diminuiu, houve um aumento da venda de chás prontos para consumo.

Como é possível perceber, muitas organizações estão acreditando no aumento da incorporação de produtos semielaborados no dia a dia dos brasileiros. As empresas vêm adequando suas estratégias e buscando agir rapidamente para acompanhar as novas exigências de seus consumidores.

Fontes: Chá com leite na versão em pó. *Gazeta Mercantil,* 17 abr. 2001; Busca por praticidade muda perfil de consumo. *Gazeta Mercantil,* 16 abr. 2001.

PERGUNTAS

1. Quais fatores tiveram influência na mudança dos hábitos de consumo do brasileiro? Que razões o levaram a valorizar a praticidade nos produtos?
2. De que forma as empresas estão adequando seus produtos para satisfazer aos novos hábitos de consumo do brasileiro?

ELABORANDO UM PROJETO I

SERVIÇOS DE ORGANIZAÇÕES NÃO GOVERNAMENTAIS

Imagine que você e seus colegas da faculdade estejam decididos a fundar uma organização não governamental para prestação de serviços à comunidade. Para definir o tipo de serviço que será oferecido, ficou acertado que cada um de vocês deverá elaborar um documento contendo a apresentação e o detalhamento de sua sugestão para o serviço. Assim, vocês poderão escolher a ideia mais criativa e mais adequada às reais possibilidades de implementação. A ONG poderia, por exemplo, prestar serviços de consultoria a micro-empresas, alfabetizar adultos ou promover reciclagem de lixo.

Para alavancar esse projeto será necessário estabelecer parcerias com outras corporações que estejam interessadas, principalmente, em associar sua imagem à de uma empresa socialmente responsável. Isso significa que a verba somente será disponibilizada se a percepção de credibilidade dessas empresas em relação ao projeto for positiva.

Para esse projeto, você deverá redigir a sua sugestão para o tipo de serviço a ser implantado, levando em consideração as onze características específicas dos serviços que você aprendeu neste capítulo. Você deverá detalhar sua ideia ressaltando, por exemplo, as maneiras como o serviço será diferenciado, definir a presença de elementos tangíveis e quem serão os receptores diretos do benefício. Você deverá, ainda, estar atento para incorporar elementos à sua estratégia que reduzam os riscos percebidos pelos parceiros, tais como os riscos funcional e financeiro do projeto.

BIBLIOGRAFIA

BOONE, Louis E.; KURTZ, David L. *Contemporary marketing*. New York: The Dryden Press, 1998.

DRUCKER, Peter et al. Competing in the information economy. *Harvard Business Review,* p. 18-32, set./out. 1997.

EVANS, Philip. Strategy and the new economics of information. *Harvard Business Review,* p. 71-82, set./out. 1997.

IDC RELATÓRIO W17999. Internet futures spending model 1997-2002: business gears up for e-commerce. *Internacional Data Corporation.* Disponível em: <www.idc.com>. Acesso em: fev. 1999.

JOHN, George; WEISS, Allen M.; DUTTA, Shantanu. Marketing in technology-intensive markets: toward a conceptual framework. *Journal of Marketing,* vol. 63, p. 78-91, Special Issue, 1999.

KOTLER, Philip. *Administração de marketing:* análise, planejamento, implementação e controle. São Paulo: Atlas, 1998.

______; ARMSTRONG, Gary. *Princípios de marketing*. 7. ed. Rio de Janeiro: Prentice Hall, 1998.

LEHMANN, Donald; WINER, Russell S. *Product management.* New York: McGraw-Hill, 1997.

LOVELOCK, Christopher; WRIGHT, Lauren. *Serviços:* marketing e gestão. São Paulo: Saraiva, 2001.

RIES, Al; TROUT, Jack. *Positioning*: the battle for your mind. New York: Prentice Hall, 1981.

ROGERS, Everett. New product adoption and diffusion. *Journal of Consumer Research*, p. 290-301,1976.

SANDHUSEN, Richard L. *Marketing básico.* São Paulo: Saraiva, 1998.

TAPSCOTT, Don. *The digital economy.* New York: McGraw-Hill, 1999.

Explore mais

www.sadia.com.br www.jmacedo.com.br www.nutrir.com.br

Capítulo 5

Estratégia de Distribuição

Sergio Roberto Dias

Este capítulo introduzirá conceitos da gestão de distribuição nas empresas, fornecendo um embasamento teórico para uma discussão aprofundada de alguns tópicos específicos que serão discutidos nos próximos capítulos. Abordaremos os conflitos nos sistemas de canais, os critérios para seleção de seus elementos integrantes e a classificação básica dos tipos de intermediário. Apresentaremos também as estruturas alternativas de distribuição que podem ser adotadas por uma empresa em determinadas situações, ressaltando suas vantagens e desvantagens. Por fim, mostraremos como as mudanças nos ambientes internos e externos à empresa podem afetar a estratégia de distribuição.

VISÃO GERAL DO CAPÍTULO

OBJETIVOS DO CAPÍTULO

Depois de concluir este capítulo, você será capaz de:

1. definir o que é distribuição e ressaltar seus objetivos visando à maximização da utilidade de tempo, lugar e posse;
2. discutir a escolha de um sistema de distribuição direta ou indireta;
3. identificar as situações adequadas para o uso de distribuição intensiva, seletiva e exclusiva;
4. descrever os aspectos geradores de conflitos em um sistema de distribuição e discutir os níveis de equilíbrio de integração e cooperação no sistema;
5. identificar os critérios para seleção dos componentes do sistema de distribuição;
6. definir os tipos e a classificação de intermediários de um sistema de distribuição;
7. avaliar as estruturas alternativas de distribuição, ressaltando as condições em que elas se justificam e as vantagens e desvantagens de cada uma; e
8. discutir as mudanças ambientais e empresariais que influenciam um sistema de distribuição.

5.1 GESTÃO DE DISTRIBUIÇÃO

Distribuição é o fluxo de bens e/ou serviços de um produtor a um consumidor ou usuário final.

A definição mais conhecida do termo **distribuição** é a seguinte: é o fluxo de bens e/ou serviços de um produtor a um consumidor ou usuário final.

O objetivo da distribuição é fazer o produto chegar ao ciclo da venda (que abrange desde a saída do vendedor para a abordagem inicial do cliente até o eventual pós-venda) de maneira rápida, segura, pontual e lucrativa para a empresa vendedora e de maneira acessível, confiável, pontual e segura para o cliente.

Tanto a abrangência como a importância do estudo da distribuição vêm aumentando. De um lado, porque os clientes tendem a ser cada vez mais exigentes; de outro, porque um sistema de distribuição bem organizado gera sinergias e resultados que podem se transformar em excelente vantagem competitiva. Contribuem ainda para o aumento da importância desse estudo as recentes e variadas maneiras de realizar a comercialização de bens e serviços, que cresceram por força do uso intensivo de variadas formas de comunicação e da tecnologia da informação, como veremos em outros capítulos.

O processo de distribuir visa essencialmente a maximizar três utilidades:

Utilidade de tempo: como sabemos, para o fabricante (ou para a empresa que distribui, no atacado ou no varejo), o tempo é muito importante, uma vez que, quanto maior o número de vezes que ele gira seus estoques, melhores são seus resultados (admitindo, é óbvio, que ele esteja vendendo com lucro). Para o consumidor também, porque sua decisão de compra tem de ser atendida no momento em que sua necessidade se manifesta.

Situações como previsões de venda, ciclo de venda, logística (estoques, transportes, armazenagem), ciclo de vida do produto, sazonalidade, comunicações (principalmente determinação dos prazos de propaganda e/ou promoções de venda) e administração interna (fluxo do pedido: sua análise, análise e concessão de crédito e faturamento) são essencialmente vinculadas à utilidade de tempo. Economia de tempo e pontualidade, via de regra, melhoram os resultados em geral.

Utilidade de lugar: o produto (ou serviço) precisa estar acessível, disponível, e deve ser facilmente adquirido pelo cliente no momento em que ele decide comprá-lo. Para que isso aconteça, é fundamental que a empresa tenha feito antes um mapeamento da distribuição e decidido sobre níveis desejáveis de penetração e ocupação de mercado. Deverá também ter decidido sobre o tipo de varejo que quer utilizar, se for o caso.

No mapeamento estão incluídas as tarefas de quantificar os pontos de venda disponíveis nos diferentes segmentos geográficos mapeados.

Penetração e ocupação definem a "intensidade de presença" e a participação de mercado pretendidas. Quanto maior o nível de ocupação de mercado pretendido, maior será a "força" mercadológica que a empresa terá nesse segmento.

O tipo de intermediário é importante, já que é necessária uma compatibilização entre a imagem do produto e a imagem da loja que o estiver comercializando. Produtos de luxo em lojas de imagem popular não terão sucesso, e o contrário tampouco.

Utilidade de posse: esta utilidade será bem explorada se a empresa conseguir tornar o produto o mais acessível possível. Em outras palavras, se ela precificá-lo de maneira que o maior número possível de pessoas possa comprá-lo. É importante lembrar que não basta o cliente querer comprar, é preciso que ele possa comprar, que tenha recursos para tal. Assim, a política de preços, descontos, financiamentos etc. tem de atender da melhor forma possível à equação desejo de comprar *versus* possibilidade de comprar igual à compra efetiva.

5.2 DEFINIÇÕES *A PRIORI*

A política e o sistema de distribuição visam sempre ao *longo prazo.* O sistema em si tem de ser visto como um compromisso de longo prazo. Nenhuma empresa muda periodicamente a maneira de distribuir seus produtos e/ou serviços. Como a longevidade do sistema é uma praxe, antes de operacionalizá-lo há que se analisar e decidir sobre os seguintes pontos:

- Quais são os objetivos de penetração e ocupação de mercado pretendidos? Já foram priorizados e selecionados os segmentos de mercado desejados?
- Qual o *nível de risco* que se tem em mente? Será preferível ter poucos clientes que representem parcela importante do nosso faturamento ou, ao contrário, será dada preferência à atomização dos riscos, trabalhando com o maior número de clientes possível, não permitindo que nenhum deles venha a significar mais do que uma percentagem definida do faturamento previsto (em um mês, por exemplo)?
- Qual o *posicionamento* desejado para nossa marca/produtos?
- Como *compatibilizar* posicionamento com os canais de distribuição?
- Qual o nosso objetivo de prestação de serviços aos nossos clientes? E de *relacionamento* com nossos fornecedores? Como e quanto queremos praticar de *cooperação, reciprocidade* e *trade marketing*[1]?
- Quais os critérios que utilizaremos para *selecionar* nossos clientes (intermediários), no caso de optarmos por uma distribuição indireta? E mais, optaremos por distribuição direta ou indireta?

5.3 DISTRIBUIÇÃO DIRETA OU INDIRETA?

Como mostrado, a distribuição pode ser direta ou indireta. Assim, antes de qualquer coisa, vamos definir da maneira mais simples possível os dois termos.

A **distribuição direta** é o processo de comercialização que ocorre sem a participação de outra pessoa jurídica (para comprar e revender). Pode ser realizada por meio da *venda pessoal* (por exemplo: um fabricante de bens industriais vende seus produtos diretamente aos seus clientes, valendo-se de seus

Distribuição direta é o processo de comercialização que ocorre sem a participação de outra pessoa jurídica, podendo ser realizada por meio de venda pessoal ou marketing direto.

[1] *Trade marketing* é o esforço, o investimento em marketing, efetuado por uma empresa para o seu cliente imediato e os seguintes. É o marketing feito, por exemplo, por uma empresa produtora de um bem de consumo para (e com) seus atacadistas e/ou varejistas. Historicamente, empresas fabricantes de bens distribuídos indiretamente (usando, portanto, atacado ou varejo) têm se preocupado fundamentalmente com o cliente final, o consumidor, esquecendo-se de seu cliente imediato, que é o atacadista ou varejista. Recentemente, essa falha, ainda que aos poucos, vem sendo solucionada com o *trade marketing.*

vendedores) ou por meio do *marketing direto,* de telefonemas *(telemarketing),* de reembolso postal, de catálogos ou da Internet. O leitor encontrará neste livro informações mais detalhadas sobre essas formas de distribuição.

Distribuição indireta é aquela que utiliza atacado e varejo no fluxo de distribuição de bens.

A **distribuição indireta** caracteriza-se por utilizar, no fluxo dos produtos, as figuras do atacado e/ou varejo. Exemplos de fluxo indireto:

Fabricante ⟶ Atacado ⟶ Varejo ⟶ Cliente final

Fabricante ⟶ Varejo ⟶ Cliente final

A distribuição indireta pode ser de três tipos: intensiva, seletiva e exclusiva.

Ela é **intensiva** quando o objetivo principal da empresa é colocar seus produtos em todo e qualquer ponto de venda que possa comercializá-los (respeitados os critérios de concessão de crédito e de custo da logística necessária). Esse tipo de distribuição indireta é comumente empregado na distribuição de bens de conveniência.

A distribuição é **seletiva** quando se leva em conta a imagem do produto. A imagem do ponto de venda deve ser compatível com a que se pretende fixar para o produto. Também quando é preciso que o revendedor ofereça alguns serviços e/ou facilidades, como crédito, assistência técnica, qualidade dos vendedores, *layout* racionalizado, estacionamento etc. É recomendável que a empresa que opte por esse sistema respeite a área geográfica de atuação do revendedor selecionado. Um mínimo de reserva de mercado é sempre conveniente nesse tipo de distribuição, pois assim se evita que a concorrência se intensifique, que as vendas médias por loja sejam menores e que a guerra de preços se instale, prejudicando todos os componentes do sistema (fabricantes e revendedores). Esse tipo de distribuição é recomendado principalmente para os bens de compra comparada de médio e/ou alto valor unitário e para alguns bens de especialidade de baixo valor unitário.

A distribuição **exclusiva**, por sua vez, é a empregada quando se quer preservar ao máximo a imagem do produto. Nesse caso, o revendedor selecionado tem de ter características compatíveis com o que se espera de um atendimento condizente com o perfil do cliente final. Costuma ser usada na comercialização de bens de especialidade e de alguns bens de compra comparada de alto valor unitário.

A distribuição indireta de qualquer um dos tipos (intensiva, seletiva e exclusiva) costuma ser aplicável aos bens de consumo. As raras ocasiões em que bens industriais são distribuídos indiretamente ocorrem quando esses bens, em termos relativos, têm maior giro e menor valor unitário.

A seguir estão listados alguns fatores que, sem serem mutuamente exclusivos, podem, genericamente, nos orientar com relação à escolha do melhor sistema (direto ou indireto) de distribuição:

Classificação dos bens. No caso de bens industriais, a distribuição direta é mais indicada. Já no caso de bens de consumo, a distribuição indireta é aconselhável.

Disponibilidade de recursos. Em tese, quanto maior for essa disponibilidade, maior a possibilidade de fazer uso da distribuição direta (em princípio é a mais agressiva e rentável).

Potencial do mercado. Quanto maior esse potencial, mais indicada é a distribuição direta (o faturamento elevado gerará recursos para cobrir os custos dessa distribuição).

Concentração geográfica dos clientes. Neste caso a distribuição direta é indicada pelos mesmos motivos apresentados quanto ao potencial de mercado.

Necessidade de estoque. Quanto maior for a necessidade de estocagem, mais recomendável será a distribuição indireta. Dessa maneira, transferimos para os intermediários parte do custo desse estoque e melhoramos a qualidade da logística envolvida (maior rapidez no escoamento dos estoques).

Complexidade do bem. Quanto mais complexo o produto, mais recomendável será a distribuição direta. É o caso dos bens industriais, por exemplo.

Grau de mudança tecnológica ou mudança de estilo. Em geral, há diferentes segmentos de mercado que, por disporem de recursos limitados ou por usarem determinado produto com pouca frequência ou pouca intensidade, adquirem bens que já não são os mais modernos. Segmentos pouco exigentes com relação à moda farão o mesmo. Por isso, as categorias de produtos com essas características (frequentes mudanças tecnológicas e/ou de estilo) costumam merecer uma distribuição indireta. Para o fabricante, será mais fácil administrar sua produção e seus estoques, explorando simultaneamente diferentes segmentos de mercado.

Perecibilidade. Muitos podem imaginar que os bens perecíveis devem ser distribuídos diretamente. Não é bem assim. Uma vez que precisam ser distribuídos rapidamente, é necessária a utilização de todos os intermediários possíveis. Portanto, os bens perecíveis são, via de regra, distribuídos indiretamente.

5.4 INTEGRAÇÃO, COOPERAÇÃO E CONFLITOS NO SISTEMA DE DISTRIBUIÇÃO

É frequente nos depararmos com sistemas de distribuição em que cada entidade jurídica (fabricante e/ou atacadista e/ou varejista) se preocupa apenas em planejar sua produção, suas vendas e seus lucros. Assim que um vendeu para o outro, acredita que sua obrigação esteja concluída. Poderíamos dizer que esse sistema se caracteriza por adotar a filosofia do "cada um para si e Deus para todos". É um sistema em que há pouca ou nenhuma integração entre os componentes. É também chamado de **sistema individualista**.

Sistema individualista é aquele em que se verifica uma situação de pouca ou nenhuma integração entre os componentes do sistema de distribuição.

Nesse sistema, não se leva em consideração o fato de que todos os seus componentes (fabricante e/ou atacadista e/ou varejista) estão tendo lucro ou prejuízo comercializando o mesmo produto. É importante que todos trabalhem para maximizar seus lucros, explorando todas as sinergias administrativas e mercadológicas que puderem e investindo cada vez mais no *compromisso de produto-mercado*. Isso é possível, na prática, investindo na troca de informações de mercado, em previsões de vendas discutidas e planejadas, assessoria administrativa (custos, estoques, treinamento, entre outros), atividades promocionais cooperadas etc.

Quanto mais se investe em cooperação, maiores são as sinergias geradas no sistema, uma vez que dessa forma cresce o nível de confiança mútua e lealdade entre os parceiros envolvidos no processo de distribuição, quaisquer que sejam os bens ou serviços comercializados.

Sistema vertical integrado é aquele em que se verifica uma forte interligação administrativa e mercadológica entre os componentes do canal de distribuição.

No extremo oposto ao sistema individualista de distribuição, temos o chamado **sistema vertical integrado**, que se caracteriza pela forte interligação administrativa e mercadológica entre os componentes do canal. Pode ocorrer quando um dos componentes do sistema (o fabricante, o atacadista ou o varejista), sendo significativamente maior do que os demais, usa seu *poder* para liderar o processo de organização do sistema da maneira mais integrada possível. Esse sistema pode ocorrer ainda quando um componente do sistema *possui* os demais, o que pode se dar por meio da integração vertical para a frente ou para trás.

Finalmente, temos o modelo mais moderno, que nas últimas duas décadas vem crescendo significativamente no Brasil, que é o sistema de *franquia.* Nele, franqueador e franqueado, por força de um contrato, definem como operar e, embora se trate de vínculo entre duas entidades jurídicas distintas, esse vínculo é tal que o *plano de marketing* do franqueador reflete a soma dos vários planos de marketing dos franqueados. Nesse modelo, as sinergias são exploradas da melhor maneira possível, desde a matéria-prima, passando pelo equipamento e processo de produção, pelas vendas, até chegar ao pós-venda (em certos casos de bens tangíveis, dos quais um dos melhores exemplos é o McDonald's). Mesmo que a franquia seja de processos ou de serviços, prevalece a mesma característica: a forte integração entre os componentes do sistema. O leitor poderá obter mais dados sobre franquias em capítulo específico sobre o tema.

Na prática, as principais causas dos conflitos que costumam ocorrer no sistema de distribuição e que devem ser evitadas são:

Política de preços desigual. Quando são oferecidos descontos especiais ou promocionais a apenas parte dos componentes do sistema. São "transações especiais" firmadas para completar cotas de venda rapidamente. Se a empresa tiver a intenção de atomizar seus riscos de distribuição, a oferta de grandes descontos para grandes pedidos (ou grandes clientes) terá efeito contrário, provocando, a médio prazo, a concentração de riscos e, por conta do conflito gerado com os médios e pequenos revendedores — que, sem poder de barganha, se desestimularão por não conseguirem preços competitivos —, a redução da presença do produto no mercado em que esses revendedores atuam. Além disso, se o consumidor final encontra preços muito diferentes, passa a desconfiar. Sendo assim, a política de preços deve refletir os objetivos estratégicos que a empresa definiu. Dessa forma, se a empresa pretende minimizar conflitos e riscos, deve seguir rigorosamente uma única tabela de preços e reduzir ao mínimo os descontos concedidos (quaisquer que sejam).

Desrespeito aos compromissos assumidos, como prazos de entrega (frequentemente, em momentos de pico de faturamento e entregas, os grandes clientes/pedidos são priorizados, em detrimento dos demais), condições de preços e de negociação, de substituição de produtos com defeito ou avariados no transporte, indenizações etc.

Investimentos em propaganda e/ou promoção de vendas desigual. Há conflitos quando se dá preferência a investimentos em alguns distribuidores, em detrimento de outros (em razão da localização do distribuidor, por preferência do cliente, involuntariamente etc.). Isso acontece também quando efetuam investimentos cooperados, que costumam ser feitos com os grandes clientes.

5.5 CRITÉRIOS PARA SELEÇÃO DOS COMPONENTES DO SISTEMA

Quando seleciona seus intermediários, o fabricante (ou produtor de serviços) deverá, na medida do possível, analisar os aspectos: a) **financeiro:** por meio da análise dos últimos três ou cinco balanços do intermediário, da verificação em dois ou três bancos com os quais trabalha, em alguns fornecedores desse intermediário, no sentido de avaliar sua pontualidade; basicamente, serão coletadas informações sobre a saúde financeira do possível parceiro; b) **administrativo:** tamanho e qualidade de sua mão de obra (sua força de trabalho), sua tradição (tempo em que atua no setor), seus investimentos em treinamento de pessoal, suas instalações; c) **mercadológico:** cujos dados mais relevantes são: cobertura de mercado, força de vendas, esforço (investimento) promocional, composto de produtos, serviços que oferece e posicionamento em sua área de influência.

5.6 TIPOS E CLASSIFICAÇÃO DE INTERMEDIÁRIOS

No sentido mais comum, o intermediário é sempre aquele que compra para revender. Por isso, desde logo, fica implícito que aquela figura conhecida como **representante** não é um intermediário, e sim, mais comumente, um preposto do fabricante, cuja função é apenas promover e vender (desde que o crédito seja aprovado pelo fabricante) produtos de uma empresa. Já os intermediários são pessoas jurídicas que atuam como atacadistas e/ou varejistas.[2]

Representante é o preposto do fabricante e tem como função apenas promover e vender produtos de uma determinada empresa.

Sobre o atacado, genericamente falando, vale mencionar que ele se caracteriza como forte investidor em *estoques,* os quais revende, de diferentes maneiras, ao varejo em geral. É um sensato explorador de oportunidades de mercado no que concerne à especulação com o mercado futuro. Historicamente, concentra-se mais nas regiões Sudeste e Sul do Brasil. Minas Gerais, tradicionalmente, possui grandes atacadistas. Pode ser classificado, ainda, como um excelente fornecedor do pequeno varejista e, mais ainda, daquele localizado em pequenas cidades do Brasil (aonde o fabricante em geral não chega, por força dos custos elevados de venda e distribuição). Os tipos de atacado mais comumente encontrados no Brasil são:

Atacado de balcão. Em geral, oferece grande sortimento (profundidade de itens) e pequena variedade (amplitude de linhas) de bens. Nas grandes cidades, encontram-se, frequentemente, em agregado de oferta (próximos

[2] O assunto *varejo* será abordado, detalhadamente, no Capítulo 6.

uns dos outros), facilitando aos clientes o trabalho de pesquisa de produtos e preços. Suas vendas são apenas internas, no balcão de vendas.

Atacado distribuidor. Caracteriza-se por possuir vendas externas, ou seja, vendedores que percorrem suas zonas de atuação efetuando *in loco* as vendas do atacadista, e também por oferecer uma linha de produtos bastante abrangente, com menor profundidade. Enfatiza muito mais a variedade do que o sortimento. Hoje, o grande exemplo desse tipo de atacado, no Brasil, é o do Grupo Martins, de Uberlândia, Minas Gerais.

Atacado de autosserviço (ou *cash and carry*). Um dos principais exemplos desse tipo de atacado é o Makro Atacadista. Por vender pelo sistema de autosserviço e efetuar suas vendas somente à vista, o Makro revolucionou a política de embalagens e de movimentação de vendas.

5.7 ESTRUTURAS ALTERNATIVAS

Apresentamos, a seguir, algumas estruturas possíveis, suas vantagens e desvantagens — o que pode facilitar a escolha mais adequada para cada tipo de negócio — e situações em que cada uma delas é mais indicada.

a) Produtor ⟶ Varejista

Esta alternativa costuma ser viável para a comercialização de bens perecíveis, de especialidade, industriais (principalmente os de menor valor unitário; comparativamente com os outros tipos de bens, os bens industriais utilizam menos essa alternativa). Usada também com bens de compra comparada.

As vantagens dessa alternativa são:

- o caminho é menor e gera vantagens de maior agressividade, maiores margens para negociação e proximidade maior do mercado e do consumidor final;
- pulverização dos riscos de uma eventual queda de demanda, da perda de um ou outro intermediário, crédito e cobrança; e
- desconcentração: menor risco de dependência ou pressão de grandes intermediários, maior poder de barganha e melhores condições para aplicar níveis mais agressivos de penetração e, principalmente, ocupação dos mercados-alvo.

As desvantagens são as seguintes:

- custos envolvidos na abordagem do varejo e na manutenção de uma estrutura administrativa para tal finalidade;
- problemas logísticos decorrentes da necessidade de entregas muito pulverizadas, que dificultam os trabalhos de planejamento e controle da produção e de problemas com estoques; e
- necessidade de manutenção de um setor de crédito e cobrança às vezes amplo, em função da quantidade de intermediários.

Quanto aos varejistas, podem ser muitos e de pequeno porte, ou poucos e de grande porte, ou, ainda, podem operar com um esquema misto. Cada caso requer uma política comercial específica, adequada aos objetivos da empresa e dos componentes do sistema. Para concluir, essa alternativa será válida quando houver procura grande e generalizada pelo produto, e/ou quando for elevado o número de consumidores reais e potenciais em relação ao território abrangido, e/ou quando se tratar de produtos relativamente perecíveis, para cuja distribuição é indispensável rapidez, e/ou quando, para satisfazer aos consumidores, houver necessidade de manutenção de amplo sortimento de estilos, tamanhos e cores, e também quando houver necessidade de especialização da oferta e da venda por força de especialização ou complexidade do produto em questão.

O mercado pode ser caracterizado, ainda, por grande dispersão geográfica de consumidores (bens de conveniência, perecíveis) ou concentrações em aglomerados (cidades, cidades-polo ou capitais).

Ele também pode ser caracterizado, por exemplo, por um reduzido número de grandes compradores (cadeias), ou por uma relativa concentração de poucos consumidores finais ou usuários (o caso mais típico são os bens de especialidade). Exemplos:

- automóveis: vão diretamente das fábricas para o varejo (lojas autorizadas); e
- produtos perecíveis: leite e hortifrutigranjeiros não usam o atacado ou representantes em razão do pouco tempo de que dispõem para seu escoamento e consumo.

b) Produtor ⟶ Atacadista

Essa alternativa é pouco comum, na prática, visto que, por mais que um produtor concentre sua distribuição no atacado, ele quase sempre elege ao menos um segmento de mercado (que seja mais interessante e viável para ele) para operar também no varejo.

Entretanto, essa prática apresenta as seguintes vantagens:

- possibilidade de o produtor colocar seus produtos no mercado com baixo custo de distribuição (em todos os seus aspectos: venda pessoal, propaganda, estoques, promoção, estrutura administrativa etc.);
- possibilidade de continuar investindo e especializando-se na produção;
- simplificação da estrutura da empresa; e
- geração de recursos que, a médio e longo prazos, possibilitem e viabilizem a expansão e a diversificação de funções (inclusive de distribuição) e de negócios.

As desvantagens que esse tipo de estrutura costuma apresentar são as seguintes:

- pouco ou nenhum controle sobre o mercado, que, a rigor, é exercido pelos atacadistas;
- concentração da distribuição, com as desvantagens inerentes à concentração de riscos de toda ordem;
- distanciamento do mercado consumidor e das informações que esse mercado pode prestar;
- vulnerabilidade perante as pressões dos intermediários (atacadistas), com possíveis achatamentos de margens, e perante o interesse especulativo do atacadista e suas consequências (fluxo de pedidos, imprevisibilidade de novas vendas, administração de planejamento e controle de produção, aviltamento de preços, acirramento da concorrência intracanal, comprometimento da imagem do produto); e
- muito frequentemente, essa estrutura envolve concessão de uso da marca própria por terceiros.

Essa alternativa é usada, sobretudo, na distribuição de bens de conveniência, de emergência e alguns bens de compra comparada. Produtos muito sazonais (não perecíveis) também podem valer-se dessa estrutura, que costuma ser utilizada por pequenos produtores ou produtores marginais que não dispõem de recursos para desenvolver um esquema de marketing ambicioso e, eventualmente, complexo. Isso, porém, não exclui o fato de grandes empresas usarem essa estrutura para todos os seus produtos ou um produto ou uma linha de produtos em particular.

No Brasil, há algumas grandes produtoras de bens de conveniência ou mesmo de componentes (pilhas elétricas, por exemplo) que distribuem seus produtos (ou algumas de suas linhas) apenas pelo atacado.

É óbvio que, para que isso ocorra, a estrutura do atacado disponível deve ser suficientemente ampla, o que, no Brasil, já é uma realidade para bens de conveniência (e mesmo para alguns de compra comparada). São exemplos de produtos assim distribuídos pilhas em geral e alguns materiais de construção (pisos, azulejos, areia, telhas), os quais, por ocuparem muito espaço, são difíceis para o varejista comercializar.

c) Produtor → Atacadista → Varejista
Produtor → Varejista

O produtor pode optar por este esquema mais complexo, chamado por alguns de distribuição dualista, ou seja, distribuição por canais paralelos. Essa alternativa apresenta as seguintes vantagens:

- abordagem direta do varejo nos segmentos de mercado mais interessantes e transferência ao atacado das funções de distribuição em mercados marginais menos interessantes (por razões de custos, potencial de mercado e/ou nível e estrutura da concorrência);
- ganhos de margens (na abordagem ao varejo), pela absorção das margens do atacado, eventualmente aumentando seu poder de barganha (o que pode gerar conflitos na cadeia de suprimentos);
- ganhos de volume (por meio do atacado como adição); e
- ganhos de participação de mercado (com a exploração de mais segmentos de mercado), o que gera ganhos de maior giro.

Desvantagens:

- necessidade de operar com maior volume de estoque;
- necessidade de investimento maior em venda pessoal;
- possível conflito com o varejo, visto que o atacado pode fazer ofertas melhores que as do produtor (ou oferecer composto de produtos maior e melhor, frete pago, pronta entrega, preços etc.);
- maiores riscos com créditos e cobranças;
- maiores riscos de comportamento de imagem da marca, em virtude de os objetivos de caixa e de imagem do produto (responsabilidade sobre o produto) serem (ou poderem ser) diferentes entre os atacadistas e o produtor; e
- possível conflito horizontal entre atacadistas, por problemas de área de atuação, preços, condições de venda, prazos de entrega, entre outros.

Esse tipo de estrutura deve sempre pressupor cuidados com: política de preços em cada canal; política de entrega (e seus prazos); zoneamento (reserva de mercado); atração/repulsão; imagem da marca e objetivos de posicionamento do produto; definições corretas de potenciais; política de compras dos canais e especulação; remuneração e estrutura da força de vendas.

Essa alternativa é usada para distribuição de bens de conveniência, de compra comparada, um ou outro bem de especialidade e algumas categorias de bens industriais (tintas, ferragens, autopeças, por exemplo).

É preciso ainda levar em conta o tipo de atacado utilizado para que se possam antever os cuidados necessários ao formular uma política comercial, uma vez que, por exemplo, o atacado de balcão possui características de operação distintas das do distribuidor.

Há muitas empresas que usam os dois tipos concomitantemente, o que leva à conclusão de que elas atuam com atacadistas com diferentes políticas de compra, diferentes níveis de estoque, diferentes formas de vender (um "espera" o varejista e o outro vai procurá-lo por meio de equipe externa de vendas), diferentes composições de composto e categorias de produtos, o que lhes confere diferentes níveis de poder de barganha e de competitividade.

Em geral, o atacado de balcão consegue bons preços com sua política agressiva de compras e níveis interessantes de estoque de uma ou poucas categorias de produto. Seu giro alto se deve aos grandes volumes de algumas categorias de produto (especialização ou semiespecialização). Já o atacado distribuidor faz uso da variável *preço* por meio de margens bastante interessantes, passíveis de serem aplicadas por força da grande variedade de itens com os quais trabalha, bem como do volume, o que lhes confere uma série de economias nas áreas de venda pessoal, transportes, cobranças etc.

Simplificadamente, o sucesso desse intermediário se dá por vários fatores, dentre os quais destacamos:

- Em seu roteiro, o vendedor pode abordar vários tipos diferentes de varejistas, pois tem uma linha bastante diversificada de oferta (milhares de itens, às vezes). Assim, seu custo de operação e captação de clientes revela-se extremamente baixo. Além disso, a venda pessoal externa acaba se convertendo em uma facilidade, um serviço ao varejista, ao mesmo tempo em que passa a agir como forte concorrente do vendedor do produtor, quando ambos trabalham com o mesmo varejo. Essa situação deve ser evitada (com a reserva de mercado, por exemplo) ou ser muito bem organizada no que se refere às políticas comerciais de um e outro (produtor e atacadista), para não gerar conflitos sérios.
- É muito comum (por ser bastante fácil e barato) o atacadista distribuidor oferecer o frete ao varejista, o que lhe confere uma vantagem competitiva ainda maior, uma vez que, dessa forma, ele conseguirá formar cargas muito rapidamente e otimizar os roteiros de entregas com muita facilidade.
- Por operar com uma gama muito variada de oferta, o nível de dependência e, portanto, de compromisso produto-mercado com o produtor individual é menor. Para o produtor, isso é um risco, mas, para o atacadista distribuidor, significa desconcentração de riscos: de demanda, de crédito, de cobrança, além de aumento de sua rede de varejo, economias de vários custos e maior poder de barganha.

Recomenda-se ainda atenção aos diferentes tipos de característica dos atacadistas com os quais se vai operar e dos produtos por ele comercializados (exemplos: alimentos, enlatados, vestuário, produtos de limpeza não perecíveis, material escolar e de escritório, tintas e vernizes etc.). Essas diferenças devem ser incorporadas à política comercial, a fim de evitar conflitos no sistema.

d) Produtor ⟶ Representante

O fabricante que opta exclusivamente pela distribuição por meio do representante, transferindo a responsabilidade de abordar o varejo e/ou atacado, quase sempre faz isso por não possuir recursos para assumir uma distribuição mais agressiva. Essa alternativa costuma ser empregada por pequenas empresas fabricantes. No Brasil, essa é a estrutura mais comumente utilizada, por exemplo, pelo setor de confecções. As vantagens dessa utilização são:

- possibilidade de abordar vários mercados e, portanto, por via indireta, o maior número possível de varejistas/atacadistas, ampliando as alternativas de colocação dos estoques e pulverizando os riscos;
- custos de vendas bastante baixos; e
- estrutura administrativa leve, devido à simplicidade do sistema. É muito comum o uso do contrato com o representante, para que as maneiras de abordar o mercado sejam claras e explícitas, o que facilita o relacionamento das partes.

Por outro lado, as desvantagens são, entre outras:

- contato limitado com o mercado;
- alto custo de estoques;
- necessidade de manter, para toda a carteira de clientes atendida pelo representante, uma equipe de profissionais responsável pela análise e concessão de crédito e pela cobrança (quando a cobrança é responsabilidade do representante, é necessário estabelecer e definir os riscos correspondentes);
- concentração de riscos: caso um representante decida se desligar do sistema, o fabricante terá, a curto e médio prazos, sérios problemas de mercado, cobranças etc. Exemplos: algumas marcas de roupas, alimentos e outros bens de consumo produzidos por pequenas empresas que não podem (por escassez de recursos) ou não pretendem investir em uma organização própria de vendas.

e) Produtor ⟶ Representante ⟶ Varejista/Atacadista
Produtor ⟶ Atacadista ⟶ Varejista
Produtor ⟶ Varejista

Essa estrutura tem a seguinte validação:

Produtor/representante/varejista. Em mercados pouco significativos em termos de consumo, ou pelo fato de o mercado ser muito disperso e o varejo pequeno (e também disperso), ou, ainda, por falta de recursos do produtor.

Produtor/atacadista/varejista. Quase como nas situações anteriores, desde que exista atacado. Pode também ser o caso de mercados grandes (demanda elevada), usando a estrutura e a disponibilidade do atacado existente para a abordagem de mercados mais dispersos, varejistas de menor porte e/ou regiões de menor potencial.

Produtor/varejista. Alternativa válida quando a empresa dispõe de recursos ou quando adota a estratégia de concentração (eleição de mercados prioritários), abordando o varejo nos mercados mais interessantes e potencialmente mais viáveis.

Essa estrutura complexa deve pressupor uma política comercial que vise a maximizar os resultados no que concerne ao compromisso produto-mercado a ser mantido com representantes, atacadistas e varejistas, bem como evitar os possíveis conflitos que possam surgir entre eles, entre si e com o produtor, o que não é fácil.

Com relação às estruturas já propostas até aqui, cabem alguns comentários:

- Podemos citar, como vantagens do atacadista sobre o representante, o fato de ele assumir estoques e riscos de crédito sobre as vendas que fez ao varejo e possibilitar uma melhor estrutura administrativa para a gestão de pedidos, volumes, entregas etc. Já as vantagens do representante sobre o atacadista são: maior possibilidade de respeito às políticas de preço, condições de venda, imagem de marca, maior possibilidade de aplicação de uma política de cotas de vendas ou de produtos e menor risco de crédito em face da pulverização da venda.
- Tanto com o representante como com o atacadista distribuidor, há a oportunidade de se trabalhar com vínculo de exclusividade. No uso da exclusividade, ocorre, em geral, respeito e definição da área de atuação do intermediário. Há também interesse da parte daqueles para preservar a imagem do produto, um nível melhor de compromisso produto-mercado e a certeza de que a vinculação dos componentes do sistema se fará a longo prazo.
- À medida que novos intermediários forem incorporados ao sistema, modificando a estrutura anterior, é interessante que sejam revistos alguns aspectos da política comercial, tais como: cobertura geográfica (respeito ao zoneamento, estímulo à concorrência negativa — aquela que gera conflitos e, assim, desestimula os componentes do sistema), preços, política de entrega, de prioridade, de vendas etc.
- O uso alternativo de diferentes tipos de instituições intermediárias pode gerar um sistema que, em sua administração, seja simples ou complexo. Os vários arranjos ocorrem em função:

a) do tipo de produto: de conveniência, de compra comparada, de especialidade, industriais (componentes, matérias-primas, conjuntos acabados etc.). São importantes também o estágio no ciclo de vida, a perecibilidade, o preço, a embalagem, a sazonalidade etc.;

b) do tipo de mercado: tamanho, perfil do consumidor, tendências de crescimento, hábitos de compra, concorrência etc.; e

c) dos recursos da empresa: capacidade de produção, recursos para investimentos em marketing, estrutura existente, objetivos a curto e longo prazos etc. Muito comum em empresas de alimentos e produtos de limpeza doméstica, que, priorizando seus mercados, definem níveis distintos de investimento em sua forma/estrutura de distribuição.

5.7.1 BENS INDUSTRIAIS

A definição e a operacionalização da estrutura da distribuição dos bens industriais não fogem às regras já propostas. Assim:

- bens de alta complexidade tecnológica e de alto valor unitário (e, portanto, de baixa demanda) podem ser distribuídos diretamente, pelo fluxo produtor ⟶ usuário;
- bens de média complexidade e de valor unitário também médio podem vincular intermediários, como representantes ou atacadistas, ou ser vendidos diretamente por filiais, por exemplo. Aqui passam a ser relevantes os aspectos de dimensionamento da oferta (na situação anterior, a venda sob encomenda poderia funcionar, o que, neste caso, talvez não seja totalmente possível), segmentação do mercado, análise da concorrência e sua distribuição etc.; e
- bens de baixa complexidade e baixo valor unitário (giro alto, comparativamente) podem ser distribuídos de maneira complexa, por exemplo: diretamente, nos mercados concentrados e relevantes em termos de potencial; via atacado e/ou varejo em outros mercados, dependendo de seu tamanho e da concorrência. Os arranjos aqui podem ser vários, respeitando-se os critérios e as situações listados anteriormente. Alguns produtores de matérias-primas vão apenas ao atacado; produtores de componentes (autopeças, por exemplo) vão ao atacado e ao varejo (selecionado por conveniência de investimento-retorno). Outros, menores, operam apenas com representantes, e é possível que um mesmo produtor opere diretamente (em alguns segmentos de mercado), via atacado e via representante, dependendo do tamanho relativo de cada segmento de mercado, seu potencial, da concorrência e do custo de abordagem.

Com esses princípios, pode-se montar uma estrutura de distribuição (definição dos tipos de instituição que devem participar do sistema) que melhor se ajuste a uma empresa (ou produto).

5.8 MUDANÇAS NO SISTEMA DE DISTRIBUIÇÃO

O sistema de distribuição sempre deve ser planejado para operar por longo prazo. Entretanto, mudanças podem ou devem ser consideradas em algumas situações, por exemplo:

- mudanças no mercado;
- mudanças na economia;
- mudanças na legislação;
- mudanças no composto de produtos da empresa e/ou mercado (novos lançamentos, por exemplo);
- mudanças no nível de serviços oferecidos ao mercado;
- novas tecnologias: com destaque aqui para o desenvolvimento das transações *business-to-business* (B2B), com o auxílio da tecnologia da informação. Bens industriais e bens de alto valor (ou pedidos de alto valor) que podem absorver os custos da distribuição física têm agora na tecnologia da informação a ferramenta ideal para ampliarem suas vendas de forma direta; e
- no caso das operações *business-to-consumer* (B2C), em que pese o fato de a tecnologia permitir a realização do ciclo completo da venda, como o valor dos bens e/ou pedidos costuma ser baixo e a clientela, dispersa geograficamente, o custo da distribuição física é, em geral, um elemento fortemente inibidor dessa operação.

RESUMO

Distribuição é o fluxo de bens e/ou serviços de um produtor a um consumidor. O sistema de distribuição faz parte de uma estratégia de longo prazo da empresa que visa a maximizar a utilidade de tempo, de lugar e de posse.

O processo de distribuição pode ser direto, sem a participação de terceiros, ou indireto, com a utilização do atacado e/ou do varejo. Vários fatores podem orientar a escolha do melhor sistema de distribuição, como: classificação dos bens, disponibilidade de recursos, potencial de mercado, concentração geográfica dos clientes, necessidade de estocagem, complexidade do bem, grau de mudança tecnológica ou mudança de estilo e perecibilidade.

A distribuição indireta pode ser intensiva, colocando os produtos em todos os pontos de vendas; seletiva, selecionando os pontos de venda mais adequados aos produtos, oferecendo alguns tipos de facilidades e serviços; e exclusiva, preservando ao máximo a imagem do produto. Nesse caso, a empresa interage com revendedores cujas características sejam compatíveis com a imagem que se quer transmitir ao mercado.

É comum haver conflitos nos sistemas de distribuição, devido à inadequada integração e cooperação entre os envolvidos. Os principais geradores de conflitos são: desentendimentos na política de preços, em investimentos em propaganda e em promoção de vendas e desrespeito aos compromissos assumidos.

As empresas devem levar em consideração os aspectos financeiros, administrativos e mercadológicos dos intermediários (varejistas e atacadistas) que irão constituir seu processo de distribuição.

As empresas podem adotar vários tipos de estruturas alternativas de distribuição, como: distribuição direta de produtor para varejista; de produtor para atacadista; de produtor para atacadista e para varejista; de produtor para representantes; de produtor para atacadista, varejista e representantes, e de bens industriais.

Apesar de o sistema de distribuição ser planejado para operar a longo prazo, a empresa deve levar em consideração algumas mudanças que podem influenciar esse sistema, como: mudanças no mercado, na economia, na legislação, no composto de produtos da empresa e do mercado e o surgimento de novas tecnologias.

Termos e Conceitos Importantes

Distribuição	Distribuição indireta	Sistema vertical integrado
Distribuição direta	Sistema individualista	Representante

QUESTÕES PARA REVISÃO E DISCUSSÃO

1. Quais são os objetivos de um sistema de distribuição?
2. Que fatores influenciam e orientam a escolha empresarial de um sistema de distribuição direta ou indireta?
3. Explique os três tipos de distribuição indireta: intensiva, seletiva e exclusiva.
4. Diferencie sistema de distribuição individualista e sistema vertical integrado.
5. Quais são as principais causas geradoras de conflitos em um sistema de distribuição? Como os conflitos podem ser evitados nesses casos?

6. Cite e explique os critérios para seleção dos componentes do sistema de distribuição.
7. Diferencie atacado de balcão, atacado distribuidor e atacado de autosserviço.
8. Comente as vantagens e desvantagens de uma estrutura de distribuição produtor/varejista.
9. Em que situações é adequado empregar a estrutura produtor/atacadista?
10. De que forma as mudanças ambientais e empresariais podem afetar o sistema de distribuição?

RESOLVENDO UM CASO

DISTRIBUIÇÃO DE AGÊNCIAS BANCÁRIAS NA ERA DA INTERNET

O advento da Internet trouxe grandes impactos aos sistemas de distribuição das empresas, alterando políticas tradicionais de distribuição e de transação comercial, bem como o papel dos canais dentro desse sistema.

Em muitos setores da economia, os pontos de venda convencionais cederam espaço para o comércio na rede.

A era da Internet trouxe mais comodidade e mais opções ao consumidor, ao mesmo tempo em que enfatizou a necessidade de melhorias nos sistemas de distribuição para entrega de bens tangíveis.

Porém, mesmo diante de tamanha revolução tecnológica, verifica-se a expansão de instalações físicas em determinados tipos de negócios. No setor bancário, por exemplo, o número de agências e de caixas eletrônicos ainda continua a crescer. Apesar dos altos níveis de automação desse mercado e das vantagens proporcionadas pelo *Web banking,* os principais bancos têm expandido suas filiais pelas cidades.

Em cinco anos, registrou-se um aumento de 11% no número de pontos de serviços bancários na cidade de São Paulo. A ampliação da rede bancária nessa cidade está relacionada a fatores da realidade econômica e a aspectos da geografia do município.

O crescimento do mercado, a entrada de bancos estrangeiros e o aumento da parcela da população em condições de acessar esse tipo de produto explicam, em parte, a expansão das agências na cidade.

Outros motivos referem-se à expansão geográfica do município e à necessidade de os bancos reafirmarem seu *status* perante os clientes reais e potenciais.

A rede bancária paulistana desenvolveu-se, ao longo da história, em pontos da cidade de concentração de serviços e comércio. Assim, os bancos, acompanhando os polos de desenvolvimento do município, marcaram presença no centro, na Avenida Paulista e, na última década, na Zona Sul, devido à mudança do eixo dos negócios para essa região.

A imagem de solidez e seriedade de um banco pode ser traduzida ao mercado por meio de instalações imponentes, em localização privilegiada. É preciso compreender que as agências não são apenas lugares onde se processam transações; atuam também como símbolos que representam o poder econômico da instituição.

A expansão dos negócios por meio de instalações físicas depende das condições econômicas e ambientais, da geografia da cidade e das estratégias empresariais relacionadas à imagem que se quer transmitir ao mercado.

Com a disseminação do uso de tecnologia, é possível que, no futuro, os bancos passem a operar, sobretudo, com a Web. Mas, por enquanto, verifica-se ainda uma necessidade de complementar a distribuição de produtos e serviços via rede com a distribuição convencional.

Fonte: MASANO, Tadeu. A onipresença dos bancos. *Exame São Paulo,* Parte integrante da edição 736 da revista *Exame,* ano 35, n. 6, 21 mar. 2001.

PERGUNTAS

1. De que forma o avanço da Internet interferiu nos sistemas de distribuição das empresas?
2. Por que as agências bancárias e os caixas eletrônicos têm proliferado pelas cidades, apesar do avanço do *Web banking*?
3. Em sua opinião, como será a distribuição dos produtos bancários no futuro?

ELABORANDO UM PROJETO I

DISTRIBUIÇÃO E INTERNET

Um dos grandes desafios do comércio eletrônico é a distribuição de bens comprados pela Internet.

A decisão dos consumidores de efetuar suas compras por meio da rede é muito influenciada pela percepção de segurança e pela garantia na entrega dos produtos. Diante disso, as *empresas ponto.com* estão procurando aprimorar seus processos de distribuição.

Para o seu projeto, você deverá pesquisar *sites* de empresas que vendem produtos pela Internet. Deverá escolher três empresas diferentes e comparar, com base nas informações obtidas no *site*, as condições de entrega que elas oferecem aos consumidores. A distribuição está restrita a regiões ou bairros específicos? Há informações sobre os meios de transporte utilizados? Quais são o prazo mínimo e o máximo para a entrega do produto?

BIBLIOGRAFIA

MARTINS, Petrônio Garcia; ALT, Paulo Renato Campos. *Administração de materiais e recursos patrimoniais.* São Paulo: Saraiva, 2000.

CHURCHILL JR., Gilbert A.; PETER, J. Paul. *Marketing*: criando valor para os clientes. São Paulo: Saraiva, 2000.

DIAS, Sérgio Roberto. *Estratégia e canais de distribuição.* São Paulo: Atlas, 1993.

KOTLER, Philip. *Administração de marketing.* São Paulo: Prentice Hall, 2000.

Capítulo 6

Varejo

Francisco José Grandis Rojo

Este capítulo apresentará um panorama geral sobre o varejo, definindo conceitos importantes e discutindo aspectos da realidade do setor varejista brasileiro. Apresentaremos as funções do varejista e seu papel na estrutura de distribuição. Em seguida, analisaremos os principais tipos de varejistas, segundo vários formatos, abordando conceitos de localização e formas de organização. Discutiremos as decisões de marketing do varejo e, por fim, exploraremos a ideia de que o varejo está buscando formas diferenciadas e alternativas criativas para se posicionar no mercado.

VISÃO GERAL DO CAPÍTULO

OBJETIVOS DO CAPÍTULO

Depois de concluir este capítulo, você será capaz de:

1. compreender a relevância do varejo na era do consumidor;
2. identificar o papel do varejo na estrutura de distribuição;
3. descrever as funções do varejo;
4. analisar os principais tipos de varejista e as características de conceitos de localização;
5. analisar os principais tipos de varejista segundo a forma de organização;
6. identificar as características de locais para um varejista; e
7. descrever e explicar as decisões de marketing do varejo.

6.1 INTRODUÇÃO

Iniciamos um novo milênio e, como todo momento de transição, é uma ocasião propícia para refletir sobre as tendências do futuro e como elas foram construídas no passado. Em nenhuma outra ocasião na história da humanidade passamos por tantas transformações e de maneira tão rápida quanto temos vivenciado nos últimos anos. O avanço da ciência e do conhecimento parece estimular ainda mais a criatividade e a busca da inovação; as ideias se aprimoram de maneira espantosa e são viabilizadas pela acelerada evolução tecnológica.

Simultaneamente ao desenvolvimento tecnológico, verificamos uma atenção crescente ao ser humano. Nas últimas décadas, passamos por transformações marcantes no sentido da valorização do consumidor. O reconhecimento da necessidade de respeito ao consumidor tem feito com que as empresas orientem esforços para garantir que o cliente fique efetivamente satisfeito com os produtos e serviços adquiridos.

Além disso, devido a uma necessidade premente, o ser humano volta cada vez mais sua atenção para a preservação do meio ambiente. Ainda assim, convivemos com enormes disparidades sociais que geram a violência, fazendo com que as pessoas se preocupem mais com a segurança.

A ênfase que vem sendo dada pelas empresas no melhor conhecimento e atendimento dos consumidores reforça a percepção de que estamos iniciando a *era do consumidor*[1]. Da mesma maneira que vivenciamos a transformação da sociedade como um todo, o varejo passa por mudanças de rapidez e profundidade nunca vistas. Neste capítulo, analisaremos as características do varejo e as principais tendências observadas neste início de milênio.

Aprendendo um pouco mais...

Varejo na Antiguidade

Ao mesmo tempo que convivemos com tantas novidades e avanços tecnológicos, é curioso observar que a estrutura básica do varejo é bastante similar à encontrada em comunidades da Antiguidade. Como exemplo, podemos citar as ruínas de Éfeso, cidade da antiga Grécia localizada onde hoje é a Turquia, que nos permitem constatar o quanto a sua estrutura comercial era similar à existente hoje em dia em várias de nossas cidades.

No centro de Éfeso, havia uma espécie de "calçadão", onde funcionava o comércio principal e para onde convergiam os clientes da periferia. Um pouco afastado dali havia um grande mercado, naturalmente situado próximo ao porto, principal via de distribuição e abastecimento da época. Esse mercado, com uma ampla área central e lojas ao redor, lembra muito os *shopping centers* atuais.

Visitando essas ruínas e considerando a importância de Éfeso em sua época, não podemos deixar de refletir sobre a efemeridade das coisas e a necessidade da constante busca de aprimoramento e adaptação às mudanças. E assim também é o mundo do varejo, mudando velozmente graças aos recursos tecnológicos do novo milênio.

[1] Esse foi o tema central da Convenção da Associação Brasileira de Supermercados de 2000, o segundo maior evento do mundo no setor, e também de uma interessante palestra do prof. David Bell.

6.2 O PAPEL DO VAREJO NA ESTRUTURA DE DISTRIBUIÇÃO

A Figura 6. 1 apresenta, simplificadamente, as etapas que um produto percorre desde o fabricante até o consumidor final.

Figura 6.1
Estrutura de canais de distribuição

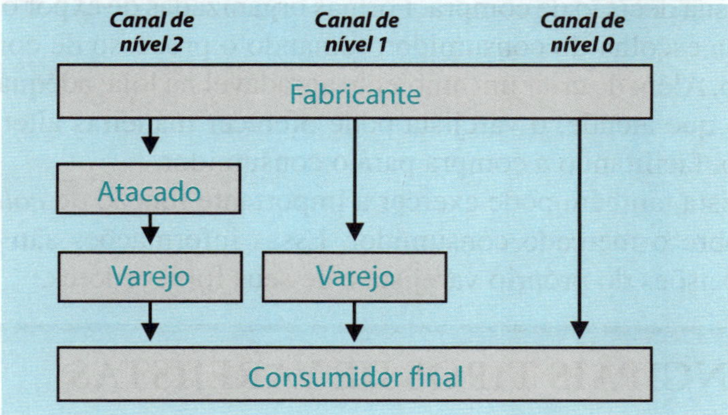

O **canal de nível zero** (ou distribuição direta — veja o Capítulo 5) consiste na distribuição do produto ou serviço diretamente do fabricante para o consumidor final. Como veremos mais adiante, esse tipo de situação ocorre particularmente quando temos lojas de fábrica ou quando a venda é feita pelo próprio fabricante, por meio da Internet, por mala direta ou venda de porta em porta.

O **canal de nível l** (ou distribuição indireta — veja o Capítulo 5) consiste na distribuição por um intermediário, no caso, um varejista, que comercializa o produto até o consumidor final. No **canal de nível 2**, o fabricante vende a um atacadista, que, por sua vez, revende ao varejista, que se encarrega de fazer o produto chegar ao consumidor final.

Assim, o **atacadista** compra produtos ou serviços do fabricante para revender aos varejistas. Os atacadistas exercem um papel muito importante, principalmente no abastecimento do pequeno varejo, para os quais a indústria não vende diretamente.

O **varejista** é o intermediário que se encarrega de realizar a venda para os consumidores finais — os que farão uso pessoal do produto. As vendas do varejo são feitas principalmente por unidade ou pequenos lotes.[2]

Canal de nível zero é aquele em que a distribuição do produto ou serviço é feita diretamente do fabricante para o consumidor final.

Canal de nível 1 é aquele em que existe um intermediário, no caso, um varejista, que comercializa o produto até o consumidor final.

Canal de nível 2 é aquele no qual o fabricante vende a um atacadista, que, por sua vez, revende ao varejista, que se encarrega de fazer o produto chegar ao consumidor final.

Atacadista é aquele que compra produtos ou serviços do fabricante para revender aos varejistas.

Varejista é o intermediário que se encarrega de realizar a venda para os consumidores finais.

6.3 A FUNÇÃO DO VAREJO

Cabe ao varejista manter o estoque dos produtos que comercializa, oferecendo *variedade* aos seus consumidores. Ao mesmo tempo, ele presta um serviço aos fabricantes, ao distribuir os seus produtos. As grandes redes de hipermercados, como Carrefour ou Extra, chegam a trabalhar com cerca

[2] Baseado em KOTLER, Philip. *Administração de marketing*: análise, planejamento, implementação e controle. São Paulo: Atlas, 1998, p. 493.

de 50 a 100 mil itens diferentes. Outras lojas podem ser reconhecidas pelos consumidores pela especialização em uma determinada variedade de produtos. Assim, lojas como a Prego e a Capodarte são reconhecidas pela variedade de calçados finos; a Alô Bebê, pela linha de produtos infantis; a Mrs. Spiegel, pela moda feminina; e a São Nicolau, pela roupa masculina tradicional.

Além de vender *pequenas quantidades* ao consumidor final, o varejista agrega valor ao produto ou serviço que comercializa. Uma loja de produtos de informática deverá ter atendentes capazes de orientar e esclarecer o cliente em sua decisão de compra. Formas organizadas de expor os produtos auxiliam na escolha do consumidor, tomando o processo de compra mais satisfatório. Além de criar um ambiente agradável na loja, adequado ao tipo de público que atende, o varejista pode oferecer maneiras alternativas de pagamento, facilitando a compra para o consumidor.

O varejista também pode exercer a importante função de *coletar informações* sobre o mercado consumidor. Essas informações são úteis para orientar decisões do próprio varejista e de seus fornecedores.

6.4 PRINCIPAIS TIPOS DE VAREJISTAS

O varejo é um mundo fascinante de formas e opções que expressam a diversidade do pensamento humano por meio de tipos diferentes de lojas e de uma infinidade de produtos e serviços. Desde o místico mercado central com milhares de lojas no centro do Cairo até os grandes e modernos hipermercados, ou até mesmo a venda pela Internet, encontramos as mais diferentes características de comércio. São muitas as tentativas de classificar os tipos de varejo e todas elas, por mais completas que sejam, revelam-se limitadas diante da realidade que encontramos nas ruas. Ainda assim, são muito úteis para que possamos ordenar o conhecimento existente sobre o assunto.

Neste tópico, vamos analisar não só os principais tipos de varejista, mas também os conceitos de localização. Abordaremos o tema dessa maneira por acreditar que assim é possível ampliar a percepção sobre as características do varejo e suas tendências.

6.4.1 TIPOS DE VAREJO

Figura 6.2
Tipos de varejo

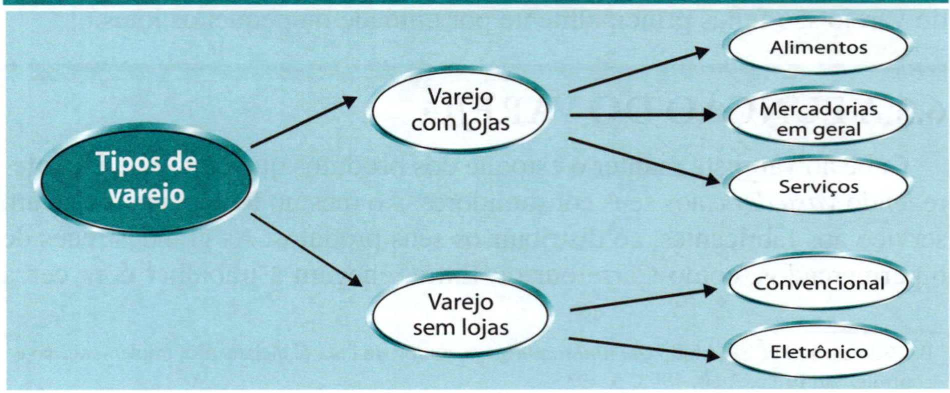

Os principais tipos de varejo podem ser visualizados na Figura 6.2. Analisaremos o *varejo com lojas,* segmentado em varejistas de alimentos, de mercadorias em geral e de serviços. Quanto ao *varejo sem lojas,* ele está dividido em convencional e eletrônico.

6.4.1.1 O VAREJO COM LOJAS

Analisaremos o varejo com lojas considerando a seguinte classificação:

- varejistas de alimentos;
- varejistas de mercadorias em geral; e
- varejistas de serviços.

Dentre os **varejistas de alimentos,** os tipos de lojas que se destacam são: supermercados, empórios e mercearias; superlojas; lojas de conveniência; padarias, e lojas de desconto.

Os **empórios** e **mercearias** são pequenas lojas com variedade limitada de produtos, nas quais o atendimento é realizado, muitas vezes, pelo próprio dono. Esse tipo de loja foi responsável pela maior parte das vendas de alimentos no Brasil até o início da década de 1970. Foi nessa época que o conceito de autosserviço, ou seja, lojas em que o consumidor se serve e efetua o pagamento na saída do estabelecimento, começou a se disseminar intensamente com os **supermercados**, um tipo de loja introduzido no Brasil na década de 1950 e que cresceu aceleradamente a partir de meados dos anos 1970. Data dessa época o início da formação de grandes redes como Pão de Açúcar, Sendas e Bompreço, além da chegada do Carrefour, marcas ainda muito fortes em nosso país.

Empórios e **mercearias** são pequenas lojas com variedade limitada de produtos — basicamente os chamados secos e molhados — nas quais o atendimento é realizado, muitas vezes, pelo próprio dono.

Supermercado é um tipo de loja com cerca de 700 m² e 2.500 m² de área de venda, composto de seções como mercearia, açougue, frios e laticínios, frutas e verduras e uma linha básica de não alimentos, como produtos de limpeza, perfumaria e utensílios domésticos.

Atualmente, os supermercados representam aproximadamente 87% da distribuição de alimentos no país. Embora ainda existam cerca de 250 mil empórios e mercearias espalhados pelo país, eles representam apenas 15% da distribuição de alimentos.[3]

Um supermercado é composto de seções como mercearia, açougue, frios e laticínios, frutas e verduras e uma linha básica de não alimentos, como produtos de limpeza, perfumaria e utensílios domésticos. São lojas cuja área de vendas costuma ter entre 700 m² e 2.500 m². Com a concorrência crescente verificada nos últimos anos, os supermercados têm disponibilizado cada vez mais produtos que oferecem conveniência e praticidade aos consumidores, como pratos prontos e semiprontos, congelados, rotisseria, padaria e, em algumas lojas, até lanchonete.

O setor passa por uma tendência de concentração de negócios; nos últimos anos, têm sido numerosas as aquisições de redes de lojas em diversas regiões do Brasil. Além das aquisições, a abertura de novas lojas fez com que as cinco maiores redes do país, que representavam 27% do mercado em 1996, crescessem para aproximadamente 41 % em 2000, movimentando juntas cerca de R$ 30 bilhões.

---

[3] Considerações baseadas em dados da AC Nielsen. *Estrutura e comportamento do varejo brasileiro.* São Paulo, 2000.

Explore mais

Visite o *site* da Associação Brasileira de Supermercados (www.abrasnet.com.br) e analise os dados de desempenho atuais das empresas desse setor. Para uma percepção de tendências no exterior, visite o *site* do Food Marketing Institute (www.fmi.org.br).

A entrada de capital estrangeiro também foi fator determinante para a concentração de negócios. Além da chegada do grupo francês Carrefour, presente no Brasil desde os anos 1970, o Pão de Açúcar recebeu investimentos do Casino (França), o Bompreço foi adquirido pelo Ahold (Holanda) e o Sonae (Portugal) comprou várias redes de supermercados, particularmente no Sul do país. Também o Wal Mart (Estados Unidos) realizou investimentos no Brasil, passando a constar entre as dez maiores redes de supermercados.

É muito interessante observar que, se, por um lado, houve uma concentração de negócios em grandes empresas, por outro, também ocorreu o fortalecimento do médio e pequeno varejo. Entre as redes consideradas médias, estão várias que na realidade são fortes em suas regiões de atuação. Alguns dos exemplos do início de milênio são empresas como a Coop, com presença marcante na região do ABC; a Savegnago, em Ribeirão Preto; a Modelo, em Cuiabá; a Nordestão, em Natal; a Condor e a Muffato, no Paraná, e assim por diante. São muitas as empresas que, apesar do avanço das grandes redes nacionais, permanecem lutando em seus mercados regionais e obtendo bons resultados.

Explore mais

Pão de Açúcar (www.grupopaodeacucar.com.br); Carrefour (www.carrefour.com); Condor (www.condor.com.br).

Comumente orientado para a concorrência baseada em preços e ofertas, o setor de supermercados tem buscado cada vez mais a diferenciação das lojas por meio de novos formatos, da ênfase em atendimento e de investimentos em tecnologia e informação. Os recursos tecnológicos, como o cartão inteligente, que armazena os dados e o perfil de cada cliente, trazem de volta — sob certo aspecto — o atendimento personalizado típico das antigas mercearias, cujos proprietários conheciam seus clientes pelo nome. Entre os cartões inteligentes está o *Cartão Mais*, do Pão de Açúcar, que armazena dados sobre o perfil e o comportamento de compra de seus clientes.

Aprendendo um pouco mais...

Grandes indústrias vão atrás do pequeno varejo

Para não ficarem restritas às encomendas de grandes redes de supermercados e hipermercados, as indústrias têm adotado alternativas para chegar ao pequeno varejo. Empresas como Tostines, Garoto, Bombril, Nestlé, Melhoramentos e Gessy Lever intensificaram a parceria com as *lojas de vizinhança*. Estas, por sua vez, enxergam a oportunidade não só de obter preços melhores, mas também de conseguir colocar um número maior de produtos e lançamentos nas prateleiras.

> O supermercado Niterói passou a receber diretamente da Garoto toda a linha de produtos e — melhor ainda — sem exigência de volume mínimo de compras. A loja situada no Bosque da Saúde, bairro da cidade de São Paulo, com apenas 300 m² de área de venda, passou a receber maior variedade com uma economia de 5% nos preços.
>
> A Van den Bergh, divisão de alimentos da Gessy Lever, terá até mesmo uma nova estratégia para pulverizar mais as suas vendas, a fim de conquistar parte dos mais de 300 mil pontos ainda não atingidos, que inclui não só supermercados, mas também bares e mercearias.
>
> A mãozinha para fazer a ponte diretamente com a indústria surge também com a Internet. Tradicionalmente, os pequenos supermercados ficavam à espera dos vendedores da indústria. Agora, podem fazer os primeiros pedidos via *e-mail*. A compra diretamente da indústria pode representar preço até 10% mais barato e maior facilidade de trocas[4].

Superlojas. São lojas de maior porte, com área de vendas variando entre 3.000 m² e 5.000 m². Com tais dimensões, as superlojas tendem a ampliar a linha de não alimentos, perecíveis, lanchonetes e pratos prontos. Algumas lojas da Coop e do Grupo Pão de Açúcar são exemplos de *superlojas*.

Superlojas são lojas de maior porte, com área de vendas variando entre 3.000 m² e 5.000 m², que tendem a ampliar a linha de não alimentos, perecíveis, lanchonetes e pratos prontos.

Lojas de conveniência. Com a maior participação das mulheres no mercado de trabalho e o volume crescente de atividades típicas da vida moderna, muitos consumidores passam a dispor de menos tempo para as compras, privilegiando a conveniência. As lojas de conveniência oferecem uma variedade limitada em um ambiente de 50 m² a 250 m², e em geral seus preços são mais elevados do que os de um supermercado típico. A principal atração é uma localização conveniente, funcionamento 24 horas, bebidas refrigeradas, pratos congelados, cigarros, lanches e a possibilidade de uma compra feita em pouco tempo.

Lojas de conveniência são lojas varejistas que oferecem uma variedade limitada de produtos em um ambiente de 50 m² a 250 m², e cujos preços em geral são mais elevados do que os de um supermercado.

No mercado brasileiro, as *lojas de conveniência* típicas são muito encontradas em postos de gasolina. Alguns exemplos são marcas como Select, AM PM e Star Shop.

Padarias. De certa forma, as padarias representam uma imensa rede de lojas que oferecem conveniência em milhares de pontos espalhados pelo país, em geral, com área de vendas entre 50 m² e 250 m². Baseadas na produção do tradicional pão quentinho, as padarias vêm enfrentando crescente concorrência dos super e hipermercados. Muitas delas estão ampliando a sua variedade, incluindo uma área de autosserviço, em que os clientes podem comprar produtos como biscoitos, salgadinhos, chocolates, confeitos e até pratos prontos congelados. Ainda assim, muitas padarias, incapazes de adaptar-se aos novos tempos, estão fechando as portas. De qualquer forma, este é seguramente um segmento de varejo que faz parte do hábito dos brasileiros e deverá continuar ocupando o seu espaço nos próximos anos.

Padarias são lojas que oferecem conveniência em milhares de pontos espalhados pelo país, em geral, com uma área de vendas entre 50 m² e 250 m².

Cada um de nós tem referência de uma padaria ou confeitaria preferida nas imediações de sua residência. Apenas para citar alguns exemplos, os moradores de São Paulo provavelmente se lembram da Santa Marcelina e

[4] Baseado em ANDRÉA, Háfez. Grandes indústrias vão atrás do pequeno varejo. *Gazeta Mercantil*, 15 ago. 2000, p. A7.

da Di Cunto; os frequentadores da região de Sorocaba certamente conhecem a Padaria Real, e assim por diante.

Explore mais

Di Cunto (www.dicunto.com.br);
Padaria Real (www.padariareal.com.br).

Lojas de desconto são lojas com cerca de 200 m^2 a 400 m^2 que oferecem uma variedade reduzida de itens, localizam-se em bairros de menor poder aquisitivo e dão ênfase a preços baixos.

Lojas de desconto. São lojas com cerca de 200 m^2 a 400 m^2, com uma variedade reduzida a cerca de 500 a 800 itens; localizadas geralmente em bairros de menor poder aquisitivo, dão ênfase em preços baixos. As instalações são simples e econômicas, e a exposição dos produtos é feita nas embalagens dos próprios fornecedores. Esse tipo de loja foi muito desenvolvido pelo Pão de Açúcar durante a década de 1980, com a marca Minibox. No início dos anos 1990, o grupo optou por fechar, vender ou transformar cerca de 400 lojas desse formato.

As lojas de desconto estão ressurgindo no Brasil com redes como Econ e Balaio, marca pertencente ao Bompreço. Grandes empresas estão estudando outros investimentos nesse formato de loja, muito bem-sucedido nos Estados Unidos e na Europa.

Os **varejistas de mercadorias em geral** trabalham com outros tipos de produtos além de alimentos e são caracterizados por diferentes formatos de lojas. Os principais formatos que abordaremos são: lojas especializadas, hipermercados e *supercenters,* lojas de departamentos, lojas especialistas em categorias, clubes atacadistas, pontas de estoque e varejista de preço único.

Lojas especializadas são aquelas que se concentram em uma categoria de produtos específica, geralmente trabalham com nível de movimento mais alto em área de vendas relativamente pequena, inferior a 500 m^2.

As **lojas especializadas** caracterizam-se por se concentrarem em uma categoria de produtos específica e, eventualmente, em alguns produtos complementares. Normalmente, trabalham com nível de serviço mais alto, em uma área de vendas relativamente pequena, inferior a 500 m^2. Os consumidores vão a essas lojas quando buscam produtos específicos ou desejam o atendimento de um vendedor mais especializado.

São inúmeros os exemplos que podemos dar de lojas especializadas, como drogarias, joalherias, óticas, lojas de calçados, de móveis, de artigos musicais, de autopeças. Algumas assumem um papel de superespecialistas, como a Camisaria Varca e a Casa Eurico, a "Casa dos Pés Grandes", que vendem produtos com numeração acima da convencional.

Hipermercados são lojas com área de vendas na faixa de 7.000 m^2 a 16.000 m^2, que oferecem grande variedade de produtos a preços competitivos, possuem uma completa área de alimentos, e uma ampla variedade de não alimentos.

Os **hipermercados** são lojas com área de vendas na faixa de 7.000 m^2 a 6.000 m^2, grande variedade de produtos a preços competitivos. Além de uma completa área de alimentos, os hipermercados vendem ampla variedade de não alimentos, como eletroeletrônicos, eletrodomésticos, confecções, CDs, materiais de informática, linha automotiva, perfumaria etc. É bastante comum a integração do chamado varejo complementar aos hipermercados, com a instalação de vários estabelecimentos, como lanchonetes, lavanderia, cabeleireiro, lotérica, banco 24 horas, sapataria, farmácias e bancas de revistas. Lojas como Extra, Carrefour, Big e Wal Mart são exemplos típicos desse tipo de loja no Brasil.

Com esse conceito, os hipermercados também atendem aos consumidores que valorizam a conveniência, propiciando a realização de todas as compras num único local. É um formato que se expandiu nos últimos anos no Brasil, embora atualmente seja cada vez mais difícil encontrar espaços com potencial para a abertura de novas lojas desse porte.

Os ***supercenters*** seguem o mesmo conceito básico dos hipermercados, mas são lojas com área de vendas menor, na faixa de 5.000 m² a 8.000 m². Algumas do Extra e do Big, de menor porte, são exemplos de *supercenters*.

Supercenters são lojas com área de vendas de 5.000 m² a 8.000 m², oferecem grande variedade de produtos a preços competitivos, e possuem áreas de alimentos e de não alimentos.

As **lojas de departamentos** vendem, em geral, várias linhas de produtos diferentes, como moda feminina, masculina e infantil, móveis, eletrônicos, eletrodomésticos, aparelhos de TV e utilidades domésticas. Cada linha de produtos é operada como um departamento, com estrutura própria de compras e vendas. As grandes lojas de departamentos no Brasil passaram por momentos particularmente difíceis, com a quebra de empresas como Mappin e Mesbla e a concorrência crescente dos hipermercados. Essas empresas tinham lojas com área de vendas que ia de 3.000 m² até mais de 20.000 m².

Lojas de departamentos são lojas que vendem várias linhas de produtos diferentes, sendo que cada uma é operada como um departamento, com uma estrutura própria de compras e vendas.

Atualmente, as lojas de departamentos vêm recebendo crescentes investimentos nacionais e estrangeiros. A maior parte está situada em *shopping centers* como **loja âncora**, ou seja, uma loja de grande porte ou de marca forte que funciona como importante atrativo para o *shopping*. A Renner, empresa controlada pela norte-americana J. C. Penney desde 1998, está expandindo seus negócios no país, aproveitando vários pontos deixados pelo Mappin.

Loja âncora é uma loja de grande porte ou de marca forte que funciona como importante atrativo para o *shopping*.

C&A (Holanda), Riachuelo e Pernambucanas são exemplos de lojas de departamentos de menor porte, mas maiores em termos de variedade, que apresentam tendência de crescimento. Esse tipo de loja, quando mais concentrado em uma linha de produtos e com uma área menor, cerca de 1.000 m² a 3.000 m², também é conhecido como **magazine**.

Magazines são lojas de departamentos de menor porte e maior especialização, com cerca de 1.000 m² a 3.000 m².

Explore mais

Renner (www.lojasrenner.com.br);
C&A (www.cea.com.br);
Riachuelo (www.riachuelo.com.br).

Lojas especializadas em categorias. São lojas de descontos que oferecem variedade limitada, mas grande sortimento na linha que comercializa. Centradas em produtos específicos, trabalham com preços baixos devido às pequenas margens praticadas e ao alto volume de vendas, em geral, de marcas nacionais. Podem ser encontradas lojas especializadas em produtos como brinquedos, materiais esportivos, produtos eletrônicos, eletrodomésticos e livros.

Lojas especializadas em categorias são lojas de descontos que oferecem uma variedade limitada, mas grande sortimento na linha de produtos que comercializa.

Ao oferecer um sortimento completo de determinada categoria e preços baixos, as especialistas em categorias chegam a inviabilizar que outros varejistas trabalhem com esses produtos em sua região de influência. Dessa forma, são também conhecidas como "matadores da categoria". Esse conceito é muito forte no mercado norte-americano, mas ainda não muito difundido no Brasil.

Lojas como Casas Bahia podem ser consideradas um exemplo que se aproxima desse conceito.

Explore mais

Casas Bahia (www.casasbahia.com.br).

Clubes atacadistas são lojas que vendem, a preços baixos, uma linha limitada de produtos a associados que pagam uma anuidade.

Clubes atacadistas. São lojas cuja área de vendas varia de 5.000 m² a 12.000 m². Vendem uma linha limitada de produtos, como alimentos, eletrodomésticos, artigos de papelaria e informática, aparelhos de TV e vários outros, inclusive roupas. O objetivo é oferecer preço baixo a associados que pagam uma anuidade. O público-alvo é o pequeno comerciante e famílias grandes. As instalações lembram muito um armazém rústico, com poucos serviços, para poder operar com custos reduzidos. Os grandes volumes e o baixo custo da mão de obra viabilizam preços mais baixos. O Sam's Club é um exemplo típico de clube atacadista no Brasil.

Explore mais

Sam's Club (www.samsclub.com.br).

Pontas de estoque são lojas que vendem a preços baixos produtos fora de estação, com pequenos defeitos ou pouca variedade.

Pontas de estoque. São lojas que trabalham com produtos fora de estação, com pequenos defeitos ou pouca variedade. O diferencial está na prática de preço efetivamente baixo.

Varejistas de preço único são lojas que vendem uma grande variedade de produtos, ofertada pelo mesmo preço.

Varejistas de preço único. A partir do Plano Real, com a estabilização de nossa moeda, percebeu-se um significativo crescimento das lojas de preço único no Brasil. O conceito é simples: todos os produtos encontrados na loja são vendidos pelo mesmo preço, por exemplo, R$ 1,99.

Diariamente utilizamos os mais variados tipos de serviços, em diversas circunstâncias, como serviços bancários, seguros, transporte aéreo, aluguel de automóveis, cartões de crédito, educação, academias, hotéis, imobiliárias, restaurantes, lanchonetes, aluguel de fitas de vídeo etc.

Com o crescimento da concorrência, as empresas de serviços usam, cada vez mais, técnicas características do varejo para conquistar seu espaço no mercado e buscar a satisfação de seus clientes. São os **varejistas de serviços**.

De certa forma, todos os varejistas oferecem algum tipo de serviço aos seus clientes. No entanto, o que muda é a ênfase dada ao serviço, conforme o tipo de loja. Um clube atacadista, como o Sam's Club, por exemplo, oferece um nível de serviços bem menor do que o oferecido por uma companhia aérea como a TAM. Isso é natural, uma vez que é inerente ao tipo de varejo que estamos considerando.

Um dos pontos mais críticos dos serviços é o fator *intangibilidade.* Quando você vai a um cinema, existe uma expectativa em relação à qualidade do filme, mas não há um bem físico que você passará a possuir — apenas a sensação resultante do prazer de assistir ao filme.

Uma agência de viagens irá vender um roteiro de férias ao seu cliente, mas este não poderá dimensionar exatamente o que vai encontrar, a não ser que já conheça o local de destino.

Além disso, o serviço termina no momento em que é realizado. Em um restaurante, após a refeição, está concluído o serviço, e, por mais que haja um padrão de atendimento, os garçons estão sujeitos a oscilações de humor e poderão oferecer serviços muito diferentes, conforme a ocasião. Assim, um dos grandes desafios do varejista de serviços é conseguir alcançar padrão de qualidade elevado e consistente, conforme as expectativas dos seus clientes.

Alguns restaurantes vão além na criação de um ambiente único e diferenciado. O Rainforest, por exemplo, proporciona aos seus clientes a experiência única de fazer uma refeição em ambiente que reproduz uma selva.

Rainforest (www.rainforest.com);
TGI Friday's (www.tgifrydays.com);
Planet Hollywood (www.planethollywood.com).

Explore mais

Aprendendo um pouco mais...

O caso Hopi Hari

Há cerca de 14 anos, Jacob Federman e seus filhos adquiriram 120 alqueires de terras ao redor de Itupeva, na região de Campinas. No início dos anos 1990, a família decidiu investir em entretenimento e lazer. Após amplos estudos sobre oportunidades de negócios na região, a família percebeu que era hora de apostar em serviços e entretenimento, atividades que estavam crescendo no país. O empreendimento incluía um *shopping center*, parques de diversões e hotéis. O resultado prático começou em 1992, com a inauguração do SerrAzul, primeiro *shopping* suspenso da América Latina, com uma área de 4.000 m^2 sobre a rodovia dos Bandeirantes. O projeto arquitetônico foi eleito, em 1990, o melhor do país em estrutura metálica. Ao custo de R$ 20 milhões, o *shopping* foi construído para ser uma ferramenta de marketing suficientemente atraente para captar os investimentos idealizados pelos empreendedores.

A estratégia deu certo. Em maio de 1995, foram iniciadas as duas obras de maior peso: os parques Hopi Hari (temático) e Wet'n Wild (aquático), que somaram investimentos de US$ 420 milhões. Em julho de 1999, o Hopi Hari festejou a visita de 1 milhão de pessoas em oito meses e em dois anos consecutivos, 2002 e 2003, foi considerado o melhor parque temático do Brasil.

O retorno desse investimento está previsto para o sexto ano de funcionamento, quando o empreendimento deverá estar estabilizado em 3,5 milhões de visitas anuais, gerando uma receita de R$ 120 milhões. Faz parte da estratégia de expansão a implantação de quatro hotéis, um conjunto residencial de alto padrão e a inauguração de um *zoo park*.

Visite o *site*: www.hopihari.com.br

Fonte: FRANCO, Luciana. Bons negócios às margens da Anhanguera-Bandeirantes. *Gazeta Mercantil*. São Paulo, 7 ago. 2000.

6.4.1.2 O VAREJO SEM LOJAS

Conforme vimos, classificamos o varejo sem lojas em dois tipos: convencional e eletrônico. Abordaremos a seguir os principais tipos de varejo sem lojas denominado convencional.

Os principais tipos de **varejo sem lojas convencional** que consideraremos são classificados em:

- venda direta;
- venda por catálogos e mala direta;
- televendas;
- venda pela televisão;
- máquinas de venda;
- marketing direto integrado.

A seguir, analisaremos as principais características desses tipos de varejo.

Venda direta. A origem da venda direta talvez se confunda com a origem do comércio em si. São vendedores que entram em contato direto com o consumidor, apresentando produtos ou serviços porta a porta, nas residências e nos locais de trabalho. A Avon, maior empresa de cosméticos do mundo, é um bom exemplo de empresa de venda direta. Mais de 300 mil vendedoras visitam as regiões mais distantes do país vendendo seus produtos.

Venda direta é a venda em que os vendedores entram em contato direto com o consumidor.

Outros exemplos de empresas que utilizam esse tipo de venda são a Natura, a Tupperware e a Amway.

Explore mais

Visite os *sites* da Avon (www.avon.com.br); Natura (www.natura.com.br); Tupperware (www.tupperware.com.br); Amway (www.amway.com.br), e compare a forma de organização de vendas dessas empresas.

Venda por catálogos e mala direta é a venda efetuada a partir de um catálogo ou folheto enviado pelo correio.

Televendas é o tipo de venda realizada a partir de um contato telefônico, oferecendo-se um produto ou serviço.

Venda pela televisão é aquela em que a apresentação do produto ou loja é feita por esse meio, estimulando o cliente a entrar em contato por telefone para efetuar a compra.

Venda por catálogos e mala direta. Trata-se da venda efetuada a partir de um catálogo ou folheto enviado pelo correio. No Brasil, esse tipo de varejo costuma ser utilizado por empresas de turismo, que oferecem pacotes de viagens, e na venda de assinaturas de revistas, TV por assinatura etc. No catálogo ou folheto consta o número de um telefone ou carta-resposta para concretizar a venda.

Televendas. É a venda realizada a partir de um contato telefônico, oferecendo-se um produto ou serviço. O telemarketing é utilizado por bancos, administradoras de cartão de crédito, assinaturas de jornais e revistas etc.

Venda pela televisão. Um canal de vendas que se desenvolveu bastante no Brasil, nos últimos anos, é a venda pela televisão, em que é feita a apresentação de um produto ou uma loja, estimulando o cliente a entrar em contato por um número de telefone. Alguns programas desenvolveram-se especificamente a partir desse conceito de venda, como o Shop Tour, por exemplo.

Explore mais

Shop Tour (www.shoptour.com.br).

Máquinas de venda são máquinas para venda de produtos por meio de inserção de moeda ou ficha.

Marketing direto integrado é a combinação de diversos esforços de marketing em uma mesma campanha, para ampliar o impacto desejado.

Varejo sem lojas eletrônico é um tipo de varejo que realiza divulgação de produtos, serviços, informações e venda por meio da rede mundial de computadores.

Máquinas de venda. São máquinas automáticas, muito utilizadas em locais de grande fluxo de pessoas, para venda de produtos como refrigerantes, salgadinhos e chocolates. A compra é feita automaticamente, com a inserção de uma moeda ou ficha.

Marketing direto integrado. Muitas vezes o uso isolado de canais de vendas como os que foram citados anteriormente é insuficiente para obter os resultados esperados. O marketing direto integrado combina diversos esforços em uma campanha, de forma a ampliar o impacto desejado. Dessa forma, uma mala direta pode ser acompanhada de um telefonema ou da visita de um vendedor, para estimular ainda mais o fechamento da venda.

A importância crescente do **varejo sem lojas eletrônico** está expressa em todos os tópicos anteriores, por meio das próprias indicações de endereços da Internet que foram aqui apresentados como sugestões de visitas. Muitos outros endereços poderiam ter sido acrescentados às sugestões feitas, reforçando ainda mais essa percepção.

O varejo eletrônico tende a afetar as outras formas de venda, particularmente aquelas que definimos como varejo sem lojas convencional.

O varejo eletrônico é acima de tudo uma mídia para divulgação de produtos, serviços, informação e venda.

O varejo eletrônico apresenta, sem dúvida, expressiva tendência de crescimento em nosso país. Os novos recursos tecnológicos permitem a realização de compras cada vez mais seguras e confiáveis.

Embora esse canal de vendas abra uma perspectiva de negócios para muitos novos empreendedores, as empresas com lojas são as que mais vêm obtendo resultados e volume de negócios com o uso da Internet. A razão para isso parece ser simples: são empresas que já têm uma marca forte em meio ao público consumidor e, além disso, dispõem de uma estrutura de distribuição já montada, o que é um ponto de estrangulamento para novas empresas, que não estão estruturadas para fazer o produto chegar até o consumidor.

Aprendendo um pouco mais...

Compras pela Internet revolucionam o varejo

Em 1999, as compras *online* triplicaram, mas representaram apenas 1% do total das vendas a varejo (*business-to-consumer*), nos Estados Unidos, e mal chegam a 10% do faturamento de outro método de vendas a distância em uso há um século: o catálogo.

Por outro lado, as transações entre empresas (*business-to-business*) aliam vantagens de economia e custos. Atualmente, essas transações são responsáveis por cerca de 80% de todo o comércio eletrônico, que, segundo a Forrester Research, empresa de consultoria de Internet, excedeu US$ 150 bilhões no ano passado. A Forrester prevê que até 2003 esse dado poderá superar US$ 3 trilhões.

As vendas a varejo pela Internet estão concentradas principalmente em alguns tipos de bens, como livros, CDs e produtos de informática. Em alguns setores, a Internet não deverá conquistar mais do que poucos pontos percentuais, mas mesmo uma pequena parcela poderá começar a ter um grande efeito. No setor de turismo, por exemplo, em que as margens já são pequenas, uma redução de 2% a 3% poderá significar o fim de muitas agências de viagens.

Pesquisa da Ernst & Young indica que, em 1999, 17% dos lares nos Estados Unidos, ou seja, cerca de 39 milhões de norte-americanos, fizeram compras *online* e quase a metade deles gastou US$ 500 ou mais. As estimativas para a representatividade do comércio eletrônico variam muito. Até 2010, a Goldman Sachs prevê que as vendas poderão chegar a 15% ou 20% do varejo.

Uma interessante comparação pode ser feita com o surgimento das vendas por catálogo, no fim do século XIX. No início, esse segmento cresceu cerca de 25% ao ano no mercado norte-americano. Depois se estabilizou e hoje representa 10% das vendas a varejo nos Estados Unidos.

Fonte: Compras pela Internet revolucionam o varejo, *Gazeta Mercantil*, 29 fev. 2000.

6.4.2 FORMAS DE ORGANIZAÇÃO

Outra maneira de analisarmos os varejistas é pela forma de organização, que pode ser classificada conforme a Figura 6.3.

Figura 6.3
Formas de organização

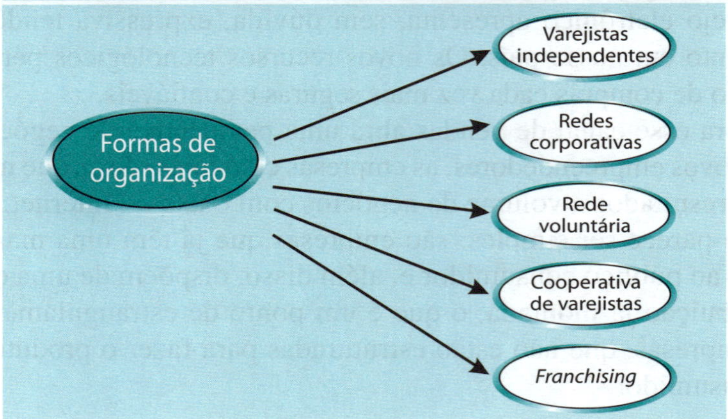

Varejistas independentes são empreendedores de pequeno porte que gerenciam as lojas pessoalmente.

Varejistas independentes são empreendedores de pequeno porte que gerenciam as lojas pessoalmente. Muitas vezes com uma gestão familiar, o dono convive com os clientes, proporcionando atendimento personalizado. No Brasil, por exemplo, existem cerca de 250 mil empórios e mercearias e 300 mil bares, que, em sua maioria, podem ser caracterizados como varejistas independentes.

Redes corporativas são empresas de varejo com duas ou mais lojas, geralmente com propriedade e administração centralizadas, e que comercializam uma linha de produtos similares.

As **redes corporativas** são empresas de varejo com duas ou mais lojas, geralmente com propriedade e administração centralizadas, e que comercializam uma linha de produtos similares. As redes corporativas existem em todos os tipos de varejo e são peculiares ao próprio processo de crescimento da empresa. São exemplos de redes corporativas empresas como Pão de Açúcar, Drogaria São Paulo, Wal Mart e Casas Pernambucanas.

Rede voluntária é um grupo de varejistas independentes ou pequenas redes corporativas "patrocinados" por um atacadista que centraliza a compra em grandes lotes.

Um exemplo muito interessante de organização varejista que está se desenvolvendo no Brasil é a **rede voluntária**. Esse tipo de organização consiste de um grupo de varejistas independentes ou pequenas redes corporativas, "patrocinados" por um atacadista que centraliza a compra em grandes lotes. Organizações como a International Grocery Alliance (IGA), que está se desenvolvendo no Brasil, oferecem suporte aos seus associados em todo o processo de gestão da loja, desde a escolha do ponto até as decisões de *layout* e *merchandising*.

Explore mais

IGA (www.igainc.com, www.iga.com.br, www.modeloiga.com.br).

Cooperativa de varejistas é a reunião de varejistas independentes que criam uma organização para realizar compras conjuntas e até adotar esforços de *merchandising* em conjunto.

A **cooperativa de varejistas** consiste na reunião de varejistas independentes que criam uma organização para realizar compras conjuntas e até adotar esforços de *merchandising* em conjunto. O projeto Sincovagas, que reúne cerca de 150 pequenos varejistas na região da Grande São Paulo, é um exemplo desse tipo de organização.

Em várias cidades de médio e grande porte do Brasil, existem grupos de varejistas que se reuniram dessa forma, constituindo centrais de compras. É uma maneira de conseguir melhores condições de competir diante do avanço das grandes redes. Alguns exemplos de cidades onde existem organizações desse tipo são Curitiba, Campo Grande, Vitória e Juiz de Fora.

O sistema de **franquias** (ou ***franchising***) é baseado em um contrato feito entre um franqueador e um franqueado. O franqueador pode ser um fabricante, um varejista ou um prestador de serviço que cede ao franqueado o direito de operar um ponto de venda utilizando o sistema de trabalho, a marca e o formato desenvolvido pelo franqueador.

Franquia é a forma de organização de varejo baseada em um contrato feito entre um franqueador e um franqueado, no qual aquele cede a este o direito de operar um ponto de venda utilizando-se do seu sistema de trabalho, marca e formato originais.

Um dos grandes exemplos de expansão por sistema de franquias é a lanchonete McDonald's, com milhares de lojas em todo o mundo com o mesmo padrão básico estabelecido pelo sistema de operações da matriz. Embora existam algumas adaptações à cultura vigente em diferentes países, um McDonald's é reconhecido em qualquer lugar do mundo, pela sua linha de produtos e pelo padrão de trabalho, tanto em Paris, onde a fachada lembra um café parisiense, como em Amsterdã, na Turquia ou na avenida que leva às pirâmides do Egito.

Há vários outros exemplos de franquia: Pizza Hut, Amor aos Pedaços, O Boticário, Dunkin Donuts etc.

Explore mais

McDonald's (www.mcdonalds.com).
Visite o *site* da Associação Brasileira de Franchising (www.abf.com.br), levante os dados atuais do setor e analise as suas tendências em nosso país.

6.4.3 CONCEITOS DE LOCALIZAÇÃO

Embora a decisão de localização faça parte do composto varejista, cujas variáveis analisaremos mais adiante, também abordaremos esse tema aqui, por acreditar que isso proporcionará uma visão mais integrada das tendências de tipos e organizações varejistas.

Basicamente, podemos considerar três características de locais para um varejista, conforme mostra a Figura 6.4.

Figura 6.4
Conceitos de localização

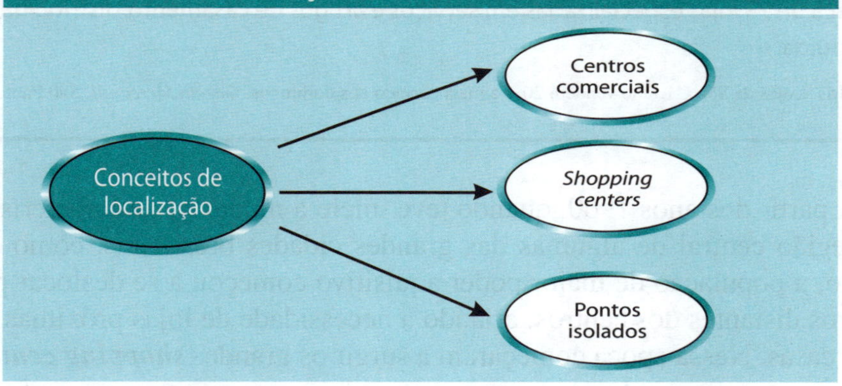

O **centro comercial** está localizado, em geral, nas regiões mais antigas das cidades, de alto fluxo de pessoas — muitas vezes a caminho do trabalho — e em regiões centrais. Geralmente, é elevado o número de pessoas que moram e frequentam essas regiões.

Centro comercial é geralmente formado por várias lojas de pequeno porte, cada qual especializada em algum tipo de produto. Em geral, fica localizado nas regiões mais antigas das cidades, de alto fluxo de pessoas.

Via de regra, o centro comercial é formado por várias lojas de pequeno porte, cada qual especializada em um tipo de produto diferente. O varejo de serviços também tende a ser muito forte nessas regiões. Grandes lojas estão localizadas, muitas vezes, em regiões mais afastadas, pois os pontos em algumas regiões centrais podem ser muito caros e os espaços são raros.

Em algumas circunstâncias, formam-se concentrações de lojas especializadas, constituindo um centro comercial com poder de atração muito forte. Exemplos: em São Paulo, a Rua da Consolação é a rua dos lustres, a Rua São Caetano é a rua das noivas, a Rua Teodoro Sampaio é a rua dos móveis e da decoração, e assim por diante.

Aprendendo um pouco mais...

Lojas da rua São Caetano vendem 20% a mais abrindo aos domingos

Os lojistas da rua São Caetano, tradicional endereço das noivas no centro de São Paulo, estão comemorando o aumento de 20% em suas vendas, fruto de uma medida simples: o funcionamento do comércio aos domingos.

Das 100 lojas de noivas localizadas na rua São Caetano e imediações, 60% aderiram ao novo horário. Os estabelecimentos que participam do plantão aos domingos trazem um selo de advertência para evitar transtornos ao cliente, que ocasionalmente poderia encontrar a loja fechada no fim de semana.

O selo também garante que a loja faz parte de um programa de qualidade, desenvolvido pela associação local, que visa melhorar o atendimento.

Segundo dirigentes da Artenoiva, grupo que possui 12 lojas na rua, o teste do novo horário de funcionamento tem sido tão bem-sucedido que mesmo os lojistas mais reticentes com a medida já estão revendo suas críticas.

Mensalmente, o comércio local fatura, entre aluguel e compra de artigos para noivos, cerca de R$ 3,2 milhões. São comercializados 4 mil vestidos por mês. A maior demanda é por aluguel de trajes, chegando a 90% dos pedidos.

A preocupação em aumentar a qualidade do atendimento coincide com a expectativa de aumento da concorrência no setor, com a abertura do primeiro *shopping center* do país voltado para noivas. O Mart Noivas é composto por cerca de 73 lojas especializadas em serviços e artigos de casamento, distribuídas em 4,2 mil m^2 de área construída.

Fonte: Adaptado de OLIVEIRA, Íris. Lojas da São Caetano vendem 20% a mais abrindo aos domingos. *Gazeta Mercantil*, São Paulo, 19 out. 2000.

A partir dos anos 1960, quando teve início a mudança de característica da região central de algumas das grandes cidades brasileiras, como São Paulo, a população de maior poder aquisitivo começou a se deslocar para bairros distantes dos centros, criando a necessidade de lojas próximas das suas casas. Nessa época começaram a surgir os grandes ***shopping centers***, um processo planejado de agrupamento de lojas que, muitas vezes, oferece variedade ainda maior do que os centros de comércio tradicionais, além de conforto e segurança aos clientes.

O primeiro *shopping center* no Brasil surgiu nos anos 1960 (Shopping Iguatemi, em São Paulo). Nos últimos anos, os *shoppings* estão crescendo em número e volume de negócios: movimentam cerca de US$ 20 bilhões anuais e geram cerca de 300 mil empregos diretos.

Atualmente, a área de lazer e serviços tem se ampliado, tomando o ponto ainda mais atrativo para os consumidores. Os *shoppings* podem ser classificados em diferentes tipos, como:[5]

***Shopping* regional.** Fornece mercadorias em geral e costuma ter muitas lojas de roupas e serviços completos e variados. Suas atrações principais são: âncoras tradicionais, ou seja, lojas de departamento, hipermercados, cinemas (Cinemark), lojas de marca reconhecida (McDonald's) etc. Um *shopping* regional típico é geralmente fechado, com as lojas voltadas para um *mall* (núcleo comercial) interno. Aproximadamente a metade dos cerca de 180 *shoppings* existentes no Brasil são classificados como *shoppings* regionais.

***Shopping* comunitário.** Geralmente, oferece amplo sortimento de roupas e outras mercadorias. Entre as lojas âncoras mais comuns, estão os supermercados e as lojas de departamentos. Entre os lojistas do *shopping* comunitário, algumas vezes há varejistas de descontos vendendo itens como roupas, objetos e móveis para casa, brinquedos, artigos eletrônicos ou para esportes. Os *shoppings* comunitários em geral ocupam uma área menor do que os *shoppings* regionais e são um modelo encontrado em cidades de grande porte e também em cidades médias. Cerca de um terço dos *shoppings* do Brasil podem ser classificados nesse segmento.

***Shopping* de vizinhança.** É o *shopping* de menor porte, muitas vezes aberto e projetado para fornecer conveniência na compra do dia a dia dos consumidores. Tem como âncora um supermercado. A âncora tem o apoio de lojas que oferecem outros artigos de conveniência.

***Shopping* especializado.** É voltado para um conjunto de lojas de um ramo específico de atividades, tais como moda, decoração, náutica, esportes ou automóveis. O Mart Noivas, já citado anteriormente, é um exemplo desse tipo de *shopping*. O *shopping* de automóveis na Avenida Aricanduva, em São Paulo, é outro exemplo. Trata-se de um *shopping* com várias concessionárias de automóveis e lojas afins. Existem cerca de dez *shoppings* com essas características no Brasil.

Outlet center. É um tipo de *shopping* ainda pouco difundido no Brasil. É formado, em sua maior parte, por lojas de fabricantes vendendo suas próprias marcas a preços reduzidos, além de outros varejistas de descontos.

Festival center. Geralmente localizado em áreas turísticas, esse tipo de *shopping* é basicamente voltado para atividades de lazer, com restaurantes, lanchonetes *fast-food,* cinemas e outros tipos de entretenimento.

Shopping regional é aquele geralmente fechado, com as lojas voltadas para um *mall* (núcleo comercial) interno, fornece mercadorias em geral.

Shopping comunitário é aquele que geralmente oferece um sortimento amplo de roupas e outras mercadorias e ocupa uma área menor do que os *shoppings* regionais, sendo encontrado em cidades de médio e grande porte.

Shopping de vizinhança é o *shopping* de menor porte, aberto e projetado para fornecer conveniência.

Shopping especializado é aquele voltado para um conjunto de lojas de ramo específico de atividades.

Outlet center é um tipo de *shopping* formado, em sua maior parte, por lojas de fabricantes vendendo suas próprias marcas a preços reduzidos e varejistas de descontos.

Festival center é o tipo de *shopping* basicamente voltado para entretenimento e alimentação, geralmente localizado em áreas turísticas.

Explore mais

Visite o *site* da Associação Brasileira de Shopping Centers (www.abrasce.com.br), levante os atuais dados de desempenho do setor e analise as suas tendências.

Existem muitas lojas espalhadas pelos mais variados pontos das cidades, sem que estejam necessariamente localizadas em *shopping centers* ou centro comercial. Exemplos típicos desse tipo de utilização de espaço são

[5] Segundo a Associação Brasileira de Shopping Centers. Disponível em: <www.abrasce.com.br>.

os grandes hipermercados, que muitas vezes ficam em pontos distantes, de acesso relativamente fácil, e que acabam levando comércio à região.

Pontos isolados são lojas que se localizam em pontos distantes, de acesso relativamente fácil e que acabam levando comércio à região.

Muitos desses varejistas acabam optando por **pontos isolados**, em função de custos do ponto e disponibilidade de imóveis. A loja precisa ser bastante atraente para estimular os clientes a se deslocarem até ela para fazer suas compras.

6.5 DECISÕES DE MARKETING DO VAREJO

Diante de uma concorrência muito intensa, os varejistas buscam formas diferenciadas para posicionarem suas lojas e conseguirem ser mais atrativos aos clientes. Torna-se necessária a busca de alternativas cada vez mais criativas para conseguir um espaço no mercado.

Dessa forma, temos verificado crescente desenvolvimento de novos formatos de lojas, segmentação de mercado e aprofundamento do conhecimento a respeito do consumidor. As decisões de marketing do varejo podem ser visualizadas e agrupadas da seguinte forma:

- definição de público-alvo;
- localização;
- preço;
- propaganda e promoções; e
- variedade.

A seguir vamos analisar cada um desses pontos.

6.5.1 DEFINIÇÃO DE PÚBLICO-ALVO

A base para o desenvolvimento da loja é a definição do público-alvo para o qual todos os esforços serão direcionados. É fundamental conhecer o perfil dos consumidores que residem nas imediações da loja e analisar a compatibilidade com o posicionamento estratégico adotado. O grupo Pão de Açúcar, por exemplo, posiciona lojas como o Pão de Açúcar Especial para um tipo de público de maior poder aquisitivo; já as lojas com a marca Barateiro, da mesma empresa, são posicionadas com um formato mais popular, atendendo a outro tipo de consumidores.

O Shopping Iguatemi está situado em uma região onde predominam moradores de alto poder aquisitivo, e todo seu esforço é voltado para atender a esse tipo de público. Já um *shopping* como o SP Market, na Marginal Pinheiros, está orientado para um público mais popular.

6.5.2 LOCALIZAÇÃO

Já abordamos alguns conceitos de localização varejista. Essa decisão, de fundamental importância para o varejista, poderá determinar seu sucesso ou fracasso no futuro. Uma loja mal localizada não pode mudar de lugar com necessária rapidez e irá arcar com as consequências de estar situada num ponto sem potencial até que a região mude ou a loja seja obrigada a fechar.

Para a escolha do ponto, o varejista deve conhecer muito bem a região em que a loja será aberta. Estudos especializados devem estimar o desempenho potencial da loja com base em dados como: perfil de clientes na região, poder aquisitivo, número de habitantes, concorrentes, hábitos de compras, lojas que costumam frequentar.

6.5.3 PREÇO

Em inúmeras pesquisas já realizadas com consumidores, verificamos que o preço é o principal atributo considerado pelo cliente para a escolha da loja onde fará suas compras. Mesmo para consumidores de classe mais elevada, a escolha entre lojas do mesmo padrão e que atendam às suas expectativas recai, muitas vezes, sobre o preço. Naturalmente, quanto mais diferenciada e especializada for a linha de produtos da loja, menor tenderá a ser a importância dada ao preço.

Os varejistas devem dedicar muita atenção à definição da política de preços. E muito comum a prática de preços baixos em alguns produtos, visando a criar fluxo de clientes, enquanto outros produtos são trabalhados com margens mais elevadas para equilibrar a rentabilidade da loja.

A guerra de preços entre varejistas é uma das mais danosas práticas comerciais. É preciso muita atenção para que a redução constante de preços não leve a tal ponto de sacrifício da margem de lucro que venha a comprometer a rentabilidade do negócio como um todo.

6.5.4 PROPAGANDA E PROMOÇÕES

Os varejistas utilizam uma grande variedade de alternativas promocionais para gerar fluxo nas suas lojas — e também devido à concorrência — e criar um ambiente atraente para os seus consumidores. Muito da imagem de preço da loja é formada por ofertas e promoções especiais, em que se atribui grande destaque para alguns produtos com preços baixos.

Algumas dessas alternativas promocionais são, por exemplo, o café da manhã na loja (degustações de produtos matinais em supermercados), eventos para crianças (ambientes especiais para as crianças brincarem enquanto os pais fazem compras), *displays* especiais com decorações feitas em parcerias com fornecedores.

O uso da tecnologia tem viabilizado ainda mais o tratamento personalizado dos clientes, por meio do banco de dados criado com cartões inteligentes. Dessa forma, clientes mais fiéis podem se beneficiar de condições especiais de preço, prazos de pagamento ou prêmios.

Em termos de propaganda, o varejo utiliza com muita frequência tipos de mídia que permitem flexibilidade na veiculação das mensagens. Grandes lojas veiculam mensagens de ofertas especiais em jornais e televisão. As lojas de confecções, por sua vez, promovem desfiles para fortalecer a sua imagem e atrair clientes. Alguns destaques especiais em revistas de moda ressaltam a linha de produtos da loja.

O calendário promocional é uma importante ferramenta para o varejista planejar todo o seu esforço ao longo do ano e estabelecer importantes parcerias com fornecedores para criar eventos bem estruturados em datas comemorativas, como Dia das Mães, Dia dos Pais, Dia dos Avós, Dia das Crianças, aniversário da cidade, Carnaval, Páscoa, Natal etc. Muitos varejistas fazem ótimo uso desse tipo de programação, tomando constante o movimento de sua loja com base em eventos contínuos.

6.5.5 VARIEDADE

A definição da variedade da loja pode ser um importante fator de diferenciação perante seus concorrentes. O varejista deve decidir o nível de amplitude (categorias de produtos com que vai trabalhar) e profundidade (número de itens por categoria de produtos).

Uma das novas tendências do varejo é aprofundar a análise da sua variedade por meio do processo de gerenciamento de categorias. Ele é definido como um processo varejista/fornecedor que consiste em gerenciar as categorias de produtos como unidades estratégicas de negócios, gerando resultados comerciais melhorados por meio da concentração da demanda do consumidor numa categoria integrada.[6]

No entanto, esse meio de varejo é menos eficaz se os consumidores precisam ver o produto ou desejam comparar diversas opções.

[6] ECR — Gerenciamento por categorias. *Associação ECR Brasil,* nov. 1998, p. 15.

RESUMO

As empresas vêm buscando conhecer os consumidores e atendê-los de maneira cada vez melhor.

Um produto pode percorrer várias etapas até chegar ao consumidor final: a distribuição pode ocorrer por meio de um canal de nível zero (quando não há intermediários), canal de nível 1 (quando há um intermediário, o varejista) ou canal de nível 2 (quando há dois intermediários, o atacadista e o varejista).

O varejista é um agente muito importante no processo de distribuição. Entre suas funções mais relevantes estão as de manter o estoque de produtos, oferecer variedade aos consumidores, agregar valor ao produto ou serviço que comercializa e coletar informações sobre o mercado.

Os varejistas podem ser analisados sob vários pontos de vista: varejistas com lojas e sem lojas, forma de organização e localização.

Os varejistas com lojas estão segmentados em varejistas de alimentos, de mercadorias em geral e de serviços.

Entre varejistas de alimentos, destacam-se supermercados, empórios e mercearias, superlojas, lojas de conveniência, padarias e lojas de desconto.

Entre os varejistas de mercadorias estão as lojas especializadas, os hipermercados e os *supercenters,* lojas de departamentos, lojas especializadas em categorias, clubes atacadistas, pontas de estoque e varejistas de preço único.

Os varejistas sem lojas podem ser divididos em convencionais e eletrônicos.

Os varejistas sem lojas convencionais são classificados em venda direta, por catálogos e mala direta, televenda, venda pela televisão, máquinas de venda e marketing direto integrado. O varejo sem loja eletrônico realiza divulgação de produtos, serviços, informação e venda por meio da rede.

Os varejistas ainda podem ser analisados segundo a sua forma de organização, estando divididos em varejistas independentes, redes corporativas, redes voluntárias, cooperativa de varejistas e franquia.

A localização de um varejista proporciona uma visão integrada das tendências de tipos e organizações varejistas. Podemos considerar três características de locais para um varejista: centro comercial, *shopping center* e ponto isolado. As decisões de marketing do varejo podem ser visualizadas e agrupadas da seguinte forma: definição de público-alvo, localização, preço, propaganda e promoções, variedade, atendimento e serviços.

Diante de uma concorrência intensa, os varejistas buscam formas diferenciadas para posicionar suas lojas e conseguir maior atratividade. Está havendo um crescente desenvolvimento de novos formatos de lojas, segmentação de mercado e aprofundamento no conhecimento do consumidor.

Termos e Conceitos Importantes

Atacadista
Canal de nível zero
Canal de nível 1
Canal de nível 2
Catálogo e mala direta
Centro comercial
Clube atacadista
Cooperativa de varejistas
Empório
Festival center
Franquia (ou *franchising*)
Hipermercado e *supercenter*
Loja âncora
Loja de conveniência
Loja de departamentos
Loja de desconto
Loja especialista em categorias
Loja especializada
Máquina de venda
Marketing direto integrado
Mercearia
Outlet center
Padaria
Ponta de estoque
Ponto isolado
Rede corporativa
Rede voluntária
Shopping center
Shopping comunitário
Shopping de vizinhança
Shopping especializado
Shopping regional
Superloja
Supermercado
Varejista
Varejista de preço único
Varejista de serviço
Varejista independente
Varejo sem loja eletrônico
Venda direta
Venda pela televisão
Televenda

QUESTÕES PARA REVISÃO E DISCUSSÃO

1. Indique as razões para o crescimento do setor supermercadista no Brasil.
2. De que forma os varejistas estão buscando a diferenciação de suas lojas? Que recursos estão sendo utilizados para melhorar o atendimento?
3. Defina o que é loja de conveniência e comente as razões de seu surgimento.
4. Compare varejista de preço único e ponta de estoque. Quais são as diferenças e semelhanças entre esses dois tipos de lojas?
5. Por que as padarias estão encontrando problemas para se manter no mercado varejista? Como elas poderiam criar vantagens sobre os concorrentes?
6. O que é varejo complementar? Cite exemplos.
7. Comente a situação das lojas de departamentos e magazines no Brasil, ressaltando a quebra de empresas do setor e os novos investimentos nacionais e internacionais.
8. Apesar de o varejo sem loja abrir uma perspectiva de negócios para muitos novos empreendedores, as empresas com lojas são as que mais estão obtendo resultados e volume de negócios com o uso da Internet. Que razões levam a essa situação?
9. Descreva e explique as principais formas de organização do varejo.
10. Classifique e compare os tipos de *shopping centers* apresentados no texto.
11. Discuta a importância da localização para as lojas de varejo.
12. Cite algumas formas de promoção que os varejistas estão utilizando em suas lojas.

RESOLVENDO UM CASO

ESTRATÉGIA PARA O VAREJO MULTICANAL

Alguns autores acreditam que a tendência do varejo é desenvolver multicanais de distribuição. Isso significa que, cada vez mais, empresas irão utilizar canais diversificados de marketing para atingir o cliente no momento em que ele quiser consumir, onde ele estiver e como ele desejar.

As empresas varejistas farão isso aos poucos, mesclando operações via Internet, televenda, catálogo, venda porta a porta e loja.

No Brasil, grande parte das empresas que possuem *sites* na Internet pertence à Velha Economia e domina cerca de 52% do total de vendas pela rede. Isso reflete a tendência de diversificação dos canais de marketing para que o consumidor, diante da gama de ofertas à qual é exposto, tenha mais opções para efetuar compras com determinada empresa.

As empresas investem no varejo multicanal na tentativa de obter mais fidelidade dos clientes e maior rentabilidade. Algumas já assumiram a liderança desse processo e estão investindo em novas formas de distribuição.

Empresas com tradição de venda porta a porta, como a Avon e a Natura, estão se aventurando na Internet e, provavelmente, também irão adotar a venda por catálogos. A Contém 1 g tem uma estrutura combinada de venda porta a porta e loja.

Empresas da Nova Economia, como a Submarino, estão diversificando suas vendas com operações por catálogos, e outras, como a Amazon, estão abrindo lojas para vender seus produtos.

As empresas de bens de consumo ainda preservam seu relacionamento tradicional com os canais de distribuição, mas também procuram se aproximar do consumidor e estão atentas a suas preferências. No mercado industrial, a Nestlé vem desenvolvendo o B2B pela Internet e venda porta a porta.

Uma novidade que já foi incorporada pela loja norte-americana Bloomingdale's é a venda por meio de CD-ROMs, que permite interatividade sem requerer acesso à Internet.

Em pouco tempo, o comércio móvel (*m-commerce*), promovido pela Internet sem fio, fará, cada vez mais, parte do dia a dia dos varejistas.

Empresas que realizam televendas, como a Shoptime, também já oferecem a possibilidade de comprar pela Internet.

E há, ainda, empresas que oferecem uma diversificação de três tipos diferentes de canal, como o Pão de Açúcar, que opera loja, catálogo e Internet.

As empresas devem estar atentas às peculiaridades de seus segmentos, levando em consideração o perfil de seus consumidores para fazer a combinação mais adequada de canais.

Os clientes, por sua vez, exercem seu direito de consumidor e escolhem, com muita exigência, o serviço que é mais conveniente. A seguir, exemplos de empresas e suas opções de multicanal:

Loja + Internet	Loja + Catálogo	Loja + Catálogo + Internet	Catálogo + Internet	Porta a Porta + Internet	Porta a Porta + Loja	Televenda + Internet + Catálogo	Internet + Loja em aliança	B2B Internet B2C (+ Loja)	Internet + Loja (ou Quiosque)	B2B + Porta a porta
	H&M.	JCPenney,	Submarino,	Avon,	Contém 1 g,	Shoptime.	Amazon,	Levi's,	Charles	Nestlé.
Americanas,		REI,	Amazon,	Natura.	Tupperware.		Toy "R" US,	Philips,	Schwab,	
Saraiva,		GAP,	Dell.				Macy's,	Sony,	Lucy.com.	
Siciliano,		C&A,					The	Nike,		
Marisa.		Pão de					Wedding	Caloi,		
		Açúcar,					Channel.	Portobello.		
		Sephora.								

Fonte: Opinião — Estratégias para varejo multicanal. *E-Commerce*. Ano 2, n. 13, mar. 2001, p. 19.

PERGUNTAS

1. Por que as empresas estão procurando diversificar seus canais de distribuição e adotando estratégias multicanais?
2. Você acha que a Internet pode ter provocado ou acelerado esse processo?
3. Quais os benefícios que a estrutura multicanal pode trazer ao consumidor?

Explore mais

www.avon.com.br;
www.natura.net;
www.contem1g.com.br;
www.amazon.com;
www.grupopaodeacucar.com.br;
www.saraiva.com.br;
www.submarino.com.br;
www.bloomingdales.com;
www.shoptime.com.br.

ELABORANDO UM PROJETO

CRIANDO UMA LOJA VAREJISTA

Imagine que você seja um investidor e que esteja interessado em aplicar seu dinheiro em algum tipo de negócio. As análises setoriais que você consultou indicam que o varejo é um dos ramos mais promissores para investimentos nos próximos anos. Você está analisando três alternativas de investimento diferentes no setor varejista, que incluem a criação de um *shopping center*, de uma loja de departamentos ou de um hipermercado.

Para esse projeto, você deve optar por uma das alternativas de empreendimento apresentadas. Em seguida, você deve tomar decisões de marketing sobre o projeto de sua escolha, definindo questões sobre público-alvo, localização, preço, propaganda, promoções, variedade, atendimento e serviços. Qual será o perfil dos consumidores que frequentarão sua loja? Qual será o nível de especialidade e variedade de produtos? Qual será o tamanho da loja? Quais serão os atributos de diferenciação da loja? Não se esqueça de justificar suas escolhas.

BIBLIOGRAFIA

AC NIELSEN. *Estrutura e comportamento do varejo brasileiro*. São Paulo, 2000.

ANDRÉA, Háfez. Grandes indústrias vão atrás do pequeno varejo. *Gazeta Mercantil*, 15 ago. 2000, p. A7.

BERRY, Leonard. Old pillars of new retailing. *Harvard Business Review*, p. 131-137, Apr. 2001.

______; SEIDERS, Kathleen; GRESHAM, Larry G. A estratégia da conveniência total. *HSM Management*. São Paulo, p. 96-108, jan./fev. 2001.

CHASE, Richard B.; DASU, Sriram. Você sabe o que seu cliente está sentindo? *Harvard Business Review*. In: *Exame*, p. 88-96, jul. 2001.

CHURCHILL, Gilbert A.; PETER, J. Paul. *Marketing*: criando valor para os clientes. São Paulo: Saraiva, 2000.

ECR. *Efficiente Consumer Response*. Movimento ECR, Brasil, 1998.

______. *Efficiente Consumer Response*. Movimento ECR, Brasil, 2000.

FRANCO, Luciana. Bons negócios às margens da Anhanguera-Bandeirantes. *Gazeta Mercantil*. São Paulo, 7 ago. 2000.

KOTLER, Philip. *Administração de marketing*: análise, planejamento, implementação e controle. 5 ed. São Paulo: Atlas, 1998.

LEVY, Michael; GREWAL, Dhruv. Supply chain management in a networked economy. *Journal of Retailing*, v. 76(4), p. 415-429, 2000.

LEWISON, Dale M.; DELOZIER, M. Waine. *Retailing:* principles and practices. Ohio: Charles E. Merrill, 1982.

MICHAEL, Levy; WEITZ, Barton A. *Administração de varejo*. São Paulo: Atlas, 2000.

ROSENBLOM, Bert. *Marketing channels — a management overview*. Orlando: The Dryden Press, 1999.

STERN, Louis W.; ANSART, Adel I.; COUGHLAN, Anne T. *Marketing channels*. New Jersey: Prentice Hall, 1996.

Capítulo 7

Geografia de Mercado*

Tadeu Francisco Masano

Este capítulo estará orientado principalmente para a geografia de mercado aplicada aos estudos de localização do setor varejista e de serviços (ponto de distribuição). Inicialmente, destacaremos a importância do entendimento da formação e da estrutura de uma cidade, fazendo uma revisão das principais teorias sobre o assunto e das ferramentas disponíveis para análise. Posteriormente, discutiremos elementos que devem ser considerados na busca de uma boa localização, verificando aspectos sobre delimitação de áreas de influência e dimensionamento de mercado.

VISÃO GERAL DO CAPÍTULO

OBJETIVOS DO CAPÍTULO

Depois de concluir este capítulo, você será capaz de:

1. discutir a importância do estudo da geografia de mercado em marketing, ressaltando os aspectos de localização do setor varejista e de serviços;
2. descrever o processo de formação das cidades e o surgimento do varejo, por meio de uma retrospectiva histórica que aborda o seu desenvolvimento no Brasil e no mundo;
3. identificar as principais teorias de desenvolvimento urbano;
4. discutir a influência do zoneamento urbano, das barreiras geográficas, do sistema viário e dos polos geradores de tráfego na determinação da localização varejista;
5. detalhar as principais teorias desenvolvidas na área de geografia de mercado para estudos de localização comercial;
6. explicar o uso das principais ferramentas de apoio ao estudo de mercado;
7. discutir a influência do comportamento de consumo sobre a localização;
8. avaliar os fatores determinantes da macro e microlocalização;
9. indicar os fatores que determinam a área de influência de uma atividade;
10. explicar o processo de dimensionamento de mercado e seus componentes.

---

* Geografia de Mercado é marca registrada da Estudos Empresariais Ltda.

7.1 A IMPORTÂNCIA DA GEOGRAFIA DE MERCADO

As geografias física e humana sempre estiveram associadas a estudos de mercado e, mais do que isso, são inerentes à grande maioria deles.

É com base no entendimento da geografia humana — a análise da composição da população, seus hábitos e comportamentos, níveis de riqueza, educação, trabalho, cultura, faixa etária, necessidades e desejos — que podem ser determinados indicadores como os de potencial, propensão de consumo, nível de atendimento e de carências.

Esses atributos e consequentes indicadores estão associados a uma geografia física, seja do mundo, seja de países, cidades, bairros, quarteirões, chegando até a lote residencial.

Além disso, os próprios acidentes e barreiras geográficos acabam por determinar as características de um território, facilitando ou dificultando acessos, com implicações diretas na geografia humana.

Assim, na lógica do mercado, com os quatro elementos do composto de marketing (preço, [ponto de] distribuição, produto e promoção), a geografia estará quase sempre presente. Para maximizar o esforço do *composto de marketing,* levando aos consumidores o produto certo, com preço e promoção certos, no canal adequado, é preciso abordar todos esses tópicos com uma visão geográfica.

Para o varejista ou prestador de serviços, uma boa localização pode representar uma grande variação no volume de negócios e ser determinante para o sucesso ou fracasso de um empreendimento. Isso é facilmente verificado quando se comparam os resultados individuais das lojas de uma cadeia ou de uma rede bancária, em que a localização pode ser responsável por um elevado desvio padrão dos resultados.

A importância da localização pode também ser avaliada pela maneira como os consumidores se comportam quando realizam suas compras. Evidentemente, o esforço para aquisição de bens de conveniência é menor que para aqueles de consumo durável.

É com base nessa dialética que se acaba por rotular determinada localização: "Aquele ponto é fora de mão", "Aquela localização é fantástica", "Que pena que é do lado de lá da marginal", "Tal ponto é escondido", "Aqui falta um banco", e assim por diante.

Evidentemente, existem determinadas atividades nas quais a distribuição assume importância preponderante para o sucesso do negócio. Ademais, enquanto os outros elementos do composto de marketing podem sofrer ajustes e ser reorientados de uma forma tática, o ponto de distribuição tem caráter de perenidade.

É esse grau de inflexibilidade que determina quão importante estrategicamente é a escolha da localização. A decisão de investir milhões de dólares em um hipermercado ou em um *shopping center*, ou ainda na distribuição de uma rede de escolas ou de restaurantes, deve ser objeto de análise apoiada em informações e dados acurados.

7.2 COMPREENDENDO AS CIDADES

7.2.1 A CIDADE E O VAREJO

O passo fundamental para o aparecimento das cidades foi a formação de um excedente da produção agrícola. Até o período neolítico, as populações, cuja base de subsistência era a caça e a pesca, eram tidas como nômades. Esses povos, aos poucos, passaram à atividade agrícola, tornando-se sedentários. A partir desse momento, verificou-se a formação de aldeias agrícolas que podem ser caracterizadas como embriões da configuração das cidades.

É no Egito e na Mesopotâmia, no IV milênio a.C., que aparecem as primeiras civilizações a apresentar formações urbanas com a cidadela murada, que abrigava apenas o templo e o palácio do rei. Mercadores, artesãos e camponeses só tinham acesso à cidadela em casos de invasões inimigas ou intempéries do inverno. Ur pode ser considerada uma das primeiras cidades.[1]

Nas cidades gregas, a atividade comercial era exercida na ágora, um espaço aberto, de propriedade pública, que se caracterizava como mercado de trocas tanto de produtos como de notícias e opiniões.[2] Entretanto, as atividades de comércio eram consideradas uma arte menor no âmbito da educação grega e eram realizadas por estrangeiros, os metecos, aos quais eram negados a participação em discussões políticas, o direito de propriedade territorial ou o casamento com cidadãos gregos. Ou seja, numa visão mais ampla, o comércio era considerado, na pólis, uma atividade malquista ou, como na cidade medieval, "necessário, mas não desejado".[3]

Em Roma, onde surgiu uma primeira noção de metrópole, o comércio era considerado uma atividade comum e necessária na dinâmica da cidade. No século IV d.C., a cidade já contava com mais de 250 padarias. Assim como na pólis grega, o comércio era realizado num mercado de propriedade pública, o fórum, que acumulava ainda as funções religiosas e civis.[4] O Mercado de Trajano, que pode ser visitado ainda hoje, com lojas que se articulavam em vários pisos, assemelhava-se à constituição de um *shopping center* atual.

A muralha transformou-se no limite das cidades e originou uma conformação característica da cidade medieval. O traçado de ruas, apesar de irregular, organizava-se de modo a formar um ambiente unitário, integrando espaços públicos com espaços privados. O espaço público abrangia, geralmente, diversos poderes, o que determinou a existência de três praças — a praça da igreja, a praça do mercado e a praça municipal.[5]

Com relação aos edifícios privados, havia nítida diferença entre os do centro, que abrigava a classe de comerciantes e administradores municipais,

---

[1] SJOBERG, Gideon. The origin and evolution of cities. In: DAVIS, Kingsley. *Cities — their origin, growth and human impacts.* S. Francisco: W. H. Freeman and Co., 1965, p. 19-26.

[2] BENEVOLO, Leonardo. *A história da cidade.* São Paulo: Perspectiva, 1983, p. 87-112.

[3] MUMFORD, Lewis. *A cidade na história.* 2. ed. São Paulo: Martins Fontes, 1982, p. 251.

[4] BENEVOLO, 1983, p. 251.

[5] MUMFORD, 1982, p. 339-340.

e os da periferia, onde habitava a classe mais baixa. Num primeiro estágio, com respeito aos espaços abertos utilizáveis, a cidade medieval oferecia um padrão muito mais elevado que qualquer outra cidade posterior.[6] Porém, com o crescimento da população e os limites impostos pelas muralhas, criou-se a necessidade de utilização desses espaços, até que passaram a ser construídas casas de quatro ou cinco andares, sem condições de saneamento, em antigos quintais de casas unifamiliares.

Pode-se dizer que a Revolução Industrial gerou uma revolução comercial. O aumento e a diferenciação do número de produtos geraram uma concorrência até então inexistente, exigindo maior concentração do comércio, que passou a ocupar áreas centrais da cidade, dividindo seu espaço com entidades representativas e governamentais. Por outro lado, o público consumidor também se modificou, na medida em que deixou de se apresentar como uma clientela estável, típica do comércio pré-industrial, ganhando características heterogêneas e flutuantes, o que criou a necessidade de publicidade e exposição dos produtos em vitrines.[7]

Até 1830, a estrutura da cidade dependia da distância que se podia percorrer a pé. Apesar de o espaço urbano ser caracterizado por altas densidades e aglomeração de várias funções, o sistema de ruas era suficiente. A "revolução do transporte" cria, então, a "cidade rodada", em detrimento da "cidade peatonal", e, na maioria dos casos, no século XX, a "cidade pneumática".[8]

Assim, num mundo cada dia mais urbano e capitalista, foram surgindo os polos comerciais e seus ícones, como a *passage* (no século XVIII), o *grand magazin* e a loja de departamentos (no século XIX) e o *shopping center* (no século XX).

As *passages* francesas e as *arcades* inglesas surgiram no final do século XVIII, ambas constituídas de sequências de lojas cobertas com estrutura metálica e de vidro, reunindo vários comerciantes. Essa tipologia comercial devia seu êxito à capacidade de proteção contra intempéries e à possibilidade de utilização de iluminação artificial. Em 1880, contavam-se 80 centros comerciais desse tipo em Paris, e alguns deles já ofereciam outras atividades, como cafés, restaurantes, galerias de arte e antiquários.[9]

Considerado o mais completo e complexo aparato comercial do século XIX, o *grand magazin,* criado em Paris e depois em outros centros, foi um empreendimento que vinculava a manufatura de produtos de consumo em grandes séries a uma organização empresarial concentrada. La Belle Jardinière, inaugurada em 1824 e localizada na Île de la Cité, é considerada a primeira organização desse tipo.[10] Ainda hoje se encontram em Paris empreendimentos erguidos nessa época, como o Printemps (1855), o Samaritaine (1869) e as Galéries Lafayette (1889).

---

[6] MUMFORD, p. 370-371.

[7] SICCA, Paolo. *Historia del urbanismo:* el siglo XX. Madrid: Estudio de Administracion Local, 1981, p.1035.

[8] DANIELS, P. W.; WARNW, A. M. Movimento en ciudades — transporte y tráfico urbanos. *Nuevo Urbanismo,* n. 37, p. 25-32.

[9] SICCA, 1981, p. 1057-1058.

[10] Ibid., p. 1039.

Nos Estados Unidos, a ideia do *grand magazin* foi aprimorada com a combinação de várias técnicas comerciais —, especialização por setores, preço fixo, oferta de serviços variados, publicidade —, que vieram a transformar os grandes armazéns (como o Marshall Field's, de Chicago) em lojas de departamentos.[11]

No Brasil, o primeiro varejo que pode ser considerado uma loja de departamentos foi a Notre Dame de Paris, na Rua do Ouvidor, Rio de Janeiro. Apresentava-se como um novo tipo de loja e de método de gestão:

Cada vitrine corresponde a uma das dez secções do negócio e contém grande massa de amostras dos artigos respectivos. Uma vitrine, por exemplo, só contém fazendas, outra somente calçados, ainda uma que só expõe chapéus de senhoras e artigos de moda e assim por diante [...] É um negócio gigantesco no qual se encontra tudo o que diz respeito à especialidade, isto é, a tecidos e objetos de uso para homens e senhoras [...] Naturalmente todo o arranjo e todo o sistema comercial é de estilo europeu. Cada secção tem seu chefe, seu segundo e um caixeiro; a gente faz a compra, recebe a nota e ouve obrigatoriamente: passez à la caisse s'il vous plait. No caixa a gente paga, recebe uma nova nota e, mediante a apresentação desta, o chefe da secção entrega a mercadoria comprada.[12]

Em São Paulo, a Casa Alemã pode ser considerada a primeira do gênero. Fundada em 1883, na rua 25 de Março, por Daniel Heydenreich, comercializava confecções, depois mudou-se para a ladeira João Alfredo (Ladeira Porto Geral) e, em seguida, para a rua Direita (1910). Neste último endereço poderia ser considerada uma moderna loja de departamentos e seria a principal concorrente do extinto Mappin.[13]

Após a Primeira Grande Guerra, as lojas de departamentos começaram a se organizar em uma escala maior, devido a transformações técnico-administrativas e inovações físicas permitidas pelos avanços tecnológicos da época — escadas rolantes, introdução da climatização e iluminação artificial.[14] As primeiras concentrações de comércio em blocos únicos ocorreram nos Estados Unidos, com o Roland Park (1907), em Baltimore, e o Country Club Plaza (1923), em Kansas City, Missouri. São considerados os precursores dos *shopping centers*.[15]

As áreas comerciais nos Estados Unidos buscam, então, criar condições para se adaptar à motorização crescente. Foram criadas "filas de lojas" nas ruas, reservando vagas para estacionamento de clientes na frente e para carga e descarga nos fundos. Posteriormente, surgiram duas "filas de lojas" paralelas, com o espaço interno reservado aos compradores e os estacionamentos circundando a área das lojas, criando o denominado *mall*.[16]

---

[11] SICCA, 1981, p. 1.042-1.045.

[12] KOSERITZ, Carl von. Imagens do Brasil. In: VILLAÇA, Flavio. *Estrutura territorial da metrópole brasileira.* 1978, Tese — FFLCH/USP. p. 250-251.

[13] ALVIM, Zuleika; PEIRÃO, Solange. *Mappin:* 70 anos. São Paulo: Casa Anglo-Brasileira/Ex-Libris, 1987, p.35.

[14] SICCA, 1981, p. 1048.

[15] GRUEN, Victor. *Center for the urban environment*: survival of the cities. USA: Van Nostrand Company, [19—]. p. 18.

[16] BRUNA, Gilda C. Os *shopping centers* e a estrutura urbana. *Arquitetura Brasileira,* n. 14, p. 62-67, 1982.

Pode-se dizer, no entanto, que o *shopping center,* tal como é conhecido e definido atualmente, explode nos Estados Unidos na década de 1950. O primeiro do gênero no Brasil foi o Iguatemi (1966), em São Paulo, construído numa área que, na época, além de bastante afastada do centro comercial, era pouco ocupada por residências.[17]

O século XXI desponta, caracterizado pela polarização das populações em centros urbanos e por um acirramento da concorrência, num mundo cada vez mais globalizado, mas ainda com enormes diferenças no poder de consumo entre seus habitantes. Técnicas de gestão como o sistema de franquias e o licenciamento de marcas, nacionais e internacionais, têm contribuído para abreviar os intervalos de tempo entre o surgimento de um varejo ou serviço e sua multiplicação em outros países e cidades.

Esses elementos ressaltam a importância do entendimento da dinâmica da estrutura urbana para cumprir uma estratégia bem-sucedida de localização.

7.2.2 FORMAÇÃO URBANA

A análise da formação de uma cidade com base em elementos como a distribuição do uso de seu solo, de sua estrutura de transportes e sua legislação de zoneamento permite subsidiar decisões sobre localização. Foi no início do século XIX que estudos das relações entre os ambientes físico e social das cidades deram origem, em Chicago, a importantes teorias de desenvolvimento urbano (Figura 7.1).

Figura 7.1
Teorias de desenvolvimento urbano

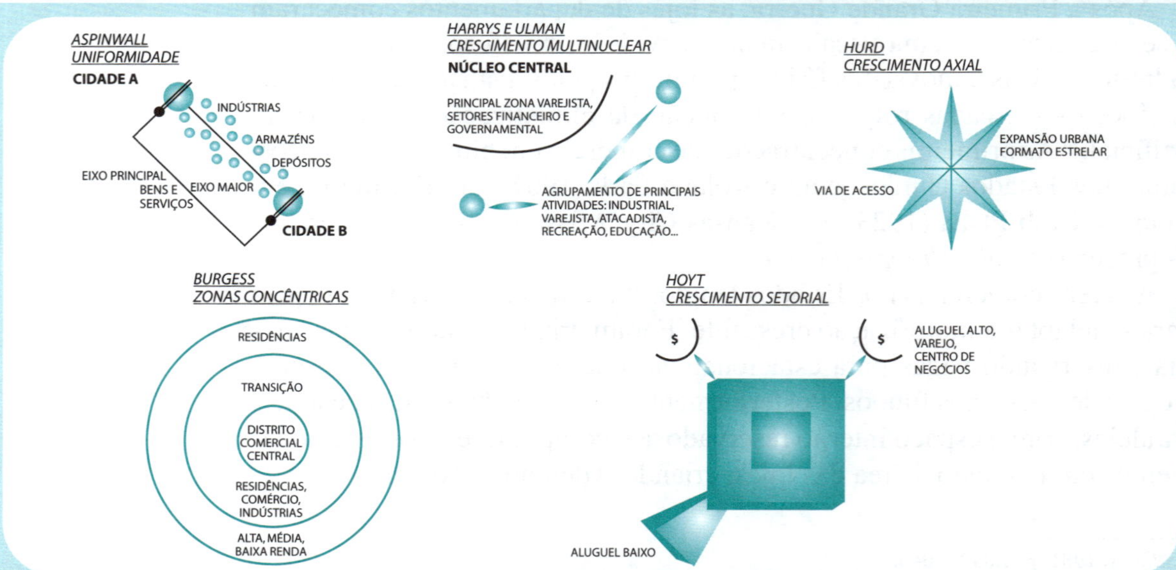

Fonte: Adaptado de DE PALEN, John J. *O munto urbano.* Rio de Janeiro: McGraw-Hill, 1975; LIMA, Alberto de Oliveira. *An analysis of development of controlled retailing systems in the Greater São Paulo metropolitan area.* Dissertation (Doctoral), Michigan State University, 1972; YOSHIZAWA, Luis Hiroshe. *Uma análise da distribuição espacial do sistema varejista de Curitiba.* Dissertação (Mestrado), EAESP / FAV, 1976.

[17] Análise da evolução dos *shopping centers* em São Paulo pode ser vista em: MASANO, Tadeu F. Os *shopping centers* e suas relações físico-territoriais e socionegociais no município de São Paulo. São Paulo: FAU/USP, 1993.

A **teoria da uniformidade** (Aspinwall)[18] fundamentava-se na existência de eixos. O eixo maior é dado pela ligação entre duas cidades, que permite o intercâmbio entre seus bens e serviços, e ao longo dele ocorreriam as instalações de indústrias, armazéns e depósitos. O eixo menor é, via de regra, a rua principal da cidade, na qual se localizam os estabelecimentos varejistas e de serviços.

Teoria da uniformidade é aquela que se fundamenta na existência de eixos dados pela ligação entre duas cidades, permitindo intercâmbio de bens a serviços.

A **teoria das zonas concêntricas** (Burgess)[19] apresentava um modelo de como a cidade evolui espacialmente em zonas, como consequência do crescimento populacional, da concorrência, do custo da terra e de perturbações urbanas como ruídos e congestionamentos:

Teoria das zonas concêntricas é aquela que apresenta um modelo de evolução das cidades em zonas.

Zona 1 (distrito comercial central). Considerado o coração da cidade, inclui o centro econômico e a área de vendas para varejo. As zonas de atacado se situariam na periferia, em razão do menor custo da terra.

Zona 2 (zona de transição). Incluiria pequenas indústrias, atividades de transporte e complexo residencial decadente. Seria objeto de especulação por se acreditar que a expansão da Zona 1 valorizaria essa área.

Zona 3 (zona de casas de operários). Voltada para filhos de imigrantes que trabalhavam no centro, apresentava melhores condições socioeconômicas que a Zona 2. Caracterizava-se por casas de dois andares, densamente povoadas. A atividade varejista não seria forte, em função da mobilidade de seus moradores pelas Zonas 1 e 2.

Zona 4 (zona de melhores residências). Área residencial da classe média, cuja grande atividade varejista demonstra descentralização da Zona 2. Apareceria, posteriormente, novo padrão de utilização da terra, com edifícios de apartamentos.

Zona 5 (zona dos subúrbios). Região de residências para as classes alta e média. Vai além dos limites urbanos, o que implica tempo de deslocamento de até uma hora para a Zona 1.

A **teoria do crescimento multinuclear** (Harris & Ullman)[20] negava a existência de um único centro para uma cidade. Haveria núcleos independentes para cada tipo de atividade, uma vez que cada uma delas necessita de meios especializados (por exemplo, acessibilidade ao varejo), de maneira que atividades semelhantes se concentrariam, devido a seus interesses comuns. Por outro lado, atividades não semelhantes seriam incompatíveis

Teoria do crescimento multinuclear é aquela que nega a existência de um único centro para a cidade.

[18] A síntese dessas teorias foi realizada com base nas seguintes publicações: PALEN, J. John. O *mundo urbano.* Rio de Janeiro: Forense, 1975, p. 86-112; LIMA, Alberto de Oliveira. *An analysis of development of controlled retailing systems in the Greater São Paulo metropolitan area.* Dissertation (Doctoral), Michigan State University, 1972, p. 2-16; 53-55; REISSMAN, L. *El proceso urbano:* las ciudades en las sociedades industriales. Barcelona: Gustavo Gili, 1970, p. 107-138; IKUNO, Sérgio Hiroshi. *Análise de localização varejista.* Dissertação de mestrado. São Paulo: EAESP/FGV, 1998. p. 7-51. Para aprofundamentos das teorias de formação urbana, veja: BURGESS, Ernest. The growth of the city: an introduction to a research project. In: PARK, Robert E.; BURGESS, Ernest W.; McKENZIE, Roderick D. *The city.* Chicago: The University of Chicago Press, 1925; HARRIS, Chauncy D.; BARRIS, Edward L. The nature of cities. *Anals of the American Academy of Political and Social Science,* vol. 242, 1945, p. 7-17; HOYT, Homer. *The structure and growth of residential neighborhoods in american cities.* Washington D.C.: U.S. Government Printing Office, 1939; HURD, Richard. *Principles of city land use.* New York, 1933.

[19] Ibid.

[20] Ibid.

para atração na mesma zona, pois apresentariam necessidades diferentes. Ademais, algumas atividades deveriam ocupar regiões pouco valorizadas, por questões financeiras e também por não envolverem poder competitivo. E, ainda com a existência de novos centros de atração, a importância do centro histórico seria diminuída e atividades especializadas se deslocariam para lugares com maior acessibilidade e de maior poder aquisitivo.

Teoria do crescimento setorial é aquela que sustenta que os terrenos e aluguéis de custo alto tendem a se posicionar nos locais externos de um ou mais setores ou quadrantes da cidade, enquanto as áreas de aluguel baixo tendem a estender-se do centro para a periferia.

A **teoria do crescimento setorial** (H. Hoyt)[21] sustentava que os terrenos e aluguéis de custo alto tendiam a se posicionar nos locais externos de um ou mais setores ou quadrantes da cidade e que, em alguns deles, as áreas de aluguel baixo assumiriam a forma de "fatia de bolo", estendendo-se do centro para a periferia. À medida que ocorresse crescimento populacional, as áreas de aluguel alto se deslocariam na direção externa da cidade, e as áreas abandonadas passariam, então, a ser ocupadas pelas camadas econômicas de menor renda.

Segundo essa teoria, usos compatíveis tenderiam a se aproximar, enquanto os incompatíveis se distanciariam. Dado o sistema viário principal, os usos do solo que se desenvolveriam nos entornos seriam compatíveis com os já existentes. Afirmava também que as áreas de alto custo surgiriam com atividades varejistas e de escritórios.

Teoria do crescimento setorial é aquela que demonstra que a expansão urbana não se realiza de forma homogênea, e sim com maior aceleração nas áreas ao longo das vias de acesso.

A **teoria do crescimento axial** (Hurd)[22] demonstrava que a expansão urbana não se realizava de maneira homogênea, e sim com maior aceleração nas áreas ao longo das vias de acesso, aspecto não considerado na teoria de Burgess. A ocupação dessas áreas ocorreria de forma decrescente, do centro para os bairros, resultando num formato estelar. No varejo, é facilmente verificada a existência de polos ao longo de determinados eixos.

Obviamente, essas teorias servem de referência para análise e não se aplicam necessariamente de forma literal. Em metrópoles, observa-se que muitos dos conceitos podem ser aplicados de maneira a permitir o melhor entendimento da evolução urbana.

Tomando como exemplo a cidade de São Paulo, a configuração estelar (teoria de Hurd) já podia ser verificada em 1900, dada pelo transporte ferroviário. A visualização do sistema rodoviário atual levará à mesma constatação, demonstrando a importância do município na polarização das demais áreas do estado. A divisão por setores (teoria de Hoyt) era verificada na cidade nas primeiras décadas do século XX pela segmentação da atividade

---

[21] A síntese dessas teorias foi realizada com base nas seguintes publicações: PALEN, J. John. *O mundo urbano.* Rio de Janeiro: Forense, 1975, p. 86-112; LIMA, Alberto de Oliveira. *An analysis of development of controlled retailing systems in the Greater São Paulo metropolitan area.* Dissertation (Doctoral), Michigan State University, 1972, p. 2-16; 53-55; REISSMAN, L. *El proceso urbano:* las ciudades en las sociedades industriales. Barcelona: Gustavo Gili, 1970. p. 107-138; IKUNO, Sérgio Hiroshi. *Análise de localização varejista.* Dissertação de mestrado. São Paulo: EAESP/FGV, 1998, p. 7-51. Para aprofundamentos das teorias de formação urbana, veja: BURGESS, Ernest. The growth of the city: an introduction to a research project. In: PARK, Robert E.; BURGESS, Ernest W.; McKENZIE, Roderick D. *The city.* Chicago: The University of Chicago Press, 1925; HARRIS, Chauncy D.; HARRIS, Edward L. The nature of cities. *Anals of the American Academy of Political and Social Science,* vol. 242, 1945, p. 7-17; HOYT, Homer. *The structure and growth of residential neighborhoods in american cities.* Washington D.C.: U.S. Government Printing Office, 1939; HURD, Richard. *Principles of city land use.* New York, 1933.

[22] Ibid.

industrial e dos bairros residenciais de renda baixa na região Norte e dos bairros de renda alta a Sudoeste. A existência de núcleos múltiplos (teoria de Harris e Ulman), onde atividades similares estariam agrupadas, pode ser verificada pela formação de núcleos varejistas em Pinheiros, na Lapa ou em Santana e, ainda, pelas especializações, como na Rua Santa Ifigênia, para materiais eletroeletrônicos, na Rua da Consolação, para lustres, entre tantos outros.

A própria topografia do lugar determinará o tipo de expansão e, consequentemente, de distribuição varejista.[23] As cidades planas, na sua maioria, geram formatações quadradas ou arredondadas, sendo que o mercado se inicia virtualmente na posição central e o crescimento residencial pode se desenvolver em todas as direções, implicando menor descentralização comercial. Nas cidades retangulares, normalmente em vales, compelidas a crescer em apenas duas direções, as residências vão ficando mais distantes do centro, o que propicia maior descentralização comercial. As cidades em formato de leque, à beira-mar, têm as suas primeiras áreas comerciais fixadas em posições frontais e não no centro geográfico, e suas populações vão se fixando cada vez mais longe, facilitando ainda mais a descentralização comercial.

Percebe-se, desde já, que o fator *acesso* é crítico para a atividade comercial. Isso, por si só, é suficiente para demonstrar que, nos estudos de geografia de mercado, a análise da formação e da evolução urbana não pode ser negligenciada, pois o varejo se apresenta como um demandador de espaço com características especiais de infraestrutura. Assim, faz-se necessário que, nesses estudos, sejam analisados elementos referentes ao zoneamento, ao uso do solo, ao sistema viário e às barreiras geográficas.

No Brasil, a escassez de recursos e a falta de planejamento regional e urbano, aliadas a uma visão míope e a um baixo grau de consciência empresarial, têm provocado uma ocupação desordenada do território, gerando deseconomias de escala tanto para o nível público como para o privado. Ademais, além de colaborarem com a má distribuição da renda, implicam "perda de tempo" para o consumidor, com deslocamentos grandes e desnecessários, principalmente para as camadas menos favorecidas, que já não contam com transporte público eficiente.

7.2.3 ZONEAMENTO E USO DO SOLO

Um dos principais elementos à disposição do planejamento urbano é a legislação sobre a ocupação do solo: o zoneamento. Ele segmenta a cidade em tipos de zonas, determinando os usos possíveis, e define, ainda, taxas de ocupação e coeficientes de aproveitamento dos terrenos existentes.

Assim, as zonas, via de regra, são qualificadas como de ocupação estritamente residencial, predominantemente residencial, e de ocupação comercial, mista, industrial e especial. É por isso que, em determinados lugares, são encontradas somente residências unifamiliares, em outros, prédios, e em alguns, ainda, maior concentração de comércio e serviços.

---

[23] NELSON, Richard L. *The selection of retail locations*. New York: Dodge, 1958, p. 11-12.

Deve ser lembrado que a legislação de zoneamento determina o que pode ser feito. Entretanto, o retrato da situação da cidade será dado pela leitura da ocupação efetiva do solo. Isso em função de o zoneamento ser evolutivo, ao menos teoricamente — o que era permitido num lugar talvez não o seja mais —, e de existir uma dicotomia entre o permitido e o que ocorre na prática.

O mapeamento das informações sobre o zoneamento do solo de uma cidade permitirá não só uma pré-leitura da ocupação e da distribuição de funções, como também daquilo que, a princípio, pode ser construído nos espaços urbanos.

7.2.4 BARREIRAS GEOGRÁFICAS

As barreiras geográficas urbanas representam em certa restrição à acessibilidade. Dentro dessa categoria, podem ser citados rios, lagos, mares, rodovias, pontes, grandes parques ou cemitérios.

O mapeamento do sistema viário e das barreiras geográficas permite identificar compartimentos que se formam dentro de uma cidade, com implicações diretas na composição e distribuição do aparelho comercial.

7.2.5 SISTEMA VIÁRIO

A análise do sistema viário principal de uma cidade permite o entendimento preliminar da movimentação dos veículos e das pessoas dentro do tecido urbano. Assim, é possível avaliar as áreas mais ou menos servidas em termos viários, os principais entroncamentos, os tipos e volumes de fluxos, as configurações (Figura 7.2), isto é, os elementos que podem servir de subsídio para a escolha dos locais de negócios.

Figura 7.2
Tipos de configurações viárias

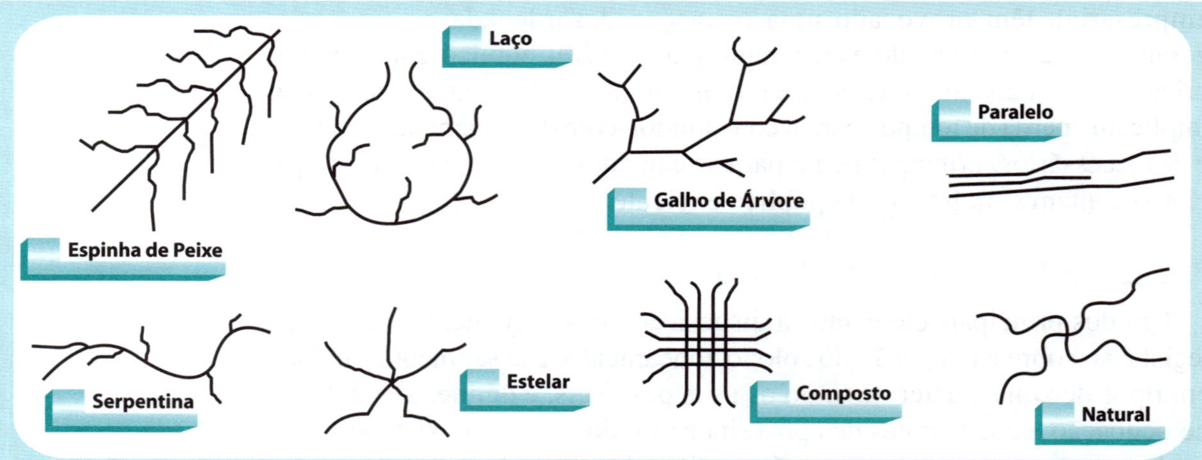

Fonte: SALVANESCHI, Luigi. Location, location, location: how to select the *best site for your business.* [S.l.]: Oasis Press, 1996, p. 32.

De um modo geral, os sistemas viários apresentam hierarquias entre as suas vias. No caso de São Paulo, por exemplo, é dividido em: rede primária, com vias expressas e arteriais (grandes fluxos de média e longa distância e alta velocidade); rede secundária, com vias coletoras (tráfego de curta e média distância, com menor fluxo e velocidade média); e rede local (tráfego pequeno e baixa velocidade).

7.2.6 POLOS GERADORES DE TRÁFEGO

Além das informações anteriores, o mapeamento das áreas de concentração de atividades de comércio e serviços e dos grandes polos geradores de tráfego (*shopping centers*, hipermercados, centros empresariais, faculdades, escolas, hospitais, teatros, entre outros) contribuirá para o entendimento dos deslocamentos das pessoas e para a identificação dos principais pontos de atração varejista da cidade.

7.3 O REFERENCIAL TEÓRICO

7.3.1 A TEORIA DO LUGAR CENTRAL DE CRISTALLER

Um dos precursores dos estudos de localização no comércio foi Walter Cristaller, que, por volta de 1930, elaborou sua teoria do lugar central, considerada complementar à teoria de localização industrial, desenvolvida por Weber, e à teoria de localização agrícola, de Thunen.[24]

Segundo a **teoria do lugar central**, existem duas condições econômicas principais que governam as localizações potenciais de unidades comerciais: deve sempre haver um volume mínimo de negócios que suporte a instalação de uma loja num dado local, de forma rentável; e o tamanho efetivo dessa área comercial terá como limites as distâncias máximas que os consumidores estarão dispostos a percorrer antes de ir a outro local de compra.[25] A combinação desses dois fatores determina que empresas de bens não especializados sejam densamente distribuídas, enquanto as de bens especializados sejam mais dispersas, pois podem sobreviver de visitas mais ocasionais, incluindo a população não residente na área.

A teoria do lugar central sustenta que o tamanho da área de influência comercial deve gerar um volume mínimo de negócios, orientando, desse modo, as localizações das unidades comerciais.

Exemplificando, é de esperar que bares e quitandas sejam encontrados por toda parte, até mesmo em vilarejos, pois dependem de uma clientela local, enquanto negócios como hipermercados ou agências de turismo sejam mais escassos e localizados em centros maiores. A Figura 7.3 apresenta exemplos da quantidade de varejos e serviços em São Paulo.

Introduzindo-se um novo fator — no qual seria inibido o excesso de lucro e as áreas comerciais para determinado tipo de bem seriam equivalentes em tamanho —, as empresas teriam o mesmo volume de vendas e, desse modo, estariam distribuídas no espaço de maneira equilibrada.[26]

---

[24] Para maiores detalhes sobre a teoria do lugar central, veja CRISTALLER, W. *Die Zentralen Orte in Suddentschland.* Verlang, 1933, traduzido para o inglês por C. Baskin como *Central places in Southern Germany* (Englewood Cliffs, N. J.: Prentice Hall, 1966). Detalhes e discussões das teorias de Weber e Thunen podem ser encontrados em: LIME, Ruy A. Silva. *Contribuição à teoria da localização industrial.* São Paulo, 1964. Tese de Cátedra — Universidade de São Paulo.

[25] DAVIES, Ross L. *Marketing geography with special reference to retailing.* London: Methuen, 1976, p. 18.

[26] Ibid.

Figura 7.3
Exemplos de varejo e serviços em São Paulo

Fonte: Estudos Empresariais Ltda., 2000.

A inter-relação dos centros comerciais maiores e menores e a representação de suas áreas comerciais, como aquelas referentes a bens de conveniência e bens especializados, podem ser visualizadas na Figura 7.4. Obviamente, as condições isotrópicas preestabelecidas por Cristaller inexistem no sistema capitalista; assim, as diferenças de renda e de densidade demográfica, a influência do sistema viário e de transporte, além de restrições políticas e administrativas, como as alfandegárias, alterarão a disposição espacial desses centros.

Figura 7.4
Teoria do lugar central — Cristaller

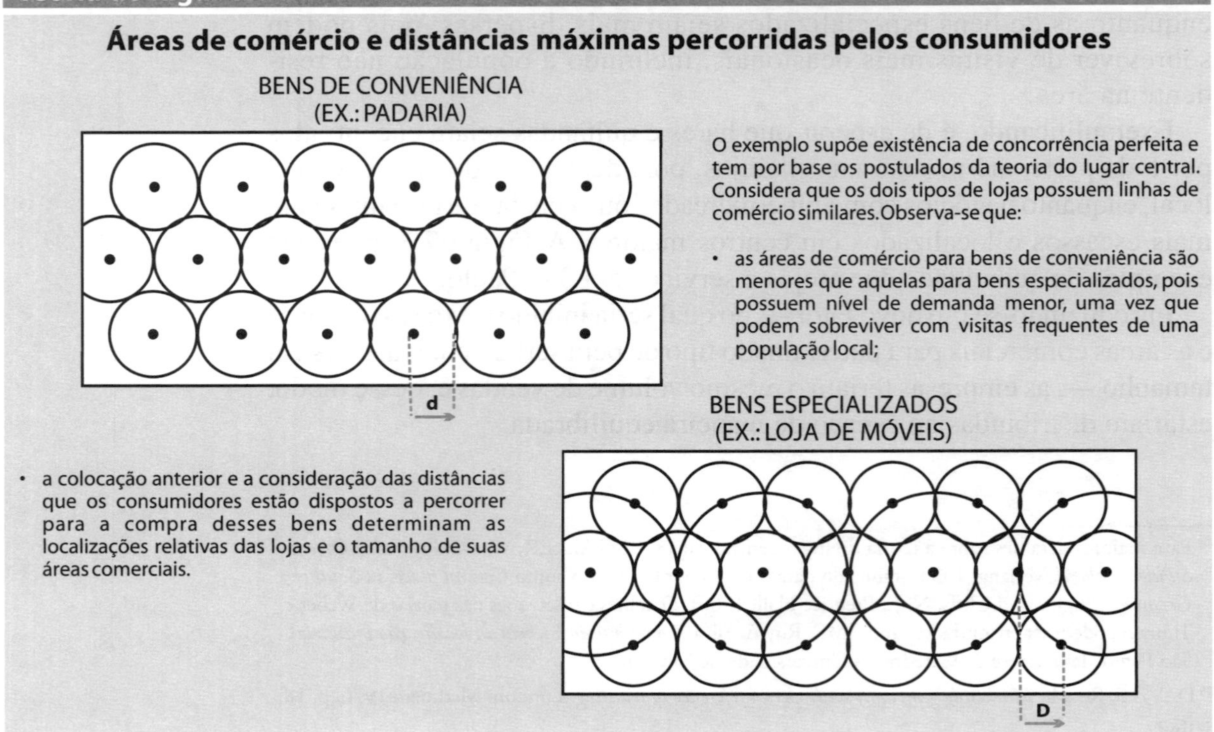

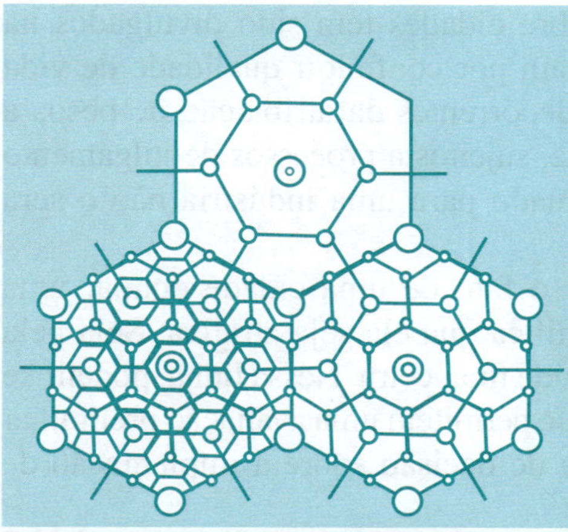

A compreensão da inter-relação e da multiplicidade de centros comerciais maiores e menores fica mais clara quando as figuras geométricas dos círculos são substituídas por hexágonos, que permitem a ocupação total da área. O diagrama mostra como as localizações de centros e áreas de comércio de tamanhos sucessivamente menores podem ser arranjadas em relação aos maiores, produzindo um complicado efeito de "favo de mel".

Fonte: DAVIES, Ross L. *Marketing geography, with special reference to retailing.* London: Methuen, 1976, p. 19-20.

No Brasil, que apresentou a maior transformação na geografia humana do mundo ocidental nos últimos 50 anos, a análise da hierarquia de centros urbanos é um elemento precioso para estudos de localização. Com uma população de 52 milhões de habitantes, em 1950 (e cerca de 2 mil municípios), dos quais 75% residiam em área rural, passou para 165 milhões de habitantes, em 2000 (e mais de 5.500 municípios), dos quais 80% residiam em área urbana.

A simples leitura da distribuição dos municípios por faixas de população (Quadro 7.1) permite uma identificação prévia de municípios-alvo para determinadas atividades. Cerca de 500 cidades possuem população superior a 50 mil habitantes, apenas 100 delas possuem mais de 200 mil, e pouco mais de uma dezena passa de 1 milhão de habitantes. Além disso, a concentração de renda determina polos de diferentes atividades que, como consequência, se traduzem na distribuição das atividades de varejo e serviços.

Quadro 7.1
Distribuição das cidades brasileiras e concentração econômica

Faixas de População	Municípios(1) (2000)		População(1) (2000)	Massa salarial formal(2) (1999)	Empregos formais(2) (1999)	Estabelecimentos formais(2) (1999)	Estabelecimentos comerciais(2) (1999)	Agências bancárias(3) (2000)
	N.º	%	%	%	%	%	%	%
Até 5 mil	1.329	24,1	2,6	0,6	1,2	1,9	1,0	2,5
5 a 10 mil	1.313	23,8	5,5	1,1	2,3	3,8	2,5	5,2
10 a 20 mil	1.380	25,1	11,5	2,7	5,0	7,4	6,0	10,7
20 a 50 mil	958	17,4	16,9	5,5	9,0	12,6	12,2	16,4
Subtotal (0-50mil)	4.980	90,4	36,6	10,0	17,4	25,7	21,8	34,8
50 a 100 mil	303	5,5	12,4	6,3	9,2	12,2	13,0	10,6
100 a 200 mil	117	2,1	9,7	7,7	9,0	10,5	11,5	7,5
200 a 500 mil	76	1,4	13,7	14,1	14,7	15,6	17,1	11,3
500 mil a 1 milhão	18	0,3	7,4	9,5	9,0	7,3	8,3	6,1
> 1 milhão	13	0,2	20,2	52,5	40,7	28,7	28,3	29,7
Subtotal (0-50 mil)	527	9,6	63,4	90,0	82,6	74,3	78,2	65,2
TOTAL	5.507	100,0	100,0	100,0	100,0	100,0	100,0	100,0

Fonte: (1) IBGE; (2) Ministério do Trabalho; (3) Banco Central.

Atualmente, diversos *rankings* sobre cidades têm sido divulgados na mídia. Entretanto, muitas vezes acabam por confundir qualidade de vida com atratividade negocial, pois são decorrentes da atribuição de pesos a determinadas variáveis e, normalmente, sujeitos a processos de julgamento pessoais. Além disso, um local adequado para uma indústria não o será necessariamente para um varejo.

É importante, ainda, lembrar que o fato de uma cidade ocupar uma posição hierárquica superior não significa que ela seja atrativa. Seja pela concorrência instalada, seja por sua saúde financeira. Nessa linha, podem-se classificar as cidades em cinco tipos, que permitem uma avaliação preliminar útil, por exemplo, quando da tomada de decisão sobre a implantação de grandes estabelecimentos comerciais:[27]

Depressão crônica. Cidades que, como consequência da emigração de pessoas e empresas, deixam de dispor de recursos (impostos) para o orçamento dos serviços públicos e para se reerguer.

Depressão aguda. Locais que têm algum potencial para sobreviver. Apesar de problemas com dívidas, possuem capacidade de se reerguer, devido ao seu poder político e cultural.

Crescimento e falência. Sensíveis aos movimentos cíclicos dos negócios, como resultado de seus compostos de indústrias e do crescimento de empresas.

Transformações saudáveis. São cidades que investiram pesadamente na criação de novas condições para melhoria de sua atratividade.

Privilégio. Poucas cidades gozam de saúde financeira sólida e continuam a atrair turistas, novos residentes e negócios. Esses locais têm como eventual problema o crescimento demasiado, que pode provocar o enfraquecimento dos fatores que as fizeram crescer.

7.3.2 A LEI DE REILLY

Diversas teorias foram desenvolvidas buscando explicar as diferenças na densidade de demanda. A teoria da interação geral fundamenta-se nos conceitos da lei de atração gravitacional de Newton. Pode ser considerada, basicamente, uma teoria de movimento, com seus modelos característicos aplicados a diferentes tipos de análise, como migrações populacionais, fluxo de tráfego, dimensão de área de mercado e potencialidade de mercados.[28]

A teoria da interação geral sustenta que existem fatores que funcionam como atração e outros como repulsão na determinação da atratividade de um centro sobre outro.

A Lei de Reilly ou **lei de gravitação do comércio** afirma que as pessoas irão comprar na cidade maior e de mais fácil acesso.

Segundo a **teoria da interação geral**, existem fatores que funcionam como atração e outros como repulsão na determinação da atratividade de um centro sobre outro. O modelo desenvolvido no início dos anos 1930 por William Reilly, precursor da teoria, tem como fator de atração a população, e como fator de repulsão a distância. O enunciado da **Lei de Reilly**, considerada a **lei de gravitação do comércio**, afirma que duas cidades atraem comércio de uma vila intermediária na vizinhança situada próxima aos limites de duas áreas de influência, aproximadamente na proporção direta

[27] KOTLER, Philip; HAIDEN, Donald H.; REIN, Irving. *Marketing places.* New York: The Free Press, 1993, p. 3-4.

[28] DAVIES, 1976, p. 32.

das populações das duas cidades e na proporção inversa dos quadrados das distâncias entre essas duas cidades e aquela vila intermediária.[29]

$$\frac{T_a}{T_b} = \frac{P_a}{P_b}\left(\frac{d_b}{d_a}\right)^2$$

Onde:

T_a, T_b = as proporções dos negócios atraídos para as cidades *a* e *b;*
P_a, P_b, = populações das cidades *a* e *b;*
d_a, d_b, = as distâncias entre a vila intermediária e as cidades *a* e *b;*

De maneira simplificada, essa lei poderia ser expressa nos seguintes termos: "As pessoas irão comprar na cidade maior e de mais fácil acesso"[30].

A lei de Reilly foi reformulada por Converse[31] para explicar a dimensão das áreas de comércio. Considerando dois centros concorrentes, haveria um ponto que determinaria os limites de suas influências comerciais. Esse modelo é conhecido como **ponto de equilíbrio** e tem como formulação (veja o Exercício I):

Ponto de equilíbrio é o ponto que determina os limites das influências comerciais de dois centros concorrentes.

$$D_b = \frac{d_{ab}}{1+\sqrt{\dfrac{P_a}{P_b}}}$$

onde:

D_b = ponto de equilíbrio da distância para a área comercial do centro *b.*

7.3.3 O MODELO DE HUFF

A sobreposição de áreas de comércio comumente encontradas em áreas urbanas de metrópoles não pode ser explicada pela lei de Reilly. O modelo desenvolvido por Huff[32] abarca as probabilidades diferentes de os consumidores escolherem um determinado centro de comércio entre os possíveis.

No modelo matemático desenvolvido por Huff, a estimativa do volume de negócios de lojas varejistas é obtida pela seguinte fórmula:

$$V_j = \sum_{j=1}^{m} A_{ij}$$

sendo que: $A_{ij} = E_{ij} \times B_{ik}$, e

$$E_{ij} = P_{ij} \times C_i$$

onde:

P_{ij} = probabilidade de um consumidor da área *i* deslocar-se até o centro de compras *j;*
C_i = número de consumidores em *i;*
E_{ij} = estimativa do número de consumidores da área *i* a deslocar-se até o centro de compras *j*;

---

29 Definição contida em: CONVERSE, P. D. New laws of retailing gravitation. In: KORNBLAUN, Curt. *Guide to store location research.* Massachusetts: Addison Wesley, 1968, p. 20.

30 KANE, Bernard J. *A systematic guide to supermarket location analysis.* New York: Fairchild, 1966.

31 CONVERSE, P. D. New laws of gravitation. In: KORNBLAUN, 1968, p. 21.

32 Para maiores detalhes, veja: HUFF, D. L. A program solution for approximating an optimum retail location. *Land Economics,* vol. 42, p. 293-303, 1996; HUFF, D. L. Defining and estimating a trading area. *Journal of Marketing,* n. 28, p. 36-38, 1964.

B_{ik} = total anual médio de compras B, por consumidores da área *i*, para um dado produto *k;*

A_{ij} = estimativa da média anual de gastos A, de um dado produto, para consumidores da área *i*, no centro de compras *j;*

V_j = estimativa do total anual de vendas V, em um dado centro de compras *j*;

m = número de áreas consideradas, que podem ser quarteirões, setores censitários etc.

Como medida de atratividade de um dado centro, Huff considerou a área de vendas e, como medida de repulsão, a distância determinada em tempo de viagem (veja o Exercício II). Matematicamente, tem-se:

$$P_{ij} = \frac{\dfrac{S_j}{T_{ij}^{\lambda t}}}{\displaystyle\sum_{j=1}^{m} \frac{S_j}{T_{ij}^{\lambda t}}}$$

sendo que: $\displaystyle\sum_{j=1}^{m} P_{ij} = 1, \text{ e } 0 \leqslant P_{ij} \leqslant 1$

onde:

P_{ij} = a probabilidade de o consumidor da área *i* ir ao centro *j;*

S_j = a atratividade do centro *j*, medida em área de vendas (m^2);

T_{ij} = tempo de viagem da área *i* até o centro *j*;

λ_t = parâmetro que deve ser estimado empiricamente para refletir o efeito do tempo de viagem em vários tipos de compras (por exemplo, bens de conveniência e bens especializados).

O **modelo de Huff** estima o número provável de consumidores a frequentar determinado centro comercial, considerando todos os locais potenciais de compras.

Área de influência comercial é uma região geograficamente delineada na qual a probabilidade de os consumidores potenciais comprarem um dado bem ou serviço oferecido por um centro de compras é maior que zero e menor ou igual a um.

Assim, o **modelo de Huff** estima a probabilidade de um número de consumidores frequentar determinado centro comercial, considerando todos os locais potenciais de compras. O parâmetro λ_t varia de acordo com diferentes classes de produtos (móveis, alimentos, roupas etc.) e reflete o tempo que os consumidores estão dispostos a despender com cada classe de produto. Quanto maior λ_t, menor será o tempo e, consequentemente, menor a área de influência daquele tipo de bem.[33]

Uma **área de influência comercial** é uma região geograficamente delineada na qual a probabilidade de os consumidores potenciais comprarem um dado bem ou serviço oferecido por um centro de compras é maior que zero e menor ou igual a um. Considera-se ainda que:

- uma área de influência comercial representa uma superfície de demanda que contenha consumidores potenciais de um bem/serviço específico;
- o centro de compras pode ser uma única loja ou um conglomerado de lojas;

[33] Para maiores detalhes, veja: HUFF, D. L. A program solution for approximating an optimum retail location. *Land Economics,* vol. 42, p. 293-303, 1996; HUFF, D. L. Defining and estimating a trading area. *Journal of Marketing,* n. 28, p. 36-38, 1964.

- a superfície de demanda é composta de um gradiente de demandas que reflete a variação do potencial de consumidores;
- o gradiente de demanda é uma probabilidade (0 < P < 1);
- o potencial de consumidores total é a soma do número esperado de consumidores de cada gradiente de demanda;
- gradientes de demanda de centros concorrentes se sobrepõem. Quando gradientes com a mesma probabilidade se interceptam, ocorre o equilíbrio espacial entre os concorrentes.[34]

Em termos de geografia aplicada a assuntos mercadológicos, o modelo de Huff foi considerado a contribuição mais importante desde a enunciação da lei de Reilly.[35] Quando as linhas de contorno de dois ou mais centros são tangenciais, denominam-se **pontos de equivalência**, situação semelhante ao ponto de equilíbrio em Reilly (veja a Figura 7.5 adiante).

Pontos de equivalência ocorrem quando dois ou mais centros comerciais têm suas linhas de contorno espacial tangenciais.

Figura 7.5
Gradientes de demanda

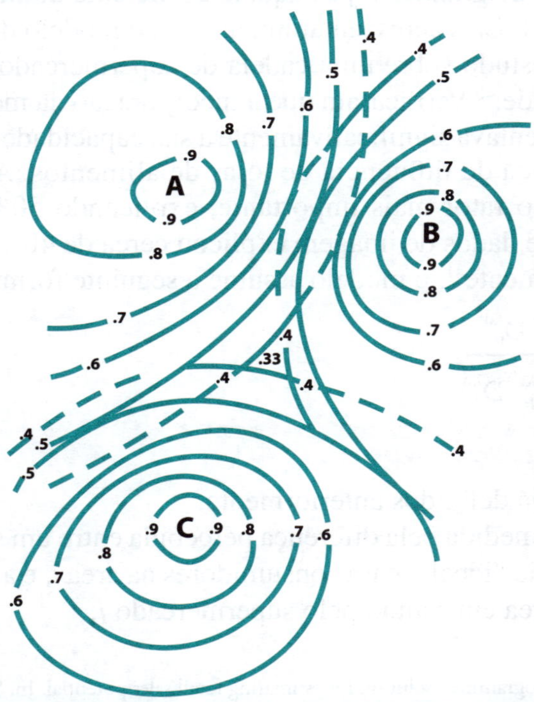

Fonte: BERRY, B. J. L. *Geography of market centres and retail distribution.* New Jersey: Prentice Hall, 1967.

[34] Para maiores detalhes, veja: HUFF, D. L. A program solution for approximating an optimum retail location. *Land Economics,* vol. 42, p. 293-303, 1996; HUFF, D. L. Defining and estimating a trading area. *Journal of Marketing,* n. 28, p. 36-38, 1964.

[35] BERRY, B. *Geography of market centers and retail distribution.* New York: Prentice Hall, 1967. In: GOLDSTUCKER et al. *New developments in retail trading area analysis.* Atlanta: Georgia University, 1978, p. 69.

O próprio Huff[36] afirmou que modelos matemáticos não são infalíveis, pois representam construções simplificadas de alguns aspectos da realidade, o que torna impossível incluir todos os fatores que possam influenciar um caso particular. Assim, os tomadores de decisão devem estar cientes de que existem outras variáveis além das especificadas no modelo e de que elas afetam a empresa tanto no que se refere às vendas como no que se refere à reputação, à aparência ou aos serviços oferecidos.

Vários estudos partiram do modelo de Huff, buscando novas explicações. Nakanishi e Cooper[37], com o *multiplicative interactive choice model* (MIC), introduziram modificações no modelo que permitiram simular os efeitos de alterações nas características das lojas, estimando participações no mercado dos estabelecimentos de uma dada área.

O modelo gravitacional de Huff é mais indicado para estudos de *shopping centers* do que de lojas individuais, nas quais o tamanho (m^2) não teria por si só grande influência.[38]

Estudo conduzido por Stanley e Sewal[39] constatou que a variável *tamanho da loja* seria significativa se fosse facilmente percebida pelo consumidor. Assim, no caso de grandes lojas, aquele coeficiente do modelo de Huff se aproximaria de 1. Eles acrescentaram, ainda, ao modelo de Huff a variável *imagem,* num estudo sobre uma cadeia de supermercados, demonstrando sua aplicabilidade.[40] Verificaram que a incorporação da medida de imagem ao modelo aumentava significativamente a sua capacidade de explicação de variações na área de influência de lojas de alimentos. Apesar do tempo de viagem ser o fator mais importante, explicando 50% da variação, a incorporação de dados de imagem explicou cerca de 40% do restante.

Matematicamente[41], o modelo assume a seguinte formulação:

$$P_{ij} = \frac{S_j^{\lambda s}\ T_{ij}^{\lambda t}\ D_{ij}^{\lambda d}}{\sum_{j=1}^{m} S_j^{\lambda s}\ T_{ij}^{\lambda t}\ D_{ij}^{\lambda d}}$$

onde:

P_{ij}, S_j, T_{ij}, λ_t = já definidos anteriormente;

D_{ij} = imagem, medida pela diferença percebida entre um supermercado de uma cadeia "ideal", para consumidores na área *i,* e a cadeia representada na área em estudo pelo supermercado *j*;

[36] HUFF, David. A programmed solution for estimating retail sales potential. In: STANLEY, Thomas J.; SEWALL, Murphy A. Images inputs to a probabilistic model: predicting retail potential. *Journal of Marketing,* vol. 40, p. 48-53, jul. 1976. Detalhes sobre os modelos, veja: DAVIES, 1976, p. 232-258.

[37] NAKANISHI, M.; COOPER, L. G. Parameter estimate for multiplicative interactive choice model — least squares approach. *Journal of Marketing Research,* p. 303-31, ago. 1974.

[38] KOTLER, Philip. Marketing decision making: a model building approach. In: STANLEY, Thomas J.; SEWALL, Murphy A. Images inputs to a probabilistic model: predicting retail potencial. *Journal of Marketing,* vol. 40, p. 48-53, jul. 1976. Detalhes sobre os modelos, veja; DAVIES, 1976, p. 258-323.

[39] STANLEY, Thomas J.; SEWALL, Murphy A. Predicting supermarket trade: implications for marketing managers. In: GOLDSTUCKER, Jac et al. *New development in retail trading, area analysis and site location.* Publishing Services Division of Germany State University, 1978, p. 41.

[40] Id. Image inputs to a probabilistic model: predicting retail potential. *Journal of Retailing.* In: GOLDSTUCKER, 1978, p. 48-53.

[41] Ibid.

λd = parâmetro que deve ser estimado empiricamente para refletir o efeito das mudanças em imagem da loja;
λs = parâmetro que deve ser estimado empiricamente para refletir o efeito das mudanças na área de vendas.

No modelo de delimitação de áreas comerciais de Bucklin[42], o grau de sobreposição de áreas foi definido pela proporção de clientela perdida. A sobreposição de áreas é função da sensibilidade do consumidor ao produto (importância atribuída para achar preço, qualidade e serviço corretos) e da sensibilidade à viagem (custo de atingir loja alternativa e custos de oportunidade). A sobreposição entre áreas de influência de *shopping centers* declina à medida que a distância entre eles aumenta, e a sobreposição será maior para produtos com maior propensão de procura.

Diversos outros modelos têm surgido para segmentos específicos, como o modelo de Houston e Stanton[43] para loja de conveniência e o modelo de Mahajan e Sharma[44] para rede de agências bancárias. Na leitura da análise de potencial e saturação de mercado estão os trabalhos de Ingene[45] e o de Mahajan, Sharma e Kerin.[46] Em trabalho desenvolvido em 1985, Pazoumain e Sallez[47] propuseram um modelo econométrico considerando as visões estratégicas do planejador urbano, do empreendedor e do varejista.

Um modelo para rede de lojas de novos produtos/serviços foi desenvolvido por Gosh e Craig[48], que levaram em consideração horários de funcionamento, receitas e custos, além dos próprios locais das lojas. Como o modelo é voltado para novos serviços, não existe uma concorrência direta predefinida, e sim uma concorrência de outros tipos de estabelecimentos que oferecem serviços de outros gêneros.

Deve-se também prestar atenção aos fatores comportamentais no processamento de informações que determinam a escolha espacial. Entre esses atributos, estão aqueles que afetam a escolha de uma loja, região urbana e residência.[49]

---

[42] BUCKIN, Louis P. The concept of mass in infra-urban shopping. *Journal of Marketing*, vol. 31, p. 37-42, out. 1967.

[43] HOUSTON, Franklin S.; STANTON, John. Evaluating retail trade areas for conveniences stores. *Journal of Marketing*, vol. 60, n. 1, p. 125-136, 1984.

[44] MAHAJAN, Srinivas V.; SHARMA, S. An application of portfolio analysis for identifying attractive retail locations. *Journal of Retailing*, vol. 61, n. 4, 1985.

[45] INGENE, Charles A. Structural determinants of market potential. *Journal of Retailing*, vol. 60, n. 1, p. 37-64, 1984.

[46] MAHAJAN, Vijay; SHARMA, Submash; KERIN, Roger A. Assessing market penetration opportunities and saturation potential for multi-store, multi-market retailers. *Journal of Retailing*, vol. 64, n. 3, p. 315-333, 1988.

[47] PAZOUMAIN, Michel; SALLEZ, Allain. *Modèles de localisation. stratégie:* des aménageurs, des promoteurs, des distributeurs, urbanisme. [S.L.]: Avail, 1988, p. 56-59.

[48] GHOSH, Avijit; CRAIG, C. Samuel. An approach to determining optimal locations for new services. *Journal of Marketing Research*, vol. XXXII, p. 354-362, nov. 1986.

[49] FOTHERINGHAM, Stewart. Statistical modeling of spatial choice: an overview. In: GHOSH, Avijit; INGENE, Charles A. *Spatial analysis in marketing:* theory, methods and applications. London: Jai Press, 1991, p. 95-118.

7.3.4 OS PRINCÍPIOS DE NELSON

Provavelmente, uma das maiores contribuições para a análise de localização está na lista de verificações desenvolvida por Nelson[50], a qual foi agrupada em torno de oito princípios básicos apresentados e comentados a seguir:

1. **Adequação do potencial da área.** Determinar a área comercial, contar as pessoas, verificar o volume de renda e de gastos com os tipos de bens a serem comercializados pela loja; determinar o volume total de negócios da área e quanto poderá ser obtido.
2. **Acesso.** Assegurar a máxima acessibilidade para obter o máximo possível de negócios. A acessibilidade deverá considerar os negócios de atração geradora, suscetível ou em razão da vizinhança, conceitos que são explicados no decorrer do capítulo.
3. **Potencial de crescimento.** O local deve estar em área em que população e renda estejam em crescimento, visando a resultados futuros. Cabe lembrar que grandes estabelecimentos têm impacto sobre alterações do entorno.
4. **Minimizar riscos de concorrência.** Selecionar locais onde a interceptação de clientes pela concorrência seja mínima e considerar a possibilidade de controlar os locais que apresentem esse risco.
5. **Interceptação de negócios.** Implantar a loja entre o local em que as pessoas moram e o local em que tradicionalmente compram, de forma a vir a interceptar clientes em sua trajetória para o local de compra. Em determinadas situações, o planejador precisa decidir, quanto à localização de seu comércio, se segue a concentração de lojas ou se estabelece numa posição isolada, buscando atender a uma população mais próxima e, assim, reduzindo o seu deslocamento.

   Vale ressaltar que, para bens de conveniência e artigos com marca reconhecida, uma localização que permita a interceptação de negócios é um dos trunfos de sucesso. A implantação de varejos como padarias e açougues segue esse princípio, isto é, introduz uma nova loja entre o local onde os consumidores moram e o local onde tradicionalmente compram. O mesmo vale para os postos de gasolina, que procuram se posicionar antes do concorrente num local de grande fluxo de automóveis.
6. **Atração cumulativa.** Quando não é viável a interceptação, deve ser buscada a atração cumulativa, que se refere a determinadas situações em que lojas próximas podem atrair mais negócios do que as mais distantes. Isso se aplica tanto a negócios complementares como aos bens especializados e de compra comparada, quando a comparação entre os atributos dos produtos é importante.

   Os negócios varejistas, historicamente, buscam estar reunidos numa dada área. A lógica existente é que, quanto mais varejo se concentrar naquela região, mais pessoas, mesmo de regiões distantes, serão atraídas. Tendo como referência São Paulo, foi o que ocorreu, inicialmente, no Centro Velho, em polos comerciais de bairros como Lapa, Pinheiros, Santana e Santo Amaro, posteriormente, e nos *shopping centers*, hoje em dia. Isso porque essa localização reúne um grupo de negócios que

[50] NELSON, 1958, p. 50-56, 329-356.

oferecem todos os tipos de serviços ao seu público, fazendo que esses empreendimentos se tornem pontos de referência para qualquer tipo de produto e de serviços (por exemplo: lojas de roupas, cabeleireiro, estacionamento, restaurantes, cinema etc.).

Também existem polos de atração cumulativa ligados a um mesmo segmento. Na cidade de São Paulo, essas formações ocorrem desde o início do século XX. É o caso, entre muitos outros, da Rua da Consolação (lustres), da Rua Santa Ifigênia (eletroeletrônicos), da rua São Caetano (vestidos de noiva) e da rua Florêncio de Abreu, que se transformou num polo de atração nacional para ferragens e ferramentas, não sendo incomum encontrar nessa rua até mesmo compradores de países vizinhos. Recentemente, formou-se no eixo das avenidas Europa e Cidade Jardim o polo de automóveis importados e de blindagem de veículos. Outros continuam a surgir, como o de móveis, na Rua Teodoro Sampaio.

O importante nesses lugares é que, pela diversidade de produtos de uma mesma categoria, o consumidor tem opções de formas, cores, estilos, preços e marcas. A grande vantagem é que, quando você não encontra o que procura numa loja, pode ter mais sorte na porta ao lado. Como isso se repete muitas vezes ao longo do dia, no final, todos faturam mais do que se as lojas estivessem distantes umas das outras.

7. **Compatibilidade.** Procurar maximizar a incidência de trocas de clientes entre vários tipos de loja. A compatibilidade entre negócios é medida inicialmente ao se considerar se dois estabelecimentos vizinhos podem se ajudar ou sofrer influência negativa no volume de vendas.

O planejamento da localização de lojas de varejo está muito ligado à compatibilidade entre elas, tanto na rua como em *shopping centers*. A compatibilidade entre os negócios pode se dar por eles serem complementares ou por, apesar de serem concorrentes, apresentarem características distintas dos produtos ou preços, e que, por meio dessa atração cumulativa, a área de influência seja ampliada e torne-se suficiente para suportar as duas lojas.

Entre exemplos de compatibilidade estão o açougue com a padaria, farmácia e banca de jornal. Num dado local em que existam três dos negócios, e eles apresentem bom desempenho, pode ser tomada a decisão de colocar o quarto, dispensando as análises. Como exemplo de incompatibilidade, pode ser citada a peixaria com a joalheria.

8. **Aspectos econômicos**. Analisar o local em termos de custos, produtividade, rentabilidade e crescimento futuro, considerando aspectos técnicos, econômicos e mercadológicos.

7.3.5 O MÉTODO ANÁLOGO

O **método análogo** foi uma das grandes contribuições de Applebaum[51] para os estudos de localização. Consiste em estabelecer relações entre situações passadas e futuras. Quando se possuem dados de desempenho de lojas,

O **método análogo** consiste em estabelecer relações entre situações passadas e futuras.

[51] APPLEBAUM, William. The analog method for estimating potential store sales. In: KORNBLAUN, Curt. *Guide to store locations research*. Massachusetts: Addison Wesley, 1968, p. 232-243. Applebaum também desenvolveu uma extensa lista de verificação para desenvolvimento de estudos de localização para supermercados. Veja também MASANO, Tadeu F. *Planejamento da localização comercial*. São Paulo: Mercado Global, 1985, p. 54-61.

em função de suas características, associados aos de seus mercados e do comportamento dos consumidores, essas informações podem ser empregadas em situações consideradas semelhantes em outras áreas de estudo.

É evidente que, nesses casos, a grande responsabilidade de precisão recai sobre o analista de localização, que precisa identificar as variáveis críticas e, com seus julgamentos subjetivos, determinar os lugares análogos.

Como exemplo, pode ser citada uma joalheria que normalmente se instala em hotéis cinco estrelas. Assim, a análise para um novo empreendimento da mesma categoria e mesmo público-alvo terá por base o número de apartamentos e a taxa de ocupação. Esses dados, quando comparados aos dos outros hotéis onde a rede já está instalada, permitirão uma tomada de decisão que, além de rápida, terá um baixo grau de risco.

7.3.6 O PRINCÍPIO DA COMPATIBILIDADE

Na regra de compatibilidade de varejo desenvolvida por Nelson, há uma relação diretamente proporcional entre a taxa de intercâmbio dos consumidores e o volume de negócios desses estabelecimentos: "Dois negócios compatíveis, localizados próximos um do outro, apresentam um aumento no volume de negócios proporcional ao total de intercâmbio de clientes entre eles, inversamente proporcional à relação de volume de negócios da loja maior em relação à loja menor, e diretamente proporcional à soma das relações de compras propositais (visitar a loja como o maior propósito da viagem) em relação ao total de compra em cada uma das lojas".

Essa teoria pode ser expressa na seguinte equação:

$$V = I\,(VM + Vn) \times \frac{Vn}{VM} \times \left(\frac{PM}{VM} + \frac{Pn}{Vn} \right)$$

VM = volume da loja maior;
PM = compra proposital na loja maior;
Vn = volume na loja menor;
Pn = compra proposital na loja menor;
V = aumento do volume de negócio das duas lojas;
I = grau de intercâmbio.

Grau de compatibilidade (percentual de clientes visitando as duas lojas):

- alto: 10% a 20%;
- moderado: 5% a 10%;
- baixo: 1% a 5%;
- incompatível: 0%; e
- prejudicial: redução de clientes de uma das lojas.

7.4 O FERRAMENTAL DE APOIO

7.4.1 GEOGRAFIA

Entre os fatores críticos para os estudos de mercado estão a determinação da segmentação geográfica e a obtenção dos dados a ela associados.

Obviamente, esses elementos estão relacionados ao tipo de estudo e à atividade em questão. Isto é, selecionar países para a implantação de uma grife internacional ou a determinação do melhor ponto para uma padaria vai requerer tanto cartografia como atributos diferentes. É necessário observar que não está se falando da complexidade do projeto ou do volume de investimentos do negócio, e sim de se trabalhar com as informações básicas para uma análise correta.

Desse modo, a organização de um banco de dados associado a elementos geográficos tem importância vital. No caso de franquia internacional, provavelmente, seriam necessárias, num primeiro momento, informações sobre o país e suas principais cidades quanto ao PIB, à densidade demográfica, à concentração de renda, ao consumo em categoria de produtos e ao estágio do ciclo de vida do negócio em questão. E até mesmo informações sobre estabilidade política e social podem ser determinantes numa análise preliminar.

Tomando como exemplo o Brasil, é recomendável, na maioria dos casos, utilizar-se de geografia oficial e, quando necessário, adaptá-la ao projeto em estudo e, principalmente, obter compatibilidade nas análises. Entre as segmentações geográficas mais utilizadas no Brasil estão a do Instituto Brasileiro de Geografia e Estatística (IBGE) — veja Figura 7.6 — e a da Empresa Brasileira de Correios e Telégrafos (ECT).

Conforme o IBGE, o país está dividido oficialmente em cinco regiões, 27 unidades da Federação (estados) e 5.561 municípios. É possível, ainda, a segmentação em 558 microrregiões homogêneas, que são áreas que reúnem municípios contíguos, num mesmo estado, com características físicas, sociais e econômicas de certa homogeneidade. Além disso, as agregações de microrregiões determinam 137 mesorregiões.[52]

Figura 7.6
Exemplos de cartografia digital — divisões cartográficas do IBGE

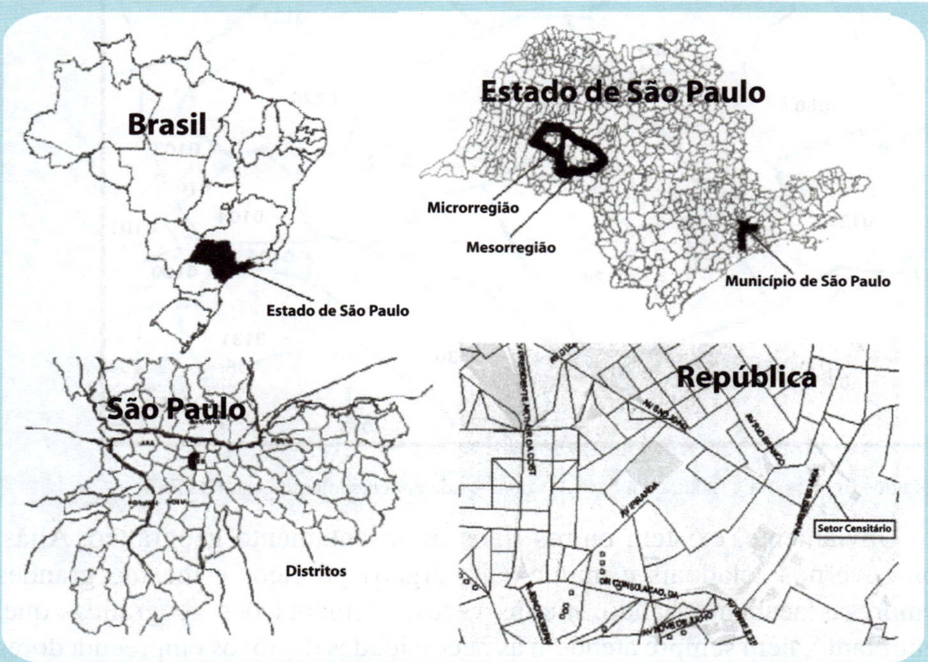

Fonte: Mapeamento realizado pela Estudos Empresariais Ltda., 2001, com base em segmentações geográficas do IBGE.

[52] IBGE. *Resultados preliminares do Censo Demográfico do Brasil.* Rio de Janeiro, 2001; IBGE. *Divisão territorial do Brasil,* Rio de Janeiro, 1997.

Existem, ainda, a divisão intramunicipal por distritos e a destes em setores censitários. Como exemplo, São Paulo contempla 96 distritos e cerca de 10 mil setores censitários.

Outra divisão geográfica que tem sido cada vez mais utilizada é a determinada pelo Código de Endereçamento Postal (CEP) da Empresa Brasileira de Correios e Telégrafos (ECT).[53]

Tomando-se a composição de faixas de CEP com base nos cinco primeiros dígitos, é possível a identificação da região, unidade da Federação, município e suas microáreas, quando este contemplar mais de um CEP. Aos três últimos dígitos está reservada a identificação de logradouros ou segmentos deles e, ainda, de órgãos públicos ou edifícios de grande afluxo de correspondência.

Uma das vantagens do uso do CEP é a possibilidade de processamento de bases de dados cadastrais determinadas no código para identificação do município.

Entretanto, a sua grande aplicação mercadológica está reservada às cidades maiores e às que contemplam muitos códigos. Os quatro ou três primeiros dígitos do CEP representam polígonos, permitindo, assim, a segmentação geográfica em microáreas (Figura 7.7).

Figura 7.7
Exemplo de cartografia digital — base CEP / ECT

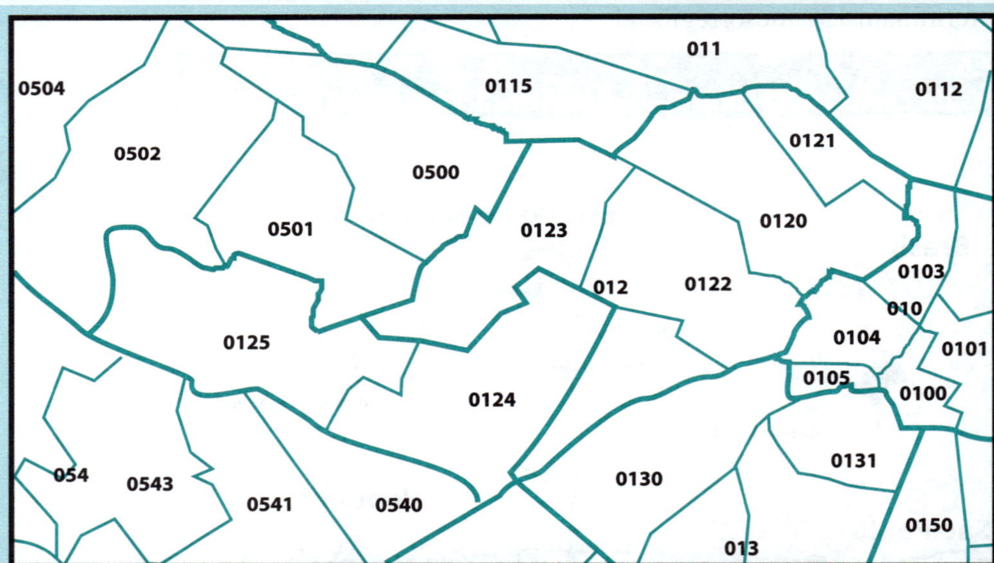

Fonte: Desenvolvido pela Estudos Empresariais Ltda., com base nos códigos de endereçamento postal da ECT.

Obviamente, existem outros tipos de levantamento geográfico. Aliás, os governos estaduais e municipais, órgãos públicos e mesmo grandes empresas acabam criando, muitas vezes, segmentações geográficas que, entretanto, nem sempre atendem às necessidades de novos empreendedores e tampouco permitem que se utilizem dados oficiais disponíveis, em função dessa incompatibilidade geográfica.

[53] *Guia Postal Brasileiro*. 9. ed. Rio de Janeiro: Expressão e Cultura Exped Ltda., 1999.

7.4.2 GIS — SISTEMAS DE INFORMAÇÕES GEOGRÁFICAS

Os estudos de geografia de mercado contam hoje com poderosas ferramentas — os *softwares* denominados *Geographic Information System* (GIS).[54]

O **GIS** é um sistema de gerenciamento de informações com finalidades de análises geográficas baseado no mapeamento de dados processados por um sistema de coordenadas. Constitui-se, assim, um instrumental analítico para subsidiar o processo de decisão, com base na identificação geográfica dos relacionamentos entre as informações de uma organização e as de mercado.

GIS (Sistema de Informações Geográficas) é um sistema de gerenciamento de informações com finalidades de análises geográficas baseado no mapeamento de dados de forma georreferenciada por um sistema de coordenadas.

Hoje em dia, pode ser encontrada uma série de *softwares* na categoria GIS. Alguns são mais voltados para aplicações em que a precisão geográfica é necessária (por exemplo: tubulação, postes, fiação etc.) e outros para aplicações mercadológicas nas quais também exerce função importante. Mesmo entre estes últimos ocorrem variações de flexibilidade e de aptidões, mas a grande diferença é saber ou não utilizar esses recursos.

7.4.3 CARTOGRAFIA DIGITAL

Para que sejam elaboradas informações em GIS, é preciso um mapa digital georreferenciado (sistema de coordenadas) e uma base de atributos associada a esse mapa.[55]

Assim, para mapear a população das cidades brasileiras, é preciso uma cartografia que contemple a sede pontual dos municípios ou os limites destes e a informação do número de habitantes de cada um deles. Da mesma maneira, para mapear a localização das agências bancárias numa cidade, será preciso a sua base digital de logradouros, de tal forma que aceite a relação de endereços.

A construção de bases digitais no Brasil tem evoluído, mas esbarra na falta de qualidade e na insuficiência de dados e fontes (mapas em papel).

7.4.4 GPS — SISTEMA DE POSICIONAMENTO GLOBAL

O *Global Positioning System* ou Sistema de Posicionamento Global (**GPS**) foi concebido pelo Departamento de Defesa dos Estados Unidos no início da década de 1960. Atualmente, é formado por 24 satélites em seis órbitas diferentes, que estão a cerca de 20 mil km de altitude.[56]

GPS (Sistema de Posicionamento Global) é um sistema que determina a posição global em termos de altura, latitude e longitude.

Entre seis e dez satélites cobrem, ao mesmo tempo, a mesma área da Terra, e a identificação do sinal de apenas três deles é necessária para que um aparelho GPS determine uma posição em termos de latitude, longitude e altura.

A exemplo dos GIS, existem diversas categorias de GPS, em função da precisão das aplicações. Nos estudos de mercado, os levantamentos de campo por

[54] Para mais detalhes, veja: BIRKIN, Mark et al. *Intelligent GIS.* Cambridge: GeoInformation International, 1996; PEUQUET, Donna J.; MARBLE, Duane F. *Introductory readings in geographic information systems.* London: Taylor & Francis, 1990.

[55] Descrição histórica e conceitual sobre bases cartográficas digitais em: LAZZAROTTO, Deise R. *Base de endereços georreferenciados para uma metodologia de sistemas de informação geográfica.* Curitiba: Universidade Federal do Paraná, 1997.

[56] Para mais detalhes, veja os *sites* <www.gps.com.br> e <www.globalpositioningsystem.com>.

meio de GPS permitem, por exemplo, a identificação da distribuição das atividades varejistas numa dada avenida ou, ainda, o mapeamento de escolas numa zona rural, sem que haja a necessidade de uma base cartográfica digital.

Como ilustração, o prédio da FGV, em São Paulo, tem como longitude 46.65363 (−46° 39' 13" W) e latitude 23.55836 (−23° 33' 30" S).

7.4.5 SENSORIAMENTO REMOTO

O uso de imagens (aéreas e via satélites) associadas ou não aos GIS tem permitido agilizar o processo decisório dos estudos de mercado e reduzir os riscos envolvidos. Elas possibilitam a visualização de uma situação num dado momento e comparações evolutivas.

As fotos aéreas obtidas por empresas especializadas em aerofotogrametria ou mesmo por um helicóptero contribuem para o entendimento da área em estudo e possibilitam a confecção de mapas temáticos.

As fotos obtidas por imagens de satélites (Figura 7.8), como o *Spot* e o *Landsat,* têm passado por enormes avanços, chegando muitas vezes a se aproximar de características de uma foto aérea, como no caso do satélite *Ikonos*.[57]

Figura 7.8
Exemplos de fotos de satélites

Fonte: Satélite *Landsat*. São Paulo, 30 abr. 2000.

Fonte: Satélite *Ikonos*. New York, 11 out. 1999.

7.5 COMPORTAMENTOS DE CONSUMO E LOCALIZAÇÃO

O entendimento do negócio e dos hábitos e comportamentos dos consumidores é fundamental para a seleção de locais, visando à implantação de atividades varejistas e de serviços.

[57] Para mais detalhes, veja os *sites* <www.landsat.com> e <www.ikonos.com>.

Ao longo deste livro será possível observar com profundidade tópicos relacionados a esses temas.[58] Entretanto, para facilitar a compreensão do capítulo, serão resgatados alguns conceitos que permitirão ao leitor fazer associações às decisões sobre escolhas de lugares.

7.5.1 SEGMENTAÇÃO

As estratégias de marketing podem transitar num eixo em que o mercado é visto como único, de modo individualizado, o que determina a importância do entendimento do negócio e de suas formas de segmentação.

Além das variáveis geográficas (países, cidades, bairros, regiões etc.), entre as outras principais maneiras de segmentar um mercado estão as variáveis sociodemográficas (sexo, renda, tamanho da família, ocupação, faixa etária, religião, raça etc.), variáveis psicográficas (padrão de vida, estilo, personalidade etc.) e variáveis comportamentais (momento da compra, fidelidade, nível de uso etc.).

7.5.2 CLASSIFICAÇÃO DE PRODUTOS

Os produtos são classificados, normalmente, em bens duráveis e não duráveis, ou em bens industriais e bens de consumo.

Tomando, então, por base os bens de consumo, o maior foco dos estudos de geografia de mercado, a classificação se faz entre aqueles de conveniência (compras frequentes, como pão e jornal), de compra comparada (o consumidor analisa atributos como preço, *design,* qualidade, como sapatos), especializados (marcas e/ou produtos específicos, como *home-theater*, veículos importados, produtos de grife internacional ou, até mesmo, um restaurante com um prato renomado) e, por fim, aqueles bens não procurados (alguns tipos de seguros ou a aquisição de um túmulo).

Evidentemente, a importância do fator *localização* nessa classificação é maior para os bens de conveniência do que para os bens especializados.

7.5.3 TIPOS DE ATRAÇÃO

Quando da determinação do local para a implantação de uma atividade, a análise deve ser precedida da caracterização negocial. Isto é, será imprescindível entender o mercado de atuação, o seu estágio na matriz de ciclo de vida, o perfil e os hábitos dos consumidores, para então se passar ao estudo de localização propriamente dito.

Quanto à localização, o varejo deve sempre ser o mais acessível possível ao seu público, buscando atrair o maior número de clientes. Os negócios varejistas se caracterizam por três tipos de atração: geradora, de vizinhança e suscetível.[59]

---

[58] Interessante abordagem sobre o assunto pode ser verificada em: ENGEL, James R; BLACKWELL, Roger D.; MINIARD, Paul W. *Consumer behavior.* Orlando: The Dryden Press, 1993.

[59] NELSON, 1958, p. 53.

Evidentemente, os produtos e negócios apresentam diferenças relativas entre os tipos de atração, mas o volume de vendas é dado pelo somatório dos três. Cabe destacar, ainda, que, em função do horário e da localização, os percentuais das atrações variam até mesmo para o mesmo negócio.

A atração geradora é dada pelo propósito inicial do deslocamento. Por exemplo, comprar um terno, móveis, ir ao hipermercado ou ao barbeiro. A atração de vizinhança é determinada pelos negócios que são obtidos em função da atração geradora dos vizinhos. Isto é, quando alguém estava comprando o terno, aproveitou e comprou uma camisa ou um sapato.

Por sua vez, a atração suscetível ocorre por impulso ou coincidência diante do deslocamento do consumidor. É a compra do doce em um *shopping center* após a aquisição do termo e da camisa.

Um *fast-food* localizado na rua terá forte atração geradora nos horários de almoço e jantar. Entretanto, se estiver localizado num *shopping center*, parcela significativa do seu volume negocial será dada pela atração de vizinhança. Isto é, muitas das pessoas não foram até o *shopping center* com o propósito inicial de comer um hambúrguer, mas o fizeram porque foram até lá adquirir uma roupa ou um eletrodoméstico.

Um indicador da força geradora de uma loja pode ser determinado pelo quociente do número de consumidores que nela entraram de forma programada, isto é, foram deliberadamente àquele local, em relação ao número total de visitas que a loja recebeu.

7.5.4 AVALIAÇÃO DE PRODUTOS

O processo de avaliação do consumidor sobre os produtos e serviços pode ser dividido em estágios, tais como: reconhecimento do problema, busca de informações, avaliação de alternativas, decisão de compra e comportamento pós-compra. Esse processo é retroalimentado de tal modo que o consumidor, quando reconhece a necessidade de comprar novamente um bem, considerará as experiências vividas anteriormente.

Nesse escopo, a localização de determinados negócios variará em função da dificuldade de avaliação dos produtos ou serviços. Isto é, determinados bens podem ser avaliados antes mesmo da efetivação da compra (refrigerante, sapato, sofá etc.); para outros, se faz necessário experimentar (restaurantes, salão de beleza etc.), e outros ainda passam por indicações credenciais (médicos, advogados, consultores etc.), conforme apresentado na Figura 7.9.[60]

---

[60] Material apresentado em transparências por Rubens da Costa Santos em São Paulo: Seminário Geografia de Mercado. São Paulo: Estudos Empresariais, mar. 1989; modelos referentes ao processo de decisão podem ser verificados em: ENGEL; BLACKWELL; MINIARD, 1993, p. 37-52; KOTLER, Philip. *Administração de marketing*. São Paulo: Atlas, 1994, p. 160-185; SANDHUSEN, Richard L. *Marketing básico*. São Paulo: Saraiva, 1998, p. 187-206.

Figura 7.9
Processo de avaliação de produtos e serviços

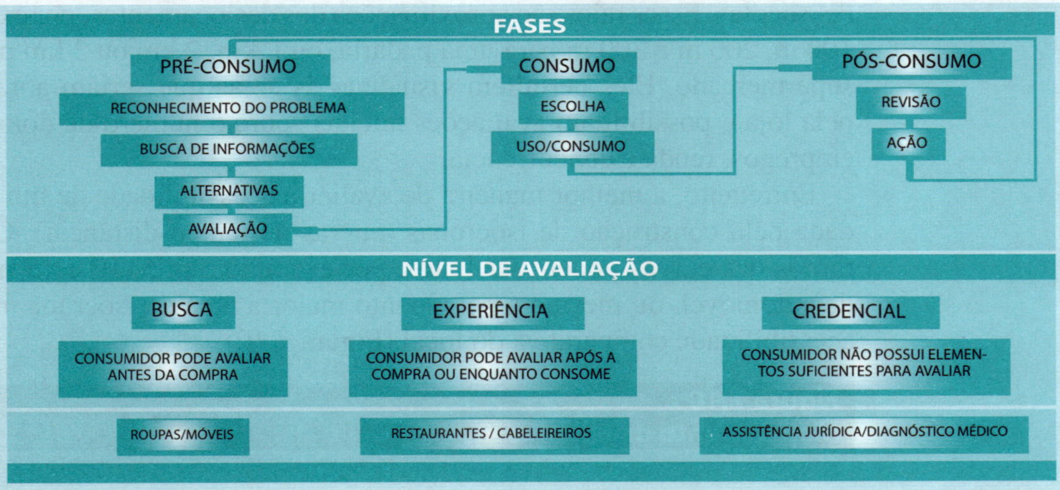

Fonte: Adaptado de KOTLER, Philip. *Administração de marketing*. São Paulo: Atlas, 1994, e de transparências apresentadas por Rubens da Costa Santos em São Paulo, Seminário Geografia de Mercado (Estudos Empresariais, 18-19 mar.1989).

É fácil perceber que aqueles para os quais a credencial é importante o elemento *produto* exerce maior peso que o ponto de distribuição.

7.6 AVALIANDO A MICROLOCALIZAÇÃO

7.6.1 ACESSIBILIDADE

Se a importância do ponto de distribuição tivesse de ser resumida numa só palavra, seria *acesso*. Entretanto, o grande dilema da escolha do local é que o grau de acessibilidade dos lugares varia enormemente, em função dos sistemas e meios de transporte utilizados e das barreiras geográficas existentes.

Com relação à questão da localização e do sobrelucro a ela associado, é importante perceber que cada parcela de terra urbana ganha um valor de uso diferenciado, que varia: a) devido à sua acessibilidade, isto é, à facilidade de se ter acesso aos demais pontos do espaço e b) devido à possibilidade de a mesma parcela de terra vir a dar suporte a edificações e instalações, ou seja, que espaços restritos possam ser adaptados aos diferentes tipos de uso.[61]

Obviamente, existem localizações ótimas para diferentes tipos de atividade varejista. O varejista, quando se instala, procura maximizar o lucro do seu negócio; desse modo, está muito mais preocupado com o valor de uso do que com o valor de troca do imóvel. A comercialização de pontos de comércio e de serviços talvez seja a demonstração mais evidente da importância da condição de apropriação associada à diferença de localização.[62]

[61] CAMPOS FILHO, Cândido Malta. A terra no desenvolvimento urbano: o caso do Brasil. *Revista Brasileira de Planejamento*, n. 13, p. 26, abr. 1987.

[62] PEREIRA, Paulo C. X. *Espaço, técnica e construção.* Dissertação de mestrado. São Paulo: Faculdade de Filosofia, Letras e Ciências Humanas da USP, 1984, p. 216.

Para avaliar preliminarmente a acessibilidade de um local, podem ser traçados num mapa raios a partir do ponto em estudo, que são denominados de isocotas. Esses raios são aproximações dos deslocamentos, por exemplo, 100 m, 200 m e 300 m para uma padaria, ou 1 km, 2 km ou 3 km para um supermercado. Eles permitem visualizar as áreas que seriam abrangidas pela loja e possibilitam avaliações iniciais sobre o número de domicílios, empregos, renda e concorrência.

Entretanto, a melhor maneira de avaliar a acessibilidade de um local é dada pela construção de isócronas (curvas de tempo-distância). Os contornos das curvas podem ser feitos, por exemplo, em 5, 10 e 15 minutos de automóvel, ou mesmo a pé. Quanto maior a área da isócrona, maior a acessibilidade comparativa do local (Figura 7.10).

Figura 7.10
Mapeamento de clientes

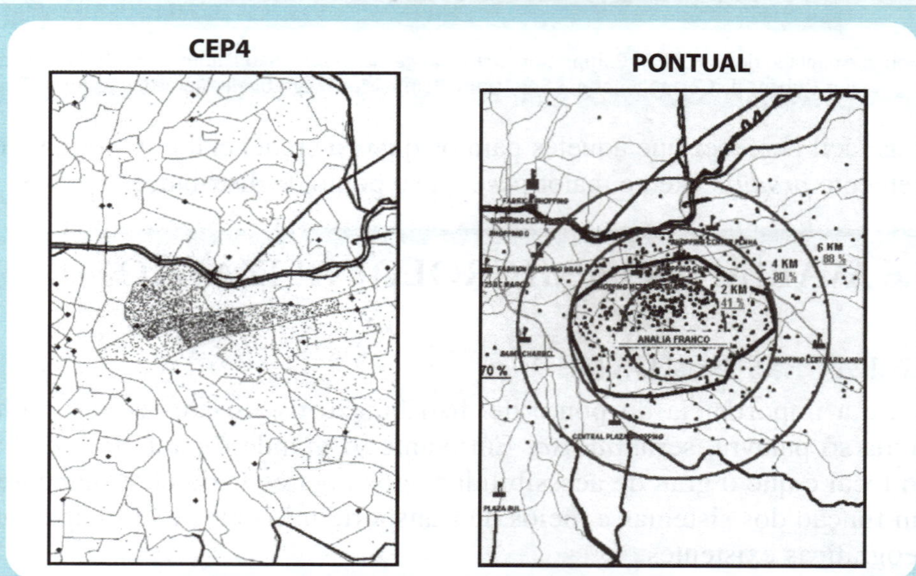

Fonte: "CEP4": Estudos Empresariais Ltda., 2000. Processado no *software* Tactician 5 (USA).
"PONTUAL": Estudos Empresariais Ltda., 2000. Processado no *software* Tactician 5 (USA).

As isócronas podem ser delineadas em relação ao ponto em estudo (isócrona de saída) ou ainda em relação aos locais a partir dos quais ele é atingido (isócrona de chegada). Em traçados urbanos, elas podem assumir formatos e áreas muito diferentes para o ponto em questão; para o consumidor, normalmente, é mais repulsivo um maior tempo de ida do que de volta.

É importante destacar que isócronas ou isocotas não representam áreas de influência. Esse conceito, discutido mais adiante, envolve outros elementos além do tempo e da distância, tal como a concorrência.

Deve ser ressaltado que não adianta ter apenas grande acessibilidade, e sim uma alta densidade de demanda. Isto é, tomando ainda a padaria como exemplo, onde os deslocamentos são pequenos, a sua localização numa área residencial verticalizada terá maior potencial do que se estiver numa área formada por residências unifamiliares.

7.6.2 TIPOS DE FLUXO

Os tipos de fluxo variam, principalmente, em função da distribuição das atividades e moradias na ocupação do solo e do sistema de transportes de uma cidade. Normalmente, são classificados em tráfego do dia a dia, do trabalho, os de média e longa distância e sazonal, cujo somatório para um dado local determina o tráfego agregado.[63]

O deslocamento decorrente das moradias (dia a dia) se circunscreve a uma área mais local, sendo determinado pelos deslocamentos para estabelecimentos de compras cotidianas, como padaria, açougue, farmácia, videolocadora ou prestadoras de serviços pessoais. A boa localização é aquela por onde passam mais pessoas, pois os consumidores vão se lembrar mais daquela loja quando precisarem do produto.

O fluxo decorrente do trabalho determinado pela ligação residência-local de trabalho é normalmente mais longo. Se a localização conseguir juntar os benefícios de atração das moradias e do fluxo de trabalho, isso se constituirá num diferencial extremamente positivo. É necessário lembrar, entretanto, que o tráfego das pessoas de casa para o trabalho ou vice-versa ocorre, normalmente, em horários de pico durante o dia e quase inexiste nos finais de semana.

Entre os tráfegos de média distância estão aqueles para aquisição de bens de compra comparada ou a ida a supermercados, restaurantes e *shopping centers*. Entre os de longa distância estão os deslocamentos referentes à aquisição de bens especializados, ida a teatros e eventos.

É importante salientar que, no caso de um público sazonal, como o de turistas, os seus deslocamentos tendem a ser em maior número que aqueles dos moradores, num dado espaço de tempo, e muitos desses trajetos são de média e longa distância.

Entre as pesquisas mais importantes para a avaliação de deslocamentos e de outros hábitos e comportamentos de consumo, em estudos de geografia de mercado, estão aquelas denominadas "Origem e destino". Esses levantamentos procuram entender os deslocamentos dos consumidores, por exemplo, de onde vieram e para onde irão após terem passado pela loja.

No momento da aplicação da entrevista, podem ser colhidos dados sobre origem e destino (residência, trabalho, escola etc.), tempo de tomada de decisão do deslocamento até a loja (dias, horas, minutos, passagem etc.), tipo de transporte (a pé, automóvel, ônibus etc.), outros referentes à pessoa (idade, estado civil, tipo de ocupação etc.) e ainda à relação da pessoa com a loja (frequência, volume de gastos, acompanhantes etc.).

Esse tipo de pesquisa, além de propiciar o traçado da área de influência negocial, permite entender aspectos importantes sobre o público consumidor em uma determinada localização, o que permitirá traçar estratégias mercadológicas para aquela loja (por exemplo, ampliar a divulgação numa microárea com baixo atendimento) e ainda fazer analogias que sejam usadas para analisar localizações semelhantes no futuro.

---

[63] Veja análise sobre tipos de deslocamentos, modelos de tráfego e formas de levantamento e apresentação em: SALVANESCHI, Luigi. *Location, location, location:* how to select the best place for your business. [S.l.]: Oasis Press, 1996, p. 107-130.

7.6.3 LOCAL

A topografia e o traçado viário têm implicações diretas na visibilidade de um imóvel e, consequentemente, no volume de negócios. Alguns tipos de configuração de logradouros são favoráveis à localização varejista, outros se constituem em situações desfavoráveis, como já apresentado anteriormente.

É fácil entender por que as localizações em esquina normalmente têm o valor de ponto superior às demais. Quanto mais pessoas passarem pelo local e maior a distância da qual enxergarem o negócio, mais tempo terão para decidir parar, e assim o afluxo à loja será maior.

Entre as localizações consideradas pobres, por dificultarem ou inibirem o fluxo de consumidores, estão aquelas em meio de quadra, num eixo viário secundário, em curva (pior quando interna), subida, descida ou rua sem saída (Figura 7.11).

Figura 7.11
Exemplos de microlocalização

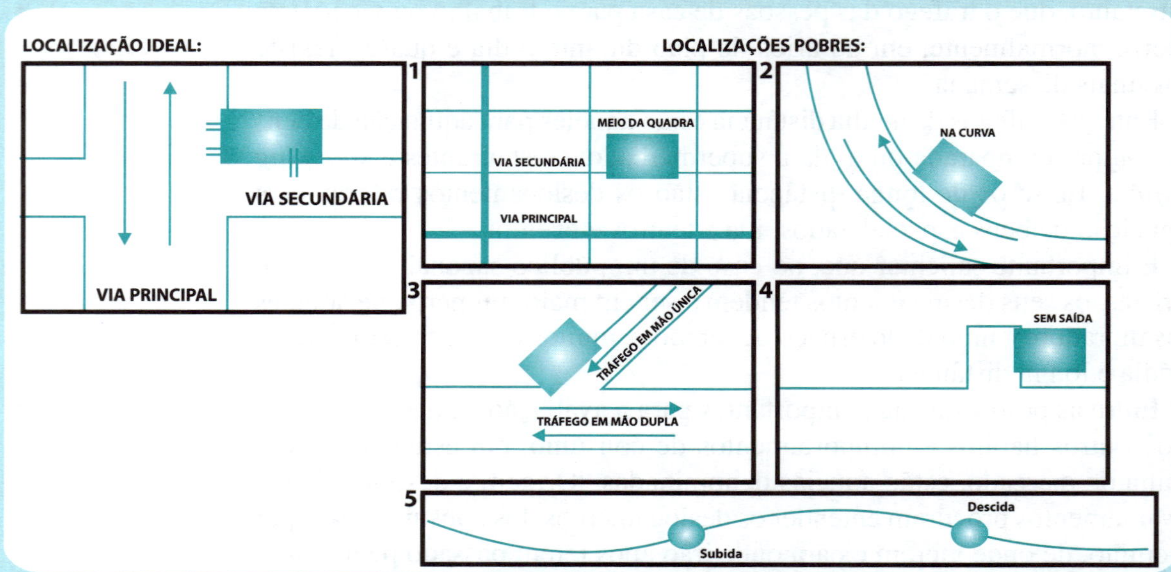

Fonte: Adaptado de SALVANESCHI, Luigi. *Location, location, location*: how to select the best site for your business. [S.l.]: Oasis Press, 1996. p. 109-115.

Além disso, o tipo de negócio poderá sofrer interferências do sentido da via, como no caso de um *fast-food* para o qual a via centro-bairro é mais favorável, pois, em função do horário, a taxa de captura de clientes será maior no momento da volta para casa. Em determinadas atividades, a alteração de mão de direção da via pode até levar à inviabilidade do negócio, como no caso de um posto de gasolina.

Um dos fatores de sucesso da localização é o seu grau de exposição, normalmente favorecido quando o negócio é implantado numa via arterial.[64] Esse tipo de via se destaca pelos seguintes atributos: é mais larga e rápida

[64] Veja análise sobre tipos de deslocamentos, modelos de tráfego e formas de levantamento e apresentação em: SALVANESCHI, Luigi. *Location, location, location:* how to select the best place for your business. [S.l.]: Oasis Press, 1996, p. 107-130.

do que as vias da vizinhança; possui maior volume de tráfego tanto durante o dia como à noite; é mais bem iluminada à noite; conecta várias partes da cidade; possui atividades comerciais bem estabelecidas nos dois lados; e, obviamente, tem o preço mais elevado por metro quadrado. Mesmo nessas vias devem ser evitadas as localizações entre as regiões de ligação, pois as pessoas que passam de automóvel nessas áreas estão preocupadas em sair o mais rápido possível de onde estão para chegar logo ao destino previsto.

7.7 DETERMINANDO A ÁREA DE INFLUÊNCIA

7.7.1 MAPEAMENTO DE CLIENTES

Atualmente, o mapeamento de áreas de influência pode ser realizado com o apoio dos GIS.[65] Com o desenvolvimento dos GIS, tarefas como o mapeamento da origem de clientes e a simulação de áreas de influência comercial ganharam muito em agilidade e qualidade. Com base nos endereços dos clientes e tendo um bom mapa digital, é possível plotar essas informações e assim permitir a delimitação das áreas de influência comercial. O mapeamento será melhor ainda se os valores de faturamento por cliente estiverem disponíveis, lembrando que isso pode aprofundar muito as informações específicas para lojas já instaladas e proporcionar redirecionamentos estratégicos.

Os métodos de contorno permitem uma melhor visualização do mercado em que estão os clientes, o que em muito pode colaborar para decisões estratégicas sobre localização, promoção, segmentação e análise comercial.[66]

As formas de coleta de dados sobre endereços de origem dos clientes podem ser classificadas como diretas ou indiretas.

Entre as diretas estão as já citadas pesquisas "Origem e destino", realizadas no ponto de venda, as entrevistas com a população na área de influência, a ficha cadastral da loja, o cupom preenchido para participar da promoção de um *shopping center* ou, ainda, a simples coleta do CEP do cliente no momento da compra, o que permitirá mapear a região de origem.

Entre as formas indiretas, podem ser destacados o levantamento por placas de automóveis e a obtenção de dados em função das compras por cartão de crédito.

O levantamento das placas, algo ainda incipiente no Brasil, permite a obtenção do CEP, do endereço do registro, de determinadas características do veículo, tais como marca, modelo e ano de fabricação. Possibilita, ainda, que se estabeleça o levantamento do fluxo por dia e hora de um empreendimento, tal como *shopping center* ou hipermercado. Além disso, permite que sejam coletados dados de estabelecimentos concorrentes, possibilitando avaliar as suas áreas de influência.

---

[65] Indicações sobre formas de mapeamento de mercado podem ser vistas em: BAKER, Sunny; BAKER, Kim. *Market mapping.* USA: McGraw-Hill, 1993; FOTHERINGHAM, Stewart; ROGERSON, Peter. *Spatial analysis and GIS.* London: Taylor & Francis, 1994.

[66] RUST, Roland T. Nonparametric methods for estimating and mapping the extent and density of market areas. In: GHOSH; INGENE, 1991, p. 119-135.

As empresas de cartão de crédito têm condições de fornecer aos varejistas o CEP e o total gasto em cada transação. Assim seria possível mapear não somente a área de influência como também a distribuição do volume de compra por microárea.

7.7.2 CLASSIFICAÇÃO DE ÁREA DE INFLUÊNCIA

Entre os principais fatores que influenciam a delimitação de áreas comerciais estão: distribuição da população, distribuição de concorrentes, barreiras geográficas, rede viária e transporte. Por outro lado, como já visto, o tempo de viagem que os consumidores despendem para compras varia conforme o tipo de bem a ser adquirido, isto é, para bens de conveniência, a distância e o tempo de viagem tendem a ser menores que para bens especializados. Assim, as áreas de influência comercial apresentam a variação em termos tanto de formato como de tamanho.

Além disso, alguns tipos de localização praticamente impossibilitam a determinação de áreas de influência. Por exemplo, um posto de gasolina numa estrada capturará um percentual dos veículos que por ela passam. Outra situação seria uma lanchonete em aeroporto, que atrairá, basicamente, um percentual dos usuários do empreendimento.

Considerando uma localização urbana, entre os critérios mais utilizados para delimitação de áreas de atração comercial estão aqueles com base nos índices de venda *per capita,* desenvolvidos por Kane[67], que são classificados em área de comércio primária (ACP), área de comércio secundária (ACS) e área de comércio terciária ou de orla (ACT).

Os índices de penetração são calculados tomando-se as vendas semanais ou mensais e dividindo-as pelo número de domicílios das regiões do entorno. A ACP é resultado da região em que a loja apresenta dominância, sendo os limites dessa área comercial os pontos em que as vendas *per capita* apresentam decréscimo acentuado. O mesmo critério deve ser estendido para a obtenção de ACS e ACT.[68]

Desse modo, a área primária deve ser concebida como a área geográfica de onde a loja obtém a parte principal de seu negócio. A área secundária, normalmente, circunda a área primária, possuindo a segunda mais alta proporção de clientes. Como consequência, a área terciária deverá representar o remanescente do comércio da loja.

O percentual de negócios da área de comércio primária varia em função de muitos fatores, como o setor negocial e o tipo de empreendimento, casos de um *shopping* de vizinhança ou um *shopping* regional; ou o tipo de localização, urbana ou suburbana.

Uma padaria, por exemplo, tende a ter algo como 90% dos negócios advindos da sua área primária, que não ultrapassa 200 m de raio, enquanto um supermercado em região metropolitana pode englobar na sua área primária, que corresponde a um percurso de 10 minutos de carro, algo como 60% do seu faturamento.

---

67 KANE, Bernard J. *A systematic guide to supermarket location analysis.* New York: Fairchild, 1966. p. 26-30.

68 Ibid.

Em trabalho de análise de delimitação de áreas de influência comercial, Davies[69] fez a classificação em termos de dimensão, categorias e formas. A dimensão da área de influência poderia ser definida em termos de volume de negócios gerados ou da extensão territorial.

Com relação às categorias, em termos potenciais, seria uma maneira subjetiva de traçar áreas de onde possivelmente as pessoas se dirigiriam para um determinado *shopping center,* isso, com o apoio dos modelos e de contornos de curvas de probabilidade, garantiria uma melhor simulação dos negócios a serem gerados; por fim, em termos reais, com base em pesquisas de campo, refletiria as escolhas dos centros de comércio já implantados (Figura 7.12).

Figura 7.12
Modelo gravitacional: exemplo de área de influência

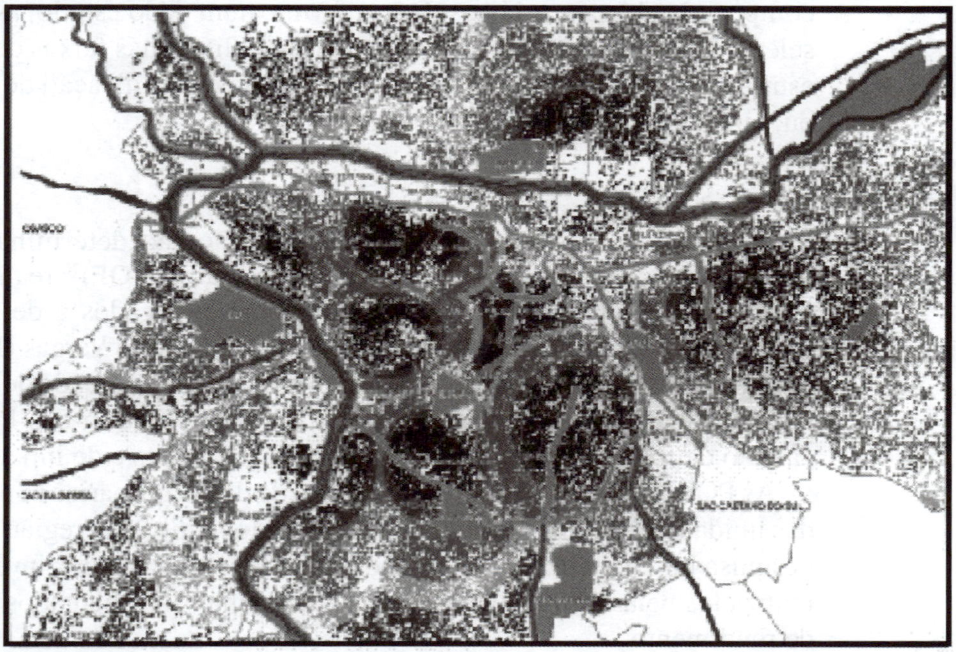

Fonte: Estudos Empresariais Ltda., 2000. Processado com *software* Tactician: The Micro Marketing Machine (USA).

Quanto às formas, seriam classificadas em gerais, compostas e proporcionais. As gerais seriam simples linhas de contorno que abrangeriam toda a extensão da área de comércio, ou de grande parcela de negócios. As compostas seriam linhas divisórias distintas que indicariam áreas de influência diferentes para as múltiplas categorias de bens oferecidos, por exemplo, num *shopping center.* As proporcionais seriam linhas divisórias que expressariam de forma gradativa o nível de atração do empreendimento em áreas primária, secundária e orla (terciária).

---

[69] DAVIES, 1976, 198-231.

7.8 DIMENSIONAMENTO DE MERCADO

7.8.1 VARIÁVEIS CRÍTICAS

Obviamente, as informações são selecionadas para cálculo de potencial em função de diferentes tipos de negócio e de localização.

Uma padaria num bairro terá quase a totalidade dos seus negócios originários da população local. Por sua vez, uma cafeteria no centro da cidade terá seu público formado, basicamente, por pessoas que trabalham na região ou pela população em trânsito que efetua compras ou algum serviço na área.

Assim, para avaliar o tipo de público em questão, o cálculo desse potencial deverá considerar as variáveis críticas das moradias, dos locais de trabalho, de serem visitantes ou de estarem de passagem, ou ainda uma composição dessas variáveis. Dessa forma, num dado estudo, as variáveis selecionadas poderão ser o número de domicílios, suas faixas de renda e a estrutura de gastos. Em outro, a quantificação e qualificação de empregos ou, ainda, o fluxo de pessoas ou de veículos.

7.8.2 ESTRUTURA DE GASTOS

As estruturas de gastos de uma população são determinadas pelas denominadas Pesquisas de Orçamentos Familiares (POF)[70] realizadas, via de regra, por institutos de pesquisas oficiais ou ligados a determinadas universidades, como as do IBGE, da Fundação Getulio Vargas (FGV) e da Fundação Instituto de Pesquisas Econômicas da Universidade de São Paulo (FIPE-USP). Entre os principais objetivos da realização das POF está o cálculo de índices de consumo, de variação de preços e de inflação.

As POF têm como base o levantamento de dados primários numa amostra das unidades domiciliares de um determinado município, região ou país. A pesquisa busca mencionar a composição das despesas e dos investimentos realizados pelas famílias e por seus componentes, segmentados por faixas de rendimento.

Essas pesquisas envolvem muitas vezes grandes recursos e um longo período para coleta de informações. Normalmente, são realizadas decenalmente, buscando mostrar a evolução entre os tipos de dispêndio. O período de coleta das informações é de um ano, uma vez que determinados gastos são realizados de forma pontual e não constantes e que determinadas despesas de consumo têm preços e volumes diferentes em função da sazonalidade, como as confecções de verão e de inverno.

A importância do uso das POF para dimensionamento de mercado aumenta à medida que maiores são as disparidades de renda e de hábitos de uma população. No caso brasileiro, é desnecessário ressaltar esse impacto, bastando para tanto uma simples análise do Quadro 7.2.

---

[70] IBGE. *Pesquisa de orçamentos familiares*. Rio de Janeiro, 1997; IBGE. *Censo demográfico 1991*. Rio de Janeiro, 1993.

Quadro 7.2
Pesquisa de Orçamento Familiar — POF

PERCENTUAL POR CLASSE DE RECEBIMENTO MENSAL (SALÁRIO MÍNIMO)											
	TOTAL	**Até 2**	**2 a 3**	**3 a 5**	**5 a 6**	**6 a 8**	**8 a 10**	**10 a 15**	**15 a 20**	**20 a 30**	**> 30**
Despesas correntes	80,96	94,86	93,26	92,04	90,71	88,38	87,15	84,91	83,51	79,20	73,78
Despesas de consumo	71,15	92,97	90,37	87,97	85,27	82,60	80,65	77,70	76,51	70,29	59,50
Alimentação	16,39	33,51	33,94	30,21	26,34	24,47	22,61	19,16	16,45	14,84	10,31
Habitação	20,77	24,86	23,76	23,79	24,11	22,91	22,46	22,21	21,85	19,88	17,74
Vestuário	4,71	5,00	5,61	5,71	5,82	5,63	5,57	5,49	5,24	4,35	3,77
Transporte	9,72	9,18	9,20	10,71	10,53	10,69	10,15	10,63	11,28	10,31	9,12
Higiene e cuidados pessoais	1,35	2,05	1,74	2,02	2,19	1,96	1,77	1,60	1,33	1,46	0,86
Assistência a saúde	6,53	9,26	7,48	6,52	6,48	6,72	7,18	6,67	7,48	6,75	5,73
Educação	3,49	1,39	1,43	1,75	1,87	2,09	2,21	3,03	3,96	4,47	3,98
Recreação e cultura	2,51	1,43	1,14	1,63	2,17	2,40	2,35	2,70	2,95	2,57	2,55
Fumo	0,99	2,95	2,54	2,17	1,83	1,78	1,82	1,24	1,19	0,70	0,38
Serviços pessoais	1,17	1,03	1,33	1,11	1,12	1,23	1,37	1,25	1,40	1,10	1,08
Despesas diversas	3,52	2,30	2,18	2,27	2,80	2,73	3,16	3,41	3,38	3,86	3,98
Outras despesas correntes	9,81	1,90	2,89	4,07	5,44	5,78	6,50	7,22	7,00	8,91	14,28
Aumento do ativo	17,17	4,69	5,81	7,11	8,81	10,59	11,89	13,20	14,87	18,80	23,69
Diminuição do passivo	1,86	0,44	0,93	0,85	0,48	1,03	0,96	1,89	1,62	2,00	2,53

Fonte: IBGE — POF, 1996.

Como pode ser verificado, a estrutura dos gastos considerados nas POF permite não só a leitura agregada das despesas por classes (alimentação, habitação, educação etc.) como a identificação por tipo ou subtipo (cereais e seus subtipos: feijão, arroz etc.) em cada faixa de rendimento domiciliar. Cabe lembrar que esses mesmos dados podem ser obtidos para cada região metropolitana.

7.8.3 POTENCIAL DE CONSUMO

Para os cálculos dos valores de potencial de consumo de uma dada região, são necessários, além das informações da POF, informações referentes à estrutura de rendimentos da população da área em estudo.

Os dados referentes aos rendimentos das pessoas, das famílias e dos domicílios no Brasil são levantados pelo Censo, Demográfico (decenalmente) e pela Pesquisa Nacional por Amostragem de Domicílios (PNAD), anualmente desenvolvidos pelo IBGE.[71] A PNAD colhe os dados de maneira amostral nas regiões metropolitanas, enquanto o Censo é formado por questionário no qual uma primeira parte se aplica a todos os domicílios e, a segunda, a uma amostra estatística de cada área geográfica.

Desse modo, a determinação do potencial de consumo de um produto ou categoria em uma cidade será dada pelo somatório dos gastos domiciliares,

[71] IBGE. Pesquisa nacional por amostragem de domicílios. Rio de Janeiro, 1999.

considerando o número de domicílios de cada faixa de renda e gastos com a categoria, ou produto, em cada uma delas.

Alguns cuidados, entretanto, devem ser tomados com os índices de potencial de consumo. O primeiro deles está relacionado ao fato de que as POF são retratos de consumo de um dado momento e, à medida que aumenta o tempo entre a coleta e o uso dos dados para análise, também cresce a possibilidade de que alguns consumos tenham se alterado. Como exemplo, houve um grande crescimento nos últimos anos em despesas familiares ligadas à informática e a comunicações, o que determinadas POF não contemplam na sua estrutura por terem sido realizadas antes dessa mudança de comportamento de consumo.

Um segundo fator, também temporal, é dado por alterações no crescimento populacional e no perfil de rendimentos entre os intervalos dos censos, o que os torna inviáveis de serem contemplados de modo real nas estatísticas desagregadas geograficamente. Isto é, modificações de renda podem até ser avaliadas para o país, unidade da federação, região metropolitana e alguns municípios; entretanto, são impossíveis de serem obtidas de forma contínua para cada partícula do território, como a maioria das cidades, distritos ou bairros.

Assim, é claro que apesar de não ser difícil a estimativa de índices de consumo, quanto mais desagregados eles forem, seja por tipo de despesa ou por dados geográficos, maior a possibilidade de ocorrerem inconsistências.

Além disso, deve ser enfatizado que o potencial de consumo de uma cidade, ou distrito, não será necessariamente satisfeito naquela região. Como já comentado no texto, a distribuição das áreas residenciais e das atividades comerciais não segue a mesma lógica, ressaltando assim a importância da apreensão agregada do local de origem do consumidor do local de compra.

7.8.4 CONCORRÊNCIA

Quando se está avaliando a possibilidade de implantação de um negócio em áreas com concorrência, é imperativa uma mensuração *a priori* desse nível de atendimento.

Avaliar a concorrência é uma arte de difícil execução, mas de fundamental importância para se selecionar uma localização. Nesse escopo, duas informações são vitais: a estratégia de expansão e o volume de negócios. O entendimento das estratégias de localização dos concorrentes facilitará a determinação da sua própria estratégia, tanto em termos ofensivos como em eventuais posições defensivas.

Por vezes, a simples identificação da sequência de abertura da rede de lojas do concorrente permite avaliar quais serão os seus próximos passos. Mesmo quando a informação não está disponível, essa tarefa não é difícil, bastando apenas coletar o Código Nacional de Pessoa Jurídica (CNPJ) de cada uma delas.

O código é formado por 14 dígitos numéricos, dos quais oito referem-se à identificação do contribuinte, quatro ao sequencial de abertura de escritórios e filiais e dois ao controle. Por exemplo, se, na abertura da empresa, o CNPJ recebido é 55.083.257/**0001**-32, ao abrir uma segunda loja, o código será 55.083.257/**0002**-32.

Desse modo, será possível avaliar se o concorrente tem se implantado numa só cidade ou apenas em bairros mais abastados, em capitais, em cidades com população superior a *n* habitantes, num raio de *n* quilômetros da sede e assim por diante.

Com relação ao volume de negócios de uma loja, dado dificilmente disponível no Brasil, por vezes se faz necessário, em função do tipo do negócio e do volume de investimentos, o desenvolvimento de pesquisa que permita identificar o número de consumidores e o valor da compra média.

Entretanto, em determinadas situações, algumas informações básicas servem como parâmetro, tais como: o número de estabelecimentos do setor em análise, o número de caixas registradoras, a extensão em metros quadrados de área de vendas. O mapeamento dessas informações, com ícones variando em cor ou tamanho, subsidia o processo de avaliação do atendimento da área em estudo pela concorrência.

Essas informações podem ainda ser enriquecidas por dados secundários publicados por entidades de classe, revistas ou institutos de pesquisa. Por exemplo: a Associação Brasileira de Supermercados (Abras) costuma publicar anualmente o volume negocial por caixa registradora, por funcionário e por área de vendas, tanto do setor como das principais cadeias, e por porte de loja.

Obviamente, há ainda outras informações interessantes, como a imagem da loja perante o consumidor — características da loja (tempo de funcionamento, tamanho, instalações) —, estratégias de preço, produto e promoção, participação acionária e desempenho econômico-financeiro.

7.8.5 AVALIAÇÃO DO VOLUME NEGOCIAL

Um ponto crítico para analisar a viabilidade de uma dada localização é a maneira como pode ser dividida a área comercial. Quanto maior o número de microáreas, melhor se processará a análise, porém, maiores serão o tempo e o custo do projeto.

O tipo de atividade também implicará a escolha, isto é, uma padaria deve ser analisada por setor censitário ou até por quarteirões, enquanto para um *shopping center* a divisão em distritos ou bairros pode ser recomendável. Por outro lado, o critério a ser escolhido dependerá do nível de disponibilidade para análise das informações necessárias (população, renda e concorrência, por exemplo).

Entre os critérios utilizados para avaliação da viabilidade de implantação em um local está a tradicional **técnica do vácuo**[72], apresentada por Nelson e exemplificada por Imus[73], para identificar o potencial de vendas para a abertura de uma segunda loja numa dada região.

A **técnica do vácuo** identifica de forma global o potencial de vendas para a abertura de uma loja numa dada região.

A primeira etapa consiste em traçar de maneira estimada as áreas de influência comercial primária e secundária de um dado local, tendo por referência o tempo de viagem (isócronas) e a concorrência. A partir desses

[72] NELSON, 1958, p. 151-152.

[73] Citado por DAVIES, 1976, p. 270-272. Para mais detalhes, veja: IMUS, H. R. Projecting sales potentials for department stores in regional shopping centers. *Economic Geography*, n. 37, p. 33-41, 1961.

limites e com base na população, ou domicílios e seus respectivos gastos com a categoria de produtos em estudo, será calculado o potencial de consumo.

Um terceiro passo é o levantamento do volume de negócios realizado pelos concorrentes. Como já foi dito, normalmente esses valores são calculados tendo por base um índice de desempenho médio nacional ou regional do setor ou, ainda, utilizando os índices médios dos concorrentes em estudo. Por exemplo, para um estudo de supermercado, poderia ser utilizado o índice médio de vendas por caixa do setor ou de cada uma das redes implantadas na área.

A diferença entre o potencial de consumo e o volume da concorrência é o vácuo para o negócio em estudo. A partir disso, então, são realizadas simulações das participações que o novo varejo obterá desse vácuo nas áreas primárias e secundárias.

É importante apontar que a existência de vácuo pode ocorrer em função de determinada categoria de produtos não ser ofertada na área ou ainda por estar sendo comprada em outras regiões. Entretanto, pode existir o vácuo em função de alterações no ciclo de vida do canal, como ocorre quando, no segmento de alimentos, os super-hipermercados, ao serem implantados, abocanham grande parcela da distribuição anteriormente realizada pelos empórios, mercearias, feiras e mercados municipais.

Um aspecto a salientar é que apesar de ser evidente que uma nova loja atraia também um percentual de consumidores das lojas já existentes, isso não está implícito na exposição da técnica, o que, entretanto, deve ser contemplado de maneira realista.

A **técnica de microanálise** consiste em dividir a área negocial em pequenas microáreas e estabelecer as estimativas de potencial de consumo para cada uma delas.

Um outro tipo de avaliação tem como base a **técnica de microanálise**, desenvolvida pela Real Estate Research Corporation.[74] Essa técnica consiste em dividir a área negocial em pequenas microáreas — por exemplo, quarteirões ou setores censitários — e em estabelecer as estimativas de potencial de consumo para cada uma delas.

Num segundo momento, as intenções de compra são determinadas por meio de entrevistas nas microáreas, e então são distribuídos os volumes de cada uma entre os vários concorrentes, incluindo a nova loja. Essa técnica permite considerações sobre os efeitos notados em outras microáreas em que lojas foram implantadas em situações similares. Entretanto, existe a possibilidade de erros de julgamento na estimativa de volume de negócios para um novo local, pois a previsão tem como base a intenção de comportamento das pessoas quando em face de alternativas diferentes daquelas que possuíam anteriormente.

A **técnica de octetos** segmenta a área em estudo em oito partes, por meio de pontos cardeais e colaterais.

Uma variação da técnica de microanálise é a **técnica dos octetos**, recomendada por Nelson[75] para grandes equipamentos comerciais como *shopping centers*. Como o próprio nome indica, a área em estudo é segmentada em oito partes, isto é, pontos cardeais e colaterais. Nesses octetos são introduzidos círculos concêntricos, a partir do ponto em estudo, representando diferentes raios de atração.

Considerando que as microáreas dessa divisão são menores quanto mais próximas do centro e que a atratividade do varejo decresce à medida que a

[74] NELSON, 1958, p. 152-154.

[75] Ibid., p.192-193.

distância aumenta, a vantagem dessa técnica está em privilegiar a base de análise segundo esse padrão. Assim, tanto a análise do potencial de consumo quanto a dos hábitos e comportamentos de compra serão mais aprofundadas nas microáreas mais próximas do local. Ampliando o alcance da técnica aos segmentos geográficos do entorno do local, a análise poderá ser feita por setor censitário e, à medida que se distancia, por distritos ou até mesmo municípios, no caso de um *shopping center* regional.

Os estudos desenvolvidos atualmente em geral se sustentam em pesquisas mercadológicas para levantamento tanto do potencial como da concorrência, em termos quantitativos e qualitativos da oferta, o que determinará a estimativa do vácuo. Além disso, há a realização de entrevistas com consumidores para identificação de seus hábitos, locais de compra e intenção de mudança.

Paralelamente, quando sistematizados, os dados de desempenho de lojas implantadas têm sido de grande valia para analogias. Por exemplo, numa cadeia de *fast-food*, quando se tem tabulado o número de clientes por loja a partir da origem e/ou destino do cliente (domicílio, local de trabalho, clube, igreja etc.), será possível obter índices de penetração de público para cada um deles, isto é, número de clientes vindos de outras regiões em relação aos locais, número de clientes vindos do trabalho em relação aos empregos da área, e assim por diante.

Desse modo, a partir do levantamento dos indicadores sociodemográficos, fluxos e frequência aos polos de atração de uma dada área, será possível a utilização de índices de penetração de situações análogas.

Complementarmente, o ferramental de apoio à disposição, como mapas digitais, bancos de dados e sistemas de informação geográfica têm facilitado e ampliado a realização de simulações e reduzido os riscos na implantação de um novo estabelecimento.

7.9 ÍNDICE DE SATURAÇÃO

Buscando identificar o volume de vendas de uma dada área, La Londe[76] formulou o índice de saturação varejista:

$$ISV_i = \frac{C_i + GV_i}{IV_i}$$

onde:

ISV_1 = índice de saturação varejista da área *i*, medido em R$;
C_i = número de domicílios na área *i*;
GV_i = medida de gastos varejistas, por domicílio, na área *i*;
IV_i = instalação varejista na área *i*, medido em m^2 de área de venda.

A aplicação desse índice permite avaliar a oportunidade de mercado em uma dada área, a partir da comparação com o seu potencial de consumo e com os parâmetros de venda do estabelecimento. Vale a pena ressaltar que analisar a saturação por meio de índices nem sempre leva a resultados corretos, sendo preciso, conforme o caso, análise mais específica realizada no próprio local. A partir dela, pode-se fazer uma comparação com os índices para essa área nos resultados gerais do setor, o que oferece um subsídio adicional.

---

[76] LA LONDE, Bernard. The logistics of retail location. In: CORTES, Paulo Maia R. *Uma análise das áreas de comércio dos shoppings centers na região metropolitana de São Paulo.* 1981. Dissertação (Mestrado) — FGV-EAESP, São Paulo, p. 38.

RESUMO

Os principais pontos a serem contemplados no desenvolvimento de um estudo de localização varejista em uma área urbana são:

Conceito mercadológico. Entender o negócio, os tipos de atração (geradora, suscetível, de vizinhança), o público-alvo, o tipo de deslocamento, o mercado de atuação. Assim será mais fácil identificar os fatores críticos de sucesso para uma boa localização.

Formação e estrutura urbana. Analisar a formação do local em estudo, a distribuição do uso, a ocupação do solo e as perspectivas de expansão. Mapear os principais eixos viários e barreiras geográficas.

Polos de atividade. Mapear os polos comerciais e outros polos geradores de tráfego que expressem a dinâmica da cidade e de suas microáreas. Verificar a disponibilidade de pesquisas "Origem e Destino" por vezes realizadas por órgãos de governo.

Segmentação geográfica. Definir a divisão da região em unidades geográficas que tenham relação com a abrangência da área de influência do negócio em estudo.

Variáveis críticas. Levantar, por unidade geográfica, as informações sociodemográficas e negociais de interesse para a atividade em estudo e que permitam definir o potencial de consumo. Dentre elas a evolução populacional e de empregos e a distribuição dos domicílios e da estrutura de gastos por faixa de renda.

Banco de dados. Estruturar em sistemas de informações geográficas (GIS) as bases cartográficas e as respectivas bases de atributos necessários ao estudo. Criar condições para que possam ser incorporadas outras cartografias, fotos, informações e resultados.

Potencial de negócios. Calcular e mapear os volumes e/ou indicadores de potencial de cada unidade geográfica.

Concorrência. Levantar, qualificar, classificar e mapear os concorrentes diretos e indiretos. Entender a lógica na escolha de suas localizações e determinar as áreas de influência dos principais concorrentes, por exemplo, por meio do levantamento de placas de automóveis ou por simulações. Calcular o volume negocial atendido por meio de pesquisas ou indicadores do setor ou das cadeias implantadas.

Vácuo negocial. Calcular e mapear os vácuos de atendimento por unidade geográfica com base no potencial da área e no atendimento da concorrência instalada. Selecionar e hierarquizar as unidades que atendam aos limites mínimo e desejável de vácuo.

Sistema viário. Mapear e analisar o sistema viário e suas configurações e deslocamentos nas unidades geográficas de maior vácuo selecionadas.

Microlocalizações. Identificar microlocalizações nas unidades geográficas de maior vácuo considerando os dados de estrutura urbana, sistema viário, polos de atividades e zoneamento. Dependendo da situação, adquirir fotos aéreas ou sobrevoar os locais. Pensar na compatibilidade negocial. Considerar para o negócio os efeitos da atração cumulativa ou da interceptação.

Isócronas e isocotas. Traçar para as microlocalizações as isocotas e isócronas relacionadas ao tipo de atividade em análise. Avaliar as diferenças de abrangências e compará-las a situações análogas.

Área de influência. Se o GIS utilizado possuir a função de modelo gravitacional, efetuar o processamento. Ou ainda, com base nas isócronas e isocotas dos locais em análise e na área de influência dos concorrentes, determinar a área de influência primária e secundária preliminar de cada microlocalização em análise. Ajustar, então, os cálculos sobre os vácuos das unidades geográficas para cada área de influência preliminar.

Comportamentos de consumo. Levantar através de pesquisas os comportamentos e hábitos da população-alvo, principalmente quanto ao local de compra e intenção de mudança. Distribuir as pesquisas por células geográficas das isócronas ou isocotas, a fim de possibilitar a verificação dos gradientes de demanda.

Volume negocial. Corrigir as áreas de influência preliminares com base nos resultados das pesquisas. Estimar o volume negocial tendo por base as taxas de captura (mercado conquistado em número percentual de consumidores) sobre os vácuos das áreas de influência provável (primária, secundária e terciária). Estimar também índices de captura sobre a concorrência instalada. Comparar com situações análogas, se disponíveis. Simular resultados com base nas variações das taxas de captura.

▶ **Identificação do local**. Verificar no entorno de cada microlocalização quais as melhores opções de local. Atentar para a acessibilidade e a visibilidade percorrendo as regiões em horários e dias diferentes.

Validação. Quando escolhido o local, revalidar a delimitação da área de influência provável e os cálculos do volume negocial. Determinar a área de vendas do empreendimento e estimar os resultados e o retorno.

É bom lembrar que a importância do fator localização nas atividades comerciais tem sido destacada pelo caráter estratégico que assume na atuação de uma loja, dada a irreversibilidade dessa tomada de decisão em determinadas situações e tipos de negócios. Assim, para traçar uma estratégia vitoriosa de ocupação do território, será necessário entender a composição e a distribuição geográfica do potencial de negócio e como esse potencial é influenciado pelas forças que atuam na localização escolhida.

Termos e Conceitos Importantes

Área de influência
Atração negocial
Barreiras geográficas
Cartografia digital
Compatibilidade
Cumulatividade
Estrutura de gastos
GIS
GPS
Interceptação de negócios
Isocota
Isócrona
Lei do zoneamento
Método análogo
Ponto de equilíbrio
Potencial de negócio
Saturação
Sensoriamento remoto
Sistema viário
Técnica de microanálise
Técnica de octetos
Técnica do vácuo
Teoria da integração geral
Teoria da uniformidade
Teoria das zonas concêntricas
Teoria do crescimento axial
Teoria do crescimento multinuclear
Teoria do crescimento setorial
Teoria do lugar central
Uso do solo

QUESTÕES PARA REVISÃO E DISCUSSÃO

1. Explique o processo de surgimento do varejo no Brasil.
2. Cite e explique as principais teorias de desenvolvimento urbano.
3. O que é zoneamento urbano? Que tipo de influência ele exerce na distribuição do aparelho comercial nas cidades?
4. De que forma os polos geradores de tráfego podem determinar pontos de atração varejista na cidade? Cite exemplos.
5. Que condições econômicas são determinantes para a localização comercial, segundo a teoria do lugar central, de Cristaller?
6. Comente a afirmação: "Um bom local para uma atividade não será necessariamente para outra".
7. Explique o significado das seguintes classificações atribuídas às cidades: depressão crônica, depressão aguda, crescimento e falência, transformações saudáveis e privilégio.
8. Cite e explique os oito princípios básicos para análise de localização desenvolvidos por Nelson.
9. Que utilidade pode apresentar a ferramenta de GIS (sistemas de informações geográficas) para determinar a localização de unidades comerciais?

▶

10. De que forma hábitos e comportamentos de consumidores podem implicar as decisões sobre localização de pontos varejistas?
11. Diferencie atração geradora, de vizinhança e suscetível.
12. Explique por que é importante considerar o fator *densidade de demanda* de forma integrada ao nível de acessibilidade para avaliar a microlocalização.
13. Explique o processo de classificação de áreas de influência.
14. Cite e explique os aspectos que devem ser considerados para dimensionar o mercado.
15. Determine situações em que é adequado para uma unidade comercial localizar-se em regiões próximas ou distantes da concorrência.

RESOLVENDO EXERCÍCIOS I

LEI DE REILLY

Considerando a localização esquemática de Campinas e os dados de população e distância da figura abaixo:

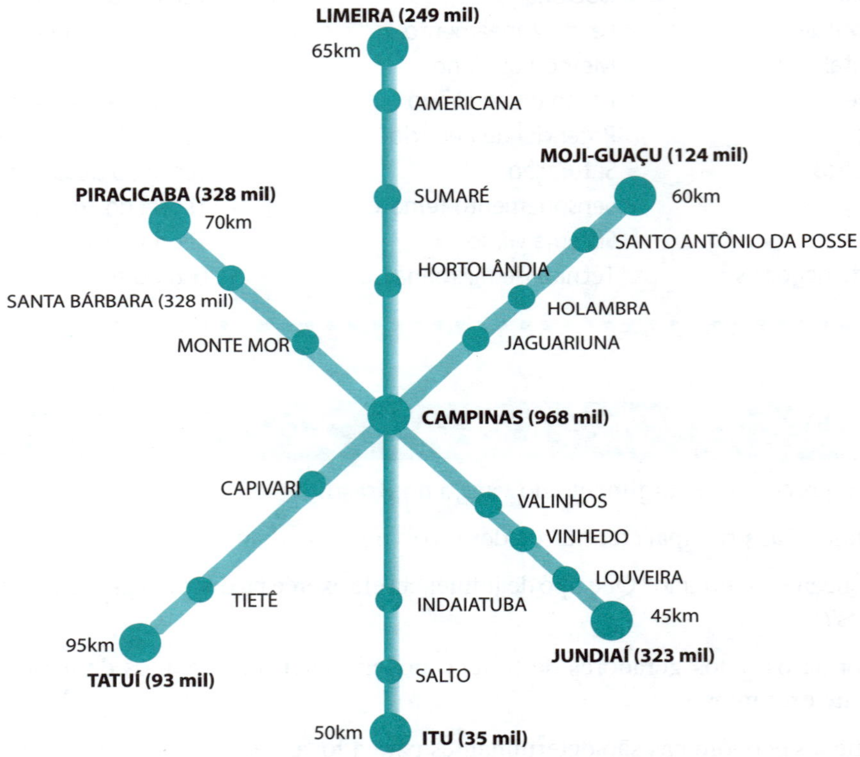

a) Delimite a área de influência comercial de Campinas utilizando a lei de Reilly. Qual o significado da área de influência comercial de uma cidade, traçada através da Lei de Reilly?

b) Justifique a utilização das variáveis consideradas na lei.

c) Explique os principais inconvenientes da aplicação da lei de Reilly.

$$D_b = \frac{d_{ab}}{1+\sqrt{\frac{P_a}{P_b}}}$$

RESOLVENDO EXERCÍCIOS II

MODELO GRAVITACIONAL DE HUFF

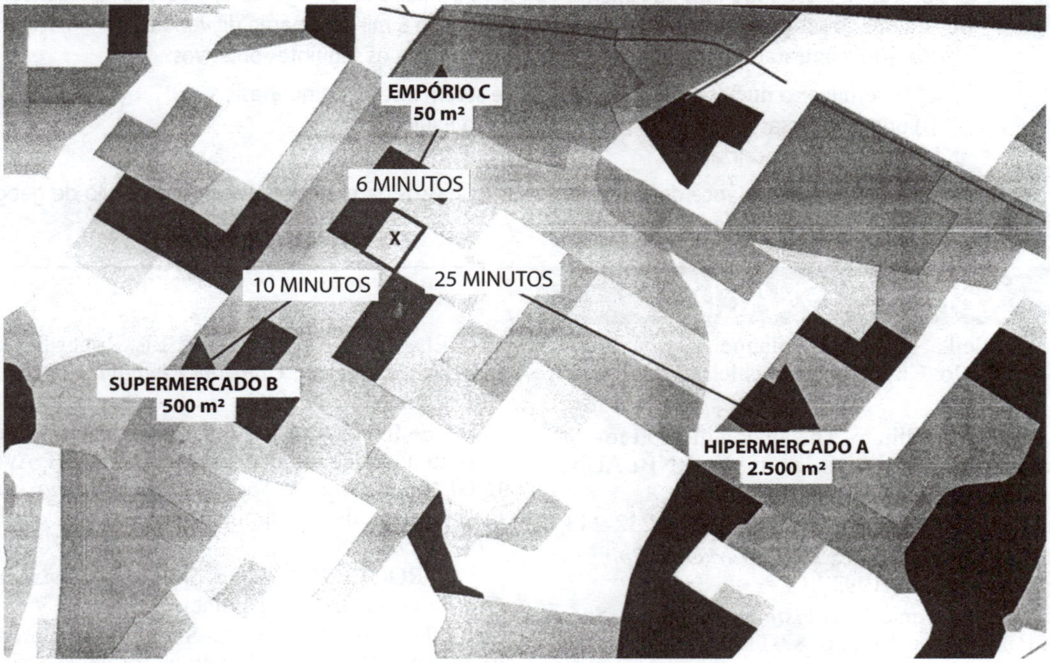

a) Com base no modelo gravitacional de Huff, calcule a probabilidade de o consumidor localizado no setor censitário X comprar alimentos perecíveis em cada uma das três alternativas de compra. (Adote como constante $\lambda = 3$).

b) Se o setor censitário X contém 300 domicílios, qual o número esperado de compradores desse setor em cada ponto de venda? (Adote um comprador por domicílio.)

c) Quantos metros quadrados o Hipermercado A deveria ter para conseguir o mesmo poder de atração sobre os domicílios do setor X que o Empório C, para alimentos perecíveis? Qual o número esperado de consumidores de X que cada um atrairia?

d) Se o produto em questão fosse um bem durável, por exemplo, revestimentos de piso, com uma constante de, por exemplo. $\lambda = 1{,}5$, considerando os mesmos tamanhos de loja e tempos de viagem acima, quais seriam os resultados?

MODELO DE HUFF:

$$P_{ij} = \frac{\dfrac{S_j}{(T_{ij})^{\lambda^t}}}{\sum \dfrac{S_j}{(T_{ij})^{\lambda^t}}}$$

onde:

λ^t = parâmetro estimado empiricamente para refletir o efeito do tempo de viagem em vários tipos de compras (por exemplo, bens de conveniência e bens especializados)

S = tamanho de *j* (em m^2)

T = tempo de percurso de *i* a *j* (em minutos)

ELABORANDO UM PROJETO

DECIDINDO A LOCALIZAÇÃO DA DECATHLON

O Brasil é o segundo país da América Latina (o primeiro foi a Argentina) a receber a gigante francesa, Decathlon, do setor de esportes, com lojas que superam 5 mil m² de área de vendas.

Você foi contratado para apresentar um trabalho com os seguintes objetivos:

a) determinar o número de lojas possíveis de serem instaladas no Brasil;

b) quantas dessas lojas seriam na cidade de São Paulo;

c) onde seriam localizadas.

Para o seu projeto, você deverá determinar os passos da metodologia de um estudo de geografia de mercado a serem aplicados.

BIBLIOGRAFIA

ALVIM, Zuleika; PEIRÃO, Solange. *Mappin*: 70 anos. São Paulo: Casa Anglo-Brasileira/Ex-Libris, 1987, p.35.

APPLEBAUM, William. The analog method for estimating potential store sales. In: KORNBLAUN, Curt. *Guide to store locations research*. Massachussetts: Addison Wesley, 1968. p. 232-243.

BAKER, Sunny; BAKER, Kim. *Market mapping*. USA: McGraw-Hill, 1993.

BENEVOLO, Leonardo. *A história da cidade*. São Paulo: Perspectiva, 1983, p. 87-112.

BERRY, B. *Geography of market centers and retail distribution*. New York: Prentice Hall, 1967. In: GOLDSTUCKER et al. *New developments in retail trading area analysis*. Atlanta: Georgia University, 1978, p. 69.

BIRKIN, Mark et al. *Intelligent GIS*. Cambridge: Geoinformation International, 1996.

BRUNA, Gilda C. Os *shopping centers* e a estrutura urbana. *Arquitetura Brasileira*, n. 14, p. 62-67, 1982.

BUCKIN, Louis P. The concept of mass in infra-urban shopping. *Journal of Marketing*, v. 31, p. 37-42, Oct. 1967.

BURGESS, Ernest. The growth of the city: an introduction to a research project. In: PARK, Robert E.; BURGESS, Ernest W.; McKENZIE, Roderick D. *The city*. Chicago: The University of Chicago Press, 1925.

CAMPOS FILHO, Cândido Malta. A terra no desenvolvimento urbano: o caso do Brasil. *Revista Brasileira de Planejamento*, n. 13, p. 26, abr. 1987.

CONVERSE, P. D. New laws of retailing gravitation. In: KORNBLAUN, Curt. *Guide to store location research*. Massachussetts: Addison Wesley, 1968, p. 20.

CRISTALLER, W. *Die zentralen orte in suddentschland*. Verlang, 1933, traduzido para o inglês por C. Baskin como *Central places in Southern Germany*. NewYork: Prentice Hall, 1966.

DANIELS, P. W.; WARNE, A. M. Movimento en ciudades — transporte y tráfico urbanos. *Nuevo urbanismo*, n. 37, p. 25-32, [19-].

DAVIES, Ross L. *Marketing geography with special reference to retailing*. London: Methuen, 1976, p. 18.

ENGEL, James F.; BLACKWELL, Roger D.; MINIARD, Paul W. *Consumer behavior*. Orlando: The Dryden Press, 1993.

FOTHERINGHAM, Stewart. Statistical modeling of spatial choice: an overview. In: GHOSH, Avijit; INGENE, Charles A. *Spatial analysis in marketing*: theory, methods and applications. London: Jai Press, 1991, p. 95-118.

_____; ROGERSON, Peter. *Spatial analysis and GIS*. London: Taylor & Francis, 1994.

GHOSH, Avijit; CRAIG, C. Samuel. An approach to determining optimal locations for new services. *Journal o f Marketing Research*, v. XXXII, p. 354-362, nov. 1986.

______; INGENE, Charles A. *Spatial analysis in marketing: theory, methods and aplications*. London: Jai Press, 1991, p. 95-118.

GOLDSTUCKER et al. *New developments in retail trading area analysis*. Atlanta: Georgia University, 1978, p. 69.

GRUEN, Victor. *Center for the urban environment — survival of the cities*. USA: Van Nostrand Company, [19--], p. 18.

GUIA POSTAL BRASILEIRO. 9. ed. Rio de Janeiro: Expressão e Cultura Exped. Ltda., 1999.

HARRIS, Chauncy D.; HARRIS, Edward L. The nature of cities. *Anals of the American Academy of Political and Social Science*, v. 242, p. 7-17, 1945.

HOUSTON, Franklin S.; STANTON, John. Evaluating retail trade areas for conveniences stores. *Journal of Marketing*, v. 60, n. 1, p. 125-136, 1984.

HOYT, Homer. *The structure and growth of residential neighborhoods in American cities*. Washington D.C.: U.S. Government Printing Office, 1939.

HUFF, David. A programmed solutions for estimating retail sales potential. In: STANLEY, Thomas J.; SEWALL, Murphy A. Images inputs to a probabilistic model: predicting retail potential. *Journal of Marketing*, v. 40, p. 48-53, July 1976.

______. A program solution for approximating an optimum retail location. *Land Economics*, v. 42, p. 293-303, 1996.

______. Defining and estimating a trading area. *Journal of Marketing*, n. 28, p. 36-38, 1964.

HURD, Richard. *Principies of city land use*. New York: [s.n.], 1903.

IKUNO, Sérgio Hiroshi. *Análise de localização varejista*. Dissertação de mestrado. São Paulo: EAESP/ FGV, 1998, p. 7-51.

IBGE, *Censo demográfico 1991*. Rio de Janeiro, 1993.

______. *Resultados preliminares do Censo Demográfico de 2000*. Rio de Janeiro, 2001; e IBGE. *Divisão territorial do Brasil*, Rio de Janeiro, 1997.

______. *Divisão territorial do Brasil*. Rio de Janeiro, 1987.

Pesquisa de orçamentos familiares. Rio de Janeiro, 1997.

______. *Pesquisa nacional por amostragem de domicílios*. Rio de Janeiro, 1999.

IMUS, H. R. Projecting sales potentials for department stores in regional shopping centers. *Economic Geography*, n. 37, p. 33-41, 1961.

INGENE, Charles A. Structural determinants of market potential. *Journal of Retailing*, v. 60, n. l, p. 37-64, 1984.

KANE, Bernard J. *A systematic guide to supermarket location analysis*. New York: Fairchild, 1966, p. 26-30.

KORNBLAUN, Curt. *Guide to store location research*. Massachussetts: Addison Wesley, 1968, p. 20.

KOTLER, Philip. *Administração de marketing*. São Paulo: Atlas, 1994.

_____. Marketing decision making: a model building approach. In: STANLEY, Thomas J.; SEWALL, Murphy A. Images inputs to a probabilistic model: predicting retail potential. *Journal of Marketing*, v. 40, p. 48-53, jul. 1976.

______. HAIDEN, Donald H.; REIN, Irving. *Marketing places*. New York: The Free Press, 1993, p. 3-4.

LAZZAROTTO, Deise R. *Base de endereços georreferenciados para uma metodologia de sistemas de informação geográfica*. Curitiba: Universidade Federal do Paraná, 1997.

LIMA, Alberto de Oliveira. *An analysis of development of controlled retailing systems in the greater São Paulo metropolitan area*. 1972. Unpublished Doctoral Dissertation. Michigan State University, p.2-16, 53-55.

LIME, Ruy A. Silva. *Contribuição à teoria da localização industrial*. São Paulo, 1964. Tese de Cátedra — Universidade de São Paulo.

MAHAJAN, Srinivas V.; SHARMA, Submash. An application of portfolio analysis for identifying attractive retail locations. *Journal of Retailing*, v. 61, n. 4, 1985.

______; ______; KERIN, Roger A. Assessing market penetration opportunities and saturation potential for multi-store, multi-market retailers. *Journal of Retailing*, v. 64, n. 3, p. 315-333, 1988.

MASANO, Tadeu F. *Os* shopping centers *e suas relações físico-territoriais e socionegociais no município de São Paulo*. São Paulo: FAU/USP, 1993.

______. *Planejamento da localização comercial*. São Paulo: Mercado Global, 1985, p. 54-61.

MUMFORD, Lewis. *A cidade na história*. 2. ed. São Paulo: Martins Fontes, 1982, p. 251.

NAKANISHI, M.; COOPER, L. G. Parameter estimate for multiplicative interactive choice model — least squares approach. *Journal of Marketing Research*, p. 303-311, ago. 1974.

NELSON, Richard L. *The selection of retail locations*. New York: Dodge, 1958, p. 151-152.

PALEN, J. John. *O mundo urbano*. Rio de Janeiro: Forense, 1975, p. 86-112.

PARK, Robert E.; BURGESS, Ernest W.; McKENZIE, Roderick D. *The city*. Chicago: The University of Chicago Press, 1925.

PAZOUMAIN, Michel; SALLEZ, Allain. *Modèles de localisation, stratégie*; des aménageurs, des promoteurs, des distributeurs, Urbanisme. [S.l.]: Avail, 1988, p. 56-59.

PEREIRA, Paulo C. X. *Espaço, técnica e construção*. São Paulo: [s.n.], 1984.

PEUQUET, Donna J.; MARBLE, Duane F. *Introductory readings in geographic information systems*. London: Taylor & Francis, 1990.

REISSMAN, L. *El proceso urbano*: las ciudades en las sociedades industriales. Barcelona: Gustavo Gili, 1970, p. 107-138.

RUST, Roland T. Nonparametric methods for estimating and mapping the extent and density of market areas. In: GHOSH, Avijit; INGENE, Charles A. *Spatial analysis in marketing*: theory, methods and applications. London: Jai Press, 1991, p. 119-135.

SALVANESCHI, Luigi. *Location. location, location*: how to select the best place for your business. [S.l.]: Oasis Press, 1996, p. 107-130.

SANDHUSEN, Richard L. *Marketing básico*. São Paulo: Saraiva, 1998, p. 187-206.

SANTOS, Rubens da Costa. *Seminário Geografia de Mercado (transparências)*. São Paulo: Estudos Empresariais, 1989.

SICCA, Paolo. *História del urbanismo*: el siglo XX. Madrid: Estudio de Administracion Local, 1981, p. 1035.

SJOBERG, Gideon. The origin and evolution of cities. In: DAVIS, Kingsley. *Cities-their origin, growth and human impacts*. S. Francisco: W. H. Freeman and Co., 1965, p. 19-26.

STANLEY, Thomas J.; SEWALL, Murphy A. Images inputs to a probabilistic model: predicting retail potential. *Journal of Marketing*, v. 40, p. 48-53, jul. 1976.

______; ______. Predicting supermarket trade: implications for marketing managers. *Journal of Retailing*. In: GOLDSTUCKER, Jac et al. *New development in retail trading, area analysis and site location*. Publishing Services Division of Germany State University, 1978, p. 41.

VON KOSERITZ, Carl. Imagens do Brasil. In:

VILLAÇA, Flavio. *Estrutura territorial da metrópole brasileira*. 1978. Tese (Doutorado). FFLCH/ USP, São Paulo, p. 250-251.

Capítulo 8

Logística

Claude Machline

VISÃO GERAL DO CAPÍTULO

Neste capítulo, explicaremos em que consiste a logística e qual é seu relacionamento com o marketing. Após o enunciado de definições e conceitos importantes, apresentaremos os principais campos de atuação da logística aplicada ao marketing, abordando os princípios de boa logística e os métodos usados para estudar a viabilidade de projetos de logística. Apresentaremos, ainda, exemplos bem-sucedidos e, implicitamente, contraexemplos de logística, apontando, com esses últimos, erros cuja repetição se deve evitar.

OBJETIVOS DO CAPÍTULO

Depois de concluir este capítulo, você será capaz de:

1. definir o que é logística e outros conceitos relacionados;
2. discutir a base conceitual da logística fundamentada na teoria de sistemas;
3. identificar os campos de atuação da logística;
4. descrever os princípios da logística.

8.1 DEFINIÇÕES

Considera-se que a logística tenha nascido no contexto militar, em vista da necessidade, já há alguns séculos, de abastecer com eficiência tropas afastadas dos seus centros de aprovisionamento. Suprir exércitos de víveres, munição e alojamento era a tarefa do *maréchal des logis,* oficial de intendência daqueles tempos. Essa função representava um conceito novo em relação ao sistema anterior, em que o suprimento de materiais era deixado ao cargo dos combatentes e campeava a improvisação.

A Segunda Guerra Mundial, por força da expansão planetária das operações bélicas, deu impulso considerável à logística. Técnicas desenvolvidas para suportar o esforço militar, como a programação linear, consagraram a logística como uma área de conhecimento que, após a paz, viria a ser aplicada na distribuição comercial de produtos.

Um problema clássico era o seguinte: dadas x fontes de suprimento e y pontos de demanda, quais fontes deveriam suprir quais mercados, para minimizar os custos totais de transporte e armazenamento? Outro problema famoso é o do caixeiro-viajante: dados z pontos de venda a serem visitados por um representante, em z locais diferentes, qual seria o roteiro mais econômico, ou mais rápido, ou mais curto, para ele visitar todos os clientes numa viagem? Técnicas matemáticas e estatísticas foram aplicadas a numerosos problemas de logística e marketing, como arranjo físico de armazéns e filas de espera, permitindo — porém, só em casos muito simples — alcançar uma solução cientificamente correta.

Logística é a arte de administrar o fluxo de materiais, produtos e pessoas de determinados locais para outros, onde estes são necessários.

O termo **logística** vem sendo cada vez mais empregado por executivos e profissionais de administração. Os avanços do comércio eletrônico, fulgurantes em termos de rapidez da informação e da comunicação, dependem, para se concretizar, de progressos na logística, hoje o calcanhar de aquiles do comércio globalizado. Afinal de contas, o que vem a ser essa logística, da qual tanto se fala?

A logística foi definida já na década de 1970, num livro pioneiro da área no Brasil, como a arte de administrar o fluxo de materiais, produtos e pessoas de determinados locais para outros, onde estes são necessários.[1] O sistema logístico inclui o fluxo total dos materiais, desde o ponto de aquisição de matéria-prima, até o da entrega ao consumidor.[2]

Em 1986, o Council of Logistics Management (CLM) definiu logística como o processo de planejamento, implementação e controle eficiente e eficaz do fluxo de matérias-primas, estoques de produtos semiacabados e acabados, bem como do fluxo de informações a eles relativas, desde a origem até o consumo, com o propósito de atender aos requisitos dos clientes.[3]

Em 1998, essa definição foi melhorada, pelo acréscimo do fato de a logística também ser a que planeja a parcela do processo da cadeia de

---

[1] UELZE, Reginald. *Logística empresarial*: uma introdução à administração dos transportes. São Paulo: Pioneira, 1974.

[2] Ibid.

[3] COOPER, Martha C.; LAMBERT, Douglas M.; PAGH, Janus D. Supply chain management: mais do que um novo nome para a logística. Parte I. *Logística Moderna*, n. 54, jan.-fev. 1998.

suprimentos.[4] A logística encara suas funções do ângulo de *uma* empresa, ao passo que o olhar da cadeia de suprimentos é *panorâmico* e estende-se de ponta a ponta do mercado.[5]

A logística é encarada também sob uma visão holística por Christopher, que a define como o processo de gerenciar estrategicamente a aquisição, movimentação e armazenagem de materiais, peças e produtos acabados (e os fluxos de informações correlatas), por meio da organização e de seus canais de marketing, de modo a maximizar as lucratividades presente e futura, pelo atendimento dos pedidos a baixo custo.[6]

Adotando essa definição, existiriam três subdivisões naturais da logística na empresa:[7]

1. a logística de entrada *(inbound logistics),* que se refere ao suprimento dos insumos;
2. a logística interna *(material handling),* que focaliza a movimentação dos materiais dentro do estabelecimento;
3. a logística de saída *(outbound logistics),* quando a perspectiva se volta a jusante, enfocando-se a distribuição dos produtos acabados ao consumidor final.

Chama-se **logística reversa** a gestão do fluxo de resíduos e de material reciclado, por exemplo, de lixo doméstico, hospitalar ou industrial, de latinhas de bebida, de aparas de papel, de ferro velho, ou de vasilhames de cerveja.

Logística reversa é a gestão do fluxo de resíduos e de material reciclado.

Autores que consideram a logística "responsável pelo planejamento, operação e controle de todo o fluxo de mercadorias e da informação, desde a fonte fornecedora até o consumidor"[8] tomam o cuidado de qualificá-la como **logística integrada**, para distingui-la da logística de saída.

Logística integrada é a gestão do planejamento, operação e controle de todo o fluxo de mercadorias e informações, desde a fonte fornecedora até o consumidor.

Ao mesmo tempo em que a importância da logística se tornava proeminente para empresas e governos, engajados na feroz competição entre instituições e países, surgiam novas formas de visualizar o complexo relacionamento entre os participantes da indústria, do comércio e da prestação de serviços. Apareceram os seguintes termos:

Supply chain management (SCM, **gerenciamento da cadeia de suprimentos**). O SCM foi definido, em 1994, pelo International Center of Competitive Excellence (ICCE) como a integração dos processos do negócio, desde

Gerenciamento da cadeia de suprimentos é a integração dos processos do negócio, desde o usuário final até os fornecedores originais que proporcionam os produtos, os serviços e as informações, a fim de agregar valor para o cliente.

---

[4] YOSHIZAKI, Hugo. Diferenças entre os conceitos de *supply chain management* e logística. *Conectivo*. Informação da Fundação Carlos Vanzolini. Ano IX, São Paulo: Departamento de Engenharia da Produção, Escola Politécnica — USP, n. 43, set. 2000.

[5] Ibid.

[6] CHRISTOPHER, Martin. *Logística e gerenciamento da cadeia de suprimentos.* Tradução de Francisco Roque Monteiro Leite. São Paulo: Pioneira, 2001.

[7] PORTER, Michael E. *Competitive advantage:* creating and sustaining superior performance. New York: Macmilian, 1985, BALLOU, Ronald H. *Logística empresarial:* transportes, administração de materiais, distribuição física. São Paulo: Atlas, 1993; e NOVAES, Antonio Galvão N.; ALVARENGA, Antonio Carlos. *Logística aplicada:* suprimento e distribuição física. São Paulo: Pioneira, 1994.

[8] MARTINS, Petrônio G.; ALT, Paulo R. Campos. *Administração de materiais e recursos patrimoniais.* São Paulo: Saraiva, 2000.

o usuário final até os fornecedores originais que proporcionam os produtos, os serviços e as informações, a fim de agregar valor para o cliente.[9]

A ênfase está na integração entre empresas que participam da cadeia de suprimentos e na meta suprema de criar valor para o cliente.

Efficient consumer response (ECR, resposta eficiente ao consumidor). Conceito recentemente lançado e atualmente em voga, confere, como o SCM, primazia ao trabalho conjunto dos parceiros, em vez de eles se dedicarem a empreender ações isoladas ou mesmo antagônicas.[10] Nas ações típicas do ECR, inserem-se as seguintes tarefas, seus ingredientes específicos:

- gerenciamento de categorias: integração de fornecedores e varejistas na definição de uma estratégia comum para o desenvolvimento mercadológico de uma linha de produtos;
- gestão partilhada da demanda e reposição automática do produto no ponto de venda, com base em informações fornecidas pela loja, por meio de *electronic data interchange* (EDI), ou seja, intercâmbio eletrônico de dados;
- paletização padronizada da carga; e
- altos volumes e fluxo constante.

Cadeia de suprimentos é a cadeia completa do suprimento de matérias-primas, manufatura, montagem e distribuição ao consumidor final.

Na literatura técnica recente, nota-se a tendência de usar a expressão *gerenciamento da cadeia de suprimentos* no sentido amplo, anteriormente atribuído à logística (integrada), e de restringir o termo *logística* à distribuição física dos produtos. A **cadeia de suprimentos** é definida como "a cadeia completa do suprimento de matérias-primas, manufatura, montagem e distribuição ao consumidor final".[11] Assim, a cadeia de suprimento inclui todas as atividades e processos necessários para fornecer um produto ou serviço a um consumidor final; ou seja, os elementos básicos são os mesmos: suprimento, produção e distribuição.[12]

Segundo Slack, o termo *logística* é também usado como um sinônimo para a gestão de distribuição física. A logística tende a tratar a manufatura como uma caixa-preta, colocando maior ênfase na gestão da distribuição física. Dessa forma, muitos dos profissionais de logística vêm da área de marketing.[13]

Em conclusão, a logística integrada, ou seja, a gestão do suprimento dos materiais e da distribuição de produtos, hoje batizada de *supply chain management* ou administração da cadeia de suprimentos, é a técnica de levar produtos e serviços dos pontos de origem aos pontos de destino,[14] enquanto *logística* é mais comumente usada para designar apenas a distribuição de produtos.

Mas não seria errado, ainda hoje, definir logística, quase sinônimo de administração da cadeia de suprimentos, de modo a abranger as três áreas:

---

[9] COOPER; LAMBERT; PAGH, 1998, p. 17-20.

[10] ECR — Os primeiros resultados. *Logistique Magazine,* maio 1997, reproduzido em *Logística Moderna,* n. 54, p. 6-12, jan./fev. 1998.

[11] JONES, C. Supply chain management: the key issues. *BPICS Control,* out./nov. 1989.

[12] ARNOLD, J. R. Tony. *Administração de materiais:* uma introdução. São Paulo: Atlas, 1999.

[13] SLACK, Nigel et al. *Administração da produção.* São Paulo: Atlas, 1999.

[14] LEE, Hau. Managing supply chain key link to growth. *Stanford Business* (Ed.). n. 1, v. 69, p. 29, nov. 2000.

suprimento físico dos insumos, movimentação interna dos materiais e distribuição física dos produtos e, de forma linear, técnica de movimentar materiais e/ou pessoas, fazendo-os chegar ao seu destino, em bom estado, na quantidade necessária, no momento certo, ao menor custo total possível.

8.2 CONCEITOS BÁSICOS DE LOGÍSTICA

Os conceitos básicos da logística encontram seus fundamentos na teoria dos sistemas. É necessário, para administrar corretamente a área de logística, entender que ela obedece às leis que regem os sistemas.

Um **sistema** é um conjunto estruturado de elementos ligados entre si, destinado a desempenhar uma função específica, visando às metas estabelecidas, e provido de mecanismos de controle. A representação clássica de um sistema é mostrada na Figura 8.1.

Sistema é um conjunto estruturado de elementos ligados entre si, destinado a desempenhar uma função específica, visando às metas estabelecidas, e provido de mecanismos de controle.

Figura 8.1
Representação de um sistema

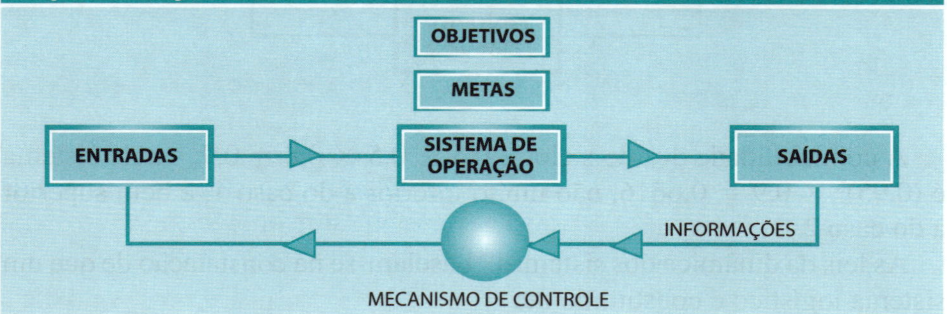

Num sistema logístico, entradas típicas são materiais no ponto de origem, e saídas são produtos entregues no destino. Veículos, depósitos e pessoas pertencem ao sistema de operação.

As leis estáticas que regem os sistemas são as seguintes:

- A probabilidade de o sistema funcionar a contento, denominada confiabilidade, é o produto da probabilidade de funcionamento de seus elementos em rede. A Figura 8.2 mostra uma rede logística composta de sete elementos em série, além do consumidor final. Se cada elemento tiver 95% de probabilidade de funcionamento satisfatório, a probabilidade de o produto chegar ao consumidor final de forma satisfatória é $(0{,}95)^7 = 0{,}6983$, ou seja, de apenas 70%.

Figura 8.2
Rede logística de distribuição, composta de sete elementos em série

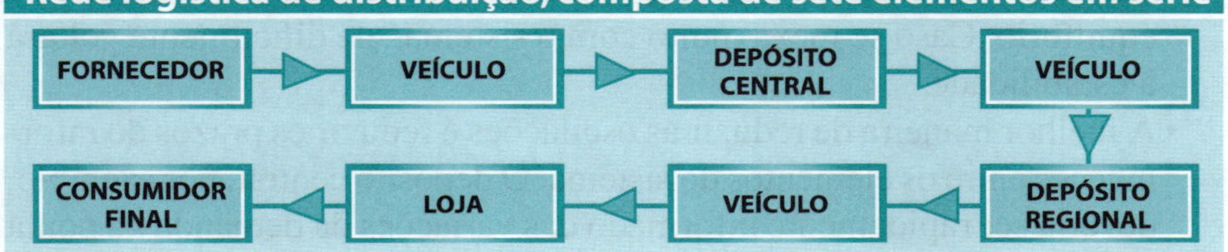

- A probabilidade de um sistema em série funcionar satisfatoriamente é determinada pela confiabilidade de seu elo mais fraco. Se o depósito regional tiver apenas 50% de confiabilidade, a confiabilidade do sistema passa a ser $(0{,}95)^6 \times 0{,}5 = 0{,}3675$, ou seja, cai para menos de 40%. Um só elo fraco prejudica todo o sistema.

- É possível melhorar a confiabilidade de um sistema colocando-se elementos em paralelo *(backups)*. Suponhamos que o depósito regional funcione mal porque seu *software* de controle de estoques falha com frequência. Coloca-se então um sistema manual de estoque que entrará como contingência sempre que o computador falhar. Suponha-se que esse sistema tenha 80% de confiabilidade. Têm-se então dois elos em paralelo, mostrados na Figura 8.3.

Figura 8.3
Dois elos em paralelo

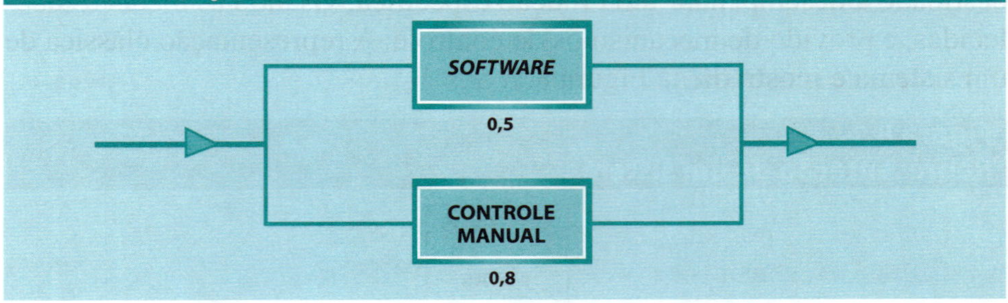

A confiabilidade dos dois elos é $0{,}5 + 0{,}5 \times 0{,}8 = 0{,}9$, e a do sistema é $(0{,}95)^6 \times 0{,}9 = 0{,}6616$, não muito inferior à do caso 1, e bem superior à do caso 2.

As leis da dinâmica dos sistemas[15] baseiam-se na constatação de que um sistema logístico é constituído de:

- fluxos: de materiais, informações, numerário, pessoas e equipamentos;
- estoques de materiais;
- demoras *(delays)*, que são prazos de entrega *(lead times)*, atrasos na informação, ineficiências.

O relacionamento entre os elementos do sistema acarreta as seguintes consequências:

- A variação da demanda na ponta de consumo cria perturbações em todas as variáveis internas do sistema, isto é, nos fluxos de pedidos, nos estoques, nos graus de atividade.
- As perturbações são amplificadas à medida que se recua a montante do sistema. Um salto de 10% na demanda do consumidor final gera variações nos estoques dos depósitos e nos fluxos de transporte da ordem de 50% de intensidade. As variações têm formato ondulatório.
- As perturbações têm longa duração. O sistema leva meses até voltar ao equilíbrio. Caso se mexa muito com o sistema, ele dificilmente voltará à estabilidade.
- A melhor maneira de reduzir as oscilações é reduzir os prazos de informações entre os elementos do sistema. O depósito central, por exemplo, deveria ser rapidamente informado das variações da demanda na ponta de consumo.

---

[15] FORRESTER, Jay W. *Industrial dynamics*. Cambridge, Massachussets: The MIT Press, 1961.

Um gerente de logística tem de possuir visão "sistêmica", que consiste em perceber o relacionamento entre os elementos do sistema e inteirar-se das leis de estática e dinâmica dos sistemas, aqui apresentadas.

8.3 CAMPOS DE ATUAÇÃO DA LOGÍSTICA

A logística está presente em todas as atividades econômicas nas quais são movimentados materiais e/ou pessoas, isto é, praticamente em todos os ramos da economia. Em alguns, a logística é a própria razão de ser do negócio, caso das inúmeras empresas de transporte rodoviário, ferroviário, marítimo e aéreo.

Três setores nos quais a atuação da logística tem recebido maior visibilidade no país e proporcionado valiosos ensinamentos são os seguintes:

Setor automobilístico. A cadeia produtiva automobilística é composta de inúmeros elementos, já que muitas empresas são necessárias para produzir as milhares de peças existentes num automóvel. Os componentes elementares, como pistão e anel, são acoplados em peças maiores, como pistão completo. Estas, por sua vez, são agrupadas em conjuntos, por exemplo: motor, câmbio, transmissão, direção. Os conjuntos são reunidos para formar "sistemas", no caso, um sistema de tração. Os diversos sistemas — de tração, elétrico, carroçaria e outros — são finalmente montados numa linha para obtenção do veículo acabado. Existem no Brasil dez montadoras e mais de quinhentos fabricantes de autopeças.

As inovações ocorridas na cadeia produtiva automobilística têm afetado profundamente sua logística; esta, por sua vez, tem facultado as melhorias verificadas na produção dos veículos. Esse novo paradigma caracteriza a "fábrica enxuta"[16], isto é, fábrica sem desperdício. Opera-se de acordo com o conceito *just-in-time,* sem estoque, o que se obtém com frequentes entregas diárias, qualidade assegurada, contratos de parceria de longo prazo, instalação dos fornecedores no recinto da montadora e terceirização de diversas funções.

Uma parte da cadeia logística, relativa à fabricação da carroçaria, é esquematizada na Figura 8.4.

Figura 8.4
Fragmento da cadeia logística do setor automotivo

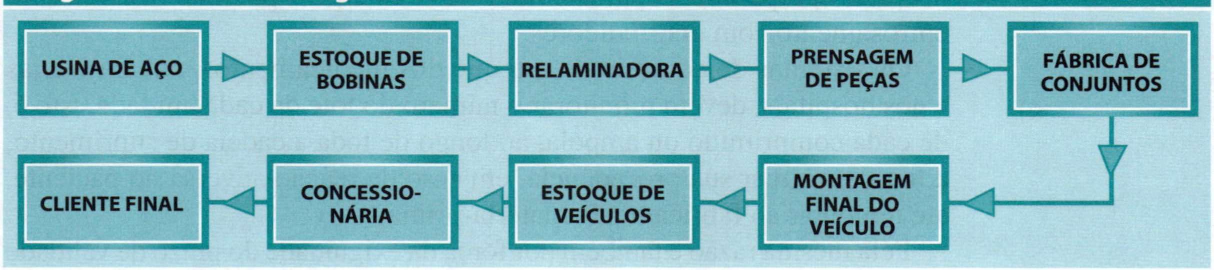

Essa cadeia logística é orquestrada pela montadora, que dita o ritmo da produção e das entregas na cadeia. As montadoras operam com estoques reduzidos de conjuntos, porque os elementos da cadeia, ligados entre si por

[16] WOMACK, J.; RODS, D.; JONES, D. *A máquina que mudou o mundo.* Rio de Janeiro: Campus, 1992.

EDI, conseguem razoável sincronização de produção e transporte dos itens. Bancos, para-choques e pneus são trazidos de hora em hora, na quantidade correta, e imediatamente usados na linha de montagem. Os elos fracos da cadeia são a usina de aço, numa ponta, porque localizada a grande distância das montadoras, e as concessionárias, na outra ponta, porque sujeitas às flutuações da demanda. Um estágio mais aperfeiçoado de logística será alcançado quando o consumidor puder encomendar seu carro personalizado, escolhendo opções de cores e acessórios pela Internet e recebendo em poucos dias, como ocorre nos países industrializados.

Setor supermercadista. A cadeia supermercadista desenvolveu um sistema de reposição automática e rápida dos estoques, por meio de EDI entre computadores da loja e do fornecedor, para os produtos de maior movimentação, como alimentos embalados, enlatados e artigos de higiene e limpeza.

Uma importante multinacional do varejo tem apostado na eficiência de sua logística para reduzir os custos dos estoques e das operações das lojas, baixar seus preços e conquistar maior participação de mercado. O computador do fornecedor detecta o momento exato de efetuar a reposição dos estoques do supermercado e envia exatamente a quantidade necessária. Um obstáculo, em grandes cidades como São Paulo, é o trânsito. O caminhão do fornecedor leva horas para vencer o trânsito, encostar na doca e descarregar a mercadoria. Perde-se com essa demora a vantagem obtida na agilização das demais operações.

Setor farmacêutico. O setor farmacêutico de logística fornece medicamentos a farmácias, a hospitais particulares e públicos, à rede primária de saúde (postos de saúde) e a centros de diagnósticos e análises clínicas. A Figura 8.5 representa a complexa cadeia de suprimento do setor, que se estende desde os fornecedores de matérias-primas (sais, fármacos) e de medicamentos importados até os consumidores finais, que podem ser clientes de farmácias ou pacientes de hospitais, centros de diagnósticos e postos de saúde.

As farmácias das metrópoles têm diminuído consideravelmente seus estoques de medicamentos, visto que, ligadas aos distribuidores por *telemarketing,* recebem os produtos solicitados em menos de um dia. Os hospitais preparam-se para reduzir seus estoques por meio de estreito entrosamento com distribuidores.

Os sistemas de controle de estoque dos medicamentos, nas farmácias e nos hospitais, devem monitorar o número do lote de cada unidade, isto é, de cada comprimido ou ampola, ao longo de toda a cadeia de suprimento, a fim de rastrear sua procedência, em caso de reação adversa no paciente, até remontar ao fabricante da matéria-prima.

Pela mesma razão e também por força da exiguidade do prazo de validade do produto — dois anos, em média —, a retirada dos medicamentos da prateleira deve ser efetuada de acordo com o método "primeiro que entra, primeiro que sai", ou PEPS. O código de barras, já implantado para as dezenas de milhares de itens comercializados nos supermercados, também permite controlar por leitura ótica a maior parte das quase 10 mil apresentações medicamentosas legais prescritas no país.

Os sistemas nacionais de logística de medicamentos destacam-se pela magnitude das distâncias percorridas e pela capilaridade da distribuição. Medicamentos produzidos nas grandes cidades do Sudeste, após sucessivas viagens, baldeações e estadias em diversos almoxarifados, navegam, acondicionados em caixas de isopor, até as mais remotas missões indígenas do alto Rio Negro, no coração da selva. Embora o controle dos estoques e das remessas deixe obviamente a desejar, a façanha logística impressiona.

Figura 8.5
Cadeia de suprimentos na área farmacêutica

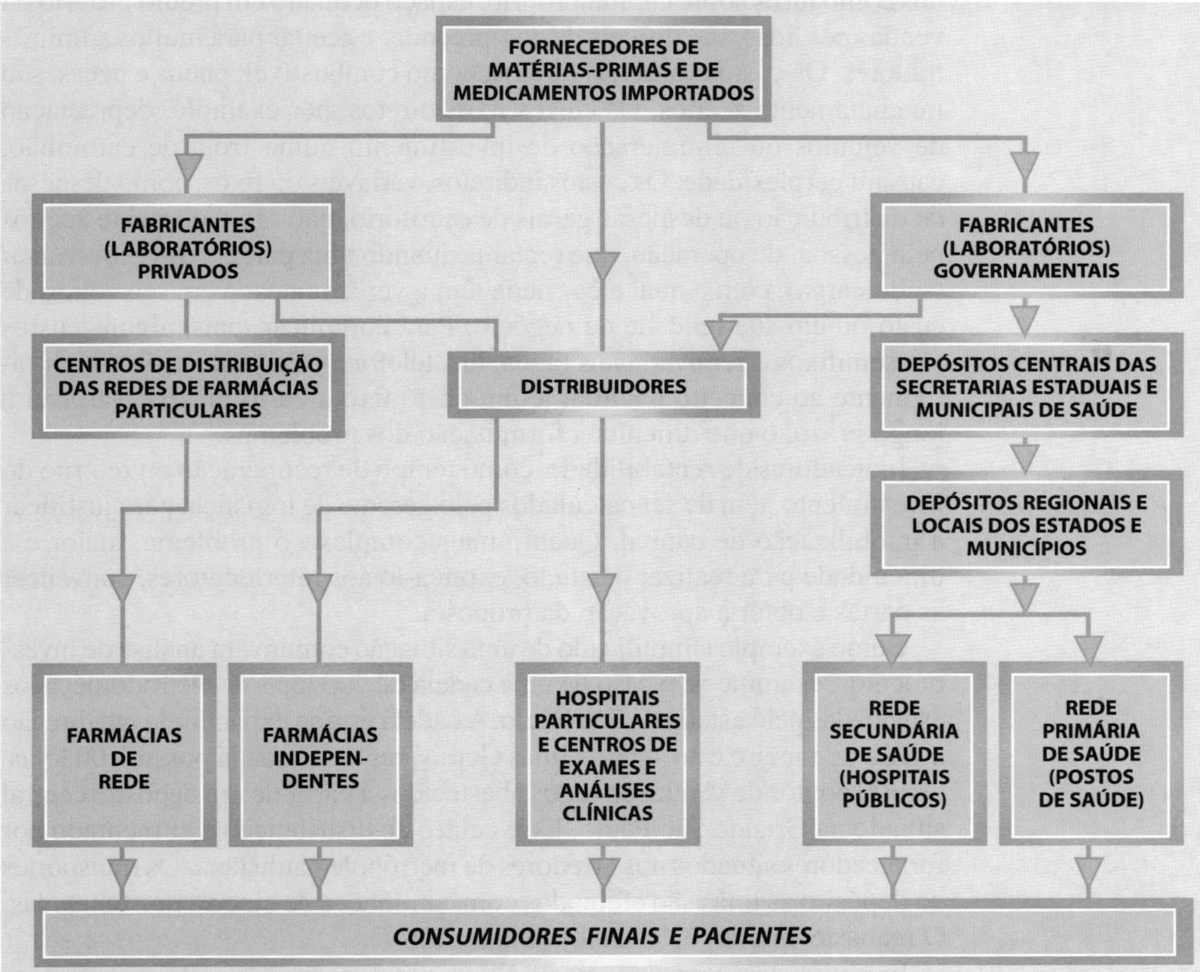

8.4 PRINCÍPIOS DE LOGÍSTICA

A logística abarca considerável gama de técnicas administrativas, cada qual compreendendo princípios, isto é, regras consagradas de tomada de decisão e de procedimentos eficientes.

O executivo de logística enfrenta situações nas quais tem de escolher entre alternativas como: montar ou não um novo depósito central ou regional, para abastecer lojas antes servidas por um depósito distante; concentrar as entregas dos fornecedores numa central de distribuição ou solicitar-lhes que entreguem diretamente às lojas; eliminar ou manter estoques de segurança nos depósitos e/ou nas lojas. Em todos esses dilemas, o refrão é um só: *ao menor custo possível.*

É, portanto, essencial identificar todos os custos da operação logística. Desde que inúmeros itens podem estar envolvidos na cadeia logística, a tarefa é complexa e trabalhosa. A decisão cobre custos de localização, arranjo físico, transporte, gestão de estoques, informatização, comunicação e gerenciamento, funções cujo inter-relacionamento é intrincado.

Custos ligados a desembolsos (*out of pocket expenses*) são relativamente fáceis de entender e estimar. Custos de oportunidade (*opportunity costs*) tais como juros sobre capital próprio, espaço ocupado em prédio próprio ou vendas perdidas, são difíceis de compreender e aceitar para muitos administradores. Os custos variáveis diretos, como combustível, pneus e peças, são imediatamente aceitos. Os custos fixos diretos, por exemplo, depreciação de veículos ou remuneração de investimento numa frota de caminhão, causam perplexidade. Os custos indiretos, variáveis ou fixos, como despesas de distribuição ou despesas gerais de escritório, não são facilmente aceitos pelo pessoal de operação, que reclama quando uma parcela desse *overhead* (sobrecarga), com a qual eles "nada têm a ver", é rateada em seu centro de custo ou em sua unidade de negócio. Para complicar mais, alguns custos são semifixos e semivariáveis (água, luz, telefone). E a mão de obra, contrariamente ao conceito habitual, é um custo fixo a curto prazo e variável a longo prazo, o que dificulta a formulação dos problemas.

Indicadores de rentabilidade, como tempo de recuperação ou retorno do investimento, têm de ser calculados pelo gerente de logística, para justificar a imobilização de capital. Quanto mais complexo o problema, maior é a dificuldade para realizar o estudo, explicá-lo aos interlocutores, convencer as partes e obter a aprovação da proposta.

Como exemplo simplificado de uma situação comum em análise de investimentos, examine-se o caso de uma cadeia de 200 lojas de eletrodomésticos espalhadas pelo estado de São Paulo. A cadeia está se expandindo em direção ao Rio de Janeiro e ao sul de Minas Gerais, regiões onde já possui 100 lojas. Os 300 pontos de venda são todos abastecidos a partir de um depósito central situado na Grande São Paulo. Esse centro de distribuição é alimentado por fornecedores situados nos arredores da metrópole paulistana. Os transportes do depósito às lojas são efetuados com caminhões de cinco a dez toneladas. O reabastecimento de cada loja é semanal.

Investiga-se a conveniência de alugar um depósito, de onde seriam abastecidas as 100 lojas da região fluminense e sul-mineira. Seria abastecido pelos fornecedores tradicionais por caminhões de 20 toneladas. O Quadro 8.1 mostra as despesas que aumentam e as que diminuem com a adoção dessa alternativa de dois depósitos, em vez de um só. O gestor de logística calculou os valores que constam do quadro levando em conta o aluguel, a taxa de manutenção do estoque no depósito (3% ao mês), os custos operacionais do depósito, os custos do transporte de caminhões de cinco a dez toneladas para as 100 lojas, despesas de frete maiores, resultantes do fato de a mercadoria ter de ser entregue em localidades 400 km mais distantes. O investimento inicial em prateleiras, empilhadeiras, equipamentos de informática e beneficiamentos do novo depósito é estimado em R$ 1 milhão.

Quadro 8.1

Despesas que aumentam (R$/mês)		Despesas que diminuem (R$/mês)	
Custo de manter um estoque adicional no depósito novo	**50 mil**	**Redução do custo de transporte das mercadorias do novo depósito até as 100 lojas (distância menor)**	**480 mil**
Custo operacional do novo depósito	**100 mil**		
Custo adicional de alimentar o novo depósito, que fica mais distante dos fornecedores do que o antigo depósito	**200 mil**		
Custo mensal	**350 mil**	**Economia mensal**	**130 mil**
Tempo de recuperação do investimento	$\frac{1.000.000}{130.000}$ **= 8 meses**		

O investimento inicial é recuperado em oito meses. Trata-se de excelente oportunidade. No aspecto econômico, a proposta é viável.

O exemplo anterior ilustra importante princípio de logística, o de *trade-off*, ou troca entre fatores. Chega-se à solução otimizante quando se obtém a melhor combinação entre os quatro fatores do custo logístico:

1. transporte: frota de veículos;
2. depósitos e estoques;
3. informática e comunicação: redes, teleprocessamento; e
4. gerenciamento.

Podem-se reduzir despesas trocando um desses quatro fatores de custo por outro (ou, ainda, melhorando o desempenho dos fatores). No exemplo citado, trocou-se o custo do transporte por caminhões leves a grande distância pelo de um novo centro de distribuição.

Em muitas situações, os custos dos fatores decrescem na seguinte ordem: transporte; depósito e estoque; informática e comunicação; gerenciamento.

Transporte e estocagem são caros no Brasil. As distâncias são continentais, os veículos e combustíveis, caros. O custo do capital de giro é de 2% ao mês. Deve-se acrescentar o custo da estocagem física, de 1% ao mês, para obter o custo total de estocar. Cada redução de R$ 100 mil em mercadoria estocada produz uma redução de custos equivalente a um lucro de R$ 3 mil todo mês, ou seja, de R$ 36 mil por ano, uma apreciável quantia.

Um melhor gerenciamento, por meio de indicadores (giro do estoque, nível de serviço), requer planejamento, controle e habilidade analítica, ou seja, capacitação administrativa, qualidades raras e caras, mas que poderiam ser disseminadas por meio de intenso treinamento gerencial.

Outros princípios de logística[17], adaptados à realidade nacional, são brevemente mencionados a seguir.

[17] STOCKER, Harry E. *Materials handling.* principles, equipment and methods. 2. ed. New York: Prentice Hall, 1951; FORRESTER, 1961; HESKETT, J. L; IVIE, Robert M.; GLASKOWSKY, Jr., Nicholas A. *Business logistics, management of physical supply and distribution.* New York: The Ronald Press Co., 1964; e UELZE, Reginald, 1974.

8.4.1 PRINCÍPIOS DE LOCALIZAÇÃO DE DEPÓSITOS

Os seguintes princípios regem a localização de depósitos:

- Localizar-se preferentemente na vizinhança de grandes clientes e mercados *(follow sourcing)*.
- Localizar-se nas imediações de boas estradas e ferrovias, em entroncamentos, anéis rodoviários ou terminais.
- Escolher localidades de fácil acesso a veículos, com áreas de circulação e manobra de, por exemplo, 20 m de extensão.
- Providenciar plataformas (docas) de embarque e desembarque de mercadorias no nível do depósito.
- Restringir o número de portarias, se possível a uma só, para reduzir custos de zeladoria e dificultar furtos. Revistar regularmente os veículos na saída.
- Evitar circulação cruzada de veículos, usando sentido único de circulação ao redor do depósito.
- Dar preferência a aluguel em detrimento de aquisição de imóvel.

8.4.2 PRINCÍPIOS DE CONSTRUÇÃO E ARRANJO FÍSICO DOS DEPÓSITOS

A construção e o arranjo físico dos depósitos são determinados pelos seguintes princípios:

- Escolher áreas de armazenamento com o mínimo possível de pilares, de modo a dispor de vãos livres de mais de 10 m entre as colunas.
- Não aceitar desníveis ou degraus internos.
- Examinar atentamente o piso e sua resistência.
- Verificar o telhado, atentando para a existência de goteiras e de coberturas que provoquem muito calor no interior do depósito.
- Armazenar num andar só. O pé-direito deve ter um mínimo de 10 m, não sendo descabidos 20 m, de modo a utilizar armazenamento vertical a grande altura, com empilhadeiras ou transelevadores. Evitar prédios de vários andares, pois elevadores serão gargalos, e rampas, apesar de ajudarem, ocupam muito espaço.
- Prever a possibilidade de ter de expandir o depósito no futuro.
- Usar paletes e empilhadeiras (princípio de consolidação da carga).

8.4.3 PRINCÍPIOS DE TRANSPORTE

- Usar contêineres (carga consolidada) e paletes.
- Usar cavalos mecânicos e reboques, de preferência a caminhões, para evitar a imobilização prolongada do veículo motor sempre que a carga ou descarga for demorada.
- Usar de preferência caminhões de maior capacidade (30 t), por serem mais econômicos, por tonelada transportada, que caminhões de menor porte (20 t ou menos).
- Mecanizar, mas não exageradamente, pois os equipamentos são mais dispendiosos e a mão de obra menos cara que no exterior. Ademais, a manutenção de equipamentos complexos é cara e difícil.

8.4.4 PRINCÍPIOS DE GESTÃO DE ESTOQUES

Os princípios de gestão de estoques são os seguintes:

- Estabelecer uma diretriz oficial de gestão de estoques na empresa, isto é, determinar os níveis desejados de estoques de segurança (estoques mínimos); de estoques máximos; dos níveis de reposição dos estoques ou dos intervalos entre reposições. Esses parâmetros são determinados em função do prazo de entrega do fornecedor e da natureza da mercadoria.
- Valer-se de indicadores de desempenho, como giro do estoque e nível de serviço (probabilidade de o produto se encontrar disponível quando requerido, a qual deve ser superior a 95% num centro de distribuição).
- Aperfeiçoar a previsão da demanda, utilizando sistematicamente um conjunto de métodos: regressão, correlação, sondagens de mercado.
- Multiplicar os controles de estoque e os inventários físicos. Realizar inventários aleatórios *(spot checks)*.

8.5 CONSIDERAÇÕES FINAIS

As definições apresentadas com relação à área estudada — manejo de materiais, logística, gerenciamento da cadeia de suprimentos e ECR — indicam as tendências que nela prevalecem: o alargamento do conceito, a visão sistêmica, a preocupação com o consumidor. Se, nas décadas de 1960 e 1970, a logística focalizava a parte estritamente física do transporte de materiais, dos anos 1980 em diante ela abrange o enfoque gerencial, que inclui a gestão dos estoques, o suprimento (compras), os aspectos administrativos da distribuição de mercadorias e a integração com os parceiros mais próximos da cadeia. Antes, a logística era dividida em três segmentos na empresa: o de entrada de materiais, o de transporte interno e o de saída. Hoje, em vez de fragmentar esses setores, integra-se toda a estrutura sob uma só direção. Existem empresas em que o diretor de logística supervisiona todos os setores relacionados com a produção e distribuição dos produtos, mesmo, por exemplo, a concessão de crédito aos clientes, que poderia travar a entrega e o faturamento.

Agora, a logística transcende a empresa isolada, e sua gestão, unificada, deve abranger toda a cadeia de fornecedores e de clientes. Alguns dos imensos conhecimentos que o novo profissional de logística deverá possuir foram expostos no texto.

RESUMO

A logística, termo que hoje marca presença no mundo empresarial, teve origens no contexto militar.

O termo *logística* vem sendo mais comumente empregado para designar a distribuição de produtos, ao passo que o termo *logística integrada* vem sendo utilizado para designar, de uma maneira mais abrangente, o gerenciamento do suprimento de materiais e a distribuição de produtos. Pode-se definir logística integrada como a gestão do fluxo de materiais, produtos, pessoas e informações desde a fonte fornecedora até o consumidor final.

Os conceitos básicos de logística estão fundamentados na teoria de sistemas, em que se consideram entradas os materiais no ponto de origem e saídas os produtos entregues no destino.

Atualmente, a logística tem recebido considerável visibilidade no setor automobilístico, supermercadista e farmacêutico.

A logística aborda alguns princípios que devem ser considerados na tomada de decisão, sendo eles: princípios de troca de fatores (*trade-off*), princípios de localização de depósitos, princípios de construção e arranjo físico de depósitos, princípios de transporte e princípios de gestão de estoques.

As tendências para a área de logística envolvem o alargamento de seu conceito, a visão sistêmica e a preocupação com o consumidor.

Termos e Conceitos Importantes

Cadeia de suprimento
Gerenciamento da cadeia de suprimentos
Logística
Logística integrada
Logística reversa
Sistema

QUESTÕES PARA REVISÃO E DISCUSSÃO

1. Explique a origem da logística no contexto militar.
2. Diferencie os conceitos de logística de entrada, logística interna e logística de saída.
3. Que relação existe entre os conceitos de logística integrada e gerenciamento da cadeia de suprimentos?
4. Qual é a influência da teoria dos sistemas na área de logística?
5. De que forma a logística está presente nas atividades do setor supermercadista?
6. Quais são os componentes do custo logístico? Como é possível minimizar o custo da operação logística?
7. Discuta a importância da gestão de estoques para a eficiência logística da empresa.
8. Comente a seguinte afirmação: "As tendências para a área de logística incluem o alargamento do conceito, a visão sistêmica e a preocupação com o consumidor".

RESOLVENDO UM CASO

APRIMORANDO SISTEMAS DE LOGÍSTICA

A logística tornou-se uma grande preocupação para a maioria das empresas, que buscam meios alternativos de criar, coordenar e manter um sistema integrado com toda a cadeia de suprimento, de forma que o produto chegue às mãos dos consumidores no tempo adequado.

Algumas organizações, que se destacam pela maneira como vêm coordenando seus processos de logística, desenvolveram inovações que servem como base e fonte de estímulo para outras que ainda estão iniciando programas de planejamento logístico, ou até mesmo para aquelas que ainda estão se familiarizando com a ideia de implantar um sistema integrado entre fornecedores e clientes.

O Grupo Pão de Açúcar destaca-se no gerenciamento da cadeia de suprimento do varejo devido à sua centralização logística. O grupo unificou os processos de compra e distribuição, criando um departamento comercial corporativo com as unidades de negócio para cada tipo de mercadoria. Esse departamento zela por todas as compras e planeja a distribuição dos produtos nas lojas, o que permite que a empresa tenha mais agilidade na operação e mais poder de negociação com os fornecedores. Além disso, esse novo processo permite que os funcionários se dediquem e se concentrem em aspectos estratégicos e não somente em aspectos operacionais. A desvantagem da centralização logística é a dificuldade que ela impõe na comunicação com os fornecedores, que deixam de falar com as lojas para tratar apenas com o escritório central. Para minimizar esse problema, a empresa criou a figura do *ombudsman* do fornecedor, que é responsável por ouvir as reclamações e sugestões do setor. Há, também, um departamento comercial móvel, que visita pequenos e médios fornecedores para estabelecer um contato mais próximo com a sua realidade.

A Gradiente, fabricante de eletroeletrônicos, desencadeou o trabalho de desenvolvimento logístico quando foi em busca de sua certificação ISO 9000, obtida em 1995. Essa empresa foi uma das primeiras a identificar seus produtos com códigos de barras para controle de produção e armazenagem. O intercâmbio eletrônico de dados (EDI) também foi implantado com sucesso e funciona plenamente com dez empresas, entre fornecedores e clientes. A Gradiente modernizou ainda mais seu sistema de movimentação e armazenagem com a adoção de um procedimento sofisticado baseado na ação de transelevadores, que está sendo usado para alimentar a linha de produção de videocassetes e televisores. Todos esses projetos para inovar as operações da empresa têm o objetivo de melhorar o procedimento logístico, que envolve a relação com os fornecedores, os processos produtivos e a entrega do produto ao cliente.

A busca da excelência logística é um grande desafio para as empresas, mesmo para aquelas que já obtiveram certos avanços na área. É importante que as empresas continuem buscando aprimorar seus processos logísticos para se tornarem cada vez mais competitivas.

Fonte: A empresa de um rosto só — centralização também na logística. *Exame,* edição 738, ano 35, n. 8, 18 abr. 2001.

PERGUNTAS

1. Compare as formas que as empresas Pão de Açúcar e Gradiente estão encontrando para aprimorar seus sistemas logísticos.
2. Comente a importância de um sistema logístico integrado para a competitividade da empresa.
3. Em sua opinião, de que maneira o consumidor é beneficiado com o aprimoramento dos sistemas logísticos das empresas?

Explore mais

www.grupopaodeacucar.com.br; www.gradiente.com.br.

ELABORANDO UM PROJETO

PLANO LOGÍSTICO PARA A COMUNIDADE

Imagine que sua faculdade esteja participando de um projeto da Prefeitura para a distribuição de livros em escolas de ensino fundamental e ensino médio.

A entrega dos livros doados pela Prefeitura está sendo organizada por um grupo voluntário de faculdades que concordou em participar do projeto.

A sua classe se ofereceu para colaborar com a elaboração do plano logístico que determinará a distribuição dos livros. O plano logístico inclui todo o processo, desde a chegada do livro à faculdade até a entrega do livro para cada aluno das três escolas municipais envolvidas. Cada escola municipal possui, em média, 500 alunos. O carregamento de livros chegará à sua faculdade em uma semana.

Para o seu projeto, você deverá detalhar o processo logístico que culminará com a entrega dos livros nas escolas municipais. De que forma a sua faculdade fará o transporte dos livros? Onde os livros ficarão armazenados? Como serão organizadas as atividades de entrega dos livros nas escolas? Como os livros chegarão às mãos dos alunos? Quantas pessoas farão parte da equipe de transporte e armazenagem?

BIBLIOGRAFIA

ARNOLD, J. R. Tony. *Administração de materiais:* uma introdução. São Paulo: Atlas, 1999.

BALLOU, Ronald H. *Logística empresarial:* transportes, administração de materiais, distribuição física. São Paulo: Atlas, 1993.

CHR1STOPHER, Martin. *Logística e gerenciamento da cadeia de suprimentos.* Tradução de Francisco Roque Monteiro Leite. São Paulo: Pioneira, 2001.

COOPER, Martha C.; LAMBERT, Douglas M.; PAGH, Janus D. Supply chain management: mais do que um novo nome para a logística. Parte I. *Logística Moderna,* n. 54, p. 17-20, jan./fev. 1998.

ECR — Os primeiros resultados. *Logistique Magazine,* maio 1997, reproduzido em *Logística Moderna,* n. 54, p. 6-12, jan.-fev. 1998.

FORRESTER, Jay W. *Industrial dynamics.* Cambridge, Massachussets: The MIT Press, 1961.

HESKETT, J. L.; IVIE, Robert M.; GLASKOWSKY Jr., Nicholas A. *Business logistics, management of physical supply and distribution.* New York: The Ronald Press Co., 1964.

JONES, C. Supply chain management: the key issues. *BPICS Control*, out.-nov. 1989.

LEE, Hau. Managing supply chain key link to growth. *Stanford Business* (Ed.), n. l, v. 69, p. 29, nov. 2000.

MACHLINE, Claude; AMARAL JUNIOR, José Bento C. Avanços logísticos no varejo nacional: o caso das redes de farmácias. *Anais do I SIMPOI.* São Paulo: EAESP-FGV, 1998.

MARTINS, Petrônio G.; ALT, Paulo R. Campos. *Administração de materiais e recursos patrimoniais.* São Paulo: Saraiva, 2000.

NOVAES, Antonio Galvão N.; ALVARENGA, Antonio Carlos. *Logística aplicada:* suprimento e distribuição física. São Paulo: Pioneira, 1994.

PORTER, Michael E. *Competitivo advantage:* creating and sustaining superior performance. New York: Macmilian, 1985.

SAUNDERS, Malcolm. *Strategic purchasing and supply chain management.* London: Pitman Publishing, 1994.

SLACK, Nigel et al. *Administração da produção.* São Paulo: Atlas, 1999.

STOCKER, Harry E. *Materials handling:* principles, equipment and methods. 2. ed. New York: Prentice Hall, 1951.

UELZE, Reginald. *Logística empresarial:* uma introdução à administração dos transportes. São Paulo: Pioneira, 1974.

WOMACK, J.; RODS D.; JONES D. *A máquina que mudou o mundo.* Rio de Janeiro: Campus, 1992.

YOSHIZAKI, Hugo. Diferenças entre os conceitos de *supply chain management* e logística. *Conectivo.* Informação da Fundação Carlos Vanzolini. São Paulo: Departamento de Engenharia da Produção, Escola Politécnica — USP, ano IX, n. 43, set. 2000.

Capítulo 9

Franchising e outros Canais de Marketing

Marcelo Cherto

VISÃO GERAL DO CAPÍTULO

Este capítulo introduzirá conceitos de distribuição, enfocando a importância dos canais de marketing para a diferenciação de produtos em relação a outras variáveis controláveis. Apresentaremos o conceito de *franchising*, identificando os papéis envolvidos e classificando suas operações em diferentes estágios de desenvolvimento. Apresentaremos, também, um pouco da origem da *franchising* e como ela está estabelecida hoje no Brasil. Destacaremos, ainda, as vantagens, os desafios e os cuidados para quem pretende abrir uma franquia ou para quem pensa em franquear um negócio. Por fim, discutiremos as tendências desse canal de distribuição.

OBJETIVOS DO CAPÍTULO

Depois de concluir este capítulo, você será capaz de:

1. discutir a importância dos canais como fator de diferenciação de produtos;
2. definir *franchising* (franquia);
3. classificar as operações de *franchising* segundo seis estágios diferentes de desenvolvimento;
4. descrever os papéis envolvidos em uma relação de *franchising;*
5. discutir as vantagens, os desafios e as cautelas em uma relação de *franchising;*
6. identificar tendências da *franchising.*

9.1 A HORA E A VEZ DOS CANAIS DE MARKETING

9.1.1 CRESCER É PRECISO

Depois de anos dedicando-se mais ao corte de custos do que a qualquer outra coisa, muitas empresas, dos mais diversos portes e ramos de atividade, vêm, nos últimos tempos, se ocupando de algo que percebem ser ainda mais vital para assegurar sua existência e prosperidade: crescer, ampliar as respectivas bases de atuação. Isso explica, entre outras coisas, a febre de fusões e aquisições testemunhadas desde o início da década de 1990.

Porém, essa não é a única maneira de crescer. Para muitas organizações, aliás, não faz sentido comprar ou serem compradas por outras. E seus dirigentes e acionistas, cientes de que precisam buscar outros meios para atingir suas metas de expansão, acabam, em muitos casos, por descobrir que a melhor maneira de fazer isso é por meio da criação de novos canais de marketing (que alguns chamam de canais de distribuição) para seus produtos ou serviços, ou por meio da revisão e do aperfeiçoamento dos canais que a empresa já vem utilizando.

9.1.2 EM BUSCA DE COBERTURA, CONTROLE E REDUÇÃO DE CUSTOS

Ora, empresa que pensa em crescer com a criação ou o desenvolvimento de canais, em geral, tem como meta a maior cobertura de mercado possível, com o máximo possível de controle sobre a forma como agem todos e cada um dos parceiros que compõem o canal ou canais em questão, ao custo mais reduzido possível.

Muitos empresários e executivos, incluindo integrantes de organizações de porte, ainda não sabem o que os atropelou. Sabem apenas que, até pouco tempo atrás, bastava uma corporação ter, em seu portfólio, um ou mais produtos bem pensados e bem feito e o sucesso estava garantido. Hoje não mais. Um pouco pela tal globalização (sempre ela!) e pela popularização da Internet, que estão eliminando os entraves ao livre fluxo de informações. Um pouco pela evolução e rápida democratização/disseminação das tecnologias de produção, que toma a maioria dos produtos cada vez mais parecidos com os dos concorrentes, quando não realmente idênticos.

Commoditização é o processo que resulta na não diferenciação dos produtos à percepção do consumidor.

Diferenciação de produtos é a percepção do produto pelo consumidor como superior ao da concorrência.

Ora, qualquer aprendiz na área de marketing sabe que uma das piores coisas que podem acontecer a um produto é a sua **commoditização**, ou seja, que ele passe a ser visto pelo mercado como um produto indiferente ("Tanto faz a marca X ou a marca Y, já que é tudo a mesma coisa.").

O sucesso de um produto está intimamente ligado à sua **diferenciação**, que pode gerar uma contradição: se os produtos estão cada vez mais iguais e o segredo do sucesso está em ser percebido como melhor do que os concorrentes de alguma forma (e, portanto, diferente deles), não há para onde ir.

Há, sim. Só que a saída não está no produto em si. Se é verdade que muitos fabricantes e distribuidores já não conseguem diferenciar seus produtos dos da concorrência, eles podem diferenciar a maneira como os produtos chegam às mãos dos consumidores.

9.1.3 DIFERENCIAÇÃO POR MEIO DE CANAIS DE MARKETING

Se não dá para criar um diferencial apenas em função do produto em si, o caminho é criar essa diferenciação agregando a ele serviços e outros benefícios. Quais? Aqueles que sejam *percebidos* pelo consumidor como tendo valor e como diferenciais efetivos e que, ao mesmo tempo, sejam factíveis e possam ser oferecidos a um custo menor do que o preço que o consumidor estará disposto a pagar pelo produto em função desses serviços e benefícios.

Nunca é demais repetir que, em marketing, a realidade não interessa. Atrevemo-nos até a afirmar que a realidade nem sequer existe. O que existe é a percepção que cada um tem daquilo que viria a ser a realidade. O marketing é uma guerra de percepções, não de realidades.

Portanto, na maioria dos casos, a principal fonte de diferenciação não está mais, hoje, no produto em si: está numa combinação produto + serviços + outros benefícios.

E, para que isso possa se materializar, o envolvimento dos canais de marketing é vital. É por meio deles que o contato efetivo entre o público pagante e o produto se dá. Portanto, é por seu intermédio que se pode agregar valor ao produto, além daquele valor intrínseco que ele possa ter aos olhos de quem o adquire e/ou consome.

Mais e mais fabricantes e distribuidores estão se dando conta de que se pode agregar um valor razoável, que faça a diferença, a praticamente qualquer produto, depois que ele deixa suas fábricas ou depósitos. Para tanto, é preciso conhecer profundamente tanto o consumidor e seus hábitos de consumo como a maneira como cada canal de marketing utilizado atua e se motiva para, com base nesse conhecimento e utilizando ferramentas e instrumentos bem planejados e executados, exercer o máximo possível de controle sobre a maneira como cada integrante de cada canal age no dia a dia, sobre a maneira como interage com o consumidor.

Sim, porque a diferenciação via canal implica basicamente colocar o produto nas mãos de cada tipo de cliente no local, no momento e da forma que este quer interagir com ele. E, para que isso possa acontecer, cada canal precisa agir de acordo com os padrões ditados por quem conhece as expectativas de cada grupo de consumidores.

9.1.4 EXPLORANDO A DISTRIBUIÇÃO

Vejamos a questão por outro ângulo: todo estudante de administração de empresas sabe que, para ter uma vantagem competitiva, uma corporação precisa oferecer aos consumidores algo melhor do que seus concorrentes, no que diz respeito a um (ou, sempre que possível, a mais de um) dos quatro elementos do composto de marketing (ou os "4Ps"): produto, preço, promoção e [ponto de] distribuição.

Traduzindo: ou a empresa oferece um produto claramente melhor, ou cobra um preço menor, ou promove (anuncia) de maneira mais abrangente e/ou mais inteligente, ou, ainda, faz algo muito diferente (e melhor) com relação aos pontos de distribuição em que o consumidor pode encontrar e consumir seu produto ou serviço. Aliás, o ideal seria conseguir fazer tudo isso bem feito e ao mesmo tempo. Porém, sejamos realistas: é difícil ser competente numa dessas coisas, ser bom nas quatro, então, é praticamente impossível.

O fato é que, com a globalização e com o ciclo de vida cada vez mais curto dos produtos, está ficando difícil (para não dizer impossível), para a maioria da empresas, conseguir gerar algum diferencial competitivo baseado em produto, preço ou promoção.

Olhe em volta e analise: os *produtos* (o primeiro elemento) de uma mesma categoria estão, ou não, se tornando cada vez mais parecidos uns com os outros? Pense em carros, em televisores, no que quiser. Qual é realmente a diferença, em termos do produto tangível, entre um televisor Philips e um Gradiente? Ou entre um Toshiba e um Panasonic? Qual é, intrinsecamente, melhor do que os outros? A mesma tecnologia está ao alcance de todos, e é cada vez mais fácil uns copiarem os produtos dos outros.

Mas, se é difícil fazer um produto que o consumidor perceba como realmente melhor apenas em função de suas características intrínsecas, a empresa pode, então, dar um jeito de oferecer o seu por um *preço* menor (o segundo elemento). É verdade. Mas veja, por exemplo, o que fizeram as demais montadoras de veículos quando a GM anunciou que o Celta seria o carro mais barato do Brasil: todas baixaram os preços de seus produtos que concorrem diretamente com ele. E lá se foi por água abaixo a grande ideia da GM. E simples e doloroso: estratégias de preços são muito fáceis de copiar e difíceis de manter.

Focar no terceiro elemento do composto de marketing — *promoção* — também pode ser um problema: primeiro, porque uma campanha realmente capaz de gerar um diferencial implica, quase sempre, investimentos razoavelmente elevados. E, depois, porque todos estamos expostos a um bombardeio diário de informações capaz de deixar qualquer um zonzo. Estamos todos exaustos de tantas mensagens. A tal ponto que o impacto de qualquer nova mensagem tende a ser reduzido. Muitas vezes, podemos até nos lembrar de certo anúncio ou comercial, mas não do produto que ele se destina a divulgar. Ou isso nunca lhe aconteceu?

Quer dizer que não há saída? Há, sim: e ela está na exploração adequada do último elemento, o quarto P. Até recentemente, a *distribuição* era colocada um pouco de lado, não recebendo a devida atenção. Agora, porém, as coisas mudaram. Primeiro, é bom esclarecer que, quando nos referimos a [ponto de] distribuição, estamos falando, de uma maneira geral, dos canais que uma empresa utiliza ou pode utilizar para levar seus produtos ou serviços até o mercado e para interagir com seus consumidores: os canais de marketing, que alguns ainda preferem chamar de canais de distribuição, embora se prestem a muito mais do que apenas à distribuição de certos bens ou serviços.

Mas... como usar esses canais (o tal quarto P) para obter um diferencial de longo prazo? Os canais de marketing não são inanimados: são formados por organizações, que, por sua vez, são formadas por pessoas que interagem com outras pessoas em outras organizações e com os próprios consumidores finais.

Uma estratégia de canais definida e implementada da maneira correta pode aumentar sensivelmente a eficácia dessas interações. E, assim, causar um impacto positivo nos resultados de uma empresa e gerar, para ela, uma vantagem competitiva duradoura, que seus concorrentes terão dificuldade em replicar, pois relacionamentos humanos são o tipo de coisa que não se cria, nem se consolida, de uma hora para a outra.

E os outros três Ps?

Note o leitor que ninguém está afirmando que não é importante ter um bom produto (ou serviço), comercializado a preços compatíveis com o que o mercado está disposto a pagar por ele e apoiado por boas campanhas de divulgação.

É evidente que, para ter sucesso, uma organização precisa oferecer tudo isso. A questão é: isso já não basta. É pressuposto, mas não é suficiente.

9.2 COMPREENDENDO A *FRANCHISING*

9.2.1 A ESSÊNCIA

Como vimos até agora, pouco a pouco, a gestão correta dos canais de marketing deixa de ser apenas uma boa ideia para se tornar um elemento vital de diferenciação e, por consequência, de sobrevivência e prosperidade de muitas empresas, de todos os portes e ramos de atividade.

Ora, entre as estratégias que uma empresa pode adotar para criar ou expandir um (ou mais de um) canal de marketing, a *franchising,* por suas características inerentes, costuma ser a que permite desenvolver a "equação" mais equilibrada, a proporção mais adequada entre as três variáveis a que nos referimos anteriormente: cobertura, controle e custo.

Em essência, *franchising* consiste na "clonagem", em diversos locais ou mercados, de um mesmo conceito de negócio. Em cada local, o negócio é implantado, operado e gerido por terceiros autónomos: os franqueados, a quem a franqueadora autoriza, por meio de contrato, o uso de sua marca e dos sistemas e padrões por ela desenvolvidos.

Os franqueados podem ser considerados autônomos, já que são donos de seus próprios negócios e gozam de certo grau de autonomia, mas não são totalmente independentes, pois devem, por princípio, seguir determinados padrões ditados pela organização franqueadora e agir sob a coordenação desta.

Os seguintes *sites* trazem dados bastante interessantes sobre *franchising:*

www.cherto.com.br
www.grupocherto.com.br
www.institutofranchising.com.br
www.abf.com.br
www.franchise.org
www.franchise-chat.com
www.franquia.com.br

Explore mais

9.2.2 DEFINIÇÃO

Foram feitas, até hoje, inúmeras tentativas de definir *franchising*. Porém, como se trata de um sistema incrivelmente dinâmico e versátil, nenhuma delas consegue agradar a todos. E, assim, a adotar uma definição que não nos agrada, preferimos ficar com a nossa própria, ainda que também esteja longe da perfeição.

Franchising é uma estratégia para distribuição de produtos da empresa e interação com o mercado.

A nosso ver, ***franchising*** pode ser definida como uma das estratégias de que uma organização pode fazer uso para distribuir seus produtos e/ou serviços e interagir com o mercado. Sim, as franquias concedidas por uma empresa (ou outra forma de entidade) devem ser consideradas um canal de marketing para os produtos e/ou serviços gerados ou distribuídos por ela.

Juridicamente, implementa-se por meio de um contrato, pelo qual o detentor de uma marca e dos conhecimentos relacionados à implantação, operação e gestão de um determinado tipo de negócio (o franqueador) outorga a alguém, juridicamente independente dele (o franqueado), uma licença para explorar essa marca, em conexão com tais conhecimentos, para estabelecer e tocar um negócio igual ou semelhante àquele cujo *know-how* o franqueador detém.

Embora algumas operações de franquia possam não se encaixar cem por cento nessa definição, ela é suficientemente abrangente para abarcar a vasta maioria delas.

Geralmente, o contrato celebrado entre franqueador e franqueado estipula que o primeiro tem o poder de estabelecer a maneira como o segundo deverá instalar, operar e até mesmo gerir seu próprio negócio e desempenhar as atividades que lhe competem. Ou seja, suas atividades serão desenvolvidas sob controle, supervisão, orientação e assistência do franqueador, a quem o franqueado pagará, direta ou indiretamente, de uma forma ou de outra, uma remuneração pela licença que lhe é concedida e pelos benefícios e serviços que aquele coloca ao seu alcance, ao longo da vigência do contrato de franquia.

De forma geral, o franqueado arca, ainda, com as despesas e os custos necessários à (ou decorrentes da) instalação e operação de seu próprio estabelecimento.

A orientação e a assistência fornecidas pelo franqueador, em geral, são contínuas, enquanto perdurar seu relacionamento com o franqueado, e podem chegar a cobrir todos os aspectos da atividade deste, desde o fornecimento do projeto arquitetônico e de identidade visual das instalações até as ferramentas que serão utilizadas pelo franqueado no controle de seus estoques, passando pela orientação relativa à elaboração do fluxo de caixa e incluindo, até mesmo, a capacitação do próprio franqueado e de sua equipe.

9.2.3 ORIGENS E EVOLUÇÃO

Embora certos arranjos e práticas que lhe deram origem possam ser rastreados até muito antes disto, a *franchising*, tal como o conhecemos hoje, surgiu nos Estados Unidos por volta de 1852, quando a Singer Sewing Machine Company (fabricante de máquinas de costura), sediada na Nova Inglaterra, resolveu outorgar algumas franquias a comerciantes independentes, interessados em revender seus produtos em cidades de todos os portes e situadas nos mais diversos estados da federação norte-americana.

No fundo, o que esses comerciantes adquiriam era apenas o direito de usar a marca Singer em seus estabelecimentos, nos quais eram ministrados cursos de corte e costura (é preciso lembrar que, na época, a máquina de costura ainda era uma novidade, sendo essencial educar o consumidor com relação à sua utilidade e à forma de operá-la) e comercializados os produtos que levavam a marca Singer (as próprias máquinas e mais uma série de insumos e acessórios). Em alguns casos, a empresa outorgava ao comerciante em questão certa exclusividade sobre esses mesmos itens, em um determinado território geográfico.

Alguns anos mais tarde, em 1898, foi a vez de a General Motors começar a utilizar o sistema para expandir a rede de pontos de venda dos carros que produzia. E, em 1899, a Coca-Cola passou a outorgar franquias para empresários interessados em produzir e comercializar seus refrigerantes dentro de uma área geográfica definida em contrato, mais ou menos nos moldes do que faz até hoje. Apesar de, com o passar do tempo, as franquias da Coca-Cola terem se fundido umas com as outras e se tornado maiores e mais fortes, na essência, o sistema ainda é o mesmo.

A partir do início do século XX, o uso da *franchising* começou a se difundir. Primeiro, foram outros fabricantes de automóveis e de refrigerantes que, constatando o sucesso da Coca-Cola e da General Motors, resolveram seguir o exemplo.

Em 1917, surgiram as primeiras franquias de mercearias ou mercados de vizinhança (as chamadas *grocery stores*). Em 1921, a primeira franquia de locadora de veículos, a Hertz. Em 1925, surgiu a primeira franquia de *fast-food,* a A&W, cujo cardápio era constituído, inicialmente, apenas de Root Beer, uma bebida que, apesar do nome, não é uma cerveja, e sim uma espécie de refrigerante de sabor acentuado, originalmente produzido a partir da combinação das raízes de diversas plantas. Embora para nosso paladar seu sabor seja um tanto estranho, a bebida ainda é popular em certas regiões dos Estados Unidos.

É interessante ressaltar que foi com a introdução de outros produtos, como sanduíches e batatas fritas, no cardápio das lanchonetes A&W que se iniciou o processo de decadência da rede. O motivo é claro e serviu de lição a outras empresas do ramo que adotaram a *franchising* mais tarde: como o negócio da empresa franqueadora era vender o xarope concentrado de Root Beer a seus franqueados, ela permitiu que cada um deles passasse a servir a seus clientes o acompanhamento que bem entendesse, sem nenhuma preocupação com padronização, controle de qualidade, pesquisas de satisfação ou outros "detalhes" do gênero.

E é da essência da *franchising* a manutenção de um mínimo de consistência e de padrões em todas as unidades que formam uma determinada rede.

Assim, a A&W foi perdendo sua importância e cedendo espaço a concorrentes bem mais novos, porém, mais bem estruturados e com uma visão mais clara do papel que desempenhavam na relação com os franqueados e de fatores críticos do sucesso de uma rede de estabelecimentos que atuam sob uma mesma bandeira. Contudo, é importante ressaltar que a rede A&W

ainda existe e que franquias da marca continuam sendo concedidas, mas a marca está longe de ser uma das mais importantes do seu segmento.

Voltando à história da *franchising,* nos anos 1930 foi a vez de as companhias de petróleo partirem para a adoção do sistema, convertendo em franquias os postos de revenda de combustível que operavam diretamente. Ou seja: "terceirizando-os" por meio de *franchising,* como se diria muitos anos mais tarde.

A partir dessa década, a *franchising* se tornou mais popular, como método para a expansão de redes de negócios dos mais variados ramos. Em 1935, por exemplo, surgiram as franquias da Roto-Rooter, especializadas no desentupimento de tubulações. No mesmo ano, a Howard Johnson iniciou a concessão de franquias de restaurantes e sorveterias. Anos depois, passaria a conceder franquias de hotéis.

A grande "explosão" da *franchising,* porém, só ocorreria após o término da Segunda Guerra Mundial, quando milhares de norte-americanos, ex-combatentes, voltaram para seu país determinados a se tornar seus próprios patrões. Esses homens eram empreendedores, esforçados, dispostos a trabalhar duro. Muitos possuíam talentos valiosos. Contudo, a grande maioria não tinha experiência anterior na condução de empresas. E bem poucos contavam com os recursos financeiros necessários para implantar e dar início ao funcionamento de um negócio próprio.

Assim, a *franchising* se tornou uma grande saída, especialmente na medida em que a aquisição de uma franquia facilitava a obtenção de financiamentos em condições bastante favoráveis com a Small Business Administration, uma espécie de Sebrae norte-americano. Alguns dos franqueadores mais conhecidos hoje em dia, como a Dairy Queen e a Baskin-Robbins, iniciaram naquela época seus processos de concessão de franquias.

Na década de 1950, foi a vez de corporações como Burger King, McDonald's, Dunkin' Donuts e tantas outras darem início à utilização da *franchising.* E, de lá para cá, o sistema só fez crescer. Apenas nos Estados Unidos, em 2000, o sistema movimentou cerca de US$ 1 trilhão.

No Brasil, embora se possa falar de formas rudimentares de franquias surgindo aqui ou ali desde a década de 1940, com algum destaque para o Yázigi e o CCAA, nos anos 1960, a *franchising* só teve início, para valer (ainda que de maneira não muito estruturada), a partir da década de 1970, e, mais notadamente, de meados dos anos 1980 em diante.

A partir da década de 1970, também teve início uma fase de ativa expansão dos franqueadores norte-americanos para outros países. Com isso, começaram a surgir (ou ganharam impulso) franquias de várias origens, nos mais diversos recantos do planeta. Parte de um fenômeno que, anos mais tarde, viria a ser conhecido como globalização.

Hoje, é cada vez mais comum que empresas concedam franquias a pessoas físicas ou jurídicas sediadas além das fronteiras dos respectivos países de origem.

A *franchising* tem importância cada vez maior na economia dos mais diversos países, incluindo o Brasil. E é utilizado por empresas dos mais variados setores. Praticamente tudo o que se encontra nas Páginas Amarelas pode ser, ou já é, franqueado. E até algumas atividades que nem sequer têm fins lucrativos, como veremos mais adiante.

9.2.4 FRANQUEADOS E FRANQUEADORES

Numa relação de *franchising,* como já vimos, há duas partes: o franqueador e o franqueado. Como muita gente costuma confundir os dois, é conveniente deixar claro que franqueador é aquele que concede a franquia, o "dono da marca". E franqueado é aquele que adquire a franquia, que implanta, opera e gere a loja, o restaurante, a escola, ou o que for.

Franqueador é aquele que concede a franquia e detém a marca.

9.2.5 CLASSIFICANDO AS OPERAÇÕES

Coexistem, no mercado brasileiro, franquias que se encontram em seis estágios diferentes de desenvolvimento, as quais, para efeitos didáticos, denominamos franquias de primeira, segunda, terceira, quarta, quinta e sexta geração.

Franqueado é aquele que adquire a franquia e implanta, opera e administra o negócio.

9.2.5.1 PRIMEIRA E SEGUNDA GERAÇÃO: MARCA E PRODUTO

Embora apresentem pequenas diferenças conceituais entre si, as chamadas **franquias de primeira e de segunda geração** constituem operações um tanto rudimentares, nas quais o franqueador, basicamente, concede ao franqueado o direito ao uso de sua marca, em conexão com a revenda de um ou mais produtos, geralmente fornecidos ao franqueado pelo próprio franqueador ou por alguém de alguma forma ligado a este.

Franquias de primeira e de segunda geração (marca e produto) são aquelas nas quais o franqueador apenas concede ao franqueado o direito ao uso de sua marca e revenda de um ou mais produtos.

A diferença básica entre as franquias dessas categorias é que, enquanto nas franquias de segunda geração os produtos que levam a marca do franqueador são fornecidos apenas aos integrantes da rede, nas de primeira geração esses produtos podem ser encontrados também em pontos de venda multimarca e em outros canais de marketing.

Apesar dessa diferença entre ambas, tanto as franquias de primeira como as de segunda geração constituem aquilo que os especialistas norte-americanos convencionaram chamar de "franquias de marca e produto", porque sua essência está na marca e no produto oferecidos pelo franqueador.

9.2.5.2 TERCEIRA GERAÇÃO: FORMATO DE NEGÓCIO

Por sua vez, as chamadas **franquias de terceira geração**, ou "franquias de formato de negócio", contêm vários ingredientes a mais, além de uma marca e de um ou mais produtos. Numa operação do gênero, o que o franqueador transfere ao franqueado é todo um conceito, um conjunto de conhecimentos, um "padrão de fazer negócios". Ou seja: toda uma forma de instalar, operar e administrar um determinado tipo de negócio.

Franquias de terceira geração (formato do negócio) são aquelas nas quais o franqueador transfere para o franqueado os conhecimentos e padrões para que faça o negócio.

Numa operação de franquia de terceira geração que se preze, o franqueador tem o cuidado de desenvolver e testar, na prática, todos os conhecimentos e sistemas relacionados ao negócio que o franqueado irá instalar e operar. Só depois passa a conceder franquias e a transferir esses conceitos ao franqueado, por meio de manuais, programas de capacitação, consultoria de campo e mais uma série de outros mecanismos e ferramentas.

O objetivo é garantir a manutenção, em toda a rede que venha a ser instalada, de um padrão de qualidade e de uniformidade, tanto visual como operacional, que garanta a eficiência e eficácia de todas e de cada uma das franquias que atuam sob a marca do franqueador — em consequência da lucratividade delas e também do franqueador.

9.2.5.3 QUARTA GERAÇÃO: A REDE QUE APRENDE

Franquias de quarta geração (redes de aprendizado contínuo) são aquelas nas quais franqueados e franqueadores compartilham valores e relacionamentos fundados no respeito mútuo e em que ambas as partes têm direito de ser ouvidas.

Já se fala, também, no surgimento de uma nova categoria de franquias: **as franquias de quarta geração**. Trata-se de uma nova etapa, um novo patamar. Em nossa opinião, as franquias de terceira geração, ou "franquias de formato de negócio", vão, aos poucos, ceder espaço para essa quarta geração: as **redes de aprendizado contínuo,** ou outro nome que se queira dar a elas.

Pouco a pouco, franqueados e franqueadores vêm se dando conta de que, por força da mudança no perfil dos franqueados (cada vez mais preparados e mais exigentes), da globalização e da concorrência feroz que empresas de todos os portes e segmentos enfrentam e continuarão a enfrentar, o "modelo" atual das franquias de terceira geração já não é capaz de fornecer todas as respostas e de assegurar o sucesso, num mundo em que o ritmo das mudanças é cada vez mais frenético.

Ao longo dos próximos anos, franqueadores e franqueados vão ter de aprender a conviver com base em regras menos rígidas (naquilo em que a rigidez não é essencial e até pode "engessar" a organização), mas valores bastante rígidos (no que realmente afeta a "essência competitiva" da organização), objetivos compartilhados e relacionamentos fundados no respeito mútuo, o que inclui o direito de cada uma das partes de ser ouvida (e ter sua opinião levada em consideração) pela outra.

As organizações de *franchising* aproveitarão as experiências vividas por boa parcela de seus integrantes (franqueados, funcionários, fornecedores etc.). Testemunharemos o surgimento e crescimento de um número cada vez mais significativo daquilo que Dee Hock chamou de organizações caórdicas: que terão de manter um equilíbrio delicado entre o caos e a ordem.

Diria Mitch Waldrop, estudioso da ciência da complexidade, que uma organização que pratique *franchising* constitui um sistema complexo, na medida em que um número razoavelmente grande de agentes independentes (o franqueador, os funcionários, prepostos, fornecedores e consultores do franqueador, franqueados, seus funcionários, seus clientes, e assim por diante) interage o tempo todo, de diversas formas, por diversos caminhos e com os mais variados objetivos e linhas de ação.

Os sistemas complexos tendem a se adaptar às variações no ambiente e a buscar aperfeiçoar-se para tirar o melhor proveito de cada situação. Tomemos como exemplo outro sistema complexo, o cérebro humano, que está permanentemente organizando e reorganizando suas bilhões de conexões neurológicas, de modo a aprender a partir das experiências vividas. Seria sensato alguém pretender ignorar as lições aprendidas por uma parcela significativa de seu cérebro? A resposta óbvia é não.

Por que motivo, então, uma organização de *franchising* deveria deixar de aproveitar as experiências vividas por uma boa parcela de seus integrantes (os franqueados, seus funcionários e outros) e as lições que delas podem ser extraídas?

Para sobreviver num ambiente em constante mudança, as espécies têm sido forçadas a evoluir, por meio do aprendizado contínuo. Por que seria diferente com as organizações empresariais, incluindo as redes de franquias?

9.2.5.4 QUINTA GERAÇÃO: AS FRANQUIAS SOCIAIS

É nesse contexto que, tempos atrás, o professor Stephen Kanitz teve uma ideia bastante interessante: que tal aplicar a *franchising* para "clonar", em diversos locais e sob a responsabilidade de diversas pessoas ou organizações, as atividades de entidades beneficentes bem estruturadas?

Kanitz partia da constatação de que mais e mais empresas, pequenas, médias e grandes, vêm abrindo seus horizontes à responsabilidade comunitária como forma de motivar seus funcionários e de adquirir a admiração do consumidor e da comunidade. Contudo, muitas acabam por investir seus recursos em projetos que não apresentam resultados satisfatórios, por serem conduzidos sem conhecimentos suficientes sobre quais são os fatores críticos de sucesso de uma empreitada do gênero e como lidar com tais fatores. E, como consequência, perdem o ânimo de continuar investindo em projetos sociais.

Ele imaginou que, por meio da formatação das experiências de entidades beneficentes bem-sucedidas, seria viável a multiplicação, a replicação das soluções encontradas por elas.

E, de fato, por que não? Se é possível "clonar" um restaurante, uma agência de viagens, uma locadora de veículos, uma lavanderia, uma escola de idiomas, um ponto de coleta de encomendas rápidas, uma livraria, uma farmácia, uma oficina mecânica, e assim por diante, por que não seria viável fazer isso também com uma creche, um centro de formação profissional ou qualquer outra entidade social bem administrada?

Tanto é possível que já está sendo feito. Ainda existem, relativamente, poucas dessas franquias em operação no Brasil. E, como sempre acontece, há até quem se utilize indevidamente da expressão *franquia social* para designar negócios com fins lucrativos que, pelo simples fato de se referirem a um negócio comercial que, por esse ou aquele motivo, ostenta na fachada a marca de uma ONG qualquer, se acham no direito de se autodefinirem dessa forma.

Porém, uma **franquia social**, ou **franquia de quinta geração**, como a designamos para efeitos didáticos, é algo bem específico e diferente: a franquia de uma atividade sem fins lucrativos, que tenha por finalidade primordial o bem comum.

Franquias de quinta geração (franquias sociais) são voltadas para atividades sem fins lucrativos e têm como objetivo primordial promover o bem comum.

Seja como for, o número das verdadeiras franquias sociais tende a crescer. Um bom exemplo de franquia do gênero é o Formare, da Fundação Iochpe. Trata-se de um programa de educação profissionalizante para menores em situação de risco, implantado pelo sistema de *franchising*. Para saber mais sobre o funcionamento desse programa, consulte www.fiochpe.org.br/formare.htm.

Outro bom exemplo são as franquias de Escolas de Informática e Cidadania, concedidas pelo Comitê para Democratização da Informática (CDI, www.cdi.org.br). O Grupo Cherto, que já desenvolveu mais de 20 projetos de franquia social, acabou por se tornar o grande especialista mundial nessa área. Artigos e informações sobre o tema podem ser encontrados em www.grupocherto.com.br.

9.2.5.5 SEXTA GERAÇÃO: MUITO ALÉM DAS FRANQUIAS

Durante anos, quando se falava em franquia, era comum que se pensasse apenas em lanchonetes, lojas de perfumes, de roupas e de mais um ou outro segmento. A imagem da *franchising* ficou, por muito tempo, associada ao pequeno varejo. Mas este é apenas mais um dos mitos que cercam o sistema.

Nos últimos tempos, tem sido comum que grandes corporações passem a utilizar, se não a *franchising* propriamente dita, pelo menos boa parte das ferramentas e técnicas que lhe são peculiares, para implantar ou desenvolver seus canais de marketing, notadamente redes de negócios por meio das quais interagem com o mercado consumidor de seus produtos e/ou serviços.

Tais organizações percebem que isso lhes permite criar e manter diferenciais competitivos, que já não conseguem obter usando os meios tradicionais. E isso tende a se intensificar. Afinal, os tempos de concorrência feroz não são apenas "uma fase". Daqui para frente vai ser assim. E empresas de todos os portes e todos os ramos de atividade terão de usar toda a sua criatividade para encontrar saídas para sobreviver e prosperar.

Franquias de sexta geração utilizam técnicas e ferramentas típicas de operações de franquia para o aperfeiçoamento de redes de negócios e canais de marketing formados por outros tipos de parceiros, que não os franqueados.

Pois as **franquias de sexta geração** são exatamente isso, ou seja, a utilização das técnicas e ferramentas típicas das melhores operações de franquia para o aperfeiçoamento de redes de negócios e de canais de marketing formados por outros tipos de parceiros não franqueados.

9.2.6 PAPÉIS DE FRANQUEADOS E FRANQUEADORES

Cabe ao **franqueador**:

- Desenvolver o conceito de negócio que será franqueado.
- Testar na prática esse conceito.
- Estabelecer as normas e os padrões a serem observados pelos franqueados, no que se refere à implantação, operação e gestão das respectivas franquias.
- Recrutar e selecionar esses franqueados.
- Capacitá-los por meio de treinamento, manuais e outros meios.
- Assessorá-los, orientá-los e inspirá-los no que diga respeito ao cumprimento das normas e dos padrões acima referidos.
- Supervisionar constantemente a rede de franquias, para garantir a consistência na observância de tais normas e padrões.
- Coletar, processar, analisar e difundir conhecimentos que possam fazer uma diferença positiva nos negócios dos franqueados, incluindo, especialmente, aquilo que poderíamos definir como "as melhores práticas" da rede.
- Propiciar os meios necessários para que seus franqueados se integrem e interajam com ele próprio e entre si.

Por outro lado, cabe a cada **franqueado**:

- Investir (e reinvestir) o que for necessário para implantar sua unidade de negócios e mantê-la funcionando de acordo com os padrões ditados pelo franqueador.
- Pagar ao franqueador os valores relativos à aquisição e continuidade da franquia: normalmente, uma taxa de franquia ou taxa inicial, *royalties* e uma contribuição para um fundo cooperativo de marketing ou algo do gênero.
- Arcar com os custos e as despesas relacionados com a operação e gestão de seu negócio.

- Observar os padrões da rede.
- Cooperar com o franqueador e com os demais integrantes da rede na busca de diferenciais competitivos.
- "Fazer acontecer", na sua unidade.

9.2.7 VANTAGENS E DESAFIOS

Desde que sua operação de *franchising* seja estruturada e levada adiante da forma adequada, o sistema permite as seguintes vantagens para o **franqueador**:

- A possibilidade de expandir rapidamente sua rede, atingindo, portanto, uma melhor cobertura de mercado, sem precisar investir muito, em termos tanto de recursos humanos como de recursos financeiros.
- Maior efetividade em cada uma das unidades que compõem a sua rede, pelo simples fato de que, em cada uma delas, o dono estará por perto e geralmente disposto a fazer aquele esforço extra para conquistar e manter clientes.
- Possibilidade, pela própria natureza da *franchising,* de exercer, legalmente, sobre as atividades de cada unidade, um nível de controle muito maior do que aquele que normalmente seria possível se usasse outras estratégias de canais.

Ou seja: como já foi dito, uma operação de *franchising,* se bem planejada e implementada, costuma propiciar o melhor equilíbrio entre as variáveis cobertura, custo e controle.

Da mesma maneira, desde que se vincule a um franqueador que seja profissional e sério, cuja operação esteja estruturada e seja conduzida da maneira adequada, o **franqueado**:

- Tem uma chance maior de sucesso do que teria se partisse para a implantação de um negócio independente, já que adquire a experiência do franqueador e, até certo ponto, dos demais franqueados, além de poder operar sob uma marca conhecida.
- Conta com alguém (o franqueador e sua equipe) dedicado ao desenvolvimento contínuo de novos métodos, novos produtos, novos serviços, novos fornecedores e outros elementos de diferenciação.

Por outro lado, um **franqueador** precisa estar preparado para enfrentar os seguintes desafios:

- Normalmente, a empresa que se dispõe a conceder franquias mantém, com relação aos franqueados, menos controle do que teria sobre uma rede de unidades próprias. Por outro lado, o custo de estabelecer uma rede própria costuma ser bem mais alto.
- Existe sempre a possibilidade de conflitos com os franqueados e entre estes e os integrantes dos demais canais utilizados.
- Os franqueados não são empregados: são parceiros, donos de seus próprios negócios. O que não é necessariamente algo ruim. Contudo, o franqueador precisa ter claro que não pode simplesmente lhes dar ordens. Precisa dialogar com eles. Bud Hadfield, um empresário admirável, que "quebrou" oito vezes, em oito ramos diferentes, antes de fundar a Kwik Kopy e de transformá-la numa das maiores redes de franquias de gráficas rápidas do mundo, afirmou certa vez que há dois tipos de

pessoas que se devem evitar, como franqueados e como funcionários: aquelas que *nunca fazem* o que lhes dizem para fazer e aquelas que *só fazem* algo se lhes disserem que deve ser feito.

Por sua vez, **o franqueado** que se disponha a adquirir uma franquia precisa se preparar para enfrentar os seguintes desafios:

- Perda de uma parcela significativa de autonomia em troca de maior segurança. Numa rede de franquias, não há muito espaço para rebeldia. A pessoa que não esteja disposta a agir de acordo com padrões estabelecidos por outro não deve nem sequer pensar em se tornar um franqueado.
- O franqueado precisa pagar uma série de valores ao franqueador: geralmente, uma taxa inicial (também chamada taxa de franquia), *royalties* (normalmente, um percentual sobre as compras ou as vendas mensais, ou então um valor fixo mensal, ou uma combinação de ambos), uma contribuição para um fundo cooperativo de marketing da rede e outros.
- É costume o contrato de franquia impor ao franqueado certas restrições, inclusive no que diz respeito à venda do negócio, exigindo que o franqueador aprove o adquirente.

9.2.8 ALGUNS CUIDADOS IMPORTANTES

Quem pensa em franquear um negócio deve cercar-se dos seguintes cuidados:

- Planejar tudo muito bem. Em seguida, executar o que planejou — e medir os resultados, a fim de garantir que estão de acordo com o planejado. Se não estiverem, volte a planejar, e assim sucessivamente. É impressionante o número de operações de *franchising* que tinham tudo para dar certo e que acabam fracassando por não seguirem essa regrinha tão simples quanto óbvia.
- Cercar-se de profissionais sérios e qualificados.
- Definir claramente o perfil que um empreendedor precisa ter para ser bem-sucedido na implantação, operação e gestão de um negócio como o que se estará franqueando. Só se deve admitir como franqueados pessoas com esse perfil. A *franchising* é muito parecida com um casamento. E casar-se com a pessoa errada é um convite ao desastre.
- Estruturar-se para assegurar aos franqueados todo o suporte de que necessitam para realizar seu potencial. Ninguém adquire uma franquia pelos belos olhos de quem quer que seja: o franqueado quer ter sucesso, ganhar dinheiro e se sentir realizado.
- Dispor-se a manter um diálogo permanente com os franqueados. Cultivar o relacionamento com eles. Ser transparente. Não tentar bancar o "esperto".
- Procurar compreender quais são as variáveis que causam impacto tanto no seu negócio como no negócio dos franqueados. E agir sobre elas, na forma adequada e no momento adequado. Procurar dominar as relações de causa e efeito. Efeito sem causa é aquilo que, geralmente, as pessoas chamam de milagre. Milagres até acontecem, só que um empresário ou executivo que se preze não pode ficar contando com eles para se dar bem nos negócios.

Alguns cuidados para quem pretende adquirir uma franquia:

- Não pensar só no dinheiro. Dinheiro é importante, não há dúvida. Mas não é tudo. É preciso analisar cuidadosamente o próprio perfil e escolher um ramo de atividade com o qual se identifique. Deve-se perguntar a si mesmo: "É isto o que eu gostaria de fazer pelos próximos cinco, dez ou quinze anos?".
- Analisar criteriosamente as oportunidades que o mercado oferece antes de investir dinheiro, tempo, esforço e esperanças nesta ou naquela franquia. O que o franqueador oferece realmente vale o custo com o qual será necessário arcar? Não se trata só do custo financeiro, mas de tudo o que será preciso fazer, ou deixar de fazer, para ter e manter aquela franquia.
- Verificar cuidadosamente se o franqueador é sério e profissional, se cumpre o que promete e se entrega o que vende. Deve-se conversar com outros franqueados e perguntar isso a eles. Eles são o que o franqueado será amanhã. E costumam ser extremamente francos nessas situações.
- Visitar diversas franquias de cada uma das redes a que estiver pensando vincular-se. Fazer muitas perguntas. Avaliar quais são os prós e contras do negócio. Perguntar a cada um dos franqueados que encontrar se ele voltaria a adquirir a mesma franquia caso pudesse voltar no tempo, o que ele faria diferente e que conselhos tem para dar.
- Avaliar com imparcialidade o mercado em que se pretende implantar a franquia e verificar se há potencial para tanto.

9.2.9 PRINCIPAIS TENDÊNCIAS

O mercado de *franchising* vem sofrendo alterações de tal forma profundas que, certamente, é arriscado fazer previsões. Contudo, é bastante provável que, ao longo dos próximos anos, vejamos as seguintes tendências se firmando:

Incremento no *networking*. Aumentará o envolvimento dos franqueados nas decisões sobre questões estratégicas das respectivas redes, por meio da participação em conselhos de franqueados, comitês (de compras, de marketing, de tecnologia da informação etc.) e outros mecanismos semelhantes.

Popularização das novas tecnologias. Muito em breve, todas as redes bem estruturadas utilizarão sistemas integrados de gestão de negócios. E também intranets, extranets e outras ferramentas de *networking* para gerir e consolidar os relacionamentos franqueador-franqueado, franqueado-franqueado, fornecedor-rede e outros. Afinal, toda organização de *franchising* constitui uma cadeia de valor, e qualquer ganho de eficiência que se possa obter por meio da melhor integração dos componentes dessa cadeia pode fazer uma diferença enorme.

Interdependência crescente. Ocorrerão cada vez mais conversões de negócios independentes em franquias. Assim, seus proprietários e operadores passarão a se beneficiar do fato de integrarem uma rede bem estruturada a uma marca forte. Por exemplo: preços e condições melhores, obtidos graças ao maior poder de barganha — decorrente do processo de compras ou negociações centralizadas —, maior poder de atração de clientela, graças ao *pool* de marketing da rede e ao acesso a novos conhecimentos, tecnologias e programas de treinamento que, normalmente, não estariam ao alcance de um pequeno empresário. Em certos segmentos, será uma questão de "conversão ou morte".

Co-branding é a implantação, sob um mesmo teto ou lado a lado, de franquias de diversas marcas, seja de negócios de um mesmo ramo ou de segmentos complementares.

Parcerias. Será cada vez mais comum a formação de parcerias ou associações entre franqueadores, e até mesmo entre empresas concorrentes. Em função disso, o ***co-branding,*** ou seja, a implantação, sob um mesmo teto ou lado a lado, de franquias de diversas marcas, de negócios de um mesmo ramo ou de segmentos complementares, tomará força. Tais franquias poderão, conforme o caso, ser operadas por um mesmo franqueado ou por franqueados diferentes.

Redução no tamanho das instalações das franquias. Testemunharemos a redução, de modo geral, do porte físico das franquias, com o objetivo de reduzir as barreiras à entrada, no sistema, de empreendedores que têm o perfil adequado, mas não dispõem de muitos recursos financeiros. É bom lembrar que o crédito, no Brasil, ainda é escasso e relativamente caro. E nada leva a crer que isso vá mudar em curto prazo. Além disso, em muitas cidades brasileiras, independentemente de ter dinheiro ou não, já não está fácil encontrar espaços maiores nas áreas comerciais mais interessantes. E o problema tende a se agravar.

Branchising é o termo usado para designar a transformação de filiais ou unidades próprias de uma determinada empresa em franquias.

Branchising. O termo, que combina as palavras *branch* ("filial", em inglês) e *franchising,* é usado para designar a transformação de filiais ou unidades próprias de uma determinada empresa em franquias. Empresas brasileiras que adotaram essa prática observaram aumentos significativos no faturamento e na lucratividade da maioria dos estabelecimentos assim terceirizados. Isso sem falar da maior satisfação dos clientes — portanto, um aumento da imagem e do valor da marca. E, como consequência, valorização do negócio como um todo.

Estratégias multicanal. Produtores e distribuidores de uma série de bens e serviços investirão cada vez mais tempo, talento e dinheiro para encontrar os meios mais efetivos de interagir com seus consumidores. Eles não poderão se dar ao luxo de desprezar qualquer dos canais que sejam viáveis e compatíveis com o produto ou serviço que querem levar ao mercado. Franquias, venda direta, comércio eletrônico, unidades próprias, outras cadeias, *dealers,* representantes e todo e qualquer canal disponível merecerão uma análise cuidadosa. E serão adotados sempre que isso fizer sentido. Evidentemente, a empresa que quiser ser bem-sucedida deverá estabelecer cuidadosamente sua estratégia de canais: qual o composto de canais mais adequado, como e quando implementá-los, como formalizar seu relacionamento com os integrantes de cada um deles, que tipos de choques ou conflitos poderão ocorrer entre dois ou mais desses canais e como gerir tais conflitos, que ferramentas e técnicas utilizar para assegurar que o relacionamento será o mais positivo (e lucrativo) possível para todos os envolvidos, como identificar e satisfazer as necessidades e anseios de cada um dos parceiros, e assim por diante. Um fato é certo: o tempo em que uma empresa utilizava um único canal para interagir com o mercado já passou, salvo raras e honrosas exceções. O consumidor é quem vai ditar por meio de que canal quer ser atingido em cada momento em que estiver disposto a consumir um dado produto ou serviço.

Franquias como modelo de outras formas de redes de negócios. Será cada vez mais frequente a utilização de técnicas, ferramentas e instrumentos típicos de uma operação de *franchising* por outros tipos de redes de negócios, controladas ou coordenadas por empresas que não são e nem pretendem se tornar franqueadoras. Só para citar alguns exemplos: bancos, redes de varejo com um número razoável de filiais e empresas fabricantes ou distribuidoras de eletrodomésticos, computadores e veículos, que dependem de redes de "assistência técnica autorizada" e precisam torná-las mais padronizadas, consistentes e efetivas. E a *franchising* oferece mecanismos extremamente úteis para esse fim.

Domínio maior da relação entre causa e efeito. Nas escolas de administração em geral, os alunos aprendem, basicamente, como apurar resultados. Isso já não basta. Os gestores de empresas vão ter de aprender a "construir" esses resultados. Aquela velha história de que, para ter lucro, basta fazer alguma coisa bem feita e "deixar o bolso aberto que o dinheiro entrará como consequência" denota uma arrogância e uma prepotência que hoje são inadmissíveis. Ou franqueador e franqueados identificam que variáveis levam seu negócio a gerar lucro, e adotam ações concretas com relação a cada uma delas, medindo e controlando o desempenho de cada integrante da organização na prática dessas ações, ou dificilmente vão se dar bem em médio e longo prazos. Como já foi dito, efeito sem causa é a melhor definição que conhecemos de milagre. Talvez algumas empresas possam se dar ao luxo de aguardar milagres que as tirem do "sufoco", mas milagres são raros. Resultados não "acontecem", simplesmente. Eles precisam ser gerados, precisam ser construídos. E quem não entender isso corre o risco de ser varrido para fora do mercado.

Franqueados mais exigentes. A tal da reengenharia e os programas de *downsizing* e *rightsizing* — *grosso modo*, realinhamento — implementados por empresas dos mais variados portes e dos mais diversos ramos de atividade, criaram duas espécies de "vítimas": a) aqueles que perderam seus empregos, muitas vezes depois de anos ou mesmo décadas de dedicação a uma única empresa; e b) aqueles que "ficaram", ou seja, que não foram demitidos e, em função disso, passaram, em boa parte dos casos, a exercer sozinhos funções que antes eram desempenhadas por duas, três ou mais pessoas... e sem a contrapartida de aumento significativo nos respectivos vencimentos. Os membros desses dois grupos têm visto na montagem de um negócio próprio uma alternativa de carreira. E é evidente que muitos acabam optando por adquirir uma franquia, em vez de simplesmente se arriscar implantando um negócio independente. De uma forma geral, esse tipo de franqueado, por sua experiência profissional, tende a agregar valor à rede. Contudo, por seu próprio perfil e história de vida, essas pessoas tendem a ser mais exigentes e a cobrar, do franqueador, um desempenho cada vez melhor, o que não é, necessariamente, um fator negativo, mas não deixa de ser um desafio para muitos franqueadores, cujas operações ainda precisam ser "passadas a limpo".

Comando e controle *versus* valores e crenças. Cada vez mais, as redes de franquias se afastarão do estilo de administração baseado no "comando e controle" e nas organizações lineares, em que os conhecimentos, as ideias e as inovações fluem essencialmente de cima para baixo (no caso, do franqueador para a rede), e se tornarão organizações não lineares, nas quais o conhecimento, as ideias e tudo o mais fluirão, a cada momento, na direção que for mais apropriada, conforme as circunstâncias. Tais organizações serão fundamentadas em valores e crenças (missão, visão, princípios etc.). Como consequência, franqueadores e franqueados darão mais atenção ao perfil de cada pessoa, suas crenças, seus valores, suas atitudes e seus comportamentos, antes de admiti-la como franqueado, funcionário, consultor ou parceiro de qualquer espécie. Mais do que em currículos, estarão interessados no caráter e no perfil daqueles a quem se vinculam. E, na respectiva análise e avaliação, utilizarão ferramentas cada vez mais apuradas. Comunicação e motivação ganharão cada vez mais importância. Quem recrutar, selecionar, motivar melhor e se comunicar melhor contará com uma enorme vantagem competitiva.

Aprender a aprender... e a desaprender. Também levarão vantagem as redes cujos integrantes perceberem que, hoje em dia, a formação de alguém começa na infância... e não acaba nunca mais. Essa percepção levará a uma mudança radical nos paradigmas de como se devem capacitar os franqueados e suas equipes e a própria equipe do franqueador. Todos precisarão se reciclar continuamente, buscando novos conhecimentos e novas maneiras de ver as coisas, questionando as próprias certezas e mudando o que for preciso mudar. Vão prosperar os negócios que tenham a coragem de tornar obsoletos seus próprios produtos e serviços antes que outros o façam, as empresas que estiverem dispostas e capacitadas a mudar à medida que o mercado mudar. Vai se dar melhor, ainda, quem for capaz de se antecipar a essas mudanças. O importante é preservar os valores e as crenças, porque são eles que fazem de uma organização o que ela é, não os produtos que vende ou os serviços que presta.

9.3 CONSIDERAÇÕES FINAIS

Franchising é um sistema fantástico de fazer negócios. Oferece um modelo único, em termos de flexibilidade e adaptabilidade aos mais diversos mercados e às empresas dos mais variados portes e ramos de atividade, e permite, na maioria dos casos, obter o maior equilíbrio possível entre as variáveis *cobertura, custo* e *controle,* o que é extremamente positivo na definição e implementação de uma boa estratégia de expansão e ocupação de mercado, independentemente do segmento em que a organização atue.

O sistema ainda se encontra em sua infância, no Brasil. E tem muito a crescer e a se desenvolver entre nós. Por mais expressivo que pareça, tudo o que vimos até agora constitui apenas a "pontinha do *iceberg*".

RESUMO

Muitas organizações vêm percebendo que investimentos em canais de marketing podem levar à diferenciação de produtos, uma vez que a globalização e a redução dos ciclos de vida de produtos dificultam a geração de diferenciais competitivos baseados em produto, preço ou promoção.

Basicamente, a empresa que visa a crescer por meio da criação ou do desenvolvimento de canais busca cobertura de mercado, controle sobre os parceiros e custos reduzidos. Uma estratégia de canais adequadamente implementada pode levar a resultados positivos, gerando vantagens competitivas que os concorrentes terão dificuldade de replicar.

Entre as estratégias que uma empresa pode adotar para criar ou expandir um canal de marketing, a *franchising* costuma ser a que permite uma equação mais equilibrada em termos de cobertura, controle e custos.

Franchising é uma estratégia de distribuição de produtos e serviços e de interação com o mercado que se implementa por meio de um contrato entre franqueador e franqueado. Por esse contrato, o detentor da marca e dos conhecimentos relacionados com a implantação, operação e gestão de um determinado tipo de negócio (franqueador) outorga a alguém (franqueado) uma licença para explorar a marca e estabelecer um negócio com um mínimo de consistência e padrões semelhantes ao original.

As operações de *franchising* podem ser classificadas segundo seis estágios diferentes: franquia de primeira e segunda geração (ou de marca e produtos), franquia de terceira geração (ou de formato de negócio), franquia de quarta geração (ou redes de aprendizado contínuo), franquia de quinta geração (ou franquia social) e franquia de sexta geração.

Franqueados e franqueadores possuem responsabilidades e assumem diferentes papéis. Devem estar cientes das vantagens, dos desafios e dos cuidados relacionados com a realização de suas atividades.

As principais tendências da *franchising* são: incremento no *networking*, popularização das novas tecnologias, interdependência crescente, parcerias, redução do tamanho das instalações das franquias, *branchising*, estratégias multicanal, estabelecimento de franquias como modelo de outras formas de redes de negócios, maior domínio da relação entre causa e efeito, maior exigência por parte dos franqueados, aproximação dos fundamentos de valores e crenças e do aprendizado contínuo.

Termos e Conceitos Importantes

Branchising
Canais de marketing ou canais de distribuição
Co-branding
Commoditização
Diferenciação
Franchising
Franqueado
Franqueador
Franquias de primeira geração
Franquias de segunda geração
Franquias de terceira geração
Franquias de quarta geração
Franquias de quinta geração
Franquias de sexta geração

QUESTÕES PARA REVISÃO E DISCUSSÃO

1. Faça uma reflexão sobre a importância dos canais de marketing para diferenciação de produtos.
2. Explique o que é *franchising* e discuta as razões de sua expansão no Brasil e no mundo.
3. Classifique e explique as operações de *franchising* segundo os diferentes estágios de desenvolvimento.
4. Comente as dificuldades envolvidas na administração de uma franquia de quinta geração, destacando questões relativas à credibilidade.

5. Descreva os papéis de franqueados e franqueadores.
6. Na relação entre franqueados e franqueadores, podem ocorrer conflitos de interesses entre as partes. Faça uma reflexão sobre as possíveis razões do surgimento dos conflitos, destacando para cada uma delas as vantagens e os desafios.
7. Relacione o surgimento das franquias de sexta geração às tendências de incremento no *networking*, interdependência crescente, formação de parcerias e aumento de exigências de franqueados.

RESOLVENDO UM CASO

FRANCHISING NO BRASIL

O modelo de franquia é adotado por uma gama de empresas que atuam em diferentes tipos de setores, o que promove a oferta de uma ampla variedade de produtos e serviços pelas unidades franqueadas.

O movimento de *franchising* tem trazido novidades ao mercado brasileiro. A *franchising* cresceu e já é responsável por cerca de 350 mil empregos em todo o país.

Entre os múltiplos tipos de franquias existentes, a categoria de impressão e fotografia foi a que, proporcionalmente, mais gerou empregos nos últimos anos.

As franquias de alimentos continuam sendo as maiores em número de redes franqueadoras. São aproximadamente 130 redes.

Entre as franquias alimentares, é possível distinguir variações nos estilos de gerenciamento, público-alvo, frequência de pedidos e, é claro, nos pratos oferecidos.

O público-alvo das franquias de comida chinesa, por exemplo, são consumidores esporádicos que querem pedir algo não rotineiro para comer. Já os frequentadores do Habib's esperam encontrar comida árabe a preços populares.

A rede Habib's está investindo no desenvolvimento de um sistema de franquias no exterior, seguindo o mesmo estilo do sistema operado nacionalmente. A empresa pretende levar a outros países da América Latina o conceito de refeições populares e de qualidade, usando uma tática similar à da empresa McDonald's.

Enquanto franqueadores nacionais, como o Habib's, estendem suas atividades para o exterior, franqueados brasileiros importam novidades de *franchising* para o país. Esse é o caso da instalação da loja da organização ecológica Greenpeace na Bahia, que, entre outros produtos, comercializa alimentos orgânicos, artigos têxteis e artesanato.

Os produtos licenciados também encontram novas possibilidades no Brasil. O objetivo da Ferrari, que comercializa produtos e acessórios associados à Fórmula 1, era expandir a rede de franquias para todas as capitais do país.

Como é possível perceber, a *franchising* é uma estratégia de distribuição que vem ganhando cada vez mais espaço no Brasil. O mercado brasileiro comporta, atualmente, uma variedade de categorias de *franchising*, além de estar incorporando novos tipos e novas extensões de franquias já instaladas, o que promove a geração de empregos e mais variedade de ofertas para o consumidor.

Fontes: TELES, Carlos. Curiosos são os principais clientes. *Gazeta Mercantil*, 5 mar. 2001; RENATO, Cláudio; BRUIN, Daniel. Ferrari em alta ajuda a expandir rede de franquias. *Gazeta Mercantil*, 27 mar. 2001; RIBEIRO, Marili. Habib's quer ser o McDonald's dos latinos. *Gazeta Mercantil*, 26, 27 e 28 fev. 2001; ALMEIDA, Hamilton. *Greenpeace* terá franquia na Bahia. *Gazeta Mercantil Latino-Americana*, 21 a 27 maio 2001.

PERGUNTAS

1. Que benefícios estão associados à extensão da *franchising* no Brasil?
2. Você sente falta de algum tipo de franquia no Brasil? Em sua opinião, há alguma categoria que deveria receber mais atenção e investimentos?

www.habibs-fast-food.com.br
www.mcdonalds.com.br
www.greenpeace.org.br
www.ferrari.com
www.franquia.com.br
www.grupocherto.com.br

Explore mais

ELABORANDO UM PROJETO

VISITANDO FRANQUIAS

Escolha uma franquia que lhe interesse — pode ser, por exemplo, uma loja, uma escola ou um restaurante — e visite, no mínimo, duas instalações diferentes dessa mesma rede. Para o projeto, você deverá examinar atentamente os atributos que levam à padronização do ambiente, do atendimento e do serviço dessas franquias. Após realizar as visitas, você deverá comparar os aspectos de padronização detectados em cada uma das instalações visitadas. Há diferença em termos de atendimento? A decoração do ambiente é semelhante nos estabelecimentos visitados? Há diferença nos produtos oferecidos? Observe também a localização e o tipo de público que frequenta a rede e procure refletir sobre a adequação dessas questões ao que você verificou.

BIBLIOGRAFIA

BRADACH, Jeffrey. *Franchise organizations.* Boston: Harvard Business School Press, 1998.

CHERTO, Marcelo. *Franchising e a lei.* São Paulo: Instituto *Franchising* Comércio e Eventos, 1996.

______. *Franchising:* revolução no marketing. São Paulo: McGraw-Hill, 1988.

JUSTIS, Robert; JUDD, Richard. *Franchising.* Cincinnati: South-Western Publishing, 1989.

NATHAN, Greg. *Profitable partnerships.* Brisbane, Australia: Nathans Corporate Psychology, 2000.

PRICE, Stuart. *The franchise paradox.* London: Cassel, 1997.

Capítulo 10

Administração de Preço

Ricardo Fasti

VISÃO GERAL DO CAPÍTULO

Neste capítulo, apresentaremos a definição de preço e sua relação com o composto mercadológico.

Abordaremos ainda as considerações necessárias ao estabelecimento dos preços e os métodos mais usuais de precificação, ressaltando as táticas de preços mais utilizadas.

OBJETIVOS DO CAPÍTULO

Depois de concluir este capítulo, você será capaz de:

1. discutir a influência do preço para a concretização de um negócio;
2. discutir o contexto das decisões de preço para o posicionamento da empresa;
3. descrever os objetivos da precificação;
4. identificar o relacionamento de preços com outras variáveis de marketing;
5. identificar e detalhar os agregados que influenciam preços;
6. explicar as estratégias de precificação;
7. descrever as táticas de preços mais utilizadas pelas empresas.

10.1 INTRODUÇÃO

Muitas são as situações em que, invariavelmente, um vendedor aponta o preço como o responsável pela perda de uma venda, reportando a insatisfação do cliente, que classifica de caro o produto ou serviço. Antes, porém, é necessário que se evite a tendência à generalização, apontando o preço como o problema que impede a concretização de um negócio. Nem sempre o preço é um problema, outrossim, não são poucas as vezes em que ele não passa de um sintoma, relacionado principalmente a uma defasagem entre o posicionamento de produto, seus benefícios ou atributos relevantes e a percepção do consumidor (ou cliente) em relação a esses últimos.

Preço é o montante de dinheiro pago em troca do uso de um benefício proporcionado por um produto ou serviço.

Ao definir **preço** como o montante de dinheiro pago em troca do uso de um benefício proporcionado por um produto ou serviço,[1] compreende-se que ele é uma variável em função das utilidades, dos benefícios e dos atributos relevantes aos quais o consumidor é sensível, segundo sua percepção.

A relação entre os supermercados e os seus fornecedores revela um pouco essa faceta, na medida em que as marcas próprias, mais baratas que as marcas nacionais, encontram um público interessado, enquanto existe um outro segmento em que o consumidor, mesmo na presença de um produto mais barato, prefere aqueles com marcas reconhecidas.

10.2 DEFINIÇÃO DA ORIENTAÇÃO ESTRATÉGICA

O preço está associado ao processo de tomada de decisões estratégicas da empresa, na medida em que seus resultados financeiros são parcialmente dependentes do preço praticado no mercado.

Do ponto de vista estratégico, o preço é uma variável tão relevante para a empresa que uma corrente de pensadores postula que a empresa, quando os preços no mercado não mais desempenham satisfatoriamente seus papéis na alocação dos recursos, é apenas uma forma de organização interna da função de produção.

Dessa maneira, pode-se afirmar que o preço exerce uma forte influência sobre os resultados de uma empresa, demandando, por conseguinte, especial atenção. Na verdade, as decisões de preços são, entre os elementos do composto mercadológico, as que mais sofrem interferência de outras áreas da empresa, em geral, com o envolvimento do próprio presidente.

Os objetivos de preços são descritos a seguir:[2]

- sustentar a estratégia de posicionamento, ou sustentando a percepção de qualidade superior, ou, no outro extremo, reforçando a economia;
- atingir os objetivos financeiros propostos, tais como geração de caixa e criação de valor para o acionista; e
- ajustar a oferta à realidade de mercado.

---

[1] KOTLER, R; ARMSTRONG. *Marketing principles.* 7. ed. New York: Prentice Hall, 1999.

[2] DICKSON, Peter. *Marketing management.* New York: Dryden Press, 1999.

10.3 PREÇO E ESTRATÉGIA MERCADOLÓGICA

O preço é um dos elementos do composto mercadológico que, junto aos demais, determina a percepção que os consumidores criam sobre a oferta. O preço é um componente intrínseco ao processo transacional, que caracteriza a economia capitalista. Daí a preocupação crescente com sua administração, uma vez que os resultados financeiros da empresa dependem diretamente dos preços praticados. A crescente onda de globalização, com o consequente aumento da concorrência, acaba por exigir uma administração mais rígida e eficiente dos preços, da sua formação à sua execução. Dessa maneira, o estabelecimento de preços e, principalmente, seu sucesso estão intimamente associados à determinação do público-alvo, ou segmento, que é sensível a uma dada estratégia de composto mercadológico.

A percepção e a reação do segmento ao preço estabelecido estão relacionadas ao alinhamento deste ao posicionamento escolhido. Um preço acima da média de mercado cria expectativas nos consumidores de estarem adquirindo um produto, ou serviço, raro ou de qualidade superior e que concede ao comprador uma imagem de posição específica. Quando o produto não atende às expectativas, o preço é a variável que será utilizada como expressão dessas percepções, à medida que o consumidor começa a declarar que o produto é caro. Apresentamos a seguir algumas relações de preços com outras variáveis relevantes de marketing:[3]

- os preços variam de acordo com o amadurecimento do produto no mercado, segundo sua curva de ciclo de vida e a política de geração de caixa da firma;
- os serviços ao consumidor são afetados pela percepção de preços, na medida em que a redução de preços está associada à redução de qualidade percebida;
- no que se refere à distribuição, os preços de mercado são pressionados por competitividade; contudo, devem ser suficientes para a remuneração de todos os elementos da cadeia de distribuição, que em cada etapa agregam algum valor para o consumidor;
- o controle estabelecido pelo fabricante sobre os preços praticados na cadeia de distribuição é uma fonte de conflito.

O preço, dessa maneira, é uma variável que resulta do arranjo de distribuição, comunicação e produto, conforme percebidos pelo consumidor e por ele traduzidos na sua predisposição de dispêndio para a obtenção do produto.

10.4 OS AGREGADOS QUE INFLUENCIAM OS PREÇOS

O preço é uma variável determinada por uma série de agregados, representados na Figura 10.1.

[3] EVANS, Berman. *Marketing*. 7. ed. New York: Prentice Hall, 1997.

Figura 10.1
Os agregados que influenciam o preço

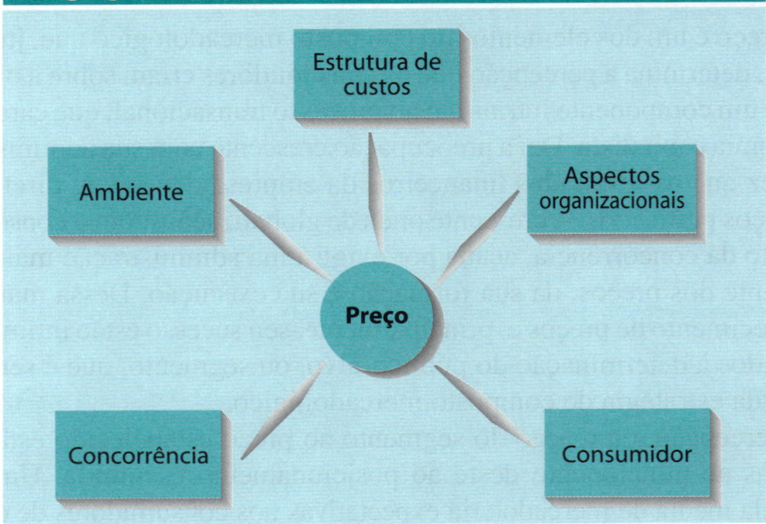

10.4.1 ESTRUTURA DE CUSTOS

O estabelecimento de preços deve levar em consideração um conjunto abrangente de agregados, tanto internos como externos à empresa.

O primeiro desses agregados é a estrutura de custos da empresa, que pode ter:

- custos variáveis, que são alterados de acordo com o nível de produção;
- custos fixos, que não sofrem nenhuma alteração, independentemente do volume de produto;
- custos totais, ou seja, a soma dos custos fixos e variáveis.

Preço de equilíbrio é aquele que cobre os custos totais, incluindo o custo de capital da firma.

O **preço de equilíbrio** é aquele que cobre os custos totais, incluindo o custo de capital da firma. É uma visão parcial e idealizada, que pressupõe que a oferta será absorvida segundo a projeção da função de demanda. Assim, fica evidente que o ponto de equilíbrio depende de como a demanda dos segmentos atendidos reage a diferentes níveis de preços de mercado.

10.4.2 ASPECTOS ORGANIZACIONAIS

A estrutura de custos e, consequentemente, o estabelecimento de preços são determinados por aspectos organizacionais decorrentes, por exemplo, da configuração de processos existentes, principalmente em relação à da concorrência. Também é aspecto organizacional relevante a estrutura de tomada de decisão de preços da empresa. Negócios altamente centralizados, geralmente, acabam optando por precificações que fogem do composto mercadológico, originalmente concebido conforme a percepção do público-alvo. Esse distanciamento pode provocar volumes de vendas abaixo do esperado. Para contornar esse tipo de problema, o processo de tomada de decisão de preços deve ser compreendido, de sorte a permitir que a informação seja difundida e trabalhada, aumentando as chances de sucesso da recomendação inicialmente apresentada.

Mercado é o conjunto de ofertantes e demandantes de uma determinada categoria de produto.

O **mercado** é o conjunto de ofertantes e demandantes de uma determinada categoria de produto. O número dos ofertantes não é necessariamente igual ao dos demandantes, bem como a estrutura de ambos os lados pode não ser simétrica. Ou seja, o lado da oferta pode ser mais concentrado, com um pequeno número de empresas abastecendo a demanda, ou a população demandante é sensivelmente menor do que os ofertantes (por exemplo, o governo como comprador).

Do ponto de vista da oferta, segundo seu grau de concentração, podem-se classificar as estruturas ofertantes como:

Concorrência perfeita. É o caso em que o número de ofertantes é grande o suficiente, de sorte que a entrada ou saída de um não altera o volume a ser oferecido, e um ofertante isolado não é capaz de alterar os preços de mercado.

Concorrência monopolista. Implica um pequeno número de ofertantes, que concorrem entre si em mercados não necessariamente homogêneos; ou seja, os produtos ofertados possuem diferenciais entre si.

Oligopólio. Caracteriza-se por poucos vendedores de produtos similares capazes de controlar os preços praticados e as quantidades oferecidas.

Monopólio. Estrutura de mercado em que um único ofertante controla seu preço pela administração da oferta. É um mercado em que não há pressão competitiva e em que a demanda exerce pouco ou nenhum controle sobre a empresa ofertante.

Uma análise similar pode ser realizada pelo lado da demanda, seguindo a mesma lógica de classificação segundo o grau de concentração. Assim, a demanda pode ser classificada como:

Concorrência perfeita. É o caso especular da oferta, em que nenhum consumidor, isoladamente, é capaz de influenciar nem o nível de demanda nem os preços de mercado. Em geral, dá-se como a compra de alface em uma feira livre, em que o fato de um consumidor comprar ou não o produto exerce pouco impacto, senão nenhum, sobre o preço médio naquele momento.

Segmentos. Referem-se aos grupos demandantes de produtos diferenciados, sendo o correspondente da estrutura de concorrência monopolista.

Oligopsônio. É um mercado constituído por poucos compradores, que podem causar um significativo impacto sobre a oferta caso decidam reduzir seus níveis de demanda. Um exemplo típico é o caso das montadoras de automóveis, no que se refere à demanda de chapas de aço para estampagem de carrocerias.

Monopsônio. Trata-se de um mercado constituído por um único comprador, como o governo, e que possui forte comando sobre os preços praticados pela oferta. Diga-se que a influência é exercida não somente sobre os preços, mas também sobre todo o composto mercadológico; contudo, de uma maneira ou de outra, acaba se refletindo sobre o preço real praticado.

10.4.3 ANALISANDO O CONSUMIDOR/CLIENTE

O comprador, seja ele consumidor ou cliente (comprador de forma coletiva), desempenha forte e decisivo papel na formação dos preços, principalmente em mercados competitivos. Portanto, uma análise detalhada

Concorrência perfeita (oferta) é a estrutura de mercado em que o número de ofertantes é grande o suficiente, de sorte que a entrada ou saída de um não altera o volume a ser oferecido.

Concorrência monopolista é uma estrutura de mercado que implica um pequeno número de ofertantes, que concorrem entre si em mercados não necessariamente homogêneos; ou seja, os produtos ofertados possuem diferenciais entre si.

Oligopólio é a estrutura de mercado que se caracteriza por poucos vendedores de produtos similares capazes de controlar os preços praticados e as quantidades oferecidas.

Monopólio é a estrutura de mercado em que só há um ofertante, que controla seu preço pela administração da oferta.

Concorrência perfeita (demanda) ocorre quando nenhum consumidor, isoladamente, é capaz de influenciar nem o nível de demanda nem os preços de mercado.

Segmentos referem-se aos grupos demandantes de produtos diferenciados, sendo o correspondente da estrutura de concorrência monopolista.

Oligopsônio é um mercado constituído por poucos compradores que podem causar significativo impacto sobre a oferta caso decidam reduzir seus níveis de demanda.

Monopsônio é um mercado constituído por um único comprador que possui forte comando sobre os preços praticados pela oferta.

de seu comportamento, seus valores e suas atitudes é fundamental para o entendimento dos níveis possíveis de preços a serem praticados.[4] Como já visto na seção anterior, o preço é parte do composto mercadológico e sustenta o posicionamento desejado para o produto. Foge ao escopo deste capítulo tratar do comportamento do consumidor. Contudo, algumas menções pertinentes à análise de preços serão abordadas.

A primeira refere-se à percepção de valor por parte do comprador. Cada consumidor, em função de suas atitudes, interesses e opiniões, forma uma percepção pessoal de valor, contrastada a cada oferta à qual é exposto. Se o consumidor construiu, ao longo de sua experiência, uma percepção voltada à otimização do orçamento doméstico, provavelmente será mais sensível a ofertas que reforcem o benefício econômico do preço, abrindo mão, por vezes, de um produto de melhor qualidade, porém mais caro.

Uma outra consideração relevante é a análise de atributos. Cada produto, ou serviço, é formado por um conjunto de atributos que o caracterizam e que possuem diferentes graus de importância para o consumidor. A exploração correta dos atributos relevantes, que, por conseguinte, construirão a percepção de valor do consumidor, deve ser sustentada pelo preço sugerido. O preço é a concretização monetária do valor percebido, que é função dos atributos relevantes para aquele consumidor em especial.

Um terceiro fator a ser considerado é a maneira como a demanda reage aos diferentes níveis de preços. Para a microeconomia, a curva de demanda é o conjunto de quantidades que seriam compradas em diferentes níveis de preços. Ao conhecer-se a função *densidade de preferência do consumidor,* seria possível determinar as quantidades demandadas segundo os preços praticados. Baseada nessa conceituação desenvolve-se a ideia de elasticidade-preço.

Elasticidade-preço da demanda é a variação percentual das quantidades demandadas decorrente da variação dos preços.

A **elasticidade-preço** da demanda é a variação percentual das quantidades demandadas decorrente da variação dos preços. A variação das quantidades pode ser proporcional à de preços, ou de elasticidade unitária. Quando a variação da demanda é mais do que proporcional à variação de preços, diz-se que a demanda é *elástica.* Se os preços variam e as quantidades demandadas variam menos do que proporcionalmente, a demanda é *inelástica.* Por fim, quando não há resposta da demanda às variações de preços, a demanda é dita *anelástica.*

A empresa pode buscar determinar a curva de demanda real de seu produto; contudo, as dificuldades práticas são tão grandes que tornam essa empreitada pouco recomendável. Primeiro, a empresa deveria testar, simultaneamente, em mercados de características ambientais idênticas, comportamentos do consumidor, concorrência, níveis de preços relativos, entre outros fatores. Vê-se, daí, a impossibilidade técnica, devido ao baixo controle efetivo sobre todas as variáveis relevantes para a determinação dos níveis de demanda.

[4] KNOWLES, Andy. Lower costs and great value can build up growth. *Marketing.* London, p. 18, 3 ago. 2000.

Gráfico 10.1
O conceito de elasticidade-preços da demanda

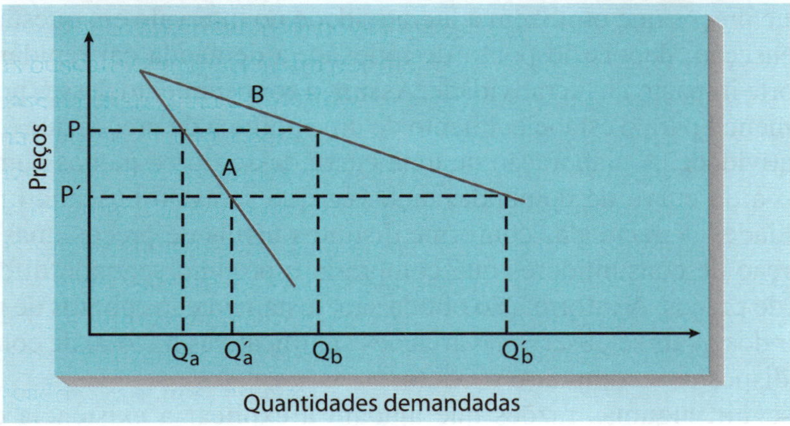

O Gráfico 10.1 apresenta uma situação com duas curvas de demanda distintas. Supondo uma redução de preços de P para P', é evidente que o crescimento das quantidades demandadas (Q'_b — Q_b) é maior do que a variação (Q'_a — Q_a). Essa diferença na proporção das reações de quantidades demandadas, em função de uma mesma variação de preços, é consequência de diferentes elasticidades-preço das demandas A e B. A curva de demanda A é menos elástica do que a B.

O Gráfico 10.2 demonstra que é tecnicamente complexo obter a função *demanda desejada,* a qual ainda não se comporta de maneira uniforme em toda a sua extensão, ou seja, em alguns pontos uma mesma curva de demanda não reage a mudanças de preços e, em outros, reage mais do que proporcionalmente. Ou, dizendo de outra forma, apresenta uma série de pontos de inflexão ao longo das diferentes combinações de preços e quantidades, cuja importância será abordada a seguir.

A importância dos pontos de inflexão associa-se às oportunidades de otimização da lucratividade do produto para diferentes níveis de demanda. O Gráfico 10.2 ilustra esse fenômeno.

Gráfico 10.2
Pontos de inflexão

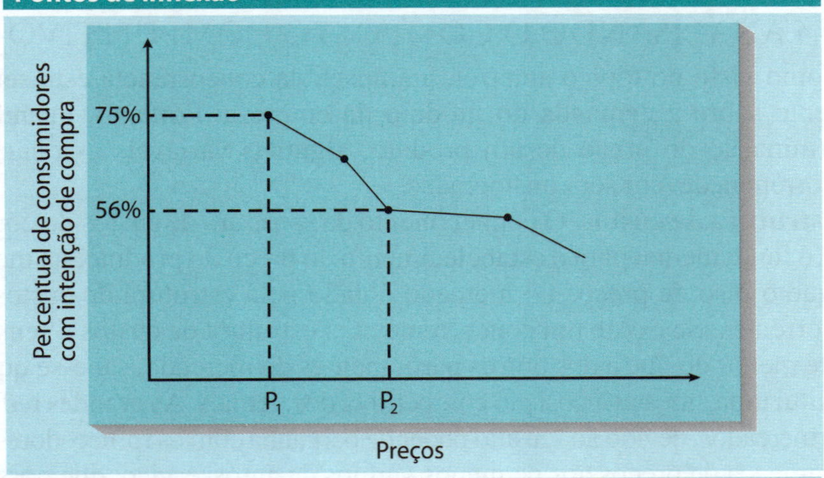

Fonte: DICKSON, P. *Marketing management.* New York: Dryden Press, 1999.

A primeira conclusão a que se chega é que, antes do ponto de inflexão, a demanda se comporta de maneira inelástica, permitindo que a empresa pratique preços que otimizem a lucratividade no intervalo em questão. Em compensação, depois do ponto de inflexão, a demanda cai rapidamente, com forte impacto na lucratividade. Assim, o conhecimento desses pontos é fundamental para o estabelecimento de uma política de preços que otimize a lucratividade. A elaboração de uma curva desse tipo é menos complexa do que a da curva de demanda, uma vez que se estão buscando não as quantidades demandadas conforme distintos níveis de preços, mas sim a proporção de consumidores que compraria o produto segundo diferentes níveis de preços. A informação obtida são, justamente, os pontos de preços a partir dos quais se observam variações significativas no total de consumidores dispostos a comprar o produto.

A seguir, algumas razões que ajudam a explicar a existência desses pontos de inflexão:

Fenômeno do aumento de grandeza. Costuma ser um fenômeno perceptível, em que a intenção de compra é alterada devido à alteração de grandeza, por exemplo, de R$ 900,00 para R$ 1 .000,00. A alteração da centena para o milhar provoca uma redução na intenção de compra. Assim, buscando um melhor gerenciamento de sua oportunidade de otimização de lucratividade, o ofertante precifica o produto a R$ 999,00.

Preços históricos. Durante os primeiros 24 meses do Plano Real, uma série de preços permaneceu estável, como os dos iogurtes. Com certas pressões de custos, o setor de laticínios viu-se forçado a repassá-los para os preços, o que, inicialmente, provocou uma redução nas quantidades demandadas. Assim, preços que permanecem estáveis por muito tempo criam uma reação negativa da demanda ao serem majorados.

Preços dos concorrentes. A variação no número de consumidores que apresentam intenção de compra de um produto também pode estar relacionada à existência de concorrentes ou substitutos com preços muito similares. Ou seja, aumentos de preços em produtos num ambiente muito competitivo podem levar à redução na base de consumidores, às vezes, mais do que proporcionalmente à variação do preço.

10.4.4 ANALISANDO O COMPOSTO COMPETITIVO

Como visto no tópico anterior, a ameaça da concorrência está sempre presente sobre a demanda do produto da empresa. Portanto, quando da determinação do preço de um produto, algumas variáveis associadas à concorrência devem ser consideradas.

Estrutura de custos. O conhecimento da estrutura de custos do concorrente é fundamental para o estabelecimento do preço do produto, na medida em que o piso de preços do mercado é dado pela estrutura de custos dos concorrentes. Se existe um concorrente cuja estrutura de custos é sensivelmente menor do que a dos outros participantes do mercado, sabe-se que ele constitui uma ameaça à posição competitiva dos demais. As grandes redes de supermercados, devido ao seu alto poder de barganha com os fornecedores, são uma ameaça de preços aos pequenos varejos de autosserviço, que possuem estruturas de custos relativos maiores.

Estratégia e política de preços. Um outro fator a ser considerado na análise da concorrência é a sua estratégia e política de preços. A estratégia de preços refere-se à maneira como o concorrente determina os seus preços, enquanto a política se relaciona com a maneira como ele os gere no mercado. O concorrente pode, por exemplo, estabelecer preços-prêmio, que criem e sustentem a imagem de qualidade do produto, enquanto os administra de maneira agressiva nos canais de distribuição.

Produtos. A análise das linhas de produtos do concorrente também é um fator relevante, pois ele pode oferecer produtos complementares que provocam uma percepção de valor agregado maior, estimulando a intenção de compra do consumidor.

10.4.5 FATORES AMBIENTAIS

Fatores macroambientais, como a estrutura de custos das empresas, afetam consideravelmente a percepção de preços e não costumam estar sob controle gerencial de nenhuma empresa em particular, o que significa que atinge a todas. Talvez algumas sejam mais atingidas que outras; contudo, todas são afetadas.

- O governo exerce forte pressão sobre a estrutura de preços da indústria e das firmas, individualmente. São exemplos de ações do governo que exercem impacto sobre a empresa: criação, supressão ou majoração de alíquotas de impostos; legislação ambiental ou sanitária, entre outras.
- Novos entrantes também provocam mudanças na estrutura de preços do mercado, principalmente quando procuram desafiar a posição de liderança de uma empresa já estabelecida, seja por uma política de preços baixos, seja, ao contrário, por preços que representem uma qualidade superior.
- Novas tecnologias de produção, gestão ou comercialização afetam a estrutura de custos da empresa e/ou a sua capacidade de gerar diferenciais, o que representa uma ameaça aos demais concorrentes.

10.5 TIPOS DE PRECIFICAÇÃO

As possibilidades de estabelecimento de preços de uma empresa situam-se entre dois extremos. O primeiro é o limite superior de preços, resultado de uma estratégia voltada à percepção de valor do consumidor informado, e que otimiza a possibilidade de geração de lucro por unidade. No outro extremo está o limite inferior de preços, que é determinado pelos custos incorridos para a produção do bem ou serviço. A opção por uma delas é resultado de uma análise conduzida pela empresa que considera os "4 Cs" de preços: consumidor, companhia, concorrência e custos.

A empresa tem à sua disposição três estratégias clássicas de precificação: 1. a baseada em custo; 2. a baseada em valor; e 3. a baseada na concorrência.

10.5.1 PRECIFICAÇÃO BASEADA EM CUSTOS

A precificação baseada em custos pressupõe que o mercado seja capaz de absorver a oferta do produto a um preço que não esteja relacionado à dinâmica competitiva e tampouco à percepção de valor por parte do consumidor. É uma maneira simples de determinação de preços e bastante vulnerável à ação competitiva. Contudo, é de fácil gestão, na medida em que o gestor não precisa conhecer a demanda, mas apenas seus custos, o que não necessariamente lhe confere competitividade.

Existem dois métodos de precificação baseados em custo: l. de adição a custo; e 2. de ponto de equilíbrio.

O **método de adição a custo** consiste em apurar os custos incorridos na oferta do produto ou serviço e sobre eles aplicar o montante desejado de lucratividade, como um percentual das vendas.

Por exemplo, o custo unitário do produto de um fabricante é dado pela equação:

custo unitário = custo variável + (custo fixo × vendas unitárias)

Então, o preço por adição de custo será dado por:

preço = custo unitário + (1 − retorno sobre as vendas)

O segundo método é o **método do ponto de equilíbrio**. Consiste na determinação da venda unitária que, a um determinado preço, iguala a receita aos custos totais. Uma variação desse método é estabelecer um lucro objetivo e determinar as quantidades que o gerarão, a um determinado preço.

Gráfico 10.3
Método do ponto de equilíbrio

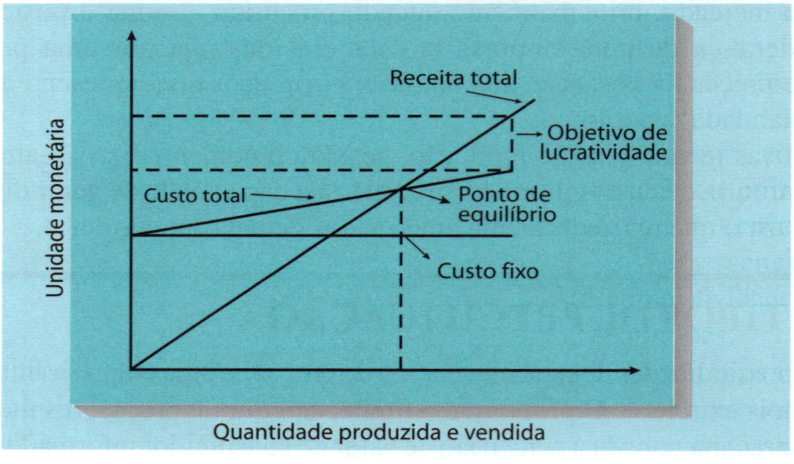

10.5.2 PRECIFICAÇÃO BASEADA EM VALOR

Diferentemente do método anterior, o fabricante que escolher o método baseado em valor parte da percepção de valor pelo lado do consumidor,[5] e não dos seus custos, para a determinação do preço. Esse método anda em sentido inverso ao anterior, uma vez que, em função do que o mercado está disposto a pagar, administra os custos de desenvolvimento, produção e comercialização do produto ou serviço.

[5] AILAWADI, Kusum L. Market response to a major policy change in the marketing mix: learning from Procter & Gamble's value pricing strategy. *Journal of Marketing*, New York, v. 65, Iss. 1, p. 44, jan. 2001.

Como já visto anteriormente, determinar quanto o consumidor está disposto a pagar por um produto ou serviço não é tarefa trivial, exigindo métodos bastante rigorosos de pesquisa mercadológica,[6] que, como qualquer processo estocástico, embute um erro e, por conseguinte, não garante 100% de sucesso.

Se o ofertante estabelecer um preço superestimado, estará perdendo vendas. Se, ao contrário, subestimar o preço, deixará de otimizar sua oportunidade de lucro.

10.5.3 PRECIFICAÇÃO BASEADA NA CONCORRÊNCIA

Diferentemente do método de precificação baseada em valor, a empresa que utiliza o método baseado na concorrência supõe que o consumidor baseia seu julgamento de preço comparando os concorrentes entre si.

Existem dois métodos distintos de precificação baseada na concorrência: 1. o método de equivalência de mercado; e 2. o método de proposta selada.

O **método de equivalência de mercado** consiste em estabelecer o preço do produto alinhado aos preços da concorrência, não necessariamente levando em conta a estrutura de custos da firma. Geralmente, esse tipo de método é utilizado enquanto o produto não possui diferencial e a elasticidade da demanda é difícil de ser determinada. O pressuposto por trás desse método é que a percepção coletiva prevalece quando a individual é muito restrita.

Um exemplo típico desse método é o dos preços da gasolina em postos de distribuição de combustível. Não existem diferenças significativas nos preços nominais praticados, porque eles gravitam em torno de uma média estabelecida pela percepção coletiva.

Uma crítica a esse método, além da não otimização do potencial de lucro, é que os preços nominais não necessariamente são praticados, uma vez que a cada negociação a concorrência pode alterar os preços, por meio de políticas de favorecimento comercial. Caso esse evento ocorra, podem surgir diferenças significativas, alterando sensivelmente a percepção de valor por parte do consumidor ou cliente.

O **método de proposta selada** usualmente é utilizado em concorrências públicas, em que o preço da oferta deve considerar a estrutura de custos da empresa, mas não deve ser superior ao do concorrente. Assim, existe um rol de preços como probabilidades associadas de sucesso. O preço a ser escolhido é aquele cuja esperança matemática é a maior. Veja o seguinte exemplo, de seleção do preço em concorrência.

Um fabricante de máquinas de terraplenagem irá participar de uma concorrência em uma prefeitura. Ele tem um banco de dados sobre os resultados de concorrências anteriores e, com base nele, criou o seguinte quadro:

---

[6] WYNER, Gordon A. New pricing realities. *Marketing Research.* Chicago, v. 13, Iss. 1, p. 34, Spring 2001.

Quadro 10.1

Preço (R$ mil)	Chance de Sucesso (%)	Esperança (R$ mil)
50	45	22,50
65	35	22,75
45	60	27,00

Com base nesse quadro, o fabricante decidirá pelo preço de R$ 45 mil, uma vez que é aquele que otimiza sua esperança de ganho (R$ 27 mil).

10.6 TÁTICAS DE PREÇOS

Devido à atividade competitiva e à necessidade de caixa da empresa, o preço estabelecido originalmente pode sofrer alterações de curto prazo, com a finalidade de estimular maiores volumes de compras.

Apresentamos a seguir algumas das táticas mais frequentemente utilizadas.

Reduções de preço[7] de tabela. É a redução do preço de tabela, durante o curso de uma negociação, devido ao poder de barganha do comprador, a sua agressividade e ao conhecimento dos preços e produtos concorrentes.

Prazo de pagamento. Tática muito utilizada no Brasil, consiste no alongamento do prazo de pagamento, devido à dificuldade do consumidor de comprar à vista.

Desconto por volume[8]. Consiste em descontos progressivos concedidos em contrapartida a volumes crescentes e acima da média histórica. A vantagem dessa tática é que, devido aos volumes elevados, o cliente tende a se comprometer mais com a empresa, desenvolvendo mais negócios no longo prazo.

Preço combinado. É uma tática em que o preço de uma oferta composta é inferior à soma dos itens, individualmente. O McDonald's é um eficaz usuário dessa tática, com os seus "combos" (os combinados de ofertas com dois ou mais produtos pelos quais o consumidor acaba pagando um valor inferior ao que pagaria se comprasse os mesmos produtos separadamente).

Preço por segmento. É uma prática de preços discriminatória, em que os preços são estabelecidos diferentemente para grupos distintos de consumidores. É o caso de ingressos de cinema ou teatro mais baratos para estudantes ou descontos em remédios para pessoas com mais de sessenta anos de idade.

Desconto por utilização. O preço é reduzido de acordo com a frequência com que o consumidor compra o produto ou serviço. É uma tática útil quando o ofertante deseja penetrar em novos segmentos de usos e não deseja reduzir os preços.

Preços sazonais. Consiste em precificar discriminatoriamente um produto ou serviço, em épocas ou horários de baixo volume de transações. É o

[7] COHEN, Andy. Don't succumb to price pressures. *Sales and Marketing Management.* New York, v. 153, Iss. 3, p. 14, mar. 2001.

[8] BUCK, Stephan. Do supermarket monopolies really exist? *Marketing.* London, p. 18, 23 mar. 2000.

que costuma ocorrer com as taxas diferenciadas por horários das empresas de telefonia, ou com os pacotes de turismo em época de baixa temporada, cujos preços são significativamente inferiores aos da alta temporada.

10.7 O PREÇO SOB A ÓTICA DO MARKETING

No exercício da gestão do preço, o marketing vale-se de uma série de subsídios de outras áreas de estudo, como a Economia, a Matemática, a Estatística, o Direito, as Teorias Contábeis e Financeiras, a Psicologia e a Sociologia. É comum afirmar que o preço é fácil de ser fixado, por ser fácil calculá-lo. Mas não é bem assim.

Talvez a tarefa principal a ser cumprida no processo de fixação de preços seja aquela de agregar valor ao produto (ou serviço), o que é repassado ao preço. E isso não se constrói com cálculos simples.

Comecemos pela formação do conceito e, depois, passemos ao posicionamento do produto. Há o velho exemplo do computador: uma coisa é dizer que ele é um processador de informações, outra é dizer que ele é um solucionador de problemas. Verifica-se aqui que o segundo conceito é mais amplo que o primeiro e que, quando é utilizado, está se agregando maior valor ao produto. E isso pode (deve) ser agregado ao preço. Da mesma forma, quanto vale o bom posicionamento de produto obtido por minha empresa? É claro que é possível, em certas circunstâncias, transferir para o preço essa vantagem, aumentando ainda mais o *markup.*

Numa linguagem simples, diz-se que o preço é determinado:

- de dentro da empresa para fora;
- de fora da empresa para dentro;
- por uma combinação das duas formas.

No primeiro caso, talvez, se trate de empresa monopolista ou oligopolista líder (ou com grande *market share,* ou ainda com produtos que tenham alto grau de diferenciação). No segundo caso, é possível que seja uma *commoditie* (caso em que o mercado dita o preço). No terceiro caso, por fim, pressupõe-se que sejam bem definidos os custos, devendo o *markup* refletir as duas situações (a e b), quando se levará em conta não apenas custo mais *markup* padrão da empresa, mas também a curva de vendas (e sua tendência, portanto), o posicionamento do produto e a situação dos produtos concorrentes.

Na linguagem de mercadólogos, são comuns expressões como:

Preço de penetração ou **de *skimming*.** O primeiro é utilizado para promover um aceleramento das vendas. É usado intencionalmente, num patamar mais baixo do que seria possível, para que estimule mais fortemente o mercado. É como se fosse um preço promocional, usado no lançamento do produto. O segundo é aquele intencionalmente fixado num patamar elevado, quando um produto novo é posto no mercado, com o objetivo de "desnatar" o mercado. Isso costuma ser feito quando é lançada uma moda, um estilo ou uma nova tecnologia. Explora-se, nesse caso, uma camada de consumidores disposta a pagar caro pela inovação.

Loss leader ou **"boi de piranha".** É aquele preço baixo, aplicado por um curto espaço de tempo, a um produto de alto giro. O objetivo mais comum nesse caso é o de gerar um maior fluxo de pessoas àquele ponto de venda que usa essa prática.

Preço psicológico. É aquele que termina com 99,999 ou algo parecido, como R$ 9,99, por exemplo. Muito usado em bens de conveniência ou de compra comparada.

Price leader ou premium price. O primeiro é o preço mais baixo do mercado. É usado intencional e estrategicamente por empresas com grande capacidade de produção e que disputam a liderança do *market share*. O segundo é praticado quando se trata de produto altamente diferenciado (tecnologia avançada, moda, estilo, design, qualidade etc.).

O executivo de marketing deve sempre ter em mente que a guerra de preços prejudica todos os concorrentes e, por isso, deve se esforçar ao máximo para investir em outras variáveis do composto mercadológico capazes de gerar alguma vantagem competitiva, alguma diferenciação mais forte (como ter a comunicação mais eficaz, e/ou melhor distribuição e/ou melhor nível de serviços etc.), e explorá-las. É importantíssimo analisar e utilizar as variáveis — ou algumas delas, pelo menos — que agregam valor ao produto: garantia, assistência técnica, qualidade, durabilidade, *status*, valor de revenda, financiamento etc.

O uso desses expedientes — ou de alguns deles — permitirá ao executivo de marketing ter uma maior flexibilidade (ou liberdade) na fixação de seus preços, garantindo lucros maiores para sua empresa.

RESUMO

Neste capítulo aprendeu-se o que é preço, as considerações analíticas necessárias ao seu estabelecimento, os métodos de precificação e as táticas de preços.

Seja qual for a estratégia de preços da empresa, é fundamental a compreensão de que qualquer decisão deve ser baseada em análises de custos; nas características da empresa; dos consumidores e na forma como respondem ao composto mercadológico, em termos de preços; na concorrência e em seu composto mercadológico; e, por fim, em outros aspectos relevantes do macroambiente.

Outro fato relevante é que os preços não são estáticos e podem ser alterados discriminatoriamente conforme o estado da demanda e da atividade competitiva.

Por último, o preço não deve ser a última variável a ser considerada no composto mercadológico; outrossim, deve estar integrado a ele desde o planejamento do novo produto, pois o composto mercadológico atende a propensões a comprar e consumir do consumidor.

Termos e Conceitos Importantes

Concorrência monopolista
Concorrência perfeita
Elasticidade-preço da demanda
Mercado
Monopólio
Monopsônio
Oligopólio
Oligopsônico
Preço
Preço de equilíbrio
Segmentos

QUESTÕES PARA REVISÃO E DISCUSSÃO

1. Quais são os objetivos de preços?
2. Discuta a decisão de preços como fator de alinhamento estratégico ao posicionamento da empresa.
3. Comente a relação da variável *preço* com o ciclo de vida do produto, a geração de caixa, a qualidade percebida pelo consumidor e a cadeia de distribuição.
4. Analise a influência que o consumidor exerce na determinação de preços.
5. Como a empresa poderia determinar a curva de demanda para o seu produto? Quais dificuldades ela poderia enfrentar?
6. Que tipo de análise pode ser feita com base no conhecimento do ponto de inflexão na curva da demanda?
7. Que variáveis associadas ao composto competitivo podem ser analisadas na determinação de preços?
8. Como o governo pode influenciar a estrutura de preços de mercado? Cite exemplos.
9. Compare os métodos de precificação baseados em custo.
10. Apresente a premissa da precificação baseada em valor.
11. Compare as situações em que a empresa pode utilizar os métodos de equivalência de mercado e de proposta selada.
12. Em mercados competitivos, preço é causa ou consequência das demais variáveis do composto mercadológico?
13. Qual é a tática de precificação das marcas próprias?
14. Que tática de preços a companhia aérea Gol usa? E a Tam? Justifique.

RESOLVENDO UM CASO

A FEBRE DAS TUBAÍNAS

O preço é um elemento do composto promocional que precisa ser monitorado constantemente, de acordo com as variações e exigências do mercado.

Atualmente, algumas empresas líderes de setores tradicionais têm vivido momentos críticos em relação ao posicionamento e à participação de mercado.

Essa situação tem sido causada, principalmente, pela guerra de preços que se instalou com o avanço de marcas intermediárias e de segunda linha, voltadas à classe C.

Segundo pesquisa da ACNielsen, as marcas intermediárias foram as que mais ganharam participação de mercado entre 1998 e 2000, praticando preços, em média, 10% inferiores aos da concorrência em sua categoria.

A Arisco, tradicional no mercado de condimentos e temperos, perdeu espaço para a marca Sabor Ami, da Ajinomoto. O produto da Ajinomoto é parecido com o da Arisco até na embalagem, mas é mais barato.

A Wella, fabricante de tinturas para cabelo, obteve a liderança do mercado com novas marcas, que também atendem à classe C.

No setor de tintas, grandes nomes como Coral e Suvinil estão sentindo a ameaça de produtos populares, que chegam a custar até cinco vezes menos. Esse setor praticamente não apresenta barreiras à entrada de novos concorrentes; o processo de produção de tintas é de execução relativamente simples, devido à disponibilidade de matérias-primas e equipamentos e à facilidade na obtenção de fórmulas.

A "febre das tubaínas" revolucionou o mercado de refrigerantes. Para se ter uma ideia, o refrigerante Frevo, fabricado pela Distribuidora Guararapes de Bebidas Ltda., detém 28% do mercado em Pernambuco, onde ocupa o segundo lugar em vendas.

O preço é o fator que mais tem influenciado a queda de marcas líderes e a ascensão de marcas populares, que estão ganhando adesão da classe C. As empresas precisam ficar atentas aos gostos e às preferências de seus consumidores, priorizando os atributos que eles consideram mais importantes em cada categoria de produto.

Fonte: Ajinomoto tira a liderança do tempero Arisco. *Gazeta Mercantil,* 15 mar. 2001; Produtos populares mudam mercado de tintas. *Gazeta Mercantil,* 23, 24 e 25 mar. 2001; Tinturas avançam em direção à classe C. *Gazeta Mercantil,* 23, 24 e 25 mar. 2001; Aumentam as vendas de marcas populares. *O Estado de S.Paulo,* 26 mar. 1999.

PERGUNTAS

1. Qual é a estratégia de precificação da tubaína? Explique.
2. Qual é o impacto da estratégia de preços da tubaína na capacidade de crescimento da empresa?
3. Crie uma estratégia de preços para a tubaína caso os acionistas demandem aumentos de margem.
4. No caso do líder, em sua opinião, é adequado entrar em uma guerra de preços? Explique.
5. Qual é a vantagem de ser uma empresa multimarca, sob a lógica da estratégia de preços?

ELABORANDO UM PROJETO

ANALISANDO PREÇO E QUALIDADE

Escolha um supermercado e tente identificar as diferentes estratégias de preços adotadas para uma categoria de produtos de sua escolha. Imagine-se no papel de um gestor de categorias e apresente uma recomendação, justificando a estratégia que você observou.

BIBLIOGRAFIA

AILAWADI, Kusum L. Market response to a major policy change in the marketing mix: learning from Procter & Gamble's value pricing strategy. *Journal of Marketing*. New York, v. 65, n. 1, p. 44, jan. 2001.

BUCK, Stephan. Do supermarket monoplies really exist? *Marketing*. London, p. 18, 23 Mar. 2000.

COHEN, Andy. Don't succumb to price pressures. *Sales and Marketing Management*. New York, v. 153, n. 3, p. 14, mar. 2001.

DICKSON, Peter. *Marketing management*. New York: Dryden Press, 1999.

EVANS, Berman. *Marketing*. 7. ed. New Jersey: Prentice Hall, 1997.

KNOWLES, Andy. Lower costs and great value can build up growth. *Marketing*. London, p. 18, 3 ago. 2000.

KOTLER, P; ARMSTRONG, G. *Marketing principles*. 7. ed. New Jersey: Prentice Hall, 1999.

WYNER, Gordon A. New pricing realities. *Marketing Research*, Chicago, v. 13, n. 1, p. 34, Spring 2001.

Capítulo 11

Administração das Comunicações de Marketing

Tania Maria Vidigal Limeira

A elaboração, implementação e avaliação do plano de comunicação integrada de marketing são parte da responsabilidade estratégica do profissional de marketing. Neste capítulo, abordaremos as etapas do processo de administração estratégica da comunicação de marketing, detalhando as várias atividades envolvidas para a criação de vantagem competitiva para o produto e para a empresa.

VISÃO GERAL DO CAPÍTULO

OBJETIVOS DO CAPÍTULO

Depois de concluir este capítulo, você será capaz de:

1. descrever as atividades que integram o composto de comunicação de marketing;
2. detalhar o processo de comunicação, identificando seus elementos fundamentais e a reação dos consumidores ao estímulo da comunicação;
3. definir o que é propaganda, identificando os principais tipos, objetivos e aplicações;
4. explicar os conceitos referentes às estratégias de conteúdo, estratégias de mídia e avaliação de resultados da propaganda;
5. definir e explicar o que são promoções de vendas, ressaltando conceitos de promoções ao consumidor, promoções ao canal de vendas, marketing direto e *merchandising*;
6. definir e explicar o que são relações públicas e relacionamento com a imprensa;
7. discutir a administração da comunicação integrada de marketing.

11.1 O CONCEITO DE COMUNICAÇÃO INTEGRADA DE MARKETING

A **comunicação integrada de marketing** abrange o conjunto de ações integradas de comunicação e promoção.

A **comunicação integrada de marketing**, ou composto de comunicação, é uma das quatro áreas integrantes do composto de marketing, o "P" de promoção, e abrange o conjunto de ações integradas de comunicação e promoção, que têm como objetivos: fixar o produto na mente do consumidor; criar uma mensagem única, consistente, compreensível e crível sobre o produto; construir uma imagem de marca diferenciada e sustentável na mente do consumidor; oferecer informações e incentivos para o consumidor adquirir o produto ou serviço da empresa; e gerar atitude favorável dos diversos segmentos de público para as iniciativas da empresa.

O conceito de comunicação integrada resulta do reconhecimento de que os objetivos da comunicação de marketing só poderão ser eficazmente alcançados se todos os elementos do programa de comunicação forem coordenados e integrados, de modo a criarem uma posição, mensagem ou imagem únicas, diferenciadas e consistentes na mente do consumidor-alvo do produto.

A comunicação com o consumidor, visando a torná-lo usuário fiel dos produtos e serviços da empresa fabricante, tem sido um enorme desafio para os profissionais de marketing. Muito dinheiro foi gasto pelos anunciantes sem o retorno correspondente em vendas e lucros. E por que é tão difícil se comunicar com o cliente?

Al Ries e Jack Trout procuraram respostas para essa pergunta em seu famoso livro *Positioning: the battle for your mind (Posicionamento: a batalha da sua mente),* lançado em 1981. Como bem argumentaram: "Diariamente milhares de mensagens publicitárias concorrem por um espaço na mente do consumidor. Portanto, não se engane. A mente é o campo de batalha".

Isso quer dizer que o efeito da comunicação de marketing só poderá ser medido com base na impressão causada na mente do consumidor. Como afirmaram Ries e Trout, "a propaganda é a psicologia na prática", ressaltando a importância do estudo da psicologia para compreender como a mente humana funciona.

Posicionamento é a estratégia de criar uma posição ou imagem única para o produto ou a marca na mente do consumidor, com base nas características diferenciadas do produto e nas posições já ocupadas pelos concorrentes.

Proposição de valor é a declaração dos benefícios e atributos a serem comunicados e da imagem objetivada para o produto ou marca.

A partir dessa constatação é que foi desenvolvido o conceito de posicionamento: "O posicionamento não é aquilo que você faz com um produto. Posicionamento é aquilo que você provoca na mente do cliente. Em outras palavras, você posiciona o produto na mente do cliente potencial". O posicionamento é um conceito importante para a formulação e a operacionalização do plano estratégico de comunicação, porque a função da comunicação de marketing é criar imagem para um produto ou marca na mente do consumidor.

O **posicionamento** é a estratégia de criar uma posição única, isto é, uma imagem exclusiva para o produto na mente do consumidor, com base nas suas características diferenciadas e nas posições já ocupadas pelos concorrentes. Para posicionar o produto, o profissional de marketing elabora a **proposição de valor**, isto é, uma declaração dos benefícios e atributos a serem comunicados e da imagem objetivada para o produto ou marca, como exemplificado no Quadro 11.1. Esse trabalho será baseado em pesquisas sobre o comportamento que identifiquem o que é valor para o consumidor, bem como qual a imagem dos produtos e das marcas concorrentes.

Para criar imagem diferenciada para a marca, que represente vantagem competitiva sustentável, a proposição de valor tem de ser única e exclusiva, isto é, não pode ser utilizada por nenhum outro produto. Além disso, o consumidor tem de reconhecer valor nessa proposição. É importante ressaltar que a construção de imagem e de personalidade para uma marca exige tempo, constância e consistência.

Quadro 11.1
Proposição de valor para um sabonete

"Desenvolvido especialmente para mulheres de 15 a 24 anos, o sabonete Fofura elimina a acne após uma semana de uso diário, deixando a pele do rosto limpa, macia e com aparência saudável."

"É o único que contém óleo de rosas, que age diretamente sobre as bactérias formadoras da acne e elimina o seu desenvolvimento e sua atuação sobre a pele do rosto."

"O sabonete Fofura deve ser percebido como um produto eficaz contra a acne, utilizado por mulheres dinâmicas a atraentes."

No exemplo anterior, o primeiro parágrafo da proposição de valor contém a definição do público-alvo e os benefícios oferecidos. O segundo traz os atributos do produto que justificam e dão credibilidade aos benefícios, também chamados de suporte à promessa ou, em inglês, *reason-why. O* terceiro contém a imagem desejada para a marca.

A formação de imagem para a marca é uma das principais funções da comunicação de marketing. A **imagem de marca** pode ser entendida como o conjunto de percepções, crenças, ideias e associações cognitivas ou afetivas que uma pessoa tem sobre um produto e que condiciona suas atitudes e seu comportamento de consumo. A imagem de marca forte, consistente e favorável é uma força motivadora do comportamento de consumo.

Imagem de marca pode ser entendida como o conjunto de percepções, crenças, ideias e associações cognitivas ou afetivas que uma pessoa tem sobre um produto.

Segundo uma teoria da psicologia, o consumidor irá comprar um produto se a imagem que tem desse produto corresponder à imagem que tem de si mesmo (identidade com sua autoimagem — *actual-self*), ou deseja ter de si mesmo (imagem aspiracional — *ideal-self*) ou ainda a que deseja transmitir sobre si mesmo para os outros (autoimagem projetada — *ideal social-self*). Portanto, os produtos ou as marcas são símbolos, na medida em que transmitem significados e definem as identidades das pessoas. O uso de um produto com uma marca conhecida e valorizada no contexto social transfere a imagem da marca para o consumidor.

As atividades que integram o composto de comunicação de marketing são as seguintes: propaganda; promoção de vendas; vendas; marketing direto, relações públicas, publicidade ou assessoria de imprensa; promoção de eventos; *merchandising* e comunicação no ponto de venda; atendimento ao cliente; comunicação pela Internet; embalagem. A seguir, a definição de cada uma das atividades do composto de comunicação de marketing:

Propaganda. É a forma paga e não pessoal de comunicação de marketing, com um patrocinador identificado, dirigida a um público definido e veiculada por mídia de massa, segmentada ou dirigida, visando a criar imagem para a marca com base em seu posicionamento, e estimular a aquisição do produto.

Promoção de vendas. A oferta de incentivos imediatos, de curto prazo, como brindes, descontos, prêmios e bonificações, por um patrocinador identificado, com ou sem o apoio da propaganda, para estimular a experimentação, aquisição ou repetição de compra do produto. É uma ferramenta tática de marketing, devendo ser usada criteriosamente e com duração limitada

Venda. É a forma de comunicação persuasiva e interativa realizada por meio do contato pessoal, face a face, entre o representante da empresa e o cliente, visando a eliminar as objeções deste e realizar a venda do produto. É um meio de comunicação dirigida e personalizada eficaz, mas de alto custo.

Marketing direto. O conjunto de atividades de comunicação impessoal e direta, sem intermediários, entre a empresa e o cliente, via correio, fax, telefone, Internet ou outros meios diretos de comunicação, visando a obter uma resposta imediata do cliente e, por fim, a venda do produto.

Relações públicas. Atividades de comunicação com os públicos direta ou indiretamente interessados nas atividades da empresa, os chamados *stakeholders*, como órgãos públicos, representantes do governo, legisladores, ativistas políticos, organismos de representação social, líderes de opinião e a comunidade em geral, visando a criar atitude favorável em relação à marca do produto e às atividades da empresa.

Publicidade. Informações sobre as atividades da empresa e seus produtos, divulgadas por meio da imprensa, para o público-alvo, sem custo adicional.

Assessoria de imprensa. Relacionamento com órgãos e representantes da imprensa, que são formadores de opinião, visando a criar atitude favorável em relação à marca do produto e à empresa.

Promoção de eventos. Atividade de comunicação por meio da realização ou patrocínio de eventos como feiras, exposições, congressos, palestras, seminários, espetáculos, concursos e torneios culturais ou esportivos, visando a divulgar e criar imagem.

***Merchandising* e comunicação no ponto de venda.** As atividades de comunicação e exposição do produto no ponto de venda, como cartazes, folhetos e *displays,* que visam a chamar a atenção, facilitar o acesso do consumidor ao produto e estimular as vendas imediatas. Também é chamada de *merchandising* a comunicação por meio da inserção do produto, da embalagem ou da marca no contexto de um programa de comunicação na televisão ou no rádio, como novelas ou musicais.

Atendimento ao cliente. Comunicação interativa, iniciada, em geral, pelo cliente, com o propósito de responder dúvidas e perguntas, esclarecer sobre a maneira de consumir e resolver problemas decorrentes do uso do produto.

Comunicação pela Internet. O conjunto de atividades de comunicação interativa com os clientes, canais de vendas e parceiros que se utiliza da rede mundial Internet, como *e-mails*, páginas na *Web* e anúncios na forma de *banners.*

Embalagem. Além de ser o recipiente ou envoltório para o produto, com *design* e material diferenciado, é um meio de comunicação de suas características e de seus benefícios, contribuindo para a formação de imagem.

11.2 O PROCESSO DE COMUNICAÇÃO

Para realizar um programa eficaz de comunicação, o profissional de marketing deve entender o que é um processo de comunicação, quais seus elementos fundamentais, e quais as reações dos consumidores ao estímulo provocado pela comunicação.

A Figura 11.1 apresenta o modelo clássico do processo de comunicação, composto de nove elementos.

Figura 11.1
O processo de comunicação

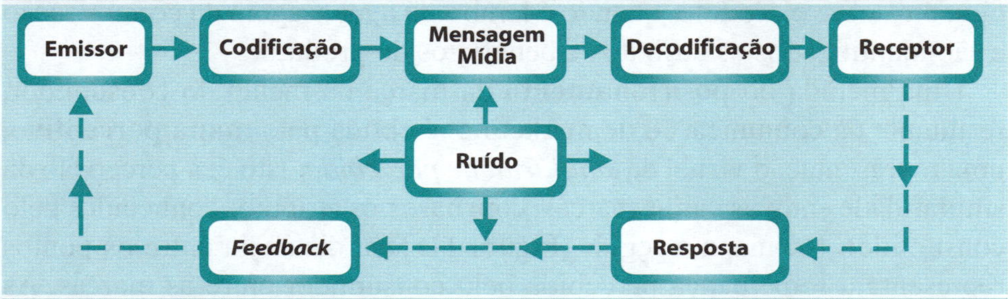

Fonte: KOTLER, Philip. Administração de Marketing: análise, *planejamento, implementação* e controle. São Paulo: Atlas, 1998.

Neste modelo, o *emissor* é quem inicia o processo de comunicação, escolhe o código (*codificação*) para expressar sua *mensagem* (conteúdo da comunicação), por intermédio de meios de comunicação (*mídia*), dirigida ao *receptor,* que, por sua vez, decodifica a mensagem (*decodificação*). O receptor, estimulado pela comunicação, dará uma *resposta* ao emissor, que poderá ou não ser o resultado (*feedback*) esperado por este. Elementos imprevistos e fora do controle do emissor (*ruído*) poderão intervir nesse processo, reduzindo a eficácia da comunicação.

Portanto, para a comunicação ser eficaz, o profissional de marketing precisa saber antecipadamente como o consumidor irá decodificar sua mensagem, quais os meios de comunicação que o atingem e qual será sua resposta ao estímulo da comunicação.

A **resposta do consumidor** é o conjunto de atividades mentais, emocionais ou físicas causadas por um estímulo de marketing, por exemplo, a comunicação. São três os tipos de resposta que ocorrem em sequência, a saber: cognitiva, afetiva e comportamental. Essa sequência de respostas, também conhecidas como *aprendizado-percepção-ação* (em inglês, *learn-feel-do*), compõe o chamado *processo de aprendizado.* Em outras palavras, as respostas do consumidor desejadas pelo profissional de marketing podem ser: colocar uma ideia na mente; mudar sentimentos, percepções e atitudes; ou completar uma determinada ação.

Resposta do consumidor é o conjunto de atividades mentais, emocionais e físicas causadas por um estímulo de marketing.

Resposta cognitiva é o conjunto de informações e de conhecimentos adquiridos pelo consumidor que influenciam a interpretação dos estímulos e as respostas a eles.

A **resposta cognitiva** é o conjunto de informações e conhecimentos adquiridos pelo consumidor que influencia a interpretação dos estímulos e a resposta a eles. A quantidade das informações retidas resulta da

percepção, processo individual de seleção e interpretação das informações. O objetivo da comunicação de marketing é vencer a barreira da resistência perceptiva do consumidor, decorrente da falta de interesse, da inércia, da acomodação ou da saturação. Como exemplo de resposta cognitiva está a **lembrança da marca** (*brand awareness*) e a **recordação da propaganda** (*advertising recall*).

A lembrança da marca é o tipo mais simples de resposta cognitiva, isto é, a consciência da existência de um produto ou marca e a sua identificação com uma categoria de produto, o que habilita o consumidor a decidir sobre seu consumo. Uma medida bastante utilizada da lembrança da marca é o ***share of mind***, isto é, a percentagem de consumidores que se lembram da marca, bem como o ***top of mind***, a primeira marca a ser lembrada espontaneamente pelo consumidor quando mencionada uma categoria de produto.

Recordação da propaganda é um estágio avançado do conhecimento do produto, quando o consumidor se lembra da mensagem e dos atributos e benefícios do produto.

A **recordação da propaganda** é um estágio mais avançado de conhecimento sobre o produto, quando é lembrada a mensagem da comunicação e são identificados os atributos e benefícios do produto.

Uma medida do **posicionamento** da marca na mente do consumidor, resultante da comunicação de marketing, é obtida pelo **mapa perceptivo,** uma representação visual da *similaridade percebida*, isto é, a percepção da similaridade entre as várias marcas, com base nos atributos conhecidos pelo consumidor. No mapa a seguir (Figura 11.2), a distância entre os pontos representa a semelhança percebida pelo consumidor entre as marcas. As coordenadas de cada ponto são a avaliação do consumidor sobre o produto em cada atributo. Neste mapa, duas marcas estão próximas quando avaliadas do mesmo modo nos atributos importantes, e dois atributos estão próximos quando duas marcas têm a mesma avaliação.

Figura 11.2
Mapa perceptivo do posicionamento de marcas

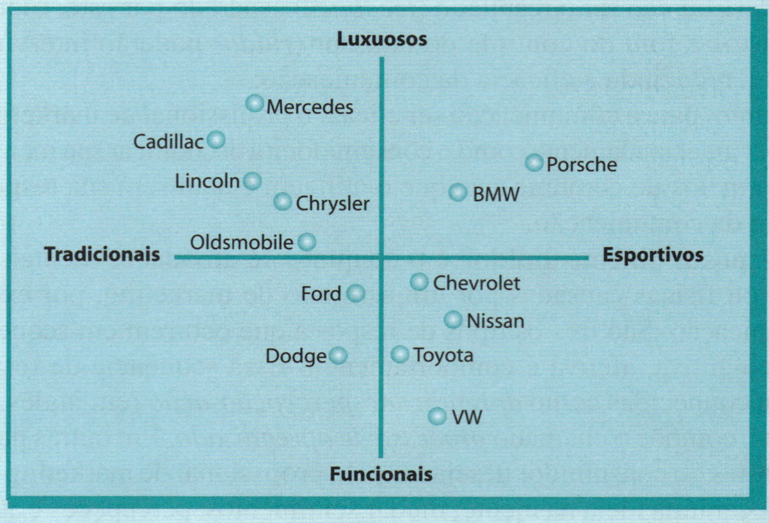

Fonte: CHURCHILL, G. A.; PETER, J. P. *Marketing*: criando valor para os clientes. São Paulo: Saraiva, 2000, p. 224.

A **resposta afetiva** está relacionada com a *atitude* e os sentimentos dos consumidores. A *imagem da marca*, a *preferência pela marca* e a *intenção de compra* são exemplos de respostas do consumidor baseadas em atitudes e sentimentos.

A **atitude** é o processo mental decorrente de informações e experiências que uma pessoa usa para organizar sua percepção e seus sentimentos sobre um dado objeto e orientar seu comportamento futuro. Por provocar uma predisposição a um comportamento, tem valor preditivo. As atitudes são medidas por modelos baseados no conceito de **multiatributos de produtos**: as marcas ou produtos são percebidos como um conjunto de atributos, sendo que cada atributo tem uma utilidade para o consumidor.

A **resposta comportamental** são comportamentos e ações dos consumidores decorrentes dos estímulos de marketing. O tipo de resposta comportamental mais simples de medir são as vendas e a participação de mercado obtidas pelo produto. A mais importante é a **fidelidade à marca.** Como exemplos de resposta comportamental estão a experimentação da marca (*trial*), a repetição de compra, a fidelidade à marca e a satisfação ou insatisfação do consumidor, conforme o Quadro 11.2 a seguir.

Resposta afetiva é a resposta aos estímulos de marketing relacionada com as atitudes e os sentimentos dos consumidores.

Atitude é o processo mental pelo qual uma pessoa organiza sua percepção e sentimentos sobre um dado objeto e orienta seu comportamento.

Resposta comportamental é o conjunto de comportamentos e ações realizados pelos consumidores em decorrência dos estímulos de marketing.

Quadro 11.2
Exemplos de respostas comportamentais

Hábitos de compra. Comportamentos como frequência e quantidade de compra, tipo e ocasião de uso do produto, local da compra, quem a realiza.

Satisfação ou insatisfação. Medida após o uso do produto, é resultado da convergência/divergência entre as expectativas antes do uso e as percepções do consumidor após o uso. A satisfação do consumidor é um conceito central em marketing. Portanto, devem ser conduzidas pesquisas para medir o grau de satisfação real dos consumidores. Saber as razões das reclamações é apenas uma das maneiras de avaliar a satisfação e a insatisfação do consumidor. Um alto grau de satisfação gera fidelidade à marca.

Fidelidade à marca. Usualmente identificada com a repetição sequencial de compra, isto é, a aquisição da mesma marca nas três ou quatro últimas compras. Porém, a repetição de compra não deve ser o único critério para medir a fidelidade à marca; devem ser considerados os motivos que levam à repetição da compra, como preço, qualidade etc. Portanto, a fidelidade deve ser vista como função de processos psicológicos de decisão e avaliação, e como consequência da satisfação do consumidor. A maneira de avaliar é importante porque a fidelidade gera vantagem competitiva e lucratividade.

O processo de aprendizado (sequência *aprendizado-percepção-ação),* conhecido como modelo de alto envolvimento, tem maior probabilidade de ocorrer em decisões de compra de produtos complexos, de alto valor e risco, que exigem maior envolvimento e reflexão. Outros processos, no entanto, podem ocorrer, como:

Ação-percepção-aprendizado. Processo de hedonismo, com baixo envolvimento e resposta afetiva predominante.

Ação-aprendizado-percepção. Processo de rotina, com baixo envolvimento e resposta cognitiva predominante.

Percepção-aprendizado-ação. Processo afetivo, com alto envolvimento e resposta afetiva predominante.

Vários teóricos da comunicação desenvolveram modelos do processo de comunicação e aprendizado, descrevendo os diversos estágios de resposta do consumidor, chamados de **modelos de hierarquia de respostas** (em inglês, *hierarchy of effects models),* que proporcionam um referencial para estabelecer os objetivos e avaliar o impacto da comunicação.

Esses modelos partem da premissa de que os consumidores seguem um processo passo a passo, percorrendo os estágios sequenciais de resposta cognitiva, afetiva e comportamental, à medida que recebem os estímulos de marketing, até a decisão de compra. O modelo mais difundido é o AIDA, que descreve o processo de aprendizado como a sequência das respostas de atenção, interesse, desejo e ação.

Figura 11.3
O modelo AIDA

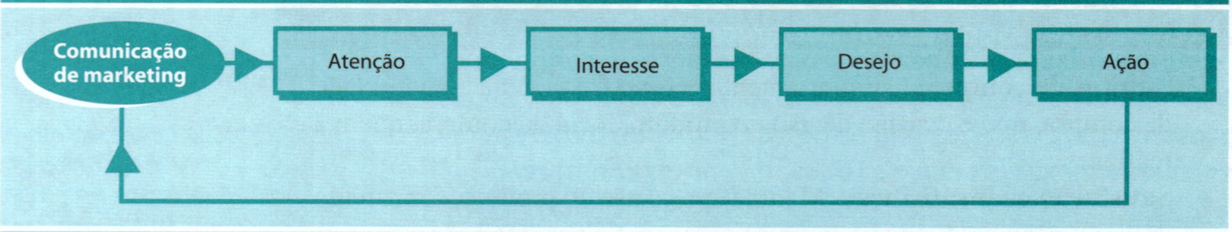

Fonte: CHURCHILL, G. A; PETER, J. P. *Marketing:* criando valor para os clientes. São Paulo: Saraiva, 2000, p. 451

Atenção. Primeira resposta do consumidor a uma comunicação de marketing; os profissionais de marketing devem criar mensagens que atraiam atenção, com base no conhecimento aprofundado das características do público-alvo e na seleção dos benefícios do produto a serem comunicados partindo da percepção de valor do consumidor.

Interesse. Se a comunicação de marketing conseguiu chamar a atenção do público-alvo, o objetivo seguinte é despertar o seu interesse por meio de uma mensagem atraente, envolvente e de impacto.

Desejo. A terceira resposta do consumidor ou receptor da comunicação é o desejo e a intenção de aquisição do produto ou serviço, que são alcançados por uma mensagem que o convença do valor e dos benefícios do produto.

Ação. A resposta final do consumidor ao processo de comunicação é a ação de compra do produto, que só ocorre quando todos os elementos do composto de marketing agem integrada e eficazmente.

11.3 O PLANO DE COMUNICAÇÃO DE MARKETING

O **plano de comunicação de marketing** é parte integrante do plano estratégico de marketing e, portanto, deve ser coerente com os objetivos de mercado e as outras estratégias do composto de marketing, ou seja, as estratégias de produto, preço e [ponto de] distribuição. Deve resultar na maneira mais eficaz e efetiva de combinar os elementos de comunicação, como propaganda, promoções de vendas, vendas e marketing direto, por exemplo.

Nove etapas compõem a elaboração e a implementação do plano integrado de comunicação de marketing, a saber:

1. análise do problema ou da oportunidade;
2. definição dos objetivos da comunicação;
3. seleção do público-alvo da comunicação;
4. seleção dos elementos do composto de comunicação;
5. definição da estratégia da mensagem;
6. definição dos meios de comunicação;
7. definição do orçamento de comunicação;
8. implementação do plano;
9. avaliação dos resultados.

11.3.1 ANÁLISE DO PROBLEMA OU DA OPORTUNIDADE

Como resultado da análise de mercado, identificando as oportunidades, os riscos e as ameaças para o desenvolvimento da posição competitiva da marca, o profissional de marketing deve avaliar os problemas e as oportunidades relevantes para a formulação da estratégia de comunicação.

A seguir, alguns exemplos de questões relevantes:

- A imagem da marca é diferenciada e valorizada pelo consumidor?
- O público-alvo tem lembrança adequada e conhecimento da marca?
- A atitude do consumidor em relação à marca é favorável?
- O consumidor tem percepção clara das diferenças entre a marca e os concorrentes?
- O consumidor é fiel à marca?
- Até que ponto o consumidor prefere a marca em relação aos concorrentes?
- Há uma mudança ou inovação relevante no produto que precisa ser comunicada ao público-alvo?
- Será lançado um novo produto?
- O canal de distribuição está mal informado sobre as características do produto?
- Os vendedores estão desmotivados para a venda do produto?
- Os *stakeholders* estão informados sobre as iniciativas recentes da empresa e têm uma atitude favorável?

11.3.2 DEFINIÇÃO DOS OBJETIVOS DA COMUNICAÇÃO

Partindo da análise anterior dos problemas e das oportunidades, bem como dos objetivos de mercado estabelecidos para a marca, o profissional de marketing estará apto a definir os objetivos da comunicação.

A definição dos objetivos da comunicação pode ser formulada com base no modelo de hierarquia de resposta, como o modelo AIDA, visando a identificar que respostas do consumidor se quer alcançar. Em geral, esses objetivos são cinco:

1. criar lembrança de marca (*awareness*);
2. criar conhecimento (*recall*);
3. criar mudanças em atitudes, sentimentos ou percepções (preferência, intenção de compra);
4. criar mudanças de comportamento (fidelidade, repetição de compra);
5. reforçar decisões, comportamentos e atitudes.

E podem ser definidos como mostram os exemplos a seguir:

- comunicar o lançamento de um novo produto ou iniciativa da empresa;
- criar, mudar ou reforçar a imagem da marca;
- aumentar a lembrança da marca;
- gerar preferência e intenção de compra do público-alvo;
- mudar a atitude ou gerar atitude favorável do consumidor em relação à marca;
- motivar a equipe de vendas;
- informar o canal de distribuição sobre as inovações no produto;
- conscientizar os formadores de opinião e os *stakeholders* sobre as iniciativas da empresa;
- oferecer incentivos para motivar o consumidor a comprar maior quantidade de unidades do produto;
- gerar fidelidade à marca e maior frequência de compra pelo consumidor;
- motivar os usuários dos produtos concorrentes a experimentarem a marca.

11.3.3 SELEÇÃO DO PÚBLICO-ALVO DA COMUNICAÇÃO

O público-alvo da comunicação (*target audience*) é, em geral, mais amplo do que o público-alvo do produto, porque abrange os vários públicos interessados e envolvidos nas atividades da empresa (os *stakeholders*), e deve ser definido para cada elemento do composto de comunicação (propaganda, promoção, vendas etc.).

Assim, o plano de comunicação poderá ter, simultaneamente, públicos-alvo em vários segmentos, como: usuários e não usuários do produto; ex-usuários do produto; clientes da concorrência; influenciadores de decisão; formadores de opinião; formuladores de políticas públicas; habitantes da comunidade vizinha às instalações da empresa; participantes dos canais de vendas.

11.3.4 SELEÇÃO DOS ELEMENTOS DO COMPOSTO DE COMUNICAÇÃO

Após a definição dos vários públicos-alvo da comunicação, devem ser selecionadas as ferramentas ou atividades de comunicação mais adequadas para gerar as respostas desejadas em cada segmento de público.

Por exemplo, para formar imagem da marca na mente do público potencialmente usuário, a propaganda é a ferramenta mais indicada. Para estimular a compra imediata do produto, recomenda-se uma atividade de promoção de vendas. Para criar atitude favorável dos representantes do governo, as atividades de relações públicas são bastante apropriadas.

A seleção dos elementos do composto de comunicação também está relacionada à fase do ciclo de vida do produto. Por exemplo, a propaganda é mais indicada nas fases de lançamento e crescimento, quando o produto precisa ser conhecido e ter uma imagem na mente do consumidor. A promoção de vendas é mais eficaz na fase de maturidade, de modo a romper a inércia do consumidor e dar incentivos para a repetição de compra.

Para cada ferramenta de comunicação selecionada, devem ser definidos os objetivos específicos, o público-alvo, o orçamento e um programa detalhado de atividades, com datas e responsabilidades definidas, bem como os resultados esperados. Portanto, um plano de comunicação de marketing pode conter planos detalhados de propaganda, promoção de vendas, vendas e relações públicas, por exemplo.

11.3.5 DEFINIÇÃO DA ESTRATÉGIA DA MENSAGEM

A **estratégia da mensagem ou de conteúdo** (*creative strategy, copy strategy* ou *copy platform*) é a definição do conteúdo a ser comunicado para cada segmento de público, visando a atingir os objetivos da comunicação.

A **estratégia da mensagem ou de conteúdo** é a definição do conteúdo a ser comunicado para cada segmento de público.

A **mensagem a ser comunicada**, também chamada de **proposição exclusiva de vendas** (*unique selling proposition*), deve conter os principais benefícios do produto e as suas características relevantes, para justificar e transmitir credibilidade ao consumidor. Ou seja, deve ser elaborada com base no posicionamento e na proposição de valor do produto. A imagem da marca será consequência da mensagem escolhida e da forma de comunicação dessa mensagem.

Para cada ferramenta do composto de comunicação, deve ser definida uma estratégia de mensagem consistente, coerente e integrada com os outros elementos do composto. Por exemplo, o plano de propaganda deve conter uma estratégia de mensagem, assim como o plano de relações públicas, e ambas as mensagens devem ser coerentes e integradas.

Portanto, para definir a mensagem a ser comunicada, o profissional de marketing deve decidir qual a imagem desejada para a marca, de maneira que a diferencie da concorrência, isto é, que preencha uma lacuna na mente do consumidor, ainda não ocupada pelos concorrentes. Além disso, é importante que as mensagens sejam inovadoras, tenham o caráter de notícia e novidade, representando algo novo e relevante para cada público-alvo da comunicação.

Uma vez que o público-alvo tenha formado em sua mente uma imagem da marca, tende a perceber seletivamente as informações posteriores divulgadas sobre ela. Percebe aquilo que for consistente e coerente com a imagem que já possui (a percepção é seletiva). Portanto, a imagem da marca tem vida própria.

11.3.6 DEFINIÇÃO DOS MEIOS DE COMUNICAÇÃO

Os meios de comunicação, conhecidos como mídia (em inglês, *media),* devem ser escolhidos de acordo com as características do público-alvo e dos objetivos da comunicação. Cada meio de comunicação tem características específicas e, portanto, deve desempenhar um papel diferente no plano de comunicação.

Os meios de comunicação, ou mídia, podem ser pessoais ou impessoais. Os pessoais, como a equipe de vendas, apresentam as vantagens de individualização da mensagem e obtenção de *feedback* imediato; mas têm as desvantagens de custos mais altos e maior tempo. Os canais impessoais, por sua vez, como a propaganda pela televisão, têm a vantagem da rapidez e maior cobertura do público, mas têm a desvantagem da dificuldade de customização e menor envolvimento do público.

Os meios de comunicação também podem ser classificados segundo a abrangência do público atingido, a saber:

Mídia de massa: veículos de comunicação que atingem o grande público, como a televisão.

Mídia segmentada: veículos que atingem segmentos específicos de público, como as revistas infantis.

Mídia dirigida: veículos que atingem um ou alguns indivíduos, como a mala direta.

Os tipos de meios de comunicação, conforme seu suporte físico, podem ser os seguintes:

Mídia eletrônica: televisão, rádio, televisão a cabo, Internet.

Mídia impressa: revistas, jornais, folhetos, encartes, catálogos, livretos.

Mídia dirigida: malas diretas, folhetos, catálogos, cartas impressas.

Mídia exterior, ao ar livre: *outdoors,* cartazes, painéis, propaganda em ônibus, táxi, metrô.

Mídia em pontos de venda: *displays,* embalagens, cartazes.

Ao elaborar o plano de propaganda, por exemplo, o profissional de marketing deve fazer considerações sobre a adequação de cada mídia, segundo a estratégia de posicionamento da marca; porém, o profissional de planejamento de mídia, das agências de propaganda, é o responsável pela seleção de cada veículo de comunicação (revistas masculinas, femininas ou infantis, por exemplo) e pela definição detalhada do modo de uso de cada veículo (número de anúncios a serem veiculados em cada mídia, por exemplo).

11.3.7 DEFINIÇÃO DO ORÇAMENTO DE COMUNICAÇÃO

O orçamento de comunicação é a alocação de recursos financeiros para cada atividade de comunicação, de acordo com os objetivos gerais e de cada atividade específica. O volume de recursos deve ser compatível com o objetivo de vendas e de participação de mercado do produto, bem como com a intensidade da ação da concorrência.

Share of voice é a participação da marca nos investimentos globais do setor em comunicação.

Um dos critérios de decisão é o ***share of voice,*** que é a participação da marca nos investimentos globais do setor em comunicação. Essa medida reflete o volume de investimentos da marca em comparação com o volume total investido por todos os concorrentes. Deve haver uma proporcionalidade entre o *share of voice* e a participação de mercado. Assim, se a marca detiver 25% de participação de mercado, o *share of voice* deveria ser de 25%, em média. Caso o objetivo seja aumentar a participação para 30%, então o *share of voice* deveria ser no mínimo de 30%.

É preciso, nesse caso, deixar claro que, quando se pretende aumentar o *market share* por meio do *share of voice*, é necessário que se façam os devidos ajustes na distribuição, na forma de vendas, no preço e, talvez, na versão do produto. Não se deve esquecer, também, que, quando uma ferramenta de marketing é alterada para mais ou para menos, há de se observar a influência dessa alteração nas demais ferramentas, pois, afinal, o sistema de marketing é um sistema aberto.

Outro critério utilizado é o percentual sobre o faturamento do produto. A vantagem desse método é a maior facilidade de decisão e de controle dos gastos. Porém, a desvantagem é a distorção que pode ocorrer quando produtos em fase de lançamento, que necessitam de muitos investimentos, não geram volumes compatíveis de receitas, enquanto, por outro lado, produtos maduros, geradores de grandes volumes de caixa — os chamados produtos vaca-leiteira (veja o Capítulo 4) —, terão investimentos excessivos, acima do crescimento e do retorno realizado.

O valor fixo por unidade vendida do produto é também um critério a ser utilizado. O produto tende a beneficiar-se com o aumento do orçamento durante os períodos de crescimento das vendas, mas a redução do orçamento de comunicação durante períodos de queda nas vendas pode ser arriscada, em alguns casos.

O método de objetivo-e-tarefa é baseado na definição do orçamento com base nos objetivos a serem alcançados. Concentrar-se nos objetivos faz com que se utilizem mais eficazmente os recursos, porém não fornece nenhuma base para a definição de prioridades entre os objetivos.

Outro fator que deve ser considerado na definição do orçamento de comunicação é a fase do ciclo de vida do produto. Nas fases de introdução e desenvolvimento, os investimentos devem ser aumentados, como meio de acelerar o crescimento e a penetração de mercado. Na fase de maturidade, os investimentos devem ser direcionados para atividades de promoções de vendas, aumento de produtividade e redução de custos. E, na fase de declínio, os investimentos na marca devem ser reduzidos e canalizados para produtos novos e outras oportunidades de mercado.

Em geral, no orçamento de comunicação, a maior parcela dos investimentos é alocada para custear a mídia, que consome entre 75% e 90% dos recursos usados para propaganda.

11.3.8 IMPLEMENTAÇÃO DO PLANO

O profissional de marketing é o responsável pela aprovação do plano de comunicação perante a direção da empresa, bem como pela coordenação de sua implementação, acompanhando as atividades das várias equipes envolvidas, internas e externas.

A implementação é, em geral, resultado da atuação de vários profissionais especialistas contratados, que desempenham funções bem específicas, como desenvolvimento de embalagens, folhetos, filmes de televisão, músicas, fotografias, representação de personagens, criação de desenhos e ilustrações, produção gráfica, produção de rádio e televisão, elaboração de contratos etc. Tal complexidade e variedade de tarefas exigem grande capacidade de coordenação dos gerentes de marketing.

11.3.9 AVALIAÇÃO DOS RESULTADOS

O plano de comunicação deve incluir a definição dos meios de avaliação dos resultados dos investimentos em comunicação. Algumas medidas são, por exemplo, o *share of voice,* o *share of mind*, o grau de lembrança da marca (*brand awareness*), o índice de *recall* dos anúncios, a audiência do anúncio, a frequência média de exposição ao anúncio, a taxa de consumidores fiéis à marca, o grau de intenção de compra do público-alvo, as atitudes do público em relação à empresa etc.

Esses indicadores de resultados são medidos por meio de pesquisas feitas por empresas especializadas, como o Ibope, a Marplan, o Gallup, a Nielsen, bem como por outros meios, como relatórios dos vendedores.

11.4 PROPAGANDA

11.4.1 CONCEITOS E APLICAÇÕES

A **propaganda** é a comunicação impessoal de uma mensagem dirigida ao público-alvo do produto, paga por um patrocinador identificado, veiculada em meios de comunicação de massa ou dirigidos, como a televisão e a Internet, que visa a criar imagem e estimular a aquisição do produto. A propaganda integra o composto de comunicação de marketing e objetiva criar no público-alvo a imagem para a marca com base no posicionamento desta.

O **plano de propaganda**, parte integrante do plano de comunicação de marketing, é responsabilidade do gerente de produto/gerente de marketing. Seu conteúdo é descrito a seguir.

Quadro 11.3
Conteúdo do plano de propaganda e do *briefing*

- Situação de mercado da marca;
- objetivos da propaganda;
- público-alvo da propaganda;
- estratégia de conteúdo;
- estratégia de mídia;
- orçamento de propaganda;
- meios de avaliação dos resultados.

A execução do plano de propaganda é responsabilidade da agência de propaganda e inclui a criação e a produção das peças de comunicação, a recomendação do modo (intensidade, frequência) de uso dos canais e o controle da execução e dos resultados (pesquisa de propaganda, pesquisa de mídia).

O trabalho da agência começa com o *briefing* de propaganda, que é um documento redigido pelo gerente de produto, com o resumo do plano de propaganda aprovado pela direção da empresa.

Os diversos tipos de propaganda são resumidos no Quadro 11.4.

Quadro 11.4
Tipos de propaganda

Propaganda de marca ou produto. Concentra-se na divulgação e criação de imagem para um produto ou marca.
Propaganda de lançamento de produto. Aquela que visa criar rápido conhecimento da marca e estimular o consumidor a experimentar pela primeira vez, rompendo a inércia e quebrando hábitos; deverá ter alto impacto, alta cobertura e frequência para acelerar o crescimento das vendas do produto.
Propaganda de sustentação de produto. Visa manter a lembrança da marca e estimular a repetição de compra, sustentando ou aumentando os níveis de vendas da marca.
Propaganda institucional. Promove o nome, a imagem, os profissionais e as iniciativas de uma empresa, organização ou setor de atividades.
Propaganda comparativa. Compara as qualidades e os benefícios de uma marca com as marcas concorrentes ou produtos substitutos.
Propaganda cooperada. Os fabricantes e as redes de lojas varejistas patrocinam, em conjunto, a propaganda de produtos, visando gerar tráfego para as lojas do varejista e, simultaneamente, aceleração das vendas dos produtos. Também pode ocorrer propaganda cooperada entre dois fabricantes, com produtos complementares.
Propaganda promocional. Visa comunicar uma promoção de vendas para o público-alvo do produto.
Propaganda de categoria. Propaganda feita por uma associação de fabricantes, visando estimular a demanda de uma categoria de produto, como o chocolate; esse tipo de propaganda é assinada pela associação e, em geral, não menciona marcas nem fabricantes.
Propaganda de proteção ou defesa. Realizada por empresas e outras organizações, visa comunicar um ponto de vista sobre um assunto controvertido em relação ao ambiente social, político ou econômico.

Os objetivos da propaganda devem ser estabelecidos antes de iniciar o desenvolvimento das campanhas. Uma campanha de sustentação não terá os mesmos objetivos de uma campanha de lançamento de produto, por exemplo, quanto à intensidade, cobertura ou frequência de exposição do público-alvo. Como exemplo, o Quadro 11.5 apresenta alguns objetivos.

Quadro 11.5
Objetivos da propaganda

Lembrança da marca. Que percentual do público-alvo cita a marca espontaneamente quando mencionada a categoria do produto.
***Recall* ou recordação da propaganda.** Que percentual do público-alvo se lembra do conteúdo da propaganda (imagens, texto, música).
Exposição à propaganda ou cobertura líquida. Que percentual do público-alvo foi exposto ao anúncio pelo menos uma vez.
Frequência média de exposição. Por quantas vezes, em média, o público-alvo ficou exposto à propaganda.

Preferência pela marca. Que percentual do público-alvo declara preferência pela marca após a exposição à propaganda.

A lembrança e o impacto do anúncio são influenciados por vários fatores, como a relevância da mensagem para o público-alvo; a criatividade e a qualidade da execução do anúncio; o conteúdo editorial do programa de TV ou rádio; a credibilidade do veículo, locutor ou apresentador do programa; a sequência de apresentação do anúncio (primeiro ou último anúncio do intervalo comercial do programa de televisão); o grau de envolvimento do público com o programa de TV ou rádio.

Além disso, para obter eficácia com as propagandas, todas as peças da campanha (anúncios, folhetos, cartazes, *outdoors, jingles* de rádio etc.) devem estar integradas, isto é, conter os mesmos elementos centrais da ideia criativa (imagens e *slogans).* E cada peça de comunicação deve reforçar a promessa de venda e relembrar as outras peças anteriormente vistas pelo público.

Em geral, a campanha de propaganda eficaz contém as características apresentadas no Quadro 11.6.

Quadro 11.6
Características da propaganda eficaz

- Chama a atenção;
- é *single-minded*, isto é, tem uma única ideia central;
- é crível;
- é relevante: o consumidor deve achar a mensagem importante, de valor para ele ("o que eu ganho com isso"?);
- é única e diferenciada;
- é envolvente;
- é percebida como entretenimento;
- gera emoção e o desejo de comprar o produto;
- cria uma personalidade diferenciada para a marca;
- pode ser repetida ao longo do tempo, até quase a saturação; apresenta com clareza os benefícios do produto;
- dá justificativas críveis para que os benefícios sejam realmente alcançados;
- diferencia o produto em relação à concorrência.

11.4.2 ESTRATÉGIA DE CONTEÚDO OU MENSAGEM

A estratégia de conteúdo da propaganda é definida pelo gerente de produto/marketing com base no posicionamento da marca. O objetivo é que a mensagem seja capaz de gerar atenção, interesse, desejo e ação do público-alvo (modelo AIDA, anteriormente mencionado).

A estratégia de conteúdo resulta numa proposição de valor que contém a definição do público-alvo, dos benefícios a serem oferecidos, a justificativa para o benefício e o tom da mensagem (exemplo: humor, descontração, seriedade, entre outros).

Veja nos quadros 11.7 e 11.8, a seguir, alguns exemplos de estratégias de mensagens de propaganda.

Quadro 11.7
Estratégia de conteúdo da Lucent Technologies

Público-alvo da comunicação
- Empresas com faturamento anual mínimo de R$ 20 milhões, que têm a comunicação como recurso crítico e vital para o sucesso e o crescimento de seus negócios.
- Empresas que necessitam otimizar seus resultados tirando o máximo proveito da tecnologia de ponta em comunicações de larga escala, em âmbito mundial.

Benefício a ser comunicado
- Os produtos e serviços da Lucent possibilitam o crescimento dos negócios, com a otimização do uso da tecnologia em comunicação de ponta e de larga escala.

Justificativa para o benefício
- Investimentos em tecnologias como o sistema Wave Star, DWDM e fibra ótica.

Fonte: anúncios da empresa, dez. 2000

Quadro 11.8
Estratégia de conteúdo do produto Nokia Communicator

Público-alvo
- Profissionais que ocupam posições de decisão, para quem a comunicação tem papel crítico. Pessoas bem-sucedidas, realizadas e reconhecidas pelo que fazem.
- Homens e mulheres, executivos ou profissionais liberais, de 35 a 45 anos, com renda superior a R$ 8 mil mensais.

Benefício a ser comunicado
- O Nokia Communicator oferece comunicação em qualquer forma, hora e lugar, possibilitando que se tenha sucesso em atividades profissionais e sociais.

Justificativa para o benefício
- O Nokia Communicator reúne várias facilidades, como agenda, telefone, correio eletrônico, Internet, fax, em um único lugar, e sem fio.

Fonte: anúncios da empresa, dez. 2000.

Com base na estratégia de conteúdo definida pelo gerente de produto, a agência de propaganda elabora o **conceito criativo** e a **execução criativa** da campanha, isto é, cria as mensagens a serem comunicadas e dá forma aos anúncios.

Quando da criação dos anúncios, os profissionais envolvidos devem ter em mente as seguintes perguntas:

- **Quem?** Quem é o público-alvo da mensagem?
- **O quê?** O que o público deve saber e sentir sobre o produto?
- **Por quê?** Por que o público deve saber e sentir dessa maneira?
- **Como?** Qual a forma mais eficaz de comunicação com o público-alvo?

A seguir listamos alguns exemplos de conceitos criativos desenvolvidos pelas agências de propaganda e que foram usados como *slogans* — frases curtas que sintetizam o conceito da campanha.

- Diário Popular — O líder em classificados.
- Omo lava mais branco.
- Volkswagen — Você conhece. Você confia.
- Comfort Passe Fácil — Nunca foi tão fácil passar roupa.
- Existem coisas que o dinheiro não compra. Para todas as outras existe Mastercard.
- Bombril — Mil e uma utilidades.
- Nescau — Energia que dá gosto.
- Varilux — Líder mundial em lentes progressivas.
- Chamex — Mais arte em sua vida e mais branco em seu papel.
- Fiat — Movidos pela paixão.
- Nestlé — Nossa vida tem você.
- Nossa Caixa — O novo banco de São Paulo.
- Toshiba — Os nossos japoneses são mais criativos que os japoneses dos outros.
- Bradesco Seguros — Nós cuidamos bem de tudo o que você quer bem.
- Intelig — Um jeito novo de fazer telecomunicações.
- Veja — Indispensável.
- Itautec — Abra o olho para o futuro.

A seguir, descrevemos os diversos tipos de execução criativa que podem ser adotados pelas agências de propaganda para anúncios em televisão.

Apresentação do produto. É conhecido como anúncio *table-top* ou *close-up-look-at-the-product* (imagem centrada no produto com narração), em que o produto é "o herói", o centro das atenções.

Exemplos:

- Filmes de televisão para automóveis — quando é mostrado em primeiro plano o carro percorrendo estradas acidentadas, passando em buracos e rios, enquanto um locutor vai descrevendo o desempenho do produto.
- Em anúncios de alimentos, provoca-se *appetite appeal* apenas mostrando o produto em si, pronto para ser consumido.

Demonstração do produto. Trata-se de uma demonstração que explica como e por que um determinado produto funciona, por meio de testes do tipo "antes-e-depois" do uso.

Exemplos:

- Sabão em pó: roupa muito suja que, depois de lavada, ficou limpa e sem manchas.
- Fralda descartável: demonstração do líquido sendo absorvido pelo produto.

Problema-solução. Um personagem vive um problema e o soluciona com o uso do produto.

Exemplos:

- Uma criança com dor de cabeça toma o comprimido e deixa de sentir a dor.
- Sabão em pó que limpa a roupa que a criança sujou durante o jogo de futebol.

Cenas do cotidiano. Apresentação de uma situação cotidiana em que alguém usa o produto, o qual soluciona um problema ou traz benefícios.

Exemplo:

- Margarina: a cena feliz da família à mesa, conversando, tomando café da manhã, passando margarina no pão, as crianças saindo para a escola, a mãe beijando o marido.

Apresentador. Uma pessoa conhecida (personalidade, celebridade, artista, esportista) ou com autoridade reconhecida (um médico, cientista, presidente de empresa) apresenta o produto, suas qualidades e seu funcionamento.

Exemplos:

- Uma atriz conhecida falando da campanha contra a Aids ou da prevenção do câncer de mama, ou um médico falando das vantagens de tomar um certo remédio.

Testemunhal. Uma pessoa, conhecida ou não, contando a sua experiência com o uso do produto e os resultados alcançados.

Exemplos:

- Pelé recomendando Vitasay.
- A atriz Carolina Ferraz recomendando o produto Zero-Cal.

Personagem contínuo. Um personagem criado para representar exclusivamente a propaganda do produto, vivendo situações de uso ou apresentando o produto.

Exemplos:

- O personagem do Bombril, vivido pelo ator Carlos Moreno, que apresenta o produto caracterizado como vários personagens.
- O personagem "baixinho" da cerveja Kaiser.
- O personagem "tio" do refrigerante Sukita.
- O personagem "baby" da Telesp Celular.

Vinhetas. Em lugar de apresentar a experiência de uma pessoa ou personagem com o produto, são apresentadas diversas situações rápidas de uso por várias pessoas desconhecidas, que representam os diversos usuários comuns do produto.

Exemplo:

- Anúncios de refrigerante e cerveja.

Contar uma história. Envolver o telespectador numa história que tem começo, meio e fim, que pode ser romântica, sentimental, engraçada etc.

Exemplo:

- Um rapaz que está sozinho e procura uma namorada, usando o telefone celular, discando para várias moças e, no final, casando-se com uma delas.

Musical. A música é o elemento central, interpretada via de regra por cantor conhecido, e relacionada com o benefício/posicionamento do produto.

Exemplos:

- Comercial "Amigos", com cantores sertanejos, para lançamento da cerveja Bavária.
- Michael Jackson no anúncio da Pepsi.

Personificação. Atribuição de natureza humana a objetos ou animais, que podem personificar o produto, o benefício ou o problema.

Exemplos:

- Os pinguins que entram na geladeira e bebem a cerveja Antarctica.
- O homenzinho azul representando um cotonete Johnson's, que toma banho e seca o ouvido com o produto.

Simbolismo/analogia. Apresentar um símbolo visual que represente o produto, o benefício ou a proposição exclusiva de vendas, de modo intenso e memorável.

Exemplos:

- O urso polar mergulhando na água gelada para pegar e beber a Coca-Cola.
- A gotinha de suor que escorrega pelas costas da moça de biquíni na praia, que está bebendo cerveja.

Storyboard é a representação gráfica da execução criativa do anúncio.

A execução criativa é elaborada pela agência de propaganda e apresentada para aprovação do gerente de produto por meio de um ***storyboard***, que é a representação gráfica da execução criativa do anúncio. No filme de propaganda, o *storyboard* contém os desenhos das principais cenas de vídeo (nove a 12 cenas) e a marcação do texto do áudio e da música.

A execução criativa para anúncios de televisão poderá ter os seguintes formatos:

- filmes de 60, 45, 30 ou 15 segundos;
- chamadas, que são referências à marca do patrocinador do programa mencionada pelo locutor ou apresentador;
- assinatura de patrocinador, que é a apresentação visual da marca, para identificação do patrocinador do programa;
- *merchandising* no programa, em que o produto é usado por um personagem de novela, ou decorando um cenário do programa;
- mensagem do produto em formato de texto lido pelo apresentador do programa;
- infomerciais, que são a propaganda com a apresentação ou demonstração do produto, feita pelo apresentador do programa, com duração mais longa (três, cinco, dez ou 15 minutos), com meios para venda direta (divulgação do telefone para pedidos do produto, por exemplo). Exemplo: o programa *Shoptour.*

A execução criativa para anúncios de rádio poderá ter os seguintes formatos:

- *jingles,* que são músicas e letras feitas para rádio, com duração de 60, 45, 30 ou 15 segundos;
- *spots,* que são textos falados, com ou sem música de fundo;
- chamadas, que são referências à marca do patrocinador do programa, lidas pelo locutor ou apresentador;
- mensagem do produto, lida pelo apresentador do programa. Para anúncios impressos em jornal e revista, a execução criativa contém os seguintes itens:
- título;
- ilustração;
- texto;

- assinatura;
- *tagline* ou frase curta que resume o conceito da campanha.

O título deve comunicar, em uma frase, a promessa de venda, uma novidade sobre o produto etc. e atrair a atenção para a leitura do texto.

A ilustração (fotografia ou desenho) tem mais impacto do que qualquer texto e deve retratar, com intensidade, a promessa de venda, o benefício oferecido pelo produto ou a situação de uso.

O texto deve comunicar, clara e objetivamente, a marca, os benefícios e os atributos do produto, com base no posicionamento da marca.

A assinatura do anúncio contém o nome fantasia ou a marca do fabricante ou do produto, de modo legível.

A *tagline* associada à marca deve resumir a proposição exclusiva de vendas e sintetizar a mensagem daquela campanha.

O Quadro 11.9 apresenta alguns textos de anúncios veiculados nas principais revistas brasileiras.

Quadro 11.9
Textos de anúncios veiculados nas principais revistas brasileiras

Texto do anúncio de Gillette Mach3

Título:
Chegou Gillette Mach3.

Texto:
O primeiro sistema de barbear com três lâminas.
Você passa uma vez, ele passa três.
Mais rente.
Menos passadas.
Menos irritação.

Assinatura:
Gillette.

Tagline:
O melhor para o homem.

Texto do anúncio do Unibanco

Título:
Unibanco: Você sonha. A gente financia.

Texto:
Financiamento de veículos Unibanco.
Você compra o carro dos seus sonhos e paga em até 36 meses, com valores prefixados em reais. Também pode fazer o *leasing* Unibanco de 24 a 36 meses, com parcelas prefixadas.
Se o seu sonho tem 24 horas, acelere a realização dele no Unibanco.

Assinatura:
Unibanco

Tagline:
O banco único. Bancando seus sonhos.

Texto do anúncio do Itaú Seguros

Título:
Na próxima, seu anjo da guarda pede as contas.

Texto:
Dê um tempo para o seu anjo da guarda.
Faça um seguro Itaú.

Assinatura:
Itaú Seguros.

Texto do anúncio do Banco Real

Título:
Existem muitos bancos virtuais. Só um é Real.

Texto:
Real Internet Banking. Uma agência do Banco Real a toda hora, em qualquer lugar.
Real Wap Banking. O Banco Real inteiro dentro do seu bolso.
Real Internet Empresa. O mais completo Banco *on-line para pessoa jurídica.*
O Banco Real entende que a tecnologia existe para aproximar as pessoas.
Não importa onde você esteja: nós queremos estar perto de você.

Assinatura:
Banco Real — AB/Amro Bank.

A propaganda impressa pode apresentar os seguintes formatos:

Revista. Uma ou mais páginas em quatro cores ou preto e branco; meia página; um terço de página; rodapé; classificados; encartes (*folders*); capa; contracapa; informe publicitário. O anunciante deve decidir sobre o dia da edição e as seções da revista onde localizar o anúncio.

Jornal. Além dos formatos de revista anteriores, os formatos de um quarto ou um oitavo de página; ou centímetros de altura por coluna. O anunciante deve escolher os dias e as seções ou cadernos para localização do anúncio.

Outdoor. Formato de 32 folhas, com 8,8m de comprimento e 2,9m de altura. O anunciante deve decidir a quantidade e o local das placas, para períodos de 15 dias.

11.4.3 ESTRATÉGIA DE MÍDIA

A estratégia de mídia é a definição, pelo gerente de produto, do orçamento a ser aplicado em mídia, bem como dos diferentes veículos de propaganda a serem utilizados na campanha, com base nos objetivos de comunicação listados abaixo. Partindo dos objetivos e da estratégia definida, o planejador de mídia, da agência de propaganda, irá detalhar a programação de mídia, definindo a quantidade, o tipo e a intensidade de uso dos vários veículos de propaganda.

Objetivos de mídia:

- GRP (*Gross Rating Points*) ou audiência bruta total;
- cobertura ou audiência líquida;
- índice de audiência líquida ou bruta;
- frequência média ou absoluta;
- distribuição de frequência;
- custo por mil.

O **GRP** é uma medida de intensidade e de impacto de uma campanha de propaganda. É uma medida importante porque está associada à eficácia da propaganda, ou seja, quantas pessoas foram expostas à propaganda e quantas vezes. Um número pequeno de GRPs (inferior a 300) pode significar baixa cobertura e frequência insuficiente para provocar o tipo de resposta do consumidor desejada pelo gerente de produto.

O **GRP** é uma medida de intensidade e de impacto de uma campanha de propaganda.

Calcula-se o volume de GRPs alcançados por uma campanha somando o total das audiências dos anúncios veiculados, ou também multiplicando a cobertura líquida pela frequência média de exposição. Por exemplo: se uma determinada programação atingiu cobertura líquida de 64% do público-alvo, e a frequência média foi de 2,5 vezes (cada domicílio ou pessoa assistiu ao anúncio, em média, 2,5 vezes), o GRP foi de 160 ($64 \times 2{,}5$).

Por meio desse cálculo, pode-se medir o *share of voice,* isto é, o total de GRPs alcançados pela campanha do produto dividido pelo total de GRPs das campanhas da categoria de produto. O objetivo a ser alcançado é um *share of voice* equivalente ao *share of market,* ou seja, um *share of voice* pequeno, inferior à participação de mercado, pode indicar que os concorrentes estão investindo mais e, portanto, atraindo mais consumidores.

A **cobertura ou audiência líquida** é a percentagem do público que viu a propaganda pelo menos uma vez. É também uma medida importante, porque está relacionada com a probabilidade de os consumidores experimentarem o produto. Se a cobertura for baixa (inferior a 40%), pode significar que 60% dos consumidores, ou mais, não irão comprar nem experimentar o produto, visto que não foram expostos à propaganda.

A **frequência média** é o número médio de vezes que um anúncio foi visto pelo público-alvo. Estudos realizados nos Estados Unidos indicam que, em geral, uma pessoa precisa ser exposta ao mesmo anúncio pelo menos três vezes para que se recorde da propaganda. Por outro lado, também a partir de certo número de vezes (por exemplo, 15 vezes), a pessoa pode chegar à saturação, ponto a partir do qual o anúncio não tem mais efeito, porque o público, por autodefesa, não presta mais atenção no anúncio.

A **distribuição de frequência** indica a distribuição do percentual de público segundo as faixas de frequência de exposição, de modo que se possam identificar quantas pessoas foram subexpostas ou superexpostas ao anúncio. Ambas as situações indicam reduzida eficácia da campanha, na medida em que pessoas subexpostas não terão um nível adequado de lembrança do anúncio e as superexpostas estarão saturadas pelo anúncio, com probabilidade de rejeitar a marca ou desenvolver atitudes negativas em relação a ela.

CPM é o custo por mil impactos ou pessoas que viram, pelo menos uma vez, o anúncio.

O **CPM** é o custo por mil impactos ou pessoas que viram, pelo menos uma vez, o anúncio e é um indicador de eficácia e produtividade da campanha, porque revela quanto foi gasto por pessoa atingida.

Impactos ou **impressões** é o número total de pessoas atingidas, calculado multiplicando o número de inserções ou GRPs pelo número de aparelhos de TV ou de pessoas expostas à TV ou à revista.

Esses indicadores de eficácia de mídia são medidos por pesquisas específicas realizadas por empresas como o Ibope, a Nielsen, entre outras.

A agência de propaganda, por meio do profissional de planejamento de mídia, é responsável pela definição do volume de GRP por tipo de mídia a ser utilizada, pela seleção dos programas em cada mídia, pelos horários de veiculação e pela localização dos anúncios nas páginas de revistas e jornais, bem como pela negociação com os veículos.

Quanto aos tipos de mídia, o Quadro 11.10 apresenta uma breve descrição.

Quadro 11.10
Tipos de mídia

Televisão. Mídia nacional, de alta cobertura e alta frequência, que permite atingir um grande número de pessoas em pouco tempo. Porém, tem um custo por mil impactos elevado, exigindo grandes investimentos. Mídia mais adequada para atingir donas de casa e público infantil, que, em geral, são menos atingidos pelas outras mídias.

Rádio. Mídia pulverizada e regional, de baixa cobertura e baixa frequência, adequada para atingir homens e mulheres mais velhos ou de menor poder aquisitivo, bem como o público jovem e os residentes nas cidades pequenas. Mídia de baixo custo, mas que exige maior continuidade de investimentos. De caráter regional, exige ainda conteúdo e formato adequados às características dos ouvintes das rádios locais.

Revistas. Mídia segmentada, dirigida aos mais variados perfis demográficos e psicográficos, devido à grande variedade de títulos. Cobertura concentrada nas grandes cidades, com maior alcance do público feminino jovem. Permite dirigir a comunicação a segmentos de público mais específicos.

Jornais. Mídia regional, de cobertura concentrada nas grandes capitais. Maior alcance no segmento de homens adultos, especialmente executivos, dirigentes de empresas e público de maior nível educacional.

Internet. Na rede mundial de computadores, as empresas podem combinar palavras, figuras e até som e imagens animadas a fim de impressionar os consumidores e compradores organizacionais. Quanto à localização, as empresas podem anunciar em sua própria página (*home page*), construir *sites* para produtos específicos ou patrocinar *sites* e anúncios em formato de cartazetes (*banners*). Ainda é uma mídia de baixa cobertura, já que, em 2000, apenas 4% da população brasileira tinham acesso a ela. A maior cobertura está no segmento de jovens de maior poder aquisitivo.

Outdoors. Mídia pulverizada, de cobertura local, de impacto rápido e imediato.
Concentrada nos grandes centros urbanos, de difícil segmentação. A propaganda ao ar livre, além dos *outdoors*, inclui painéis luminosos, cartazes, placas, balões, bandeiras, propagandas em ônibus, táxis, metrô e estações de metrô, distribuição de folhetos em locais públicos.

Mala direta. Mídia dirigida, usada para atingir segmentos específicos de público. Em geral, utiliza material de comunicação impressa, enviada por correio para a residência do consumidor. Um anúncio por mala direta pode conter mais informações do que um comercial na TV ou um anúncio em revista, e, por isso, o veículo é útil para divulgar produtos complexos ou de preço elevado.

O Quadro 11.11 indica o panorama da mídia no Brasil, em 2000.

Quadro 11.11
Panorama da mídia no Brasil em 2000

- 364 emissoras de TV aberta, em oito redes.
- 70 canais de TV por assinatura, em cinco operadoras.
- 3 mil emissoras de rádio.
- 2.500 jornais, dos quais 400 são diários.
- 1.100 revistas, com 15,5 milhões de exemplares/ano.
- 16.300 pontos de *outdoor*, com 32 mil cartazes.
- 600 salas de cinema.
- Internet: 40 mil *sites* e 4 milhões de usuários.

Fonte: Mídia Dados, 2000. Disponível em: <http://www.ibope.com.br>. Acesso em: out. 2000.

O Quadro 11.12 demonstra a penetração da televisão nos municípios brasileiros, segundo pesquisa recente do IBGE (abril 2000).

Quadro 11.12
Penetração da televisão nos municípios do Brasil em 2000

Televisão: 98,3%

- Globo: 98%
- SBT: 88%
- Bandeirantes: 75%
- Record: 53%
- TVs educativas: 42%
- Rede TV!: 39%
- CNT: 16%

Fonte: IBGE, 2000. Disponível em: <http://www.ibge.org.br>. Acesso em: abr. 2000.

Quadro 11.13
Percentual dos municípios brasileiros com meios de comunicação

- Jornal local diário: 72%
- Jornal local semanal: 44%
- Estação de rádio FM local: 34%
- Jornal local com outra periodicidade: 33%
- Estação de rádio AM local: 20%

- Provedor de Internet: 15%
- TV a cabo: 7%
- Salas de teatro: 14%
- Museus: 16%
- Salas de cinema: 7%
- Lojas de discos: 35%
- Videolocadora: 64%
- Livraria: 35%

Fonte: IBGE, 2000. Disponível em: <http://www.ibge.org.br>. Acesso em: abr. 2000.

A **Internet**, a rede mundial de computadores, ainda está no início de seu desenvolvimento. Porém, ela cresce muito mais rapidamente que qualquer outra inovação tecnológica. Para um panorama da Internet no mundo, vejamos os números abaixo, coletados de fontes diversas pela publicação *The Industry Standard* e publicada no *site* www.thestandard.com.br.

- Os brasileiros passam 1 1h48m por mês, em média, conectados à Internet.[1]
- A população adulta representa 81% dos usuários brasileiros que acessam a Internet.[2]
- Em 2002, 580 milhões de habitantes no mundo eram usuários da Internet.[3]
- A população brasileira com acesso à Internet é de 7,3 milhões de usuários domésticos.[4]
- As classes A e B representam 58,2% das pessoas que acessam a Internet no Brasil. A classe C representa 22,5%, e a D, 9,8%.[5]
- A população *on-line* da América Latina era de 11,6 milhões em 2002. Em 2006, a estimativa é de 42,3 milhões. O potencial, porém, é de 77 milhões de pessoas.[6]
- As vendas do varejo *on-line,* na América Latina, atingiram 1,28 bilhão de dólares em 2001. No Brasil, o total foi de 906 milhões de dólares, representando 71% das transações do varejo *on-line* da América Latina.[7]
- A Internet brasileira recebeu, no primeiro semestre de 2000, 1 bilhão de dólares em investimentos de fundos de capital de risco e fundos de *private equity.* Em 1999, durante todo o ano, os investimentos foram de 1,1 bilhão de dólares.[8]
- No Brasil, 12,1 milhões de contribuintes, ou 93% das pessoas que declaram Imposto de Renda, fizeram-no pela Internet, em 2001. O universo total de contribuintes é de 13 milhões.[9]

---

[1] IBOPE eRarings.com. Disponível em: <http://www.ibope.com.br>. Acesso em: mar. 2004.

[2] MEDIA Metrix. Disponível em: <http://www.mediametrix.com.br>. Acesso em: set. 2000.

[3] IPSOS Reid. Disponível em: <http://www.angusreid.com.br>. Acesso em: abr. 2000; ONU. Disponível em: <http://www.un.org>. Acesso em: mar. 2004.

[4] IBOPE eRarings.com. Disponível em: <http://www.ibope.com.br>. Acesso em: mar. 2004.

[5] MEDIA Metrix. Disponível em: <http://www.mediametrix.com.br>. Acesso em: mar. 2004.

[6] IDC Latin América. Disponível em: <http://www.idc.com.br>. Acesso em: mar. 2004.

[7] BOSTON CONSULTING GROUP. Disponível em: <http://www.bcg.com>. Acesso em: mar. 2004.

[8] THE YANKEE GROUP Disponível em: <http://www.yankeegroup.com>. Acesso em: nov. 2000.

[9] RECEITA FEDERAL. Disponível em: <http://www.receita.federal.gov.br/>. Acesso em: mar. 2004.

- O número de páginas *Web* no mundo é de 2,7 bilhões. E a estimativa de servidores *Web* é de 6 milhões.[10]
- Novos domínios registrados a cada semana: mais de 380.000.[11]
- Número de páginas indexadas pelos principais sistemas de busca: 1,6 bilhão.[12]

De acordo com a Jupiter Communications (www.jup.com), um dos institutos de pesquisa sobre a Internet, os gastos com a propaganda *on-line* devem crescer de US$ 5,7 bilhões, em 2001, para algo em torno de US$ 12,9 bilhões, em 2005. Tais gastos representariam quase 7% de todo o orçamento publicitário das empresas em 2006, contra 3% em 2001. E a propaganda na Internet só começou em 1994.

Os *banners* e os *e-mails* são atualmente as formas mais utilizadas para comunicação entre empresas e clientes por meio da Internet. A seguir, uma descrição dessas duas ferramentas:

- O *e-mail* ou correio eletrônico é uma mensagem, predominantemente em formato de texto, enviada ao público pela Internet. Para isso, a empresa pode adquirir uma lista de endereços eletrônicos de pessoas que julga fazerem parte de seu público-alvo e enviar *e-mails* para elas. Essa prática exige que a empresa obtenha, antecipadamente, o consentimento do público. O envio de *e-mails* sem consentimento prévio (chamados em inglês de *spams)* é uma prática cada vez mais rejeitada pelo público.
- Os ***banners***, ou pequenos cartazes em páginas da Internet, são retângulos (formato mais comum) com propagandas, colocados em algum lugar da página na Internet. Alguns, quando clicados, levam o usuário ao *site* da empresa anunciante; outros se limitam a mostrar um *slogan* do produto. Podem ser também do tipo *keyword banners,* que aparecem quando uma palavra predeterminada é inserida em um mecanismo de busca. Essa técnica é utilizada quando a empresa deseja focar um determinado público-alvo.

Banner é uma propaganda, em formato de pequenos cartazes, colocada em uma página da Internet.

A principal característica da Internet como veículo de comunicação de marketing é a interatividade em tempo real, possibilitando que a empresa obtenha resposta imediata do consumidor e customize sua oferta de acordo com as demandas específicas de cada cliente.

Para otimizar as potencialidades da Internet como ferramenta de criação de vantagem competitiva e fidelidade dos clientes, o profissional de marketing precisa elaborar um plano estratégico de atuação na Internet, de modo a construir relacionamentos duradouros com seus clientes e parceiros.

11.4.4 MEIOS PARA AVALIAÇÃO DOS RESULTADOS DA PROPAGANDA

Os resultados alcançados por uma campanha de propaganda devem ser avaliados para que se possa medir sua eficácia. Em geral, utilizam-se pesquisas de comunicação como as descritas a seguir.

---

[10] NEC Research. Disponível em: <http://www.neci.nj.nec.com/>. Acesso em: out. 2000.

[11] NETWORK Solutions. Disponível em: <http://www.netsol.com/>. Acesso em: mar. 2004.

[12] SEARCH Engine Watch. Disponível em: <http://www.searchenginewatch.com/>. Acesso em: jul. 2000.

Pré-teste de propaganda. Pesquisa das reações de um público a um anúncio-teste. Avalia a capacidade de comunicação e persuasão de um anúncio antes de iniciar a campanha. Há vários tipos de pré-teste:

- Teste de portfólio: os participantes veem vários anúncios em um portfólio e o pesquisador avalia o impacto e a lembrança de cada um dos anúncios.
- Teste de júri: os consumidores examinam um anúncio e atribuem notas de acordo com sua atratividade.
- Teste de laboratório: são avaliadas as reações físicas dos consumidores aos anúncios.

Pós-teste de propaganda. Após a veiculação do anúncio na mídia, avaliam-se o grau de lembrança da marca, a recordação da propaganda, a imagem de marca e a atitude do consumidor em relação à marca. Exemplos de pós-testes:

- Teste de *recall* auxiliado: são apresentados anúncios aos consumidores, os quais terão de responder sobre o que se lembram de ter visto, e quando e onde viram.
- Teste de *recall* espontâneo: os participantes dizem que anúncios se lembram de ter visto recentemente.
- Teste de atitudes: é a medida da eficácia da propaganda na criação de uma atitude favorável aos produtos ou às organizações.
- Testes de vendas: experimentos utilizando anúncios e mídias variados, em diferentes locais, para verificar quais geram mais vendas.

Pesquisas de imagem. Conduzidas antes e depois da veiculação da propaganda, para avaliar como ela influenciou a imagem de um produto, de acordo com os objetivos estabelecidos pela empresa e o posicionamento da marca.

Pesquisas de atitudes e hábitos de consumo. Realizadas antes e depois da veiculação da propaganda, para medir a influência dela sobre as atitudes e os comportamentos dos consumidores em relação ao produto e às marcas.

Pesquisas de mídia. Feitas para quantificar a cobertura, a frequência média e o volume de GRP alcançados pela campanha de propaganda durante certo tempo.

11.5 PROMOÇÃO DE VENDAS E MARKETING DIRETO

A promoção de vendas é a oferta de incentivos imediatos, de curto prazo, como brindes e descontos, por um patrocinador identificado, com ou sem o apoio da propaganda, para estimular a experimentação, aquisição ou repetição de compra do produto. É uma ferramenta tática de marketing, devendo ser usada criteriosamente e por tempo limitado. Pode ser dirigida para os consumidores, os canais de vendas e os vendedores.

Os profissionais de marketing, geralmente, utilizam a promoção de vendas como complemento de outros elementos do composto de comunicação. Na fase de maturidade do ciclo de vida do produto, as promoções de vendas servem como estímulos adicionais à compra do produto, além de agirem como ferramenta competitiva para neutralização das iniciativas da concorrência.

11.5.1 PROMOÇÕES AO CONSUMIDOR

A promoção dirigida ao consumidor tem o objetivo de influenciar o seu comportamento de maneira imediata. Entre as promoções de vendas para os consumidores, que costumam ocorrer paralelamente à propaganda ou à atividade de venda, podemos mencionar amostras grátis, cupons de desconto, ofertas especiais (tipo "leve dois pague um"), brindes. Explicamos cada uma dessas promoções a seguir.

Amostra grátis. Oferecer amostras dos produtos a fim de romper a inércia do consumidor e estimular a experimentação. A amostragem é bastante eficaz quando a experiência de uso é bastante positiva para o consumidor e, em especial, quando supera as suas expectativas.

Cupons de desconto. É um dos tipos mais comuns de promoção. Por oferecer uma redução no preço, os cupons são particularmente eficazes para gerar vendas entre clientes sensíveis a preços. Para os consumidores, os cupons demandam o trabalho de cortá-los e trocá-los. Talvez devido a esse custo, as taxas de resgate dos cupons têm sido pequenas (1% a 5%). Do ponto de vista da empresa, a desvantagem maior dos cupons é que eles concentram a atenção no preço, e não nos benefícios e nas características do produto.

Ofertas especiais. São incentivos para que os consumidores comprem os produtos ou façam compras numa dada loja. Ofertas do tipo "pague três e leve quatro" visam a aumentar as vendas por impulso ou aumentar o tráfego na loja. São também utilizadas para encorajar a compra de determinados produtos em determinadas lojas, principalmente quando o giro está baixo e há excesso de estoque.

Brindes. Na compra do produto, oferecer outro produto grátis ou a um baixo preço. Os brindes devem ser atraentes para o público-alvo do produto, mas não devem custar mais do que o valor unitário do produto, por questões de imagem e de custos. Por exemplo: na compra de um xampu, ganhe uma escova de cabelo grátis.

Concursos. Modalidade que estimula a concorrência entre os participantes, como previsões, cálculos, testes de inteligência, seleção de predicados ou competição de qualquer natureza, por meio de frases, desenhos, histórias, textos, poesias etc. É uma atividade regulada por legislação específica.

Sorteio. O consumidor envia um comprovante de compra ou uma carta para a empresa e participa de um sorteio, e a apuração dos contemplados é feita com base no resultado da Loteria Federal, limitado a uma extração por semana e 100 mil números por série. É uma atividade regulada por legislação específica.

A legislação específica que regula os sorteios e os concursos é a Lei n.º 5.768, de 20 de dezembro de 1971, que alterou a legislação anterior sobre distribuição gratuita de prêmios, mediante sorteio, vale-brinde ou concurso, a título de propaganda, estabelecendo normas de proteção à poupança popular e dando outras providências.

Além disso, a Medida Provisória n.º 2.049-26, de 21 de dezembro de 2000, determina que a operacionalização, a emissão das autorizações e a fiscalização das atividades de que trata a Lei n.º 5.768, de 1971, ficam a cargo da Caixa Econômica Federal, salvo nos casos em que a Caixa Econômica Federal ou qualquer outra instituição financeira seja parte interessada, quando serão analisados e decididos pela Secretaria de Acompanhamento Econômico do Ministério da Fazenda.

11.5.2 PROMOÇÕES PARA O CANAL DE VENDAS

As promoções para os canais de vendas são dirigidas aos intermediários, a fim de aumentar a demanda do canal ou reforçar a imagem dos produtos ou fabricantes. Entre elas, podemos citar:

Bonificação em produto. Oferece produtos grátis em troca de metas de vendas atingidas para esses produtos.

Desconto no preço de compra. Reduz o preço de venda do produto ao canal, para que sua margem sobre a venda aumente.

Desconto no preço de venda ao consumidor. Objetiva aumentar o giro e as vendas do produto, reduzindo o preço final ao consumidor.

Prêmios. Oferece prêmios em produtos ou dinheiro para os vendedores do canal, visando a incentivar as vendas.

Serviços adicionais. Oferece ao canal serviços sem custo, como expositores para o produto, reposição do produto nas prateleiras, controle de estoque.

11.5.3 MARKETING DIRETO

É o conjunto de atividades de comunicação impessoal e direta, sem intermediários, entre a empresa e o cliente, por correio, fax, telefone, Internet e outros meios diretos de comunicação, visando a obter uma resposta imediata do cliente e, por fim, a venda do produto. É também uma estratégia de comunicação e comercialização de produtos ou serviços diretamente ao cliente, sem intermediação de meios ou canais de terceiros.

Originalmente, nos programas de marketing direto, eram utilizados listas de clientes *(mailing lists)* e catálogos enviados pelo correio, solicitando uma resposta direta do cliente, resultando, em geral, na venda por telefone. Atualmente, o vendedor, o telemarketing, as televendas, a Internet e o *call-center* (centrais de atendimento telefônico) são meios de execução do marketing direto. E ferramentas como CRM e *database marketing* ou *datamining* proporcionam maior eficácia para o marketing direto.

O ***database marketing*** é a aplicação da tecnologia de sistemas de gerenciamento de bancos de dados *(Database Management System* — DBMS) para implementar mais eficazmente as estratégias e programas de marketing direto, marketing de fidelização ou de relacionamento, visando a criar uma ligação duradoura com os clientes atuais e os potenciais.

O ***marketing de fidelização*** é uma evolução do marketing direto, podendo incluir suas ferramentas tradicionais, como malas diretas personalizadas, telemarketing etc.

O marketing de fidelização é o primeiro nível do marketing de relacionamento. Fidelizar ou reter o cliente é o resultado de uma estratégia de marketing que tem como objetivos gerar frequência de compra dos clientes, aumentar as vendas por cliente e recompensar o cliente por compras repetidas. As campanhas de milhagem das companhias áreas, bem como os programas de pontuação e benefícios crescentes, oferecidos pelas administradoras de cartões de crédito, são exemplos de campanhas promocionais com o objetivo de fidelização por meio da oferta de recompensas aos clientes frequentes.

O ***marketing de relacionamento*** é uma estratégia de marketing que visa a construir uma relação duradoura entre cliente e fornecedor, baseada em confiança, colaboração, compromisso, parceria, investimentos e benefícios mútuos, resultando na otimização do retorno para a empresa e seus clientes.

11.5.4 *MERCHANDISING* E A COMUNICAÇÃO NO PONTO DE VENDA

A comunicação no ponto de venda ou *merchandising* é o conjunto dos instrumentos de comunicação, promoção, demonstração e exposição do produto no ponto de venda, visando a estimular a compra imediata pelo consumidor. Engloba as seguintes atividades:

Exposição do produto: *displays, stands,* prateleiras, pilhas de produtos.

Comunicação: folhetos, cartazes, pôsteres.

Promoção: demonstradores, degustadores, sorteios e distribuição de brindes.

A comunicação no ponto de venda é muito utilizada para diversas categorias de produtos porque a decisão do consumidor é tomada, muitas vezes, no ponto de venda, por impulso, a partir dos estímulos recebidos.

Para novos produtos, por exemplo, os cartazes, os expositores e as demonstradoras nas lojas podem exercer significativa influência para que o consumidor experimente o produto, rompendo a barreira do hábito e da inércia. Para produtos alimentícios, a degustação no ponto de venda possibilita a experimentação gratuita, agindo como um incentivo à compra. Para produtos eletroeletrônicos, como geladeiras, fogões e aparelhos de televisão, os folhetos e catálogos de produtos distribuídos nas lojas podem esclarecer as dúvidas dos consumidores e influenciá-los a decidir por uma marca determinada na hora da compra.

11.6 RELAÇÕES PÚBLICAS E PUBLICIDADE

As relações públicas englobam o conjunto de atividades de comunicação com outros públicos direta ou indiretamente interessados nas atividades da empresa, os chamados *stakeholders,* como órgãos públicos, representantes de governos, legisladores, ativistas políticos, organismos de representação social, líderes de opinião, artistas e a comunidade em geral, visando a criar imagem e atitude favoráveis à marca do produto e às atividades da empresa.

As atividades de relações públicas são cada vez mais importantes à medida que a sociedade se mostra mais participativa, organizada, alerta e exigente. O surgimento, na década de 1990, das organizações não governamentais (ONGs) trouxe maiores questionamentos e exigências do público sobre as iniciativas das empresas. Portanto, as empresas não podem deixar de se preocupar em construir relacionamentos com os vários grupos de representação da sociedade e discutir o papel da empresa quanto à sua contribuição social e a novos padrões de conduta ética.

Os instrumentos de ação de relações públicas englobam a distribuição de informação sobre as iniciativas da empresa, por meio de catálogos, livros, *sites,* palestras, congressos; a realização ou o patrocínio de eventos de interesse das comunidades, como atividades culturais, sociais e esportivas; a participação, por meio de representantes da empresa, em eventos organizados por governos e órgãos de representação social, como universidades, escolas, ONGs, sindicatos, clubes e associações.

A **publicidade** é a divulgação de informações sobre as atividades da empresa e seus produtos por intermédio da imprensa, para o público-alvo, sem custo adicional. E a **assessoria de imprensa** é o trabalho de criar um relacionamento com os representantes dos meios de comunicação, que são formadores de opinião, visando a promover uma atitude favorável à marca do produto e à empresa.

Os assessores de imprensa podem gerar notícias por meio da divulgação de *press releases,* isto é, textos informativos enviados para a imprensa para fins de divulgação para o público; ou por meio da organização de entrevistas exclusivas ou coletivas.

O papel da assessoria de imprensa também se torna cada vez mais relevante à medida que a sociedade se democratiza e exige maior transparência dos meios de comunicação, dos governos e das empresas. Nesse contexto, a imprensa tem-se tornado mais ativa, investigativa e analítica, ampliando sua influência sobre o público e exercendo o papel de formador de opinião.

11.7 ADMINISTRANDO A COMUNICAÇÃO INTEGRADA DE MARKETING

O gerente de produto ou de marketing tem a responsabilidade de tomar decisões estratégicas de comunicação, que terão impacto significativo sobre os resultados do produto e da empresa no mercado, bem como sobre a sociedade como um todo.

As atividades de comunicação, por sua natureza, têm alta visibilidade e requerem um trabalho de planejamento detalhado e de implementação minuciosa, de modo que se obtenham maior eficácia e maior satisfação dos *stakeholders.*

Ao tomar decisões de comunicação, o gerente de marketing deve levar em consideração os seguintes aspectos: estágio do ciclo de vida do produto, características do público-alvo, características da concorrência e objetivos dos diversos *stakeholders.*

11.7.1 COMUNICAÇÃO E CICLO DE VIDA DO PRODUTO

Cada fase do ciclo de vida do produto requer atividades de comunicação de marketing distintas. Durante a fase de introdução, quando é necessário romper a inércia do público, tornar o produto rapidamente conhecido, construir imagem e acelerar a experimentação, a comunicação de marketing é um fator fundamental, exigindo investimentos significativos em propaganda.

Na fase de crescimento, as necessidades são as mesmas, porém a concorrência passa a representar uma barreira aos objetivos da empresa, tornando-se necessárias ações de propaganda, relações públicas, assessoria de imprensa, bem como ações preventivas e defensivas nos canais de vendas, especialmente na construção de relacionamento de cooperação com os representantes desses canais.

Na fase de maturidade, em que cada concorrente tem uma posição de mercado estabelecida, as atividades de promoção de vendas e de relações públicas tornam-se mais importantes, com caráter defensivo e preventivo com relação às possíveis ações da concorrência.

Na fase de declínio, quando as receitas são decrescentes devido à obsolescência do produto, os investimentos em comunicação de marketing são ineficazes e onerosos.

11.7.2 CARACTERÍSTICAS DO PÚBLICO-ALVO

As atividades de comunicação de marketing devem ser planejadas de acordo com o perfil do público-alvo e suas respostas aos estímulos, como: grau de exposição à mídia; envolvimento com o produto; grau de preferência e fidelidade ao produto; motivações, interesses e estilo de vida; sua abertura a questões de natureza social e política; sua reação a estímulos promocionais e ações dirigidas de vendas.

Os diversos segmentos de público reagem de modo diferente aos mesmos estímulos de comunicação e promoção. Para antecipar essas reações, o gerente de marketing pode se utilizar de pesquisas, de modo a minimizar os riscos de erros que podem ser evitados.

11.7.3 CARACTERÍSTICAS DA CONCORRÊNCIA

A concorrência também é fator relevante a ser considerado no planejamento das atividades de comunicação de marketing. Deve ser considerada a capacidade de reação da concorrência a todas as ações de comunicação. A reação da concorrência irá, certamente, interferir no comportamento do consumidor e nos resultados almejados.

Um programa de monitoramento contínuo das ações da concorrência deve ser implementado, de modo a evitar surpresas, que podem comprometer seriamente os resultados da empresa.

11.7.4 OBJETIVOS DOS DIVERSOS *STAKEHOLDERS*

Os *stakeholders* devem ser considerados no planejamento das ações de comunicação de marketing. Seus interesses e suas motivações devem ser cuidadosamente analisados e compreendidos, de modo que se possam implementar ações que gerem atitudes e comportamentos favoráveis à empresa.

Cada *stakeholder* pode reagir de modo distinto aos estímulos de marketing, e a consciência desse fato deve ser obtida antes da implementação dos planos de comunicação.

RESUMO

A comunicação integrada de marketing requer coerência na coordenação do composto de comunicação para criar, na mente do consumidor, uma posição, mensagem ou imagem únicas, diferenciadas e consistentes do produto e da organização.

As atividades que integram o composto de comunicação são: propaganda, promoção de vendas, *merchandising* e comunicação no ponto de venda, atividades de vendas, marketing direto, atendimento ao cliente, relações públicas, assessoria de imprensa, comunicação pela Internet e embalagem.

Todas essas atividades que integram o composto de comunicação provocam estímulos distintos na resposta do consumidor. Essa resposta envolve aspectos como: processo de aprendizagem, percepção, lembrança da marca, recordação da propaganda e atitude, que pode ser cognitiva, afetiva e comportamental.

O plano de comunicação de marketing deve ser coerente com os objetivos de mercado, combinando os diversos elementos de comunicação para estimular com eficácia determinado tipo de resposta no consumidor.

A propaganda é a comunicação impessoal de uma mensagem dirigida ao público-alvo do produto, paga por um patrocinador identificado e veiculada em meios de comunicação de massa ou dirigidos.

Para confeccionar um plano de propaganda, é preciso determinar a situação de mercado da marca, os objetivos da propaganda, o público-alvo, a estratégia de mensagem, a estratégia de mídia, o orçamento da propaganda e os meios de avaliação de resultados. A estratégia de conteúdo da propaganda deve gerar interesse, desejo e ação do público-alvo (modelo AIDA). Os tipos de mídia que podem ser usados em um plano de propaganda são: televisão, rádio, revista, jornal, Internet, *outdoor,* mala direta.

Os resultados alcançados por uma campanha de propaganda devem ser avaliados para medir sua eficácia, mediante pré-testes de propaganda (teste de portfólio, teste de júri ou teste de laboratório), pós-teste de propaganda (teste de *recall* auxiliado, teste de *recall* espontâneo, teste de atitudes e testes de vendas), pesquisa de imagem antes e depois da propaganda, pesquisas de atitudes e hábitos de consumo antes e depois da propaganda e pesquisas de mídia (cobertura, frequência e GRP).

A promoção de vendas é a oferta de incentivos imediatos, de curto prazo, por um patrocinador identificado, para estimular a experimentação, aquisição ou repetição de compra do produto. As principais ferramentas para atividades de promoção de vendas são: amostras grátis, cupons de descontos, ofertas especiais, brindes, concursos e sorteios, degustação, descontos de preços e programas de fidelização. As promoções para os canais de venda podem ser realizadas por meio de bonificações em produtos, desconto no preço de compra, desconto no preço de venda ao consumidor, prêmios e serviços adicionais.

As atividades de relações públicas consistem em construir relacionamentos com vários grupos de representação da sociedade para discutir o papel da empresa em relação à sua contribuição social e a novos padrões de conduta ética. Essa atividade adquire cada vez mais importância, à medida que a sociedade se torna mais participativa, organizada, alerta e exigente.

O profissional de marketing deve levar inúmeros fatores em consideração ao tomar decisões sobre a comunicação integrada de marketing, devendo estar atento para o estágio do ciclo de vida do produto, as características do público-alvo e da concorrência e os objetivos dos diversos *stakeholders* envolvidos.

Termos e Conceitos Importantes

Assessoria de imprensa
Atendimento ao cliente
Atitude
Comunicação pela Internet
Embalagem
Lembrança da marca
Mapa perceptivo
Marketing direto
Merchandising
Multiatributos de produtos
Percepção
Posicionamento
Promoção de eventos
Promoção de vendas
Propaganda
Proposição de valor
Publicidade
Recordação da propaganda
Relações públicas
Resposta afetiva
Resposta cognitiva
Resposta comportamental
Resposta do consumidor
Share of mind
Top of mind
Venda

QUESTÕES PARA REVISÃO E DISCUSSÃO

1. Cite e explique as atividades que integram o composto de comunicação.
2. Descreva o modelo AIDA, enfatizando cada um de seus quatro componentes.
3. Qual é o conteúdo de um plano de propaganda?
4. Quais são os principais tipos de propaganda? Explique cada um deles.
5. Diferencie a execução criativa de uma propaganda para televisão, rádio e anúncios impressos.
6. Comente os critérios para definição da estratégia de mídia.
7. Qual é o tipo de mídia mais adequado para atingir o público infantil? Crie situações hipotéticas para justificar sua resposta.
8. Comente o uso da Internet como ferramenta de mídia para comunicação entre empresas e consumidores.
9. Quais são os meios de avaliação dos resultados da propaganda?
10. Discuta a importância das promoções com os canais de venda e identifique os principais tipos de promoções aos canais.
11. O que são *press-releases*?
12. Que fatores o profissional de marketing deve levar em consideração ao estabelecer uma comunicação integrada de marketing?

RESOLVENDO UM CASO

DECISÕES DE INVESTIMENTO EM PROPAGANDA

As decisões sobre investimentos em marketing sempre estiveram presentes nas definições estratégicas das empresas.

Muitas vezes, as limitações de verbas e de recursos fazem com que as empresas tenham de optar por determinado tipo de atividade em detrimento de outros.

Antigamente, era muito comum que grande parte dos investimentos fossem direcionados à comunicação da empresa com o mercado. Porém, atualmente, verifica-se uma diminuição da verba destinada à comunicação nos mais variados setores. A redução desse tipo de investimento fica mais aparente quando se considera a atividade de propaganda, que, por muito tempo, foi a grande prioridade das organizações para criar e manter a imagem da marca e do produto na mente do consumidor.

Recentemente, alguns produtos do setor alimentício, como queijos, temperos e sorvetes, tiveram suas verbas para campanhas publicitárias reduzidas em relação a anos anteriores. A ideia que mobilizou essa redução de investimentos foi a de que o consumidor estaria mais sensível a preços do que a apelos publicitários. Apostando nessa tendência, muitas empresas transferiram verbas que seriam utilizadas na comunicação de seus produtos para o varejo, não conseguindo, entretanto, aumentar suas vendas. Essa situação criou uma polêmica em torno da propaganda, levantando a seguinte dúvida para as empresas que têm de optar entre várias alternativas de investimentos: o consumidor escolhe em função da marca ou do preço?

A redução do orçamento em publicidade, empregada de forma conjunta com os reajustes de preços, era uma prática disseminada na indústria oligopolista da época do Brasil inflacionário. No entanto, essa medida não influenciava a rentabilidade dos negócios como hoje em dia. Naquela situação, o reajuste de preços compensava a redução do volume de vendas com o novo equilíbrio de receitas. A situação não é mais a mesma. Atualmente, a queda das vendas, em muitos casos, pode estar associada à redução das verbas publicitárias. Por exemplo, comparando os dados de 2000 com os de 1999, os produtos citados (queijo, temperos e sorvetes) tiveram uma redução no orçamento de mídia de 60%, 54% e 25%, respectivamente, e apresentaram uma queda no volume de vendas de 15,5%, 14% e 17%.

A migração da renda para o varejo também está associada à hipercompetição que esse setor está impondo às indústrias. A concentração das redes supermercadistas proporciona um grande poder de barganha na negociação com os fornecedores, que, muitas vezes, são levados a aceitar as condições do varejo para ter seus produtos nos pontos de venda.

A decisão de optar por determinado tipo de investimento torna-se ainda mais complexa com a questão da hipercompetitividade entre as organizações e o poder das redes varejistas. Vale lembrar, contudo, que o comportamento do consumidor é influenciado simultaneamente por vários fatores e que todos os elementos do composto de marketing afetam a sua percepção e a sua decisão de compra.

O ideal seria que a empresa pudesse distribuir suas verbas de forma adequada para todo o composto de marketing, e que a propaganda, bem como os outros elementos do composto de comunicação, tivesse investimentos suficientes para desempenhar seu papel na relação com o consumidor.

Fonte: BLECHER, Nelson. Quer preço ou quer marca? *Exame*, 13 jun. 2001.

PERGUNTAS

1. Por que as empresas estão transferindo verbas destinadas à propaganda para o varejo?
2. Em sua opinião, por que as empresas vêm perdendo vendas com a diminuição do orçamento em publicidade?
3. Comente a questão: o consumidor é mais sensível à marca ou ao preço?

ELABORANDO UM PROJETO

IDENTIFICANDO E DESCREVENDO ATIVIDADES DO COMPOSTO DE COMUNICAÇÃO

O composto de comunicação envolve uma série de atividades, como propaganda, relações públicas, venda pessoal e promoção de venda, que podem ser realizadas por meio das mídias eletrônica, impressa, dirigida, ao ar livre ou em pontos de venda.

Para esse projeto, você deverá pesquisar o composto de comunicação em diferentes tipos de mídia. Deverá selecionar três tipos de atividades de comunicação encontradas nas mídias pesquisadas para, em seguida, identificá-las e descrevê-las.

Deverá descrever as características de cada atividade de comunicação e indicar em que tipo de mídia ela foi localizada. Por exemplo, você poderá encontrar *press-releases* em jornais, propagandas em *outdoors* ou promoções na Internet, e, assim, descrever as características de um *press-release,* de uma propaganda e de uma promoção, de acordo com as características do composto de comunicação apresentadas neste capítulo.

A descrição das características das atividades selecionadas será útil para confirmar se você identificou a atividade corretamente.

Caso você selecione alguma atividade de comunicação em mídia impressa, deverá anexar, em seu projeto, os materiais impressos em que se baseou para realizar a descrição das atividades. Procure detalhar ao máximo as atividades encontradas em outros tipos de mídia, para que seu professor tenha meios de reconhecê-las e corrigir seu trabalho.

BIBLIOGRAFIA

AAKER, David A. *Criando e administrando marcas de sucesso.* São Paulo: Futura, 1996.

BALDWIN, Huntley. *How to create effective TV commercials.* Chicago: NTC Publishing, 1989.

BLECHER, Nelson. Quer preço ou quer marca? *Exame,* 13 jun. 2001.

BURNETT, John; MORIARTY, Sandra. *Introduction to Marketing communications*: an integrated approach. New Jersey: Prentice Hall, 1998.

CHURCHILL Jr., Gilbert A.; PETER, J. Paul. *Marketing*: criando valor para os clientes. São Paulo: Saraiva, 2000.

KELLER, Kevin L. *Strategic brand management*: building, measuring, and managing brand equity. New Jersey: Prentice Hall, 1998.

KOTLER, Philip. *Administração de marketing:* análise, planejamento, implementação e controle. São Paulo: Atlas, 1998.

O'GUINN, T. C.; ALLEN, C. T.; SEMENIK, R. J. *Advertising.* Cincinnati: South Western College, 1998.

RIES, Al; ______, Laura. *As 22 consagradas leis de marcas.* São Paulo: Makron, 1998.

______; TROUT, Jack. *Positioning:* the battle for your mind. NewYork: McGraw-Hill, 1981.

STREHLAU, Viviane. *A embalagem e sua influência na imagem do produto.* São Paulo: EAESP/ FGV, 1996. (Dissertação.)

Capítulo 12

A Venda Pessoal

Nicolau André de Miguel

VISÃO GERAL DO CAPÍTULO

Este capítulo introduzirá os conceitos de venda pessoal dos pontos de vista estratégico, tático e operacional. Do ponto de vista estratégico, abordaremos a importância da força de vendas para as organizações, ressaltando o seu direcionamento em relação às tendências do marketing. Discutiremos, ainda, as competências fundamentais para o desempenho superior de vendedores. Do ponto de vista tático, analisaremos a administração do esforço de vendas e detalharemos as etapas do seu planejamento. E, finalmente, do ponto de vista operacional, apresentaremos as funções da gerência de vendas, descrevendo seus principais modelos.

OBJETIVOS DO CAPÍTULO

Depois de concluir este capítulo, você será capaz de:

1. definir venda pessoal e compreender sua importância para o marketing ao influenciar as percepções dos clientes ou consumidores;
2. avaliar os impactos de tendências e estratégias em marketing no direcionamento da força de vendas;
3. identificar as competências de vendedores para um desempenho superior;
4. discutir os processos de vendas relacionados a procedimentos táticos, ressaltando a posição da venda pessoal perante outros elementos do composto de comunicação e os objetivos que devem ser alcançados pela força de vendas;
5. detalhar os processos de um plano de vendas;
6. discutir as funções da gerência de vendas, enfatizando as atividades de gerenciamento de pessoas;
7. descrever os principais métodos de vendas.

12.1 A IMPORTÂNCIA E O PAPEL DA VENDA PESSOAL

Venda pessoal é um processo de comunicação interativo que permite a flexibilização das mensagens do vendedor de acordo com necessidades, desejos, crenças e valores dos clientes ou consumidores.

A **venda pessoal** é um dos instrumentos do composto de comunicação de marketing, ao lado de elementos como propaganda, promoção de vendas, marketing direto, Internet, relações públicas, *merchandising* e publicidade. É a única parte do composto de comunicação de marketing em que a comunicação é realizada de forma pessoal e direta entre a empresa e seus clientes ou consumidores.

A venda pessoal é um processo de comunicação interativo que permite a flexibilização das mensagens do vendedor de acordo com necessidades, desejos, crenças e valores dos clientes, que, geralmente, são diferentes entre si. Essa flexibilização permite que o vendedor desenvolva um processo de vendas específico para cada cliente, com os seguintes passos:[1]

- busca de informações essenciais sobre os clientes com perspectiva de negócios, antes ou durante a interação;
- desenvolvimento de táticas de abordagens com base nessas informações;
- adaptação e transmissão de mensagens pessoais aos clientes com perspectiva de negócios;
- avaliação dos resultados das abordagens e das mensagens pessoais utilizadas;
- ajustamento das mensagens pessoais conforme a avaliação.

Devido às suas distinções, a venda pessoal torna-se um dos pontos mais eficazes para gerar satisfação nos clientes. Antes de comprarem, os clientes desenvolvem atitudes e expectativas provocadas por mensagens publicitárias, promoções, literatura dos produtos, "boca a boca", incluindo suas experiências anteriores com a empresa e seus produtos. Cabe ao vendedor interpretar as atitudes e as expectativas dos clientes para oferecer os produtos adequados às suas necessidades e desejos.[2] Além disso, o vendedor precisa estar atento às distorções de percepção dos clientes quanto a produtos, serviços pós-venda, condições de fornecimento e satisfação de outros clientes relacionados à sua empresa. Diante desse problema, o vendedor deverá influenciar os clientes para corrigir suas percepções e resgatar a credibilidade nos produtos e na imagem da sua empresa.

Há vários elementos que podem afetar o relacionamento com os clientes e a satisfação deles, quais sejam: a cortesia, a maneira de prestar informações e serviços, a transparência sobre como a empresa conduz seus negócios etc. Durante a interação, o vendedor procura chamar a atenção dos clientes em potencial para os benefícios dos produtos e, ao solicitar que estes os comprem, ele estará prestando um serviço e não pedindo um favor. O vendedor profissional não deve persuadir seus clientes a menos que tenha plena convicção de que os produtos atendam suas necessidades.

---

[1] SPIRO, R. L.; WEITZ, B. A. Adaptive selling: conceptualization, measurement, and nomological validity. *Journal of Marketing Research,* XXVIII, p. 61-69, fev. 1990.

[2] LELE, M. M.; SHETH, J. N. *The customer is key.* New York: John Wiley & Sons, 1991.

Por essas razões, a empresa precisa definir uma missão para a força de vendas que contribua para realizar os planos estratégicos ou desenvolver uma unidade de negócios.

A missão da força de vendas deve ter como base a análise e o entendimento dos ambientes interno e externo da empresa. A análise do ambiente interno envolve a revisão do negócio, da missão, das políticas, dos objetivos, das competências e dos recursos disponíveis. Já a análise do ambiente externo implica identificar e avaliar as forças que atuam sobre a empresa: clientes, clientes dos clientes, canais de marketing, consumidores, intensidade dos concorrentes, potencial do mercado, forças reguladoras, tecnologia, economia, política, tendências culturais e sociais.[3]

Figura 12.1
A força de vendas como parte da estratégia da empresa ou de uma unidade de negócios

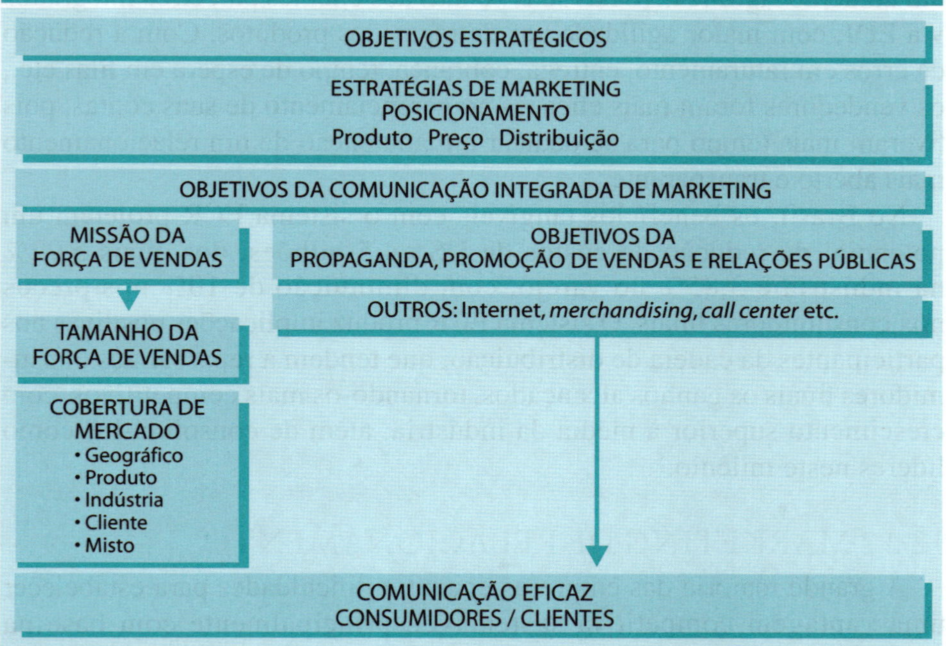

Fonte: Adaptado de LAMBIN, Jean-Jacques. *Market-driven management*. London: MacMillan Business, 2000.

12.2 AS ATUAIS TENDÊNCIAS E ESTRATÉGIAS EM MARKETING

Quanto ao direcionamento estratégico de marketing, há, atualmente, duas grandes tendências: rede de marketing e marketing de relacionamento.

12.2.1 REDE DE MARKETING

Muitas empresas estão conseguindo vantagens competitivas com a formação de parcerias e alianças com seus fornecedores e canais de distribuição

[3] RYANS, A. B.; WEINBERG, C. B. Sales force management: integrating research advances. In: ENIS, B.; COX, K.; MOKWA, M. *Marketing classics*. 8. ed. Upper Saddle River: Prentice Hall, 1991, p. 528-545.

para atenderem melhor aos consumidores finais, com a criação de redes de entrega de valor superior.[4]

Por exemplo, em 1997, a Associação Brasileira de Supermercados (Abras) criou a Associação ECR Brasil, para implementar as ferramentas e processos do sistema ECR (*efficient consumer response*) entre seus participantes em diversos processos empresariais. Em marketing, estão previstas economias com a administração de promoções no varejo e redução nas falhas de lançamentos de produtos. Nas transações de compra e venda, haverá menos gastos nesse campo e, na administração central, pela utilização de menor número de transações, ordens de compras automáticas via EDI (veja o Capítulo 8), redução de descontos e administração simplificada.

As transações de compra e venda nos projetos-piloto passaram a ser executadas pelo EDI Mercantil. Uma experiência da Kolynos comprovou um aumento significativo nas suas vendas aos clientes parceiros integrados via EDI, com maior agilidade nas entregas dos produtos. Com a redução de erros em faturamento, entrega, cobrança, tempo de espera em filas etc., os vendedores foram mais eficazes no gerenciamento de suas contas, pois tiveram mais tempo para se dedicar à manutenção de um relacionamento mais aberto e transparente.

No Brasil, os benefícios tangíveis com o sistema ECR projetam um potencial de redução de custos de US$ 4,5 bilhões, dos quais 5,92% na indústria e 3,85% no varejo, com diminuição de 10% nos preços nos consumidores finais. O sistema ECR produz implicações positivas nos participantes da cadeia de distribuição, que tendem a repassar aos consumidores finais os ganhos alcançados, tornando-os mais competitivos, com crescimento superior à média da indústria, além de consolidá-los como líderes neste milênio.[5]

12.2.2 MARKETING DE RELACIONAMENTO

A grande maioria das empresas encontra dificuldades para estabelecer uma vantagem competitiva sustentável, principalmente com base na tecnologia. Para fugir da caracterização de *commodities,* as empresas buscam diferenciar seus produtos com mais e mais dispositivos, muitas vezes irrelevantes para seus consumidores, como as calculadoras eletrônicas e muitos *softwares.*

O termo *market driven company* ficou famoso na década de 1980, pois estimulou a empresa a direcionar-se para o que fazer e como, conforme o mercado. Iniciou-se um novo diálogo entre a empresa e seus clientes, tornando suas necessidades mais transparentes. A empresa, assim, procurava adaptar rapidamente sua tecnologia, na busca da expansão de mercado.

Essa rápida mudança exigia uma nova postura. As estratégias de marketing tradicionais eram inadequadas por não considerarem o avanço tecnológico

---

[4] KOTLER, P. *Administração de marketing*: a edição do novo milênio. São Paulo: Prentice Hall, 2000.

[5] ASSOCIAÇÃO ECR BRASIL. *Primeiro Congresso ECR Brasil.* São Paulo: Associação ECR Brasil, 1999.

e as novas mudanças estruturais como fatores importantes e, acima de tudo, porque o desenvolvimento e a manutenção de fortes relações com os clientes nunca haviam sido seus objetivos básicos.

Esse novo relacionamento compreende a combinação de novas estratégias de marketing, a prestação de melhores serviços aos clientes e o desenvolvimento de produtos com mais qualidade. Esse novo processo procura ir além do tempo da compra pelo cliente, representando uma mudança do marketing transacional — que tem um ciclo de tempo curto, talvez focado em uma venda simples, com quase nenhum contato ou compromisso com os clientes — para o marketing de relacionamento, que tem como foco o longo prazo, procurando reter os clientes com bons serviços e produtos de qualidade.

Com o desenvolvimento da tecnologia da informação, as empresas adquiriram maior capacidade para gerenciar seus relacionamentos, ao possibilitar a introdução do conceito de "marketing um a um", lançado por Don Peppers e Martha Rogers, em 1994.[6]

O conceito de marketing de relacionamento é, de certa forma, complexo, o que dificulta uma conceituação comum. De maneira geral, há um entendimento de que o marketing de relacionamento é uma abordagem centrada nos compradores existentes e nas perspectivas com as quais a empresa procura relações de negócios de longo prazo.

Uma definição mais abrangente de **marketing de relacionamento** seria[7]: o processo pelo qual uma empresa constrói alianças de longo prazo com seus clientes em potencial e compradores existentes, em que ambos — vendedor e comprador — são direcionados a um conjunto comum de objetivos específicos. Esses objetivos compreendem: 1. entender as necessidades do comprador; 2. tratá-lo como parceiro; 3. assegurar que os funcionários satisfaçam as necessidades do comprador, permitindo-lhes o exercício de iniciativas além das normas; e 4. fornecer aos compradores a melhor qualidade possível.

Marketing de relacionamento é o processo pelo qual uma empresa constrói alianças de longo prazo com seus clientes em potencial e compradores existentes, em que ambos — vendedor e comprador — trabalham direcionados a um conjunto comum de objetivos específicos.

A eficácia da prática do marketing de relacionamento está condicionada aos seguintes resultados: 1. compradores satisfeitos em grande escala; 2. maior fidelidade deles; 3. percepção entre a maioria dos compradores de que estão recebendo produtos com mais qualidade; e 4. aumento de lucratividade do vendedor.

Assim, marketing de relacionamento é um processo contínuo, que exige da empresa: 1. comunicação frequente com os compradores, para assegurar a realização dos objetivos comuns; e 2. integração dos conceitos de marketing de relacionamento ao planejamento estratégico, delegando poderes a todos para melhor gerenciamento dos recursos e satisfação das necessidades dos compradores.

Essas tendências têm provocado profundas mudanças na profissão do vendedor, obrigando as empresas a prestarem muita atenção em três áreas:

---

[6] PEPERS, D.; ROGERS, M. *Empresa 1:1:* instrumentos para competir na era da interatividade. Rio de Janeiro: Campus, 1997.

[7] EVANS, J. R.; LASKIN, R. L. The relationship marketing process: a conceptualization and application. *Industrial Marketing Management,* n. 29, p. 439-452.

1. integração da estratégia de marketing com a estratégia da força de vendas; 2. gerenciamento do relacionamento com os clientes; 3. gerenciamento das atividades da força de vendas pela automação.[8]

A estratégia de marketing de relacionamento traz duas consequências no direcionamento da força de vendas: identificação dos clientes-chave, com os quais serão formados os relacionamentos, e uma abordagem pelo método de "venda relacionamento".

A empresa precisa **identificar os clientes-chave** com os quais irá desenvolver relacionamentos e, ainda, quais serão os tipos de relacionamentos a serem construídos no longo prazo com sua anuência. Eles podem ser de vários tipos, conforme a escala mostrada no Quadro 12. 1.

Quadro 12.1
A escala do marketing de relacionamento

1 →	2 →	3 →	4 →	5 →	6 →	7
Transação	Transação repetida	Relacionamento de longo prazo	Parceria comprador--vendedor (dependência total, mútua)	Alianças estratégicas (inclusive *joint ventures*)	Organizações em rede	Integração vertical

Fonte: WEBSTER JR., Frederick. The changing role of marketing in the corporation. *Journal of Marketing*, v. 56, Oct. 1992, p. 1-17.

As variáveis para identificação dos clientes-chave podem ser: tendências das vendas, taxa de crescimento dos negócios, grau de aceitação das soluções da empresa, grau de satisfação em trabalhar com a conta, fonte de referência, tendência dos pedidos e grau de dependência.[9] Na medida em que a empresa avança nos relacionamentos com seus clientes, devido ao avanço da tecnologia da informação, aparecem demandas para a construção de elos entre seus processos. Nesse ponto, a empresa precisa identificar os processos que serão interligados e qual nível será aplicado a cada um.[10]

Com a atual complexidade operacional, a velha regra 80-20 mudou. Agora, 80% do volume de negócios da empresa são realizados com até 20 clientes, não com 20% do total dos seus clientes. E esses clientes precisam de um atendimento de alto nível, uma equipe de vendas sofisticada e bem treinada para entender cada vez mais suas exigências e prestar um atendimento superior.[11] Nesse tipo de equipe, o vendedor denomina-se gerente de conta.

---

[8] WILSON, K. Managing the industrial sales force of the 1990s. In: HARTLEY, B.; STARKEY, M. W. (Eds.). *The management of sales and customer relations*. London: International Thomson Business Press, 1996.

[9] MILLER, R. B. et al. *Sucessful large account management*. New York: Warner Books, 1991.

[10] LAMBERT, D. M.; COOPER, M. C. Issues in supply chain management. *Industrial Marketing Management*, n. 29, 2000, p. 65-83

[11] SHAPIRO, B. P. et al. Strategic sales management. A boardroom issue. *Harvard Business School*, paper 9-595-018, 6 maio 1998.

Para cada cliente-chave, implanta-se um cadastro extenso com todos os dados possíveis sobre ele, seus fornecedores, clientes do cliente, processos operacionais, balanços, estratégias, investimentos, histórico de vendas, tendências do setor, tecnologia, principais concorrentes etc. Esses dados servem para a inteligência de marketing e buscam facilitar o planejamento de ofertas que agreguem mais valor a cada um.

A **venda relacionamento** consiste no desenvolvimento de uma série de atividades pelo vendedor ou gerente de conta com seu cliente, para alcançar objetivos comuns, mutuamente benéficos e de longo prazo. Em função do planejamento das contas-chave, cada cliente terá uma abordagem customizada. Uma das tarefas do gerente de conta será identificar a estrutura do poder ou centro de compras do cliente, seu processo decisório, seus membros e respectivos papéis sociais:[12]

Venda relacionamento consiste no desenvolvimento de uma série de atividades pelo vendedor ou gerente de conta com seu cliente para alcançar objetivos comuns, mutuamente benéficos e de longo prazo.

Iniciador. É a pessoa que identifica um problema, sua respectiva causa e busca solucioná-lo com a compra de um produto ou serviço.

Deliberadores. São as pessoas que dizem "sim" ou "não" antes de se completar o processo de compra. Em grandes compras, os membros da direção podem assumir o papel de deliberadores. Nesse processo, um dos membros pode vir a ser um defensor da compra em avaliação, sem o que, muitas vezes, determinados negócios não seriam realizados.

Influenciadores. São as pessoas que têm algo a dizer no processo de compra e o que precisa ser comprado. O número de influenciadores tende a ser maior de acordo com o tamanho e a complexidade da compra.

Selecionadores. São as pessoas com grande conhecimento sobre determinada área ou determinados problemas e suas possíveis soluções. Sabem quais são os possíveis fornecedores da solução por meio de informações sobre produtos, ofertas e restrições. São os compradores ou gerentes de compras.

Compradores e usuários. São as pessoas ligadas à compra e ao uso dos produtos. O departamento de compras processa os documentos finais da transação comercial, emitindo as ordens de compras e o respectivo acompanhamento. Aos usuários cabe o papel de utilizar e usufruir os produtos ou serviços comprados no interesse da empresa.

Convém observar que muitas pessoas podem exercer mais de um papel durante o processo decisório de compra. Além de identificar os papéis que as pessoas desempenham, o gerente de conta deve observar quais suas respectivas funções, que também influenciam as atitudes, convicções e valores de cada um. A identificação desses papéis é fundamental para o gerente de conta adaptar suas mensagens a cada membro da estrutura de poder do cliente.

O gerente de conta, como um verdadeiro defensor da empresa, deve assegurar as seguintes características fundamentais para um real relacionamento:[13]

---

[12] BONOMA, T. V.; SHAPIRO, B. P. *Sucesso e marketing industrial.* São Paulo: Harbra, 1991.

[13] WEITZ, B. A. et al. *Selling*: building partnerships. Chicago: Irwin, 1995.

Desenvolvimento de confiança recíproca. Os clientes adquirem confiança no gerente de conta quando ele respeita suas necessidades, seus desejos e seus interesses em todas as situações e, mais ainda, quando suas expectativas são excedidas.

Comunicação. Nada melhor que uma comunicação aberta, sincera e honesta entre cliente e gerente de conta para o real entendimento dos valores inerentes aos relacionamentos.

Compromisso com ganhos mútuos. As atividades devem ser direcionadas para aproveitar todas as oportunidades para a criação de novos valores, com conquista de ganhos mútuos.

Suporte organizacional. As pessoas envolvidas nos relacionamentos devem receber todo o suporte para a realização das atividades negociadas, como alterações de rotinas burocráticas e treinamento.

A metáfora do casamento pode ser utilizada para explicar o conceito de venda relacionamento:

Quadro 12.2
Comparação da venda relacionamento com o casamento

- Para que a venda relacionamento ocorra, assim como no casamento, você deve realizá-la.
- Consciência, credibilidade, confiança e "química" governam o relacionamento. A importância de cada um deve ser enfatizada continuamente.
- É necessário estar preparado para cumprir todas as promessas. Caso contrário, é necessário estar preparado para o divórcio.

Fonte: Adaptado de JOLSON, M. A. Broadening the scope of relationship selling. *Journal of Personal Selling & Sales Management*, v. XVII, n. 4, p. 75-99, Fall 1997.

12.3 AS COMPETÊNCIAS DOS VENDEDORES COM DESEMPENHO SUPERIOR

As empresas têm procurado explorar suas competências essenciais para ampliar vantagens competitivas sobre os concorrentes. Para obter os reais benefícios das suas competências, as empresas devem, também, alinhar suas forças de vendas à missão e aos objetivos estratégicos, estruturando um "modelo de competências" para suas forças de vendas realizarem desempenhos superiores aos dos concorrentes.

Competências são características inerentes à pessoa que indicam maneiras de agir ou pensar generalizadas às situações e constantes, por um razoável e longo período de tempo.

Competências são características inerentes à pessoa e indicam "maneiras de agir ou pensar, generalizadas às situações, e constantes, por um razoável e longo período de tempo"[14]. Uma característica não é uma competência a menos que possa predizer algum comportamento significativo nas atividades profissionais. Portanto, uma característica que não faz diferença no desempenho superior não é uma competência profissional e não deve ser usada para avaliar os vendedores.

[14] GUION, R. M. apud SPENCER, L. M.; SPENCER, S. M. *Competence at work*: models for superior performance. New York: John Wiley, 1993, p. 9.

Depois de extensos estudos, Spencer e Spencer apresentaram, em 1993, um modelo genérico sobre as competências de vendedores com desempenho superior, que variam de acordo com o tamanho e a complexidade do ciclo da venda, as características da empresa e da região, o produto e o tipo de comprador. Esse modelo compreende cinco tipos de competências:[15]

1. **Motivos.** Assuntos que interessam à pessoa ou desejos que provocam comportamentos em busca de determinados resultados.
2. **Traços.** Características físicas e respostas consistentes a determinadas situações ou informações.
3. **Autoconceito.** Atitudes, valores ou autoimagem da pessoa.
4. **Conhecimento.** Informações que a pessoa tem em área específica.
5. **Habilidade.** Capacidade para realizar determinada tarefa física ou mental.

Os clientes considerados no modelo a seguir variaram de pessoas que dirigem pequenos estabelecimentos comerciais, de pequenas empresas a grandes corporações, de instituições a entidades do governo. O valor do pedido de compras variava de poucos a milhares de dólares.

Quadro 12.3
Modelo genérico de competências de vendedores

Impacto e influência
- Estabelecer credibilidade.
- Direcionar problemas e preocupações do cliente.
- Influenciar indiretamente.
- Simular mentalmente os efeitos das próprias palavras e ações.

Orientação à realização
- Estabelecer objetivos desafiadores mas realizáveis.
- Usar o tempo eficazmente.
- (Melhorar as operações dos clientes.)
- (Focar oportunidades de potencial de lucro.)

Iniciativa
- Persistir, não desistir facilmente.
- Medir as oportunidades.
- (Responder a possíveis ameaças.)

Entendimento interpessoal
- Compreender o comportamento não-verbal.
- Compreender as atitudes dos outros, e seus significados.
- Prognosticar reações de outros.

Orientação de serviços aos clientes
- Realizar esforços extras para sanar as necessidades do cliente.
- Descobrir e sanar as necessidades subjacentes do cliente.

[15] SPENCER, L. M.; SPENCER, S. M. *Competence at work*: models for superior performance. New York: John Wiley, 1993.

- Realizar o *follow-up* dos contatos dos clientes e das "reclamações".
- (Tornar-se um conselheiro de confiança do cliente.)

Autoconfiança
- Confiar nas próprias habilidades.
- Aceitar os desafios.
- Ter estilo otimista.

Construção de relacionamentos
- Manter amizades no trabalho.
- Ter e usar rede de contatos.

Pensamento analítico
- Antecipar-se aos obstáculos e preparar-se para eles.
- Pensar em planos e explanações diversificados.

Pensamento conceitual
- Usar regras práticas.
- Observar similaridades entre presente e passado.

Procura de informação
- Obter informações de muitas fontes.

(Conhecimento organizacional)
- Compreender o funcionamento da organização do cliente.

Inicial — conhecimento técnico
- Ter conhecimento técnico ou relevante sobre produtos.

Os itens entre parênteses são relevantes somente para algumas posições.

Fonte: Adaptado de SPENCER, L. M.; SPENCER, S. M. *Competence at work*: models for superior performance. New York: John Wiley, 1993, p. 172-173.

Apesar da relativa complexidade na sua implantação, a utilização de um "modelo de competências" para a força de vendas permitirá melhor gerenciamento dos processos de seleção, treinamento, desenvolvimento, avaliação de desempenho e promoção dos vendedores. A consequência mais positiva, sem dúvida, será um melhor atendimento aos clientes, que gera vantagem competitiva sobre os concorrentes.

12.3.1 COMO DEFINIR AS TAREFAS E COMPETÊNCIAS DOS VENDEDORES

Há uma matriz que ajuda a definir as tarefas que o vendedor deve executar para elaborar a "estrutura de competências" necessária para um desempenho superior. Essa matriz utiliza duas variáveis do comportamento dos compradores: **esforço** empreendido para conseguir o produto que atenda a suas necessidades e desejos; e probabilidade de **percepção de perda**, se o produto não atender às suas expectativas. Essas variáveis são influenciadas pela intensidade baixa ou alta, o que permite a construção da seguinte matriz:

Figura 12.2
Matriz para identificação de tarefas para vendedores

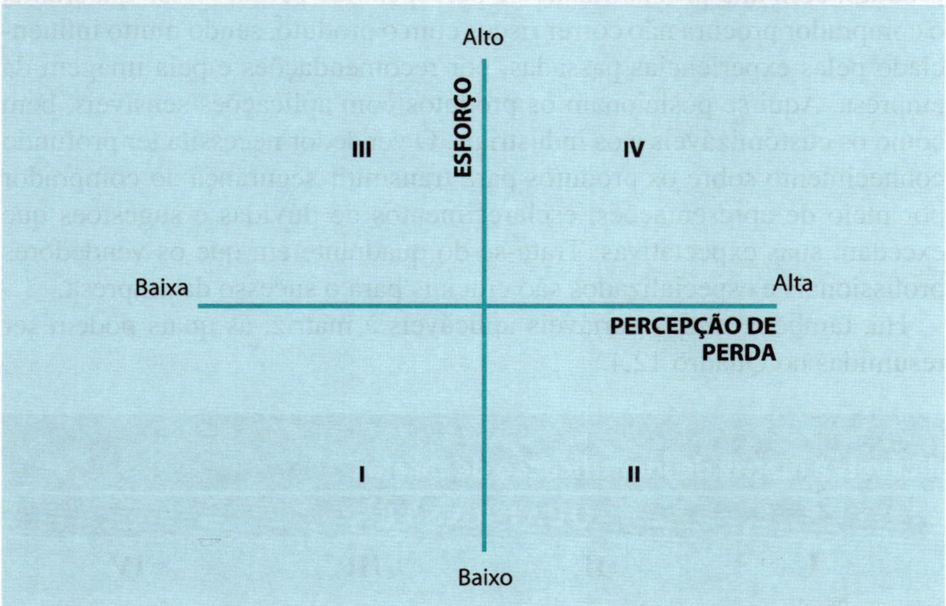

No quadrante I, o comprador realiza baixo esforço para conseguir o produto, e a probabilidade de percepção de perda é baixa. Temos aqui praticamente todos os casos de compra de produtos comuns e sem complexidade decisória do comprador. A única influência se dá pela disponibilidade do produto no ponto de venda. Para o comprador, o tipo de interação com o vendedor quase não tem nenhuma importância. Mas, no processo da relação do vendedor com o proprietário do ponto de venda, suas tarefas estão relacionadas a *merchandising,* exposição de produtos no ponto de venda e promoções de vendas. O vendedor procura ajudar o seu cliente a vender mais, o que facilita a estratégia de "puxar" a demanda de seus produtos, ao invés de "empurrá-los".

No quadrante II, o comprador realiza baixo esforço para conseguir o produto, porém a probabilidade de percepção de perda é alta. Nesse caso, o comprador está em busca de produtos de sua preferência e hábito de consumo. O posicionamento da marca é muito forte. Se não existir o produto preferido, o vendedor poderá indicar ou influenciar na compra de um produto substituto. Nesse caso, esse profissional deverá ser treinado para expor as semelhanças e diferenças entre os produtos e ser sensível às preferências do comprador, sem "empurrar" outro produto. Se o comprador não tiver suas expectativas atendidas com o produto indicado, o ponto de venda poderá cair em descrédito.

No quadrante III, o comprador realiza alto esforço para conseguir o produto, porém a probabilidade de percepção de perda é baixa. Nesse quadrante, posicionam-se os produtos passíveis de serem experimentados pelos compradores, bem como os que podem ser customizados. O gosto e a preferência pessoal do comprador são muito fortes e é preciso que o vendedor seja bem treinado e cortês. O ponto de venda é muito importante para "recompensar" o esforço do comprador, e a qualidade geral do atendimento propicia a manutenção de relacionamentos de longo prazo.

No quadrante IV, o comprador realiza alto esforço para conseguir o produto, com alta probabilidade de percepção de perda. Nesse quadrante, o comprador procura não correr riscos com o produto, sendo muito influenciado pelas experiências passadas, por recomendações e pela imagem da empresa. Aqui se posicionam os produtos com aplicações sensíveis, bem como os customizáveis e os industriais. O vendedor necessita ter profundo conhecimento sobre os produtos para transmitir segurança ao comprador por meio de apresentações, esclarecimentos de dúvidas e sugestões que excedam suas expectativas. Trata-se do quadrante em que os vendedores profissionais e especializados são cruciais para o sucesso da empresa.

Há, também, outras variáveis aplicáveis à matriz, as quais podem ser resumidas no Quadro 12.4.

Quadro 12.4
Outras variáveis aplicáveis à matriz de identificação de tarefas

	QUADRANTES			
Variáveis	**I**	**II**	**III**	**IV**
Duração do ciclo da venda e contato com o vendedor	**Curtos**	**Curtos**	**Médios**	**Longos**
Complexidade da tomada de decisão para compra	**Nenhuma**	**Pouca**	**Média**	**Grande**
Características do produto	**Poucas**	**Algumas**	**Várias**	**Muitas. Técnico.**
Importância do ponto de venda	**Nenhuma**	**Pouca**	**Grande**	**Relativa**
Necessidade de negociação	**Nenhuma**	**Nenhuma**	**Alguma**	**Grande**
Volume em dinheiro na transação	**Baixo**	**Baixo**	**Médio**	**Alto e altíssimo**
Número de concorrentes	**Grande**	**Grande**	**Médio e competitivos**	**Pequeno e forte**

A observância da matriz de identificação das tarefas e das variáveis adicionais leva a gerência a ter uma visão mais detalhada do papel do vendedor, o que facilita a construção de seu modelo de competências.

12.4 A ADMINISTRAÇÃO DO ESFORÇO DE VENDAS

Esta seção trata dos processos de vendas relacionados com as principais táticas de execução dos direcionamentos estratégicos da empresa, em que, geralmente, se destacam as duas grandes dimensões do papel da venda pessoal: sua posição em relação aos outros instrumentos do composto de comunicação e os objetivos e metas que devem ser realizados pela força de vendas.

12.4.1 RECRUTAMENTO

Após mapear as principais tarefas do vendedor, define-se uma estrutura de competências para identificar e selecionar os profissionais ideais para assumir os cargos. Algumas características do negócio podem determinar se a empresa precisa buscar vendedores com experiência ou não. As principais fontes de recrutamento podem ser:

Recrutamento interno. É uma política saudável e econômica, pois oferece oportunidades a funcionários qualificados para os cargos em aberto, além de abreviar o treinamento sobre produtos e sobre a cultura da empresa.

Estabelecimentos de ensino. Com as crescentes exigências de qualificações profissionais, os bons estabelecimentos de ensino têm servido como filtro para recrutamento, pois seus alunos são candidatos com alto índice de capacitação intelectual e cultural, disciplina e perseverança.

Empresas concorrentes. O aspecto positivo dessa fonte de recrutamento é que se consegue um profissional já preparado e com conhecimentos sobre o mercado e produtos para realizar vendas mais rápido, economizando-se em treinamento e atendimento a clientes. Por outro lado, pode-se atrair um vendedor experiente tanto com bons como com maus hábitos, e é improvável que estes sejam alterados.

Indicações. Na era do *networking,* muitas empresas oferecem compensações aos funcionários que indicarem pessoas de seus relacionamentos para cargos em aberto.

Anúncios. Veiculados em jornais, em boletins de associações, na Internet e em revistas especializadas em que são divulgadas informações sobre o cargo.

Empresas de seleção e recrutamento. Assim como as empresas *headhunters,* elas são utilizadas quando a empresa não dispõe dos instrumentos ideais para realizar testes e entrevistas que identifiquem as pessoas qualificadas para o cargo.

12.4.2 SELEÇÃO

Selecionar vendedores é buscar pessoas certas para os lugares certos. Uma das mais difíceis tarefas da gerência de vendas é, sem dúvida, selecionar para admitir, treinar, desenvolver e promover um dos prováveis futuros executivos da empresa. Mas, se o desempenho profissional desse novo vendedor não corresponde às expectativas, não resta alternativa senão sua demissão, perdendo-se um valioso investimento. Outro possível prejuízo será o atendimento inadequado a clientes.

Portanto, a seleção final deve ser feita após meticuloso planejamento das tarefas a serem executadas, das competências apresentadas pelos candidatos, do potencial para crescimento e das demais características demonstradas nos testes e nas entrevistas. Além das competências desejadas para o cargo, a gerência de vendas deve estar atenta para a vontade que o candidato demonstra de ingressar na empresa e para a admiração que tem por ela. Após os processos de recrutamento e seleção, a palavra final de admissão do candidato deve ser dada somente após o devido exame médico admissional.

12.4.3 TREINAMENTO

O treinamento de vendedores precisa ser entendido como um ciclo educacional amplo, sem fronteiras e contínuo. Um bom sistema educacional, além de alavancar a produtividade e lucratividade da empresa, promove a motivação de longo prazo dos vendedores, pelo compromisso e orgulho em realizar bem o trabalho. Um programa de treinamento de qualidade representa o primeiro passo para promover orgulho e compromisso.[16]

O treinamento pode ser desdobrado em dois campos: técnico e comportamental. O treinamento técnico compreende o desenvolvimento de conhecimentos relativos a produtos e suas aplicações; cultura e estratégias da empresa; características do mercado; características dos consumidores; e produtos e estratégias da concorrência.

O treinamento comportamental procura desenvolver atitudes, habilidades e capacidades dos vendedores relativas a métodos de vendas; habilidades pessoais, ou seja, saber ouvir, comunicar-se bem, ser criativo, adaptar-se com facilidade, ser organizado, fazer perguntas, perseverar, ter confiança, superar objeções, solucionar problemas etc.; negociação e profissionalismo.

A metodologia do treinamento pode variar em função dos produtos e dos clientes a serem atendidos. As ferramentas mais usadas são: manuais, videoteipes, estudos de casos, simulações de papéis, simulações em computadores, testes, teleconferências etc. Geralmente, vendedores mais experientes ou profissionais designados para o cargo, gerentes imediatos, executivos e instrutores de empresas educacionais atuam como instrutores. Um treinamento começa em sala de aula e evolui para saídas a campo, supervisionadas pelo gerente imediato.

Em razão das características do trabalho do vendedor, especial atenção necessita ser dada para o que se denomina socialização organizacional durante o treinamento inicial. Será nesse período que o vendedor irá desenvolver as habilidades essenciais, convicções e valores para assumir o papel de vendedor e participar das atividades como um verdadeiro integrante da empresa.[17]

---

[16] CHONKO, L. B.; TANNER, J. F.; WEEKS, W. A. Sales training: status and needs. *Journal of Personal Selling & Sales Management,* v. XIII, n. 4, p. 81-86, Fall 1993.

[17] DUBINSKY, A. J. et al. Salesforce socialization. *Journal of Marketing,* v. 50, p. 192-207, out. 1986.

12.4.4 ORGANIZAÇÃO E ESTRUTURA DE TERRITÓRIOS

Na definição do papel da força de vendas para realizar os objetivos estratégicos, um problema recorrente é definir se a empresa necessita utilizar força de vendas própria ou agenciar os esforços de cobertura dos territórios e vendas por meio de representantes, agentes, vendedores autônomos ou distribuidores, denominados força de vendas indireta ou gerenciada. Pode-se optar, também, pela utilização de uma força de vendas mista. As determinantes dessa escolha são, basicamente: custos, visibilidade de presença no mercado, necessidade de supervisão e controle das atividades de vendas.

Qualquer definição implica o planejamento das atividades e esforços que devem ser delimitados num plano de vendas desdobrado para cada tipo de força de vendas, direta ou agenciada.

A WEG, por exemplo, com sede em Jaraguá do Sul (SC), uma das líderes mundiais na produção de motores elétricos industriais, com 7 milhões de unidades produzidas em 2000, vem realizando em janeiro, desde 1966, a Convenção Nacional dos Representantes Comerciais (CONWEG), que serve para fazer um balanço do ano anterior, atualizar conhecimentos técnicos e definir metas e objetivos para o ano que se inicia. Como elemento motivador, a WEG premia as contribuições dos dez melhores representantes, com base nos seguintes critérios: cumprimento de metas, índice de liquidez dos negócios, crescimento na região, avaliação do desempenho e vendas sinérgicas. Além desse reconhecimento, os representantes contribuem para análise do mercado, recebem treinamento, participam de discussões sobre políticas de marketing, vendas, produtos e outros. Ao todo, a força de vendas indireta dessa empresa conta com 100 representantes comerciais no Brasil e mais de 50 no exterior. As gerências de vendas da WEG trabalham em conjunto com esses representantes, apoiando-os em visitas a feiras, visitas a clientes, orientação às mudanças mercadológicas, incentivo para desenvolvimento profissional e concretização das metas. As principais tarefas desses representantes, além de realizar contatos com os clientes e vender soluções para suas diferentes necessidades, são: descobrir novos nichos de mercado, sugerir mudanças de produtos para atender os clientes, divulgar novos produtos e suas aplicações e ajudar seus clientes a melhorarem suas vendas.

12.4.5 PLANO DE VENDAS

Uma poderosa ferramenta gerencial consiste em elaborar e divulgar para o pessoal dessa área um **plano de vendas** que contenha em detalhes os processos da empresa. A clareza na descrição das tarefas de vendas torna-se 50% mais importante na determinação da motivação dos vendedores. Pode-se afirmar que um plano bem elaborado é o principal instrumento na motivação dos vendedores.[18]

Plano de vendas é uma ferramenta gerencial que contém os detalhes dos processos de vendas da empresa.

A seguir, é mostrado como devem ser os principais processos do plano de vendas.

[18] SHAPIRO, B. P.; DOYLE, S. X. Make the sales task clear. *Harvard Business Review*, Boston, nov./dez. 1983.

12.4.5.1 ESTRUTURAS DE TERRITÓRIOS DE VENDAS

Território de vendas compreende a descrição de uma área geográfica ou grupo de clientes em que o vendedor deverá cumprir seus objetivos e metas.

O **território de vendas** compreende a descrição de uma área geográfica ou grupo de clientes em que o vendedor deverá cumprir seus objetivos e metas. Há vários tipos de territórios, dos quais destacamos os principais:

Território geográfico. Se a designação é urbana, os territórios, geralmente, são divididos em distritos, bairros, quadras ou prédios. Se a cobertura abrange estados e cidades, observam-se as barreiras geográficas e outras variáveis, para facilitar o acesso do vendedor.

Território por tipo de produto ou aplicação. Nesse caso, o vendedor tem alta especialidade quanto ao conhecimento do produto e sua aplicação. A designação do território é genérica, e ele poderá visitar todos os clientes ou perspectivas de compra de seu produto.

Território por tipo de cliente ou indústria. Esse tipo de território, geralmente, é designado a vendedores que conhecem profundamente os negócios dos clientes ou o setor em que estão atuando, o que facilita a comunicação e a apresentação de soluções.

Território de clientes especiais. Também denominado contas-chave. Em função do volume de negócios, bem como da importância estratégica em termos de referência ou marketing de relacionamento, as empresas devem formar equipes lideradas por um gerente de contas ou vendedor sênior para atendê-las.

Território combinado. Compreende a adoção de designações mistas para seus vendedores. O importante é não deixar descoberto nenhum território.

Para qualquer tipo de designação de território, o gerente de vendas precisa relevar os seguintes pontos:

- desempenho passado e projeções confiáveis de vendas, assegurando ao vendedor o potencial de realização de suas metas e seus objetivos;
- localização que facilite a locomoção, redução de custos e incentivos à produtividade do vendedor;
- alocação de tipos de clientes às características do vendedor; quanto maior a semelhança entre clientes e vendedores, maior a probabilidade de êxito;
- estabelecimento das condições que permitam o realinhamento dos territórios em função de aumentos ou decréscimos de vendas.

Além desses tipos de designações, devem-se ressaltar as responsabilidades do vendedor no seu território, quais sejam: quantidade e qualidade das visitas, manutenção dos níveis de desempenho quanto a vendas e incremento esperado, satisfação dos clientes, tarefas administrativas, entre outras.

12.4.5.2 COTAS DE VENDAS

Cota de vendas é um determinado conjunto de objetivos e metas mínimas que o vendedor precisa realizar para que a empresa alcance seus objetivos estratégicos.

Entende-se por **cota de vendas** um determinado conjunto de objetivos e metas mínimas que o vendedor precisa realizar para que a empresa alcance seus objetivos estratégicos. O estabelecimento da cota pode ser em volume de unidades ou de dinheiro, linhas de produtos, contas novas, clientes recuperados e áreas determinadas. Devem-se definir quantidades que estimulem desafios à sua realização, mas não tão altas e irrealizáveis que possam desencorajar e desmotivar a força de vendas. As cotas servem, também, para avaliar o desempenho dos vendedores, e são instrumentos motivadores por recompensar desempenhos superiores com prêmios específicos, quando atingidas ou excedidas.

12.4.5.3 INCENTIVOS E REMUNERAÇÃO

Qual o melhor sistema de incentivo e remuneração de vendedores? Definição difícil e de muita importância para manter o interesse e a motivação dos melhores profissionais em vendas. A direção da empresa deve realizar análises e ser criativa para elaborar sistemas de incentivo que maximizem seus objetivos e minimizem os custos com a força de vendas.[19] Geralmente, encontramos três métodos para recompensar o desempenho dos vendedores: monetários, não monetários e mistos.

Os **incentivos monetários** consistem na utilização de um sistema de remuneração em que as receitas da empresa com vendas e outras realizações são consideradas para cálculo do incentivo do vendedor. Compreendem os seguintes tipos:

Salário fixo. O vendedor recebe apenas um valor fixo mensal para desempenhar suas atividades, independentemente dos resultados que alcança. Representa estabilidade e segurança para o vendedor, porém não recompensa adequadamente aqueles com realizações superiores. E de fácil administração pela empresa, mas exige muita supervisão sobre as atividades do vendedor. Recomendado quando a venda não é complexa e o ciclo da venda não é estável e previsível.

Apenas comissões sobre resultados. O vendedor recebe determinado percentual sobre o valor dos pedidos. Pode gerar ganhos ilimitados para o vendedor, mas, quando a demanda se retrai, ele se sente instável e perde a motivação. Para a empresa, quanto mais vendas, melhor, mas nem sempre os produtos mais lucrativos são os mais vendidos. É, nesse caso, o vendedor dará preferência aos produtos mais fáceis de serem vendidos.

Salário fixo mais comissões. Consiste numa combinação dos dois anteriores.

Salário fixo mais comissões e prêmios. Nesse caso, a empresa acrescenta prêmios para realizações que exijam desempenhos adicionais, como alavancagem de vendas de produtos mais lucrativos, recuperação de clientes especiais, desenvolvimento de territórios etc. Requer muito planejamento e controle, porém é flexível, de acordo com as necessidades da empresa.

Salário fixo mais bônus por resultados balanceados. Sistema que não se limita a recompensar os resultados alcançados pelo vendedor, mas incentiva a busca de negócios lucrativos a longo prazo. Nesse sistema, adicionam-se aos resultados o índice de contas a receber, a satisfação dos clientes, o grau de penetração acima dos concorrentes nos territórios, a melhoria de produtividade do desempenho etc. Trata-se de um sistema muito trabalhoso, ideal para vendas de produtos complexos e em que a estratégia da empresa seja de marketing de relacionamento.

---

[19] COBRA, M. *Administração de vendas.* 3. ed. São Paulo: Atlas, 1986.

Os **incentivos não monetários** devem ser utilizados pelos gerentes para reconhecer realizações do vendedor que não estejam vinculadas a resultados planejados. Exemplo: dedicação em trabalhos de equipe que excedam as expectativas, pedido significativo em prazos excessivamente limitados, antecipação de metas etc. Esses incentivos compreendem placas de reconhecimento, carta do presidente da empresa, jantar com acompanhante, título de vendedor do mês etc.

Os **incentivos mistos** são a combinação dos dois sistemas anteriores e têm sido os mais utilizados nos últimos anos, pela flexibilidade que proporcionam. Muitas empresas, adicionalmente, realizam uma convenção dos vendedores que superam suas cotas anuais. Geralmente, as convenções de vendas são realizadas fora da empresa, permitindo viagens e um programa de lazer para os vendedores com desempenho superior.

12.4.5.4 ÉTICA EM VENDAS

Durante o processo interativo com seu cliente, o vendedor tem a oportunidade de apresentar um comportamento ético que afeta sua credibilidade e de toda a empresa. Nos últimos anos, surgiram crescentes divulgações da importância de **comportamentos éticos** para a eficácia organizacional, pois há grande pressão para se agir sem nenhuma ética. Apesar de o comportamento ético ser uma assunção pessoal do vendedor, a empresa precisa dedicar, em seu plano de vendas, um capítulo ao comportamento ético esperado de seus vendedores. Muitas empresas o denominam diretrizes comerciais.

Para revelar uma comunicação ética, o vendedor deve, durante suas apresentações, mostrar-se como honesto, instruído, interessado em seus clientes, preparado e compreensível em suas mensagens. Ao observar essas regras e revelar uma comunicação ética, o vendedor facilitará a liberdade de escolha dos clientes diante de suas apresentações.

12.4.6 VENDAS INTERNAS

Apesar de ser o melhor veículo de comunicação de marketing, a venda pessoal é de elevado custo para determinadas empresas. Além de reduzir seus custos, as empresas precisam continuar crescendo, com a conquista de novos clientes e o aumento de vendas aos clientes atuais. Uma das soluções é adicionar novos canais de vendas às estratégias tradicionais. O telemarketing, a mala direta, o reembolso postal e, mais recentemente, a Internet representam canais que podem ser gerenciados internamente, com menores custos e com grande abrangência territorial. Esses canais de vendas são denominados marketing direto.

A implantação do marketing direto na empresa traz grandes benefícios, porém requer uma gerência que esteja atenta às necessidades e aos métodos de compra dos clientes e dos clientes em potencial. A implantação do marketing direto e de transações via Internet, paralelamente aos canais de marketing tradicionais, significa a adoção de um sistema híbrido de canais que pode gerar conflitos de interesses entre eles.[20] Planejar as

[20] MORIARTY, R. T; MORAN, U. Gerenciando sistemas híbridos de marketing. In: SHAPIRO, B. P.; SVIOKLA, J. J. *Conquistando clientes.* São Paulo: Makron Books, 1995, p. 329-349.

fronteiras dos canais, políticas, sistemas de informação, logística e estrutura organizacional para atender da melhor forma aos clientes representa um grande passo para o sucesso da gerência de vendas.

12.4.7 TAMANHO DA FORÇA DE VENDAS

Existem vários métodos para determinação da quantidade de vendedores diretos e representantes comerciais. As variáveis que influenciam essa decisão dependem do direcionamento estratégico de cada empresa. As mais comuns são: carga de visitação a clientes e perspectivas de negócios, custos de atendimento, potencial de vendas, tipos de linhas de produtos, tipos de clientes e localização.

Essa tarefa gerencial é um tanto difícil, exigindo estudos meticulosos em função dos altos custos da força de vendas. Como o mercado é muito dinâmico, a empresa precisa ser rápida e flexível na adoção de medidas com impactos quantitativos e qualitativos para cobrir adequadamente todos os territórios de vendas. O dimensionamento deve contemplar tanto a força de vendas externa como a interna.

12.4.8 PLANO DE CARREIRA

O plano de carreira tem como objetivo proporcionar o reconhecimento do desenvolvimento profissional dos vendedores. À medida que um vendedor melhora suas competências e contribui com mais produtividade e resultados à empresa, sua promoção a cargos com mais responsabilidades e desafios (e proporcional remuneração) não só reconhece sua dedicação como mantém a motivação para contínuo desempenho superior.

A elaboração de planos de carreira tem sido um problema para as empresas na última década, por eliminar muitos níveis gerenciais. Muitas estão delegando mais atribuições aos níveis inferiores, não gerenciais. Com a força de vendas não tem sido diferente. A visibilidade de um plano de vendas é motivadora e retém os melhores profissionais. O plano de carreira da força de vendas precisa estar vinculado ao sistema de avaliação de desempenho e ao sistema de remuneração da empresa. As promoções devem ser baseadas em desempenhos superiores e exigem mais responsabilidades do que o cargo anterior, contudo, com maior remuneração.

Um plano de carreira em vendas pode incluir os seguintes cargos: estudante de vendas; representante de vendas; representante de vendas sênior; gerente de contas; gerente de equipe; gerente de filial; gerente de distrito; diretor de vendas; diretor de marketing e vendas.

Entre as denominações que as empresas costumam usar para sua força de vendas, as mais comuns são: consultor de vendas, representante de marketing, consultor de negócios, supervisor, entre outras.

A empresa precisa levar em conta que o desejo de ser reconhecido faz parte do planejamento de vida do bom profissional e que ele não hesita em trocar de empresa em busca de melhores oportunidades e aproveitamento de suas competências.

12.4.9 AUTOMAÇÃO DA FORÇA DE VENDAS E ADMINISTRAÇÃO DO CONHECIMENTO

À medida que a utilização da tecnologia da informação avança em todos os níveis da empresa, o setor de vendas precisa aproveitar a tecnologia para tornar-se mais eficaz e valorizado perante seus clientes. A automação da força de vendas representa a interligação de vendas, marketing, serviços, telemarketing, bancos de dados, *call center* (centrais de atendimento telefônico) e outras funções da empresa em uma só operação, para serem assim oferecidas aos clientes. *Laptops*, *palmtops*, *notebooks* e *softwares* específicos são as ferramentas utilizadas pelos vendedores para se conectarem com a empresa, com os fornecedores e com os clientes. A automação da força de vendas é, na essência, transformar o *hardware* utilizado pelo vendedor em uma espécie de escritório virtual durante suas tarefas no campo.

De maneira geral, o *software* utilizado pelo vendedor, além de estar integrado ao sistema central da empresa, permite-lhe executar uma série de tarefas administrativas, como planejamento de visitas e ações, relatórios, emissão de propostas, previsão de vendas, planejamento de contas-chave, apresentações de vendas, administração do território, pedidos, planilhas, análise de vendas, resolução de pendências etc.

Interligado a uma rede ou à Internet, o vendedor pode comunicar-se por correio eletrônico com seus clientes, receber dados de marketing sobre promoções, atividades dos concorrentes, alterações em preços, estoques e produtos em tempo real, fornecendo aos clientes informações atualizadas, com grande ganho de produtividade nas suas tarefas.

Além de contribuir para a melhoria de atendimento aos clientes, a automação da força de vendas gera um grande "repositório de conhecimentos", graças aos dados inseridos pelo vendedor no dia a dia, tornando-se um ativo da empresa devidamente armazenado em seus bancos de dados. Com a saída de qualquer vendedor do campo, por qualquer motivo, o seu substituto pode dar rapidamente continuidade aos trabalhos, sem prejuízos à empresa e a seus clientes.[21]

12.5 FUNÇÕES DA GERÊNCIA DE VENDAS

Gerenciamento de vendas é a abordagem integrada ao gerenciamento de todas as funções e atividades que envolvem relacionamentos com os clientes, com o objetivo de encantá-los.

Diz-se que as pessoas são o mais importante patrimônio de qualquer empresa. Mas, sem querer aviltar essa importante afirmação, seguramente são os clientes de uma empresa o seu mais valioso patrimônio. Sem clientes, não há receitas, que geram os principais ativos da empresa. Nesse contexto, a tradicional visão da gerência de vendas, vinculada à administração da força de vendas no campo, requer uma definição mais ampla: **gerenciamento de vendas** é a abordagem integrada ao gerenciamento de todas as funções e atividades que envolvem relacionamentos com os clientes, incluindo vendas,

[21] SANDERSON, S. M. et al. Adding value to a company's selling activity through knowledge management: a case study. *International Journal Technology Management*, v. 20, n. 5/6/7/8, 2000.

processamento de pedidos, administração e serviços, com o objetivo não de meramente satisfazer os clientes, mas de encantá-los.[22]

Além disso, o papel do gerente de vendas é um dos mais vitais para a realização dos objetivos estratégicos da empresa. Atividades-chave como formulação, implementação e controle das estratégias de vendas, gerência das atividades da força de vendas direta, supervisão da força de vendas e sistemas de remuneração devem ser configuradas pelo gerente de vendas em conformidade com a estratégia global da empresa para alcançar ótimos resultados, além de contribuir para a formulação dessa estratégia. Por estar próximo aos clientes, o gerente de vendas pode oferecer opiniões valiosas para criar vantagem competitiva, pela elaboração de mais e melhores valores para os clientes.[23]

As principais tarefas da gerência de vendas podem ser divididas em técnicas e gerência de pessoas. Entre as tarefas técnicas, destacam-se: gerenciamento da missão e estratégias de vendas, tomada de decisão, alocação de recursos, manutenção de bancos de dados, elaboração de planos operacionais alternativos e para as crises,[24] garantia de integração das atividades da empresa que satisfazem e encantam os clientes etc. Para gerenciar pessoas, destacam-se as tarefas: liderança e comunicação, supervisão e desenvolvimento, administração de conflitos e avaliação de desempenho, que serão tratadas a seguir.

12.6 LIDERANÇA E COMUNICAÇÃO

Introdução de novas tecnologias nas atividades da força de vendas, aprimoramento dos métodos de vendas, foco no cliente, gerenciamento do relacionamento com o cliente e outras variáveis representam para o gerente de vendas novas tarefas, e por isso as habilidades de liderança e de comunicação são essenciais para motivar seu pessoal.

Existem vários modelos para o desenvolvimento de liderança em gerentes: liderança situacional, liderança transformacional, liderança carismática, liderança transformativa e liderança transacional. Qual o melhor modelo? Difícil definir, pois cada um tem seus fundamentos, que, quando apropriadamente aplicados, produzem os resultados desejados.

Independentemente do modelo de liderança adotado, o gerente deve compreender que exerce grande influência no desempenho de seus subordinados. Os vendedores necessitam de gerentes em quem possam confiar e que assumam compromissos, sejam honestos, determinados e competentes. Para se tornar um líder efetivo, o gerente de vendas precisa esforçar-se para ser um modelo de profissional a ser seguido pelos vendedores — influenciar pelo exemplo. Em vez de dizer a seus vendedores o que fazer, o seu comportamento deve traduzir valores éticos pessoais e os objetivos da empresa.

---

[22] HARTLEY, B.; STARKEY, M. W. *The management of sales & customer relations*. London: International Thomson Business Press, 1996.

[23] SLATER, S. F.; OLSON, E. M. Strategy type and performance: the influence of sales force management. *Strategic Management Journal*, v. 21. 2000, p. 813-829.

[24] Crises referentes à insatisfação do público com algum fato ou incidente produzido pela empresa.

Esse modelo profissional gera confiança nos subordinados e contribui para a satisfação no trabalho e para melhores resultados para a empresa.[25]

Quanto à comunicação, o gerente precisa entendê-la como um processo interativo com seus subordinados, e não apenas como a transmissão de mensagens claras de uma fonte para receptores, de forma idêntica a um trem que leva cargas de uma estação para outras. Com a comunicação, ele irá empreender, aceitar e recusar, discutir com outros, realizar acordos, criar coalizões e expressar suas crenças e valores. Com a comunicação gerencial, deixa de ter um processo de efeitos comportamentais para ter um processo transacional, isto é, uma atividade complexa para concluir ideias. A comunicação gerencial tenta sempre influenciar os subordinados, pelo menos numa dimensão mínima, para conseguir os resultados desejados.

Além de saber expressar de forma calculada sua mensagem, o gerente tem de saber ouvir ativamente, que é um processo mental mais complexo do que escutar. Para se tornar um ouvinte ativo, o gerente deve: 1. receber as informações de seus subordinados, de outros e as próprias sem realizar julgamentos de valores; 2. demonstrar empatia; 3. manifestar receptividade, ensejando a continuidade da comunicação; e 4. fornecer uma resposta limitada, mas encorajadora à mensagem do emissor para a continuidade da comunicação.[26]

12.7 SUPERVISÃO E DESENVOLVIMENTO

A maneira como o gerente de vendas supervisiona as atividades de seus vendedores influenciará diretamente o desenvolvimento profissional e o desempenho deles. A supervisão gerencial pode ser feita em três dimensões distintas. Dependendo das orientações estratégicas, o gerente pode adotar um estilo de supervisão específico, uma combinação entre dois estilos ou os três estilos simultaneamente. Os estilos de supervisão gerencial podem ser:[27]

Orientado para resultados finais. Quando o gerente estabelece, monitora, cobra e dá *feedback* sobre resultados finais, basicamente, deixa o vendedor estabelecer seus métodos de venda e dimensionar seus esforços para alcançar os resultados esperados. Essa orientação trata de alcançar os resultados em volume de vendas e participação de mercado, enfatizando controles conjuntos com o vendedor.

Orientado para atividades. Quando o gerente monitora e cobra o desempenho de atividades rotineiras, como atendimento de telefonemas, número de visitas e demonstrações de produtos durante o mês, resolução de problemas e relatórios regulares. O foco está nas atividades com expectativa de alcançar os resultados.

---

[25] SLATER, S. F.; OLSON, E. M. 2000, p. 813-829.

[26] BURLEY-ALLEN, M. *Listening:* the forgotten skill. New York: John Wiley & Sons, 1995.

[27] KOHLI, A. K. et al. Learning and performance orientation of salespeople: the role of supervisors. *Journal of Marketing Research,* v. XXXV, p. 263-274, maio 1998.

Orientado para capacidades ou competências. Quando o gerente trata de desenvolver conhecimentos, habilidades e capacidades do vendedor para melhorar seu desempenho no campo, como habilidades em técnicas de apresentação, ele está agindo como um mentor. Esse estilo exige que o gerente seja específico quanto às necessidades de certas habilidades, como técnicas de negociação, técnicas de fechamento de vendas, entre outras, devendo monitorar o desempenho em simulações de visitas e com saídas a campo com o vendedor.

Além de supervisionar seus vendedores, o gerente precisa buscar desenvolvê-los profissionalmente em novas técnicas, modelos, tecnologias e conhecimentos. Para promover essa evolução, o gerente precisa programar cursos e treinamentos não regulares, promover designações especiais, expor seus vendedores a novas situações, incentivar a criatividade no departamento. Essas atividades servirão para preparar seu substituto ou para indicação quando houver oportunidades de promoção, com o crescimento da empresa.

Como o departamento de vendas faz parte do composto de comunicação de marketing da empresa, o gerente deve assegurar-se de que a interação vendedor-cliente se realize de acordo com os conceitos fundamentais da comunicação mercadológica e adotar certos métodos de venda, os quais são descritos a seguir.

12.8 COMUNICAÇÃO E MÉTODOS DA VENDA PESSOAL

Um dos atributos dos vendedores de sucesso está na capacidade de realizar uma comunicação clara, persuasiva e prestativa. Por ser parte do composto de comunicação de marketing, as mensagens dos vendedores integram o processo persuasivo de marketing da empresa. A **persuasão** é um processo de influência, envolvendo mais de uma pessoa, para lograr mudança intencional, principalmente, por meio de atividades mentais e simbólicas compartilhadas entre a fonte da mensagem e seu receptor. A persuasão torna-se uma prática de comunicação "calculada" em função de um resultado.[28] Ela se enquadra no pensamento estratégico, leva em conta estados físicos e mentais do outro, ao mesmo tempo em que pensa e administra seu próprio conjunto de meios. Assim, os efeitos da comunicação do vendedor são instrumentais, visando os objetivos desejados pela empresa. Dois pontos são vitais para o vendedor realizar seus intentos: entender os elementos da comunicação e utilizar métodos de vendas adequados aos compradores e a seus produtos.

Persuasão é o um processo de influência, envolvendo mais de uma pessoa, para lograr mudança intencional e calculada por atividades mentais e simbólicas compartilhadas entre a fonte da mensagem e seu receptor.

12.8.1 ELEMENTOS DA COMUNICAÇÃO DO VENDEDOR

A venda pessoal é um processo de comunicação entre o vendedor e o comprador. Nesse processo, há três elementos distintos: informação, persuasão e lembrança. A informação prestada pelo vendedor expõe a existência

[28] BELLENGER, L. *A persuasão e suas técnicas.* Rio de Janeiro: Zahar, 1987.

do produto, suas características, valores, necessidades e desejos que satisfaz e as condições para sua obtenção, como preço, financiamento, prazo de entrega etc., reduzindo as incertezas do comprador quanto à transação. As mensagens do vendedor também objetivam motivar os compradores à ação da compra ou mudança de atitudes, convicções, valores ou comportamentos. Mas o efeito persuasivo só será eficaz se o vendedor tiver em mente os seguintes fatores:

Sua mensagem precisa despertar e manter a atenção do comprador. Ou seja, a mensagem deve ser passada de modo a fazer com que o receptor realmente se exponha a ela, no sentido de não apenas vê-la ou ouvi-la, mas prestar atenção ao que é comunicado.

O comprador deve interpretar a mensagem conforme a intenção do vendedor. Muitas vezes, o significado intencional de uma mensagem não é entendido corretamente pelo comprador. Isso pode ocorrer devido a vários fatores, entre os quais inabilidade na preparação da mensagem ou mensagem acima do nível de conhecimento do comprador. O comprador, sem dúvida, já teve oportunidade de deparar-se com muitas mensagens cujo sentido não chegou a apreender. Obviamente, quando isso ocorre, o processo de persuasão não terá condições de ser bem-sucedido.

O comprador precisa acreditar na mensagem. Se uma pessoa considerar uma mensagem como refletora de fatos reais ou prováveis, poderá ser levada a agir de acordo com ela; se, pelo contrário, essa mensagem não merecer crédito, certamente não reagirá ou, pelo menos, não da maneira desejada.

O comprador necessita encontrar uma relação entre a mensagem e suas necessidades e desejos. Se um possível comprador não for receptivo, certamente não reagirá à mensagem de um produto que melhore seu desempenho, por mais que a considere verdadeira.

A ação recomendada pela mensagem precisa ajustar-se ao esquema de convicções e valores do comprador. Todas as pessoas possuem um esquema de crenças e valores éticos, morais, políticos, religiosos, econômicos etc., que desempenham importante papel na determinação de suas atitudes, comportamentos e ações. Como consequência, uma mensagem que contrarie esse sistema de crenças e valores comprometerá o processo de persuasão.

O comprador deve reagir aos obstáculos existentes. A toda ação, vários obstáculos geralmente se antepõem. É preciso, todavia, que os obstáculos sejam passíveis de superação para o processo de persuasão se completar. Por mais que uma mensagem recomende a compra de determinado produto, atraia a atenção, seja compreendida e convincente, compatível com o sistema de crenças e valores e encontre relação com a necessidade do comprador, este não irá adquirir o produto em questão se não possuir os recursos financeiros para sua compra.

Finalmente, se a transação não for consumada, a comunicação deverá tentar mostrar aos compradores a necessidade futura do produto — promover uma lembrança. Deve levar os compradores a construírem imagens da marca, do produto e de seus atributos, e até a fixarem na memória alguns de seus benefícios para a ação de compra no futuro.

De modo geral, esses são os fatores que devem ser considerados num processo de persuasão, e da combinação deles, e não de um isoladamente, resultam os efeitos desejados.

12.9 MÉTODOS DE VENDAS

A venda pessoal pode ocorrer em duas grandes atividades: na do vendedor no balcão do varejo ou atacado e na do vendedor de campo. Vendedor no balcão do varejo ou atacado é aquele que atende o comprador em potencial (*prospect*) no próprio estabelecimento comercial em que se realizará a transação. Ele tenta atender às necessidades do comprador com os produtos da empresa comercial. Vendedor de campo é aquele que procura compradores em potencial para convertê-los em clientes. Estes podem ser pessoas físicas, empresas e instituições governamentais ou não. Geralmente, o vendedor de campo marca uma entrevista inicial para realizar apresentações dos produtos e tentar a venda.

Para converter seus clientes potenciais em clientes efetivos, ou incrementar as vendas aos atuais clientes, os vendedores, principalmente os de campo, de acordo com seus produtos e mercados, podem aplicar diferentes métodos de vendas, que são os seguintes:

12.9.1 VENDA TRADICIONAL

A **venda tradicional** caracteriza-se pelas ações em que o vendedor procura realizar a transação com mensagens sobre o produto e suas características, tentando impor ao comprador as vantagens que ele irá obter. Essa interação não se baseia no fator confiança e tampouco na satisfação das necessidades e dos desejos do comprador, e, ainda, contém "alto nível de pressão" sobre o comprador para fechamento da venda.[29]

A **venda tradicional** caracteriza-se pelas ações em que o vendedor procura realizar a transação com mensagens sobre o produto e suas características, tentando impor ao comprador as vantagens que ele irá obter com o produto.

12.9.2 VENDA CRIATIVA

A **venda criativa** compreende a utilização de técnicas de criatividade para produzir ideias inéditas e úteis sobre produtos e abordagens. Seu objetivo é gerar novas e fortes impressões sobre os compradores, levando-os a considerar as mensagens de vendas de maneira não tradicional para fechamento da venda.[30]

A **venda criativa** compreende a utilização de técnicas de criatividade para produzir ideias inéditas e úteis sobre produtos e abordagens.

12.9.3 VENDA MISSIONÁRIA

Quando a missão do vendedor é trabalhar com canais de marketing, ele deve atuar primordialmente como consultor e conselheiro, e não como vendedor: é a **venda missionária**. As tarefas são, basicamente, voltadas para o planejamento e a divulgação para futuras vendas.

A **venda missionária** ocorre quando o vendedor atua primordialmente como consultor e conselheiro em seus canais de marketing.

[29] SIEVERT, U. *Sete regras de êxito para o chefe de vendas.* Lisboa: Pórtico, 1974.

[30] JOHNSON, H. W. *Creative selling.* Cincinnati: South-Western Publishing Company, 1996; ANTHONY, R.; KUSHNER, M. *High octane selling: boost your creative power to close more sales.* New York: American Management Association, 1995.

Esse método exige o desempenho de outros cinco papéis-chave para que o vendedor possa interagir, desenvolver e sustentar relações positivas com os canais de sua empresa.[31] Além disso, a importância de cada papel-chave muda com o ciclo de vida dos produtos do fabricante:

Instrutor. O vendedor deve agir como instrutor para treinar os funcionários dos canais com relação aos produtos que vendem e mercados a que atendem.

Revisor. O vendedor precisa ser hábil em rever o desempenho em objetivos, o que exige capacidade analítica.

Trabalhador parceiro. Trabalhar em conjunto com os vendedores dos canais de marketing nos estabelecimentos de seus clientes, feiras, exposições e no escritório, em dias de demonstração.

Embaixador. Habilidade em motivar os canais de marketing para obter fortes compromissos com os programas planejados, a fim de ajudá-los a vender mais.

Ombudsman. Habilidade para apoiar os canais quando há problemas com relação à entrega, qualidade dos produtos e erros no faturamento.

12.9.4 VENDA CONSULTIVA

A **venda consultiva** posiciona o vendedor como um profissional que procura melhorar a lucratividade de seus clientes.

O processo de **venda consultiva** posiciona o vendedor como um profissional que procura melhorar a lucratividade de seus clientes. O vendedor consultor deve desenvolver tarefas relacionadas à solução de problemas nos processos dos clientes de duas maneiras: redução de custos operacionais ou aumento da receita em vendas. Para realizar uma venda consultiva, quatro passos são essenciais:[32]

1. **Identificação de um problema em termos financeiros.** Quanto esse problema está custando ao cliente ou o que se pode economizar eliminando-o.
2. **Quantificação da lucratividade com a solução do problema, sem nenhuma menção a produtos ou serviços.** Nesse passo, todo esforço ainda está direcionado a buscar benefícios para os clientes.
3. **Desenvolvimento de um projeto para resolução do problema do cliente.** Enquadram-se os produtos ou serviços da empresa que devem contribuir para a melhoria da lucratividade do cliente. Nesse passo, os produtos e serviços da empresa serão mencionados pela primeira vez.
4. Finalmente, **proposta de uma parceria com o cliente na aplicação do projeto** para resolver seu problema e ambos se beneficiarem.

12.9.5 VENDA NEGOCIAÇÃO

Vendedores profissionais devem ser negociadores, mesmo que não se dêem conta dessa habilidade. Assim também são os compradores profissionais, mesmo que não tenham frequentado um curso de negociação.

---

[31] MAGRATH, A. J.; HARDY, K. G. Factory salesmen's roles with industrial distributors. *Industrial Marketing Management.* New York, n. 16, 1987.

[32] HANAN, M. *Consultative selling.* 6. ed. New York: AMACOM, 1999.

A atitude ideal na **venda negociação** é aquela em que vendedor e comprador se tornam parceiros na busca de soluções, em vez de adversários ou concorrentes. É a busca da solução "ganha-ganha". Na concepção ideal da venda negociação, o vendedor, durante a interação, desempenha o papel de consultor ou conselheiro. É essencial que o vendedor saiba formular perguntas e ouvir ativamente. A fórmula da venda negociação compreende os seguintes passos:[33]

Venda negociação representa o processo no qual vendedor e comprador se tornam parceiros na busca de soluções, em vez de adversários ou concorrentes.

Prospecção. Localização de clientes em potencial e entrevistas.

Planejamento da venda negociação. Estudo das possíveis necessidades, desejos e problemas do cliente. Planejamento dos estágios da venda e avaliação do poder na relação comprador-vendedor.

Abordagem. Entrevista pessoal para obter atenção e interesse na proposta do vendedor.

Exposição. Revelação das necessidades do comprador e estímulos do seu desejo para, então, satisfazer às necessidades pela demonstração dos produtos ou serviços.

Resistência na negociação. Escuta e superação das objeções, negociação da solução e revenda dos benefícios.

Fechamento. O vendedor ajuda o comprador a decidir a comprar ou aceitar uma proposta que levará à venda no futuro.

12.9.6 VENDA COLABORAÇÃO (NÃO MANIPULATIVA)

A **venda colaboração (não manipulativa)** procura tornar o vendedor "não culpado" ao realizar suas tarefas de vendas. Desenvolve a sensação de falta de pressão, mas ainda com o objetivo de vender. Em contraponto à venda tradicional, o vendedor não manipulativo tem a missão de construir um relacionamento sincero, confiável e compromissado. Esse método demonstra como eliminar a pressão e tensão do processo de vendas pela procura de soluções que recompensem o comprador e o vendedor. O propósito é um trabalho com abordagem de longo prazo, com resultados mais consistentes que a venda tradicional. Com um relacionamento sincero e mais duradouro, há um aumento da satisfação do cliente, o que acabará resultando em mais vendas.

A **venda colaboração (não manipulativa)** procura tornar o vendedor "não culpado" ao realizar suas tarefas de vendas.

A venda colaboração propõe um comportamento profissional no tratamento de todas as tarefas de vendas, principalmente para construir uma relação de confiança. O direcionamento ressalta que "prescrição antes do diagnóstico é uma má prática". Há seis passos no desdobramento desse método:[34]

1. **Determinação de objetivos.** Definir exatamente a quais necessidades os produtos atendem, bem como especificar os seus mercados.
2. **Contatos.** Realizar contatos com clientes em potencial, influenciando-os pelo desejo de sanar necessidades e explorar oportunidades. Despertar credibilidade e confiança. Demonstrar vantagens competitivas sem precipitar uma demonstração do produto.

[33] SMITH, H. B. *Selling through negotiation.* Chevy Chase: Marketing Education Associates, 1988.

[34] ALESSANDRA, T. *Collaborative selling.* New York: John Wiley & Sons, 1993.

3. **Exploração.** Encontrar-se com o cliente e conduzir reuniões a respeito das pesquisas. Conhecer mais profundamente o negócio do cliente, deixar claro que deseja ajudar, não simplesmente realizar uma venda.
4. **Colaboração.** Após profundo conhecimento da situação do cliente, as mensagens se referem aos produtos. Em parceria, busca-se a solução, e não a sua prescrição.
5. **Confirmação.** Dá-se como conclusão lógica de um processo de comunicação e solução de problema. A venda realiza-se sem fechamento, pois o cliente em potencial compra quando seus critérios de aquisição são preenchidos.
6. **Garantia.** Inicia-se após entrega, treinamento e outras tarefas relevantes para a satisfação do cliente, pelo contínuo contato e ajuda na análise dos resultados obtidos com os produtos.

12.9.7 VENDA SPIN

Venda SPIN ocorre quando o vendedor desenvolve habilidades na formulação de questões-chave para planejar abordar com êxito seus clientes.

Na **venda SPIN**, o vendedor desenvolve habilidades na formulação de questões-chave para planejar e abordar com êxito seus clientes. O modelo SPIN procura descrever como profissionais de sucesso vendem e não deve ser tratado como uma fórmula. Ele apresenta as perguntas que o vendedor deve formular antes de se comunicar com os clientes. São quatro perguntas relacionadas com:[35]

1. **Situação.** Que informações sobre o comprador, em diversas fontes que forneçam dados, podem ajudá-lo a vender?
2. **Problema.** Quais são os possíveis problemas, dificuldades ou insatisfações que o comprador experimenta com a situação atual?
3. **Implicações.** Quais serão os principais efeitos e consequências relacionados aos problemas, caso o comprador não os resolva?
4. **Necessidade recompensada.** Quais seriam o valor e a utilidade de uma solução do problema?

Ao responder a essas perguntas, o próprio comprador expõe os benefícios que a solução oferece, em vez de fazer com que o vendedor o faça.

12.9.8 VENDA EM EQUIPE

Em situações em que existem complexidade operacional e necessidade de envolvimento de diversas áreas da empresa, a formação de equipes é essencial para criação de estratégias, manutenção de relacionamentos, realização das transações de vendas e resolução de problemas dos clientes. A **venda em equipe** conta com um grupo de profissionais compromissados com um trabalho coletivo de atendimento ao cliente. Essa equipe é formada, geralmente, pelo líder, pelo vendedor, pelo coordenador interno e pelo representante de atendimento ao cliente, bem como por outros profissionais da empresa, caso necessário para atingir os objetivos.

Venda em equipe é o processo que conta com um grupo de profissionais compromissados com a abordagem de trabalho coletivo de atendimento ao cliente.

Além das habilidades inerentes às suas funções, os participantes da equipe necessitam de outras habilidades vinculadas à solução de problemas,

[35] RACKMAN, N. *The spin selling fieldbook.* New York: McGraw Hill, 1996.

relacionamentos interpessoais e especializações. As principais funções da equipe são: coordenação das atividades, conforme os requerimentos dos departamentos funcionais; coordenação dos objetivos da equipe com os objetivos gerais da empresa; manutenção atualizada dos conhecimentos sobre produtos, fornecedores, setor e ambiente; manutenção de relacionamentos com fornecedores e compradores; negociação dos produtos em níveis específicos de preços e qualidade.[36]

12.9.9 VENDA PERSONALIZADA

A busca da identificação de certas características pessoais é uma das atividades humanas mais comuns. Essas características demonstram, geralmente, a grande riqueza da diferença comportamental do ser humano. Saber distingui-las e direcionar mensagens que atendam às preferências pessoais dos compradores é um dos fatores de sucesso em vendas. A **venda personalizada** procura explorar uma regra: *venda para outros pelo método que eles mesmos gostariam de comprar*. Essa regra desenvolve no vendedor a habilidade de incorporar as características do comprador, pois a tendência humana é comprar de pessoas que sejam semelhantes. Atualmente, existem três bases teóricas para o desenvolvimento de métodos de vendas personalizadas conforme suas tipologias:

Venda personalizada ocorre quando se procura vender para os outros pelo método que os vendedores gostariam de comprar.

1. O trabalho de Carl Jung sobre os tipos psicológicos, as classificações de temperamentos conforme Kiersey e Bates, e as categorias de tipos psicológicos de Myers-Briggs (MBTI: *Myers-Briggs type indicator*) são usados nos negócios, primeiro, como um instrumento de gerenciamento, para ajudar as pessoas a avaliarem melhor umas às outras. Conforme esses estudos, é possível identificar 16 tipos de personalidade. O vendedor deve procurar identificar os traços que caracterizam o tipo do comprador e, durante o processo de vendas, direcionar suas mensagens conforme suas preferências.[37]
2. Os estudos da programação neurolinguística (PNL) de Richard Bandler e John Grinder dizem respeito à psicologia da comunicação intrapessoal e interpessoal. A PNL procura identificar como as pessoas têm uma sequência previsível de comportamentos baseada na maneira como a mente usa a linguagem. Segundo a PNL, o vendedor precisa iniciar seu relacionamento pelo estabelecimento de *rapport*[38] e confiança, procurando identificar o comprador de acordo com a maneira como prefere receber as informações: visual, auditiva ou sinestésica. Alguns preferem ver as coisas; outros, ouvi-las, e outros, senti-las. Assim, durante a interação, o vendedor deverá apelar para visuais, sons ou

---

[36] DEETER-SCHMELZ, D. R.; RAMSEY, R. A conceptualization of the functions and roles of formalized selling and buying teams. *Journal of Personal Selling & Sales Management,* v. XV, n. 2, p. 47-60, Spring 1995.

[37] TIEGER, P. D.; BARRON-TIEGER, B. *The art of speedreading people.* Boston: Little, Brown & Company, 1998.

[38] *Rapport:* palavra de origem francesa que significa harmonia nos relacionamentos.

objetos que possam ser tocados para se comunicar eficazmente com seu comprador.[39]

3. O modelo eneagrama, baseado nos tipos de personalidade de Don Richard Riso e Russ Hudson, é representado por um círculo com nove pontos; cada um deles significa um dos nove tipos de atitude possíveis da pessoa. O vendedor deverá estudar todos eles para entender e apreciar melhor o modo como as pessoas se comportam. Como consequência, aprenderá a individualizar os motivos que levam a diferentes tipos de comportamentos e perceber a importância das convicções e dos receios em certos critérios de decisão, o que torna todos diferentes.[40]

12.9.10 VENDA DIRETA

A **venda direta** ocorre quando a venda de produtos e serviços é feita fora do estabelecimento comercial fixo.

A **venda direta** ocorre quando a venda de produtos e serviços é feita fora do estabelecimento comercial fixo. As vendas diretas são realizadas de pessoa a pessoa, individualmente ou não. São consideradas muito mais como um canal de distribuição pela característica da não-existência de vínculo empregatício entre a empresa e os vendedores. Os conceitos gerenciais deste capítulo podem ser aplicados à força de vendas diretas, e outros detalhes serão vistos no capítulo sobre canais de marketing.

12.10 ADMINISTRAÇÃO DE CONFLITOS

Os conflitos fazem parte de qualquer força de vendas dinâmica. Eles surgem em função de recursos limitados, diferenças de objetivos, responsabilidades, prioridades e percepções. Os conflitos são mais problemáticos quando as partes não chegam a um acordo satisfatório para todos e tornam-se pessoais.

Quadro 12.5
Exemplos de fontes de conflitos

Objetivos da empresa	Objetivos dos clientes	Objetivos dos vendedores
• Maior lucratividade • Aumentar vendas • Superar concorrentes • Ética nos negócios etc.	• Resolução de problemas • Reduzir custos • Melhores condições • Qualidade etc.	• Atender clientes • Melhorar ganhos • Ser reconhecido • Eliminar burocracia etc.

O gerente de vendas deve saber como evitar resoluções tipo ganho-perda, pois elas prejudicam os relacionamentos entre as partes envolvidas e deterioram o ambiente de trabalho e as relações comerciais. Para conseguir um clima positivo com seus subordinados, colegas, clientes e outros, o gerente deve desenvolver a habilidade de negociação e resolução de conflitos. Essa competência permitirá ao gerente:[41]

• tratar situações tensas e pessoas difíceis com diplomacia e tato;

[39] MOINE, D.; HERD, J. H. *Modernas técnicas de persuasão.* São Paulo: Summus, 1985.

[40] VALENTINIO, A. J. *Personality selling*: using NLP and the enneagram to understand people & how they are influenced. Iselin: Vantage Point Publishing, 2000.

[41] GOLEMAN, D. *Working with emotional intelligence.* New York: Bantam Books, 1998.

- observar conflitos potenciais e fazer com que os desacordos sejam tratados abertamente e diminuam;
- estimular debates e discussões abertas;
- orquestrar soluções ganha-ganha.

É preciso entender que, mesmo quando as partes têm interesses compatíveis e cooperativos, como na venda relacionamento, os conflitos podem aparecer quando se buscam melhores condições do que as apresentadas. Essa é uma posição legítima. O fundamental é não transformá-la numa posição competitiva.

12.11 CONTROLES E AVALIAÇÃO DE DESEMPENHO

Os controles utilizados pelo gerente de vendas buscam assegurar que suas metas de vendas, despesas, lucratividade e demais objetivos da missão da força de vendas e do planejamento estratégico sejam atingidos durante o ciclo operacional.

A qualidade em controles de uma boa gerência de vendas envolve duas importantes práticas: gerenciamento com base em resultados e gerenciamento centrado nas qualidades das pessoas. A primeira prática trata de estabelecer procedimentos, instruções e controles que a gerência irá monitorar para assegurar que os vendedores realizem os resultados esperados. A segunda prática é encorajar os vendedores a buscarem continuamente novos processos para produzir melhores resultados. Trata-se de monitorar a qualidade do comportamento dos vendedores e a utilização de suas competências para realizar os objetivos e as metas estratégicas da empresa.

Ao longo do ano, o gerente de vendas precisa realizar pequenas reuniões individuais com o seu subordinado para dar *feedback* dos resultados alcançados até a data, bem como prescrever ações que possam melhorar seu desempenho. Além de garantir a boa comunicação, o gerente evita surpreender o vendedor na sua entrevista anual de avaliação de desempenho. Uma boa avaliação começa com objetivos e metas acordadas mutuamente no início do período e deve cobrir os pontos descritos na Figura 12.3.

Figura 12.3
Modelo para avaliação de vendedores

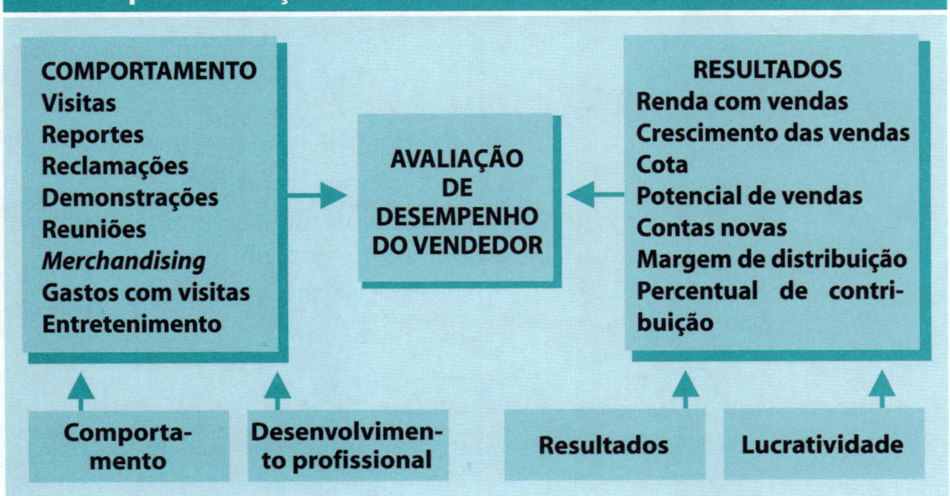

O sucesso de toda estratégia da força de vendas, atualmente, está condicionado a três fatores críticos, quais sejam: vendedores competentes, uso da tecnologia da informação (banco de dados sobre os clientes, consumidores e ferramentas disponibilizadas à força de vendas) e uma verdadeira "paixão pelos clientes".

RESUMO

A venda pessoal é o elemento do composto de comunicação de marketing em que a empresa estabelece um processo de comunicação interativo e pessoal com os compradores.

A venda pessoal é uma ferramenta eficaz para geração de satisfação dos compradores, assumindo, portanto, uma posição estratégica dentro da empresa.

As estratégias de venda pessoal são influenciadas pelas atuais tendências de marketing, que se referem, principalmente, à rede de marketing e ao marketing de relacionamento. A estratégia de marketing de relacionamento traz duas consequências diretas ao direcionamento da força de vendas: a identificação de clientes-chave e o método de "venda relacionamento".

As empresas devem alinhar a força de vendas à missão e aos objetivos estratégicos, estruturando um modelo de competências para a força de vendas. Os cinco tipos característicos de competências dos vendedores com desempenho superior são: motivos, traços, autoconceito, conhecimento e habilidade. As tarefas e competências dos vendedores podem ser definidas com base em uma matriz que utiliza as variáveis *esforço* e *percepção de perda.*

A administração do esforço de vendas refere-se a procedimentos táticos de execução dos direcionamentos estratégicos da empresa. Duas grandes dimensões destacam-se na administração do esforço de vendas: sua posição em relação aos outros instrumentos do composto de comunicação e os objetivos e metas que devem ser realizados pela força de vendas.

O recrutamento e a seleção de vendedores é um passo importante para identificar e selecionar, dentro de uma estrutura de competências, os profissionais que demonstram ser mais adequados para a função.

O treinamento de vendedores deve ser entendido como um ciclo educacional amplo, que promova a motivação de longo prazo.

As decisões sobre organização e estruturação da força de vendas em territórios são influenciadas por vários fatores, como custos, visibilidade de presença da empresa no mercado e necessidade de supervisão e controle das atividades de vendas.

O plano de vendas contém os detalhes dos processos de venda da empresa, abordando estrutura de território de vendas, cotas, incentivos e remuneração e condutas éticas.

A venda pessoal pode apresentar um elevado custo para a empresa. Uma solução para essa questão é adicionar novos canais de vendas às estratégias de vendas, como telemarketing, marketing direto, reembolso postal e Internet.

A determinação do tamanho da força de vendas depende do direcionamento estratégico da empresa, que varia em função da carga de visitação a clientes, perspectivas de negócios, custos de atendimento, potencial de vendas, tipos de produtos e de clientes e localização.

O plano de carreiras proporciona o reconhecimento do desenvolvimento de vendedores, à medida que melhoram suas competências e contribuem mais para a produtividade da empresa.

A automação da força de vendas representa a interligação de vendas, marketing, serviços, telemarketing, bancos de dados, *call centers* (centrais de atendimento telefônico) e outras funções da empresa que operam com os clientes.

Em relação ao nível operacional, as funções da gerência de vendas podem ser divididas em função técnica e gerência de pessoas. As tarefas técnicas incluem gerenciamento da missão e estratégias de vendas, tomada de decisão, alocação de recursos, manutenção de bancos de dados, elaboração de planos operacionais alternativos e integração das atividades da empresa. As atividades para gerenciamento de pessoas incluem liderança e comunicação, supervisão e desenvolvimento, administração de conflitos e controles e avaliação de desempenho.

Os principais métodos de vendas são: venda no balcão, venda de campo, venda tradicional, venda criativa, venda missionária, venda consultiva, venda negociação, venda colaboração, venda SPIN, venda em equipe, venda personalizada e venda direta.

Termos e Conceitos Importantes

Competências
Comunicação persuasiva
Gerenciamento de vendas
Plano de vendas
Venda pessoal

QUESTÕES PARA REVISÃO E DISCUSSÃO

1. Como os vendedores podem desenvolver a flexibilização do processo de vendas?
2. Como as tendências de direcionamento estratégico de marketing estão relacionadas à venda pessoal?
3. Quais são as consequências trazidas pelo marketing de relacionamento para o direcionamento da força de vendas?
4. Como deve ser administrado o treinamento técnico e comportamental de vendedores?
5. Explique o que é um plano de vendas e descreva seus principais processos.
6. Que tipos de incentivos e de remuneração podem ser dados aos vendedores?
7. Comente a importância do comportamento ético de vendedores para a eficácia organizacional.
8. Quais são as atividades desempenhadas pelo gerente de vendas?
9. Cite e explique os estilos de supervisão gerencial.
10. Quais são as diferenças entre venda no balcão e venda no campo?
11. Compare os papéis desempenhados pelos vendedores no método de venda missionária.
12. Descreva os passos do método de venda não manipulativa.
13. Explique o modelo de venda SPIN, ressaltando as perguntas que o vendedor deve formular antes de se comunicar com os compradores.
14. Que fatores devem ser considerados pelo gerente de vendas ao fazer a avaliação de desempenho de vendedores?

RESOLVENDO UM CASO

AGRESSIVIDADE DA FORÇA DE VENDAS

A força de vendas é uma das grandes responsáveis pela disseminação da imagem da empresa no mercado; muitos dos valores organizacionais são transmitidos aos clientes por meio do contato estabelecido com os vendedores. Portanto, é fundamental que a empresa forneça, para sua força de vendas, um treinamento alinhado às estratégias empresariais, minimizando o risco de distorções na imagem desejada.

A EMC, uma das mais admiradas empresas de tecnologia do mundo, atribui um enfoque especial a suas atividades de venda. A EMC atua em uma das áreas mais importantes e disputadas da indústria de tecnologia, que é o mercado de armazenamento de dados. Os produtos comercializados nessa área, apesar de extremamente importantes, são caros e pouco atrativos, o que dificulta a atuação dos vendedores. Porém, a equipe de vendas da EMC vem alcançando resultados extraordinários. Fazem parte de sua carteira de clientes organizações como Universo Online (UOL), Pão de Açúcar, Embratel e Perdigão. A empresa está conseguindo conquistar seu espaço com uma cultura baseada na agressividade, na agilidade e na aversão à derrota. No período de três anos, o número de funcionários da EMC passou de 12 para 300. A empresa está se preparando para se transformar em uma potência da Nova Economia, com uma estratégia baseada na qualidade de sua tecnologia e na agressividade de sua força de vendas. Os vendedores trabalham sob uma forte pressão por resultados. Devem atingir metas mensais, bimestrais, trimestrais e anuais de acordo com as previsões de venda, que são revisadas toda semana. ▶

Um dos principais fatores de motivação da equipe é a remuneração, que pode aumentar segundo o desempenho alcançado com a superação de metas e do composto de produtos vendidos. A empresa também oferece um bônus a quem indica um conhecido para trabalhar na equipe; foi dessa forma que a EMC contratou cerca de 80% dos funcionários na América Latina. Os vendedores trabalham sempre ao lado de um especialista técnico, que sinaliza caso eles estejam sendo insistentes demais. Os clientes parecem estar satisfeitos com o desempenho da equipe da EMC. Os comentários são de que essa força de vendas tem conhecimento do negócio, não se limita a vender, procura entender o problema, chegando até mesmo a discutir alternativas de soluções na fase de pré-venda.

Os vendedores representam a empresa para o cliente. É importante que os gestores de marketing se dediquem ao desenvolvimento de suas atividades de venda pessoal para garantir um alinhamento único da mensagem que se quer transmitir ao mercado. Para tanto, é necessário fazer um acompanhamento da maneira como o vendedor aborda o cliente, da frequência de visitas, do nível do relacionamento estabelecido e dos resultados alcançados.

Fonte: A alma de *pit bull*. *Exame*, ed. 731, ano 35, n. l, 10 jan. 2001.

PERGUNTAS

1. Que estratégia a EMC vem empregando para se colocar entre as principais empresas de tecnologia no mercado de armazenamento de dados?
2. Em sua opinião, até que ponto a equipe de vendas deve ser agressiva para obter a venda de um produto? Como a empresa pode administrar essa agressividade para que esta não se transforme em um aspecto negativo perante os clientes?
3. Em quais tipos de situações de mercado é aceitável e até desejável que a equipe de vendas tenha um comportamento agressivo? Em quais tipos de situações esse comportamento não é adequado?

Explore mais

www.emc.com

ELABORANDO UM PROJETO

AVALIANDO A FORÇA DE VENDAS

Escolha um estabelecimento que você costume frequentar e cujas atividades sejam realizadas por meio de venda pessoal. Você pode escolher, por exemplo, a lanchonete, xerox ou a biblioteca de sua faculdade, ou a padaria, a locadora de vídeo ou o posto de gasolina de seu bairro.

Para o seu projeto, você deverá observar aspectos do atendimento da força de vendas com que tenha contato no papel de comprador ou consumidor.

Deverá fazer uma análise crítica desse atendimento, identificando fatores que indiquem a orientação dos vendedores com o marketing de transação ou o marketing de relacionamento. Deverá averiguar aspectos positivos e negativos no atendimento recebido e, em seguida, propor uma nova abordagem de treinamento para que essa força de vendas alcance um melhor desempenho. Não se esqueça de analisar as competências que os vendedores devem apresentar para oferecer um bom atendimento, como iniciativa, entendimento interpessoal, autoconfiança e conhecimento técnico.

BIBLIOGRAFIA

ALESSANDRA, Tony. *Collaborative selling*. New York: John Wiley & Sons, 1993.

ANTHONY, Ray; KUSHNER, Malcolm. *High octane selling:* boost your creative power to close more sales. New York: American Management Association, 1995.

ASSOCIAÇÃO ECR BRASIL. *Primeiro Congresso ECR Brasil.* São Paulo Associação ECR Brasil, 1999.

BELLENGER, Lionel. A *persuasão e suas técnicas.* Rio de Janeiro: Zahar, 1987.

BONOMA, Thomas V.; SHAPIRO, Benson P. *Sucesso e marketing industrial.* São Paulo: Harbra, 1991.

BURLEY-ALLEN, Madelyn. *Listening:* the forgotten skill. New York: John Wiley & Sons, 1995.

CHONKO, Lawrence B.; TANNER, Jonh F; WEEKS, William A. Sales training: status and needs. *Journal of Personal Selling & Sales Management,* vol. XIII, n. 4, p. 81-86, Fall 1993.

COBRA, Marcos. *Administração de vendas.* 3. ed. São Paulo: Atlas, 1986.

DEETER-SCHMELZ, Dawn R.; RAMSEY, Rosemary. A conceptualization of the functions and roles of formalized selling and buying teams. *Journal of Personal Selling & Sales Management,* v. XV, n. 2, p. 47-60, Spring 1995.

DUBINSKY, Alan J. et al. Salesforce socialization. *Journal of Marketing,* v. 50, p. 192-207, Oct. 1986.

EVANS Joel R.; LASKIN, Richard L. The relationship marketing process: a conceptualization and application. *Industrial Marketing Management,* n. 23, p. 439-452, 1994.

GOLEMAN, Daniel. *Working with emotional intelligence.* New York: Bantam Books, 1998.

GUION, R. M. *apud* SPENCER, Lyle M.; SPENCER, Signe M. *Competence at work:* models for superior performance. New York: John Wiley, 1993.

HANAN, Mack. *Consultative selling.* 6. ed. New York: AMACOM, 1999.

HARTLEY, Bob; STARKEY, Michael W. *The management of sales & customer relations.* London: International Thomson Business Press, 1996.

JOHNSON, H. W. *Creative selling.* Cincinnati: South-Western Publishing Company, 1996.

KOHLI, Ajay K. et al. Learning and performance orientation of salespeople: the role of supervisors. *Journal of Marketing Research,* v. XXXV, p. 263-274, maio 1998.

KOTLER, Phillip. *Administração de marketing:* a edição do novo milênio. São Paulo: Prentice Hall, 2000.

LAMBERT, Douglas M.; COOPER, Martha C. Issues in supply chain management. *Industrial Marketing Management,* n. 29, 2000, p. 65-83.

LELE, Milind M.; SHETH, Jagdish N. *The customer is key.* New York: John Wiley & Sons, 1991.

MAGRATH, Allan J.; HARDY, Kenneth G. Factory salesmen's roles with industrial distributors. *Industrial Marketing Management.* New York, n. 16, 1987.

MILLER, Robert B. et al. *Successful large account management.* New York: Warner Books, 1991.

MOINE, Donald; HERD, John H. *Modernas técnicas de persuasão.* São Paulo: Summus, 1985.

MORIARTY, Rowland T.; MORAN, Ursula. Gerenciando sistemas híbridos de marketing. In: SHAPIRO, Benson P; SVIOKLA, John J. *Conquistando clientes.* São Paulo: Makron Books, 1995.

PEPERS, Don; ROGERS, Martha. *Empresa 1:1:* instrumentos para competir na era da iteratividade. Rio de Janeiro: Campus, 1997.

RACKMAN, Neil. *The SPIN selling fieldbook.* New York: McGraw Hill, 1996.

RYANS, Adrian B.; WEINBERG, Charles B. Sales force management: integrating research advances. In: ENIS, Ben; COX, Keith; MOKWA, Michael. *Marketing classics.* 8. ed. Upper Saddie River: Prentice Hall, 1991.

SANDERSON, Stuart M. et al. Adding value to a company's selling activity through knowledge management: a case study. *Intemational Journal Technology Management,* v. 20, n. 5/6/7/8, 2000.

SHAPIRO, Benson P. et al. Strategic sales management. A boardroom issue. *Harvard Business School,* paper 9-595-018, May 6 1998.

______; DOYLE, Stephen X. Make the sales task clear. *Harvard Business Review.* Boston, nov./dez. 1983.

SIEVERT, Ullrich. *Sete regras de êxito para o chefe de vendas.* Lisboa: Pórtico, 1974.

SLATER, Stanley F.; OLSON, Eric M. Strategy type and performance: the influence of sales force management. *Strategic Management Journal,* v. 21, p. 813-829, 2000.

SMITH, Homer B. *Selling through negotiation.* Chevy Chase: Marketing Education Associates, 1988.

SPENCER, Lyle M.; SPENCER, Signe M. *Competence at work. Models for superior performance.* New York: John Wiley, 1993.

SPIRO, Rosann L.; WEITZ, Barton A. Adaptive selling: conceptualization, measurement, and nomological validity. *Journal of Marketing Research,* v. XXVIII, p. 61-69, fev. 1990.

TIEGER, Paul D.; BARRON-TIEGER, Barbara. *The art of speedreading people.* Boston: Little, Brown & Company, 1998.

VALENTINIO, Albert J. *Personality selling. Using NLP and the enneagram to understand people & how they are influenced.* Iselin: Vantage Point Publishing, 2000.

WEITZ, Barton A. et al. *Selling:* building partnerships. Chicago: Irwin, 1995.

WILSON, Kevin. Managing the industrial sales force of the 1990s. In: HARTLEY, Bob; STARKEY, Michael W. (Eds.). *The management of sales and customer relations.* London: International Thomson Business Press, 1996.

Capítulo 13

Promoção de Vendas

João De Simoni Soderini Ferracciù

VISÃO GERAL DO CAPÍTULO

Este capítulo introduzirá alguns conceitos de promoção de vendas e *merchandising*. Inicialmente, compararemos a promoção de vendas a partir da visão acadêmica e da visão prática, identificando, em seguida, algumas das principais técnicas promocionais e de *merchandising* usadas no mercado. O capítulo também abordará o papel da promoção de vendas e do *merchandising*, enfatizando a função exibitécnica. Logo, a promoção de vendas será enfocada de dois pontos de vista distintos: para compras planejadas e para compras por impulso. O capítulo seguirá com uma discussão sobre o comprometimento do consumidor e o valor da marca promovidos pela ação de promoção de vendas. Para finalizar, a visão tática e a visão estratégica da promoção de vendas serão colocadas lado a lado, sendo ressaltadas em relação ao contexto econômico e político do país.

OBJETIVOS DO CAPÍTULO

Depois de concluir este capítulo, você será capaz de:

1. compreender a abordagem de promoção de vendas e *merchandising*, dentro do composto de comunicação de marketing;
2. identificar algumas técnicas promocionais e de *merchandising*;
3. explicar o papel da promoção de vendas e do *merchandising,* ressaltando a função exibitécnica;
4. comparar a ação da promoção de vendas perante compras planejadas e compras por impulso;
5. discutir a promoção de vendas e a questão da força da marca;
6. discutir a visão tática e estratégica da promoção de vendas, relacionando essa questão à situação econômica e política do país.

13.1 PROMOÇÕES DE VENDAS & *MERCHANDISING*: VISÃO ACADÊMICA *VERSUS* PRÁTICA

A promoção de vendas e o *merchandising* não são campos nem para teóricos nem para preguiçosos. A prática é tudo. Não há nenhuma outra atividade ou disciplina no campo das comunicações de marketing que disponha de tantas técnicas, mecânicas, meios, recursos e instrumentos para serem usados. E eles podem se multiplicar e se inter-relacionar consoante a vontade dos seus idealizadores, transformando-se numa verdadeira fábrica de criação. Esta se sobreleva ainda mais quando interage com todas as outras atividades de comunicações de marketing e vendas, sob o simpático nome de marketing promocional. Não há parâmetros criativos para as promoções de vendas. Seu universo criativo é infinito.

Quem deseja atuar e operar profissionalmente com as promoções de vendas precisa, antes de tudo, conhecer profundamente as principais técnicas e suas variáveis básicas, além de suas aplicações e operacionalização logística, bases centrais do maior ou menor sucesso das campanhas e ações. As ideias promocionais são tão importantes quanto suas devidas aplicações. Talvez se deva a esse fato a grande evasão de profissionais talentosos e criativos, que preferem outras atividades de comunicações de marketing, evitando assumir os naturais riscos e imprevistos das promoções de vendas. Não bastam grandes e criativas ideias. É necessário muita experiência para implementá-las, principalmente aquelas técnicas e ações que estão mais perto do mundo das vendas que do mundo das comunicações.

13.2 ALGUMAS TÉCNICAS PROMOCIONAIS

Existem inúmeras técnicas promocionais e de *merchandising,* que podem ser aplicadas não só a consumidores finais, como ao canal de distribuição e vendas, equipes próprias das empresas, equipes do *trade,* enfim, a todo público que precisa ser motivado ou persuadido a consumir ou agir em função de um bem, uma ideia ou um serviço. As mais aplicadas atualmente são as que seguem:

- premiações por meio de concursos, sorteios, vales-brindes ou operações assemelhadas;
- premiações por meio de ações de marketing de incentivo (ações de marketing que motivam e estimulam, por meio de recompensas, os profissionais que se esforçaram para atingir o objetivo proposto pela empresa);
- ofertas;
- descontos;
- liquidações;
- remarcações;
- cuponagens;
- vendas condicionadas;
- *gift-packs* (embalagens com algum tipo de brinde acoplado, previamente desenvolvido pela empresa);

- *banded-packs* (embalagens com algum tipo de brinde acoplado, oferecido ao consumidor no momento da compra);
- *premium* (algum tipo de objeto oferecido ao consumidor por ocasião da compra de produtos);
- coleções;
- trocas;
- milhagens;
- *gimmicks* (truques, atrativos e animações que despertam interesse do consumidor para produtos, serviços ou ideias);
- demonstrações, degustações, experimentações;
- amostragens;
- *self-liquidating*[1];
- exibitécnica (vitrinismo, exposição, exibição, lojismo);
- painéis traseiros (promoções no verso da embalagem de produtos que se transformam em um presente para o consumidor);
- *container premium* (embalagem que pode ser reutilizada pelo consumidor, sendo oferecida como brinde na compra do produto);
- eventos em geral;
- convenções, encontros, reuniões, seminários de vendas;
- congressos, fóruns, simpósios, *workshops*;
- desfiles, festivais, gincanas, olimpíadas, copas, jogos;
- feiras, exposições, mostras;
- jubileus, efemérides, festividades;
- ações cooperativas, conjugadas;
- patrocínios (esportivos, culturais, sociais etc.);
- acontecimentos;
- rebate[2];
- bônus, bonificações;
- brindes;
- competições de qualquer natureza.

Combinar criativamente cada uma dessas principais ferramentas promocionais paralelamente às inúmeras outras que se podem acrescentar é a grande tarefa dos estrategistas na busca dos melhores resultados de vendas. Essas técnicas se relacionam ainda, como já dissemos, a outras atividades da comunicação multidisciplinar, interagindo ou não com a propaganda, relações públicas, equipe de vendas, telemarketing, marketing direto, endomarketing, publicidade, enfim, com todo o mundo das comunicações multidisciplinares de marketing.

Marketing de incentivo. São ações de marketing que motivam e estimulam, por meio de recompensas, os profissionais que se esforçaram para atingir ao objetivo proposto pela empresa.

***Gifts-packs*.** São embalagens com algum tipo de brinde acoplado, previamente desenvolvido pela empresa.

---

[1] É uma ação autopagável e autoamortizável. O promotor acrescenta o preço de custo do *premium* ou objeto ao produto promovido, estimulando a compra do conjunto pelo preço inferior ao de mercado.

[2] Rebate ou *refund* é a bonificação, abatimento ou dedução, com imediato reembolso em dinheiro após a compra do produto promovido.

Banded-packs. São embalagens com algum tipo de brinde acoplado, oferecido ao consumidor no momento da compra.

Premium. É um brinde oferecido ao consumidor por ocasião da compra de produtos.

Gimmicks. São truques, atrativos e animações que despertam interesse do consumidor para produtos, serviços ou ideias.

Painéis traseiros. São promoções no verso da embalagem de produtos que se transformam em um presente para o consumidor.

Container premium. É uma embalagem que pode ser reutilizada pelo consumidor, sendo oferecida como brinde na compra do produto.

13.3 O PAPEL DAS PROMOÇÕES DE VENDAS

O papel das promoções de vendas está implícito no seu próprio nome: é uma técnica de promover vendas. É um esforço e uma diligência para que as vendas aconteçam, aplainando o caminho de sua realização. Sua função é, pois, fomentar, facilitar e favorecer o ato de venda em si. Vendas "fecham" os negócios. Promoções "abrem" essa possibilidade, facilitando a venda. É por isso que muitas das técnicas promocionais estão mais perto da caixa registradora que das comunicações em si.

Promoção de vendas é a técnica, arte e ciência de fazer alguma coisa acontecer, diligenciando para a efetiva realização das vendas de um bem, ideia ou serviço.

Assim, podemos inferir que a **promoção de vendas** é a técnica, arte e ciência de fazer alguma coisa acontecer, diligenciando para a efetiva realização das vendas de um bem, ideia ou serviço. Constitui-se em todo o esforço feito para levar o produto ao comprador, diferenciando-se da propaganda, que faz o esforço contrário: levar o comprador ao produto.

13.4 O PAPEL DO *MERCHANDISING* E DA SUA MAIS IMPORTANTE FUNÇÃO: A EXIBITÉCNICA

Intimamente ligado à expressão *promoção de vendas,* o *merchandising*, por isso mesmo, encontra dificuldades em ser entendido na sua correta acepção. É fácil sabermos a profissão de uma pessoa ao ouvirmos suas acepções sobre esse enigmático termo. Academicamente, no passado, as tentativas de aportuguesamento da palavra remetiam a mercadizar, mercantilizar, mercanciar, mercadejar, mercandejar, mercandizar, merceologia, mercandologia e, até, mercadologia e outros absurdos.

Até o Ministério da Educação quis tornar obrigatória a tradução do termo para "mercadização". Antigamente, as agências de propaganda, colegas publicitários, por desconhecimento, insistiam em entender *merchandising* simplesmente como a criação e produção de peças e materiais de ponto de venda, sempre colaterais ao tema de propaganda, num egoístico e curto entendimento do termo. Em muitas empresas, nas suas áreas de vendas, são as pessoas dessas próprias áreas que se incumbem da colocação dessas peças e desses materiais e cuidam da decoração, da exposição e do vitrinismo nas lojas. Às vezes, alguns profissionais costumam restringir seu ponto de vista à sua área de atuação. Poucos o entendem em sua plena abrangência, como estratégia do marketing, como técnica de ajustamento e adequação do produto ao mercado consumidor e como uma verdadeira operação de planejamento, necessária para pôr no mercado o produto ou serviço certo, no lugar e tempo certos, em quantidades certas e a preço certo, como define o pessoal da American Marketing Association (AMA). Além disso, tivemos também um enfoque, aceito nos meios publicitários, significando a exposição comercializada da marca ou de produtos em novelas, filmes cinematográficos, peças teatrais, espaços editoriais dos veículos de comunicações, eventos, principalmente esportivos, programas de auditório ou outros, produzidos, editados e apresentados pelos veículos de comunicação.

Alguns setores ainda hoje submetem o termo à ótica de seu relacionamento com as lojas e os pontos de venda que comercializam seus produtos, num enfoque igualmente egoístico, entendendo o *merchandising* meramente como toda a forma de atividade e prestação de serviços, planejada ou improvisada, que aproveitam áreas de oportunidade, executadas pela loja, com o objetivo de acelerar a rotação do produto.

Da mesma maneira, e com enfoque bastante parecido, definições contemplam o *merchandising* como representando a prestação de serviços e atividades executadas pelo ponto de venda, desenvolvidas pelo setor ou pelo próprio varejo, e dirigidas ao consumidor, explorando ao máximo sua presença no ponto de venda e acelerando a comercialização do bem, ideia ou serviço.

Assim, ***merchandising*** ficou sendo tudo isso, mas o importante é que seu papel é de extrema relevância no processo de comercialização dos produtos. Seu palco é o campo, o ponto de venda (PDV), o local em que uma ação, principalmente a promocional, está sendo implementada. Como *merchandising* é uma técnica de ajustamento e adequação do produto ao mercado consumidor, ele envolve as atividades de escolha do produto a ser produzido, e assim toma decisões quanto a tamanho, aparência, formato, embalagem, cores, quantidades a serem fabricadas ou compradas, épocas de produzir ou comprar, linha de preços a ser estabelecida etc. Dessa maneira, marketing define o que e onde vender, e *merchandising*, estrategicamente, como e por que vender com maior rotação.

Merchandising é a operação de planejamento necessário para colocar o produto ou serviço certo no mercado, no lugar e tempo certos, em quantidades certas e a preço certo.

Por esse enfoque, mais abrangente, inferimos que as funções de *merchandising*, nesse conceito de adequação e ajustamento, estão mais perto das de gerência de produtos que das de comunicações. Como representa também uma série de ideias e ações ligadas às vendas, agindo estreitamente nas áreas de exposição e exibição dos produtos, ou seja, na fase final da consumação da compra, é considerado subfunção do marketing e, como estratégia dele, abrange todos os setores responsáveis pelo processo de divulgação e comunicação ao consumidor final: promoção de vendas é um exemplo típico. Como suas fronteiras estão muito próximas, é comum citar-se conjuntamente os termos *promoção de vendas* e *merchandising*.

Mas é preciso termos em mente que *merchandising* está acima das promoções de vendas, que são por ele utilizadas para efetivar sua estratégia. Da mesma maneira, o *merchandising* pode usar propaganda. Quando as peças e os materiais são criados com o mesmo grafismo e a mesma linha temática da propaganda, e essas peças são colocadas no ponto de venda, o *merchandising* está simplesmente usando a propaganda como um veículo para implementar sua estratégia de impulsionar a rotação de vendas na loja. Assim, essas peças colaterais não são peças de *merchandising,* como são tituladas nas agências de propaganda, mas sim peças de complementação às campanhas publicitárias que o *merchandising* está usando.

Quando o *merchandising* recorre a ações para motivar balconistas e lojistas, atacadistas, distribuidores e consumidores finais, individual ou conjuntamente, por meio de concursos ou ações de marketing de incentivo, ou quaisquer modalidades de premiações, estão sendo utilizadas técnicas de promoção de vendas com o mesmo objetivo de impulsionar a rotação de estoque do produto.

Em ambos os casos, o *merchandising* usa tanto a propaganda como a promoção como meio de efetivação de sua estratégia.

13.4.1 PARA QUE SERVE A EXIBITÉCNICA?

Exibitécnica é a arte e técnica de expor, dispor e exibir produtos.

A **exibitécnica**, neologismo por nós criado para designar a "arte e técnica de expor, dispor e exibir produtos", é a mais simples operação do *merchandising* e, indubitavelmente, sua mais importante função. Enquanto a propaganda, para efeito de comparação, atua onde está o consumidor e o dinheiro, a promoção e o *merchandising,* por meio da exibitécnica, atuam onde está o consumidor, o dinheiro e... o produto. Mais perto da caixa registradora, mais perto das mãos, portanto. Só por aí se pode mensurar a importância de uma boa exposição dos produtos.

O *merchandising* reconhece o ponto de venda, qualquer que seja ele, como uma das mais importantes "mídias" para se comunicar com o consumidor. O simples fato de um consumidor estar na loja pressupõe uma atitude ativa, o desejo de ver e comprar. É por isso que as indústrias estão concentrando, cada vez mais, grandes investimentos no comércio e, particularmente, nos pontos de venda (PDVs), onde as coisas acontecem. Sabedores desse fato, muitos pontos de venda passaram a cobrar das indústrias a cessão de espaços nobres onde a rotatividade dos produtos sucede com maior intensidade. Eles dão aos seus espaços físicos o *status* de mídia poderosa e desejam cobrar por isso. A exibitécnica se utiliza da combinação de todos os elementos que compõem nossos sentidos: luz, cor, aroma, sabor, som, temperatura. Tudo isso atinge positiva ou negativamente os cinco sentidos, dando-nos as mais diferentes sensações e predisposição de compras. Titulo tudo isso como influxos sugestivos que auxiliam na persuasão e motivação de compras, com o consumidor deixando-se influenciar e interagindo com o ambiente e a atmosfera que o circunda.

Evidentemente, o *merchandising,* por meio da exibitécnica, entra em ação depois que as outras atividades de marketing já cumpriram seu papel, que é o de levar o consumidor para dentro da loja e, principalmente, agregar valor a todas as marcas expostas. O consumidor sempre tenderá a preferir as marcas mais fortes, devidamente construídas pelas comunicações de marketing e atributos naturais dos produtos.

O ponto de venda é um desencadeador do impulso de compra, mas não necessariamente de escolha de um produto. A marca é fundamental, mesmo nos casos de produtos sem marcas, chamados produtos livres, por carregarem implicitamente a marca da loja que o está vendendo.

13.5 DECISÕES *IN STORES* — COMPRAS PLANEJADAS *VERSUS* COMPRAS POR IMPULSO

A função da exibitécnica é reforçar a decisão dos consumidores que saem de suas casas já tendo em mente o que vão adquirir, caso típico das compras planejadas. No entanto, muitas mercadorias são compradas impulsivamente, e isso ocorre quando o consumidor é atingido por algum estímulo suficientemente forte que o leva à compra no momento em que passa em frente à exposição do produto. Esse impulso o estimula a entrar na loja e solicitar o produto exposto na vitrine, ou simplesmente estender a mão e pegar a mercadoria num auto-serviço. Olhou, entrou, pegou, comprou.

Esse ato impulsivo decorre da manifestação de um desejo inconsciente que aflora naquele instante e que é satisfeito pelo produto. Pode decorrer das mensagens publicitárias recebidas e reativadas ou ser gerado apenas pela exibitécnica em si, pode simplesmente ocorrer por um inexplicável estímulo gerador do impulso. Esse estímulo faz o consumidor realizar uma compra palpável, em que o impulso antecede o raciocínio lógico. Ele sabe que está comprando, mas não racionaliza o ato. Sua primeira reação é emocional, impulsiva. A razão disso, ele descobrirá, talvez, depois.

13.6 AS PROMOÇÕES DE VENDAS COMPROMETEM AS MARCAS?

Alguns desavisados colegas do mundo da propaganda, acostumados pela própria atividade a trabalhar mais temática do que esquematicamente, alegam que as promoções de vendas com distribuição de premiações abalam a personalidade e o conteúdo de marca de um produto. Não é essa a nossa experiência. Ao contrário, quando a promoção com premiações é devidamente planejada e delineada, ela contribui para agregar valor à marca, como indicam as pesquisas com consumidores. As premiações acabam cumprindo não só um papel promocional como publicitário. Consumidores mudam de marcas ou de lojas para participar de premiações apelativas, considerando a atitude do promotor uma maneira inteligente de estimular o aumento de venda dos seus produtos. Quanto mais criativos a promoção, a premiação, o regulamento, a mecânica, melhor a receptividade do consumidor.

A receptividade do consumidor se multiplica quando a ação promocional vem acompanhada de uma cobertura publicitária, isto é, quando se faz propaganda da promoção. A árvore genealógica da promoção é a mesma da propaganda. Ambas buscam o mesmo objetivo, embora seguindo caminhos diferentes. Seus objetivos não são antagônicos ou opostos. Ao contrário, irmanam-se e associam-se, usando instrumentos, ferramentas, meios e recursos diferentes, que interagem, se complementam e se suplementam. São parceiras que devem aliar-se e conciliar-se, compondo-se, jamais se opondo. Convergindo, jamais divergindo. A propaganda, dizem, é a "alma" do negócio. A promoção é a "arma". Enquanto a propaganda cuida de criar a mensagem, e o meio para divulgá-la já se encontra disponível, a promoção cuida não só de criar a mensagem, mas do próprio meio para divulgá-la. Uma conscientiza, outra ativa. Uma trabalha com valores subjetivos, a outra com valores objetivos. A propaganda, mais artística, a promoção mais técnica e científica. Juntas, são poderosíssimas.

Quando um consumidor está indeciso entre duas marcas, sinalizando que todos os esforços de construção de marca não foram suficientes para dirimir esse impasse, é a promoção de vendas que define a compra. Seres humanos não existem só para refletir, mas para agir. Ao observar que um dos produtos oferece a possibilidade de concorrer ou ganhar algo adicionalmente, o consumidor opta imediatamente pelo produto que tem essa vantagem. Entende que, mesmo que venha a cometer um erro de julgamento, está tendo a compensação psicológica de concorrer a um prêmio adicional. O esquema da premiação elimina o impasse e faz rodar o produto que está se utilizando dessa técnica promocional. O jogo do marketing desempata. O consumidor trai a marca que tradicionalmente consumia, quando a promoção atrai.

A traição ocorre, também, com as ações que envolvem ofertas, descontos, rebates, cuponagens, redenções, restituições, campanhas do tipo *gift-packs* e *banded-packs,* que incluem um *premium* agregado ao produto no ponto de venda etc. Nessas ações, sim, é que devemos tomar muito cuidado para não esvaziar o conteúdo de marca dos produtos. Produtos que costumam ser comercializados exclusivamente por meio de contínuas e rotineiras ofertas e descontos estão a caminho de sair do mercado. Essas técnicas, usadas abusivamente, aviltam, violentam, esvaziam e destroem o conteúdo de marca de um produto. A marca, reconhecidamente, é o mais importante item decisório de compras, por ser a síntese que identifica e distingue seus valores e atributos.

As ofertas rotineiras como sinônimo de preços/descontos sinalizam que a marca não tem seu preço justo ou não merece o preço que tem. Não vale seu preço original. Quem vende redução de preços não vende um produto, mas um subproduto. É no valor intrínseco que reside a força de um produto. Quando se baixam custos, extraímos valor do produto. A qualidade de um produto deve ser sempre lembrada. Seu preço, esquecido. Assim, valor é mais importante que preço. É a qualidade que se atribui a um bem, pela qual determinado produto ou mercadoria é estimável em maior ou menor grau. Envolve mérito, merecimento. É a mais-valia. O restante é a menos-valia. Ofertas e descontos contínuos e rotineiros são suicídio coletivo. Apreço sobrepõe-se a preço!

É importante termos em mente que um cliente deve sempre se sentir satisfeito e feliz após a aquisição de um produto. Isso é sinal de lucro. Mas, se ele sair exageradamente feliz, exageradamente satisfeito, isso é sinal de... prejuízo certo.

Nenhum esforço promocional deve ser maior e mais forte que o próprio produto promovido. Devemos vender o produto, e não a promoção. Quando damos algo ao consumidor, podemos estar tirando algo da imagem do produto. É preciso saber fazer isso, agregando-se, sempre, valor à marca do produto promovido.

O consumidor sempre vai preferir uma marca forte, estável, consolidada, que lhe ofereça poucas vantagens, a uma marca fraca que, por isso mesmo, lhe oferece como compensação muitas vantagens. Não adianta fazer promoções para produtos que não vendem sem promoções.

É função das promoções de vendas contribuir na construção da personalidade de marca de um produto, e isso só se consegue quando ela cumpre seu papel estratégico, integrando-se sinergicamente a todo o complexo de marketing.

13.7 MUDANÇAS DE PROMOÇÕES TÁTICAS PARA ESTRATÉGICAS

Quem se detiver em rever as últimas décadas, observará que vivemos em um país do antigo cruzeiro, depois cruzado, cruzado I, cruzado II, consumismo, consumerismo, consumerágio, retorno do cruzeiro, congelágio, cruzélia, collorgate, URV, cruzeiro real, real, banda cambial, recessão, retração, estagnação, estagflação, demanda reprimida, demanda agregada, *boom* de consumo, bolha de consumo, congelamentos, descongelamentos, indexações, desindexações, tablitas, deflatores, indutores, choques ortodoxos, heterodoxos, sanções, revogações, bloqueios e desbloqueios, confiscos e sequestros de bens, medidas compulsórias, medidas transitórias, pactos e impactos, tarifaço, tirombaço, pacotaço, trégua social, gatilhos, controles de preços, monitoramentos, emendão, remendão, mídis e máxis desvalorizações, *impeachment*, abastecimentos, desabastecimentos, *n* planos, tipo primavera, verão, outono..., precatórios, imprecações, *crash* global, enfim, uma verdadeira parafernália policialesca de preços congelados, controlados, monitorados, tabelados e liberados, tudo não necessariamente nessa ordem. Tivemos ainda o chamado saco de maldades, o itamaremoto, o câmbio flutuante, o dólar decolante, o real despencante, os capitais escapantes e fugantes. Saímos de uma moeda ancorada para outra que flutua. Tudo isso conferiu-nos o maior Ph.D em promoções de vendas, conseguido no maior laboratório mundial da economia — o Brasil.

Num país em que nossas variáveis eram tão variáveis, nossas constantes tão inconstantes, nossas certezas tão incertas e nossas previsões tão imprevisíveis, nós só planejávamos algo depois dos acontecimentos.

Hoje, felizmente, as coisas mudaram. Agora que ingressamos em uma fase mais estável, é evidente que deixamos de funcionar como verdadeiros bombeiros de vendas para trabalhar cada vez mais estrategicamente. Estratégia é o que se pensa a longo prazo. Tática, o que se faz a curto prazo. Nessa nova fase da economia brasileira podemos ser agentes das ações e não reagentes aos acontecimentos. Podemos ser pró-ativos e não reativos ao mercado. Podemos estar na vanguarda e não na retaguarda dos acontecimentos.

Felizmente, os políticos são cada vez menos importantes na economia e na sociedade brasileira. Já não têm tanta força para desplanejar nossos planejamentos. O mundo estratégico do marketing promocional está aflorando e ingressando numa fase definitiva, em conformidade com o novo regime de estabilidade econômica e jogo mercantil.

13.8 PROMOÇÃO DE VENDAS: UMA OUTRA VISÃO*

No fim de um ano do início da década de 1980, eu estava elaborando o plano de marketing para o ano seguinte numa empresa em que era diretor. Todas as notícias indicavam que aquele seria um ano de PIB negativo. Decidiu-se, então, reformular a alocação de verbas para comunicação, reduzindo o investimento em propaganda e aumentando-o em promoção de vendas. Uma empresa do grupo De Simoni foi contratada para planejar e executar uma campanha promocional para auxiliar no cumprimento da meta (ambiciosa, apesar de tudo) de vendas prevista para o ano seguinte. E por que isso foi feito?

Explicando as razões, temos:

- Como se sabe, a promoção de vendas é um estímulo mais forte que a propaganda. Por isso, decidiu-se pela campanha de sustentação da marca (propaganda), oferecendo ao cliente um "algo mais" criado pela promoção de vendas. Esta, por ser de âmbito nacional, também usava propaganda, a propaganda de promoções. Dessa forma, entendeu-se que as vendas seriam estimuladas mais fortemente. E foi o que aconteceu. Foram batidos recordes de vendas em um ano de PIB negativo em que os principais concorrentes fizeram grandes esforços, principalmente de desconto nos preços, de *marketing*!
- Porque campanhas promocionais de grande porte devem ser feitas por empresas especializadas. Elas criam e administram melhor do que qualquer empresa que resolva, por conta própria, fazer uma promoção de vulto e/ou complexa, utilizando seu próprio pessoal.

Supõe-se que a maioria dos leitores deste texto seja estudante universitário e, por isso, é importante apontar algumas ideias de promoção de vendas — de natureza estratégica, principalmente.

A primeira pergunta que pode ocorrer é: de forma geral, quando, ou em que situações, a promoção é recomendável? Tem-se, então:

- na sazonalidade, elas costumam ser utilizadas nas fases de vendas decrescentes, enquanto a propaganda é mais usada no período de vendas crescentes;
- nas fases de ciclo de vida do produto em que se quer acelerar as vendas (lançamento do produto ou em seu declínio, por exemplo);
- quando o nível de estoque está muito alto (fabricantes ou intermediários);
- quando se quer neutralizar a ação de algum concorrente;
- quando, sendo um pequeno ou, às vezes, médio fabricante, se pretende estar presente nas vitrines ou prateleiras dos varejistas mais relevantes;
- quando se quer uma resposta rápida do mercado.

É importante enfatizar que, quando a promoção for de preço, deve-se tomar cuidado com o seguinte:

---

* Este item foi elaborado pelo professor Sérgio Dias, amigo do autor deste capítulo e profissional da área.

- Quando um fabricante se dispuser a fazer uma promoção com um ou poucos de seus clientes, ele deverá considerar a possibilidade de os demais sentirem-se preteridos e, por isso, deixarem de comprar.
- Se a campanha promocional do fabricante incluir grandes descontos (por volume, mix de produtos, prazos de pagamento etc.), é muito provável que seus grandes clientes possam ter um preço final bem mais competitivo que o dos pequenos e médios clientes desse mesmo fabricante. Nesse caso, um possível desequilíbrio nos preços que serão levados ao consumidor poderá gerar dois efeitos perigosos: desestímulo dos pequenos e médios clientes, cujos preços não estimularão o giro esperado, e desconfiança do consumidor com relação ao preço final do produto.

A promoção de vendas com ênfase nas promoções de preços, geralmente, gera conflitos horizontais e verticais nos canais de distribuição. Por isso, deve ser feita somente quando necessária, considerando esses riscos.

- Promoções dirigidas às equipes de vendas (interna ou própria e externa, de terceiros) frequentemente são realizadas quando os estoques estão elevados. Essa oferta pode viciar as equipes, que, em situações como essas, estarão sempre à espera de promoções (e não esperariam que fossem menores do que a anterior).

A promoção de vendas é um excelente elemento estratégico ou tático à disposição do executivo de marketing. Contudo, deve ser bem analisada à luz das circunstâncias — mercado, concorrência, ciclo de vida, sazonalidade etc. — , de seus efeitos não apenas no curto, mas também no médio e longo prazos; e, por fim, do relacionamento comercial entre seus parceiros no mercado.

RESUMO

A promoção de vendas e o *merchandising* apresentam uma abordagem muito prática, e a implementação de suas atividades requer experiência e muita criatividade.

As técnicas promocionais e de *merchandising* são usadas para atingir variados tipos de públicos, como consumidores finais, canais de distribuição e vendas, equipes internas e equipes do *trade*.

O papel da promoção de vendas é promover, fomentar, facilitar e favorecer as vendas. O papel do *merchandising* é fazer o planejamento necessário para colocar no mercado o produto ou o serviço certo, no lugar certo, em quantidades certas e com preço certo. O palco dessas atividades é o ponto de venda, e suas fronteiras estão tão próximas que quase sempre são citados de maneira conjunta. Apesar da proximidade, é importante ressaltar que o *merchandising* está acima da promoção de vendas: ele pode usá-la para efetivar sua estratégia.

A exibitécnica, que consiste em dispor e exibir produtos, é a mais importante função do *merchandising*. O *merchandising*, por meio da exibitécnica, entra em ação depois que as outras atividades de marketing já tiverem cumprido seu papel, ou seja, levar o consumidor para dentro da loja e agregar valor às marcas. A exibitécnica, cuja atuação ocorre, sobretudo, no ponto de venda, é capaz de influenciar a decisão de consumidores, causando impacto de diferentes maneiras no comportamento para compras planejadas e para compras por impulso.

A receptividade do consumidor aumenta quando a ação promocional vem acompanhada de uma cobertura publicitária, devendo estar integrada a todos os demais esforços de marketing. Quando o consumidor está indeciso entre marcas distintas, a promoção de vendas pode definir a compra. Sabe-se que a marca é, reconhecidamente, o item mais importante para a definição das compras do consumidor. Porém, apesar da força da marca, algumas ações promocionais são capazes de levar o consumidor a "trair" determinada marca de sua preferência. Deve-se ter cuidado para aplicar ações promocionais que não esvaziem o conteúdo das marcas dos produtos. Produtos comercializados exclusivamente por meio de ofertas e descontos contínuos e rotineiros estão a caminho de sair do mercado.

A instabilidade econômica e política do Brasil, por muito tempo, influenciou uma abordagem meramente tática da promoção de vendas e de *merchandising*. A nova fase de estabilidade econômica permite que essas ações sejam pensadas estrategicamente.

Termos e Conceitos Importantes

Banded-pack
Container premium
Exibitécnica
Gift-pack
Gimmicks
Marketing de incentivo
Merchandising
Painel traseiro
Premium
Promoção de vendas
Self-liquidating

QUESTÕES PARA REVISÃO E DISCUSSÃO

1. Por que, muitas vezes, se pode dizer que a promoção de vendas está mais próxima das "caixas registradoras", isto é, das vendas, do que das atividades de comunicação?
2. Discuta as diferenças que existem entre a abordagem da propaganda, que se esforça para levar o comprador ao produto, e a abordagem da promoção de vendas, que se esforça para levar o produto ao comprador.
3. Qual é a importância do ponto de venda para as ações promocionais e de *merchandising*?
4. De que forma o *merchandising* pode utilizar a promoção de vendas para efetivar sua estratégia?

5. Compare a ação da exibitécnica para compras planejadas e para compras por impulso.
6. Ações promocionais contínuas e rotineiras podem destruir o conteúdo das marcas? Explique.
7. Como a instabilidade econômica do Brasil influenciou as ações de promoção de vendas e *merchandising* nos últimos anos?

ELABORANDO UM PROJETO

AUMENTANDO AS VENDAS

Imagine que você seja o gerente de produtos de uma empresa atuante no ramo de manufatura de artigos de *lingerie,* responsável pelas ações de marketing de calcinhas e sutiãs. Seu diretor deseja que você aumente o volume e a participação de vendas desses produtos no próximo trimestre.

Seu cenário contempla um processo de vendas idêntico ao dos seus concorrentes, que usam o mesmo canal de distribuição, composto de distribuidores e representantes comerciais que vendem as mais diferentes marcas ao varejo. Os preços e as margens de vendas tanto nos distribuidores como no varejo são praticamente iguais. O que devia fazer a diferença seria a força da marca dos produtos, mas você percebe que sua marca tem força similar à dos seus concorrentes. Da mesma maneira, sabe que não há diferenças significativas de modelos e *designs* na percepção dos consumidores. As campanhas de propaganda desenvolvidas pelos concorrentes foram tão boas quanto as criadas pela sua agência de propaganda. A exposição dos produtos nos pontos de venda não destacam nem os seus produtos nem os da concorrência. Só em alguns magazines de grande porte é que você sente um maior ou menor destaque para os seus produtos ou os da concorrência, com cada um alugando espaço para exposição das suas marcas. Esses esforços estão contrabalançados, e ninguém pretende investir mais nessa atividade, por entender que está havendo abuso das lojas varejistas, interessadas mais no aluguel de seus espaços, como se estivessem num negócio imobiliário, que na lucratividade gerada pela venda dos produtos.

Você conta com vários escritórios regionais espalhados pelo país e com equipe própria de vendedores, que mantêm contato direto tanto com os varejistas como com os distribuidores. Seus concorrentes fazem o mesmo, contando também com equipe própria de vendas, promotores etc. Para dificultar sua ação de marketing, você percebe que sua equipe de vendas destina pouca parte do tempo para vender seus produtos, pois eles comercializam uma extensa linha de outros produtos manufaturados pela empresa e têm de atingir as cotas mínimas de vendas. Precisam cobrir todas as cotas de todos os produtos.

Além de todos esses fatores, você observa que o mercado está saturado, é grande o estoque de produtos, seu e dos concorrentes, tanto nas lojas varejistas como nos distribuidores, e, além disso, para dificultar tudo, há uma avalanche de novos pequenos fornecedores marginais, constituídos de costureiras desempregadas, que artesanalmente estão confeccionando produtos similares e fazendo sua comercialização em feirinhas, por meio de vendedores ambulantes e até de pequenos lojistas, sem os custos de impostos, instalações adequadas etc.

Para piorar, você descobre que sua verba está curta, porque o trimestre é o último do ano e o gerente de produto anterior já consumiu grande parte da verba nos meses anteriores.

E aí, o que você faz?

1. Pede à sua agência para criar uma pequena campanha temática institucional da marca?
2. Prefere pedir uma campanha promocional, esquemática, do tipo concurso ou sorteio, com distribuição gratuita de prêmios de que trata a legislação brasileira, presenteando com fabulosos prêmios seus consumidores finais?
3. Recorre ao estúdio de arte e faz rapidamente uma campanha do tipo "leve 3, pague 2"?
4. Desenvolve domesticamente uma campanha agregando um *premium* (brinde acoplado ao produto) sugestivo a cada um dos seus produtos, ou junta dois produtos da mesma linha e dá ao consumidor um *premium* de maior valor?
5. Dá grandes descontos na compra conjunta de calcinhas e sutiãs, além de estender essa promoção para o estoque disponível nos distribuidores e lojistas?
6. Faz uma verdadeira liquidação de vendas dos seus produtos, com ofertas especiais?

7. Investe toda a verba nos pontos de venda, alugando espaços em grandes magazines e rede de lojas especializadas?
8. Organiza desfiles de moda exclusivos dos seus produtos nas principais regiões do país?
9. Negocia com uma rede de televisão o chamado "esquema de *merchandising*", em que a artista principal da novela aparece na telinha sempre usando seus produtos?
10. Implementa uma grande campanha promocional (uma ação de marketing de incentivo) com a área comercial/ *trade* e com sua equipe interna de vendas?

RESOLVENDO UM CASO

DESENVOLVENDO UMA CAMPANHA

Pondere. Sua verba é curta. Uma ação temática de propaganda exigiria maior investimento e não suscitaria retornos a curto prazo. E você precisa vender muito no próximo trimestre. Você não tem tempo hábil para desenvolver uma campanha esquemática, do tipo concurso ou sorteio, porque perderia 60 dias, ou seja, dois meses, só com o prazo exigido pelo governo para autorizar a promoção (Lei n. 5.768, Decreto-lei n. 70.951, que trata da distribuição gratuita de prêmios a título de propaganda). A campanha do tipo "leve 3, pague 2" iria prejudicar sensivelmente o conteúdo de marca dos seus produtos. Com essa ação, você enfraqueceria, e muito, sua imagem geral de marca. E você não quer isso. Oferecer prêmios, descontos ou fazer verdadeiras liquidações não oferece nenhum conforto decisório quando você compara a relação custo-benefício, além do risco de sucatear o conteúdo de marca dos produtos. Essas mesmas razões não lhe permitem alugar espaços dos lojistas em todo o país e menos ainda negociar espaços de *merchandising* na televisão, cujos resultados são imponderáveis.

Não há regras nem mandamentos firmes em promoções de vendas, mas tudo indica que sua melhor decisão será desenvolver uma campanha de marketing de incentivo, dirigida diretamente aos balconistas de todas as lojas de varejo. Sua campanha funcionaria como "empurroterapia", transformando esses balconistas em vendedores dos seus produtos, graças à premiação. Recebendo prêmios pelas vendas, eles não agiriam mais como meros "tiradores" de pedidos e passariam a recomendar e sugerir aos clientes seus produtos, atuando assim como verdadeiros vendedores, que persuadem os clientes e levam a tarefa de convencimento ao seu âmago. Motivados pela ação de incentivo, esses balconistas procurariam mostrar aos clientes apenas os seus produtos, em detrimento da concorrência. E, tranquilamente, diriam: estas calcinhas (ou sutiãs) são as que mais estão saindo! E, assim, seus produtos circulariam mais.

Você poderia, e deveria, premiar todo o canal de distribuição e vendas num esquema amarrado à pontuação dos balconistas. Quanto mais eles vendessem, mais pontos acumulariam e, com esses pontos, poderiam escolher as mais diversas mercadorias de premiações. O somatório de pontos de todos os balconistas, numa loja, conferiria pontos, também, para o gerente da loja (você precisa motivá-lo para permitir a introdução da campanha de incentivo na loja). Com a mesma mecânica, você pode, e deve, premiar não só os vendedores dos distribuidores e representantes comerciais, mas também os vendedores e gerentes regionais de sua empresa, tudo numa só cadeia, tendo como base as vendas dos balconistas. Todos saem ganhando. É interessante, e conveniente, que você premie até mesmo as vendas sobre os produtos que estão em estoque, pois, quando esse estoque roda, imediatamente o lojista faz sua reposição. Os riscos de as vendas não acontecerem e os balconistas solicitarem os prêmios são mínimos, pois sua equipe tem o controle dos estoques existentes e do volume de vendas de novos produtos que estão sendo entregues, podendo com facilidade conferir os resultados. A dialética de vendas é muito simples: basta cumprimentar o gerente da loja pelas vendas efetuadas e falar na reposição de produtos, o que será aceito com naturalidade.

Os balconistas ganharão na razão direta dos seus esforços de vendas, bem como os vendedores dos distribuidores e sua equipe de vendas do escritório regional. Isso envolve motivação integrada de todo o seu canal de vendas. Quanto aos custos, estarão diretamente relacionados com o volume das vendas. Quanto mais você vender, mais prêmios estará dando. Isso não significará mais custos. Ao contrário, significará maiores e melhores resultados de vendas. Sua campanha paga a si mesma, funcionando como uma verdadeira campanha *self-liquidating*. O ideal é que ela custe "trilhões", pois isso significará que você vendeu o equivalente. A relação custo-benefício será perfeita. Seus riscos envolvem apenas a criação das peças e materiais promocionais de lançamento da campanha de incentivo e os custos de administração da operação, mas tudo isso pode ser previsto. E, para isso, sua pequena verba é muito.

Para fazer uma grande campanha de incentivo, basta você desenvolver um tema pertinente, uma mecânica simples de administração, escolher prêmios realmente atraentes e fortemente desejados por todos que participam da promoção e não se esquecer de criar, também, uma campanha de apoio. Ao introduzi-la, você irá dispor do cadastro de todos os participantes, o que lhe permitirá enviar-lhes semanalmente mensagens criativas, incentivando-os e estimulando-os a vender cada vez mais seus produtos, para assim poderem ganhar mais e mais prêmios. Para eles e para toda a família. Com um bom cadastro dos participantes, poderá dispor de diversas informações sobre eles, como nomes dos filhos, datas de aniversário etc. Você vai dispor de um *database* de fazer inveja à sua concorrência. E vai usá-lo em campanhas de fidelização de sua equipe de vendas, ações de marketing de relacionamento, o famoso CRM aplicado diretamente ao seu canal de vendas, ações de treinamento a distância dirigidas a todo esse público-alvo, enfim, vai usar continuamente esse cadastro com seu mais importante público — exatamente aquele que se constitui no último elo entre seu produto e o consumidor final.

Terminada a campanha, no trimestre, você vai perceber que a ação gerou ótimos rescaldos, pois você habituou e viciou o balconista a vender seu produto em detrimento dos da concorrência e conquistou-lhe extraordinária simpatia.

Interessante observar também, por outro lado, que sua ação é de "guerrilha". Seus concorrentes não sabem onde sua campanha está sendo implementada.

Você poderia optar por inúmeras alternativas no campo das atividades de marketing promocional, mas, pelo cenário traçado, tudo indica ser esta a melhor solução para atingir os objetivos exigidos pelo seu diretor.

Se a sua campanha for desenvolvida criativamente e a mecânica for bem delineada, com uma campanha de sustentação mantendo todos os participantes devidamente motivados, o sucesso está garantido. E você já pode pensar em deixar de ser gerente de produtos para ser promovido a gerente de linha de produtos ou gerente de divisão.

Capítulo 14

O Sistema de Informação de Marketing e a Pesquisa de Marketing*

Juracy Gomes Parente

A pesquisa de marketing pode auxiliar a compreensão de comportamentos, hábitos de compra, estilo de vida e atitudes de consumidores. Neste capítulo, introduziremos os conceitos de sistema de informação de marketing e seus componentes.

Apresentaremos as técnicas de pesquisa de marketing, abordando algumas comparações entre métodos de pesquisa, fontes de informações e planos de amostragem. Discutiremos também a questão da pesquisa de marketing como fator de estímulo ao foco no cliente e como ferramenta de monitoramento de satisfação.

VISÃO GERAL DO CAPÍTULO

OBJETIVOS DO CAPÍTULO

Depois de concluir este capítulo, você será capaz de:

1. definir e explicar o que é o sistema de informação de marketing;
2. definir e explicar o que é pesquisa de marketing;
3. descrever e explicar os componentes do sistema de informação de marketing;
4. detalhar as etapas do processo de pesquisa de marketing;
5. comparar fontes de informação, tipos e métodos de pesquisa;
6. discutir a utilização de questionários como instrumento de pesquisa;
7. explicar plano de amostragem e métodos de amostragem; e
8. discutir a pesquisa de marketing como estímulo para as empresas terem como foco o cliente.

---

* Este texto é uma versão adaptada de PARENTE, Juracy. *Varejo no Brasil.* São Paulo: Atlas, 2000.

14.1 INTRODUÇÃO

O ambiente de marketing está mudando de forma cada vez mais intensa e rápida, tanto no Brasil como em outros países. As preferências dos consumidores já não são mais as mesmas que as empresas conheciam algumas décadas atrás. Fatores como a expressiva entrada das mulheres no mercado de trabalho, o aparecimento de novas tecnologias, a diminuição do tempo livre, aumento do trânsito e *stress,* envelhecimento da população, diminuição do número de filhos, nova composição dos lares (com muitas pessoas morando sozinhas) e a busca de uma melhor qualidade de vida transformaram totalmente os hábitos de compra e o estilo de vida dos consumidores de hoje.

Os consumidores buscam cada vez mais alternativas de produtos e serviços que lhes proporcionem conveniência e experiências prazerosas, demonstram menor fidelidade para marcas de produtos, procuram maximizar a relação benefício/custo em suas decisões de compra e valorizam as soluções personalizadas.

Mais do que nunca, as empresas hoje têm de conhecer profundamente o comportamento, as necessidades e as expectativas de seus consumidores. Sem isso, elas não têm como atender e muito menos surpreender seus clientes. Numa época de intensa concorrência, mais do que vantagem competitiva, estar bem informadas sobre seu ambiente de marketing é condição de sobrevivência das empresas modernas. Todas essas informações só podem ser viabilizadas por um bom sistema de informação de marketing, conforme veremos neste capítulo.

14.2 SISTEMA DE INFORMAÇÃO DE MARKETING

O **sistema de informação de marketing** realiza mapeamento de ameaças da concorrência e do mercado a serem enfrentadas ou contornadas e identifica oportunidades, por meio do entendimento do comportamento e das expectativas dos consumidores.

O sistema de informação de marketing é o radar que ajudará as empresas a traçarem trajetórias bem-sucedidas. O **sistema de informação de marketing** é o conjunto de procedimentos e métodos que visam, numa base contínua e organizada, a gerar, analisar, disseminar e armazenar informações para as decisões de marketing.[1] Esse sistema deverá mapear ameaças da concorrência e do mercado a serem enfrentadas ou contornadas e identificará oportunidades, por meio do entendimento do comportamento e das expectativas dos consumidores.

O sistema de informação de marketing tem como objetivo coletar, analisar e distribuir informações relevantes sobre o mercado e sobre os indicadores de desempenho da empresa de forma contínua e sistemática, a fim de detectar problemas, identificar oportunidades e ajudar o processo de decisão empresarial.

[1] PETERSON, Robert A. *Marketing research.* 2. ed. Dallas: Business Publications, 1988, p. 31; EVANS, Joel R.; BERMAN, Barry. *Principles of marketing.* 5. ed. New Jersey: Prentice Hall, 1995, p. 85.

O sistema de informação de marketing deve adotar processos metódicos de coleta de dados para que as informações sejam confiáveis e precisas. Os dados, que podem ser sobre passado, presente e/ou futuro, têm de ser relevantes para o processo de decisão empresarial. Existem alguns dados que devem ser coletados continuamente. Trata-se das atividades que estão sempre em estado de fluxo, como o desempenho financeiro da empresa ou o comportamento do concorrente. Por outro lado, há dados que podem ser coletados periodicamente, quando da ocorrência de um problema não recorrente, como a necessidade de avaliar um novo mercado para o desenvolvimento de um novo produto.

Aprendendo um pouco mais...

Conhecendo cada vez mais o consumidor

Os supermercados Pão de Açúcar têm investido cada vez mais para ter em mãos um detalhado raio X de cada um dos milhões de consumidores que fazem compras nas suas lojas. Batizado de cartão "Pão de Açúcar Mais", seu programa de relacionamento permite identificar os hábitos de compra de cada cliente da rede. Foram mais de R$ 5 milhões investidos no lançamento do programa e cerca de R$ 10 milhões na divulgação, incluindo a compra de um *software* americano. Com capacidade de armazenamento de cinco anos de histórico de cada cliente, esse sofisticado *software* permite desenhar, em detalhes, o perfil de compra, com informações sobre os produtos que o consumidor costuma levar, o horário que vai à loja e o número de vezes por semana.

Com uma estratégia agressiva de marketing, o cartão Mais é feito na hora nos quiosques instalados nos supermercados. Para isso, foram contratados mais de 400 promotores e treinados 2 mil operadores de caixa. Depois, é só o cliente apresentar o cartão no caixa, toda vez que realizar suas compras: o leitor ótico fará a decodificação e o *software* Market Expert coletará as informações qualitativas e quantitativas, como dados de compra, tipo de produto, frequência na loja e valor da compra. Com isso, além de saber exatamente quem está comprando o quê, quando e onde, o Pão de Açúcar pode deixar as lojas mais adequadas ao perfil de consumo. A companhia tem condições de saber, por exemplo, que o consumidor dos Jardins, zona nobre de São Paulo, vai à loja da região nas madrugadas e prefere pratos prontos a produtos *in natura*.

Em contrapartida, o cliente cadastrado pode receber entre 4 a 18 brindes por ano na boca do caixa. Com esse programa, saem ganhando tanto o grupo varejista como o fornecedor, para o qual são repassadas algumas informações que não são comercializadas.

A iniciativa do Pão de Açúcar trouxe bons resultados para a empresa: em poucos meses de funcionamento do programa, 210 mil famílias já haviam sido cadastradas no banco de dados do grupo, a frequência desses consumidores às lojas aumentou 42% e o tíquete médio de compras, 19%. Além disso, campanhas em parceria com os fornecedores fizeram com que alguns produtos tivessem um aumento de 50% nas vendas.

Com mais de 6 milhões de pessoas circulando mensalmente pelas mais de 180 lojas da rede, em dois anos, já se tinha mais de 2 milhões de consumidores cadastrados no programa, "tornando-o fiel, conhecendo-o e fazendo com que goste da gente", conforme afirma a vice-presidente operacional do grupo, Ana Maria Diniz. Com isso, a intenção é fazer com que o cliente concentre cada vez mais nas lojas do grupo todas as suas necessidades de compras de supermercado.

Fonte: Fidelização. *SuperHiper*, ago. 2000; BACOCCINA, D. Pão de Açúcar vai atrás de fidelidade. *O Estado de S.Paulo*, p. B-8, 10 fev. 2000; MATTOS, Adriana. O alvo do Pão de Açúcar. *Gazeta Mercantil*, p. C-1, 10 fev. 2000; SAAD, Theo. Pão de Açúcar lança programa de fidelidade. *Correio Popular*, p. 4, 10 fev. 2000.

O caso do Pão de Açúcar mostrou uma das maneiras como a empresa monitora continuamente seu negócio, a fim de aproveitar as oportunidades de mercado. Por meio de seu programa de relacionamento, o grupo consegue coletar de modo sistemático e contínuo diversas informações sobre os consumidores.

Dessa forma, é importante que o sistema de informação de marketing forneça os dados necessários para que ela possa realizar análises do tipo **SWOT**: método de análise de mercado que permite identificar os pontos fortes (*Strength*), pontos fracos (*Weakness*), oportunidades (*Opportunity*) e ameaças (*Threaten*).

Análise **SWOT** é um método de análise de mercado que as empresas utilizam para identificar pontos fortes (*Strength*), pontos fracos (*Weakness*), oportunidades (*Opportunity*) e ameaças (*Threaten*).

14.3 COMPONENTES DOS SISTEMAS DE INFORMAÇÃO DE MARKETING

A Figura 14. l mostra como os sistemas de informação de marketing são formados. Nas próximas seções, veremos com mais detalhes cada um de seus componentes.

Figura 14.1
Componentes dos sistemas de informação de marketing

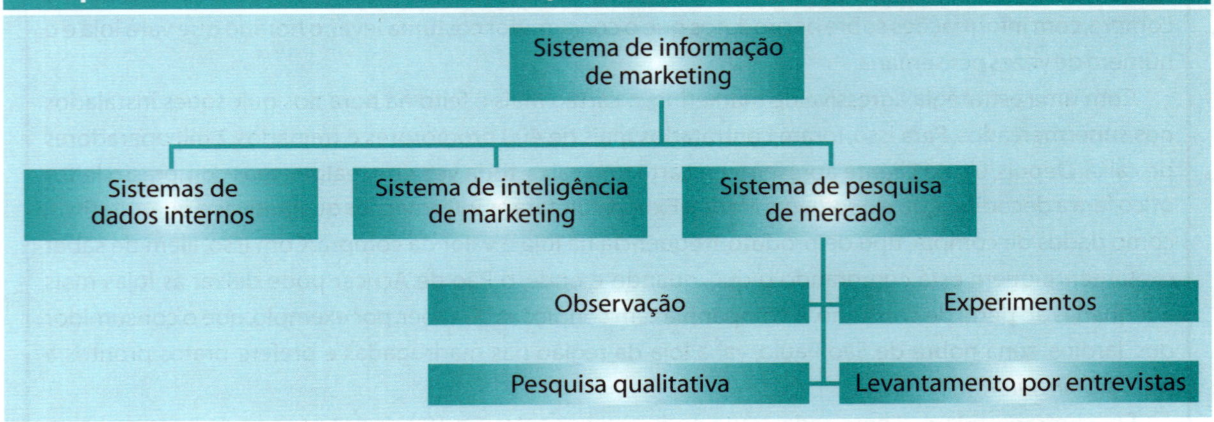

14.3.1 SISTEMA DE INTELIGÊNCIA DE MARKETING

O **sistema de inteligência de marketing** é o conjunto de procedimentos e fontes para obter informações rotineiras para decisões de marketing.[2] Ele envolve procedimentos de pesquisa para coletar dados regular e sistematicamente sobre o que está acontecendo no mercado.

Sistema de inteligência de marketing é um procedimento de pesquisa para coletar dados regular e sistematicamente sobre o que está acontecendo no mercado.

Para manter os tomadores de decisão da empresa atualizados, o sistema de inteligência de marketing deve ser capaz de monitorar o desenvolvimento diário da concorrência e acompanhar os indicadores de mercado que afetam o comportamento do consumidor, como inflação, crescimento do PIB e taxa de juros.

Os dados são classificados em primários e secundários. Os **dados primários** são os que não estão disponíveis e, portanto, precisam ser coletados. Exemplos de dados primários são a opinião do consumidor sobre um novo produto ou

Dados primários são dados que não estão disponíveis e, portanto, precisam ser coletados.

[2] KOTLER, Phillip. *Administração de marketing.* 10. ed. São Paulo: Prentice Hall, 2000, p. 124.

serviço. Os principais métodos de pesquisa de dados primários são: observação, levantamento com entrevistas, pesquisa qualitativa e experimentos.

Os **dados secundários** são os já existentes. Eles são um bom ponto de partida, uma vez que já se encontram disponíveis e geralmente têm um custo menor que os dados primários. Podem ser utilizados para ajudar a mapear oportunidades e tomar decisões de marketing para uma empresa. Há dois tipos de dados secundários: os internos e os externos.

Dados secundários são dados já existentes que podem ser utilizados para ajudar a mapear oportunidades e tomar decisões de marketing para um varejista.

O Quadro 14. l apresenta as principais vantagens e desvantagens do uso dos dados secundários (tanto internos como externos), comparado ao uso dos primários.[3]

Quadro 14.1
Vantagens e desvantagens dos dados secundários em comparação aos dados primários

Vantagens	Desvantagens
• Baixo custo. • Rapidez. • Existência de várias fontes. • Muitas perspectivas e variedade de dados. • Acesso a informações que seriam impossíveis de obter. • Fontes com alta credibilidade/dados confiáveis. • Auxílio na definição da questão. • Histórico de informações que podem solucionar a questão sem necessidade da coleta de dados primários.	• Dados disponíveis inadequados para certos estudos, pois foram coletados com outros objetivos. • Diversidade na classificação dos dados. • Possível desatualização dos dados estatísticos. • Impossibilidade de avaliar o grau de precisão das informações coletadas. • Fontes não confiáveis — omissão e técnicas precárias na coleta de dados. • Falta de confiabilidade — impossibilidade de reproduzir um estudo e obter os mesmos resultados.

Fonte: Adaptado de MALHOTRA, Naresh K. *Marketing research*: an applied orientation. 3rd ed. Upper Saddle River: Prentice Hall, 1999, p. 112-115.

Os **dados secundários internos**, que serão estudados na próxima seção, são os que a empresa já possui em seus próprios sistemas de informações e controle. Por exemplo, o número de ligações ao telemarketing depois de uma propaganda na TV ou o desempenho de vendas na época das férias escolares.

Os **dados secundários externos** são, como o nome sugere, os que estão disponíveis *fora* da empresa. É o caso das pesquisas feitas pelo Ibope ou de informações do último censo. Os dados secundários externos são a principal fonte para o sistema de inteligência de marketing. Vejamos agora algumas fontes importantes de dados secundários externos.

Dados externos são dados disponíveis fora da empresa.

Uma importante fonte de dados secundários externos é o governo. O Banco Central do Brasil, o Banco Nacional de Desenvolvimento Econômico e Social (BNDES), os ministérios, as secretarias e instituições dos governos estaduais e municipais — como a Secretaria de Planejamento e a

[3] MALHOTRA, Naresh K. *Marketing research and applied orientation.* 3. ed. Upper Saddle River: Prentice Hall, 1999, p. 112-115.

Secretaria de Indústria e Comércio, que dispõem de ricos bancos de dados sobre suas regiões — e muitos outros órgãos públicos fornecem informações preciosas para monitorar o ambiente de marketing. O Instituto Brasileiro de Geografia e Estatística (IBGE), por exemplo, dispõe de uma extensa gama de informações econômico-demográficas, além de interessantes estudos sobre os hábitos e padrões de consumo, com amostras de consumidores brasileiros, como a Pesquisa de Orçamento Familiar (POF) e a Pesquisa Nacional de Amostra de Domicílios (PNAD).[4]

Além dos dados governamentais, os profissionais de marketing podem encontrar informações importantes em livros, artigos, publicações especializadas ou setoriais e revistas sobre economia e conjuntura. A leitura dos principais jornais e revistas do país (por exemplo, das seções de economia e negócios) também oferece grande volume de notícias relevantes para as empresas.[5] Além disso, a Internet é hoje uma importante fonte de dados, oferecendo informações completas e atualizadas sobre uma vasta gama de assuntos.

Assim, além das tradicionais visitas a feiras e exposições e da pesquisa em catálogos e publicações da concorrência, informações sobre as empresas estão cada vez mais acessíveis em seus *sites*. Muitas *home pages* de empresas oferecem dados sobre sua história, sua linha de produtos e seus serviços, sua política de comercialização, sua rede de distribuição e também sobre sua filosofia e estratégia empresarial.

Outras opções são os *serviços de empresas de pesquisa sem exclusividade*, organizações que se especializaram em coletar e vender informações para empresas clientes. Exemplos de organizações profissionais de pesquisa são a ACNielsen, com seus serviços de *store audit*, a Indicator, com seu *category check*, e o Ibope, com o painel de clientes, e muitas outras que oferecem informações sobre posicionamento de mercado de marcas concorrentes e sobre o comportamento de compra dos consumidores.

A maioria das empresas brasileiras pertence a alguma *associação setorial* que coleta e publica dados para seus associados — como a Associação Brasileira de Supermercados (Abras) para o setor supermercadista, a Associação Nacional dos Fabricantes de Veículos Automotores (Anfavea) e a Federação Brasileira das Associações de Bancos (Febraban). Muitos sindicatos oferecem informações semelhantes (informações econômicas, dos negócios em geral e de desempenho do setor), que podem ser úteis para a empresa comparar com seus próprios indicadores de desempenho, como venda por funcionário e evolução anual de vendas. Tanto as associações como os sindicatos também realizam pesquisas que revelam importantes informações sobre o mercado de suas categorias de produtos.

A empresa deve, enfim, desenvolver procedimentos para estimular que sua própria equipe de funcionários participe e alimente com informações o sistema de inteligência de marketing. Muitos funcionários, principalmente os que se relacionam com os clientes, ouvem constantes reclamações e sugestões. Esses funcionários devem ser incentivados a transmitir as informações relevantes

---

[4] Veja o *site* do IBGE (http://www.ibge.net).

[5] A maioria dessas publicações conta com *site* na Internet, complementando ou substituindo a mídia impressa.

para o sistema de inteligência da empresa. Os gerentes de compra também são fontes bem informadas, pois estão em permanente contato com fornecedores, que lhes passam valiosas informações sobre o mercado e os concorrentes. Muitas informações importantes também são descobertas quando se realizam visitas a clientes, os quais comentam as ações dos concorrentes.

14.3.2 O SISTEMA INTERNO DE DADOS

Muitas informações fundamentais para os profissionais de marketing estão disponíveis dentro da própria organização. O **sistema interno de dados** engloba indicadores de desempenho da empresa, informações de vendas e do cadastro de clientes. A análise dessas informações permite detectar problemas e identificar oportunidades promissoras. É o tipo mais barato de coleta de dados.

Dados internos são formações que as empresas já têm em seus próprios sistemas de informações e controle e que servem para ajudá-las a identificar o que está acontecendo em suas empresas.

Como vimos, os *dados secundários internos* correspondem às informações que a empresa já possui em seus próprios sistemas de informações e controle e que servem para ajudá-la a identificar o que está acontecendo em suas áreas.

Alguns dados são reportados diariamente ou até mesmo com maior frequência, como as vendas por hora e o número de clientes visitados num dia, enquanto outros são relatados com menor periodicidade, por exemplo, o faturamento mensal ou a quantidade vendida num ano. Os computadores pessoais e sistemas de informação mais integrados permitem às empresas acessar e analisar uma enorme gama de dados internos relevantes.

Vejamos, agora, alguns exemplos de dados secundários internos.[6]

Uma das mais importantes fontes para a empresa são seus próprios funcionários, com destaque para sua força de vendas. Como eles mantêm intensa interação com os consumidores, os profissionais de vendas acumulam um enorme volume de informações sobre as necessidades dos clientes e tendências de mercado.

Os registros dos consumidores são um valioso banco de dados sobre o histórico dos produtos e serviços comprados, devoluções, cartões de garantia, cartas de reclamações e características econômico-demográficas que formam o perfil do cliente. O mesmo ocorre com os sistemas de crédito e cobrança, que oferecem dados sobre os consumidores e ajudam a identificar por que algumas contas são menos ativas que outras.

As pesquisas de mercado já realizadas anteriormente pela empresa são outra fonte de informação disponível que deve ser usada.

Os relatórios internos da empresa também são uma fonte bastante utilizada. Por meio de relatório de vendas, podem-se ter informações sobre o desempenho do produto e suas vendas por área, período, vendedor e cliente. Os relatórios financeiros trazem informações periódicas sobre vendas, tendências de vendas, despesas, lucro e estoques por produto, por tipo de cliente e por região geográfica. Outro relatório importante é o que traz os indicadores de desempenho, oferecendo dados como número de clientes

[6] Adaptado de MASON, J. B.; MAYER, M. L; EZELL, Hazel F. *Retailing*. 5. ed. Chicago: Irwin, 1994, p.111.

ativos, venda por funcionário, pontualidade nas entregas e rotatividade de pessoal. Informações sobre previsão de vendas e despesas também podem ser encontradas nos orçamentos da empresa.

14.3.3 SISTEMA DE PESQUISA DE MARKETING

O **sistema de pesquisa de marketing** utiliza métodos de planejamento, coleta e análise de dados de mercado para situações específicas.

Pesquisa de marketing é o processo sistemático de coleta e análise de informações relativas às questões específicas ou problemas de marketing enfrentados pelas empresas.

Pesquisa de marketing[7] pode ser definida simplificadamente como o processo sistemático de coleta e análise de informações relativas às questões específicas ou problemas de marketing enfrentados pelas empresas. É conduzida em uma base de "projeto a projeto" e direcionada para uma situação particular de resolução de problema ou tomada de decisão. O principal propósito da pesquisa é obter informações específicas em um limitado período de tempo, a fim de reduzir os riscos da tomada de decisão. Para aumentar as chances de sucesso, muitas empresas estão integrando seus bancos de dados com informações sobre seus consumidores e seus projetos de pesquisa, para ajudar a definir problemas desse processo e guiar seus esforços.[8] Uma definição mais completa sobre pesquisa de marketing foi desenvolvida pela American Marketing Association[9]: a função que liga o mercado consumidor às empresas por meio da informação utilizada para identificar e definir oportunidades e problemas de marketing; aprimorar e avaliar ações de marketing; monitorar o desempenho de marketing; e aumentar a compreensão do processo de marketing.

A pesquisa de marketing especifica a informação necessária para tratar dos itens acima enunciados; determina os métodos para coleta das informações; administra e implementa o processo de coleta de dados; e analisa e comunica as conclusões e suas implicações.

A maior parte das grandes empresas brasileiras mantém um departamento de marketing que se encarrega de atender às necessidades de pesquisa da empresa. Na maioria dessas empresas, o departamento administra o sistema de pesquisa de marketing planejando, selecionando e contratando empresas especializadas que realizam diferentes tipos de pesquisa. Nas empresas menores, o executivo envolvido com as decisões de marketing encarrega-se de especificar os objetivos da pesquisa e contratar uma empresa especializada para a realização do projeto.

As organizações podem utilizar os resultados de uma pesquisa de mercado para divulgação de sua marca, em que o apelo promocional está fundamentado nos resultados reais obtidos com a pesquisa. Nesse anúncio, a Texaco divulga o resultado da pesquisa realizada em Goiânia em que o seu óleo lubrificante rural Ursa foi indicado como o *top of mind*, isto é, como o óleo mais lembrado pelos agricultores da região.

---

[7] No Brasil, os termos *pesquisa de mercado, pesquisa de marketing* e *pesquisa mercadológica* são, geralmente, utilizados como sinônimos. Esse mesmo procedimento foi adotado neste capítulo, considerando os três termos equivalentes ao termo inglês *marketing research.*

[8] EZOP, Phillip. Database marketing research. *Marketing Research,* n. 6, p. 34-41, Fall 1994. In: LEWISON, Dale M. *Retailing.* 6. ed. New Jersey: Prentice Hall, 1997, p. 592.

[9] American Marketing Association. Apud AAKER, David; DAY, George; KUMAR, V. *Marketing research.* 6. ed. New York: John Wiley & Sons, 1998, p. 4.

O processo de pesquisa de marketing envolve as seguintes cinco etapas, conforme ilustrado na Figura 14.2.

Figura 14.2
As cinco etapas do processo de pesquisa

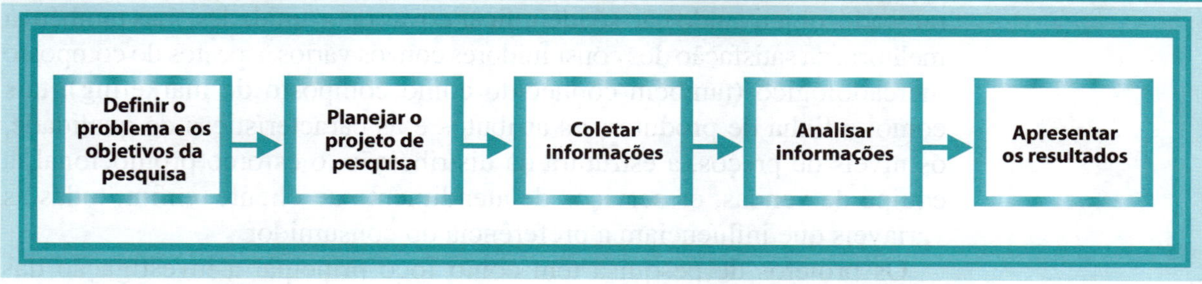

Primeiro, devem-se definir de forma precisa o problema e o objetivo da pesquisa (por exemplo, a pesquisa relacionada à imagem do produto será feita com consumidores ou com ex-consumidores?). Depois, é preciso, com base nessa definição, planejar o projeto. Para isso, deve-se definir os procedimentos metodológicos da pesquisa; por exemplo, que métodos de coleta de dados e procedimentos de amostragem serão utilizados. Após a determinação da metodologia, vem a coleta dos dados por meio do trabalho de campo. Isso pode ser feito, por exemplo, por meio de entrevistas com ex-clientes por telefone ou de discussões em grupo com clientes potenciais. As informações coletadas precisam ser tabuladas e analisadas. Assim, podem-se interpretar os resultados e identificar as conclusões da pesquisa. A etapa final consiste em apresentar os resultados em um formato claro e que facilite o entendimento.

14.4 PROBLEMA E OBJETIVOS DA PESQUISA

A obtenção de resultados efetivos depende de uma clara definição do problema e dos objetivos da pesquisa, possibilitando que as informações sejam coletadas de maneira apropriada à solução do problema. Uma definição de problema demasiadamente ampla provoca uma busca de informações desnecessárias. Por outro lado, uma definição excessivamente limitada poderá não revelar informações pertinentes para a solução do problema, conforme ilustrado no exemplo a seguir.

Suponha que o presidente de uma empresa varejista de material de construção com quatro lojas em São Paulo pretenda construir uma nova loja em Ribeirão Preto. Uma definição excessivamente ampla seria, por exemplo, se ele pedisse ao departamento de pesquisa de marketing que "descobrisse todas as informações possíveis sobre o mercado de Ribeirão Preto". Um exemplo de definição excessivamente delimitada seria: "Qual seria o volume de vendas em certa categoria de produtos que uma nova loja localizada na esquina da avenida X com a avenida Y conseguiria?". Na primeira alternativa, o volume de informações gerado seria enorme e não necessariamente adequado para a tomada de decisão do setor de material de construção e, na segunda alternativa, o ponto indicado poderá não ser o mais adequado para a nova loja. Uma definição mais apropriada poderia ser: "Quais as melhores alternativas para localizar uma nova loja em Ribeirão Preto e qual o volume de vendas estimado para cada uma dessas alternativas?".

As empresas estão procurando continuamente aprimorar seus produtos e serviços e conquistar cada vez mais as preferências do consumidor. Nesse sentido, conduzem pesquisas para entenderem melhor o comportamento do mercado, objetivando não só identificar novas oportunidades, mas também a melhoria da satisfação dos consumidores com os vários aspectos do composto mercadológico (também conhecido como composto de marketing), tais como: a linha de produtos, os atributos e as características de qualidade, os níveis de preços, a estrutura da distribuição, o esforço promocional, a equipe de vendas, os serviços de atendimento ao cliente, enfim, todas as variáveis que influenciam a preferência do consumidor.

Os projetos de pesquisa têm como foco principal a investigação das necessidades, dos hábitos, das atitudes, da satisfação e do comportamento de compra dos consumidores não só para os produtos e serviços de uma empresa específica, mas também para toda uma categoria de produtos e serviços, incluindo os da concorrência.

Quadro 14.2
Questões para ajudar a definir o problema e os objetivos da pesquisa

Questões	Alguns exemplos de respostas
1. Por que realizar a pesquisa?	• As vendas do produto caíram. • Aumentaram as ligações para a assistência técnica.
2. Quais variáveis do composto pesquisar?	• Variedade, qualidade, assistência técnica, atendimento, preços, crédito, distribuição, equipe de vendas etc.
3. Quais categorias e produtos pesquisar?	• Produtos da empresa, dos concorrentes etc.
4. Quem será pesquisado?	• Brinquedos, artigos de viagem? • Produtos da empresa, produtos dos concorrentes?
5. Quais aspectos do comportamento?	• Necessidades, atitudes, satisfação, hábitos de compra etc.
6. Quais variáveis do consumidor?	• Idade, sexo, renda, classe social etc.

O Quadro 14.2 foi desenvolvido para relembrar aspectos que devem ser especificados para tornar mais clara a definição do problema e os objetivos da pesquisa.

14.5 O PROJETO DE PESQUISA

No planejamento do projeto de pesquisa, há a definição da metodologia da pesquisa, ou seja, do planejamento de como coletar as informações necessárias para atender aos objetivos da pesquisa. Para realizar um projeto de pesquisa, os especialistas dispõem de uma ampla variedade de abordagens, metodologias e ferramentas de pesquisa. Alguns desses aspectos metodológicos serão discutidos a seguir.

14.5.1 TIPOS DE PESQUISA

Dependendo do objetivo do estudo, podem-se utilizar três principais tipos de pesquisa de marketing: exploratória, descritiva e causal.

A pesquisa exploratória, como o nome sugere, é usada para prover um maior conhecimento sobre o problema, "explorando-o" e gerando ideias ou intuições.[10] Desse modo, a **pesquisa exploratória** procura gerar hipóteses ou explicações prováveis e identificar áreas para um estudo mais aprofundado.[11] Ela trata de questões não muito bem definidas, sobre as quais não haja nenhuma, ou apenas, pouca pesquisa anterior.

Pesquisa exploratória é a que procura gerar hipóteses ou explicações prováveis e identificar áreas para um estudo mais aprofundado.

Sua vantagem é a flexibilidade, uma característica-chave para que as ideias que aparecem no decorrer da pesquisa possam ser desenvolvidas.

Um exemplo de questão a ser estudada por uma pesquisa exploratória é a preferência dos consumidores por automóveis — como eles gostariam que o carro fosse. Outros problemas que podem ser explorados são uma elevação anormal das vendas, o público-alvo de um produto e como aumentar a fidelização ao produto.

Na pesquisa descritiva, os problemas a serem investigados estão bem definidos e, em geral, procura-se obter resultados quantitativos sobre aspectos do comportamento humano ou sobre o perfil dos consumidores. Assim, a **pesquisa descritiva** estuda a relação — caso exista — entre duas variáveis e a frequência com que algo ocorre.[12]

Pesquisa descritiva é aquela na qual os problemas a serem investigados estão bem definidos e, em geral, procura-se obter resultados quantitativos sobre aspectos do comportamento humano ou sobre o perfil dos consumidores.

Um exemplo de questão a ser estudada por uma pesquisa descritiva é procurar desvendar se é o preço ou se são os opcionais o fator mais importante na escolha de um automóvel. Pode-se pesquisar também que percentagem dos clientes da montadora está insatisfeita com o atendimento recebido nas concessionárias; o que é mais eficaz para a venda do carro: propaganda na televisão ou um *test-drive*; em que tipos de loja os consumidores costumam comprar peças para o carro e como os preços da montadora se comparam aos dos seus principais concorrentes.

Como o nome sugere, a **pesquisa causal** procura determinar ou testar uma relação de causa e efeito. Assim, ela não investiga simplesmente se duas variáveis têm uma relação entre si, como ocorre na pesquisa descritiva, e sim se determinado efeito numa variável causa alterações na outra.

Pesquisa causal é a pesquisa que procura determinar ou testar uma relação de causa e efeito.

Um exemplo de pesquisa causal é a verificação do aumento das vendas do automóvel X com o fato de ele passar a sair com ar-condicionado de fábrica ou o fato de um de seus concorrentes parar de ser produzido. Pode-se também testar qual a melhor alternativa de composição de mídia para o produto: se 35% de imprensa escrita e 65% de televisão ou 50% de escrita e 50% de televisão.

14.6 A COLETA DE DADOS

Em um projeto de pesquisa, podem-se usar simultaneamente diferentes métodos — pois cada um apresenta características peculiares, com suas

[10] SELLTIZ et al., 1974, p. 59; MATTAR, 1992, p. 84.

[11] CHURCHILL JR., Gilbert A.; PETER, J. Paul. *Marketing*: criando valor para os clientes. São Paulo: Saraiva, 2000, p. 126.

[12] Ibid., p. 127.

respectivas vantagens e desvantagens —, que são mais ou menos adequados para atender a certos objetivos. Assim, em muitos projetos de pesquisa, é necessário adotar simultaneamente mais de um método, como ocorre, por exemplo, em um estudo para avaliar a atratividade de uma cidade para o desenvolvimento de um novo hipermercado. Nesse exemplo, podem-se utilizar ao mesmo tempo dados secundários do IBGE e da Secretaria de Planejamento da cidade para obter informações sobre população, renda e potencial de mercado; pesquisa de observação para identificar os concorrentes e suas características; e levantamento por meio de entrevistas com consumidores, para avaliar os hábitos de compra e a imagem dos principais concorrentes na cidade.

Como vimos, a utilização dos dados secundários oferece não só uma série de vantagens para a empresa, mas também algumas limitações. Quando os dados secundários não respondem às necessidades de informação, deve-se recorrer a informações "primárias", ou seja, informações coletadas especificamente para atender a uma determinada necessidade. Alguns métodos são mais adequados para cada um dos diferentes tipos de pesquisa, conforme ilustrado no Quadro 14.3.[13] Explicações mais detalhadas sobre os métodos de coleta de dados primários serão apresentadas a seguir.

Quadro 14.3
Relação entre o método de coleta de dados e o tipo de pesquisa

Método de coleta de dados	Tipo de pesquisa		
	Pesquisa exploratória	Pesquisa descritiva	Pesquisa causal
Dados secundários			
• Dados internos	• • •	•	•
• Dados externos	• • •	•	—
Dados primários			
• Experimentos	—	•	• • •
• Observação	• • •	• • •	—
• Pesquisa qualitativa	• • •	•	—
• Levantamentos por entrevistas	•	• • •	•

• • • Método muito apropriado   • Método pouco apropriado   — Método não apropriado

Fonte: Adaptado de AAKER, David; DAY, George; KUMAR, V. *Marketing research*. 6th ed. New York: John Wiley, 1998, p. 78.

14.6.1 EXPERIMENTO

Experimento é a pesquisa que estabelece uma evidente relação de causa e efeito, em que os fatores em estudo são manipulados, enquanto todos os outros fatores são mantidos constantes.

O **experimento** é a pesquisa que estabelece uma evidente relação de causa e efeito, em que um ou mais fatores em estudo são manipulados, enquanto todos os outros são mantidos constantes.

[13] AAKER, David; DAY, George; KUMAR, V. *Marketing research*. 6th ed. New York: John Wiley, 1998, p. 78.

A pesquisa experimental é a mais válida cientificamente.[14] Na área de marketing, ela oferece uma valiosa contribuição, pois introduz nas investigações e no processo decisório a clareza do pensamento científico. O método estabelece uma evidente relação de causa e efeito e permite não só a tomada de decisões com mais segurança, como também o desenvolvimento de um processo de contínuo aprendizado sobre o funcionamento do mercado. Nos experimentos conduzidos com maior rigor metodológico, as condições são controladas, isto é, os fatores em estudo são manipulados, enquanto todos os outros fatores são mantidos constantes.

A pesquisa com o método experimental procura identificar como diferentes alternativas do composto varejista (por exemplo, embalagens, promoções, níveis de preço) afetam os indicadores de desempenho do produto ou serviço (por exemplo, vendas ou lucro bruto etc.). O método experimental (ou de "experimentos") permite ao empresário encontrar respostas para alguns dilemas críticos no desenvolvimento de suas estratégias de marketing, tais como: qual o impacto nas vendas se um produto elevar seus preços em 5% ou reduzir em 10%, ou que tipo de exposição proporciona melhores resultados nas vendas de refrigerantes: arrumação por sabores (por exemplo, guaranás, colas etc.), por embalagem (pet 2 litros, lata etc.) ou arrumação por marca (Coca-Cola, Antarctica, Brahma etc.).

O *grupo experimental* (a unidade da pesquisa onde a variável experimental está sendo introduzida) e o *grupo de controle* são unidades (por exemplo, amostras semelhantes de clientes) em que a pesquisa está sendo realizada.

A Figura 14.3 reflete simplificadamente o esquema do método experimental. A *variável experimental* é a nova alternativa que está sendo pesquisada na unidade experimental; por exemplo, uma nova política promocional ou uma nova embalagem de produto. As *demais variáveis* englobam todos os outros fatores que influenciam os resultados (tanto no grupo experimental como no grupo de controle); por exemplo, as variáveis de marketing da empresa que conduz o experimento, a concorrência e as variáveis ambientais etc. O *resultado experimental* consiste na medida de resultado que é avaliada (venda do produto, participação de mercado, lucro do produto etc.), e será obtido com base na comparação dos resultados entre o grupo experimental e o grupo de controle.

Figura 14.3
Esquema dos projetos experimentais

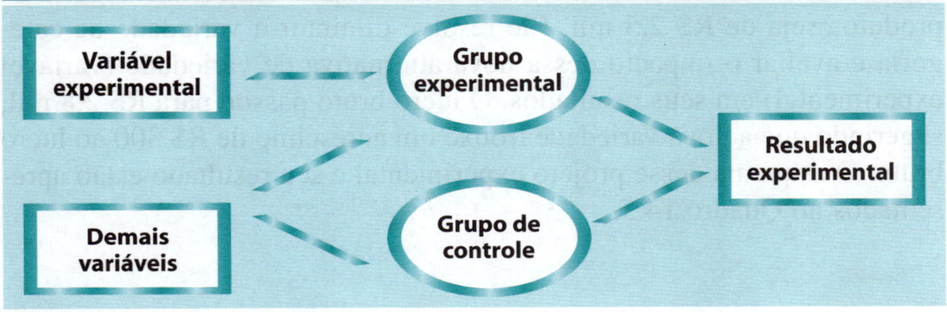

[14] KOTLER, 2000, p. 131.

Existem vários tipos de projetos experimentais. Serão comentados a seguir três dos mais utilizados:[15] "depois, sem grupo de controle"; "antes e depois, sem grupo de controle", e "antes e depois, com grupo de controle".

O mais simples de todos é o projeto **depois, sem grupo de controle**, que corresponde a introduzir uma variável experimental e medir os resultados. Um exemplo bastante utilizado em marketing, também conhecido como teste de mercado, são as pesquisas para lançamento de novos produtos. Trata-se de testes de introdução de um novo produto em um local experimental (que pode ser desde um bairro até uma cidade ou país), para verificar os resultados nas vendas e para que o fabricante possa decidir se o novo item também deverá ser comercializado em grande escala. Assim, antes de fazer um lançamento em nível nacional, o fabricante tem a possibilidade de testar a atratividade do novo produto, podendo até mesmo avaliar diferentes alternativas de composto de marketing, tais como o produto em si, o esforço promocional e o nível de preços.

Vejamos um exemplo. Suponha que as vendas do novo produto, no mês experimental, tenham alcançado R$ 8 mil. Comparando com os indicadores de desempenho adotados na empresa, o fabricante decide se, e em quais regiões, o novo produto será lançado. O esquema desse projeto experimental e seu resultado estão apresentados no Quadro 14.4.

Quadro 14.4
Projeto "depois, sem grupo de controle"

	Grupo experimental	Exemplo de resultados
Medida antes	—	—
Variável experimental	X_a	Novo produto
Medida depois	Y_1	R$ 8.000,00
Impacto da variável experimental	Y_1	R$ 8.000,00

Fonte: Adaptado de AAKER; DAY; KUMAR, 1998, p. 345.

Bastante simples também é o **projeto antes e depois, sem grupo de controle**, utilizado para comparar duas alternativas. Como exemplo, suponha que o lucro bruto mensal de um varejista em certa categoria de produtos seja de R$ 2,5 mil. Ele resolve diminuir a variedade da categoria e avaliar o impacto dessa nova alternativa de variedade (variável experimental) em seus resultados. O lucro bruto passou para R$ 2,8 mil, sugerindo que a nova variedade trouxe um acréscimo de R$ 300 ao lucro bruto. O esquema desse projeto experimental e seu resultado estão apresentados no Quadro 14.5.

[15] Para uma boa descrição sobre o método experimental, veja: MALHOTRA, 1999, cap. 7.

Quadro 14.5
Projeto "antes e depois, sem grupo de controle"

	Grupo experimental	Exemplo de resultados
Medida antes	Y_1	R$ 2.500,00
Variável experimental	X_a	Variedade compacta
Medida depois	Y_1	R$ 2.800,00
Impacto da variável experimental	$Y_2 - Y_1$	+ R$ 300,00

Fonte: Adaptado de AAKER; DAY; KUMAR, 1998, p. 344-346.

O **projeto antes e depois, com grupo de controle**, introduz um grupo de controle para conseguir isolar o impacto da variável experimental. No exemplo anterior, realmente não se tem certeza se o aumento no lucro bruto foi provocado pela redução da variedade ou por fatores climáticos, ou por outra condição ambiental favorável, que estimulou as vendas da categoria. No projeto "antes e depois, com grupo de controle", a variável experimental é introduzida no grupo experimental (formado, por exemplo, por quatro lojas), porém o grupo de controle (formado, também, por outras quatro lojas, com características semelhantes às do grupo experimental) não sofre a influência da variável experimental. Por meio da comparação dos resultados dos dois grupos, consegue-se identificar o real impacto da variável experimental. O Quadro 14.6 ilustra o esquema e os resultados hipotéticos, dando continuidade ao exemplo do quadro anterior.

Quadro 14.6
Projeto "antes e depois, sem grupo de controle"

	Grupo experimental	Exemplo de resultados
Medida antes	Y_1 = R$ 2.500,00	Y = R$ 2.450,00
Variável experimental	X_a = Variedade compacta	Não foi introduzida (variedade inalterada)
Medida depois	Y_2 = R$ 2.800,00	Y = R$ 2.550,00
Impacto da variável experimental	$(Y_2 - Y_1) - (Y_4 - Y_3)$ = R$ 300,00 – R$ 100,00 = R$ 200,00	

Fonte: Adaptado de AAKER; DAY; KUMAR, 1998, p. 346.

Analisando os resultados do Quadro 14.6, verifica-se que no grupo de controle a lucratividade aumentou em R$ 100, apesar da não introdução da variável experimental. Para isolar o efeito da variável experimental, o seu resultado (R$ 300) deve ser abatido do resultado do grupo de controle (R$ 100). Pode-se, assim, estimar que a mudança da variedade provocou um aumento de R$ 200.

Observação é o método de pesquisa desenvolvido para investigar aspectos do comportamento do consumidor e das atividades da concorrência que podem ser percebidos pelos sentidos, especialmente pela visão.

14.6.2 OBSERVAÇÃO

A pesquisa por **observação**, como o nome indica, é feita pela coleta de dados resultante da observação de aspectos do comportamento do consumidor e das atividades da concorrência. Como em muitas atividades empresariais os fenômenos de comportamento humano podem ser facilmente observáveis, além de as pessoas não agirem exatamente como costumam dizer numa pesquisa, esse tipo de método foi desenvolvido para investigar as ações dos clientes ou os acontecimentos no mercado que podem ser percebidos pelos sentidos, especialmente pela *visão*. Nesse método, os consumidores não são questionados por um entrevistador; eles são apenas observados.

Uma ligação para a empresa concorrente, a compra de um produto da sua própria empresa ou a visita a algum ponto de venda proporciona a observação de inúmeros aspectos do comportamento do consumidor e das práticas da concorrência (e da sua própria empresa), como a estratégia do principal concorrente, o processo de compra do consumidor (o grau de comparação de preços e marcas e o nível de planejamento), a qualidade do atendimento e o fluxo do tráfego de clientes na loja.

A observação pode ser realizada diretamente, por pessoas ou por meio de recursos tecnológicos, como filmadoras e gravadores.

O método da observação pode também ser classificado de acordo com o seu grau de estrutura. Na *observação estruturada*, o pesquisador utiliza uma lista de verificação (*checklist*) ou formulário para registrar os aspectos observados, tais como nas pesquisas de preço. Em outros casos, de caráter mais exploratório, utiliza-se um método não estruturado, em que o observador adota uma investigação mais livre, registrando qualquer situação que lhe desperte interesse. Essa situação exige profissionais mais qualificados, pois eles precisam identificar os aspectos que merecem registro.

Sua principal vantagem é ser, muitas vezes, um método de coleta de informação barato. Além disso, por ser objetivo, imparcial e preciso, acaba sendo o método mais recomendável em algumas situações. Com ele, podem-se obter informações direta e profundamente, no local, momento e da forma como ocorrem.

Em contrapartida, esse método nem sempre pode ser usado (nem todos os comportamentos podem ser observáveis e nem sempre é possível que o observador esteja presente) e pode exigir muito tempo para ser concluído.

14.6.3 PESQUISA QUALITATIVA

A **pesquisa qualitativa** é uma metodologia não estruturada, baseada em pequenas amostras, a fim de proporcionar *insights* e uma compreensão do contexto do problema.

A **pesquisa qualitativa** pode ser definida como uma metodologia não estruturada, baseada em pequenas amostras, a fim de proporcionar *insights* e uma compreensão do contexto do problema.[16]

A pesquisa qualitativa é o método mais adequado quando se pretende pesquisar aspectos mais profundos e menos visíveis do comportamento humano, como percepções, atitudes, julgamentos.

A pesquisa qualitativa é também utilizada como uma investigação preliminar, refinando conceitos ou obtendo reações generalizáveis para facilitar pesquisas posteriores, como as de caráter mais descritivo, por meio de questionários estruturados.

[16] MALHOTRA, 1999.

Os principais métodos de pesquisa qualitativa são as entrevistas em profundidade e o *focus group* ou discussões em grupo.

As **entrevistas em profundidade** são realizadas pessoalmente, para explorar, como o nome sugere, dimensões mais profundas do comportamento do consumidor. Podem ser realizadas tanto com consumidores finais como com consumidores institucionais.

Entrevistas em profundidade é um método de pesquisa qualitativa em que as entrevistas são realizadas pessoalmente, para explorar, como o nome sugere, dimensões mais profundas do comportamento do consumidor.

As pesquisas em profundidade exigem entrevistadores altamente especializados, pois, para que se obtenha o máximo de informação, é preciso conseguir uma interação fluente com o entrevistado, por meio de roteiro flexível, em uma entrevista não estruturada. Cada resposta que o entrevistado fornece deverá estimular uma nova pergunta, até que o assunto seja devidamente investigado. O diálogo apresentado a seguir ilustra situações típicas que ocorrem em uma entrevista em profundidade. Esse exemplo refere-se à pesquisa para explorar a qualidade dos serviços de uma companhia aérea e destaca a importância do papel do entrevistador em estimular o entrevistado de maneira neutra, para não influenciar suas opiniões.

Entrevistador: *"O que você acha dessa companhia aérea?"*

Entrevistado: *"Ah, normal...."*

Entrevistador: *"Normal como?"*

Entrevistado: *"É parecida com as outras."*

Entrevistador: *"Em que aspectos?"*

Entrevistado: *"As aeromoças são muito atenciosas, a comida servida no voo é caprichada, os aviões são novos."*

Entrevistador: *"Então, ela é igual às outras do ramo?"*

Entrevistado: *"Na verdade, não. Acho que as aeromoças dessa empresa são bem treinadas, mas eu não gosto muito da comida que eles servem."*

Entrevistador: *"Por quê?"*

Entrevistado: *"Eles variam pouco e ela não tem gosto de nada. Num voo que eu fiz para o Nordeste, a comida estava fria. Fui reclamar com a aeromoça e ela disse que todos os pratos estavam assim. Pensando bem, eu acho que as aeromoças não são tão educadas quanto eu pensava. Acho até que, se eu tivesse de escolher, preferiria viajar com a concorrência."*

Discussão em grupo (*focus group*) é o método de pesquisa qualitativa que reúne um grupo de pessoas de certo segmento de mercado, permitindo-lhes relatar suas necessidades, seus hábitos de compra e suas atitudes em relação a temas de interesse.

Muito utilizado no Brasil, o ***focus group*** ou **discussões em grupo** é uma entrevista na qual um pequeno número de pessoas que faz parte de certo segmento de mercado responde a perguntas abertas propostas pelo entrevistador. Durante cerca de duas horas, esse grupo de pessoas é estimulado pelo entrevistador a relatar suas necessidades, hábitos de compra e atitudes em relação a um dado produto ou tema de interesse.

O grupo ideal conta com sete a nove participantes. Com mais de dez pessoas, a interação e o envolvimento do grupo declinam, comprometendo o aprofundamento dos temas e a produtividade do grupo.

Como a expressão *focus group* sugere, a discussão deve ser mantida "focada" no assunto da pesquisa. Para isso, é função do entrevistador incentivar a interação do grupo.

Por se tratar de uma pesquisa qualitativa, seu objetivo não é projetar a realidade por meio de ferramentas de alto rigor estatístico. Existem, entretanto, várias formas de registrar a informação dessas reuniões. Em algumas situações, é gravada em vídeo; em outras, todos os comentários da reunião são rigorosamente taquigrafados, além de gravados, e todo o seu conteúdo é posteriormente digitado, para facilitar a análise. A reunião é realizada em instalações apropriadas para esse tipo de pesquisa, permitindo seu acompanhamento em salas de observação pela transmissão via circuito interno de TV, ou por meio das chamadas "salas de espelho", que possibilitam ao pesquisador assistir à reunião atrás de paredes de espelho, sem provocar nenhuma interferência no grupo pesquisado.

As discussões em grupo oferecem muitas informações sobre o tema que está sendo pesquisado. Os participantes são estimulados a expressar suas próprias experiências e opiniões em cada tópico do roteiro da discussão e também a interagir com os outros participantes e comentar seus pontos de vista.[17] Durante a reunião, ocorre o efeito "bola de neve", ou seja, o comentário de um participante desperta alguma lembrança em outro, e a discussão de um tema ganha uma enorme riqueza de contribuições e sugestões.

Os custos dos projetos desse tipo de pesquisa variam de acordo com os custos de locomoção da equipe de pesquisadores e com o grau de dificuldade de recrutamento do grupo. As empresas de pesquisa de marketing cobram cerca de US$ 3 mil para realizar a pesquisa com cada grupo. O número de grupos varia de acordo com o número de segmentos que se deseja pesquisar. Em geral, três grupos são suficientes, caso não haja interesse em analisar separadamente o comportamento de diferentes segmentos. A técnica da discussão em grupo exige profissionais altamente qualificados, pois um projeto mal conduzido poderá levar a conclusões equivocadas. Recomenda-se, portanto, a contratação de empresa idônea e experiente para conduzir tais projetos.

O Quadro 14.7 identifica os principais elementos que asseguram a qualidade dessa metodologia de pesquisa.

Quadro 14.7
Ingredientes para o sucesso da discussão em grupo

Planejamento do roteiro	Um roteiro bem elaborado é um ingrediente fundamental para o sucesso da pesquisa. Ele deve traduzir os objetivos e as questões que a pesquisa pretende responder. Em geral, a discussão dos temas mais abrangentes deve preceder as questões mais específicas. O roteiro deve servir apenas como um guia, e pode não ser seguido rigidamente. O Quadro 14.8 apresenta um exemplo de roteiro de discussão em grupo.

[17] AAKER; DAY; KUMAR, 1998, p. 191.

Recrutamento	O recrutamento deverá refletir os objetivos da pesquisa. Os participantes precisam fazer parte de um segmento previamente definido (por exemplo, mulheres, entre 45 e 60 anos, classe A, clientes não fiéis a certa marca de produto) e, em geral, recebem uma remuneração por participarem da reunião. Como no Brasil as diferenças socioeconômicas são muito intensas, é recomendável que o grupo seja homogêneo nesse aspecto, pois a presença de pessoas de classe mais alta poderá inibir as de classe mais baixa. Existem empresas de pesquisa especializadas em recrutamento para discussões em grupo.
Moderador	A reunião é conduzida por um moderador, que, além de ter experiência em pesquisas "qualitativas", deve conhecer o assunto que está sendo pesquisado. O moderador é peça-chave no trabalho da discussão em grupo. Ele deverá desenvolver rápida empatia com o grupo para deixá-lo à vontade, ouvindo cada participante com atenção e interesse e ajustando seu vocabulário à linguagem do grupo. Deve seguir o roteiro com flexibilidade e naturalidade, mostrar sensibilidade para mudar de assunto quando o tema já estiver esgotado. O moderador deve também ter habilidade para neutralizar a influência de participantes que tentem monopolizar ou influenciar o grupo, garantindo que todos os participantes manifestem livremente suas opiniões.
Análise e interpretação dos resultados	Uma boa análise deve relatar os achados de cada tópico analisado, identificando os diferentes pontos de vista dos participantes e procurando interpretá-los dentro do contexto do assunto pesquisado. O trabalho de discussão em grupo é um processo de aprendizado, e, assim, a análise deve também identificar novas oportunidades e sugerir novas hipóteses, para que sejam aprofundadas em pesquisas posteriores.

Fonte: Adaptado de AAKER; DAY; KUMAR, 1998, p. 194-197.

Painel de clientes é o método em que um mesmo grupo, respeitando uma regularidade de tempo definida pelo pesquisador, responde às mesmas questões, mesmo que formuladas de maneiras diferentes. Assim, os mesmos respondentes são chamados para mais de uma discussão em grupo sobre um mesmo assunto (por exemplo, a cada três meses). Esses consumidores tornam-se mais exigentes e atentos aos detalhes operacionais e mercadológicos do tema pesquisado e conseguem oferecer muitas contribuições e sugestões de melhoria. Os painéis funcionam como excelentes catalisadores de melhorias, pois a empresa, sabendo que o grupo voltará para uma nova reunião e cobrará a implementação das suas sugestões, sente-se pressionada a realizar as mudanças sugeridas pelo grupo.

Painel de clientes é o método de pesquisa na qual as mesmas pessoas são chamadas para mais de uma discussão em grupo sobre um mesmo assunto.

Quadro 14.8
Roteiro de discussão em grupo

Exemplo de roteiro de discussão em grupo *(modelo para restaurante)*

Objetivos da discussão em grupo

- Conhecer os hábitos dos clientes de um restaurante.

- Avaliar a imagem do estabelecimento e de seus principais concorrentes.
- Identificar pontos fortes e fracos do restaurante e obter sugestões de melhorias.

1. Aquecimento

- Boas-vindas e agradecimentos.
- Explicação do objetivo da reunião e dos procedimentos da discussão em grupo.
- Rápida apresentação dos participantes — nome, atividade profissional, número de pessoas em casa.

2. Hábitos de compra

- Que restaurantes frequentam e o que costumam pedir em cada um.
- Explorar também outras opções de refeições, como *delivery*, *fast-food*, congelados em casas de amigos.
- Frequência com que comem fora.
- Ocasião para ir ao restaurante: almoço ou jantar.
- Principal motivo: comemorações, negócios, final de semana etc.
- Quem decide onde ir.

3. Imagem do restaurante

- Dos restaurantes que frequentam, de qual mais gostam.
- Explorar razões das preferências.
- Do que mais gostam no restaurante pesquisado.
- Do que menos gostam no restaurante pesquisado. Como melhorar.
- Imagem projetiva: se o restaurante se transformasse em uma pessoa, descrever suas características e personalidade.

4. Satisfação com cada variável da loja

- Entrada (*couvert*).
  a) Grau de satisfação. Do que mais gostam.
  b) Do que menos gostam. Como melhorar.
- Sobremesas.
- Bebidas.
- Espera.
- Decoração.
- Higiene/limpeza.
- Variedade.
- Atendimento
- Preços.

5. Agradecer e encerrar

Fonte: Adaptado de PARENTE, Juracy. *Varejo & Pesquisa*.

14.6.4 LEVANTAMENTO POR ENTREVISTAS E QUESTIONÁRIOS

Levantamento por entrevistas e questionários (pesquisas quantitativas ou *survey*) é o método de pesquisa que coleta informações diretamente dos respondentes apropriados, buscando informações sobre o perfil e sobre o comportamento de compra dos clientes.

O **levantamento por entrevistas e questionários** (também conhecido como pesquisas quantitativas ou *survey*) coleta dados diretamente dos respondentes apropriados, buscando informações sobre o perfil e o comportamento de compra dos clientes. Em algumas situações, a pesquisa por entrevista e a pesquisa por discussão em grupo são consideradas metodologias alternativas, pois conseguem investigar aspectos da motivação e do comportamento do consumidor. Enquanto as discussões em grupo apresentam um caráter de pesquisa exploratória, as pesquisas por entrevistas proporcionam uma metodologia de caráter mais quantitativo, gerando generalizações mais precisas sobre o universo pesquisado.

O levantamento por entrevistas e questionários é o método mais utilizado para obter informações dos consumidores. Existem três tipos básicos de métodos na coleta de dados por meio de pesquisa por questionário: entrevistas pessoais, entrevistas por telefone e pesquisa por correio.

O Quadro 14.9 apresenta as principais vantagens e desvantagens de cada um desses métodos de pesquisa, que serão vistos com mais detalhes a seguir.

Quadro 14.9
Vantagens e desvantagens dos métodos de pesquisa

Itens avaliados	Métodos de pesquisa					
	Entrevista pessoal no domicílio	Entrevista pessoal em *central location*	Questionário autorrespondido	Entrevista telefônica	Entrevista telefônica automática	Pesquisa pelo correio
Volume de informação	++	+	–	+/–	+/–	+
Qualidade e precisão da informação	++	++	+/–	+	+	+/–
Dispensa relação do universo	++	++	++	–	+	–
Observa reações dos respondentes	++	++	–	–	–	–
Contato pessoal	++	++	–	+	+/–	– –
Custos e produtividade	– –	–	++	+	+	++
Rapidez	–	–	+/–	+	+	–
Facilidade em cobertura nacional	+	+	+	++	++	++
Flexibilidade (ajuste ao entrevistado)	++	++	–	+/–	–	–
Viés do entrevistador	– –	– –	++	+/–	+	++
Viés na amostra de respondentes	++	+	–	+/–	+	– –
Índice de resposta	++	++	–	+	+	– –
Controle da entrevista	++	++	–	+	–	–
Utilização de recursos visuais	++	++	+	–	+/–	+/–
Garantia na ordenação e sequência das questões	++	++	–	++	++	– –
Facilidade no gerenciamento e na supervisão do campo	– –	+	+/–	+/–	+	++

++ Muito favorável   + Favorável   +/– Nem favorável nem desfavorável   – Desfavorável   – – Muito desfavorável

As **entrevistas pessoais**, como o nome indica, são aquelas em que o entrevistador faz as perguntas diretamente ao entrevistado, havendo uma interação pessoal entre eles. Esse método permite a realização de entrevistas mais longas e abertas, que proporcionam maior número de informações coletadas e o aprofundamento das respostas dadas.

Entrevista pessoal é o método de entrevista em que existe uma interação pessoal entre entrevistador e entrevistado, o que proporciona maior número de informações coletadas.

Os principais tipos de entrevistas pessoais, de acordo com o local em que são realizadas, são entrevistas no domicílio ou porta a porta, as em *central location* e os questionários autorrespondidos.

Entrevista em domicílio (ou porta a porta) é um método de entrevista pessoal em que o entrevistador vai até a casa ou escritório do respondente, o que permite entrevistas mais longas e em maior profundidade.

Entrevista em *central location* é um método de realização de entrevista em locais de grande movimento de pedestres, onde consumidores são convidados a participar de pesquisas.

Questionários autorrespondidos é um método de entrevista em que a pesquisa é realizada solicitando ao respondente que preencha um questionário.

Entrevista por telefone é o método em que existe uma interação entre entrevistador e entrevistado por uma ligação telefônica.

Entrevista por telefone totalmente automática é um método em que as pesquisas são respondidas por teclado telefônico ou correio de voz, a partir das instruções da pesquisa efetuada em número "0800".

A **entrevista em domicílio** (ou *porta a porta*) é um método mais caro, que permite entrevistas mais longas e em maior profundidade. Possibilita a realização de entrevistas disfarçadas, ou seja, em que o entrevistador não revela o real objetivo da pesquisa ou quem é o contratante. As atuais preocupações com segurança e com a privacidade vêm dificultando a aplicação desse método.

A **entrevista em *central location*** é aquela feita em local de grande movimento de pedestres, no qual consumidores são convidados a participar de pesquisas. Esse método é muito utilizado para demonstrações ou degustações de produtos e testes de comerciais.

Os **questionários autorrespondidos** são um método em que a pesquisa é realizada solicitando que o próprio respondente preencha o questionário. É muito utilizado por empresas prestadoras de serviços, como hotéis, restaurantes, empresas de transportes aéreos e varejistas. O método dispensa a participação de entrevistadores, porém o número de respondentes aumenta quando os consumidores são pessoalmente convidados e solicitados a preencher o questionário. As chamadas "urnas de sugestão" alcançam um número pequeno de respostas quando não existe estímulo algum para os consumidores participarem da pesquisa.

As **entrevistas por telefone** são uma técnica que vem sendo cada vez mais utilizada no Brasil, devido ao aumento do percentual de lares com telefones e à redução dos custos das ligações. O grande desafio para utilizar essa técnica é a seleção de uma amostra representativa, visto que esta incluirá apenas pessoas que possuem telefone. Essa dificuldade vem sendo superada à medida que as empresas vão desenvolvendo e gerenciando um banco de dados de seus clientes.

A **entrevista por telefone totalmente automática** é uma metodologia na qual o pesquisador entrega para uma amostra de consumidores um convite com instruções para responder a uma pesquisa por meio de uma ligação gratuita. Quando o consumidor liga para o número, geralmente um "0800", ouve uma gravação com uma sequência de perguntas gravadas, as quais devem ser respondidas pelo teclado do telefone. Há também a possibilidade de perguntas abertas, pelo correio de voz. No final, o entrevistado pode receber o código numérico de um brinde pela sua participação na pesquisa. A Figura 14.4 mostra exemplo do convite que o cliente recebe para participar da pesquisa.

Figura 14.4
Convite para entrevista no sistema de pesquisa telefônica automática

Preço Bom
Av. Santo Antônio, 140

Participe e dê sua opinião!
Receba grátis
UM PACOTE DE ARROZ ANASTÁCIO DE 5KG

Cupom

Vale 1 pacote de arroz Anastácio de 5kg GRÁTIS, quando preenchido com o código correto.

Para receber um pacote de arroz Anastácio de 5kg, basta ligar grátis para o número no verso e responder nossa pesquisa. Depois, escreva no

Nós dos Supermercados Preço Bom estamos trabalhando para oferecer a você serviços e produtos melhores. Ao participar de nossa pesquisa, você ajudará na melhoria do serviço que prestamos. Após responder algumas perguntas, iremos fornecer-lhe um código para validar nossa oferta descrita no verso deste panfleto.

Ligue grátis para:

0800-123456

Ligações aceitas entre 03/10/03 e 07/01/04.

Durante a pesquisa, pediremos que você utilize as listas abaixo para responder a algumas das perguntas.

Lista 1 — Razão de compra

1. Localização	5. Estacionamento
2. Preços e Promoções	6. Limpeza
3. Variedade	7. Qualidade dos Perecíveis
4. Atendimento	8. Outros

Lista 2 — Lojas

1. Carrefour	4. Pão de Açúcar
2. Barateiro	5. Extra
3. Wal-Mart	6. Outros

Dica

Pressione a tecla * de seu telefone para que a pergunta seja repetida.

quadrado abaixo o código fornecido e traga este cupom para a loja Preço Bom, na av. Santo Antônio, 140.

Entregue o cupom até o dia 14 de janeiro de 2004 aos promotores na loja para receber seu prêmio.

Escreva o código recebido no espaço abaixo:

☐ ☐ ☐ ☐

Válido somente 1 por domicílio

Ligações aceitas entre 03/10/03 e 07/01/04

Brindes disponíveis até 14/01/04.

Fonte: Cortesia de PARENTE, Juracy. Adaptado de *Varejo & Pesquisa*.

Na **pesquisa pelo correio**, o respondente recebe e retorna o questionário pelo correio. Esse método tem como vantagens o fato de ser impessoal, de grande alcance (pode atingir o país inteiro, de forma mais fácil que a entrevista pessoal) e com custo geralmente mais baixo, pois não necessita de entrevistadores especializados. Como na pesquisa telefônica, o método exige que o pesquisador tenha uma listagem dos endereços do universo dos respondentes.

Pesquisa pelo correio é um método de pesquisa em que o respondente recebe e retorna o questionário pelo correio.

A principal (e mais famosa) desvantagem da pesquisa pelo correio é sua baixa taxa de resposta. Isso também acaba criando um desvio na pesquisa, pois as pessoas que responderam podem ter características muito diferentes das que não responderam (como serem aposentadas, com grande tempo livre, ou terem tido um mau atendimento por parte da empresa e quererem usar a oportunidade para reclamar). Entretanto, quando bem administrado e com incentivos adequados, o método do questionário pelo correio pode gerar um alto índice de retorno, com bons resultados.

14.7 ELABORAÇÃO DE QUESTIONÁRIOS

O **questionário** corresponde a uma técnica estrutural para coleta de dados composta de uma série de perguntas — escritas ou orais — a que um entrevistado deve responder.

O instrumento de pesquisa mais utilizado é o questionário, especialmente adequado para a realização de pesquisas com a metodologia das entrevistas. O **questionário** corresponde a uma técnica estrutural para coleta de dados composta de uma série de perguntas — escritas ou orais — que um entrevistado deve responder.[18]

O desenvolvimento de um questionário adequado exige não só experiência em pesquisa, mas também um bom conhecimento sobre o comportamento do consumidor. Alguns dos principais fatores que o pesquisador precisa considerar são a sequência das perguntas de um questionário e a estrutura de cada pergunta.

A principal vantagem do questionário é o fato de ele ser um método flexível, econômico, rápido e fácil de ser aplicado. Entretanto, além do índice de recusas, esse método também acaba gerando desvio nos resultados, devido à interação que ocorre entre entrevistador e entrevistado e por confiar na memória do entrevistado.

O questionário deve começar com questões fáceis de serem respondidas, para facilitar a interação inicial e criar boa vontade no entrevistado. As perguntas mais complexas e de ordem pessoal devem ficar para o final do questionário, quando o respondente estiver mais aquecido, mais familiarizado com o assunto pesquisado e mais confiante com relação ao entrevistador. O questionário deve ser sempre pré-testado, para possibilitar qualquer ajuste.

Os questionários podem ser estruturados e não estruturados. No questionário estruturado, as perguntas são *fechadas*; enquanto nos não estruturados as perguntas são *abertas*.

Perguntas fechadas são aquelas cujas respostas o respondente tem de escolher entre alternativas previamente determinadas.

Perguntas fechadas são questões cujas respostas o entrevistado tem de necessariamente escolher entre alternativas previamente determinadas. São usadas para pesquisa mais rotineira, do tipo descritiva, em que as alternativas podem ser preestabelecidas, facilitando a tabulação das respostas e a comparação entre os resultados, e realizadas entre diferentes períodos do dia de trabalho. Alguns exemplos de perguntas fechadas estão apresentados no Quadro 14.10.

Quadro 14.10
Exemplos de perguntas fechadas em questionários

Tipo da pergunta	Descrição	Exemplo
Dicotômica	Questão com duas possibilidades	É a primeira vez que você viaja com a Aerolíneas Brasil? ☐ Sim ☐ Não
Múltipla escolha	Questão com três ou mais alternativas	Que meio de transporte você usou para chegar ao aeroporto? ☐ Carro ☐ Ônibus ☐ Metrô ☐ Táxi ☐ Outros meios

[18] MALHOTRA, 1999, p. 276.

Escala de importância	Escala que avalia o grau de importância de certo atributo	Ao escolher uma empresa aérea para viajar, que grau de importância você atribui à pontualidade dos voos? Sem importância ☐ 1 · Pouco importante ☐ 2 · Mais ou menos Importante ☐ 3 · Importante ☐ 4 · Muito importante ☐ 5
Escala de avaliação ou satisfação	Escala que avalia o grau de satisfação com certo atributo	Qual seu grau de satisfação com o atendimento da empresa no balcão de embarque (*check-in*) da Aerolíneas Brasil? Muito insatisfeito ☐ 1 · Insatisfeito ☐ 2 · Mais ou menos satisfeito ☐ 3 · Satisfeito ☐ 4 · Muito satisfeito ☐ 5
Escala de diferencial semântico	Escala com par de antônimos e sugestões espaçadas entre os antônimos	Como você avalia os preços da Aerolíneas Brasil? Barato Caro ☐ 1 ☐ 2 ☐ 3 ☐ 4 ☐ 5 ☐ 6
Escala de intenção de compra	Escala que descreve a intenção de compra do respondente	Você passaria a utilizar mais essa empresa se oferecêssemos voos "noturnos" (das 23h às 5h) pela metade do preço? Certamente sim ☐ 1 · Provavelmente sim ☐ 2 · Talvez ☐ 3 · Provavelmente não ☐ 4 · Certamente não ☐ 5

Fonte: Adaptado de KOTLER, P. *Marketing management*. New Jersey: Prentice Hall, 2000, p. 110-111.

As **perguntas abertas** deixam o respondente livre para escolher a maneira como quer responder. O objetivo do questionário de perguntas abertas é explorar e identificar problemas e obter informações que possam ser investigadas quantitativamente em uma pesquisa estruturada. Assim, para uma pesquisa de caráter mais exploratório, devem-se utilizar perguntas abertas. Como as perguntas abertas oferecem maior liberdade de resposta, são mais difíceis de tabular e analisar. Desse modo, muitos pesquisadores preferem as fechadas.

Perguntas abertas deixam o respondente livre para escolher a maneira como quer responder.

O Quadro 14.11 apresenta alguns exemplos de perguntas abertas.

Quadro 14.11
Tipos de perguntas abertas em questionário

Tipo da pergunta	Descrição	Exemplo
Completamente não estruturada	Questão que o respondente pode responder de forma muito variada.	Do que você menos gosta nas Aerolíneas Brasil? ____________ ____________
Associação de palavras	Cada aspecto é apresentado um a um para que o	Qual a primeira palavra que surge em sua mente quando você ouve a palavra:

	respondente mencione a palavra que vem à sua mente.	Varig: _____ Tam: _____ Aerolíneas Brasil: _____
Completando frases	Uma frase incompleta é apresentada e o respondente é convidado a completá-la.	Quando escolho uma empresa aérea para viajar, a consideração mais importante nessa decisão é: _____
Associação temática	Uma foto é apresentada aos respondentes, os quais devem inventar uma história sobre o que pode estar acontecendo naquela cena.	

Fonte: Adaptado de KOTLER, 2000, p. 110-111.

Em um mesmo questionário, podem-se utilizar perguntas fechadas e abertas. Independentemente do tipo de pergunta, ela deve ser elaborada de maneira simples, direta, neutra, usando vocabulário familiar aos respondentes.

14.8 PLANO DE AMOSTRAGEM

Amostra é a porção de uma população predefinida.

População são todos os membros de um grupo definido de pessoas ou itens.

Na maioria dos projetos de pesquisa, costumam-se utilizar amostras em vez da população total, pois é muito caro e demorado pesquisar a população inteira. A **amostra** é qualquer subconjunto de uma população,[19] enquanto a **população** corresponde a todos os membros de um grupo definido de pessoas ou itens.

Os planos e métodos de amostragem são desenvolvidos para permitir que se possam conhecer, com certa segurança, as características do universo estudado sem precisar pesquisar toda a população.

No plano de amostragem, o pesquisador deve, inicialmente, definir qual população deve ser pesquisada. Por exemplo, em uma pesquisa para uma empresa que fabrica materiais de construção e acabamento, que segmentos de consumidores devem ser pesquisados: consumidores finais, profissionais como pintores e eletricistas ou empresas de reforma e construção?

14.8.1 MÉTODOS DE AMOSTRAGEM

Amostra probabilística é aquela em que cada elemento do universo estudado tem uma probabilidade conhecida de ser escolhido, o que permite que seja calculada a margem de erro da amostra.

Para obter uma amostra existem dois métodos de seleção dos respondentes: métodos probabilísticos e métodos não probabilísticos. Sempre que possível, o pesquisador deve adotar métodos probabilísticos de amostragem, pois fornecem resultados mais confiáveis e permitem a utilização de técnicas analíticas mais sofisticadas.

Nos **métodos probabilísticos**, cada elemento do universo estudado tem uma probabilidade conhecida de ser escolhido, o que permite que

[19] MORETTIN, Pedro A.; BUSSAB, Wilton O. *Estatística básica.* São Paulo: Saraiva, 2002, p. 256.

seja calculada a margem de erro da amostra. Nesse método, adotam-se procedimentos que eliminam a subjetividade na seleção do respondente. Por exemplo, entrevistar todos os domicílios de quarteirões sorteados por processo aleatório. O Quadro 14.12 descreve os principais métodos de amostragem probabilística.

Quadro 14.12
Tipos de amostragem probabilística

Simples. Uma amostra definida em meio à população total; cada indivíduo tem uma probabilidade igual de ser selecionado.
Estratificada. A população é, primeiro, subdividida em grupos, com base em algum critério significativo e conhecido (por exemplo, sexo, idade). Então, uma amostragem randômica simples é definida para cada subgrupo.
Por área. Áreas geográficas aleatoriamente selecionadas. Então, um método probabilístico é utilizado para selecionar certo número de indivíduos ou itens para cada área geográfica selecionada.
Sistemática. O primeiro indivíduo ou item de uma amostra é selecionado aleatoriamente. Os itens subsequentes são selecionados a cada intervalo (por exemplo, a cada cinco itens).

Fonte: Adaptado de MALHOTRA, 1999, p. 334-345.

Nos **métodos não probabilísticos** não se sabe se as amostras são representativas, pois não se consegue estimar a margem de erro dos resultados. São métodos mais fáceis de serem aplicados, sendo adequados para pesquisas de caráter exploratório. Nesses procedimentos, o pesquisador escolhe os consumidores a serem pesquisados por meio de critérios subjetivos, com base em sua conveniência (por exemplo, utilizando uma lista de clientes já cadastrados) ou baseado em seu julgamento (por exemplo, pesquisa os consumidores formadores de opinião). O Quadro 14.13 descreve os principais métodos de amostragem não probabilística.

Amostra não probabilística é o método em que não se sabe se as amostras são representativas, pois não se consegue estimar a margem de erro dos resultados.

Quadro 14.13
Tipos de amostragem não probabilística

Conveniência. Cada indivíduo ou item da amostra é selecionado pela conveniência do pesquisador (por exemplo, lista de clientes cadastrados que seja mais fácil pesquisar).
Julgamento. Cada indivíduo ou item da amostra é selecionado pelo pesquisador, com base na ideia do que é uma amostra representativa (por exemplo, compostas por pessoas que entendem mais profundamente do assunto que está sendo pesquisado).
Quota. O pesquisador divide a população total em vários segmentos, com base em fatores que acredita serem importantes (por exemplo, idade e sexo). Então, o pesquisador, arbitrariamente, seleciona uma amostra (por conveniência, por exemplo) para cada segmento.

Fonte: Adaptado de MALHOTRA, 1999, p. 334-345.

14.8.2 TAMANHO DA AMOSTRA

A determinação do tamanho da amostra não é uma definição fácil, pois as empresas procuram conciliar dois objetivos opostos: minimizar os custos e a margem de erro da pesquisa.

Como calcular o tamanho da amostra?

As fórmulas utilizadas para os casos mais simples de definição da amostra são:

a) **Valores numéricos**:

$$\sigma_x = \frac{s}{\sqrt{n}}$$

onde:

σ_x = erro padrão da média

s = desvio padrão

n = tamanho da amostra

b) **Valores percentuais**:

$$\sigma_p = \sqrt{\frac{p \times q}{n}}$$

onde:

σ_p = erro padrão da proporção

p = proporção da amostra "sim"

q = (1 – p) ou proporção da amostra "não"

$\sqrt{p \times q}$ = desvio padrão

n = tamanho da amostra

Fonte: GREEN, Paul E.; TULL, Donald S. *Research for marketing decisions*. New Jersey: Prentice Hall, 1978, p. 217 e 219.

Quando o pesquisador estiver planejando o tamanho da amostra, deverá buscar uma solução adequada, procurando levar em conta: os tipos de tabulações cruzadas e os segmentos que os objetivos da pesquisa irão exigir; as margens de erro permitidas e os tamanhos mínimos que poderão trabalhar em cada segmento a ser analisado; os orçamentos disponíveis para realizar a pesquisa.

A ideia muito comum de que uma boa amostra deve representar certa percentagem (por exemplo, 1%) do universo é completamente equivocada. O tamanho do universo só começa a ter influência na amostra quando a relação entre amostra/universo é maior que 10%.[20]

Na definição do tamanho da amostra, vários aspectos devem ser considerados:

Custos. As empresas, em geral, dispõem de orçamentos limitados para pesquisa e reconhecem que amostras maiores encarecem os custos.

Heterogeneidade. Quanto mais heterogênea a população (por exemplo, níveis diferentes de renda), maior deverá ser a amostra, para assegurar sua representatividade.

Análises e tabulações cruzadas. Um maior número de segmentos analisados e de cruzamentos nas tabulações irá exigir amostras maiores. Se, por exemplo, a pesquisa for tabular a imagem de produtos concorrentes,

[20] Quando o tamanho da amostra (n) assume uma porcentagem razoável (10% ou mais) do tamanho do universo (N), o erro padrão deve ser ajustado, multiplicando seu valor pela fórmula do fator finito de correção: $\sqrt{N} - \frac{n}{\sqrt{N-1}}$

separadamente, para clientes fiéis e clientes não fiéis, e ainda subdividir cada um desses dois segmentos em cinco faixas de renda, teremos cerca de dez diferentes segmentos para analisar. Se a amostra total for de 200 respondentes, cada um dos segmentos, por grau de fidelidade, terá uma amostra de cerca de 100, cada uma das cinco faixas de renda terá uma amostra média de 40, e cada um dos dez segmentos, cruzando grau de fidelidade e renda, terá uma amostra de apenas 20.

Margem de erro. Quanto menor a margem de erro permitida na pesquisa, maior deverá ser o tamanho da amostra.

A maior parte das respostas de um questionário reflete valores (por exemplo, gastos médios em alimentos) e proporções (por exemplo, porcentagem de clientes insatisfeitos). Costuma-se calcular a margem de erro utilizando um grau de segurança de 95,5%, correspondendo a um intervalo de mais ou menos dois erros padrões. Com base nas fórmulas de valores percentuais aqui apresentados, o Quadro 14.14 indica o cálculo das margens de erro com diferentes alternativas de tamanho da amostra, para proporções de 20%.

Quadro 14.14
Estimativas de margem de erro com diferentes tamanhos de amostra

Tamanho da amostra	Margem de erro maior ou menor, com 95,5% de segurança para proporções de 20%	Com 95,5% de segurança, a verdadeira proporção do universo estará entre:
900	± 2,6	17,4 % ↔ 22,6 %
400	± 4,0	16,0 % ↔ 24,0 %
200	± 5,7	14,3 % ↔ 25,7 %
100	± 8,0	12,0 % ↔ 28,0 %
50	± 11,4	8,6 % ↔ 31,4 %
30	± 14,5	5,5 % ↔ 34,5 %

Verifica-se que, com amostras menores do que 100, as margens de erro já começam a se tornar grandes. Em uma amostra probabilística de tamanho 100, com resultados de proporções de 20%, por exemplo, pode-se afirmar que a verdadeira proporção do universo estará, com 95,5% de segurança, no intervalo entre 14,3 e 25,7. Se quisermos diminuir a margem de erro pela metade, para o intervalo entre 16% e 24%, deveremos aumentar o tamanho da amostra para 400.

14.9 A PESQUISA DE MARKETING COMO ESTÍMULO AO FOCO NO CLIENTE

A maioria das grandes empresas vem desenvolvendo um monitoramento sistemático das atitudes e da satisfação dos consumidores em relação aos seus produtos e serviços. À medida que as empresas vão crescendo, seus dirigentes em geral vão se afastando do contato mais próximo com os consumidores e perdem a sintonia com suas necessidades e expectativas.

As atitudes e a satisfação dos clientes deverão determinar suas preferências e seu comportamento de compra. As empresas deverão, portanto, monitorar continuamente a atitude e a satisfação do consumidor para, rapidamente, detectar e corrigir qualquer aspecto que venha a comprometer sua imagem. Para permitir identificar precisamente quais áreas deverão ser melhoradas, as empresas deverão acompanhar as atitudes e a satisfação dos consumidores para cada um dos atributos que influenciam suas preferências com relação àquele tipo de produto ou serviço.

A insatisfação dos consumidores é usualmente o resultado de dois tipos de discrepância:[21] entre as expectativas do consumidor e o produto que a empresa realmente oferece a ele, em termos de atributos, qualidade, preços e serviços; e devido à falta de comprometimento da empresa com o consumidor, quando este é tratado como fator secundário a lucros, margem bruta, participação de mercado e redução nas despesas.

Uma empresa só sobrevive se conseguir satisfazer às necessidades de seus consumidores. Para eliminar ou reduzir as discrepâncias entre as expectativas dos clientes e o que as empresas efetivamente oferecem, os dirigentes das empresas deverão promover meios para passarem algum tempo interagindo e conversando com os consumidores, e analisar atentamente o resultado de pesquisas regulares para monitoramento de sua satisfação, procurando genuinamente satisfazer às suas expectativas.

A utilidade da pesquisa de marketing aumenta à medida que a empresa desenvolve maior foco no cliente e profissionais mais qualificados participam do desenvolvimento e da análise das pesquisas, além de os gerentes de pesquisa se envolverem nas decisões de marketing da empresa.

A pesquisa de marketing deve ser considerada não apenas uma ferramenta para identificar oportunidades e orientar decisões que aumentam a satisfação dos consumidores, mas também um processo que irá estimular a empresa a desenvolver maior foco no cliente. Em geral, são exatamente aquelas empresas que já mostram uma vocação direcionada para satisfazer às necessidades do cliente que conseguem tirar maior proveito da pesquisa de marketing.

Um dos maiores desafios das empresas, principalmente as prestadoras de serviços, consiste em motivar toda sua equipe a satisfazer o cliente. No mercado altamente competitivo que caracteriza o atual cenário empresarial, o consumidor dispõe de muitas alternativas de compra e irá escolher aquele produto ou aquela empresa que melhor satisfaça suas necessidades. O êxito de qualquer empresa depende, portanto, da capacidade de satisfazer seus clientes.

Reconhecendo a importância de desenvolver o foco no cliente, muitas empresas estão procurando implantar sistemas regulares de monitoramento da satisfação do consumidor. A gradual disseminação da filosofia de qualidade total vem ajudando a despertar nas empresas brasileiras a cultura da mensuração — base para os processos de melhoria. Ou, segundo a filosofia de qualidade total: "Se você não mede, não conhece; se você não conhece, não controla; se você não controla, não melhora"[22].

A pesquisa de marketing deve também ser utilizada como uma ferramenta para medir regularmente a satisfação dos clientes, para que a empresa possa conhecer e, assim, controlar e melhorar seu desempenho para seus consumidores.

---

[21] DUNNE, Patrick; LUSCH, Robert F. *Retailing*. 3. ed. Hinsdale, The Dryden Press, 1999, p. 572.

[22] Anotações de palestras sobre Qualidade Total proferidas por Luis Paulo Salomão.

RESUMO

Os hábitos de compra e estilos de vida do consumidor brasileiro estão se transformando rapidamente. Portanto, hoje é fator de vantagem competitiva conhecer o comportamento, as necessidades e as expectativas dos consumidores.

O sistema de informação de marketing realiza o mapeamento de ameaças da concorrência e do mercado a serem enfrentadas ou contornadas, identificando oportunidades por meio do entendimento do comportamento e das expectativas dos consumidores. O sistema de informação é composto de três elementos: sistema interno de dados (engloba informações de vendas, do cadastro de clientes e de indicadores de desempenho da empresa), sistema de inteligência de marketing (aborda informações rotineiras para decisões de marketing) e sistema de pesquisa de marketing (envolve métodos sistemáticos de planejamento, coleta, análise de dados de mercado para situações específicas).

O sistema de pesquisa de marketing envolve cinco etapas: definição do problema e do objetivo da pesquisa, planejamento do projeto, coleta de informações, análise de informações e apresentação dos resultados.

No planejamento do projeto são definidos os procedimentos metodológicos da pesquisa, incluindo a determinação dos métodos de coleta de dados e procedimentos de amostragem. Nessa etapa, definem-se também o tipo de pesquisa a ser realizada (exploratória, descritiva ou causal), a utilização de fontes de dados primários e secundários e os métodos de pesquisa que serão usados (observação, experimentos, levantamento com entrevistas ou pesquisa qualitativa). O questionário é um instrumento de pesquisa muito utilizado, podendo ser estruturado ou não estruturado e, assim, conter perguntas abertas e fechadas.

A amostragem pode ser realizada segundo métodos probabilísticos e métodos não probabilísticos. No primeiro caso, cada elemento do universo tem uma probabilidade conhecida de ser escolhido, o que permite que seja calculada a margem de erro da amostra. No segundo caso, não se sabe se as amostras são representativas, pois não se consegue estimar a margem de erro dos resultados.

Além de identificar oportunidades e orientar decisões para melhorar a satisfação dos consumidores, a pesquisa de marketing também deve ser considerada um processo de estímulo para a empresa desenvolver foco no cliente.

Termos e Conceitos Importantes

Amostragem
Amostra não probabilística
Amostra probabilística
Análise SWOT
Dados externos
Dados internos
Dados primários
Dados secundários
Discussão em grupo (*focus group*)
Entrevista em *central location*
Entrevista em domicílio (ou porta a porta)
Entrevista em profundidade
Entrevista pessoal
Entrevista por telefone
Entrevista por telefone totalmente automática
Experimento
Levantamento por entrevistas e questionários (pesquisas quantitativas ou *survey*)
Observação
Painel de clientes
Perguntas abertas
Perguntas fechadas
Pesquisa causal
Pesquisa de marketing
Pesquisa descritiva
Pesquisa exploratória
Pesquisa por correio
População
Questionários autorrespondidos
Sistema de informação de marketing
Sistema de inteligência de marketing

QUESTÕES PARA REVISÃO E DISCUSSÃO

1. Defina o que é sistema de informação de marketing e discuta a sua importância para as empresas.
2. Quais são os componentes do sistema de informação de marketing? Explique cada um deles.
3. Defina o que é pesquisa de marketing e explique as etapas de seu processo.
4. Compare os tipos de pesquisa exploratória, descritiva e causal, enfocando as situações de uso para cada uma delas.
5. Sabemos que alguns métodos de coleta de dados são mais adequados para determinados tipos de pesquisa. Relacione os métodos de coleta de dados primários e secundários mais adequados às pesquisas exploratória, descritiva e causal.
6. Compare a utilização de dados primários e secundários, ressaltando as vantagens e desvantagens de cada um.
7. Cite e explique os principais elementos que asseguram a qualidade de uma discussão em grupo.
8. Descreva e explique os principais tipos de entrevistas pessoais, de acordo com o local em que são realizadas.
9. Quais são os cuidados que se deve ter para elaborar um questionário?
10. Diferencie amostragem probabilística e não probabilística, ressaltando as situações em que o uso de cada uma delas é adequado.
11. Quais aspectos devem ser considerados na definição do tamanho da amostra?
12. Por que é importante que as empresas monitorem a atitude e a satisfação dos consumidores?

RESOLVENDO UM CASO

PESQUISANDO O PERFIL DO JOVEM BRASILEIRO

As empresas procuram conhecer seus consumidores para alinhar as estratégias organizacionais às reais necessidades e aos desejos de seu público. Dentro desse contexto, a pesquisa de marketing aparece como um instrumento fundamental de marketing, uma vez que fornece informações de grande valor para o direcionamento estratégico da empresa. Ao analisar as informações obtidas por meio de pesquisas, os gestores têm condições de avaliar a situação atual da empresa, do mercado e do seu público-alvo.

Um dos alvos mais tradicionais e cobiçados nas pesquisas é o público jovem, constituído por consumidores potenciais de uma ampla variedade de produtos.

No Brasil, as instituições que desenvolvem estudos sobre o perfil do jovem encontram dificuldades para descrevê-lo de forma generalizada. Isso ocorre porque, dentro desse universo, existe uma grande variedade de grupos heterogêneos. Normalmente, o que se procura conhecer são os hábitos e comportamentos do jovem pertencente à classe média nacional.

A agência Loducca levantou alguns aspectos interessantes da cultura juvenil, observando, por exemplo, que o jovem brasileiro, hoje, é menos contestador do que foi em gerações anteriores. O movimento dos "caras pintadas", no início da década de 1990, pode ser considerado o último no qual os jovens estiveram fortemente engajados. Outros especialistas, que também pesquisam o comportamento de jovens, enfatizam que o aparente desinteresse por movimentos sociais é, de alguma forma, compensado pela maior disposição que eles apresentam para a realização de trabalhos voluntários.

▶ A valorização da família foi outro aspecto característico do perfil do jovem brasileiro levantado pelas agências Loducca e DPZ. Ao contrário das gerações passadas, que viam a família como um núcleo conservador com o qual deviam romper, os jovens de hoje valorizam muito essa instituição. Essa mudança foi decorrente da flexibilização na estrutura familiar, que levou a uma diminuição da autoridade dos pais e ao crescimento de relações de parceria com os filhos.

A MTV, que atua, sobretudo, com o segmento jovem, também realiza pesquisas regularmente, para acompanhar motivações, interesses, opiniões e comportamentos desse público.

No ano 2000, a MTV coordenou uma pesquisa que envolveu quase 2 mil pessoas, entre 12 e 30 anos, de oito cidades brasileiras, das classes A, B e C. Os resultados obtidos com essa pesquisa estão associados à era da informação e aos seus impactos no comportamento juvenil. O estudo enfatizou a necessidade do jovem de receber estímulos simultâneos, sejam eles visuais ou sonoros, para registrar o maior número possível de informações. Dessa forma, a pesquisa mostrou que os jovens são capazes de transitar, com extrema naturalidade, entre rádio, TV, jornais, revistas, Internet e celular, utilizando, muitas vezes, mais de um meio de comunicação ao mesmo tempo.

Há ainda muitas outras questões que permeiam o estudo do perfil do jovem brasileiro, por exemplo, aquelas que se referem ao uso de drogas, às expectativas profissionais e de futuro, aos relacionamentos amorosos, entre outras.

Algumas empresas, por meio de pesquisas de mercado, já conseguiram desvendar um pouco do que se passa na cabeça desse jovem, e, com certeza, devem continuar trabalhando para conhecê-lo cada vez melhor.

Fonte: Como o jovem vê TV no Brasil. *O Estado de S.Paulo,* 29 out. 2000; A cabeça dos jovens. *O Estado de S.Paulo,* 10 jun. 2001.

PERGUNTAS

1. Que mudanças podemos observar no comportamento dos jovens de hoje em relação aos do passado? Há alguma outra mudança que você considere visível no perfil desse público que não tenha sido abordada no texto?
2. De que forma as empresas que trabalham com o público jovem podem se beneficiar do conteúdo dessas pesquisas de mercado?

Explore mais

www.mtv.com.br; www.dpz.com.br; www.loducca.com.br.

ELABORANDO UM PROJETO

PESQUISA NA FACULDADE

Escolha um estabelecimento frequentado pelos alunos de sua faculdade — por exemplo, uma lanchonete. Suponha que o dirigente dessa lanchonete solicite sua ajuda para auxiliá-lo a identificar fatores que permitam aumentar o volume de vendas e lucros. Após fazer algumas pesquisas exploratórias com seus colegas, você deverá elaborar um questionário para investigar as opiniões sobre a prestação desses serviços e o grau de satisfação dos clientes com eles. Assegure-se de que as perguntas formuladas abordem as dúvidas que você levantou e que possam oferecer contribuições efetivas para melhorar os resultados da lanchonete. Teste seu questionário com alguns colegas de classe. Sugerimos que você volte a consultar os quadros deste capítulo.

BIBLIOGRAFIA

AAKER, David; DAY, George; KUMAR, V. *Marketing research.* 6. ed. New York: John Wiley, 1998.

BACOCCINA, Denize. Pão de Açúcar vai atrás de fidelidade. *O Estado de S.Paulo*, 10 fev. 2000, p. B-8.

BUSSAB, Wilton O.; MORETTIN, Pedro A. *Estatística básica.* São Paulo: Saraiva, 2002.

EVANS, Joel R.; BERMAN, Barry. *Principles of marketing.* 3. ed. New Jersey: Prentice Hall, 1995.

GREEN, Paul E.; TULL, Donald S. *Research for marketing decisions.* New Jersey: Prentice Hall, 1978.

KOTLER, Philip. *Marketing management.* New Jersey: Prentice Hall, 2000.

KOTLER, Philip. *Administração de marketing.* 10. ed. São Paulo: Prentice Hall, 2000.

MALHOTRA, Naresh K. *Marketing research*: an applied orientation. 3. ed. Upper Saddle River: Prentice Hall, 1999.

MASON, J. Barry; MAYER, Morris L.; EZELL, Hazel F. *Retailing*. 5. ed. Chicago: Irwin, 1994.

MATTOS, Adriana. O alvo do Pão de Açúcar. *Gazeta Mercantil*, 10 fev. 2000, p. C-1.

PETERSON, Robert A. *Marketing research.* 2. ed. Dallas: Business Publications, 1988.

SAAD, Theo. Pão de Açúcar lança programa de fidelidade. *Correio Popular,* 10 fev. 2000, p. 4.

Capítulo 15

Marketing Direto

Miriam Bretzke

VISÃO GERAL DO CAPÍTULO

Este capítulo discutirá as questões relacionadas ao marketing direto, ressaltando suas atividades como ferramenta de comunicação e de distribuição. Primeiro, apresentaremos uma reflexão sobre as origens, a evolução e as tendências do marketing direto. Em seguida, identificaremos suas aplicações e suas características, comparando-as às do marketing tradicional. Detalharemos as ferramentas de marketing direto e o processo de operacionalização de listas, mídia e oferta, enfatizando a incorporação de tecnologias a cada um desses elementos. O capítulo termina com a descrição das aplicações exclusivas do marketing direto.

OBJETIVOS DO CAPÍTULO

Depois de concluir este capítulo, você será capaz de:

1. compreender a evolução do marketing direto, suas origens e os fatores que impulsionaram seu desenvolvimento;
2. discutir tendências do marketing direto;
3. identificar as atividades e os elementos do marketing direto;
4. descrever os principais usos e aplicações do marketing direto;
5. identificar as principais características do marketing direto e as diferenças entre marketing direto e marketing tradicional;
6. explicar o uso e a combinação das ferramentas de marketing direto para sua aplicação, enfatizando novas tecnologias incorporadas a cada uma das ferramentas;
7. comparar a aplicação do marketing direto como ferramenta de comunicação e de distribuição;
8. descrever as aplicações exclusivas do marketing direto.

15.1 O MARKETING DIRETO E SUA EVOLUÇÃO

Os historiadores do marketing direto não são unânimes quanto à sua data de origem, mas todos se reportam a meados da segunda metade do século XIX. A data mais citada é 1872[1], quando Aaron Montgomery Ward produziu seu primeiro catálogo (*mail order catalog*) — uma lista de preços cuja oferta era um desconto de 40%. Em 1886, Richard Warren Sears produziu, provavelmente, a primeira lista (*maling list*) do mundo, oferecendo relógios banhados a ouro a agentes ferroviários. Dessa operação, em 1893, iria surgir a Sears, Roebuck & Company, uma das mais antigas e bem-sucedidas empresas de marketing direto do mundo.

O crescimento explosivo do marketing direto só viria nos anos 1950, 1960 e 1970, e se deveu em grande parte a *empreendedores* — pioneiros que vislumbraram no marketing direto um canal de distribuição alternativo, vendendo diretamente pelo correio e telefone, todos os tipos de produtos. Nos anos 1970 e 1980, ocorreu a primeira grande revolução na prática do marketing direto nos Estados Unidos. O crescimento do marketing direto ocorreu devido a fatores técnicos como: o desenvolvimento das capacidades de atuar com listas com um grande número de nomes (*mass mailing*); construção e aperfeiçoamento de bancos de dados para realizar o marketing segmentado (*targeted marketing*); desenvolvimento das técnicas de telemarketing ativo e receptivo, com o uso do número 0800 — DDG[2] (Discagem Direta Gratuita).[3] Fatores culturais, como aumento da renda *per capita*, entrada em massa do contingente feminino no mercado de trabalho, mudanças nos hábitos de consumo e no estilo de vida, privilegiando a comodidade e buscando valorizar o tempo gasto nas diversas atividades do cotidiano, também contribuiriam para que essa disciplina do marketing assumisse um papel de destaque na conquista da competitividade.

A segunda revolução do marketing direto ocorreu no início dos anos 1990, motivada e impulsionada pelo desenvolvimento da tecnologia da informação, por meio das técnicas de *database marketing,* que permitiram acumular e tratar um número muito grande de informações sobre os clientes[4] atuais e potenciais (*prospects*) — as técnicas de perfilagem (técnica de descrever os perfis dos clientes de um banco de dados; os perfis são criados quando o banco de dados é analisado pela técnica de modelagem) e modelagem (técnica estatística que determina quais variáveis ou dados do banco de

---

[1] Citado em BAIER, Martin. *Elements of direct marketing.* New York: McGraw-Hill, 1983, p. 8; BECIN, Richard L. *The marketing revolution:* understanding major changes in how business market. Philadelphia: Creshein Publications, 1984, p. 15.

[2] DDG significa um número (0800) que permite fazer ligações interurbanas a cobrar, normalmente usadas nos serviços de atendimento ao cliente (*customer service*).

[3] ROMAN, Ernan. *Integrated direct marketing.* New York: McGraw-Hill, 1988, p. xv.

[4] Cliente é a denominação utilizada indistintamente para consumidores e clientes organizacionais. Essa nomenclatura é consistente com o conceito de marketing de relacionamento, no qual o consumidor é tratado como cliente, isto é, passa a ser conhecido e reconhecido.

dados explicam o comportamento dos clientes).[5] Por meio do profundo conhecimento adquirido sobre os clientes, é possível desenvolver programas específicos de marketing para cada cliente atual e potencial.[6] A construção de relacionamentos duradouros, pelo reconhecimento e com serviços de valor agregado, irão reter os clientes atuais e deslocar clientes potenciais da concorrência, gerando uma vantagem competitiva sustentável a longo prazo. As mudanças tecnológicas tornaram economicamente possível alcançar públicos em massa, com a precisão para atingir alvos individuais que respondessem a uma oferta específica, aumentando substancialmente as taxas de resposta das ações de mala direta, catálogo e telemarketing.

Porém, a verdadeira revolução está ocorrendo agora, com os *softwares* de *customer relationship management* (CRM)[7], ou gerenciamento do relacionamento com o cliente, e com as inúmeras possibilidades oferecidas pela Internet. Os *softwares* de CRM permitem capturar todas as informações das interações com os clientes atuais e potenciais num único banco de dados, aumentando o escopo e a aplicabilidade do marketing direto como canal de vendas diretas e como técnica de comunicação. A Internet, por outro lado, torna-se um canal de venda e de relacionamento extremamente conveniente para o cliente, e de menor custo para a empresa.

Nesse contexto, percebe-se que o marketing, hoje entendido como uma filosofia de administração que volta a empresa para o cliente e não se restringe a um "departamento de marketing", cria a real vantagem competitiva na construção de relacionamentos estáveis e duradouros com todos os integrantes da infraestrutura: os *stakeholders* (acionistas, fornecedores, funcionários, parceiros e, finalmente, os clientes atuais e potenciais). Para construir sistematicamente relacionamentos por múltiplos canais, com programas de comunicação que sustentem esse relacionamento por longo tempo, os profissionais de marketing precisam das técnicas do marketing direto. Dessa forma, muitos teóricos e profissionais do marketing têm encontrado dificuldade de estabelecer os limites entre marketing, marketing direto e marketing de relacionamento. No futuro, o marketing direto irá se incorporar totalmente ao marketing tradicional, pois as empresas não conseguem mais atuar sem a aplicação de algumas das técnicas que, antes, eram restritas aos praticantes do marketing direto. Isso ficou ainda mais evidente com a tecnologia do CRM e o uso intensivo da Internet como um dos canais preferenciais de relacionamento. Quando o marketing tradicional incorpora as técnicas de marketing direto, quer seja o canal de venda direta

---

[5] O resultado obtido pela modelagem é uma série de pesos que, multiplicados pelos dados do cliente ou consumidor (renda, idade, valor comprado etc.), criam um índice (*score*) preditivo da propensão de o cliente ou consumidor responder a uma determinada ação de marketing, vendendo, informando ou solicitando uma determinada resposta. Os principais modelos preditivos utilizados buscam, normalmente, identificar quais consumidores atuais ou potenciais são mais predispostos à fidelidade a comprar determinados produtos, a migrar para a concorrência, a tornar-se inadimplentes, a ser do grupo dos mais rentáveis, a tornar-se cliente, e assim por diante.

[6] HUGHES, Arthur M. *The complete database marketer*: second generation strategies and techniques for tapping the power of your customer database. 2. ed. Chicago: Irwin Professional Publishing, 1996, p. 11-22.

[7] BRETZKE, Miriam. *Marketing de relacionamento e competição em tempo real com CRM*. São Paulo: Atlas, 2000, p. 23-35.

ou as técnicas de comunicação que permitem desenvolver estratégias de relacionamento que transformem clientes em advogados da marca, está praticando o marketing de relacionamento.

No Brasil, o marketing direto desenvolveu-se de forma mais moderada devido aos processos inflacionários e à falta de um mercado de listas plenamente desenvolvido. Apesar de o marketing direto existir no Brasil desde 1920, com a empresa de catálogo Hermes, do Rio de Janeiro, e vários outros pioneiros, somente no final da década de 1980 e na década de 1990 ocorreu o verdadeiro desenvolvimento, principalmente do telemarketing e da mala direta, pois a operação de catálogo é pouco significativa.

15.2 CONCEITO E ESCOPO DO MARKETING DIRETO

Apesar de a origem do marketing direto datar do século XIX, o corpo teórico é bem recente, e as mudanças, muito grandes quanto à prática, têm ocasionado controvérsias sobre o escopo e a definição mais adequada. A definição mais reconhecida de marketing direto é a da Direct Marketing Association (DMA):[8] um sistema interativo de marketing que utiliza uma ou mais mídias a fim de produzir resposta e/ou transação mensuráveis, e em qualquer lugar.[9]

Essa definição, apesar de conter os elementos essenciais que diferenciam o marketing direto de outras atividades promocionais, como propaganda de massa e venda pessoal, não aborda um elemento-chave: a **resposta direta**.[10] A propaganda de massa não considera nas suas ações o meio ou veículo para obter resposta direta à sua mensagem, pela dificuldade que tem para dirigir as ações para o público-alvo. Passavant[11], outro autor consagrado, define marketing direto como uma forma de marketing na qual a empresa procura gerar uma resposta direta e mensurável da propaganda ou comunicação dirigida, na qual oferece bens, serviços ou informações. Portanto, o marketing direto deve incluir não somente criação e veiculação da comunicação, mas também as atividades de recepção da resposta do cliente atual e potencial, processamento, armazenamento dos dados de interação e vendas, análise e *follow-up* das respostas obtidas.

Como o marketing direto, no contexto do marketing tradicional, pode ser uma atividade de comunicação e um canal de distribuição, é muito difícil formular uma definição que englobe esses dois aspectos, dificultando, também, a compreensão do seu escopo. Muitos autores e usuários do

---

[8] Direct Marketing Association, Inc. é a associação de reconhecimento internacional com sede à 6th East 43rd Street, New York, ZIP 10017-4646, www.the-dma.org.

[9] Essa definição foi citada por STONE, Bob. *Marketing direto.* São Paulo: Nobel, 1992, p. 3; e em KATZENSTEIN, H.; SACHS, W. S. *Direct marketing.* Columbus: Charles E. Merill Publishing Company, 1986, p. 4.

[10] KATZENSTEIN; SACHS, 1986, p. 4.

[11] PASSAVANT, Pierre A. *Direct marketing strategy.* In: NASH, Edward L. *The direct marketing handbook.* New York: McGraw-Hill, 1984, p. 7.

marketing direto ainda o usam com um foco restrito, apenas como canal de distribuição separado (venda por mala direta, telefone, catálogo ou propaganda de resposta direta), ou seja, um centro de lucro separado. E, ainda hoje, os outros canais de distribuição são vistos como concorrentes. O comércio eletrônico é, na realidade, uma evolução do marketing direto como canal de distribuição, bem como o uso da Internet para divulgar e entregar conteúdos aos clientes é uma evolução do marketing direto como mídia.

O marketing direto, como uma atividade de comunicação, deve ser entendido como o gerenciamento de diversas mídias como um todo coercivo. A sinergia entre as mídias gera taxas de resposta superiores às obtidas por esforços de mídia individuais. A maior parte da literatura é falha quando busca traçar o papel do marketing direto em relação ao marketing geral, apesar de haver um consenso quanto a ser uma forma alternativa de desenvolver as atividades de marketing. Hoje, o novo marketing direto deve ser exercido dentro de uma abordagem integrada, incorporando a filosofia do marketing de relacionamento suportada pelo conceito de Comunicação Integrada defendido por Kotler[12] e Don Schulz[13], pela tecnologia do CRM[14] e pelo uso de técnicas de *database marketing* como instrumento tático para realizar a perfilagem e a modelagem, bem como as mensurações necessárias. Dessa forma, o marketing direto pode ser usado para:

- aumentar o conhecimento da marca e dos produtos;
- construir relacionamentos estáveis e duradouros entre a empresa e seus *stakeholders* (clientes, empregados, fornecedores, imprensa, comunidade, acionistas e concorrentes);
- estimular a experimentação;
- construir a fidelidade à marca;
- gerar nomes qualificados para vendas;
- estimular que os clientes potenciais ou atuais solicitem mais informações para subsidiar o seu processo de compra;
- vender diretamente ao cliente final, sem o concurso de intermediários.

15.3 CARACTERÍSTICAS DO MARKETING DIRETO

As principais características do marketing direto, que estabelecem a sua distinção em relação ao marketing tradicional, são *interatividade, utilização integrada de várias mídias, mensuração da resposta, comunicação pertinente e individualizada, transação em qualquer lugar e por qualquer meio* e *uso da propaganda para obter uma resposta direta.* A seguir, descrevemos cada uma dessas características.

---

[12] KOTLER, P. *Administração de marketing*: análise, planejamento, implementação e controle. 5. ed. São Paulo: Atlas, 1998, p. 548; ______. *Marketing para o século XXI:* como criar, conquistar e dominar mercados. São Paulo: Futura, 2000, p. 148.

[13] SCHULZ, D. E.; TANNEMBAUM, S. I.; LAUTERBORN, R. F. *Integrated marketing communications.* Lincolnwood: NTC Business Book, 1993, p. 4.

[14] BRETZKE, 2000, p. 171-193.

Interatividade. Oferecer canais de comunicação (telefone, Internet, quiosques) para que o cliente possa estabelecer um diálogo interativo. Com a tecnologia do CRM, essa interação passa a ser feita integradamente, por qualquer canal que o consumidor deseje, sendo totalmente individualizada e personalizada entre a empresa e o cliente.

Pertinência. Isolar o público-alvo por características bem definidas, comunicando-se dentro do conceito da pertinência e da personalização da mensagem, para obter a eficiência de custo. Procura segmentar o mercado, utilizando intensivamente a tecnologia de banco de dados, incorporando os conceitos de estilo de vida etc., com muito mais precisão que o marketing tradicional.

Utilização integrada de várias mídias. Oferece índice maior de respostas do que a utilização de uma só mídia.

Mensuração da resposta. Constitui-se no maior diferencial, isto é, a comunicação é feita estimando a resposta que se obterá, e o custo que será incorrido é aquele permitido pelo nível de resposta, evitando o desperdício. As ações podem ser mensuradas e as respostas, comparadas à estimativa, o que permite verificar o sucesso da ação ou campanha. Para cada ação, pode-se saber quanto custou, qual foi a resposta e de quem. A mensuração, consequentemente, permite que várias alternativas de ações possam ser testadas, o que gera constante melhora de desempenho pelo *feedback*.

Comunicação pertinente e individualizada. Utilização de mensagens dirigidas e pertinentes a cada segmento e a cada indivíduo. O gerenciamento é feito pelo *software* de *database marketing* ou pelo gerenciador de campanhas do CRM.

Transação em qualquer lugar e por qualquer meio. Representa a superação da distância geográfica e temporal do meio utilizado. Essa transação pode ocorrer a qualquer momento, por qualquer meio, em qualquer lugar, permitindo maior cobertura de mercado — isto é, 24 horas por dia, por telefone, pela Internet, ou pelo correio, em qualquer lugar.

Uso da propaganda com o objetivo de gerar uma resposta direta. Colocar à disposição dos clientes atuais e potenciais um meio de resposta, quer seja um telefone, *site* etc., como um comercial de televisão que mostre um número 0800 ou 1406.

Marketing direto é um sistema de marketing que se diferencia do marketing tradicional, pois estabelece uma comunicação interativa e busca obter uma resposta direta na ação de comunicação.

Resumindo, o **marketing direto** pode ser definido como um sistema de marketing que se diferencia do marketing tradicional por estabelecer uma comunicação interativa e buscar obter uma resposta direta na própria ação de comunicação.

15.4 A OPERACIONALIZAÇÃO DO MARKETING DIRETO

O marketing direto, em relação ao marketing tradicional, possui certas características de operacionalização que acentuam o seu caráter tático e o tornam único em algumas aplicações, conforme será visto a seguir. As principais ferramentas (elementos) do marketing direto que serão analisadas neste tópico são: a **lista,** as **mídias** e a **oferta**. Verificamos que qualquer aplicação de marketing direto utiliza a combinação desses elementos na sua operacionalização.

15.4.1 A LISTA E A TECNOLOGIA DE BANCO DE DADOS

Administração de listas. Para a maioria das ações de marketing direto, é preciso definir uma lista de nomes com o perfil adequado para gerar a resposta desejada. Segundo Rose Harper,[15] uma especialista em estratégia de mala direta, os nomes e endereços de uma lista são um grupo de clientes que têm algo em comum. Esse conceito é importante na ação de marketing direto, pois envolve a remessa de uma proposição de vendas para clientes atuais ou potenciais previamente selecionados. Se você envia a mensagem certa para o cliente potencial certo, a chance de a mala direta ser aberta e lida é muito maior: cerca de 80%, segundo pesquisas realizadas durante vários anos.

A lista, comprovadamente, é a parte central da estratégia de mala direta, por isso sua seleção parte da definição do segmento que se deseja atingir. É aconselhável realizar um teste com parte da lista ou com duas listas, para verificar o nível de resposta que elas proporcionam. Só depois a campanha de marketing direto é iniciada. Nas ações de marketing direto que utilizam o telefone, a lista também é o elemento mais importante; logo, é preciso ter o telefone atualizado para contato.

Existem várias maneiras de classificar as listas, mas uma das mais adequadas é aquela que as divide em duas categorias abrangentes: as listas internas (*house lists*) e as listas externas.[16] As listas externas podem ser classificadas em duas categorias básicas.

As **listas compiladas** são listas compiladas de fontes, principalmente impressas ou disponíveis em diretórios ou na Internet, tais como listas telefônicas, associações de classe etc.[17]

As **listas de respondentes** são listas formadas a partir de pessoas ou empresas que responderam a alguma ação de marketing direto, como venda, doação ou pedido de informação etc. Essa lista tende a ter taxas maiores de resposta, pois sabe-se que os respondentes são mais receptivos a ações de marketing direto.[18]

As listas também podem ser compradas de corretores de listas (*brokers*) ou de empresas de listas. As listas compiladas são menos valorizadas para o marketing direto do que as listas administradas (ou compradas de outras empresas), pois as listas compiladas são "frias", não têm muitas informações a respeito dos nomes que contêm, enquanto as listas administradas são atualizadas e normalmente têm muito mais informações.[19] A melhor lista para o marketing direto é a lista de respondentes, mesmo que não seja do seu produto.

Listas compiladas são listas de fontes, principalmente impressas ou disponíveis em diretórios na Internet, tais como listas telefônicas e de associações de classe.

Listas de respondentes são formadas a partir de pessoas ou empresas que responderam a alguma ação de marketing direto, como venda, doação ou pedido de informação.

---

[15] HARPER, Rose. *Mailing list strategies.* New York: McGraw-Hill, 1986, p. 2.

[16] STONE, 1992, p. 101.

[17] NASH, Edward L. *Direct marketing.* strategy, planning, execution. New York McGraw-Hill, 1982, p. 83.

[18] Ibid., p. 79.

[19] HOLZ, Herman. *Databased marketing*: um guia imprescindível sobre a nova ferramenta de marketing do século 21. São Paulo: Makron, 1994, p. 94-104.

Da administração de listas ao *database marketing*. A sofisticação das análises de listas de clientes atuais e potenciais, incorporando as técnicas estatísticas, culminou numa nova disciplina chamada *database marketing*, que Henry R. Hoke Jr.,[20] um dos mais antigos praticantes do marketing direto e ganhador do prêmio Hall of Fame da DMA,[21] considerou um dos maiores avanços do marketing direto. Hoke foi o primeiro profissional a destacar o salto que representou a passagem da simples administração de uma lista para o uso do *database marketing*, com a incorporação da tecnologia de banco de dados, que permitiu administrar e segmentar de maneira muito mais adequada as listas.

Hoke conceituou *database marketing* como uma lista de nomes acrescentada de informações, por exemplo, do comportamento de compra de cada pessoa ou empresa. O banco de dados é a força mais potente do marketing, desde o surgimento da televisão. Portanto, independente do tamanho ou atividade, uma empresa pode e deve construir um banco de dados de clientes atuais e potenciais.[22]

Database marketing **é o gerenciamento de um sistema dinâmico de banco de dados inteligíveis, atualizados, com informações relevantes sobre os clientes atuais e potenciais.**

Database marketing, apesar de ser um termo amplamente usado atualmente no marketing, costuma ter diferentes conceituações, dependendo de quem o está definindo. O National Center for DataBase Marketing usa a seguinte definição, que tem sido aceita como padrão pelos profissionais da área: **database marketing** é o gerenciamento de um sistema dinâmico de base de dados inteligíveis, atualizados, com informações relevantes sobre os clientes atuais e potenciais, para:

- identificar os clientes atuais e potenciais mais propensos a responder a ações de marketing;
- desenvolver um relacionamento de alta qualidade e de longo prazo, com compras repetidas;
- capacitar o envio das mensagens desejadas no tempo certo, no formato certo, para as pessoas certas por meio do desenvolvimento de modelos preditivos;
- enviar mensagens que encantarão o cliente;
- construir fidelidade;
- fazer com que as despesas de marketing tenham a melhor relação custo-benefício;
- aumentar o lucro.

Uma das funções mais importantes do *database marketing* é a mensuração dos resultados, que é um dos grandes legados do marketing direto ao marketing tradicional, pois foi nessa disciplina que a preocupação com esse aspecto se iniciou e mais se desenvolveu.[23]

---

[20] HOKE JR., Henry R. *A philosophy of direct marketing.* In: KATZENSTEIN; SACHS, 1986, p. 29.

[21] A DMA premia anualmente as melhores campanhas de marketing direto com o DMA Echo Awards, além de homenagear as personalidades que mais se destacaram com o Hall of Fame. Atualmente, é preciso inscrever os trabalhos na ABEMD, que faz a seleção dos que representarão o Brasil nesse evento.

[22] RAPP, S.; COLLINS, T. L. *The new maximarketing*: the classic guide to transforming your advertising, promotion, and marketing strategy for the information economy. New York: McGraw-Hill, 1995, p. 262.

[23] STONE, 1992, p. 431-458.

Cada fase de uma campanha ou do relacionamento pode ser medida e custeada[24] e, depois de certo tempo (curva de experiência), é possível desenvolver um conjunto de informações sobre perfil dos clientes, retorno das mídias, ofertas etc. e suas taxas de resposta, que permitem testar novas ideias com risco mínimo.

O planejamento da comunicação deve utilizar as projeções estatísticas, que, com base nos dados históricos, permitem realizar previsões de vendas e definir os testes de mercado necessários para garantir o melhor custo-benefício por campanha. Um dos objetivos do marketing é testar a comunicação em pequenos segmentos, verificar se é viável e então usar os resultados desses testes como suporte para investir maiores somas em campanhas com maior probabilidade de sucesso.[25]

Portanto, um *database marketing*[26] de clientes atuais e potenciais, coletando e disponibilizando um grande volume de informações em tempo real, aumenta a vantagem competitiva de três maneiras:

1. aumenta as taxas de resposta;
2. permite reagir mais rapidamente a qualquer movimento da concorrência ou do ambiente de negócios;
3. integra e melhora o atendimento, aumenta o nível de satisfação e, consequentemente, de fidelidade.

Os concorrentes podem aumentar os gastos em propaganda, reduzir os preços e intensificar a distribuição, mas, se uma empresa desenvolveu um sólido relacionamento com seus clientes atuais, é improvável que ela seja imediatamente vulnerável. Aqui, vale lembrar o comentário de R. Smith:[27] "Reputação é um ativo que o concorrente não pode minar ou destruir".

A principal vantagem é a atualização constante de um grande número de informações obtidas pelas diversas áreas que possuem relacionamento com os clientes atuais e potenciais. Essa modalidade enriquece o DBM *(database marketing),* permitindo um refinamento das análises estatísticas. Com os dados extraídos do sistema central (transacional ou de gestão integrada) e atualizados *on-line,* é possível prover telemarketing, vendas e assistência técnica com informações valiosas para o efetivo relacionamento com o cliente.

Do *database marketing* ao CRM (gerenciamento do relacionamento com os clientes). No final da década de 1990, concomitantemente ao uso cada vez mais intenso dos conceitos de marketing de relacionamento no mundo dos negócios, surgiu o conceito de CRM (*customer relationship management,* ou gerenciamento do relacionamento com o cliente).

---

[24] STONE, Merlin; WOODCOOK, Neil. *Marketing de relacionamento.* São Paulo: Littera Mundi, 1998, p. 59-64.

[25] NAS H, Edward L. *Database marketing*: ferramenta atual e decisiva do marketing. São Paulo: Makron, 1994, p. 59 e 78.

[26] JACKSON, Robert; WANG, Paul. *Strategic database marketing.* New York: NTC Business Books, 1996, p.12 e 15.

[27] SMITH, R. *Customer-driven marketing*: the competitive edge in the 1990s. Third Annual Conference on Database Marketing, National Center for Database Marketing (NCDBM), dez. 1990.

O CRM, bem como a Internet, transformou a maneira como as empresas vendem e se relacionam com os clientes, tendo impacto profundo no marketing tradicional.

CRM é uma tecnologia que permite capturar os dados do cliente e de todos os seus contatos e transações, por meio da informatização integrada dos diversos pontos de contato com os clientes, consolidá-los em um banco de dados central, analisar e promover o uso inteligente da informação a cada contato.

O **CRM** é uma tecnologia que permite capturar os dados do cliente e de todos os seus contatos e transações, consolidá-los em um banco de dados central, além de analisar e promover o uso inteligente da informação a cada contato. Uma das principais características do CRM é informatizar os principais canais de relacionamento com o cliente (como *call center,* vendas, *help desk* e assistência técnica), sendo um canal único e integrado de relacionamento com os clientes. O *call center,* que promovia o atendimento ao cliente, transforma-se num *contact center,* com *funções receptivas e ativas.* Esse módulo do CRM é chamado de colaborativo. Quando os advogados desse conceito dizem que CRM é estratégia, pode-se entender que, nesse contexto, CRM significa a própria filosofia do marketing de relacionamento, direcionando a estratégia de marketing da empresa.

Em relação ao marketing direto, ficou muito mais fácil obter um grande número de informações *em tempo real* para suprir o *database marketing,* que assim poderá perfilar e modelar a base de clientes atuais e potenciais com muito mais acuidade. Dessa forma, podem-se fazer análises mais consistentes e usar técnicas estatísticas mais refinadas, melhorando a qualidade dos modelos preditivos e das estimativas de resposta obtida. O módulo do CRM que possui as ferramentas de estatística avalia os dados disponíveis no *database* e fornece informações analíticas e gerenciais para a criação do conhecimento sobre os clientes e o mercado é chamado de *CRM analítico.* Outro módulo muito importante do CRM é o gerenciador de campanhas, que permite executar, controlar e mensurar um grande número simultâneo de campanhas dirigidas e segmentadas de marketing direto por múltiplos canais e mídias, integradamente.

A captura dos dados de relacionamento com os clientes em tempo real num único banco de dados é a principal diferença em relação ao *database marketing,* cuja atualização ocorre por extração (*download*) de diversos arquivos (faturamento, *call center,* assistência técnica) não integrados. Na maioria das vezes, obtinham-se apenas os dados de vendas, já que, pela falta de um *software* integrado, perdiam-se as informações sobre as diversas interações com os clientes atuais e potenciais, pelos diversos canais possíveis (Internet, telefone, força de vendas ou lojas).

Com um canal único de relacionamento, transforma-se a comunicação num processo contínuo de ativação e retenção de clientes, em que propaganda, promoção, telemarketing e mala direta integram-se para maximizar o retorno sobre o investimento. Nesse contexto, cada ameaça ou oportunidade é predefinida, monitorada e transformada em negócio.

Para converter listas de nomes de pessoas físicas e jurídicas em resultados, o conhecimento que se tem das necessidades, dos valores, das preferências e do comportamento de compra dos clientes é fundamental, pois permite incluí-los em campanhas de comunicação elaboradas especificamente para eles. Ofertas, apelos e mensagens elaborados "sob medida" têm impacto no comportamento de compra dos clientes, que privilegiarão a empresa. Portanto, quando realmente se sabe o que agrega valor para um grupo específico de clientes, é possível obter a resposta desejada e aumentar a rentabilidade, o que justifica financeiramente o investimento em estratégias de relacionamento um a um.[28]

Segmentação da base de clientes atuais e potenciais: fator-chave de sucesso. A **segmentação** no marketing direto, que parte do princípio de que os clientes não são todos iguais, que reagem diferentemente a apelos e ofertas e que uns são mais rentáveis que outros, não é mais novidade para as empresas. A novidade é que mesmo empresas com quantidade suficiente de dados não aproveitam adequadamente as ferramentas disponíveis para aumentar o índice de resposta, melhorar a retenção, enfim, aumentar a rentabilidade do cliente pela compra repetida e pelo aumento do pedido médio.

Segmentação em marketing direto é usada como uma técnica, e não como uma estratégia, e significa a divisão em grupos homogêneos quanto à renda, hábitos de compra, estilo de vida e outras características para customizar a mensagem e as ofertas e encaminhar um conjunto de ações de comunicação personalizadas e pertinentes, visando aumentar a taxa de resposta.

Com o acirramento da concorrência, a adoção do marketing de relacionamento e da tecnologia disponível, é preciso e possível adotar técnicas e ferramentas mais sofisticadas. Os *softwares estatísticos de modelagem de dados* e de *data mining* são as ferramentas para encontrar os clientes mais rentáveis ou segmentos relevantes, soterrados na mina de informações que é o *database marketing*.

O ***data mining*** compreende um conjunto de técnicas e critérios de avaliação qualitativa e quantitativa, e de modelos de análise diretamente ligados à tecnologia de banco de dados e aos sistemas de suporte à decisão. Esse tipo de ferramenta pesquisa grandes bancos de dados, procurando padrões de respostas que permitam prever, com a maior acuidade possível, o comportamento de clientes atuais e potenciais.

Datamining compreende um conjunto de técnicas e critérios de avaliação qualitativa e quantitativa, modelos de análise, diretamente ligados à tecnologia de banco de dados e aos sistemas de suporte à decisão.

A ferramenta de *data mining*, seja ela do ***data warehouse***, como é chamado o repositório de dados transacionais de uma empresa, ou do CRM, é de vital importância no marketing direto, pois possibilita a segmentação do banco de dados por meio da análise do perfil do cliente atual ou potencial. A segmentação é de suma importância para maximizar a rentabilidade gerada pela definição acurada do perfil de clientes, realizado pela pesquisa de segmento no banco de clientes atuais e potenciais com características similares, e então gerar efetivamente mais vendas durante o ciclo de vida do cliente.[29]

Data warehouse é o repositório de dados transacionais de uma empresa.

Para compreender os clientes atuais e potenciais de uma base de dados, é preciso usar as técnicas de perfilagem e modelagem, cuja aplicação depende, por sua vez, do conhecimento da técnica de segmentação. Ao segmentar, a empresa procura obter uma série de vantagens sinérgicas, nem sempre aparentes de imediato, mas que a segmentação permite colocar em evidência.[30] Essas vantagens incluem:

[28] PEPERS, Don; ROGERS, Martha. *Marketing um a um:* marketing individualizado na era do cliente. São Paulo: Campus, 1994, p. 197-252.

[29] CLANCY, Kevin J.; SHULMAN, S. *A revolução do marketing*: o domínio do mercado através do uso da inteligência em marketing. São Paulo: LTC, 1993, p. 60-80.

[30] RAIMAR, Richers; PIMENTA, Cecília L. *Segmentação*: opções estratégicas para o mercado brasileiro. São Paulo: Nobel, 1991, p. 17.

- domínio de uma tecnologia capaz de orientar o desenvolvimento de produtos por certas classes de clientes;
- maior proximidade do cliente, ou seja, canais de distribuição mais curtos;
- possibilidade de oferecer bens ou serviços a preços altamente competitivos;
- uso de mídias que se dirigem direta e exclusivamente aos segmentos visados;
- possibilidade de agregar valor extra por classes de clientes, gerando muito mais fidelidade e predisposição para pagar preços mais altos.

Essas vantagens bastam para indicar que as técnicas de *segmentação, perfilarem* e *modelagem* representam a diferença entre o sucesso e o fracasso de uma estratégia de comunicação dirigida. No contexto do *database marketing,* o conceito de segmentação é usado como uma técnica, e não como uma estratégia, e significa a divisão em grupos homogêneos quanto à renda, aos hábitos de compra, ao estilo de vida e a outras características que encaminham um conjunto de ações de comunicação.

Stone e Woodcook[31] desenvolveram a ideia da hierarquia da segmentação para determinar os clientes-alvo. A segmentação no marketing direto pode ser:

Analítica. Verifica se existem clientes com perfis e necessidades diferentes.

Pela reação. Identifica grupos de clientes diferentes para direcionar promoções específicas.

Estratégica. Identifica os grupos de clientes que precisam, de alguma forma, ser administrados diferentemente.

Pela lealdade comprovada. Identifica os grupos de clientes atuais ou potenciais cuja fidelidade é fundamental para a empresa. Está normalmente associado ao volume e à lucratividade.

Exemplos práticos: Uso da hierarquia da segmentação

Net Sat serviços

No setor de TV por assinatura, é grande o número de assinantes que cancelam ou deixam de pagar a assinatura. A Wunderman, agência de marketing direto, para reverter o quadro de ex-assinantes da SKY, desenvolveu a campanha "Reversão SKY", cujo resultado, superior à média de mercado devido à segmentação, foi reconhecido com o Prêmio ABEMD de Resultados 2001. Usando a hierarquia da segmentação de Stone e Woodcook, a base de ex-assinantes foi dividida em 20 segmentos:

- **Analítica:** tempo — ex-assinantes há 2, 4 e 6 meses.
- **Pela reação:** motivo de cancelamento — financeiro, genérico, programação.
- **Pela lealdade comprovada:** fator atrito — com ou sem risco de atrito, e tipo de atrito — regional ou não.

O principal uso da identificação dos segmentos é gerar mensagens e ofertas específicas de acordo com o perfil dos clientes de cada segmento. Portanto, a campanha consistiu no desenvolvimento de quatro linhas de comunicação, sendo que as ofertas, representadas por brindes, levaram em consideração o perfil e a propensão a reverter (*score* de risco e atrito do ex-assinante) e o aprendizado do ano anterior. Os apelos da mensagem tinham o objetivo de neutralizar o obstáculo representado pelo motivo de cancelamento.

[31] STONE; WOODCOOK, 1998, p. 73-77.

As malas diretas foram customizadas da seguinte forma:

- motivo financeiro com e sem risco de atrito regional e não regional, mais ofertas específicas;
- motivo programação, com e sem risco de atrito regional e não regional, mais ofertas específicas;
- motivo genérico com e sem risco de atrito regional e não regional, mais ofertas específicas.

O acerto da segmentação foi confirmado pelo alto índice médio de reversão — 16,5% —, já que a média de mercado fica em torno de 5% a 8%.

Fonte: www.premioabemd.com.br/imagens/premio_7

Esse processo visa a atender às necessidades dos clientes atuais ou potenciais, responder à demanda de modo mais efetivo, comunicar-se com mais pertinência e diferenciadamente com os diversos públicos-alvo. Os principais critérios que podem ser usados para desenvolver a análise de perfil do cliente no *database marketing*[32] são:

- variáveis de comportamento de resposta: pedido de mais informações, pedidos de compra e outras solicitações;
- variáveis demográficas: renda, idade, sexo etc.;
- variáveis psicográficas, principalmente estilo de vida;
- variáveis geográficas: CEP, região. Estado etc.;
- FRVC, que utiliza o histórico de compra e compara a um padrão de referência por segmento de clientes, segundo o conceito de Frequência de compra, Recência (como é chamada a variável referente à data da última compra), Valor e Categoria de produtos comprados.

Os critérios apresentados podem ser usados isoladamente ou em conjunto, dependendo do objetivo da segmentação. A segmentação psicográfica foi introduzida por Joseph Plummer e baseia-se na concepção de que as pessoas podem ser agrupadas com base em padrões comportamentais que determinam seu estilo de vida, ou na maneira como ocupam o tempo, como encaram seu meio ambiente ou gastam seu dinheiro.

A segmentação por estilo de vida, que pressupõe que todos os indivíduos dentro de um grupo demograficamente definido compartilhem certos valores e modo de vida, que influenciam o seu comportamento de compra, difundiu-se tão rapidamente nos Estados Unidos que provocou a criação

---

32 Para um aprofundamento no assunto, recomenda-se a leitura de KATZENSTEIN; SACHS, 1986, p. 133-176.

de uma técnica denominada análise psicográfica. No Brasil, ainda estamos engatinhando em segmentação por estilo de vida, pela precariedade dos dados do IBGE. É importante enfatizar que simplesmente identificar os melhores clientes não é suficiente para agregar mais valor e obter uma experiência de marca positiva. Deve-se garantir que o trabalho realizado pelo CRM analítico ou pelas técnicas de *data mining* resulte na execução de campanhas de comunicação que enriqueçam o relacionamento com os clientes e aumentem as taxas de resposta ou a lucratividade.

Finalmente, quando a empresa tem um trabalho consistente de análise estatística (com ou sem CRM analítico), sinalizando oportunidades e ameaças, deve-se evitar a ocorrência da distância entre o evento de relacionamento e a execução das campanhas. Por exemplo, se o cliente liga reclamando, é preciso que a mala direta com as desculpas seja enviada no dia seguinte. Caso o cliente solicite informações sobre um determinado produto, é preciso enviá-las imediatamente e fazer a ligação de *follow-up* para vender o produto alguns dias depois do envio do material ou do pedido de informação, para que não se perca o "momento da venda". Portanto, um banco de dados de clientes atuais é diferente do de clientes potenciais por acrescentar informações sobre o histórico de compras, mas em essência os dois devem conter informações suficientes para segmentar o mercado e personalizar a comunicação. Nesse caso, personalizar a comunicação é mais do que preparar um *mailing* (correspondência) em nome da pessoa. É a seleção de quem vai receber a oferta, por meio da percepção de suas necessidades, estabelecendo um contato de resposta direta mais acurado e, com isso, aumentando a taxa de resposta.[33]

Convém ressaltar que, anteriormente, o banco de dados era formado a partir da resposta recebida, quando o cliente preenchia um pedido ou solicitava um determinado material. Atualmente, inicia-se com um nome qualificado e acrescentam-se informações à medida que o relacionamento se consolida antes e após a venda. Hoje, a principal fonte de dados são os canais de relacionamento com os clientes atuais e potenciais, que, com ou sem CRM, precisam conter as informações de venda e do relacionamento, como reclamações, pedido de informações, acesso ao *site*, visita dos vendedores e demais informações do cotidiano das relações entre cliente atual/ potencial e a empresa. Assim, sabe-se quem são os clientes atuais ou potenciais; onde estão; o que compram; com que frequência; quanto gastam; se compram por telefone ou pela Internet; como pagam; quais são os seus *hobbies,* preferências, estilo de vida, bem como o comportamento de resposta às ações de comunicação.

15.4.2 AS MÍDIAS

Uma das principais características do marketing direto, conforme definição da DMA, é o uso interativo de uma ou mais mídias para obter uma resposta mensurável e/ou uma transação em qualquer lugar. As características constantes da mensagem em marketing direto são:

[33] ROMAN, 1988, p. 171.

- ***Copy* longo.** *Copy* significa o conteúdo e a estrutura da mensagem. Uma carta de mala direta pode ter varias páginas. Um comercial de televisão para venda de produtos pode ter de 2 a 30 minutos — são os chamados infomerciais, que precisam prestar todas as informações necessárias para a tomada de decisão de compra. Assim como a Associação Brasileira de Esclerose Múltipla (Abem), que utilizou, em 1999, uma mala direta composta de uma carta de quatro páginas, para solicitar a pessoas físicas donativos nos valores de R$ 15 a R$ 100. Essa peça promocional foi premiada pela ABEMD pelos excelentes resultados apresentados.

Copy é o conteúdo e a estrutura da mensagem.

- **A mensagem deve exercer todas as funções de venda.** Ou seja, ela deve: atrair a atenção, despertar o desejo de adquirir o produto ou solicitar a informação e fazer o fechamento da venda, ou levar à ação desejada.
- **Os apelos das mensagens são mais racionais.** Apesar de existirem muitos métodos de persuasão, desde os racionais até os mais irracionais ou puramente emocionais, em marketing direto, as mensagens racionais são mais aceitas, pois suportam a proposição com objetividade e dados fatuais.
- **Atributos do produto.** As comunicações em marketing direto são, geralmente, orientadas para o produto ou serviço. Enfatizam desenho, funcionalidade, embalagem, cor, preço etc. Mas podem ser orientadas para a pessoa, enfatizando os benefícios pessoais.
- **Venda agressiva.** Dependendo do comando de ação, a venda pode ser mais ou menos agressiva. A venda agressiva é comum no varejo, criando um senso de urgência e oportunidade.

A seguir, uma descrição das principais mídias do marketing direto: mala direta, telemarketing, mídia eletrônica (televisão e rádio), mídia impressa (revistas e jornais), catálogo e Internet.

A **mala direta** é uma das mídias mais persuasivas, podendo ser usada isolada ou integradamente com outras mídias, como telemarketing e propaganda de resposta direta. A eficiência da mala direta está diretamente relacionada com a capacidade técnica de segmentação e com a pertinência da estratégia de comunicação, e se constitui num dos meios mais eficazes de se comunicar individualmente, com o mínimo de desperdício.

A mala direta também não é apenas uma carta. O formato da mala direta pode ser tridimensional e conter vários elementos promocionais, como um prospecto sobre o produto, folhetos, cartão-resposta, cupons e até um brinde. Entretanto, a carta é o elemento mais importante, pois apresenta a proposição de venda e gera a pertinência do diálogo. A mala direta sempre contém um meio de resposta, que pode ser: o 0800 (DDG), um número de telefone ou o endereço do *site*. Com o advento da Internet, é preciso diferenciar a mala direta impressa da digital. A mala direta digital, que é enviada a um determinado endereço eletrônico, apresenta uma série de vantagens e desvantagens com relação à mala direta impressa. Porém, antes de compararmos os dois tipos de malas diretas, vamos apresentar as vantagens da mala direta — tanto impressa como digital — como mídia, que são: seletividade, conveniência, múltiplas opções de formato e testabilidade.

Exemplos práticos: Mala direta tridimensional

1. Cigna Previdência Privada

Quando entrou no mercado brasileiro de previdência privada, a Cigna Previdência e Investimentos criou uma campanha específica para o público intermediário, forte influenciador dos decisores de empresa. O objetivo era marcar visitas dos executivos da Cigna a consultores renomados, que influenciam o processo de decisão das empresas.

A ação foi composta de quatro malas diretas tridimensionais, enviadas em quatro dias consecutivos. A primeira caixa apresentava as quatro estações do ano; a segunda, os quatro oceanos; a terceira, as quatro luas; e a última, revelação, as quatro fases da vida de um indivíduo, em relógios que mostravam estas frases: um relógio de criança, um de jovem, um de adulto e um de sênior. O impacto da peça tridimensional foi tão forte que gerou para cada real investido o retorno de R$ 10,46.

2. Xerox do Brasil

Para conquistar novas contas de governo, a Xerox desenvolveu uma ação de marketing direto por mala direta. Foi criada uma peça tridimensional com um brinde, um catálogo de produtos e uma carta de apresentação com dupla personalização, sendo a primeira o destinatário e a segunda a revenda mais próxima e mais bem capacitada para o atendimento. Os contatos feitos pelos gerentes após o envio foram convertidos em 86% de visitas, das quais 40% resultaram em vendas por meio de licitações, além da aproximação com esse novo mercado.

Fonte: www.premioabemd.com.br/imagens/premio_7

Seletividade. Bob Stone[34] e Katzenstein e Sachs[35] enfatizam que, por meio da seleção criteriosa de listas e da segmentação, a mala direta pode atingir seletivamente alvos de clientes potenciais, sem restrições de área geográfica e distância, com maior eficiência que outras mídias, com exceção do telemarketing. Com a seletividade, pode ser executada uma comunicação individualizada.

---

[34] STONE, 1992, p. 312.

[35] KATZENSTEIN; SACHS, 1986, p. 230.

Um mesmo produto pode ser apresentado com apelos radicalmente diferentes para diferentes públicos e, nesse processo, ter sua taxa de resposta aumentada consideravelmente.[36]

Conveniência. Independentemente do tipo ou natureza da oferta, a mala direta oferece a conveniência da compra domiciliar. A compra pode ser realizada pelo telemarketing, *site* (comércio eletrônico) ou correio.

Múltiplas opções de formato. Uma das principais características da mala direta é a flexibilidade em relação aos formatos, desde um simples e-mail ou carta até um volumoso objeto tridimensional.

Testabilidade. Devido ao controle que existe sobre o número de malas diretas enviadas, a data do envio, o público-alvo, a área, o conteúdo etc., esta é uma mídia altamente testável, segundo Bob Stone[37] e Stan Rapp[38].

A **mala direta digital**, que ainda está na fase inicial do uso em marketing direto, combina sons e imagens, tornando-se por isso mais atraente. Entretanto, precisa que o destinatário aloque tempo e se detenha na frente do computador para abri-la e lê-la até o final.

Mala direta digital ou e-marketing é aquela que combina sons e imagens.

Tanto a mala direta impressa como a digital podem ser jogadas na lixeira antes de serem lidas. Na mala direta impressa, o envelope assume um papel fundamental para que ela seja aberta. No caso da mala direta digital, o título do e-mail assume o papel de despertar o interesse para o conteúdo, bem como o cabeçalho que é primeiramente exposto ao cliente. Por isso, recomenda-se que nunca se envie uma mensagem eletrônica cujo conteúdo principal esteja totalmente em arquivo anexo. Caso a mensagem seja muito grande ou tenha imagens, podem-se criativamente apresentar partes do conteúdo que, além de chamar a atenção, fazem o cliente abrir e ler na íntegra o e-mail.

Quadro 15.1
Comparativo entre mala direta impressa e digital

	Mala direta impressa	Mala direta digital
Vantagens	• Uso de formatos tridimensionais. • Uso do impacto do envelope para atrair a atenção sobre o conteúdo. • Maior facilidade em utilizar o material impresso, para apresentar o conteúdo numa reunião ou enviá-la para outras pessoas não familiarizadas com as facilidades da Internet.	• Uso de recursos de sons e imagens animadas. • Maior facilidade para remeter ao *site*, onde se pode prestar um conjunto maior de informações. • Maior facilidade para gerar relacionamento, pois o mecanismo de resposta pode ser a própria Internet.

[36] ROMAN, 1988, p. 39.

[37] STONE, 1992, p. 311.

[38] RAPP; COLLINS, 1995, p. 115-141.

Desvantagens	• Maior custo de manuseio e postagem. • Maior tempo para o preparo do material promocional e a execução da campanha.	• Nem todos os clientes estão familiarizados com a Internet. • Dificuldade em obter e atualizar os endereços eletrônicos. • A facilidade de enviar *spam*[39] pode gerar um uso indiscriminado e causar danos à marca.

Apesar das vantagens apontadas, é preciso atualizar o conhecimento sobre a prática do marketing direto com CRM e com o conceito de comunicação integrada.[40] É recomendável utilizar uma mescla entre as mídias para atingir o cliente potencial ou atual com pertinência e de modo criativo. O Brasil ainda está bastante longe do nível de saturação que leve à rejeição da mala direta. O que se verifica é que existe um desleixo criativo no desenvolvimento da mala direta, seja pela falta de profissionais de criação, seja pelo uso simplista do recurso.

Os elementos mais importantes de uma mala direta são: a lista (*mailing list*); a oferta; a carta e o envelope. A lista e a oferta, pela sua importância, serão abordadas em tópicos à parte, pois têm escopo mais amplo.

A **carta** é a peça mais importante do conjunto de peças da mala direta, porque ela assume a função de apresentar a proposição de venda para um cliente potencial.[41] É ela que apresenta os benefícios, detalha a oferta e contém o comando de ação (*call to action*).

O sucesso de uma carta está no conteúdo e na estrutura da mensagem (*copy*), que deve ser consistente com a estratégia de marketing direto e considerar as características do público-alvo e as barreiras para a ação. Deve apresentar a resposta desejada em termos de ação ("compre já", "preencha e ganhe", "telefone já") e os benefícios do produto, serviço e das condições comerciais.

A carta deve ser escrita por redator especializado em marketing direto, devido às técnicas muito peculiares que são utilizadas para gerar as taxas de resposta adequadas. A carta, por experiência dos profissionais, não precisa ser curta e sucinta, mas sim extremamente pertinente ao público-alvo. O primeiro parágrafo de uma carta é vital, pois apresenta a proposição e cria uma impressão favorável. Por isso, muitos redatores iniciam a carta com a promessa de algum benefício. Existe uma grande chance de a leitura da carta ser interrompida no primeiro parágrafo, daí a sua importância.

A carta, que deve acompanhar tanto a mala direta impressa como a digital, segue os mesmos preceitos mencionados acima. Porém, quando falamos de carta para a mala digital, estamos nos referindo ao corpo do próprio e-mail, que pode ser enriquecido com fundos coloridos e com desenhos ou fotografias que chamem a atenção e possam ser modificados (personalizados) com

---

[39] *Spam* é o e-mail de massa enviado sem ser solicitado ou que seja do interesse do receptor.

[40] BRETZKE, 2000, p. 103.

[41] KATZENSTEIN; SACHS, 1986, p. 239.

pouquíssimo custo, de acordo com o público ao qual se destina. É muito importante que os textos ou folhetos em arquivo que acompanham a mala direta digital sigam o mesmo padrão visual do e-mail.

O **envelope** da mala direta impressa pode ter inúmeros formatos, desde um simples envelope que contém uma carta de uma página, passando por catálogos, até o formato mais comum, que é um pacote de mala direta (*direct mail package*), contendo várias peças. O envelope ou invólucro é o primeiro contato que se estabelece com o cliente potencial. As pessoas não abrem todas as malas diretas, principalmente as que não são esperadas ou solicitadas, daí a necessidade de o envelope criar uma impressão favorável. Ele precisa ser atraente e sedutor o suficiente para levar o cliente potencial a abri-lo, porque, se isso não ocorrer, não há a venda ou relacionamento.

A criação utiliza uma série de artifícios para levar as pessoas a olharem dentro do envelope. São usadas chamadas no envelope ("Ganhe um presente!". "Economize R$ 10,00!", "Não perca esta oportunidade!"). Essas chamadas, normalmente, estão relacionadas com a proposição (oferta). O uso do formato tridimensional na mala direta, apesar de mais caro, visa a superar a barreira do descarte, pois a curiosidade em torno de um objeto é muito maior que em torno de um envelope, e, portanto, a chance de ser aberto é praticamente de 100%.[42]

O **telemarketing** pode ser definido como o uso do telefone para o desempenho das atividades de marketing. A AT&T, uma das maiores prestadoras de serviço em telemarketing nos Estados Unidos, o define como o casamento da tecnologia de telecomunicações com as técnicas do marketing direto.[43]

Telemarketing é a aplicação do telefone para o desempenho das atividades de vendas ou relacionamento.

O telemarketing é particularmente poderoso quando usado de forma integrada com outras mídias, principalmente como meio de resposta. Tanto para Katzenstein e Sachs[44] como para Nash[45], o telemarketing é mais efetivo quando realizado com clientes atuais e potenciais qualificados, com os quais tenha existido um contato anterior, que pode ser uma mala direta ou um anúncio.

Desde a década de 1950, o telefone já era usado como mídia de marketing direto, nos Estados Unidos.[46] Mas a primeira campanha de marketing de massa foi realizada em 1962, pela Ford Motor Company, para gerar *lead*[47] para a força de venda dos seus revendedores. Foram realizados 20 milhões de telefonemas, gerando duas *leads* por dia para cada um dos 23 mil vendedores dos revendedores. Entretanto, o telefone só seria reconhecido como uma mídia efetiva para marketing direto por volta de 1975. Atualmente, segundo pesquisa do Gartner Group, 70% das comunicações entre

---

[42] Esta observação é resultado da experiência com campanhas realizadas.

[43] DANTAS, Edmundo Brandão. *Telemarketing:* a chamada para o futuro. Rio de Janeiro: LTC, 2000. p. 24.

[44] KATZENSTEIN; SACHS, 1986, p. 278.

[45] NASH, 1982, p. 164.

[46] NASH, 1984, p. 374.

[47] *Leads* são nomes e endereços de pessoas (*prospects* ou clientes potenciais) que retornaram a uma ação de resposta direta, indicando interesse em uma determinada oferta, que pode resultar em futura venda direta de um produto ou serviço ou em visita de um vendedor.

clientes atuais e potenciais são feitas por telefone, com tendência a aumentar a participação da Internet. Apesar da importância da Internet para venda e relacionamento, o telefone ainda é o meio preferencial de comunicação para muitas pessoas.

As razões para a intensificação do uso do telefone, a partir da década de 1990, especificamente nas campanhas de marketing direto no Brasil, são:

- o desenvolvimento tecnológico do sistema de telecomunicações e a expansão da rede de telefonia, permitindo que mais residências e empresas tivessem telefones;
- a divulgação e o estímulo feito pelas concessionárias de serviços de telefonia, que, por meio de seminários e publicações, conscientizaram os profissionais de marketing do potencial do uso do telefone nos negócios;
- a instalação, no Brasil, de grandes empresas internacionais de telemarketing.

Os elementos mais importantes da atividade de telemarketing são o roteiro de ação e a descrição do perfil dos recursos humanos, que garantem a qualidade da operação. O desenvolvimento de um roteiro, normalmente, é realizado por pessoas com muita experiência, pois exige o uso de técnicas muito específicas. O roteiro exige um *briefing*[48] similar à carta da mala direta. ***Briefing*** é um documento preparado pela empresa e entregue para a agência de marketing direto ou de propaganda para a execução de campanhas ou peças promocionais. Esse *briefing* deve conter a definição do conteúdo da mensagem que será transmitida pelo telefone, seguindo, normalmente, as fases do conceito AIDA[49]. O roteiro consiste nos seguintes itens:

Abordagem. Define como o cliente potencial será abordado. Visa, segundo o conceito AIDA, a despertar a atenção pela apresentação do operador, da empresa e do objetivo da chamada. O estilo da abordagem é peculiar a cada empresa e varia com o tipo de aplicação.

Apresentação. É o coração da mensagem, porque contém a proposição e as informações que a fundamentam. É durante a apresentação que se contam a história do produto, os benefícios e a oferta, que devem levar a uma ação imediata.

Objeções ou barreiras. Vários argumentos são desenvolvidos para habilitar o operador a superar as barreiras que impedem o cliente potencial de realizar a ação desejada. Forma-se um menu de contra-argumentos que são utilizados de acordo com a objeção apresentada.

---

[48] A estrutura de um *briefing* depende da agência, do tipo de campanha e de quem está preenchendo o documento, porém, em linhas gerais, deve responder às seguintes perguntas: l. Qual é o objetivo da campanha e como ela está inserida na estratégia de comunicação? 2. Qual a proposição exclusiva de vendas (USP, de *Unique Sales Proposition*) ou a proposição exclusiva de valor (UVP, de *Unique Value Proposition*)? 3. Quais as características do produto ou serviço e como transformá-la em benefícios? 4. Como a marca e o seu produto ou serviço são posicionados no mercado? 5. Por que alguém deve comprar o *seu* produto e não o da concorrência? O que o faz especial? 6. Quais os benefícios adicionais (oferta) e a mecânica de resposta? 7. Qual o melhor argumento para convencer os compradores a adquirirem o seu produto? Por que os consumidores se convencerão com esses argumentos? 8. Quais são as condições de venda e pagamento? 9. Qual a verba? 10. Quais são a expectativa de resposta e o custo permissível por cliente ativado e por venda realizada?

[49] AIDA significa uma sequência que procura conduzir uma ação ou venda pelas seguintes fases: Atenção — Interesse — Desejo — Ação.

Argumentação. São os atributos do produto ou serviço ou mesmo da atividade que o telemarketing está desenvolvendo, apresentados de forma a despertar o desejo do cliente potencial. Normalmente, existe um menu de argumentos, e o operador, de acordo com a percepção da necessidade do cliente potencial ou atual, enfatiza um ou outro, ou os utiliza numa sequência que conduza ao fechamento.

Fechamento. É a obtenção do resultado desejado. É fazer com que o cliente potencial tome a ação objetivada no contato telefônico, seja uma decisão de compra, um agendamento ou simplesmente a prestação de informações para atualização do banco de dados. O fechamento, normalmente, é um comando mais agressivo que busca a decisão imediata.

O telemarketing pode ser classificado em receptivo e ativo. O **telemarketing ativo** é aquele que se constitui na mídia propriamente dita, pois por meio dele a mensagem da empresa flui para o cliente potencial ou atual. O **telemarketing receptivo** constitui-se no meio de resposta, e, nesse caso, é complementar às outras mídias. O telemarketing pode ser realizado por uma equipe própria ou contratado por uma empresa que presta o serviço, que é o *bureau* de telemarketing.

Telemarketing ativo é o telemarketing propriamente dito, pois dele flui a mensagem da empresa para o cliente.

Telemarketing receptivo é o meio de resposta.

O telemarketing desempenha um papel fundamental, no marketing direto, na construção de banco de dados, como principal meio de resposta e como mídia principal do marketing de relacionamento. As principais aplicações do telemarketing são: telequalificação, atualização e enriquecimento do banco de dados, recepção de pedidos, *cross-selling,* atendimento ao cliente, gerenciamento de pequenas contas, suporte para a força de vendas, vendas, entre outros.

Telequalificação. Na **telequalificação**, são utilizadas técnicas específicas de pesquisa de mercado para a construção dos questionários e *scripts,* que são exaustivamente testados para garantir a obtenção fidedigna das informações. É utilizada principalmente na construção do banco de dados de clientes potenciais e na atualização de banco de dados de clientes atuais.

Telequalificação é a utilização de técnicas específicas de pesquisa de mercado para a construção dos questionários e *scripts*, exaustivamente testados para garantir a obtenção fidedigna das informações.

Mesmo quando se conhecem muito bem os clientes, periodicamente há necessidade de depuração do banco de dados e de atualização, que, se for feita pelo telefone, apesar de mais cara, é mais efetiva do que a mala direta. A taxa de retorno da atualização por mala direta é de 2% a 15%, enquanto o telemarketing proporciona um retorno entre 40% a 85%.

A qualificação ou o enriquecimento do nome também reduz o desperdício de tempo da força de vendas, que pode detectar as melhores oportunidades por meio da análise das informações obtidas. E, assim, promover visitas somente a clientes potenciais ou atuais de maior potencial e, aos de menor potencial, direcionar ações específicas de mala direta ou telemarketing.

A telequalificação pode ser pró-ativa, com o uso do telemarketing ativo, ou reativa, como resultado de uma campanha, quando o cliente potencial telefona para fazer o pedido ou solicitar mais informações.

Recepção de pedidos de compra ou informações. Normalmente, as ações de marketing direto utilizam o telefone como um dos meios de resposta, que, por ser uma mídia interativa, se torna mais eficaz para o fechamento do pedido ou para responder à solicitação de informações, pois permite ao cliente potencial interagir, esclarecendo suas dúvidas. Consequentemente, há um aumento na taxa de resposta. Hoje, essa aplicação do telefone divide-se com a Internet, que é um meio de resposta mais barato e que, com a tecnologia *web collaboration*[50], reduz a perda da venda causada pela falta de interatividade. Atualmente, a interatividade é ainda mais fácil, pelo uso do "bate-papo", porém, no futuro, com a evolução da tecnologia, a voz sobre IP (protocolo da Internet) tende a se tornar o meio preferido de comunicação.

Cross-selling*.** O telemarketing pode ser usado no marketing de relacionamento para aumentar a lucratividade do cliente, promovendo vendas de itens complementares ou não. O ***cross-selling é a venda de outros produtos para clientes atuais de uma empresa. A análise de oportunidades de venda cruzada pode ser feita com o auxílio de técnicas estatísticas do *database marketing* ou do CRM analítico. Um caso de sucesso é o do American Express com o lançamento por telemarketing do American Express Credit, que ampliou os serviços prestados aos seus associados, como: crédito rotativo, juros decrescentes e benefícios exclusivos. A ação de *cross-selling* foi realizada aos associados das bases Gold e Green. Um *script* e vendedores eficazes geraram um retorno de 77% sobre a base de 192.240 associados telecontatados. Portanto, foram conquistadas 145.918 novas adesões.

Cross-selling é a venda de outros produtos para clientes atuais de uma empresa.

***Contact center*.** O atendimento ao cliente foi uma das aplicações do telemarketing receptivo que mais cresceram na última década, principalmente no Brasil. Por meio de um número 0800, a empresa oferece a oportunidade de o cliente entrar em contato com a empresa para obter mais informações, fazer uma reclamação ou dar a sua sugestão. Esse é um dos meios mais utilizados para promover a satisfação do cliente e obter um *feedback* do nível de satisfação com o produto ou serviço. Porém, ao mesmo tempo, expande-se o uso do telemarketing receptivo como meio de resposta às campanhas de vendas ou como recepção dos pedidos da força de vendas não informatizadas e do telemarketing ativo para vendas e relacionamento pró-ativo.

As diversas funções de telemarketing eram executadas sem estratégia de relacionamento, com supervisão deficiente e bancos de dados isolados. Consequentemente, surgiu uma série de problemas. Por exemplo, o cliente ligava para o número 0800 do SAC pela manhã, reclamando da entrega, e, à tarde, o telemarketing ativo ligava para oferecer um novo produto, sem ter conhecimento da reclamação e muito menos da solução ou das providências tomadas, criando a percepção de desorganização e afetando a imagem da marca. Portanto, é preciso integrar os diversos canais de informação, desenvolver estratégias de relacionamento coordenadas e capturar as informações numa única base de dados para disponibilizar todos os contatos e transações para as diversas pontas do relacionamento, proporcionando uma visão única do cliente.

Com a utilização da Internet como canal de vendas e relacionamento, é preciso criar uma estrutura e um processo de atendimento e vendas específico,

---

[50] *Web collaboration* é uma tecnologia que permite a um operador interagir com uma pessoa que está num *site* para dar suporte nas consultas ou compras de produtos.

sendo recomendável que seja realizado sob a coordenação de quem já estava exercendo esse tipo de função. Portanto, o *call center* (central de atendimento telefônico), como foi denominada a estrutura de telemarketing integrada, passou a incorporar mais essa função, transformando-se em ***contact center***. O que contribuiu para que os serviços de atendimento ao cliente (SAC) se transformassem em *call center*, com funções ativas e receptivas, e, posteriormente em *contact center*, integrando telefone e Internet, foi o desenvolvimento da tecnologia da informação, notadamente a relacionada ao CRM e ao CTI (*computer and telephone technology*), que melhorou consideravelmente a qualidade do atendimento ao cliente e das análises do *database marketing*.

Contact Center é a evolução do conceito de *call center*, que supõe uma estrutura de telemarketing integrada, incorporando os diversos canais de vendas e relacionamento, como telefone e Internet.

Exemplos práticos: telemarketing de apoio a vendas

Na Autovesa, uma importante concessionária do Grupo Renault, o telemarketing de apoio foi utilizado para dar continuidade ao relacionamento iniciado por vendas e coletar maiores informações sobre o atendimento comercial da concessionária, medindo nível de satisfação com o atendimento e o produto. Um dos principais objetivos era identificar oportunidades para a concretização da venda de automóvel. No caso de uma oportunidade, o telemarketing disparava um e-mail alertando o gerente de vendas da concessionária para o contato imediato com o cliente potencial. Apesar de o telemarketing apresentar maior agilidade e maior possibilidade de interação real com o cliente atual ou potencial, um dos maiores obstáculos foi a resistência da equipe de vendedores em cadastrar 100% dos atendimentos.

Gerenciamento de contas. Devido ao custo da força de vendas, muitas empresas promovem o atendimento a contas pequenas por meio de uma equipe de vendas internas que atua basicamente ao telefone. Esse sistema é muito utilizado nas empresas *business-to-business* para venda à base de clientes atuais. Porém, mesmo os grandes clientes, com gerentes de conta específicos, desejam ter à sua disposição formas mais convenientes de compra e consulta. Por isso, o telemarketing e a Internet têm sido utilizados para complementar o trabalho da força de vendas. Para o sucesso dessa atividade, é preciso que as equipes internas (telemarketing) e externas (executivos de conta) estejam integradas e atuem coordenadamente, num único esforço de vendas coeso, sobre a base de clientes.

Suporte à força de vendas. É uma aplicação mais abrangente do telemarketing e se constitui numa aplicação diretamente ligada ao marketing de relacionamento. Nesse caso, tem a função de sistematizar certas ações decorrentes de uma estratégia de gerenciamento do cliente, complementando as ações da força de vendas. As atividades que podem ser abrangidas nessa aplicação são:

- agendamento de eventos, visitas do vendedor e demonstrações;
- atendimento de vendas, reclamações, *help desk* e outras solicitações do cliente, fornecendo todo tipo de informação sobre o andamento do pedido, situação de crédito, prazo de entrega, devoluções etc., sendo, portanto, mais amplo que um atendimento ao cliente;
- *follow-up* de qualquer natureza.

Vendas técnicas. Quando o cliente potencial precisa de um volume de informações muito grande ou de soluções personalizadas, o telemarketing realizado por uma equipe técnica altamente qualificada pode ser extremamente eficiente para realizar a pré-venda e pós-venda, garantindo a satisfação do cliente. Exemplo desse uso pode ser encontrado nas empresas de venda sob encomenda, em que o telemarketing faz a pré-venda e, muitas vezes, também a pré-proposta.

A **mídia eletrônica** sempre foi uma das mais importantes mídias para a propaganda tradicional, porque sua mensagem atinge grandes áreas geográficas, normalmente, um público indiferenciado. Essa característica exerce um grande apelo sobre os publicitários tradicionais, pois podem conseguir uma grande cobertura geográfica com alta penetração de mercado. No marketing direto, a utilização da televisão comercial e por assinatura e do rádio para veicular comerciais de venda ou pré-venda de produtos e serviços, com um número de telefone ou endereço de um *site,* no qual uma equipe altamente qualificada está pronta para prestar um atendimento ou realizar a venda, representa um dos mais significativos desenvolvimentos dessa disciplina. Esse tipo de anúncio chama-se propaganda de resposta direta.

A mídia eletrônica é única, porque oferece impacto, cobertura de audiência e credibilidade.[51] A mais importante das mídias eletrônicas é a televisão, e mesmo assim ainda tem uma participação pequena no total dos gastos com mídias em marketing direto. Uma das causas é que a televisão aberta é uma mídia de massa com pouca seletividade e de alto custo. Por isso, com a expansão da TV por assinatura, que é muito mais segmentada, houve o crescimento do seu uso no marketing direto.

Outro problema que a mídia eletrônica apresenta para o marketing direto é a dificuldade de mensuração. Segundo Stan Rapp, um dos maiores críticos do uso da mídia eletrônica dentro do conceito do marketing tradicional, ao longo dos últimos anos, um número cada vez maior de anunciantes vai deixar de produzir a admirada propaganda "criativa", que não produz nenhum efeito visível, para passar a produzir a propaganda voltada para banco de dados e para a resposta, a qual estabelece contato, diálogo e vendas detectáveis imediatas, com clientes da vida real. O marketing direto de massa é utilizado para chamar atenção e descobrir a identidade de seus verdadeiros clientes potenciais, para, depois, dirigir-lhes isoladamente comunicações adicionais.[52] O meio para realizar isso, obviamente, é fazer uma oferta e solicitar uma resposta por intermédio de qualquer meio apropriado: correio, fax, telefone, Internet. Depois, o anunciante usa essa resposta para construir uma ponte entre a propaganda e a venda — ou indicando o distribuidor mais próximo, enviando informações, oferecendo inscrições num clube de afinidade ou clube de cliente, ou qualquer outro meio aconselhável. Existem duas aplicações de mídia eletrônica em marketing direto: para resposta direta (*direct response*) e para apoio direto (*direct support*), que serão apresentadas

---

[51] NASH, 1984, p. 147.

[52] RAPP, Stan. *Quinta geração do marketing:* maximarketing II. São Paulo: Makron, 1991. p. 80.

a seguir. Cada uma dessas aplicações exige formatos diferentes, diferentes tratamentos do *copy* e diferentes estratégias de mídia.

Propaganda de resposta direta. É uma técnica que utiliza a mídia de massa no contexto de uma campanha de marketing direto. O que diferencia esta da propaganda tradicional é que, no marketing direto, se oferece uma mídia de resposta e o *copy* é desenvolvido para gerar uma resposta imediata, que pode ser um pedido de compra ou de informação. Para gerar uma resposta imediata, oferece-se normalmente um telefone ou endereço eletrônico para a comunicação, e, para vencer a inércia, é preciso apresentar uma oferta que leve o espectador a vislumbrar uma perda caso não faça seu pedido naquele momento. Ao contrário da propaganda tradicional, a modalidade de resposta direta é altamente mensurável e evita o desperdício da verba.[53]

Propaganda de resposta direta é uma técnica que utiliza a mídia de massa, oferecendo uma mídia de resposta e o *copy* é desenvolvido para gerar uma resposta imediata, que pode ser um pedido de compra ou de informação.

O fator tempo, num comercial de resposta direta em rádio ou televisão, é muito importante, pois a mensagem deve conter todas as informações necessárias que levem à ação desejada. Portanto, excede os 30 segundos, podendo chegar a 120 segundos, para conseguir atrair a atenção para a proposição de valor e manter o interesse. Os **infomerciais**, mais parecidos com um *talk show* ou com um programa de auditório do que com um comercial propriamente dito, podem durar até meia hora.

A parte central do comercial deve ser o cerne da argumentação, apresentando o principal benefício, podendo, ainda, incluir a demonstração do produto e testemunhas para dar maior credibilidade. O fechamento do comercial costuma apresentar a garantia de devolução e o meio de resposta. Deve-se usar o tempo necessário para que o espectador retenha qual é o meio de resposta. Esse tipo de utilização não serve para qualquer tipo de produto ou serviço, pois deve ter um apelo para um grande público ou ser passível de segmentação por tipo de programação. A televisão de resposta direta é grande, atraente e emocionante. O potencial é enorme para o produto e para a oferta certa, mas o risco de fracasso é maior, e, se alguém decidir usar essa mídia, deve fazê-lo consciente disso.

Mídia eletrônica de suporte. A mídia eletrônica de suporte não é uma mídia propriamente dita, mas coadjuvante de outras mídias, com o objetivo de aumentar a taxa de resposta. Convém ressaltar que o uso de mídia eletrônica raramente reduz o custo por pedido, mas aumenta o número de respostas. As técnicas empregadas em comerciais de apoio são idênticas às dos comerciais tradicionais: os comerciais são curtos, e a mensagem principal, normalmente, remete o telespectador a uma mala direta ou a um encarte num jornal ou revista.

O uso de propaganda de apoio e de resposta direta, mesmo nos Estados Unidos, ainda se encontra em desenvolvimento. Aqui no Brasil, a conjugação de uma série de fatores — altos custos, conjuntura econômica, hábitos dos clientes e falta de tradição e experiência no uso dessa mídia pelo marketing direto — inibe a expansão do seu uso.

As duas principais **mídias impressas** são o jornal e a revista. A utilização dessa mídia, comparativamente a outras, não é muito grande, no

---

[53] RAPP; COLLINS, 1995, p. 115-141.

marketing direto, devido às desvantagens que apresenta. Primeiro, ela não é uma mídia pessoal, apesar de segmentada — ainda é dirigida ao grande público. Segundo, os leitores lêem os anúncios por puro acaso. Apesar das desvantagens, em algumas aplicações, a mídia impressa supera a mala direta. As razões para esse fato são:

Fatores econômicos. A mídia impressa atinge um público muito maior com menor custo que a mala direta, porém, com menor pertinência.

Credibilidade. A mídia impressa transfere, implicitamente, a credibilidade da publicação à peça de marketing direto veiculada.

Expansão de lista *(buckshotting)*. Alguns segmentos de mercado não possuem listas com um número suficiente de nomes para gerar os resultados desejados. Portanto, o uso de mídia impressa permite atingir, por meio do esforço de massa, os clientes potenciais mais efetivamente.

Criação de novos mercados. Iniciar com um produto ou serviço novo requer, muitas vezes, ir ao mercado e expor o produto ou serviço, e, pelas respostas geradas, indicar qual é o seu segmento, ou seu nível de consumo.

Bob Stone[54], entretanto, percebe de maneira mais favorável o uso da mídia impressa em marketing direto. Para ele, uma revista que traz resultados para uma variedade de propaganda de resposta direta é como uma loja de aluguel barato com grande tráfego. É mais rentável que uma loja que venda a mesma mercadoria do lado errado da cidade. As revistas são mídias de caráter nacional e, normalmente, oferecem maior possibilidade de segmentação que os jornais, por serem dirigidas a públicos diferenciados, como feminino, masculino, de moda, de cinema etc.

A revista tem uma vida útil maior em relação ao jornal, pois são guardadas e lidas por mais tempo. Os jornais, porém, são mais numerosos e têm alta circulação, constituindo-se numa oportunidade excelente para o marketing direto. Além disso, os jornais permitem veicular encartes de todos os tipos e tamanhos, além de serem a mídia de cupons por excelência. Os jornais, como são mídias locais, possibilitam uma grande penetração de mercado. Portanto, o uso principal do jornal é para veiculação de encartes e cupons, principalmente nos suplementos de domingo. No Brasil, a utilização da mídia de jornal é insignificante. As razões encontradas para esse fato foram: a cuponagem, uso tradicional nos Estados Unidos, não existe no Brasil; o próprio conceito do uso do jornal integrado com outras mídias ainda não se consolidou entre os profissionais do marketing direto, que preferencialmente fazem campanhas de mala direta.

A maioria dos autores considera os **catálogos** um importante ramo do marketing direto. Os catálogos podem ser classificados de duas maneiras: ligados ou não a operações de varejo, e especializados em produtos ou genéricos. O maior número de catálogos está ligado a operações de varejo, com dois objetivos: gerar tráfego para a loja e expandir as vendas fora da área de comércio da loja real ou virtual.

---

[54] STONE, 1992, p. 192.

Os produtos de um catálogo podem ser comprados por categoria de produtos ou por livre escolha. De qualquer maneira, a técnica consiste em apresentar os melhores produtos primeiro e os de menor giro no final.

Muitas empresas "pontocom", como a Officenet (http:// www.offcenet. com.br), utilizam os catálogos para promover os produtos e o *site.* Nesse caso, o catálogo serve como ligação entre a loja virtual e o cliente e também para tornar a linha de produtos básica acessível aos clientes não tão familiarizados com a pesquisa na Internet. No varejo tradicional, um dos principais objetivos é atingir o público fora da área de influência da loja. Os atacadistas possuem catálogos que são verdadeiras lojas de departamento; servem para facilitar o processo da venda e a seleção dos produtos.

A **Internet**, seja pela modalidade de *e-commerce* (comércio eletrônico), seja pela do *e-business,* é essencial ao marketing direto e à pré-venda, viabilizando o relacionamento intenso e em tempo real das empresas com os seus clientes atuais e potenciais, pessoas físicas ou jurídicas, além de ser um canal de vendas de alta conveniência. O uso da Internet como mídia e canal de vendas será impulsionado pela tecnologia de CRM, que possibilita capturar os dados do cliente atual ou potencial e/ou todos os seus contatos e transações, consolidá-los em um banco de dados central, analisar e promover o uso inteligente da informação a cada contato, integrando todas as pontas do atendimento, vendas, *call center,* assistência técnica etc. Muitas empresas estão promovendo a migração dos seus clientes dos canais tradicionais para o canal Internet. Um dos exemplos é o Citibank, com o lançamento do CitiDirect, em 1988. Por meio do envio de uma mala direta janelada, a empresa convidou 110 mil clientes a acessarem o endereço eletrônico personalizado — *hot site* da campanha. Ao acessar o endereço eletrônico, o cliente era levado a um cartão digital com *link* automático ao *site* do CitiDirect, entrando em contato com o novo serviço imediatamente. Essa campanha teve resultados bastante satisfatórios — 15% dos clientes que receberam a mala direta acessaram o *hot site.* Dessa maneira, a ação permitiu o registro do provedor e dos endereços eletrônicos dos clientes que acessaram o *site*, dados importantes para ações futuras. A análise de *tracking* permitiu constatar que 6.300 clientes acessaram o *hot site* mais de uma vez.

As contribuições da Internet para a viabilização do marketing de relacionamento em tempo real são de diversas ordens e abrangências, dependendo do tipo de negócio, do setor da economia e da visão da empresa; entre as principais destacam-se as seguintes:

Canal de relacionamento ampliado. A Internet tem alterado significativamente o relacionamento com clientes e fornecedores, bem como com o público em geral, eliminando intermediários e facilitando o acesso a um conjunto nunca antes imaginado de informações, que torna mais racional o processo decisório de compra. Além disso, a Internet interfere na construção da imagem de marca, podendo intensificar ou destruir a consciência sobre o produto ou a empresa construído por outras mídias, por meio da melhoria na comunicação e da maior eficiência nas relações de venda e pós-venda.

Inovação e customização de produtos. Como a Internet melhora a coleta de informações sobre as necessidades e preferências dos clientes, e a tecnologia de CRM facilita a análise das propensões de compra e permite uma resposta rápida e ágil, é possível desenvolver novos produtos ou adaptar os existentes para que sejam customizados de acordo com as mudanças de necessidades e expectativa de grupos de clientes, que antes era impossível conhecer e atender.

Devido às características de interatividade, pode-se envolver o cliente no processo de especificação dos produtos e serviços, considerando as sugestões e demandas em tempo real.

Exemplos práticos: Mídia Internet

Abril S/A

Foi desenvolvido um programa de captação de assinaturas da revista *InfoExame*, por meio de uma ação no *site* Fulano (http://www.fulano.com.br), visando às pessoas que tinham interesse em tecnologia, Internet, computação ou negócios, convidando-as a participar de um jogo de perguntas e respostas (*quiz*) em que eram acumuladas vantagens para realizar uma assinatura da revista *InfoExame.* Um dos diferenciais foi o desenvolvimento de um jogo interativo e personalizado, com conteúdo da revista *InfoExame* (tecnologia e Internet) e benefícios progressivos. Nessa campanha, foram observados os princípios de permissão, relevância e segmentação do público-alvo.

Comércio eletrônico. É um canal de vendas de alta conveniência, que permite uma interatividade muito maior, além de oferecer muito mais facilidade para descrição e apresentação multimídia dos produtos e serviços. Alguns produtos e serviços são facilmente entregues pelo próprio meio eletrônico, como música, jornais e revistas, informações, consultoria, citando apenas alguns. Porém, outros produtos requerem a entrega física, exigindo uma rede de serviços de entrega globalizada diretamente ao cliente final, que é um dos maiores desafios do comércio eletrônico. As empresas de marketing direto estão mais bem preparadas para enfrentar o desafio da logística, pela sua experiência em vender e entregar sem intermediários.

Por exemplo, a venda, apesar de cada vez mais globalizada, irá demandar uma produção mais flexível, feita localmente, por unidades menores, perto dos centros de consumo e distribuição. Esse tipo de modelo é facilitado pelas redes globais de informação, que permitem o planejamento e controle em tempo real, desvinculados do espaço físico, num meio totalmente eletrônico.

15.4.3 OFERTA

Oferta é a peça central da mensagem de marketing direto para a obtenção de uma resposta satisfatória e imediata.

A **oferta** é a peça central da mensagem de marketing direto para a obtenção de uma resposta satisfatória e imediata. Uma boa oferta com um *copy* (conteúdo e estrutura da mensagem) medíocre obtém melhor resposta que um excelente *copy* com oferta fraca. A oferta deve ter a capacidade de persuadir o cliente potencial a tomar uma decisão imediata. A proposição que se faz ao cliente atual ou potencial — mais frequentemente denominada de oferta — pode representar a diferença entre o sucesso ou o fracasso. Dependendo da oferta, a diferença na taxa de resposta pode ser de 25%, 50% ou até 100%.[55]

Não só a oferta é que faz a diferença, mas a forma como é apresentada, causando diferentes impactos no público. As empresas podem se ver obrigadas a "adoçar" suas ofertas aos clientes de outras maneiras, além do preço ou da ajuda na redução de outros custos.[56] A oferta vincula o produto a três elementos: preço, condições de pagamento e fatores-chave da transação. Além desses três fatores obrigatórios, podem existir opcionalmente mais dois: argumentos promocionais e artifícios de redução de risco. No desenvolvimento das ofertas, devem-se levar em conta alguns fatores como:

Preço. Deve-se testar o melhor preço para maximizar os resultados a longo prazo.

Transporte e manuseio. O custo de transporte e manuseio é um fator importante do preço.

Unidade de venda. O produto será vendido unitariamente, ou "dois por", ou ainda "um conjunto de *x* unidades". Quanto mais unidades puderem ser vendidas por pedido, melhor.

Opcionais. Cores especiais, tamanhos e personalização podem elevar o valor médio do pedido.

Compromisso futuro. Exemplo: compre um CD por apenas R$ 5 se você se comprometer a comprar mais seis durante os próximos 12 meses.

Opções de crédito. Normalmente, utilizam-se uma ou mais opções de crédito, e podem ser usados cartões de crédito ou ordem de pagamento.

Incentivos. Brindes, descontos, ligação gratuita ou a cobrar são incentivos que podem aumentar a taxa de resposta em até 15%.

Prazo determinado. Definir a duração acrescenta o fator urgência à oferta. Por exemplo: esta oferta é válida até dia 15 de maio.

Quantidades limitadas. Um apelo do tipo "Foram produzidos apenas 5 mil exemplares" confere exclusividade à oferta.

Garantia. Existem dois tipos de garantia: 1. devolução no caso de insatisfação com o produto; 2. devolução e/ou substituição por defeito.

Grónroos[57] amplia esse conceito e considera a oferta de dois tipos: a primeira é relacionada com os benefícios que os clientes do segmento-alvo procuram ou apreciam no produto ou serviço; a segunda relaciona-se com a oferta ampliada de serviços, que agrega valor ao que é oferecido. Na segunda categoria, a facilidade de acesso, a interação e os aspectos da participação do cliente na especificação do produto ou serviço e na entrega são agregados e desempenham um papel muito importante na decisão de compra. Apesar de Grónroos referir-se a serviços, podemos considerar que esse conceito também é válido no caso da venda de produtos.

[55] STONE, 1992, p. 59.

[56] KOTLER, 2000, p. 186-201.

[57] GRÓNROOS, Christian. *Marketing*: gerenciamento e serviços. São Paulo: Campus, 1993, p. 108-117.

Nos exemplos práticos, ao longo do texto, podem ser encontradas uma série de ofertas muito interessantes e formas criativas de apresentação, no contexto das campanhas. Entre elas, merece destaque o caso da BCP, que usou como oferta um cupom com R$ 100 para desconto na compra do seu celular. Também no caso da BrasilPrev, houve a customização da oferta, de acordo com as características e o perfil de cada cliente.

15.5 MARKETING DIRETO COMO CANAL DE VENDAS

A aplicação do marketing direto como canal de vendas é consagrada, fazendo parte dos canais de marketing para venda e distribuição de produtos e serviços. O canal de marketing tradicional, normalmente, pode ter vários intermediários entre o fabricante e o cliente final, enquanto no marketing direto a venda é realizada sem intermediários, diretamente ao público-alvo. É interessante notar que muitos autores, como Nash[58] e Katzenstein[59], dão ênfase muito maior ao marketing direto como canal de vendas, enquanto Don Schultz[60] e Stann Rapp[61] procuram também enfocar as outras aplicações do marketing direto, mais ligadas à construção de relacionamentos e processos de comunicação.

Portanto, o marketing direto cumpre as duas funções, como intermediário (aquele que vende) e como facilitador (aproxima as partes interessadas e divulga o produto ou serviço, gerando predisposição de compra), pois transfere a posse do produto ou executa o serviço, utilizando diversas mídias para gerar uma comunicação direta e imediata com os clientes atuais e potenciais. Cumpre ressaltar que, muitas vezes, a empresa de marketing direto não é fabricante, mas age como tal, estabelecendo uma ligação direta com o cliente, que muitas vezes também não é cliente, mas o intermediário. As principais características do marketing direto como canal de venda direta são: imediaticidade, concentração, conveniência, personalização e customização de massa e mensurabilidade.

Imediaticidade (*immediacy*). Significa que a comunicação de venda direta incita uma ação imediata, seja qual for a mídia, ou, em último caso, uma resposta que capacita o vendedor a perguntar por um pedido de compra na próxima comunicação.[62] Na propaganda tradicional, o objetivo é criar a consciência de marca (*awareness*) e gerar uma atitude favorável à marca ou ao produto, enquanto no marketing direto é persuadir a uma ação imediata, exibindo um meio de resposta que pode ser o telefone (telemarketing receptivo), a Internet e outros.

[58] NASH, 1982.

[59] KATZENSTEIN; SACHS, 1986.

[60] SCHULTZ, Don E. *O novo paradigma do marketing*: como obter resultados mensuráveis através do uso do *database* e das comunicações integradas de marketing. São Paulo: Makron, 1994.

[61] RAPP; COLLINS, 1995.

[62] NASH, 1982, p. 5.

Concentração. O uso das técnicas de banco de dados e segmentação de mercado permite concentrar os esforços de mídia em alvos bem definidos, obtendo resultados melhores que aqueles que seriam obtidos com a propaganda tradicional, pela alteração que promove na percepção, na imagem e nas atitudes dos clientes atuais e potenciais.

Conveniência. A venda direta pelo correio, telemarketing e, mais recentemente, pela Internet (*e-commerce*) é altamente conveniente, adequando-se aos estilos de vida dos clientes que estão buscando mais tempo para lazer e para os esportes. O comércio eletrônico será um dos meios mais importantes de compra e venda por marketing direto.

Personalização.[63] Outro ponto-chave do marketing direto, especialmente na mídia de mala direta e na mídia digital (Internet), é a possibilidade de personalizar a comunicação e a oferta para segmentos muito pequenos de clientes, gerando uma pertinência maior da mensagem. O que importa não é selecionar alvos específicos para concentrar a promoção, mas endereçar a mensagem para gerar a convicção de que o produto ou serviço oferecido é particularmente adequado à pessoa que recebe a mensagem. A personalização é um dos primeiros indícios da prática do marketing direto por meio do uso das técnicas de *database marketing.* Isso significa não só personalizar a carta com o nome do cliente, mas também segmentar o mercado-alvo e personalizar o produto e a oferta (artifício para levar à ação imediata) para determinados segmentos identificados como homogêneos em relação às características sociodemográficas, estilos de vida, comportamento de compra etc. Quando a personalização é feita pelos fabricantes e prestadores de serviço, como bancos e empresas de telecomunicações, por exemplo, e atinge a forma como o processo produtivo ou a entrega do produto são organizados, temos a customização em massa. A empresa voltada para o cliente adota novas formas de administrar e produzir com liberdade, a fim de criar maior variedade e individualidade em seus produtos e serviços, a preços competitivos.[64] O processo de realização de novos produtos representa valor quando se podem oferecer a cada cliente os benefícios "sob encomenda", com os preços da moderna produção de massa. Existem cinco tipos de customização em massa[65]: criar produtos e serviços customizáveis; personalizar serviços em torno de produtos e serviços padronizados; prover pontos de entrega de customização; fornecer respostas rápidas por toda a cadeia de valor; e modularizar componentes para customizar produtos finais e serviços.

---

[63] NASH, 1982, p. 5.

[64] BRETZKE, 2000, p. 89.

[65] PINE II B, Joseph. *Personalizando produtos e serviços:* customização maciça — a nova fronteira da competição dos negócios. São Paulo: Makron, 1994. p. 184-231.

Exemplos práticos: Personalização e segmentação

BrasilPrev Previdência Privada

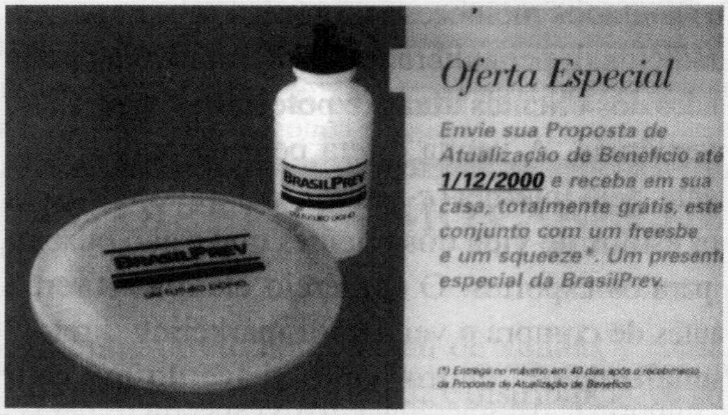

O plano BrasilPrev Júnior, dirigido a crianças e jovens, tem como um dos principais apelos de venda o baixo custo das mensalidades (mínimo de R$ 50). Para incentivar o aumento do valor das mensalidades, foi desenvolvida uma ação segmentada com mala direta. A segmentação do banco de dados identificou três segmentos relevantes, utilizando o critério de faixas etárias. O principal uso da segmentação foi a adequação da mensagem por meio de textos pertinentes para cada segmento e de uma carta genérica para teste de linguagem. Os textos, dirigidos aos pais, ressaltavam aspectos comportamentais específicos da faixa em que se encaixavam seus filhos. Os brindes (três tipos) também foram selecionados de acordo com esse critério. O retorno da ação foi de 10,9%, superior ao que seria obtido com a carta genérica, gerando uma receita mensal de R$ 117.366,85 e anual de R$ 1.408.402,20. Vale lembrar que essa receita, nesse tipo de produto, se estende por muitos anos. Essa campanha recebeu em 2000 o Prêmio Abemd de Resultados.

Fonte: www.premioabemd.com.br/imagens/premio_

Mensurabilidade. A mensurabilidade é particularmente importante na aferição dos resultados do canal de vendas, pois permite um teste, em relação ao composto de mídia utilizado, da estratégia de comunicação, do tipo de oferta, do canal preferencial de resposta, do produto ou composto de produtos (principalmente quando se tratar de catálogos); nesse último caso, o uso das técnicas estatísticas, em conjunto com o banco de dados, desempenha um papel decisivo para o sucesso da operação. O *feedback* resultante da mensuração permite aperfeiçoar todos os componentes da campanha ou do canal, obtendo taxas de retorno cada vez maiores, bem como detectar onde há necessidade de promover mudanças ou não.

Exemplos práticos: Mensuração

BCP Telecomunicações

A BCP Telecomunicações (atual Claro), em 1998, queria vencer o desafio de conquistar novos clientes. Uma campanha composta de duas malas diretas interativas obteve resultados excepcionais. As principais mensurações foram:

Faturamento gerado pela campanha. US$ 60.230.000 (o preço da linha era de US$ 317).

Retorno sobre o investimento. Cada dólar investido gerou US$ 51,04 de retorno.

Meta. Atingimento de 1 milhão de usuários (não é o número de clientes conquistados pela campanha, mas uma meta mais estratégica).

As principais características da campanha foram:

Primeira mala direta. Interativa, fazia cinco perguntas para o cliente, conduzindo a uma resposta "sim" a todas elas. Cada uma das questões reforçava um benefício da BCP. Em função da quantidade de pontos que obtivesse com respostas, solicitava-se que o envelope fosse aberto, o qual trazia uma surpresa. A novidade era o cupom de R$ 100 de desconto, que poderia ser utilizado na compra de qualquer aparelho da linha BCP.

Segunda mala direta. Reforçando a ação anterior, informava que a linha poderia ser parcelada em três vezes. Sem fila de espera.

Fonte: http://www.abemd.br/Premio/cases/sim.htm

Um aspecto muito importante no marketing direto como canal de vendas é a estrutura operacional composta de processo, tecnologia e pessoas. Essa estrutura pode ser total ou parcialmente terceirizada ou própria. Esse tipo de decisão depende do estilo empresarial, do tipo de negócio e da participação do canal no total das vendas e dos volumes de pedidos processados. É muito importante recorrer a estudos de viabilidade antes de iniciar um projeto de venda direta. Mesmo que a empresa já tenha uma operação de venda direta, é preciso auditar periodicamente os resultados e custos operacionais, para evitar que a rentabilidade se deteriore e que se incorra em custos desnecessários.

15.6 AS APLICAÇÕES DO MARKETING DIRETO

A aplicação mais consagrada do marketing direto é a de canal de vendas, que, apesar de não aparecer na definição da DMA, está implícita no conceito de interatividade. Uma campanha de marketing direto deve usar integradamente as diversas mídias e canais para maximizar os resultados e prever ações de reforço, de acordo com as respostas que podem ser dadas. Os exemplos práticos apresentam campanhas com múltiplas ações, pois, na maioria das vezes, é preciso pelo menos duas etapas de comunicações para obter-se resultados satisfatórios. Também é preciso considerar que é muito importante comunicar-se com pertinência com os diferentes públicos de uma mesma campanha. No caso da NetSat, a Wunderman desenvolveu 20 malas diretas com diferentes apelos e ofertas, de acordo com o perfil dos clientes.

As principais campanhas que usualmente são desenvolvidas são: venda direta de produtos ou serviços para clientes atuais ou potenciais, *cross-selling* e *up-grade* para clientes atuais[66] e reativação de clientes inativos.

Quando o objetivo principal é divulgar a marca, construir relacionamento, reter o cliente, mudar a percepção sobre a empresa ou o produto e gerar *lead* para a força de vendas, um dos fatores importantes é fornecer canais de comunicação para que os clientes atuais e potenciais possam se relacionar convenientemente com a empresa, chegando ao objetivo principal, que é a compra!

[66] O *cross-selling* é diferente de venda cruzada, em que existe a obrigatoriedade de compra de certo portfólio de produtos; *up-grade* é a venda de um modelo mais sofisticado ou mais atualizado para o cliente de um determinado produto ou grupo de produtos.

As principais campanhas, que são usuais para construção de relacionamento e de marca, são:

- prospectar e qualificar possíveis clientes;
- realizar *customer service* (pode ser entendido como um aspecto da fidelização de clientes);
- realizar pesquisa de mercado;
- fidelizar clientes.

As funções exclusivas do marketing direto, e que serão descritas a seguir, são:[67]

- programas de fidelização de clientes, que incluem os programas de clube de sócios ou de clientes;
- quiosques como uma ferramenta de marketing direto;
- *home shopping shows*;
- *lead generation programs* (programa de geração de nomes qualificados).

15.6.1 PROGRAMAS DE FIDELIZAÇÃO

Os programas de fidelização estão em fase de grande expansão no marketing. Um exemplo clássico são as companhias aéreas, com os programas de milhagem que concedem vantagens progressivas, recompensando o uso constante. Outro exemplo são os programas do "comprador frequente", desenvolvidos por algumas lojas de departamentos, supermercados, hotéis e locadoras de carros. Esses programas concedem descontos diferenciados a portadores de cartões, bem como promoções e descontos especiais por volume e frequência de compra ou utilização dos serviços.

Programa de fidelização é um conjunto de ações, comunicação e entrega de benefícios, estruturado sob a égide de um conceito, com nome, logo e estratégia de comunicação próprios, que concatena, sistematiza e regulamenta o relacionamento (processo de entrega de valor) entre a empresa e seus clientes.

Esses programas buscam, por meio de campanhas de persuasão customizada, construir e manter a fidelidade dos clientes. O **programa de fidelização** torna os clientes fiéis, pois é construído, principalmente, pelo relacionamento constante, diferenciado e personalizado por meio de um conjunto de ações, comunicação e entrega de benefícios, estruturado sob a égide de um conceito que concatena, sistematiza e regulamenta o relacionamento (processo de entrega de valor) entre a empresa e seus clientes.[68] Um programa de fidelização diferencia-se de ações ou campanhas de marketing de relacionamento por apresentar as seguintes características:

1. **Tem um nome.** Por exemplo, o Mais, do Pão de Açúcar; Rewards, do American Express; Smiles, da Varig.
2. **Tem seu próprio logo.**
3. **Tem um mecanismo de adesão ou de associação**, que oferece dois tipos de benefícios: os relacionados com o comportamento de compra (*hard benefits*), por exemplo, as milhagens ou pontos, e os relacionados com determinados eventos, como o aniversário (*soft benefits*), para reconhecer e recompensar os clientes.
4. **É divulgado** separadamente da comunicação da empresa e para isso precisa ter sua própria verba de comunicação. Como mostrado no caso do Capítulo 14, o Pão de Açúcar investiu mais de R$ 15 milhões no

[67] STONE, 1992, p. 3.

[68] BRETZKE, 2000, p. 126-132.

seu programa, dos quais se estima que mais de 50% foram destinados à comunicação.

5. **Tem ações de envolvimento contínuo e sistematizado.**

Exemplos práticos: Programa de fidelização no varejo

Artefacto

A campanha de fidelização da Artefacto foi direcionada especificamente ao mercado profissional de decoração (arquitetos e decoradores), baseado em um "programa de premiação" que atribuía pontos aos profissionais de acordo com o volume de compras efetuado (*hard benefits*). Todos os clientes receberam, junto com a mala direta de lançamento do programa, um cartão personalizado com seu nome e número de registro na campanha, o que já os tornava automaticamente participantes. O programa da Artefacto foi composto por duas categorias de premiação:

1. faturamento: que premiava os profissionais que mais haviam comprado (ranking dos mais altos valores comprados em reais);
2. desempenho: que premiava os profissionais que possuíam o maior índice de crescimento de compras, comparando o valor comprado no presente ano com o do ano anterior.

Dentro dessas duas categorias, a premiação foi feita nas cinco regiões onde a Artefacto possui lojas (São Paulo, Rio de Janeiro, Salvador, Brasília e Belo Horizonte) e nacionalmente.

Fonte: http://www.premioabemd.com.br/imagens/premio_7/10/case.htm

Um programa de fidelização deve ser considerado como uma marca em si mesma, ir além da divulgação da empresa e expressar para os clientes algo especial, que realmente seja percebido como de valor agregado. Para desenvolver um programa de fidelização, é preciso definir como a empresa deseja que seus clientes se sintam após cada comunicação de marketing ou interação com a sua marca e quanto se pode investir nos clientes. Dennis Duffy[69], um dos maiores especialistas em programas de fidelização, aconselha que é muito arriscado oferecer apenas *soft benefits*. É muito pretensioso pensar que alguns brindes, malas diretas de boas-vindas ou cartões de aniversário irão fazer a diferença para os clientes.

É evidente que um programa de fidelização envolve recursos e, portanto, é preciso realizar um estudo de viabilidade baseado na análise da rentabilidade dos clientes antes e após o programa, além de verificar que aumento pode ser obtido na taxa de retenção dos clientes.

O pressuposto de um programa de fidelização é que 80% das vendas repetidas vêm de 20% da base de clientes. Anteriormente, todo o esforço de segmentação se concentrava em identificar esses 20% da base de clientes e desenvolver uma série de atividades de relacionamento para manter o cliente constantemente motivado a repetir a compra. Porém, atualmente, com a tecnologia do CRM, em vez de focar apenas esses 20%, pode-se muito mais facilmente fazer os clientes percorrerem a escada da fidelidade[70], que transforma os clientes compradores ocasionais em defensores da marca. O que

[69] DUFFY, L. Dennis. *The loyalty marketing workbook.* Cadmus Direct Marketing, 1997.

[70] KOTLER, 2000, p. 164-165.

devemos diferenciar é o esforço de venda e relacionamento de um sistema de recompensa, que precisa ser adequado ao resultado ou à rentabilidade que cada cliente proporciona.

Uma categoria dos programas de fidelização são os **clubes de sócios e de clientes,** uma das mais tradicionais aplicações do marketing direto. Desenvolveu-se nos Estados Unidos, em associações comerciais e outras instituições sem fins lucrativos. No Brasil, os clubes de clientes foram usados por diversos setores, principalmente pelos jornais, como uma forma de agregar valor ao produto.

As técnicas de comunicação para gerar envolvimento entre os membros e a associação se mostraram tão efetivas na construção de relacionamentos duradouros que as empresas fabricantes de produtos de massa adotaram o conceito para construção de fidelidade à marca. Os clubes de clientes são um poderoso veículo e, portanto, um dos modos mais eficazes de praticar o marketing de relacionamento.[71]

As marcas de cigarros, empresas de *fast-food* e outros produtos de consumo de massa estão criando os clubes de membros, voltados principalmente para o público infantil, para estabelecer um canal de comunicação entre fabricante e cliente. Os clubes, nesse contexto, atuam de forma a recompensar a adesão e a comunicação do membro com o clube. O relacionamento duradouro é mantido pelos benefícios que os clubes oferecem, que podem ser desde o recebimento de uma circular informativa ou uma revista, à participação em eventos especialmente promovidos para os membros do clube.

Finalmente, os programas de fidelização justificam-se pelo impacto que causam na percepção dos clientes em relação à marca, contribuindo para aumentar o valor dela, aumentar as vendas e reduzir os custos de comunicação. Num ambiente de mercado em que os produtos e serviços são cada vez mais indiferenciados (comoditizados), um programa de fidelização é um dos principais meios para obter a diferenciação.

15.6.2 QUIOSQUES COMO FERRAMENTA DE MARKETING DIRETO

Quiosques são pequenos espaços alocados em supermercados, lojas de departamentos, *shopping centers* etc. que permitem a venda, a exibição, a demonstração, o manuseio ou a experimentação de produtos ou serviços.

Quiosques ou totens são pequenos espaços alocados em supermercados, lojas de departamentos, *shopping centers* etc. que permitem a venda, a exibição, a demonstração, o manuseio ou a experimentação de produtos ou serviços.[72] Esses espaços podem, também, gerar nomes de clientes potenciais altamente qualificados, que serão abordados posteriormente pela força de vendas. Até o surgimento das tecnologias que permitem o uso da Internet como meio de administração e controle do quiosque, o uso desse recurso foi limitado. Hoje, a tendência é a expansão dessa ferramenta. O ideal é que essa atividade esteja inserida no plano de comunicação geral da empresa.

Outra aplicação dessa ferramenta é a diferenciação de um produto ou grupo de produtos dentro de uma loja, buscando atingir um grupo específico

[71] RAPP; COLLINS, 1995, p. 281-287.

[72] Definição elaborada por Miriam Bretzke. Na literatura da época, não havia uma definição precisa para essa aplicação.

de clientes. Esses quiosques podem ter caráter permanente ou temporário, e se constituem essencialmente numa atividade de *merchandising,* apesar de também poderem ter o objetivo de vendas.

15.6.3 *HOME SHOPPING SHOWS*

Os ***home shopping shows*** são programas ou redes exclusivas de venda que utilizam como mídia a televisão e como meio de resposta o telemarketing receptivo e a Internet (ou, mais raramente, o correio), têm caráter essencialmente promocional e cujos apelos básicos são o preço e a novidade dos produtos. Algumas vezes, os produtos são vendidos exclusivamente por esse meio. Nos Estados Unidos, o grande impulso do *home shopping show* ocorreu nos anos 1980, com o advento das TVs a cabo e sua penetração nas estações de TV regionais. Aqui no Brasil, essa aplicação do marketing direto pelo uso de TV começou a ser explorada em 2000. Um dos principais exemplos foi o canal Shoptime.

Home shopping shows são programas ou redes exclusivas de venda que utilizam como mídia a televisão e como meio de resposta o telemarketing receptivo e a Internet (ou, mais raramente, o correio), têm caráter essencialmente promocional e cujos apelos básicos são o preço e a novidade dos produtos.

Os ingredientes de sucesso dessa aplicação encontram-se na experiência inédita de compra; na mistura entre lazer e compras; no preço altamente promocional; na inovação constante de produtos; na extrema conveniência de compra em domicílio; na técnica de persuasão utilizada, que exige uma resposta imediata; no tempo de exposição do produto; e na comunicação interativa, pois o meio de resposta, normalmente um telefone, é insistentemente inserido, para facilitar a compra por impulso.

15.6.4 PROGRAMAS DE *LEAD GENERATION*

É uma das aplicações com maior potencial de crescimento, principalmente com a expansão da Internet. Nesse caso, aplicam-se as técnicas consagradas do marketing direto para reconhecer quem é o visitante do *site* e o que busca, e assim realizar a segmentação da base de visitantes de acordo com o potencial, direcionar para alguma atividade que visa a gerar a venda, por exemplo, o envio de uma mala direta digital, um telefonema de vendas ou mesmo uma visita pessoal. Para fazer a segmentação, utilizam-se sofisticadas técnicas estatísticas e uma tecnologia adequada.[73] Um **programa de *lead generation*** consiste numa série de ações que buscam gerar nomes qualificados para revendedores e força de vendas em caráter contínuo, em que existe uma infraestrutura preparada para realizar o gerenciamento das *leads*.[74] Portanto, a diferença entre um programa e uma campanha de *lead generation* é que, para uma campanha, se prepara a estrutura da empresa para administrar as respostas geradas durante um determinado período de tempo relativamente curto. Já no caso de um programa, a empresa assimilou esse tipo de atividade na sua estratégia de vendas e marketing, mantendo recursos alocados para esse fim. Nome qualificado significa que o cliente potencial se cadastrou no *site* ou respondeu à comunicação e que está interessado no produto ou na informação que foi disponibilizada na campanha.

Programas de *lead generation* são programas compostos de uma série de ações de comunicação ou campanhas que buscam gerar nomes qualificados para revendedores e força de vendas.

---

[73] Uma das tecnologias disponíveis no Brasil na época em que o livro foi escrito era a do *software* Broadvision, representado no Brasil pela Medidata.

[74] BRETZKE, 2000, p. 122-126.

O fator-chave de sucesso é a estratégia de comunicação, que irá veicular a mensagem certa, pela mídia mais pertinente, disponibilizando o meio de resposta mais adequado para atingir o alvo, e assim obter a maior taxa de resposta possível. O *site* deve ser considerado uma campanha permanente e contínua de *lead generation*, e, portanto, utilizar os conceitos de um programa dessa natureza.

O fator decisivo é a capacidade do banco de dados de, primeiro, segmentar com precisão o mercado e, depois, mensurar os resultados, proporcionando uma forma de comparar e acompanhar o custo por nome gerado, a taxa de conversão e o custo total por unidade vendida, bem como o número gerado de nomes por mídia, por tipo de oferta, por tipo de mensagem publicitária etc. O importante de um programa de *lead generation* é a disposição de fazer inúmeros testes envolvendo todos os elementos de uma campanha. Com relação ao sucesso dessas campanhas, nos Estados Unidos, deve-se ressaltar que, para cada campanha bem-sucedida, são realizados inúmeros testes, que verificam qual é a melhor combinação de *copy*, oferta, lista e mensagem para obter uma determinada taxa de resposta.[75] No Brasil, esse tipo de aplicação do marketing direto ainda é discreto, porém, para aproveitar melhor o imenso potencial que representa a Internet, é preciso sistematizar a atividade de *lead generation* e disponibilizar uma verba para realizar os testes necessários para adequar os elementos da campanha ao objetivo estratégico de marketing.

Portanto, marketing direto é uma disciplina muito importante do marketing, cujas técnicas transcendem os limites do seu escopo, contribuindo para a viabilização de uma prática que, por meio da construção do relacionamento de longo prazo com os clientes e da infraestrutura do setor, conquista a fidelidade e aumenta a rentabilidade e, consequentemente, logra uma vantagem competitiva sustentável.

[75] STONE, 1992, p. 16.

RESUMO

O marketing direto passou por inúmeras etapas no decorrer de sua evolução. Não se conhecem exatamente suas origens, mas sabe-se que ele vem se aperfeiçoando desde seu surgimento, sobretudo devido à incorporação de novas técnicas. Recentemente, o marketing direto ganhou um novo impulso, atrelado à tecnologia do CRM e a inúmeras possibilidades oferecidas pela Internet. Alguns autores acreditam na tendência de o marketing direto se incorporar ao marketing tradicional.

O marketing direto pode ser definido como um sistema que se diferencia do marketing tradicional por estabelecer uma comunicação interativa e buscar uma resposta direta na ação de comunicação. Pode ser usado para aumentar o conhecimento da marca e dos produtos; estimular a experimentação; construir a fidelidade à marca; gerar nomes qualificados para vendas; estimular que clientes solicitem mais informações; e vender diretamente ao cliente final.

As principais características do marketing direto, e que estabelecem a sua distinção em relação ao marketing tradicional, são: interatividade, utilização integrada de várias mídias, mensuração da resposta, comunicação pertinente e individualizada, transação em qualquer lugar e por qualquer meio; e uso da propaganda para obter uma resposta direta.

O marketing direto utiliza a combinação de três ferramentas para sua operacionalização, que são listas, mídias e oferta.

Algumas técnicas, como *database marketing,* CRM, *data mining* e *data warehouse,* assumiram a função das listas de marketing direto, tornando possível o conhecimento das necessidades, dos valores, das preferências e do comportamento de compra dos clientes.

As principais mídias do marketing direto são mala direta, catálogo, telemarketing, mídia eletrônica (televisão e rádio), mídia impressa (revistas e jornais) e Internet.

A oferta é a peça central para a mensagem de marketing direto obter uma resposta satisfatória e imediata. Os fatores que devem ser considerados no seu desenvolvimento são: preço, transporte e manuseio, unidade de venda, opcionais, compromisso futuro, opções de crédito, incentivos, prazo determinado, quantidades limitadas e garantia.

As principais características do marketing direto como canal de venda direta são: imediaticidade, concentração, personalização, mensurabilidade, conveniência e customização de massa.

As aplicações exclusivas do marketing direto, como programas de fidelização, quiosques, *home shopping shows* e *lead generation programs,* têm apresentado um desenvolvimento excepcional e resultados em taxas de respostas e vendas acima da média de mercado.

Termos e Conceitos Importantes

Canal de distribuição
CRM (*customer relationship management*)
Cross-selling
Data mining
Database marketing
Lead generation programs
Lista compilada
Lista de respondentes
Mala direta
Marketing de relacionamento
Marketing direto
Oferta
Programas de fidelização
Propaganda de resposta direta
Telemarketing

QUESTÕES PARA REVISÃO E DISCUSSÃO

1. Comente a evolução do marketing direto, abordando sua origem, os fatores que impulsionaram seu desenvolvimento e as possibilidades oferecidas hoje pela Internet.
2. Apresente argumentos que sustentem a ideia de que o marketing direto irá se incorporar ao marketing tradicional.

3. Discuta o posicionamento do marketing direto como uma atividade de comunicação e um canal de distribuição.
4. Em que situações as técnicas de marketing direto devem ser aplicadas?
5. Explique quais são as características que diferenciam o marketing direto do marketing tradicional.
6. Em quais aspectos o *database marketing* supera a eficiência das listas comuns?
7. Compare malas diretas impressas e malas diretas digitais, destacando as vantagens e desvantagens de cada uma.
8. Explique o que é roteiro e descreva seus componentes.
9. Quais são as principais aplicações do telemarketing?
10. Descreva e comente as contribuições da Internet ao marketing direto.
11. Explique o que é oferta em marketing direto e indique os dez fatores que devem ser considerados em seu desenvolvimento.
12. Descreva as aplicações exclusivas do marketing direto.

RESOLVENDO UM CASO I

MARKETING DIRETO PARA VIAGEM

Uma agência de viagens chamada Travel Division, que atua no mercado de turismo, com sede em Miami, Flórida, deseja divulgar os seus serviços customizados no mercado latino-americano, utilizando mala direta, telemarketing e Internet. A Travel oferece roteiros para diversas partes do mundo, com preços até 40% inferiores aos das principais agências concorrentes. Para se diferenciar da concorrência e atender ao exigente grupo de clientes, principalmente da terceira idade, a Travel decidiu redefinir a sua linha de produtos. O presidente da empresa, quando decidiu se tornar mais competitivo, disse: "Para obter uma vantagem competitiva duradoura, você deve repensar o sistema como um todo. Maior variedade de roteiros não será suficiente para a Travel...". Portanto, métodos de melhoria drásticos foram necessários, em custos e qualidade, para enfrentar e vencer os concorrentes que vinham das regiões mais remotas, com passeios e viagens cada vez mais diferenciados e interessantes. Somente um atendimento personalizado e novas formas de desenvolver produtos (roteiros) proporcionariam à Travel uma vantagem sobre seus concorrentes fornecedores de serviço em massa.

Para realizar essa transformação, a Travel reuniu uma equipe transfuncional e multidisciplinar, com 24 membros, para projetar um novo processo de montagem de roteiros e de reservas para produzir viagens com trajetos especificados pelos clientes. Essa equipe foi encarregada da criação de um processo de negociação e montagem de roteiros turísticos sob encomenda integrado por computador, completamente automatizado, produzindo extraordinárias economias de escala — mas com *roteiros para um.*

Um dos seus diferenciais é que o próprio cliente, por meio de programas muito fáceis de usar, pela Internet ou na loja, pode organizar o seu roteiro, acompanhando o tempo de espera nos aeroportos, o desdobramento de custos da viagem, e decidir pelas alternativas de viagens e passeios, a partir de 100 trechos básicos, que podem ser recompostos *n* vezes, ligando a origem ao destino e vice-versa. O novo processo permitia 1 milhão de novos roteiros possíveis, qualquer um com a possibilidade de ser montado imediatamente, possibilitando elaborar um verdadeiro roteiro personalizado, desde a seleção de hotéis até os passeios em cada local de estada.

Depois dos investimentos em tecnologia, alianças estratégicas e atendimento, era preciso fidelizar a sua carteira de clientes e conquistar novos públicos. Por isso, a diretoria decidiu que era hora de investir no marketing direto para divulgar o seu conceito de "roteiro para um".

Foi estabelecida a meta de aumentar em 40% as vendas, que, na ocasião, eram de 4 mil pacotes/mês, com valor médio de R$ 1.800, e, para isso, foi destinada a verba de R$ 300 mil para uma ação de prospecção, sendo que 50% deveria ser destinada à mídia de massa, com patrocínio de programas de viagens na TV por assinatura.

O diretor de marketing solicitou ao departamento de análise de mercado que fizesse uma análise do *database marketing* para verificar quantos clientes representavam alguma oportunidade de vendas. Também solicitou à agência de marketing direto que levantasse alguns custos para orientar o planejamento da comunicação.

O analista levantou os seguintes dados: o número de clientes com propensão a comprar um dos roteiros da empresa girava em torno de 30 mil nomes, sendo que, destes, 35% eram de pessoas da terceira idade, 30% de pessoas com até 30 anos e o restante entre 30 e 50 anos. Desses nomes, a metade tinha viajado nos últimos dois anos.

A agência de marketing direto apurou os seguintes custos de marketing direto:

- *mailing list* com dois níveis de segmentação: R$ 300/milheiro;
- mala direta: R$ 0,15, papel de carta; R$ 0,12, envelope; R$ 0,19, postagem de impresso; R$ 0,60, postagem para carta ou folheto personalizado; R$ 0,10, volante pequeno;
- manuseio: R$ 300/milheiro;
- brinde: R$ 2,50 a R$ 10 por unidade;
- custo por ligação de vendas: R$ 10;
- custo por atendimento receptivo: R$ 1 ,50;
- custo por atendimento pelo *site:* R$ 0,10.

O analista de *database marketing* ou CRM apurou, também, que os índices de resposta para as malas diretas enviadas nos últimos meses foram, em média:

	Com brinde	Sem brinde	Com brinde e com uma segunda mala direta de reforço	Sem brinde e com uma segunda mala direta de reforço
Pedindo mais informação	15%	8%	35%	15%
Vendas	6%	3%	18%	6%

As *mailing lists* disponíveis no mercado têm a possibilidade dos seguintes recortes: renda, sexo, idade, cargo, se possui assinatura de revista ou jornal, e quais; se tem cartão de crédito e quais; se tem TV a cabo; se tem micro; e se usa Internet.

1. Desenvolva uma estratégia de comunicação para a prospecção de novos clientes. Não se esqueça de:
   - indicar quais são as ações que você recomenda;
   - indicar a interdependência entre as diversas mídias e a sequência com que as diversas ações serão desenvolvidas;
   - estimar qual deve ser a verba da sua estratégia de comunicação alternativa, a ser apresentada para o diretor, indicando os custos e os retornos em cada fase do programa, sabendo-se que a lucratividade de cada cliente é, em média, de R$ 350;
   - definir os critérios de segmentação que serão adotados para a compra das *mailing lists.*
2. Recomende um programa de fidelização. Descreva as fases e os critérios de reconhecimento ou recompensa e indique os objetivos que desejam ser alcançados nas diversas fases do programa.

Explore mais

Associação Brasileira de Telemarketing (http://www.abt.org.br)
Associação Brasileira de Marketing Direto (http://www.abemd.org.br)
Direct Marketing Association (http://www.the-dma.org)

RESOLVENDO UM CASO II

O PRIMEIRO PROGRAMA DE MARKETING DE RELACIONAMENTO NAS TELECOMUNICAÇÕES

A CTBC Telecom foi uma das primeiras empresas do setor de telecomunicações a perceber que era preciso adotar o marketing de relacionamento para tornar-se competitiva — muito antes da privatização do setor. A estratégia de relacionamento foi planejada pela Bretzke Consultoria & Associados e teve o objetivo de envolver e fidelizar os 2.500 maiores clientes pessoas jurídicas. Desse esforço surgiu o Programa de Excelência Empresarial, o primeiro programa de fidelização estruturado e mensurado do setor de telecomunicações no Brasil, tornando-se uma referência no assunto.[1]

O maior desafio dessa estratégia foi incorporar numa campanha de comunicação o conceito de que o relacionamento é um serviço prestado ao cliente e que a sua natureza interativa é a base para a oferta contínua de valor superior. Foi também um desafio convencer a direção da CTBC de que era preciso acreditar e investir para depois colher os frutos a médio prazo. Portanto, era preciso mudar o paradigma existente, convencendo as diversas áreas envolvidas de que era preciso e recompensador estabelecer um relacionamento a longo prazo com esse público-alvo, em detrimento das práticas de transações com objetivos de curto prazo, para obter a fidelização dos clientes. Como a estrutura de *database* estava em formação, correu-se o risco de não oferecer recompensa por consumo dos serviços (*hard benefits*), apoiando-se totalmente em benefícios de valor agregado (*soft benefits*). Para isso, estabeleceu-se uma comunicação constante, por um longo tempo, durante o qual os principais níveis executivos e operacionais do cliente foram envolvidos com uma série de ações de relacionamento com a CTBC, compostas de eventos, mala direta, telefonemas e visitas dos consultores de negócios.

A estratégia

A solução ideal seria o desenvolvimento de um programa que fizesse com que os diversos níveis executivos e operacionais do cliente percebessem a CTBC como parceira de suas atividades. A melhor maneira para atingir esse objetivo era desenvolver um serviço de valor agregado que, além de oferecer a oportunidade para manter o ciclo de comunicação, implicasse um relacionamento prolongado que permitisse um alto grau de interação empresa-cliente. O serviço escolhido foi a realização de seminários, com diversos temas relacionados com o uso das telecomunicações para melhorar a gestão do negócio do cliente. Esses seminários eram oferecidos gratuitamente ao público inscrito no programa. Assim, além do valor agregado gerado pelo relacionamento (mais de R$ 0,08 ativos no ano), e pela possibilidade de fazer coisas juntos, "educou-se" o cliente sobre os diversos serviços oferecidos pela CTBC e o uso adequado das telecomunicações nos negócios para aumentar a excelência empresarial, desde como atender melhor ao telefone até como usar uma teleconferência e a Internet como ferramentas de treinamento.

Consequentemente, o programa, oferecendo maior apoio e informação, tornou o cliente mais satisfeito e disposto a experimentar outros serviços da CTBC. Porém, o sucesso desse tipo de atividade é gerar um vínculo forte e um envolvimento supracomercial, por meio da comunicação sistemática sob a égide de um processo integrado e interativo, com identidade visual e posicionamento igual ao de um produto, com um nome que o identifique. O nome, nesse caso, foi Programa de Excelência Empresarial CTBC.

Descrição do Programa de Excelência Empresarial CTBC

Com base em uma pesquisa realizada, verificou-se que a maior preocupação desse público era com o uso adequado dos serviços oferecidos pela CTBC e com o reconhecimento de que os funcionários do cliente tinham pouco ou nenhum conhecimento da gama de serviços ▶

[1] Premiado com o Leader Echo Award da Direct Marketing Association (DMA) de Nova York e com o Prêmio Aberje.

oferecidos por uma empresa de telecomunicações. Portanto, o vínculo seria criado por meio do modelo de relacionamento educativo, isto é, a cada fase da comunicação com o cliente, este recebeu um conjunto de informações úteis sobre a CTBC, bem como sobre os seus serviços, ou algum aspecto ligado ao seu negócio, além de ser convidado para um seminário do qual ele ou outros funcionários da empresa poderiam participar gratuitamente. Nesse modelo, disponibilizaram-se seminários de vários temas relacionados com telemarketing, Internet, comunicação de dados, atendimento ao cliente, *call center.* Além dos eventos, foi oferecido um curso de treinamento sobre como melhorar o atendimento telefônico, composto de manual do treinamento, cartazetes motivadores, material de apoio e um manual do treinador (que ensinava como o treinamento poderia ser realizado por qualquer pessoa, mesmo que ela não tivesse nenhum conhecimento anterior).

A campanha consistiu em um conjunto de malas diretas, integrado a ações de telemarketing. As malas diretas envolveram o cliente com uma linguagem objetiva e pessoal. Para facilitar a comunicação e garantir a interatividade entre a CTBC e o cliente, foi implantado um *call center* específico para o programa, especialmente voltado para responder às dúvidas do cliente, fazer a inscrição nos eventos e atender a todo e qualquer pedido do cliente.

O ciclo de comunicação consistiu nas seguintes fases:

- No primeiro mês, foi enviada uma mala direta, apresentando o programa e gerando o vínculo por meio de um diploma que institucionalizou a empresa como pertencente ao programa, com direito a todos os benefícios.
- No segundo mês, foi enviado o cronograma anual do programa, relacionando as datas e os temas dos eventos, bem como o convite para o primeiro evento, com todas as informações para a inscrição dos funcionários.
- O terceiro contato consistiu em uma carta de agradecimento aos participantes, com o convite para o evento seguinte. Para os não participantes, foi enviado material resumido do evento e convite para o seguinte.
- Depois de alguns eventos, foi oferecido o kit de treinamento.
- Nos meses seguintes, foram desenvolvidos vários seminários, oferecidos a públicos previamente segmentados, seguindo a mesma sistemática pós-evento, envolvendo tanto os participantes como os que não responderam.

Finalmente, após um ano de programa, foi realizada uma pesquisa para verificar o nível de satisfação e a percepção que o público teve do programa, por meio de um questionário enviado a todo o público. Para quem não respondeu dentro do prazo especificado, a pesquisa foi realizada pelo telefone. Além disso, foi realizado um levantamento de dados para mensurar os resultados de vendas para verificar se houve aumento no uso de produtos antes não utilizados e outros aspectos ligados à rentabilidade dos clientes. Essa pesquisa mostrou que o público ficou muito satisfeito com o programa, sendo que 95% dos entrevistados desejavam continuar a participar e a receber a comunicação; 85% das empresas tinham participado de pelo menos um dos eventos, sendo que 60% delas participaram de mais do que dois eventos. Quanto aos resultados de vendas, cerca de 90% das empresas passaram a utilizar outros produtos da empresa, além da telefonia básica, aumentando a rentabilidade para a CTBC.

Um dos maiores benefícios para a CTBC, além dos resultados de rentabilidade, foi o conhecimento adquirido em marketing com banco de dados (técnicas de *database marketing*), apesar de só contar com um *software* — protótipo com recursos limitados para esse programa que suportou todas as ações de relacionamentos realizadas. Esse sistema de informações permitiu:

- armazenar as informações necessárias para um relacionamento produtivo com os clientes;
- maior pertinência nas ações, uma vez que auxiliou na identificação das oportunidades, buscando informações na base de clientes, tais como: os clientes com maior potencial para determinadas ações, que tinham um comportamento de compra interessante para aquele tipo de produto, gerenciamento do relacionamento por tipo de resposta etc.;
- sistematizar as ações, controlando o fluxo de respostas, pedidos, agendamentos etc.

Dessa forma, a CTBC, além de aprender a fazer marketing de relacionamento, melhorou a sua comunicação, surpreendeu e cativou os seus clientes, sendo reconhecida pelo esforço realizado para atendê-los com excelência. É preciso conscientizar-se de que marketing de relacionamento é um processo contínuo, cumulativo, diferente do marketing de massa, que é pontual, feito de campanha em campanha. Além disso, todos da empresa precisam ser "educados" nessa nova forma "de gerar valor para o cliente".

Suponha que sua empresa tenha sido contratada nos dias de hoje para fazer um novo programa de fidelização para a CTBC. Tomando como base a atual realidade do setor de telecomunicações, como seria esse programa. No que ele diferiria do anterior?

ELABORANDO UM PROJETO

ANALISANDO CANAIS DE COMUNICAÇÃO DIRETA COM O CLIENTE

Escolha uma empresa da qual você seja cliente; pode ser a empresa que produz a calça *jeans* que você usa, a editora da revista que você costuma ler, a fábrica dos chocolates de que você gosta ou o supermercado em que você faz compras.

Selecione algum material promocional ou uma embalagem de qualquer produto comercializado por essa empresa e verifique se há informações sobre meios de contatá-la, como endereço de *sites*, caixa postal ou telefone para atendimento ao cliente.

Busque mais informações sobre essa organização – entrando em seu *site* ou ligando para o 0800, por exemplo – para averiguar se, além da comunicação direta, ela também realiza venda direta.

Para o seu projeto, você deverá apresentar, de um ponto de vista crítico, os meios de comunicação e de venda direta que a organização disponibiliza. Deve refletir sobre a adequação dessas abordagens de marketing direto, podendo sugerir novas ferramentas para obter mais efetividade na comunicação e distribuição.

BIBLIOGRAFIA

BAIER, Martin. *Elements of direct marketing.* New York: McGraw-Hill, 1983.

BECIN, Richard L. *The marketing revolution*: understanding major changes in how business market. Philadelphia: Creshein Publications, 1984.

BRETZKE, Miriam. *Marketing de relacionamento e competição em tempo real com CRM.* São Paulo: Atlas, 2000.

CLANCY, Kevin J.; SHULMAN, S. *A revolução do marketing*: o domínio do mercado através do uso da inteligência em marketing. São Paulo: LTC, 1993.

DANTAS, Edmundo Brandão. *Telemarketing*: a chamada para o futuro. Rio de Janeiro: LTC, 2000.

DUPFY, L. Dennis. *The loyalty marketing workbook.* Cadmus Direct Marketing, 1997.

GRÓNROOS, Christian. *Marketing*: gerenciamento e serviços. São Paulo: Campus, 1993.

HARPER, Rose. *Mailing list strategies.* New York: McGraw-Hill, 1986.

HOKE JR., Henry R. A philosophy of direct marketing. In: KATZENSTEIN, Herbert; SACHS, William S. *Direct marketing.* Columbus: Charles E. Merill Publishing Company, 1986.

HOLZ, Herman. *Databased marketing*: um guia imprescindível sobre a nova ferramenta de marketing do século XXI. São Paulo: Makron, 1994.

HUGHES, Arthur M. *The complete database marketer*: second generation strategies and techniques for tapping the power of your customer database. 2. ed. Chicago: Irwin Professional Publishing, 1996.

JACKSON, Robert; WANG, Paul. *Strategic database marketing.* New York: NTC Business Books, 1996.

KATZENSTEIN, Herbert; SACHS, William S. *Direct marketing.* Columbus: Charles E. Merill Publishing Company, 1986.

KOTLER, Philip. *Administração de marketing:* análise, planejamento, implementação e controle. 5. ed. São Paulo: Atlas, 1998.

______. *Marketing para o século XXI:* como criar, conquistar e dominar mercados. São Paulo: Futura, 2000.

NASH, Edward L. *Database marketing:* ferramenta atual e decisiva do marketing. São Paulo: Makron, 1994.

______. *Direct marketing:* strategy, planning, execution. New York: McGraw-Hill, 1982.

PASSAVANT, Pierre A. Direct marketing strategy. In: NASH, Edward L. *The direct marketing handbook.* New York: McGraw-Hill, 1984.

PEPERS, Don; ROGERS, Martha. *Marketing um a um*: marketing individualizado na era do cliente. São Paulo: Campus, 1994.

PINE, Joseph. *Personalizando produtos e serviços*: customização maciça — a nova fronteira da competição dos negócios. São Paulo: Makron, 1994.

RAIMAR, Richers; PIMENTA, Cecília L. *Segmentação:* opções estratégicas para o mercado brasileiro. São Paulo: Nobel, 1991.

RAPP, Stan. *Quinta geração do marketing*: maximarketing II. São Paulo: Makron, 1991.

______; COLLINS, T. L. *The new maximarketing:* the classic guide to transforming your advertising, promotion, and marketing strategy for the information economy. New York: McGraw-Hill, 1995.

ROMAN, Ernan. *Integrated direct marketing.* New York: McGraw-Hill, 1988.

SCHULTZ, Don. *O novo paradigma do marketing:* como obter resultados mensuráveis através do uso do *database* e das comunicações integradas de marketing. São Paulo: Makron, 1995.

SCHULZ, Don E.; TANNEMBAUM, Stanley I.; LAUTERBORN, Robert F. *Integrated marketing communications.* Lincolnwood: NTC Business Book, 1993.

SMITH, R. *Customer-driven marketing:* the competitive edge in the 1990s. Third Annual Conference on Database Marketing, National Center for Database Marketing (NCDBM), dez. 1990.

STONE, Bob. *Marketing direto.* São Paulo: Nobel, 1992.

STONE, Merlin; WOODCOOK, Neil. *Marketing de relacionamento.* São Paulo: Littera Mundi, 1998.

Capítulo 16

Estratégias Mercadológicas

Homero Miguel Psillakis

VISÃO GERAL DO CAPÍTULO

Este capítulo discutirá por que, como e quando as organizações devem empregar técnicas e formular estratégias mercadológicas. Iniciaremos o capítulo com a apresentação dos conceitos de planejamento, plano estratégico e estratégia empresarial. Em seguida, introduziremos questões referentes ao planejamento corporativo, divisional, das unidades estratégicas de negócios (UENs) e plano de produtos ou linha de produtos. Nessa parte do capítulo, apresentaremos uma série de técnicas que auxiliam o delineamento de cada um desses tipos de planejamento e plano. Finalmente, discutiremos sistemas de controle e avaliação dos esforços de marketing, incluindo a apresentação de tabelas-modelo com indicadores de participação de mercado, receitas, custos, despesas, entre outros.

OBJETIVOS DO CAPÍTULO

Depois de concluir este capítulo, você será capaz de:

1. explicar o que é planejamento, enfocando conceitos de plano estratégico e estratégia empresarial;
2. discutir a necessidade de confeccionar planos formais para estabelecimento da estratégia empresarial;
3. identificar as atividades desenvolvidas no planejamento corporativo e divisional;
4. avaliar o uso de técnicas, como matriz de BCG, de atratividade e de produto-mercado, no planejamento corporativo e divisional;
5. identificar as atividades desenvolvidas no planejamento estratégico das unidades estratégicas de negócio (UENs);
6. avaliar o uso de técnicas e metodologias, como análise SWOT, fatores críticos de sucesso, estratégias genéricas e cadeia de valores no planejamento estratégico das unidades estratégicas de negócios (UENs);
7. identificar o uso de técnicas de planejamento estratégico na formulação do plano de marketing;
8. definir as ferramentas do sistema de controle de marketing.

16.1 INTRODUÇÃO

Planejamento é o processo de tomada antecipada de decisão, que define o que e como fazer, antes que se requeira uma ação.[1]

Planejamento é um processo de tomada antecipada de decisão, é algo que fazemos antes de agir. É um processo de decidir o que e como fazer, antes que se requeira uma ação. O planejamento se baseia na crença de que o futuro pode ser melhorado por uma ação ativa no presente. A principal dificuldade do planejamento advém mais do inter-relacionamento das decisões do que delas em si.[2]

Decisões que para alguns parecem estratégicas podem parecer táticas para outros. As decisões estratégicas têm efeito bastante demorado e são difíceis de serem alteradas, ou seja, centram-se em objetivos de longo prazo; já as decisões táticas se preocupam com períodos de tempo mais curto. Estratégicas e táticas se complementam; ambas são necessárias.

Pergunte para qualquer profissional: o que é estratégia? Ele responderá: "Estratégia é um plano de orientação para as organizações com o propósito de direcioná-las."[3] Ou, como disse Peter Drucker: "As estratégias são os planos de voo que guiam os negócios da empresa".

Ao ter de conviver em um mercado muito competitivo, as organizações têm de superar os concorrentes. Permitir à empresa conseguir e sustentar alguma vantagem sobre seus concorrentes, da maneira mais eficiente possível, é a finalidade do planejamento estratégico. Avaliar suas forças e fraquezas, saber seus limites, atacar os concorrentes no momento certo, recuar quando necessário, criar condições favoráveis para a empresa, realizar parcerias com outras organizações são os objetivos da estratégia empresarial.[4]

Ao examinar as cadeias de suprimentos, tem-se um bom exemplo de estratégia que leva em conta parcerias. Nos últimos anos, algumas organizações estão repensando suas fronteiras, mudando suas competências ou modificando a forma de relacionamento com seus fornecedores e distribuidores, dando a essa evolução características de uma verdadeira revolução, fazendo com que a competição deixe de acontecer entre empresas para ocorrer entre cadeias de suprimentos.[5]

Para a realização de um planejamento, não basta apenas ter uma ideia de como lidar com um inimigo em um ambiente competitivo; são necessários a participação, o envolvimento, o compromisso, de indivíduos pertencentes aos diversos níveis da organização. Cada uma delas, baseada em sua inteligência, percepção, experiência, criatividade, valores e crenças, tem seu conceito de qual seria o melhor caminho para a empresa. São abstrações que existem nas mentes das pessoas e que devem ser compartilhadas. Como ensinar a arte da estratégia se ela depende de tantos fatores individuais? O que fazer para conseguir alcançar uma missão comum que atenda a todos os anseios? Como compatibilizá-los com os interesses coletivos das unidades de negócios e da corporação?

---

[1] ACKOFF, Russell L. *Planejamento empresarial.* Rio de Janeiro: LTC, 1984.

[2] MINTZBERG, H.; QUINN, J. B. *O processo da estratégia.* Porto Alegre: Bookman, 1998.

[3] OHMAE, K. *O estrategista em ação:* a arte japonesa de negociar. São Paulo: Pioneira, 1985.

[4] WOOD JÚNIOR, T. *Gestão empresarial.* São Paulo: Atlas, 2001.

[5] ACKOFF, 1984.

Só podemos ensinar metodologias e ferramentas que facilitem a utilização das capacidades individuais em busca de estratégias corretas e vencedoras para os negócios da organização. Estamos falando em ampliar a competência de entender as transformações por que passam as pessoas, a sociedade e as organizações, e de lidar com essas transformações.

Todas as organizações estão sendo influenciadas pelas mudanças ambientais que têm ocorrido ao longo dos últimos anos. No passado recente, o mundo era mais linear e marcado pela *continuidade,* pois podíamos examinar um determinado tema de acordo com a seguinte sequência: classificá-lo, analisá-lo, quantificá-lo e fazer previsões a seu respeito. Atualmente, isso não tem sido mais possível. As novas formas da vida econômica, como as empresas virtuais e os consórcios globais baseadas em informação, têm dificultado a compreensão do mundo que nos cerca, o que justifica a elaboração de planos que levem a entender, prever e acompanhar as mudanças que estão por vir. Hoje, estamos passando por uma descontinuidade tecnológica sem precedentes, e a maioria das empresas não está preparada para enfrentá-la.[6]

16.2 AS RAZÕES DOS PLANOS FORMAIS

Muitas empresas não possuem planos formais e argumentam que, mesmo assim, conseguem ter sucesso sem um planejamento, pois, para elas, isso não é tão importante. Argumentam que as mudanças de mercado são tão rápidas que o plano formal não conseguiria acompanhá-las.

Se entendermos que uma das funções do planejamento é, antes de mais nada, estar preparado, compartilhando ideias e ações, a afirmação acima não faz sentido. Um planejamento formal tem como objetivos:

- melhorar as interações entre os executivos da empresa;
- treinar seus colaboradores a pensar sistematicamente sobre o futuro;
- definir melhor onde se está e aonde se quer chegar;
- ajudar a empresa a antecipar as mudanças ambientais, respondendo a elas com velocidade;
- preparar-se melhor para alterações súbitas.[7]

A importância dos planos formais também é atestada pela mudança de paradigmas, como mostra o Quadro 16. l.

Quadro 16.1
O antigo e o novo paradigma

	Antigo paradigma	Novo paradigma
Produção	em massa	personalizada
Mídia	de massa	individualizada
Marketing	de massa	individualizado

[6] PEPPERS, D.; ROGERS, M. *Marketing um a um*: individualizado na era do cliente. Rio de Janeiro: Campus, 1994.

[7] KOTLER, P.; ARMSTRONG, G. *Princípios de marketing.* Rio de Janeiro: Prentice Hall, 1991.

Devemos admitir que a rapidez com que os imitadores alcançam os inovadores é maior do que nunca. Hoje, uma maneira de garantir lucro é aprender rapidamente com os êxitos dos concorrentes; o que importa não é uma única ideia nova, mas a capacidade de continuar a gerar novas ideias. A capacidade de inovar é mais importante para a sobrevivência da empresa, a longo prazo, do que qualquer inovação específica. Estamos falando de criatividade. Se ideias são *hardware,* criatividade é o *software,* é a capacidade coletiva de gerar, avaliar, aceitar e implantar uma nova mentalidade, com velocidade.[8]

16.3 DIFERENTES NÍVEIS DE PLANOS

O marketing é o principal sistema para monitorar e adaptar a empresa às mudanças do mercado. Estamos falando de marketing como filosofia empresarial, ou seja, todo um processo de preparar a empresa para que ela esteja apta a aproveitar as melhores oportunidades que surgirem no mercado. Marketing é uma atividade muito importante para ser deixado a cargo apenas do departamento de marketing. O planejamento de uma empresa é parte integral do processo de marketing.

Nas grandes corporações, ou seja, em um conglomerado constituído de várias empresas, podem existir planos em quatro níveis:

Corporativo. Responsável por definir visão, missão, políticas estratégicas, metas corporativas, além de definir as divisões e as *unidades estratégicas de negócios* (UENs). Um exemplo é a Siemens Internacional.

Divisional. Define alocação de investimentos nas UENs. Nesse caso, seria a Siemens do Brasil.

Unidades estratégicas de negócios. Define sua missão dentro da missão mais ampla da empresa, analisa ambientes, formula metas, estratégias e programas, como a Siemens Telefonia.

De produto ou linha de produtos. Define o plano de marketing, que normalmente contém: análise da situação atual e das oportunidades, objetivos, estratégias, programas de ação, demonstração de resultados e controles.[9] No exemplo da Siemens, seriam as centrais telefônicas.

16.4 PLANEJAMENTO CORPORATIVO E DIVISIONAL

É normal que a diretoria da matriz, eventualmente com a participação dos acionistas, tenha a incumbência de definir visão, missão, valores, compromissos e aspirações. Além disso, deve definir: a) as UENs; b) os valores que serão alocados a cada uma delas; e c) os eventuais novos negócios, como veremos a seguir.

---

[8] PEPPERS; ROGERS, 1994

[9] KOTLER, P. *Administração de marketing*: análise, planejamento, implementação e controle. São Paulo: Atlas, 1998.

Quadro 16.2
Definição de visão, missão, valores, compromisso e aspirações

Visão. O que a organização almeja atingir no futuro; trata-se de um grande desafio. Deve ser de fora para dentro, ou seja, segundo um observador externo. Exemplo: *ser reconhecido* como a melhor e mais rentável empresa de equipamentos de *home theater* da América Latina.

Missão. Descreve sua razão de ser, o que e quem ela representa. Por exemplo, a missão da Intel é "fazer um bom trabalho para nossos consumidores, funcionários e acionistas, sendo o melhor fornecedor de componentes do setor mundial de informática". A missão deve ser suficientemente específica para orientar seus membros quanto à decisão de quais atividades devem ser priorizadas, além de diferenciá-las das concorrentes.[10]

Valores. É o que a empresa valoriza em seu quadro de funcionários; estão relacionados com a cultura da empresa. Exemplo: inovação, honestidade, responsabilidade social etc.

Compromisso. Ela espera que todos os colaboradores assumam suas responsabilidades, conforme valores descritos.

Aspirações. Descreve aquilo que move a empresa. Exemplo: ser a melhor opção de trabalho para profissionais criativos, ser uma empresa criativa, ser a melhor opção para os acionistas e para os clientes etc.

Definição das UENs. Normalmente, uma empresa define seus negócios em termos de produtos, como tintas, soja, milho, tratores etc. Porém, se entendermos um negócio como o atendimento às necessidades dos consumidores, ou seja, se estivermos falando em conceito de marketing, devemos definir a unidade estratégica de negócios em função do grupo de consumidores e de suas necessidades. Não estamos no negócio de tintas e sim no de revestimento, acabamento, decoração.[11] Uma forma mais detalhada e apurada de definir uma UEN deverá também incluir o aspecto tecnológico, ou seja, especificar com que tecnologia estamos atendendo os consumidores: tintas à base de água, não poluentes.[12]

Valores a serem alocados às UENs. As decisões referentes à distribuição de recursos entre as UENs de uma organização formam o **plano de portfólio**. Decidir em quais unidades investir para ampliar, ou ainda para manter posição ou eliminar determinada unidade, faz parte do escopo desse plano. Para avaliar as UENs, as duas técnicas mais conhecidas são: a matriz BCG (Boston Consulting Group) e a matriz de atratividade da GE, mostradas nas seções A.16.1 e A.16.2 do Apêndice, ao final deste capítulo.

Novos negócios. Às vezes, as empresas desejam lucros e participações maiores do que a projeção dos faturamentos dos atuais negócios, ou seja,

---

[10] CHURCHILL JR., G. A.; J. PETER, J. P. *Marketing*: criando valor para os clientes. São Paulo: Saraiva, 2000.

[11] LEVITT, T. *Miopia em marketing*. São Paulo: Atlas, 1991.

[12] ABELL, Derek. *A definição do negócio*: o ponto de partida para o planejamento estratégico. São Paulo: Atlas, 1990.

elas pretendem crescer mais rápido do que os negócios permitem. Um dos caminhos é a integração vertical (para a frente ou para trás) dentro do próprio setor em que atuam, adquirindo fornecedores e intermediários, ou a eles se associando. Poderão também se associar, fazendo uma integração horizontal, incorporando concorrentes. Outra forma é desenvolver crescimento intensivo ou diversificado, que pode ser avaliado pela matriz produto-mercado, explicada em detalhes na Seção A.16.3 do Apêndice.

16.5 PLANEJAMENTO ESTRATÉGICO DA UEN

Uma vez definidos visão, missão, os macro-objetivos da corporação, e as unidades de negócio, a administração da UEN deverá planejar o portfólio de negócios, ou seja, os diversos negócios e produtos que a empresa possui. Para tanto, deve:

- definir a missão específica da UEN dentro da missão mais ampla da organização;
- analisar o negócio, procurando identificar quais são os fatores que garantem o sucesso;
- analisar o ambiente externo da empresa;
- analisar o seu ambiente interno;
- formular objetivos e metas;
- definir estratégias, ou seja, como chegar lá;
- estabelecer programas de ação, implantar e controlar.

16.5.1 DEFINIÇÃO DE MISSÃO DA UEN

Cabe à administração da UEN definir sua missão dentro da missão corporativa. A definição de uma missão específica da UEN leva em conta os objetivos globais, corporativos, além de fornecer as linhas gerais para as futuras ações gerenciais da UEN, que devem ser reajustadas, se necessário, tendo em vista as mudanças ambientais. É importante que os funcionários da UEN participem da definição da respectiva missão para entendê-la e assumir o compromisso de realizá-la.

16.5.2 ANÁLISE DO NEGÓCIO

Qual é o nosso negócio? Em que negócios estamos? Em que negócio queremos estar? Essas perguntas aparentemente simples costumam ser muito difíceis de responder. A definição do negócio deve conter: quais necessidades dos consumidores estão sendo atendidas, com que tecnologia, com que produtos e em que segmentos.[13]

Uma vez definido em que negócio estamos, temos de identificar quais os fatores que garantem o êxito nesse ramo, ou seja, os fatores-chave de sucesso (FCS). Ao pesquisar as necessidades dos consumidores e os concorrentes bem-sucedidos, poderemos ter uma pista para definir quais são os fatores que estamos procurando. Para um trabalho completo, devemos também

[13] ABELL, Derek F; HAMMOND, John S. *Strategic market planning*: problems and analytical approaches. New Jersey: Prentice Hall, 1979.

determinar quais serão os fatores-chave no futuro. Uma vez listados, eles deverão ser submetidos à apreciação de todos os envolvidos no planejamento estratégico da UEN (veja a Seção A.16.4 do Apêndice).

16.5.3 ANÁLISE DO AMBIENTE EXTERNO

Economia, política, aspectos sociais, demográficos, culturais e tecnológicos devem ser monitorados e analisados constantemente, pois podem indicar qual caminho a empresa deve seguir.

Por esse motivo, a UEN deve desenvolver um sistema de informações que acompanhe periodicamente todas as variáveis macroambientais. Além disso, temos de acompanhar os passos dos concorrentes (oferta) e pesquisar continuamente as necessidades dos consumidores (demanda), pois são fundamentais para as definições estratégicas (variáveis microambientais).

O confronto dos fatores-chave de sucesso (FCS) com a análise do ambiente externo permite detectar as *oportunidades* de mercado, à medida que procuramos entender o que o consumidor quer e o que está recebendo dos concorrentes. Esse confronto "demanda *versus* oferta" poderá indicar necessidades não atendidas. Além disso, prognosticar as necessidades futuras dos clientes será, com certeza, um ótimo indicador para nossos próximos lançamentos (veja o Quadro 16.5, no final do capítulo).

De maneira semelhante, o confronto dos fatores-chave de sucesso com a análise do ambiente também sinaliza as *ameaças* que estão por vir e devem ser discutidas e examinadas com toda a equipe que participa do planejamento da empresa.

Quadro 16.3
Exemplos de oportunidades

- Mudanças demográficas, políticas, sociais e econômicas.
- Mudanças na legislação, desregulamentação.
- Novas tecnologias.
- Abertura de mercados estrangeiros: Mercosul, Alca.
- Concorrentes com dificuldades.
- Produtos substitutos.
- Parceria com distribuidores e fornecedores.

Exemplos de ameaças

- Alteração nos gostos e hábitos dos clientes.
- Novas tecnologias.
- Mudanças demográficas, políticas, sociais, econômicas.
- Declínio do produto, ciclo de vida.
- Globalização dos mercados, com a entrada de novos concorrentes.
- Produtos substitutos.
- Novas parcerias entre concorrentes.

16.5.4 ANÁLISE DO AMBIENTE INTERNO

Após analisar as oportunidades e ameaças oriundas do ambiente externo, temos de verificar se existe competência interna para defender a empresa das ameaças e aproveitar as oportunidades detectadas; ou seja, as *forças e fraquezas* da empresa. Possuir recursos abundantes, tecnologia, marca conhecida pode ser uma força difícil de ser vencida pelos concorrentes, o que garante à empresa um diferencial competitivo importante na luta por parcelas de mercado. Uma vantagem diferencial pode ser desenvolvida a partir de um ponto forte da empresa em relação aos concorrentes, porém, o consumidor tem de perceber esse diferencial e valorizá-lo. Se o cliente não atribuir valor ao que está sendo oferecido, de nada adianta acharmos que ele é importante. Deficiências ou fraquezas da empresa e de seus produtos que podem afetar a satisfação do consumidor devem ser consideradas desvantagens competitivas, desde que percebidas pelo consumidor como variáveis importantes.

Quadro 16.4
Exemplos de forças internas

- Criatividade da equipe.
- Velocidade na tomada de decisão.
- Recursos financeiros abundantes.
- Marca reconhecida.
- Domínio da tecnologia.
- Reconhecimento no mercado, boa imagem.
- Logística e distribuição eficientes.

Exemplos de fraquezas

- Custos elevados.
- Administração centralizada e lenta.
- Inexistência de planejamento estratégico.
- Falta de flexibilidade.
- Prazos de entrega longos.
- Preços altos.
- Qualidade dos produtos que deixa a desejar.

Figura 16.1
Ambiente interno e externo - pontos fortes e fracos da empresa

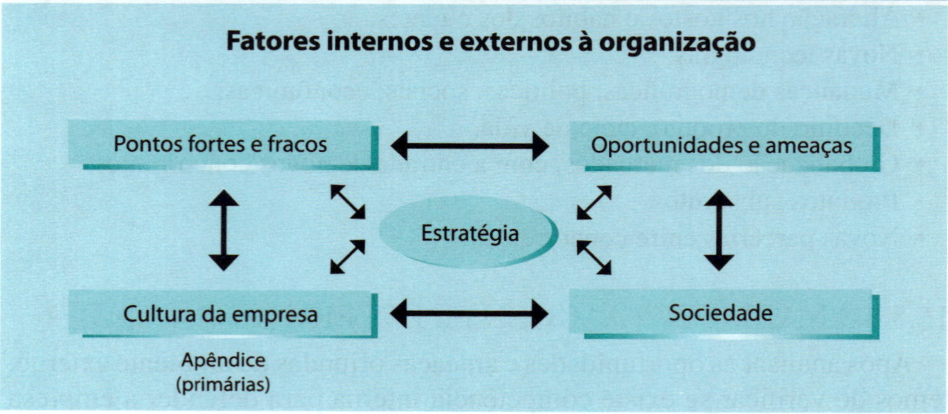

Habitualmente, as empresas elaboram uma lista de quesitos a respeito dos pontos fortes e fracos, bem como das ameaças e oportunidades, e a submetem à discussão entre seus administradores. Esse método é conhecido como SWOT e já foi visto com detalhes no Capítulo 14.

16.5.5 ESTABELECIMENTO DE OBJETIVOS E METAS

Os objetivos devem ser claros, simples e formulados por escrito para que todos da organização possam compreender o que a empresa deseja realizar. A formalização força os administradores a refletirem a respeito do tema, levando-os a hierarquizá-los. A apresentação em forma de números — por exemplo, lucro de 25% no primeiro ano — permite o acompanhamento ao longo do tempo e a verificação de quanto foi alcançado. Eles podem ser ou não desafiadores, dependendo da intenção da empresa, porém, recomendamos que sejam alcançáveis, com o propósito de estimular os funcionários (a Seção A.16.5 aprofunda essa questão).

16.5.6 ESTABELECIMENTO DE ESTRATÉGIAS

Segundo Michael Porter, a essência da formulação estratégica competitiva está em relacionar a empresa com seu meio ambiente. Para ele, a concorrência em um setor não está limitada aos participantes estabelecidos. Clientes, fornecedores, a entrada de novos fabricantes, produtos substitutos, além dos atuais concorrentes, compõem as cinco forças competitivas. Para enfrentá-las, ele propôs três estratégicas básicas:[14]

1. *Liderança no custo total:* tem como objetivo reduzir ao máximo os custos em relação aos dos concorrentes, o que resultaria em retornos financeiros acima da média, sem se esquecer de manter a qualidade e o nível de serviços desejados pelos clientes, o que permitiria enfrentar as cinco forças competitivas.
2. *Diferenciação:* oferecer algo único ao mercado, seja um produto diferenciado, seja imagem de marca, serviços especiais ou, ainda, uma rede de distribuição peculiar. Se ela for alcançada, também gerará um retorno financeiro acima da média.
3. *Enfoque:* focar um determinado grupo comprador, um segmento menor ou um mercado geográfico. Espera-se que, por atender a um mercado menor, ela consiga fazê-lo de maneira mais eficiente (veja a Seção A.16.6).

Outras estratégias podem ser elaboradas tendo como alvo os concorrentes, o mercado ou a potencialidade do produto ou da empresa:

- *Focadas na concorrência:* são as estratégias de marketing de guerra e de hipercompetitividade (veja a Seção A.16.7).
- *Focadas no mercado:* segmentar e ressegmentar o mercado à procura de oportunidades é a proposta dessas estratégias (veja a Seção A.16.8).

---

[14] PORTER, M. E. *Estratégia competitiva*: técnicas para a análise de indústrias e da concorrência. Rio de Janeiro: Campus, 1986.

- *Focadas nas potencialidades do produto e/ou empresa*: trata-se de analisar as possibilidades de diferenciação de produtos e serviços, tendo como base suas potencialidades (veja a Seção A.16.9).[15]

Todas as estratégias apresentadas visam a garantir uma vantagem competitiva que promova uma posição lucrativa e sustentável contra as forças que determinam a concorrência do setor. Essa vantagem tem sua origem nas inúmeras atividades que a empresa executa: produção, marketing, logística etc. Porter analisou essas atividades e propôs a cadeia de valor, que é o instrumento básico para diagnosticar a vantagem competitiva e encontrar maneiras de intensificá-la (veja a Seção A.16.10).

16.5.7 PROGRAMA DE AÇÃO, IMPLANTAÇÃO E CONTROLE

Uma vez definidas as principais estratégias, um programa de ação que norteie a implantação deverá ser elaborado. Ele deve responder às seguintes perguntas: o que deverá ser realizado? Quem fará o quê? Qual a sequência ideal das etapas? Quando as etapas ocorrerão? Quais verbas serão necessárias?

Para rastrear e monitorar o ambiente, a empresa precisa controlar todas as etapas do plano. O objetivo de manter um sistema de controle é acompanhar o progresso do plano verificando as metas alcançadas e sinalizando à direção as etapas ou estratégias que não estão de acordo com o programado (veja a Seção A.16.11).

16.6 PLANO DE PRODUTO OU LINHA DE PRODUTO

Para atingir seus objetivos, uma UEN deve desenvolver um plano de marketing, para cada uma de suas linhas produtos, com o propósito de atingir seus objetivos maiores. Pode ser que exista somente um produto sob a responsabilidade da UEN, devendo ser elaborado o plano só para ele. O plano é composto de vários tópicos, que, de certa forma, já foram apresentados para o planejamento estratégico da UEN:

- Sumário/índice: síntese do plano, escrita em poucas páginas.
- Descrição da situação atual: dados históricos relevantes sobre o macroambiente (tecnologia, política etc.) e microambiente externo (fornecedores, intermediários, concorrentes), além de detalhamento dos consumidores (análise qualitativa e quantitativa) e informações sobre o produto, preço, distribuição etc. (veja a Seção A.16.3).
- Análise das oportunidades e ameaças (veja análise SWOT, no Capítulo 14, e Seção A.16.4).
- Definição de objetivos financeiros e de mercado (veja a Seção A.16.5).
- Definição de estratégias (veja a Seção A.16.6 à Seção A.16.10).
- Programas de ação (o que será feito, por quem e quando será feito, quanto custará).

[15] MATTAR, F. N.; SANTOS, Dílson Gabriel dos. *Gerência de produtor*: como tornar seu produto um sucesso. São Paulo: Atlas, 1999.

- Demonstração financeira dos resultados esperados.
- Controles (veja a Seção A. 16.11).
- Conclusões.

Quadro 16.5
Modelo de ficha de coleta de informações sobre os concorrentes

	TOTAL			TOTAL
	Empresa 1	Empresa 2	Empresa 3	BRASIL
Capital				
Faturamento anual				
Participação de mercado — Brasil				
Participação de mercado local				
N.º total de funcionários				
Faturamento/funcionários				
Tipos modelos				
Volume vendas $				
Modelo 1				
Modelo 2				
Volume de vendas em unidades				
Modelo 1				
Volume de vendas				
Modelo 2				
Volume de vendas				
Preço médio $				
Modelo 1				
Modelo 2				
Margem bruta $ total				
Modelo 1				
Modelo 2				
Investimento em Marketing $ total				
% sobre faturamento total				
% sobre despesas operacionais				
$ por unidade vendida				
Propaganda $ total				
% sobre faturamento				
% sobre investimento em marketing				
% por total das unidades vendidas				

	TOTAL			TOTAL
	Empresa 1	Empresa 2	Empresa 3	BRASIL
Propaganda institucional $ total				
% sobre faturamento				
% sobre investimento em propaganda				
$ por total das unidades vendidas				
Propaganda modelos 1 e 2				
% sobre faturamento				
% sobre investimentos em propaganda				
$ por total das unidades vendidas				
Propaganda modelo 1				
% sobre faturamento				
% sobre investimento em propaganda				
$ por unidades vendidas do modelo				
Propaganda modelo 2				
% sobre faturamento				
% sobre investimento em propaganda				
$ por unidades vendidas do modelo				
Promoção aos varejistas $ total				
% sobre faturamento				
% sobre investimento em marketing				
$ por total das unidades vendidas				
$ por total n.º de varejo atendido				
Vendedores $ custo total				
% sobre faturamento				
% sobre investimento em marketing				
n.º de vendedores				
Comissão média %				
Salário médio				
Unidades vendidas/n.º de vendedores				
n.º varejistas/vendedores				
Custo de vendas/unidade vendida				
Custo vendas/varejista atendido				

	TOTAL			TOTAL
	Empresa 1	Empresa 2	Empresa 3	BRASIL
Varejista $ despesa total				
% sobre faturamento				
% sobre investimento em marketing				
n.º de varejistas				
Unidades vendidas/n.º de varejistas				
Despesa com varejo/unidade vendida				
Assistência técnica $ total				
% sobre faturamento				
% sobre investimento em marketing				
n.º de assistências técnicas				
Unidades vendidas trim./n.º de assistências				
Despesa com assistência/unidade vendida				
Distribuição $ total				
% sobre faturamento				
% sobre investimento em marketing				
n.º de veículos				
Unidades vendidas/n.º de veículos				
Despesa com distribuição/unidade vendida				
Administração $ total				
% sobre faturamento				
n.º de funcionários				
Nível dos funcionários				
Dimensões				
Despesa com administração/unidade vendida				
Unidades vendidas/n.º de funcionários				

RESUMO

O marketing é um sistema importante de monitoramento e adaptação da empresa às mudanças do ambiente. O planejamento corporativo, divisional das unidades estratégicas de negócios (UENs) e de produto ou linha de produtos faz parte do processo de marketing.

O planejamento corporativo define visão, missão, valores, políticas estratégicas, metas corporativas e unidades estratégicas de negócios. O planejamento divisional define a alocação de investimentos nas UENs.

Algumas técnicas podem ser utilizadas para o planejamento corporativo e divisional, como matriz BCG, de atratividade e de produto-mercado.

A matriz BCG é uma das ferramentas utilizadas para analisar o portfólio de negócios das corporações. Com base nela, pode-se fazer uma melhor distribuição dos recursos da corporação entre as diversas unidades estratégicas de negócio.

A matriz de atratividade do mercado é um instrumento que auxilia na alocação de recursos. Por abordar as unidades de negócio separadamente, produz resultados coerentes com a realidade de cada esfera da organização.

A matriz produto-mercado define a estratégia de crescimento intensivo para a empresa, divisão ou UEN, partindo da análise conjunta, em uma matriz, dos produtos (atuais e novos) e mercados (atuais e novos), obtendo-se, dessa forma, quatro opções estratégicas para o crescimento intensivo.

O planejamento estratégico das UENs define sua missão dentro da missão mais ampla da empresa, analisa ambientes, formula metas, estratégias e programas.

Algumas metodologias e técnicas podem ser muito úteis no delineamento do planejamento das UENs, como análise SWOT, definição dos fatores críticos de sucesso, estratégias genéricas e cadeia de valores.

Com base nos fatores críticos de sucesso, a empresa avalia a relação das vantagens competitivas e das competências essenciais que levam o produto ou a empresa a se diferenciarem dos concorrentes.

As informações resultantes da análise da situação fornecem ao planejador as bases necessárias para o estabelecimento dos objetivos a serem perseguidos com as ações de marketing.

As estratégias genéricas — liderança em custo, diferenciação e enfoque — são as estratégias que uma organização pode adotar para superar a concorrência dentro do setor em que atua.

A cadeia de valores permite à empresa obter o conhecimento detalhado das atividades e dos elos que compõem o seu fluxo produtivo, propiciando uma melhoria focada nos custos e eficiência.

O planejamento de produto ou linha de produto define o plano de marketing, que, normalmente, contém: análise da situação atual e das oportunidades e ameaças, objetivos, estratégias, programas de ação, demonstração de resultados e controles.

Para elaborar a estratégia do plano de marketing, a empresa pode adotar foco no mercado, na concorrência ou no potencial da empresa e/ou produto.

É muito importante que a empresa mantenha sistemas de controle e de avaliação de esforços de marketing, para rastrear problemas e corrigir os desvios ao longo do tempo.

APÊNDICE

A.16.1 A MATRIZ BCG[16]

As grandes corporações trabalham com uma gama enorme de negócios, o que causa uma grande dificuldade para estabelecer as prioridades de cada unidade. Para alcançar os objetivos da corporação, é necessário identificar e separar claramente esses negócios e alinhar seus objetivos com os da corporação.[17]

Cada unidade de negócio pode ser planejada separadamente da empresa, pois tem seus próprios clientes e concorre com empresas e produtos distintos. Entretanto, é parte da estratégia da corporação fazer a divisão dos recursos entre as diferentes UENs e traçar os principais objetivos de cada uma.

Conforme vimos no Capítulo 4, a **matriz BCG** permite administrar melhor o negócio da corporação como um todo, por meio da padronização e da visualização na forma gráfica dos diversos negócios da empresa. Ao facilitar a visualização dos negócios da empresa por meio de um gráfico de duas variáveis, no qual os diversos negócios são alocados, a empresa pode decidir de forma mais eficiente onde investir seus recursos.

Matriz BCG é uma ferramenta utilizada para analisar o portfólio de negócios das corporações. Com base nela, pode-se fazer uma melhor distribuição dos recursos da corporação entre as diversas unidades de negócio.

A matriz BCG baseia-se no crescimento da indústria e na taxa de crescimento do mercado, que refletem o potencial do mercado em questão, e na parcela de mercado relativa da empresa, que reflete a posição da empresa nesse mercado. Ela funciona da seguinte maneira:

- A **área da circunferência** representa a importância do negócio em função do faturamento.
- O **eixo horizontal** mostra a participação relativa de mercado da UEN, comparando-se ao maior concorrente da categoria. Normalmente, determina-se arbitrariamente que o eixo vertical corresponde ao valor l, que é a participação do maior concorrente de mercado. Ou seja, se a participação relativa for menor que l, a UEN tem menor participação que o líder. Uma participação de 0,4 representaria, por exemplo, que ela tem 40% da participação de mercado do líder. Se essa participação for superior a l, significa que ela é líder de mercado. Utilizar neste eixo a escala logarítmica faz com que distâncias iguais representem o mesmo crescimento percentual.
- O **eixo vertical** refere-se à taxa de crescimento do mercado.

Como vimos no Gráfico 4.1, no Capítulo 4, as quatro possibilidades da matriz BCG são:

Ponto de interrogação: a UEN tem baixa participação em um mercado que possui uma alta taxa de crescimento. Por esse motivo, essa etapa demanda muito investimento não só para acompanhar o crescimento de mercado como também caso se queira aumentar a participação relativa. Geralmente, os negócios se iniciam nessa fase, ou seja, a empresa detecta um mercado atrativo e decide investir.

---

[16] KOTLER, 1998; CHURCHILL JR.; PETER, 2000; FERREL, O. C. *Estratégia de marketing.* São Paulo: Atlas, 2000.

[17] ABELL, 1990.

Estrela: são UENs de alto crescimento e participação de mercado. Necessitam de investimento para acompanhar o crescimento do mercado e para conseguir sobreviver aos ataques da intensa concorrência.

Vaca leiteira: líder em mercados consolidados que apresentam pequeno crescimento, as UENs que se encontram nessa fase começam a apresentar maior lucratividade e a gerar caixa suficiente para investir em outras UENs, principalmente os pontos de interrogação e as estrelas.

Abacaxi: negócios de crescimento lento e com baixa participação podem gerar caixa suficiente para se manterem. Como a lucratividade é baixa ou negativa, cabe analisar a eventual eliminação do negócio.

O conceito de curva de experiência, juntamente com o de ciclo de vida de um produto, permite inferir que a fase de introdução de um produto no mercado (ciclo de vida do produto) tende a ser *ponto de interrogação*, se estamos falando de um mercado promissor, que deverá crescer muito. Seu caminho natural seria virar *estrela,* na fase de crescimento do CVP. Após sua consolidação no mercado, na fase de maturidade, a UEN seria uma *vaca leiteira.* Quando já estiver em declínio, a UEN torna-se um *abacaxi.*

Para construir uma matriz BCG, deve-se determinar:

- crescimento do mercado para cada UEN;
- a participação de mercado da UEN;
- a participação de mercado do maior concorrente;
- a participação de mercado relativa ao maior concorrente;
- faturamento de cada UEN;
- a área da circunferência de cada UEN;
- as circunferências das UENs nos respectivos quadrantes.

Vejamos um exemplo: suponha que determinada empresa possua três unidades de negócios, como mostrado na Tabela A.16.l.

Tabela A.16.1
Dados para a construção da Matriz BCG

UEN	Crescimento do mercado	Participação de mercado da unidade	Participação de mercado do maior concorrente	Faturamento (US$ mil)
Sabão	10%	25%	15%	25
Maionese	5%	15%	25%	15
Óleo	20%	2%	10%	2

Assim, temos que:

- sabão: 25/15 = 1,67 (a participação de mercado da UEN é 67% maior do que a participação do maior concorrente, indicando que a UEN é líder);
- maionese: 15/25 = 0,60 (a participação de mercado da UEN representa 60% da participação do maior concorrente);
- óleo: 2/10 = 0,20 (a participação de mercado da UEN representa apenas 20% da participação do maior concorrente).

Para cálculo da área da circunferência, utiliza-se a seguinte fórmula:

$$r^2 = \frac{F}{\Pi}$$

onde,
F = faturamento; $\pi = 3{,}1416$; r = raio da circunferência.

- Sabão ⟶ $r^2 = 25/3{,}1416 \leftrightarrow r = 2{,}82$
- Maionese ⟶ $r^2 = 15/3{,}1416 \leftrightarrow r = 2{,}19$
- Óleo ⟶ $r^2 = 2/3{,}1416 \leftrightarrow r = 0{,}80$

Figura A.16.1

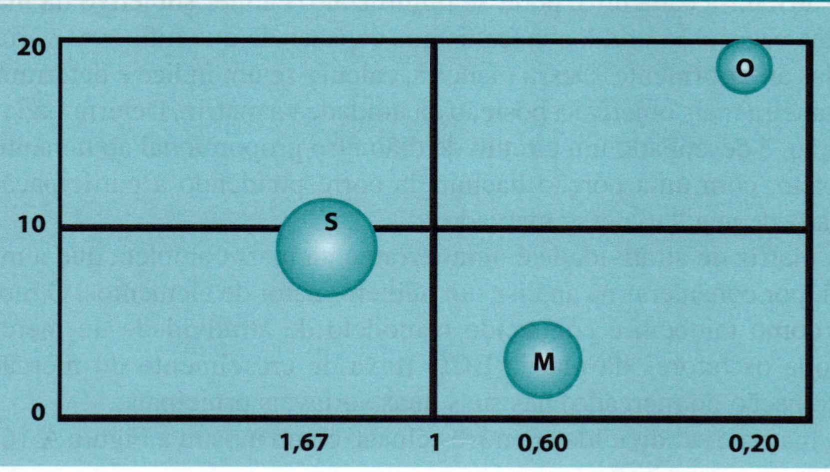

Após definir as diferentes UENs, a empresa deve analisar se seu portfólio está equilibrado, ou seja, se possui geradores de caixa (vacas leiteiras) suficientes para manter os pontos de interrogação, estrelas e abacaxis. Se a corporação apresentar muitos pontos de interrogação e/ou poucas vacas leiteiras, isso significa que seu portfólio está em desequilíbrio.

A.16.2 A MATRIZ DE ATRATIVIDADE DO MERCADO[18]

A **matriz de atratividade do mercado** da GE (General Electric) utiliza um gráfico de duas dimensões para facilitar a análise das unidades de negócios: atratividade do negócio e posição competitiva. É uma ferramenta que auxilia a empresa a decidir por aumentar, manter ou reduzir (ou até zerar) seus investimentos em determinada unidade de negócios. A localização da unidade ao longo dos dois eixos (atratividade do mercado e posição competitiva) é determinada após uma análise específica da unidade, segundo critérios como tamanho, crescimento do mercado, estrutura competitiva e lucratividade. A estratégia a ser adotada é função da posição que a unidade ocupa na matriz. Mudanças na atratividade do mercado e/ou na posição competitiva tornam necessária uma mudança na estratégia.

A **matriz de atratividade do mercado** permite analisar os diversos negócios da corporação, sendo muito útil no auxílio à tarefa de alocação de recursos.

A atratividade de mercado pode ser estimada a partir da elaboração de uma lista de variáveis que definem o negócio, como tamanho, crescimento, margem, intensidade da concorrência e custos. Os responsáveis pelo planejamento da empresa decidem quais variáveis são relevantes e passam a selecionar cada uma delas, terminando por definir o que vem a ser um mercado com alta, média e baixa atratividade. De forma semelhante, deve-se definir

[18] PORTER, 1996; CHURCHILL JR.; PETER, 2000; FARREL, 2000.

a posição competitiva que a empresa tem na indústria. Os administradores discutem quais variáveis podem medir a competição do setor, como participação relativa, qualidade do produto, conhecimento de marca e preço. Após a elaboração, discussão e seleção das variáveis, ela deve ser aceita por todos.

Por meio da combinação e atribuição de pesos a cada um dos itens selecionados (cada empresa determina quais índices considerar e qual peso atribuir a cada um), pode-se minimizar o caráter subjetivo da matriz. Muitas vezes, são criados mecanismos capazes de quantificar as variáveis citadas anteriormente. Dessa maneira, calcula-se um índice e determina-se de maneira mais objetiva a posição da unidade na matriz. Determinada essa posição, é desenhado um círculo de diâmetro proporcional ao tamanho do mercado, com uma porção hachurada correspondendo à participação da unidade de negócio nesse mercado.

A matriz de atratividade é uma ferramenta mais completa que a matriz BCG, por considerar na análise um número maior de elementos. O modelo GE (como também é conhecido o modelo de atratividade do mercado) engloba os fatores da matriz BCG (taxa de crescimento do mercado e participação do mercado) nas suas duas variáveis principais.

A matriz é subdividida em nove células, como mostra a Figura A.16.2.

Figura A.16.2
Matriz de atratividade do mercado

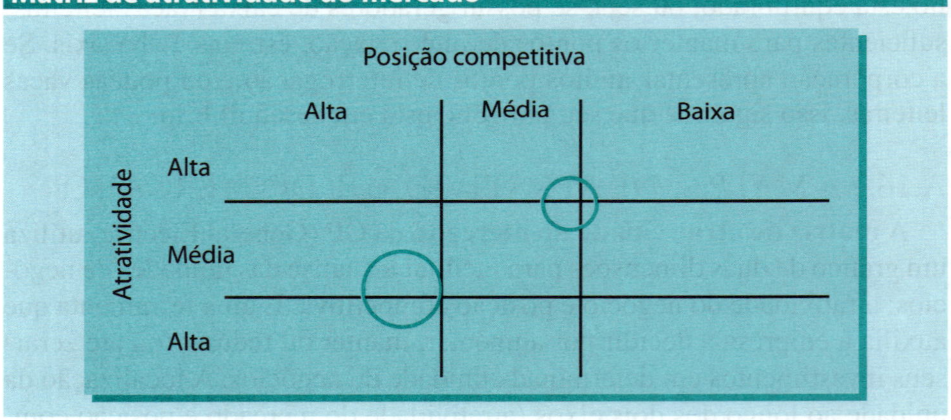

Desenhada a matriz e posicionadas as unidades, chega-se à etapa final do processo: a tomada de decisão por parte da administração, a escolha das medidas a serem adotadas. Estrategicamente, pode ser interessante manter o nível de investimentos ou reduzi-lo em uma determinada unidade de negócios.

Cabe à administração gerir os recursos de maneira eficiente e rentável, de acordo com os objetivos traçados pela corporação.

A **matriz produto-mercado** define a estratégia de crescimento intensivo para a empresa, divisão ou UEN, com base na análise conjunta dos produtos (atuais e novos) e mercados (atuais e novos).

A.16.3 A MATRIZ PRODUTO-MERCADO[19]

Como vimos no Capítulo 4, a **matriz produto-mercado** define a estratégia de crescimento intensivo para a empresa, divisão ou UEN, com base na

[19] KOTLER, 1998; CHURCHILL JR.; PETER, 2000.

análise conjunta, em uma matriz, dos produtos (atuais e novos) e mercados (atuais e novos), obtendo-se, dessa maneira, quatro opções estratégicas para o crescimento intensivo.

Ao analisarmos os produtos da empresa, bem como seus mercados, podemos definir quatro alternativas distintas: produtos atuais, produtos novos, mercados atuais e mercados novos. Como mostrado na Figura 4.3, essas alternativas se combinam, gerando quatro estratégias de crescimento possíveis:

Estratégia de penetração de mercado. Ganhar participação de mercado com os produtos que estão atualmente no mercado (produtos atuais em mercados atuais). Ou seja, visa a aumentar a participação de mercado por meio da definição de ações para melhorar o desempenho do produto nos segmentos e mercados em que já se atua. Deve ser utilizada em negócios e produtos em que a empresa não tem grande participação de mercado. Exemplos de como conseguir aumentar a participação: atrair clientes dos concorrentes, mostrando as vantagens do seu produto; estimular os clientes atuais para maior utilização do produto e conseguir estimular os não consumidores a comprarem o produto.

Estratégia de desenvolvimento de mercado. Identificar ou encontrar novos mercados para os produtos atuais (produtos atuais em novos mercados). Assim, colocando o produto em segmentos ou mercados onde não está presente, a empresa pode elevar suas vendas. Essa estratégia deve ser utilizada nos negócios e produtos em que a empresa já tem grande participação de mercado.

Estratégia de desenvolvimento de produto. Desenvolver novos produtos para o atual mercado (novos produtos para mercados atuais). Exemplos de estratégia de desenvolvimento de produto: pesquisar os atuais clientes e mercados, com o propósito de atendê-los melhor por meio do desenvolvimento e lançamento de novos produtos/linhas ou complementos. Essa estratégia deve ser utilizada quando a empresa pode desenvolver novos produtos, fazendo sinergia com os atuais.

Estratégia de diversificação. Analisa as oportunidades de desenvolver novos produtos para novos mercados (novos produtos para novos mercados). Exemplos de estratégia de diversificação: atender novos clientes com novos produtos, procurando ampliar os negócios da empresa, e localizar negócios atrativos em que a empresa possa ser competitiva, gerando adicional de rentabilidade. A estratégia de diversificação requer novas habilidades, novas técnicas e novos recursos.

A.16.4 FATORES-CHAVE DE SUCESSO[20]

A análise do ambiente externo e interno permite identificar os fatores-chave de sucesso de um negócio. Possuir competências superiores aos concorrentes costuma garantir sucesso nos negócios. Assim, procurar entender as necessidades dos clientes e como os concorrentes as atendem faz com que se vislumbrem as oportunidades de mercado. Clientes e empresas

[20] AAKER, D. A. *Administração estratégica de mercado.* Porto Alegre: Bookman, 2001; MATTAR; SANTOS, 1999.

concorrentes estão situados em um ambiente maior (macroambiente) que os influencia. Compreender em profundidade o ambiente externo, os clientes, os concorrentes, bem como sua empresa, hoje e no futuro, é que permitirá definir os fatores-chave de sucesso.

Uma combinação da análise SWOT (forças e fraquezas, oportunidade e ameaças, como mostrado no Capítulo 14) com a matriz da GE (atratividade e competitividade) permitirá entender:

- as necessidades dos clientes hoje e no futuro;
- como o ambiente externo afeta e afetará os negócios (oportunidades e ameaças);
- como os concorrentes atuam e as perspectivas futuras (pontos fracos e fortes);
- quais são os ativos e as competências internas da empresa.

A análise desses temas possibilita aos administradores elaborar uma lista de fatores que, como especialistas, acreditam serem os fatores que garantem o sucesso do negócio. Depois de listados, devem-se atribuir pesos aos fatores, de forma a quantificar as opiniões e permitir uma discussão mais detalhada de cada um, como mostra o exemplo a seguir.

Fatores-chave	Peso	Avaliação da empresa (atribuir nota)
v	**50**	**6**
w	**25**	**10**
x	**15**	**3**
y	**5**	**10**
z	**5**	**9**
Total	**100%**	

No exemplo, a empresa considera muito importantes, para ter sucesso nos negócios, os dois primeiros itens, na medida em que atribuiu pesos altos (50 e 25). Porém, ao fazer o julgamento de suas competências nesses itens, ela se considera frágil no primeiro, ao atribuir nota 6, e forte no segundo item, nota 10.

Possuir vantagem competitiva é fundamental para ter sucesso nos negócios. Carências estratégicas devem ser identificadas e corrigidas na empresa; por outro lado, se detectadas nos concorrentes, deverão ser alvo de ataque. Forças estratégicas são aquelas com as quais demonstramos excelência, superioridade em relação aos nossos concorrentes, e que nos proporcionam vantagem competitiva. Em resumo, *a essência da formulação de uma estratégia competitiva é relacionar uma empresa ao meio ambiente em que ela compete.*

A.16.5 ESTABELECIMENTO DE OBJETIVOS[21]

A organização, ao definir sua missão, deixa claro o que pretende e provoca nas empresas ou unidades de negócio a definição de objetivos que descrevam os resultados esperados para a sua realização.

---

[21] ANSOFF, I. H. *Estratégia empresarial.* São Paulo: McGraw-Hill, 1977; CHURCHILL JR.; PETER, 2000; MATTAR; SANTOS, 1999; KOTLER, 1998.

Os objetivos devem ser, sempre que possível, quantitativos, claros, possíveis de ser atingidos, desafiadores e flexíveis. Além disso, os objetivos devem ser definidos ao longo do tempo. Os de curto prazo, normalmente de seis meses a um ano, são detalhados e apresentados em programas com acompanhamento semanal ou mensal. Os de médio prazo são considerados de dois a três anos e procuram sinalizar o que devemos fazer hoje, tendo em vista o cenário e as metas propostas para esse prazo, por exemplo, o desenvolvimento de uma nova fábrica, ou de um novo mercado, ou ainda a abertura de uma nova filial em parceria com agentes locais. Os de longo prazo servem para definir um norte para os objetivos da empresa: ser a maior do setor daqui a dez anos, lançar nova tecnologia nos próximos cinco anos etc.

Os principais objetivos financeiros são representados em termos de: receita, lucro, margem de lucro, retorno sobre as vendas, retorno sobre o investimento, margem de contribuição, maximização de retorno para acionistas e *payback*. Um exemplo de objetivo financeiro seria obter 10% de retorno sobre o investimento em um ano, gerar um fluxo de caixa de R$ 2 milhões nos próximos seis meses, ou ainda obter um lucro líquido de R$ 300 mil até o final de 2005.

De acordo com Phillip Kotler, a parte crucial de um plano de negócio é o plano de marketing, sendo que seus demais componentes — entre eles, o plano financeiro — devem ser desenvolvidos tomando-o como base.

Assim sendo, os objetivos financeiros devem ser convertidos em objetivos de marketing. Taxas de retorno, lucro líquido e fluxo de caixa devem ser traduzidos em termos de vendas, participação de mercado, preço etc. Por exemplo, se uma empresa deseja um lucro de R$ 100 mil e sua margem alvo de lucro é de 10% sobre vendas, deve estabelecer, então, uma meta de vendas de 1 milhão.

Os principais objetivos de marketing são representados pela redução das despesas de marketing e do tempo de atendimento do cliente ou pelo aumento das vendas, em valor e por cliente; pelo número de clientes; pelo giro dos produtos; pela participação de mercado em unidade e valor; pela equipe de vendedores; pela área geográfica atendida; pelo número de intermediários e de itens vendidos, entre outros. Um exemplo de objetivo de marketing seria aumentar a participação em 30% no semestre seguinte, estar presente em todas as cidades com população acima de 1 milhão de habitantes, lançar dois produtos até o final da década.

Os objetivos sociais são cada vez mais importantes, pois as corporações perceberam que têm responsabilidade com a sociedade de uma forma geral, não deixando as tarefas só para os órgãos públicos. Assim, além de gerar empregos, elas estipulam como objetivos sociais contribuir com as entidades assistenciais locais, investir em creches, auxiliar os funcionários na complementação de sua educação e participar das atividades das prefeituras nos locais em que possuem instalações.

A.16.6 ESTRATÉGIAS: REQUISITOS E RISCOS[22]

Porter determina três estratégias genéricas que uma empresa pode adotar, isoladamente ou sob uma forma combinada, com o intuito de criar uma posição defensável a longo prazo e de superar a força dos concorrentes em uma indústria. Cada estratégia genérica apresenta características peculiares, com riscos a serem prevenidos e alguns requisitos necessários para a sua implementação, analisados ao longo deste texto. As estratégias genéricas são: liderança em custo, diferenciação e enfoque.

Liderança em custo. Nessa estratégia, a empresa objetiva atingir a liderança em custo total, produzindo retornos acima da média na indústria em que atua, apesar do alto nível de competitividade. Assim, tal empresa ainda pode obter retornos depois que seus concorrentes tenham consumido seus lucros. Essa vantagem proporciona defesa contra compradores e fornecedores poderosos, além de dificultar a entrada de novos concorrentes.

Para que essa estratégia obtenha sucesso, é necessária a existência de uma infraestrutura e de instalações na empresa capazes de produzir em escala eficiente, bem como um controle rígido de custos e despesas gerais, sem, no entanto, ignorar a qualidade do produto e a assistência ao cliente.

Entretanto, atingir a liderança em custo pode exigir alguns requisitos, como uma alta participação relativa de mercado, grandes e contínuos investimentos de capital em equipamentos, acarretando prejuízos iniciais até que a empresa se consolide no mercado.

Diferenciação. Nessa estratégia, busca-se diferenciar um produto ou serviço oferecido pela empresa, tornando-o único em toda a indústria.

A empresa possui diversas formas para realizar essa diferenciação: por meio de projeto, imagem da marca, tecnologia, redes de fornecedores ou de algumas peculiaridades do próprio produto ou serviço.

Uma vez constatada essa diferenciação da empresa em relação aos seus concorrentes, os consumidores tornam-se leais à marca e menos sensíveis ao preço, firmando ainda mais a posição competitiva da empresa na indústria.

Enfoque. Essa estratégia visa a enfocar um determinado grupo consumidor, segmento ou mercado geográfico, podendo assumir diversas formas. A diferença entre essa estratégia e as duas anteriores consiste no fato de que a primeira tenta satisfazer muito bem um determinado alvo, enquanto as demais visam a atuar em toda a indústria.

No enfoque, a empresa apresenta características tanto da diferenciação como da liderança em custo. Isso porque, nessa estratégia, pressupõe-se que a empresa atenda a um determinado alvo de modo mais efetivo e eficiente que os demais concorrentes, consequentemente, atingindo a diferenciação ou os menores custos, ou ambos.

Além do compromisso contínuo, para que se obtenha sucesso ao implementar as estratégias, são necessários diferentes recursos, habilidades e arranjos organizacionais. Podem também ser exigidos ambientes e culturas bastante diversas, para atrair diferentes tipos de pessoas.

---

[22] PORTER, 1986.

Por exemplo, a estratégia de liderança no custo requer como:

• *recurso:* um produto de fácil fabricação;
• *habilidade:* uma boa capacidade de engenharia de processo para projetar os produtos;
• *requisito organizacional:* controle rígido de custos, por meio de relatórios frequentes e detalhados e de estabelecimento de metas quantitativas.

A estratégia de diferenciação, por sua vez, requer como:

• *recurso:* capacidade em pesquisa;
• *habilidade:* criatividade em marketing que garanta uma imagem de liderança em qualidade e/ou em tecnologia;
• *requisitos organizacionais:* ativo humano altamente qualificado para as funções de marketing, P&D e desenvolvimento de produtos.

Por último, a estratégia de enfoque requer uma combinação dos recursos, das habilidades e dos requisitos organizacionais das estratégias anteriormente mencionadas, dependendo da meta particular a ser atingida.

Uma empresa que não define qual estratégia seguir se encontra em uma posição de desvantagem, a qual, para ser mudada, requer muito tempo e dedicação permanente.

Para a decisão estratégica, a empresa deve se basear nas capacidades e limitações que possui, sendo raros os casos em que se encontra ajustada para todos os três tipos de estratégia. Além disso, devido à dinâmica da indústria, deve-se escolher a estratégia que seja mais difícil de ser copiada pelos concorrentes.

A *empresa no meio-termo* não possui uma cultura empresarial bem definida e seus recursos e sistemas de motivação são conflitantes. Além disso, é muito provável que tenha uma baixa rentabilidade.

A.16.7 ESTRATÉGIAS FOCADAS NA CONCORRÊNCIA[23]

Estratégias focadas na concorrência são estratégias de marketing de guerra e hipercompetitividade destinadas às empresas que atuam em mercados estáveis, como veremos a seguir.

Estratégias focadas na concorrência são estratégias de marketing de guerra e hipercompetitividade destinadas às empresas que atuam em mercados estáveis.

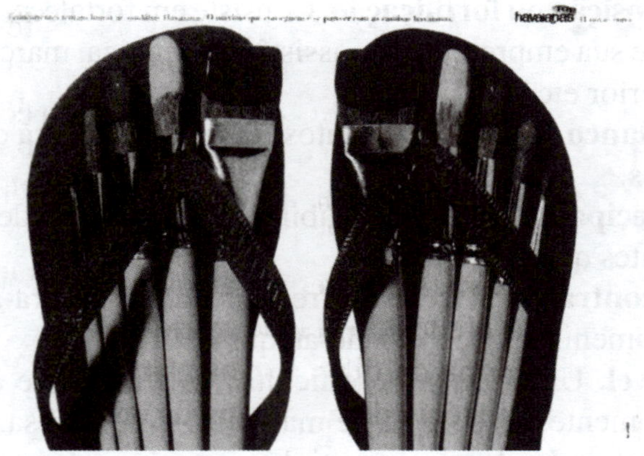

AlmapBBDO

A competitividade do mercado pode estar refletida nas estratégias de comunicação das empresas, dado o acirramento da disputa entre os concorrentes. O anúncio das Havaianas menciona a concorrência de maneira direta, referindo-se à superioridade dos produtos da empresa e a inovação com ampla cartela de cores.

[23] RIES, Al Trout. *Marketing de guerra.* São Paulo: McGraw-Hill, 1989; MATTAR; SANTOS, 1999.

As **estratégias competitivas focadas em marketing de guerra** englobam movimentos que se destinam ao ataque e à defesa de uma empresa em relação aos seus concorrentes, objetivando consolidar posições no mercado de atuação. Essas estratégias são válidas em mercados com estabilidade e compreendem ações ofensivas ou defensivas.

As **estratégias de ataque** à concorrência são adotadas com a finalidade de conquistar participação de mercado de um concorrente de maior porte, aproveitando-se de fraquezas provenientes de seu grandioso porte.

Para colocar essa estratégia em prática, é necessário que se conheça esse concorrente para poder, assim, levantar pontos de fraqueza de forma que se possam oferecer produtos/serviços que não estão sendo oferecidos por ele. As estratégias ofensivas também se caracterizam por ataques à concorrência em linhas de produtos específicas.

As estratégias de ataque à concorrência são:

Ataque frontal. Visa a atacar seu concorrente no mercado em que ele atua.

Ataque de flanco. Aproveita-se de áreas nas quais o concorrente apresenta fraqueza (regiões de atuação, segmentos etc.).

Ataque de cerco. Restringe o acesso do concorrente a pontos vitais para sua produção/comercialização, tais como fornecedores, matéria-prima, distribuidores etc.

Ataque de guerrilha. Objetiva surpreender o concorrente, ou seja, limitar sua capacidade de reação imediata.

As **estratégias de defesa** à concorrência, geralmente adotadas pelo líder, têm como finalidade preservar a participação de mercado. Uma forma ousada de proteção que os líderes podem adotar é a inovação constante, em que a empresa lança produtos substitutos aos seus próprios, que estejam no estágio de maturidade do ciclo de vida, como visto no Capítulo 4, ou até mesmo no estágio anterior, como é o caso de mercados com altíssima competição.

As estratégias de defesa à concorrência são:

Defesa de posição ou fortificação. Consiste em fortalecer os diferenciais competitivos de sua empresa, como assistência técnica, marca diferenciada, qualidade superior etc.

Defesa de flanco. Proteger os pontos fracos da empresa contra o ataque de concorrentes.

Defesa antecipada. Forma de inibir futuros ataques de concorrentes, atacando-os antes que eles o façam.

Defesa de contraofensiva. Ao sofrer um ataque, contra-ataca de forma imediata para amenizar os efeitos do ataque sofrido.

Defesa móvel. Uma forma de dificultar os ataques de concorrentes é rever constantemente a estratégia de marketing da empresa.

Defesa de retirada. A empresa sai do mercado em que não tenha diferenciais competitivos fortes e se concentra naqueles mais favoráveis.

As **estratégias competitivas focadas na hipercompetitividade** definem "arenas" (áreas) de competição entre as empresas em um mercado, as quais são resumidas a seguir:

Arena de custo e qualidade. A vantagem competitiva pode ser criada por meio de movimentos que englobam as variáveis *preço* e *qualidade do produto*. É possível competir mudando de segmento de mercado no qual se atua. Isso é possível alterando as duas variáveis em questão na mesma proporção.

Arena *timing* e *know-how*. Essa arena pode ser dividida em cinco padrões de movimentos competitivos sequenciais mais relevantes:

1. Pioneirismo: possibilita a obtenção de várias vantagens competitivas.

- *Tempo de resposta*: com o monopólio temporário do mercado, o pioneiro pode conseguir lucros elevados e utilizar esses recursos para criar barreiras que dificultem a criação da competição.
- *Economias de escala*: o pioneiro pode criar uma barreira de custo para novos competidores, pois tem mais tempo para atingir economias de escala.
- *Reputação:* sendo pioneiro, é mais fácil conseguir fidelidade do consumidor.
- *Ocupação de canais*: pode ser mais difícil para os imitadores (concorrentes) conseguir acesso a canais de distribuição tão eficientes como os do pioneiro.
- *Curva de experiência:* o pioneiro pode percorrer a curva de aprendizado tecnológico e produtivo antes dos imitadores.

2. Imitação

- Imitação pura do produto, conjugada a preços mais baixos.
- Imitação do produto, acrescentando-se a ele outros acessórios e funções.
- Imitação que torna o produto mais simples.
- Imitação dos produtos com modificações para ocupação de diferentes nichos (exemplo aplicado a *home theater:* tamanho maior da tela, maior potência de som, maior nitidez de imagem etc.).

3. Criação de impedimentos à imitação por meio de:

- estabelecimento de preços abaixo dos praticados pelo mercado;
- não divulgar a tecnologia do produto, tecnologia de produção etc.;
- redução de preços proporcionada pela economia de escala de produção;
- controle dos canais de fornecimento e de distribuição;
- criação de patentes dos produtos e dos processos;
- licenciamento de um imitador em potencial, para atuar em uma região específica.

4. Superação de obstáculos à imitação

- Utilizar canais de distribuição alternativos.
- Utilizar, adquirir ou licenciar outras patentes.
- Por meio de inovações nos processos produtivos, reduzir ou equiparar-se aos preços ainda mais.
- Aumentar a agilidade de resposta às restrições.
- Transformação do produto: é uma espécie de novo pioneirismo no mercado, por meio da modificação de atributos do produto que conferem a ele qualidades únicas, criando diferencial competitivo e permitindo a exploração de novos nichos de mercado.

Arena de criação e invasão de potencialidades. Consiste na criação de obstáculos à concorrência, o que costuma ocorrer quando se torna mais difícil sustentar diferenciais competitivos das duas arenas anteriores. Algumas formas de conseguir construir obstáculos para potenciais concorrentes são:

- criação do sentimento de regionalismo ou nacionalismo;
- obtenção de vantagens provenientes de características locais, como custo baixo de mão de obra e incentivos fiscais;
- maior poder sobre fornecedores de matérias-primas;
- redução de custos provenientes de operações de curta distância;
- tornar o consumidor fiel à marca;
- conquista do domínio do mercado local.

Arena de fortificação. Estabelecimento de guerrilhas para reduzir os obstáculos à concorrência em um mercado. As principais estratégias para isso são:

- ataques de nichos ou segmentos, com a intenção de evitar ou retardar a resposta do concorrente;
- evitar sempre o confronto com o concorrente nos pontos em que ele se destaca;
- concentração dos recursos e esforços para guerrilha (em um produto, em um mercado etc.);
- em caso de retaliação, recuar imediatamente;
- para os ataques, é importante que se utilize uma quantidade de recursos que poderá ser eventualmente perdida em caso de fracasso, sem danos à empresa.

É comum que se estabeleçam acordos de divisão de mercado ou de suspensão de guerras entre concorrentes em um mercado caracterizado por forte competição. No entanto, esses acordos são instáveis por natureza, pois as empresas podem buscar novos diferenciais competitivos e tentar invadir o mercado do concorrente, o que geraria aumento da competição.

Arena de reservas financeiras. As principais vantagens criadas para empresas que possuem uma grande reserva financeira são:

- capacidade de resistir a longos períodos de ataque de outras empresas;
- obtenção de poder político sobre os mercados em que atuam, o que pode possibilitar o acesso a financiamentos mais baratos, benefícios fiscais etc;
- capacidade de obter tecnologia de ponta, *staff* qualificado, meios de comunicação diferenciados.

As principais estratégias dessa arena são:

- prática de preços baixos (até predatórios), para fragilizar os concorrentes de menor porte;
- a consequente reação dos concorrentes de pequeno porte será a busca de amparo legal dos concorrentes;
- a empresa dominante de mercado, então, buscará excelentes advogados e amparo na morosidade do Poder Judiciário para continuar agindo;

- a contrarreação das empresas menores será a busca de estratégias corporativas, como alianças com fornecedores, concorrentes mais fortes, governo, funcionários, fusões com outras empresas etc.; organização de ataque simultâneo à empresa dominante; ou busca de outros segmentos de mercado.

A.16.8 ESTRATÉGIAS FOCADAS NO MERCADO[24]

As estratégias focadas no mercado são direcionadas às oportunidades de mercado ou a diferentes segmentos de mercado. Há três tipos de estratégias que podem ser usadas para atuar em segmentos de mercado: marketing indiferenciado, diferenciado ou concentrado.

Estratégia indiferenciada. Caracterizada pela oferta de apenas um produto da empresa para atender todo o mercado, ignorando as diferenças entre os segmentos.

Estratégia diferenciada. Compreende a atuação da empresa na maioria dos segmentos de mercado, identificando desejos e necessidades do cliente, definindo atributos e características do produto/serviço para cada segmento e desenvolvendo produtos/serviços em função dos atributos mais importantes (na visão do consumidor) para que cada segmento agregue mais valor que os concorrentes.

Estratégia concentrada. Compreende o direcionamento dos esforços de marketing para apenas uma parte do mercado e pode ser: concentração em produto e segmento únicos; especialização em linha de produtos; especialização no segmento de mercado ou especialização seletiva em alguns produtos e segmentos de mercado específicos.

A.16.9 ESTRATÉGIAS FOCADAS NOS POTENCIAIS DA EMPRESA OU PRODUTO[25]

São diversas as possibilidades de diferenciação de produtos e serviços baseadas nas potencialidades do produto e da empresa, a saber: produtos e serviços; serviços complementares; custos e preços; distribuição; comunicação com o mercado; tecnologia (de produto e de processo); competências mercadológicas e gerenciais; recursos produtivos e processos administrativos.

As estratégias focadas nas potencialidades da empresa podem estar em um ou mais dos itens listados. Esses elementos devem ser trabalhados, visando à criação de benefícios efetivos, perceptíveis e valorizados pelos consumidores/clientes.

Os principais pontos de diferenciação de produtos e serviços que devem ser trabalhados, procurando entender como o cliente percebe as variáveis, são mostrados a seguir (se o cliente não perceber ou não der valor à variável, de nada adianta implantá-la):

[24] KOTLER, 1998; MATTAR; SANTOS, 1999.

[25] MATTAR; SANTOS, 1999.

Atributos do produto. Devem-se verificar quais os elementos que os clientes estão valorizando no momento, como embalagem, cor e tamanho.

Embalagem. O modo de vida das famílias tem mudado e, como consequência, as embalagens deverão acompanhar as novas necessidades. O aumento do número de descasados, solteiros e famílias pequenas fez com que surgissem embalagens bem menores do que anos atrás.

Marca. Pode garantir a preferência dos consumidores.

Manual do proprietário, garantias, assistência técnica e peças de reposição.

Preço.

Distribuição física e logística, melhorando a conveniência dos clientes.

Comunicação com o mercado, propaganda, promoção de vendas.

Tecnologia (de produto e de processo).

A.16.10 CADEIA DE VALORES[26]

A vantagem competitiva de uma empresa deve ser compreendida por meio do exame de todas as atividades executadas pela empresa, em separado, de forma a permitir entender a contribuição de cada uma delas para a geração de valor da companhia como um todo.

A **cadeia de valores** é uma ferramenta estratégica básica que permite à empresa conhecer as atividades e os elos que compõem seu fluxo produtivo, propiciando uma melhoria focada de custos e eficiência.

A **cadeia de valores** é uma ferramenta básica e estratégica usada por empresas de todos os ramos na busca de diferenciação e vantagem competitiva. Ela permite à empresa obter o conhecimento detalhado das atividades e dos elos que compõem seu fluxo produtivo, propiciando uma melhoria focada no que tange a custos e eficiência.

A cadeia de valor desenvolvida por Michael Porter surge como instrumento básico para o entendimento das atividades de uma empresa. A construção da sua cadeia de valor nos possibilita analisar as atividades de relevância estratégica para o negócio, permitindo compreender o comportamento dos custos e das fontes de diferenciação.

Mas, afinal, de onde vem a vantagem competitiva de uma empresa? Ela está na capacidade de executar as atividades estratégicas de uma forma melhor ou mais barata que a concorrência, e realizar essas tarefas de maneira melhor que a concorrência implica criar valor para os clientes.

E como definir valor em termos competitivos? Pode-se defini-lo como o montante que os compradores estão dispostos a pagar por aquilo que a empresa lhes oferece. O valor é medido pela receita total da empresa, reflexo do preço de venda e das unidades vendidas. O valor, e não o custo, deve ser utilizado na avaliação da posição competitiva da empresa.

A cadeia de valores, como instrumento de análise, nos mostra o valor total gerado pela companhia e pode ser dividida em:

- *margem:* diferença entre o valor total e o custo de execução das atividades de valor;

[26] PORTER, M. E. *Vantagem competitiva*: criando e sustentando um desempenho superior. Rio de Janeiro: Campus, 1990.

- *atividades de valor:* são as atividades física e tecnologicamente distintas, por meio das quais a empresa cria valor. As atividades de valor podem ser, por sua vez, divididas em primárias e de apoio.

As **atividades primárias** são as relacionadas com a criação física do produto, bem como sua venda e transferência ao comprador, ou seja:

- *Logística interna:* recebimento, armazenamento e distribuição de insumos; engloba processos como controle de estoques, transporte, manuseio de material, programação de frotas, armazenagem e outros.
- *Operações:* transformação de insumos em produto final.
- *Logística externa:* coleta, armazenamento e distribuição do produto final aos compradores; inclui processos de estocagem de produto final, programação de produção, gerenciamento de pedidos, manuseio de materiais e outros.
- *Marketing e vendas:* oferecer o produto final aos compradores, induzindo-os a comprá-lo por meio do uso de propaganda, promoção, força de vendas, seleção de canais de distribuição etc.
- *Serviços:* associados à manutenção do valor do produto, como assistência técnica, atendimento pós-venda, treinamento e instalação do produto.

As **atividades de apoio** sustentam as atividades primárias e a si mesmas. Vejamos cada uma delas:

- *Aquisição:* implica a função de compra de insumos empregados na cadeia de valor da empresa; difere de compras, pois se refere a todo tipo de aquisições realizadas pela empresa, incluindo as externas ao departamento de compras, como novas instalações empresariais, aquisição de serviços de consultoria estratégica e outros, espalhando-se por toda a empresa.
- *Desenvolvimento de tecnologia:* corresponde a toda tecnologia empregada pela empresa, seja ela *know-how,* tecnologia de processos ou mesmo procedimentos de produção. Não se aplica, portanto, estritamente às tecnologias relacionadas diretamente ao processo produtivo. O desenvolvimento de tecnologia corresponde aos esforços contínuos de aperfeiçoamento do produto e dos processos.
- *Gerência de recursos humanos:* corresponde às atividades de qualificação e seleção de pessoal. Essa atividade afeta a vantagem competitiva de qualquer empresa, na medida em que é fundamental na determinação da qualificação e motivação dos funcionários, bem como nos custos de contratação e treinamento.
- *Infraestrutura:* compreende uma série de atividades vitais para o funcionamento da empresa, tais como finanças, gerência geral, planejamento, contabilidade, questões jurídicas, governamentais e gerência de qualidade.

As atividades de valor são os pilares de construção da vantagem competitiva. O modo de execução de cada atividade, em comparação com a concorrência, determinará a posição competitiva da empresa no setor ou indústria.

Tanto as atividades primárias como as de apoio possuem semelhanças relacionadas aos tipos de atividades desenvolvidas. Há três tipos básicos, que afetam distintamente o processo de criação de valor da empresa:

- *Atividades diretas*: diretamente envolvidas na criação de valor para o comprador, como produção, montagem, projeto do produto, publicidade etc.
- *Atividades indiretas*: atividades que possibilitam a execução de atividades diretas continuamente, como manutenção, programação, gerência de vendas etc.
- *Atividades de garantia de qualidade*: atividades que garantem a qualidade de outras, como monitoramento, inspeção, testes, revisão etc.

A Figura A.16.3 permite mapear as variáveis primárias e de apoio.

Figura A.16.3
Mapeamento das variáveis primárias e de apoio

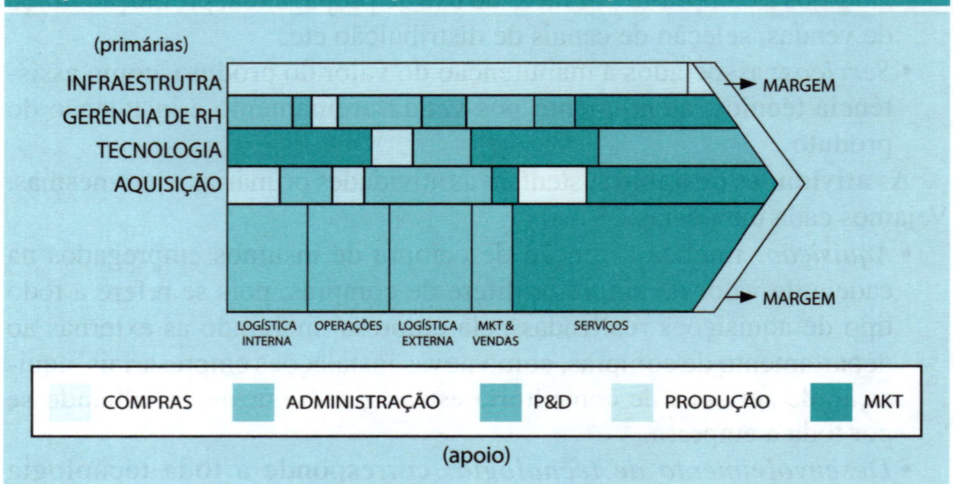

A.16.11 SISTEMAS DE CONTROLE[27]

A estratégia de uma empresa, bem como sua implementação, gera a necessidade de estabelecer métodos de controle, para que se possa acompanhar a evolução das ações que estão sendo executadas e monitorar os resultados que estão sendo obtidos.

Esse acompanhamento, ou controle, permite uma visão ampla do progresso da empresa em direção aos seus objetivos estratégicos e operacionais. O sistema de controle viabiliza melhor monitoramento de diversos fatores associados com as ações de marketing, tais como: participação de mercado, posicionamento do produto, rentabilidade do produto, penetração nos segmentos e canais de venda.

O controle fornece instrumentos para mensuração e acompanhamento do desempenho do plano de marketing, permitindo que se tomem medidas corretivas para os desvios que possam estar ocorrendo em relação ao planejado.

[27] MATTAR; SANTOS, 1999.

Figura A.16.4
O sistema de controle de marketing

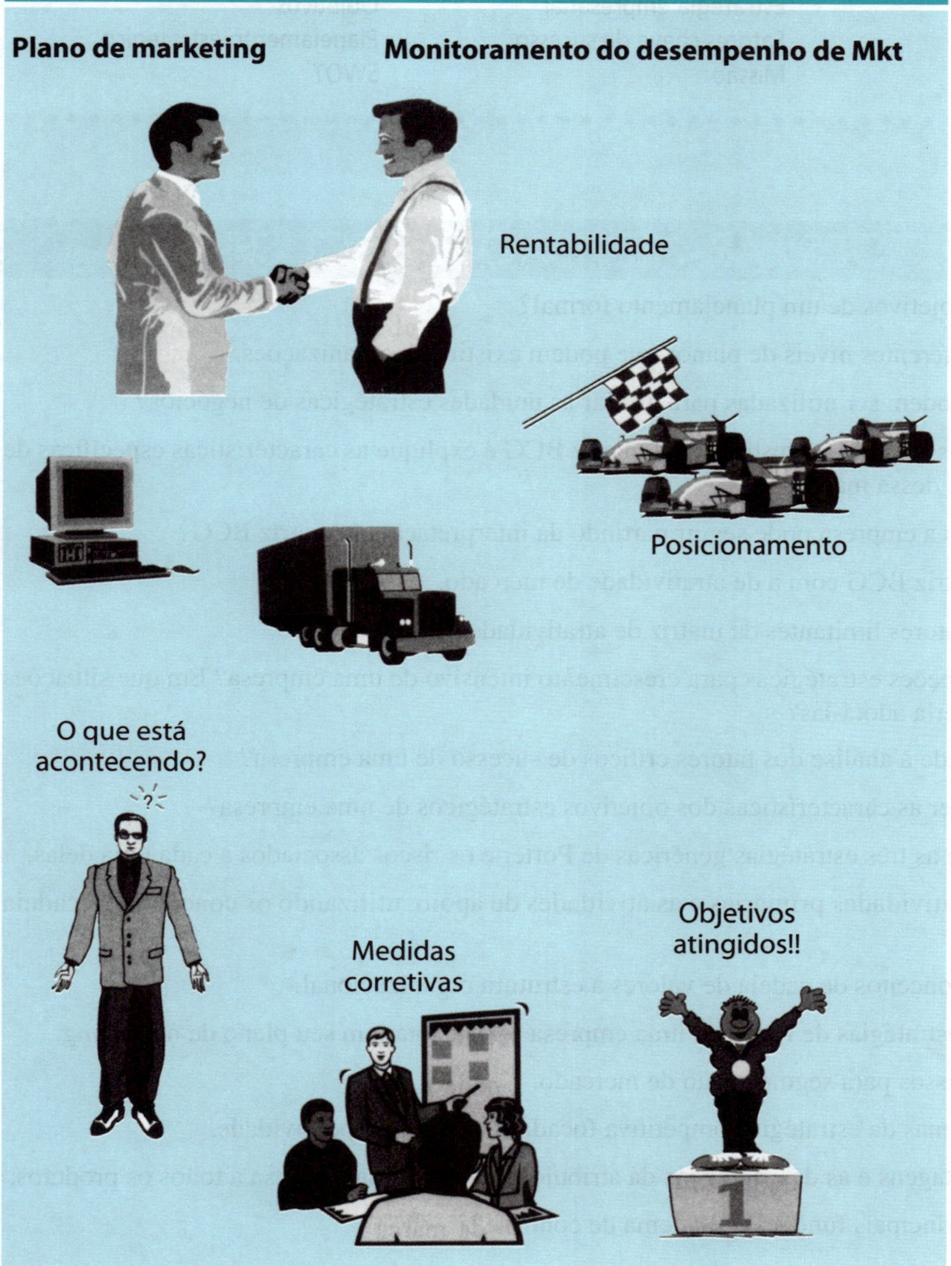

O sistema de controle deve descobrir onde e quando os desvios estão ocorrendo, determinar as possíveis causas desse desvio e sugerir meios para corrigir a situação. Tais controles devem ser econômicos, práticos e simples de usar; devem também ser apropriados para cada caso específico.

Anotar periodicamente os dados coletados em uma tabela e confrontá-los com o previsto é o mínimo que uma empresa deverá realizar para acompanhar seu desempenho. Após exame dos dados coletados, algumas diferenças deverão ter ocorrido; o passo seguinte é detectar as causas prováveis dos desvios encontrados.

Termos e Conceitos Importantes

BCG
Cadeia de valor
Estratégia
Estratégia empresarial
Fatores-chave de sucesso
Missão
Objetivos
Planejamento estratégico
SWOT

QUESTÕES PARA REVISÃO E DISCUSSÃO

1. Quais são os objetivos de um planejamento formal?
2. Compare os diferentes níveis de planos que podem existir nas organizações.
3. Que técnicas podem ser utilizadas para avaliar as unidades estratégicas de negócios?
4. Descreva os passos para a construção da matriz BCG e explique as características específicas de cada quadrante dessa matriz.
5. Que estratégias a empresa pode seguir partindo da interpretação da matriz BCG?
6. Compare a matriz BCG com a de atratividade de mercado.
7. Quais são os fatores limitantes da matriz de atratividade de mercado?
8. Quais são as opções estratégicas para crescimento intensivo de uma empresa? Em que situações a empresa deveria adotá-las?
9. Como se procede à análise dos fatores críticos de sucesso de uma empresa?
10. Quais devem ser as características dos objetivos estratégicos de uma empresa?
11. Cite e explique as três estratégias genéricas de Porter e os riscos associados a cada uma delas.
12. Diferencie as atividades primárias e as atividades de apoio, utilizando os conceitos de cadeia de valores.
13. Relacione os conceitos de cadeia de valores à estrutura organizacional.
14. Diferencie as estratégias de foco que uma empresa pode adotar em seu plano de marketing.
15. Descreva os passos para segmentação de mercado.
16. Explique as arenas da estratégia competitiva focadas na hipercompetitividade.
17. Discuta as vantagens e as desvantagens da atribuição da marca da empresa a todos os produtos.
18. Quais são as principais funções do sistema de controle?

RESOLVENDO UM CASO

GUERRA DO SABÃO EM PÓ

O Brasil tem sido palco de uma acirrada disputa no setor de higiene e limpeza, travada entre duas poderosas organizações globais, Unilever e Procter & Gamble.

Essa disputa teve início em março de 1999, com o lançamento oficial do sabão em pó Ariel. Desde então, a busca de participação de mercado tem levado essas empresas a travarem uma verdadeira guerra pela melhor combinação de preço e qualidade.

A Procter & Gamble trouxe para o mercado brasileiro sua marca de sabão em pó Ariel, comercializada em 85 países. O tradicional Omo sentiu os efeitos do novo concorrente no mercado, ameaçando a sua hegemonia. O Omo, fabricado pela Unilever, está presente nos lares brasileiros desde 1957, é líder de categoria e é uma das marcas mais lembradas pelo consumidor brasileiro, segundo pesquisa do Datafolha.

A guerra do sabão em pó tem sido travada na arena de custo e benefício.

A guerra inicial de preços foi, aos poucos, sendo substituída por grandes investimentos em marketing e em novos lançamentos de produtos. O Ariel chegou a custar 15% a menos que o Omo no varejo, chegando, por um momento, a canibalizar as vendas do sabão em pó Ace, segunda marca da Procter & Gamble no Brasil.

Os esforços de marketing da Procter & Gamble incluíram uma série de atividades, como acordos com variados canais de distribuição para amostragem de produtos, promoções e uma grande campanha publicitária com o *slogan* "A vida é muito mais que lavar roupa".

O Omo contra-atacou imediatamente para defender sua liderança, investindo, entre outros recursos, em uma grande campanha promocional que distribuiu casas e prêmios em todo o Brasil.

A disputa foi levada até mesmo para as embalagens dos produtos. Em novembro de 2000, a Procter trocou a caixa de Ariel, Ace e Bold de 1 kg para 900 g. Em dezembro do mesmo ano, a Unilever também substituiu suas embalagens, para que o Omo não parecesse mais caro aos olhos do consumidor. Essa modificação nas embalagens causou transtorno no varejo, influenciando até mesmo a pesquisa de cesta básica do Procon. Um acordo estabelecido entre a indústria de embalagens, os fabricantes de sabão e o varejo determinou que as caixas devem voltar ao padrão normal de 1 kg.

A disputa das embalagens está encerrada, mas a guerra entre as duas empresas pela fidelidade do consumidor ainda continua.

Fonte: BARCELLOS, M. Unilever vence a guerra das caixas de sabão em pó. *Gazeta Mercantil,* 17 maio 2001; PFEITER, I. Ariel tira cinco pontos da Lever. *Gazeta Mercantil,* 29 out. 1999; O banho da Procter. *IstoÉ Dinheiro,* 16 jun. 1999; A guerra continua. *Meio & Mensagem,* 16 ago. 1999; CORRÊA, C. Guerra da lavanderia. *IstoÉ,* 18 ago. 1999; BLECHER, N. A batalha da espuma. *Exame,* 16 jun. 1999.

PERGUNTAS

1. Identifique a arena competitiva da guerra do sabão em pó travada entre Procter & Gamble e Unilever.
2. Quais foram as atividades do composto de marketing utilizadas pelas empresas para ganhar participação no mercado?
3. Que tipo de foco estratégico a Unilever usou para defender o Omo?

ELABORANDO UM PROJETO

QUAL É A SUA MISSÃO?

As organizações deveriam ter uma definição clara de sua visão, sua missão, seus valores, seus compromissos e suas aspirações. Porém, muitas vezes, nem todos esses conceitos, que deveriam ser abordados no planejamento corporativo, estão bem definidos.

Para o seu projeto, você deve escolher uma empresa e pesquisar como ela define esses conceitos. Qual é a missão dessa empresa? A empresa faz diferenciação entre missão e visão? Há confusão na definição de conceitos? Você poderá encontrar informações em *sites* ou entrando em contato com áreas de atendimento ao consumidor.

Se algum conceito nem sequer for abordado pela empresa, você poderá fazer deduções do que seria mais adequado a ela, considerando seu setor de atuação e o perfil de seus clientes. Você deverá registrar suas impressões e fazer uma análise crítica das definições pesquisadas.

BIBLIOGRAFIA

AAKER, David A. *Administração estratégica de mercado.* Porto Alegre: Bookman, 2001.

ABELL, Derek. *A definição do negócio*: o ponto de partida para o planejamento estratégico. São Paulo: Atlas, 1990.

______; HAMMOND, John S. *Strategic market planning:* problems and analytical approaches. New Jersey: Prentice Hall, 1979.

ACKOFF, Russell L. *Planejamento empresarial.* Rio de Janeiro: LTC, 1984.

ANSOFF, Igor H. *Estratégia empresarial.* São Paulo: McGraw-Hill, 1977.

CHURCHILL JR., Gilbert A.; PETER, J. Paul. *Marketing:* criando valor para os clientes. São Paulo: Saraiva, 2000.

FARREL, O. C. *Estratégia de marketing.* São Paulo: Atlas, 2000.

KOTLER, Philip. *Administração de marketing:* análise, planejamento, implementação e controle. São Paulo: Atlas, 1998.

______; ARMSTRONG, Gary. *Princípios de marketing.* Rio de Janeiro: Prentice Hall do Brasil, 1991.

LEVITT, Teodore. *Miopia em marketing.* São Paulo, Atlas, 1991.

MATTAR, Fauze Najib; SANTOS, Dílson Gabriel dos. *Gerência de produtos:* como tornar seu produto um sucesso. São Paulo: Atlas, 1999.

MINTZBERG, Henry; QUINN, James Brian. *O processo da estratégia.* Porto Alegre: Bookman, 1998.

OHMAE, Kenichi. *O estrategista em ação*: a arte japonesa de negociar. São Paulo: Pioneira, 1985.

PEPPERS, Don; ROGERS, Martha. *Marketing um a um*: individualizado na era do cliente. Rio de Janeiro: Campus, 1994.

PORTER, Michael E. *Estratégia competitiva:* técnicas para a análise de indústrias e da concorrência. Rio de Janeiro: Campus, 1986.

______. *Vantagem competitiva*: criando e sustentando um desempenho superior. Rio de Janeiro: Campus, 1990.

PORTER, Philip. *Administração de marketing:* análise, planejamento, implementação e controle. São Paulo: Atlas, 1998.

RIES, Al Trout. *Marketing de guerra.* São Paulo: McGraw-Hill, 1989.

WOOD JR., Thomas. *Gestão empresarial.* São Paulo: Atlas, 2001.

Capítulo 17

Plano de Marketing

Victoria Jones

VISÃO GERAL DO CAPÍTULO

Neste capítulo introduziremos os conceitos de plano de marketing, explicando como utilizá-lo na obtenção de vantagem estratégica. Identificaremos as várias perspectivas que devem ser levadas em consideração durante a preparação do plano, mostrando todo o espectro que ele pode cobrir, dos documentos detalhados de empresas multinacionais orientadas para o marketing até as diretrizes gerais traçadas por pequenas empresas. Identificaremos também as características de um plano de marketing de boa qualidade e esclareceremos como administrar a redação de um plano. Descreveremos os passos para o desenvolvimento do plano e para o detalhamento de seu conteúdo e análise que devem ser incluídos em cada seção. Finalmente, apresentaremos alguns exemplos de estruturas que mostram como o plano pode ser organizado e apresentado de uma maneira eficaz.

OBJETIVOS DO CAPÍTULO

Depois de concluir este capítulo, você será capaz de:

1. discutir o plano de marketing como produto, descrevendo-o como guia, relatório e ferramenta de persuasão;
2. detalhar as características do plano;
3. identificar aspectos críticos na redação de um plano de marketing;
4. descrever os passos para o desenvolvimento do plano e detalhar o conteúdo e as análises incluídas em cada seção;
5. identificar a estrutura de organização de um plano.

17.1 INTRODUÇÃO

O plano de marketing é um produto estratégico. A sua elaboração constitui uma contribuição valiosa para a estratégia de marketing de uma empresa. Seguindo cautelosamente os procedimentos para redigi-lo, a equipe de marketing se move, passo a passo, no processo de planejamento estratégico. É por meio dessa atividade que diversos fatores são considerados e sintetizados, alternativas são avaliadas e decisões são tomadas. Redigir um plano de marketing induz a equipe dessa área a refletir e a ser proativa. Os vários níveis da organização trabalham juntos para evitar conflitos e omissões. Cada setor contribui para a criação de uma estratégia geral, completa e coerente com a organização. Este capítulo discutirá a redação de um plano de marketing e como essa atividade pode ser administrada de maneira eficiente e lucrativa.

O plano de marketing é uma parte crucial do plano de negócios global da empresa e fornece à diretoria planos mais específicos e detalhados, como publicidade e compra de espaço em meios de comunicação. O escopo do plano de marketing ocupa uma posição intermediária entre o objetivo amplo de um plano de negócios e o restrito de cada ferramenta de marketing. O plano de marketing é um roteiro de ação e também uma justificativa de investimento, e reúne todas as ferramentas e princípios de marketing. Todos os assuntos abordados neste livro têm aplicação no plano de marketing. Para criar um plano eficaz, a equipe de marketing deve dominar as questões-chave dessa área. Como toda ferramenta de negócios, o plano de marketing só será um bom produto se as informações e as análises nas quais ele está baseado forem boas. Este capítulo discutirá o plano de marketing, identificando as diversas questões que devem ser levantadas e as áreas da empresa que devem organizá-las. Ele vai explicar como esse plano pode ser projetado e utilizado como um documento estratégico valioso.

17.2 PROPÓSITOS DE UM PLANO DE MARKETING

Plano de marketing é um documento estratégico corporativo por meio do qual diversos fatores são considerados e sintetizados, alternativas são avaliadas e decisões são tomadas.

O **plano de marketing** é um documento estratégico corporativo. O seu público é principalmente interno, mas ele também pode ser lido por pessoas que não pertencem à organização. Dentro da empresa, o plano de marketing será utilizado para direcionar o trabalho das pessoas do departamento, para coordená-lo com o trabalho dos outros departamentos, para prestar contas à alta direção e para convencer a direção a prover os recursos necessários para a execução do plano. Fora da organização, o plano de marketing pode ser utilizado para convencer os investidores a fornecerem fundos para a empresa, para incentivar parceiros a participarem de projetos específicos ou para convidar outras empresas a estabelecer relações de parceria. Ainda que essas negociações externas não sejam especificamente sobre marketing, este é tão fundamental para o sucesso do negócio que o plano de marketing pode garantir um acordo ou cancelá-lo.

Além disso, a redação do plano de marketing é um processo que organiza o planejamento estratégico do departamento de marketing. Esta seção discutirá o plano de marketing como um roteiro, como um relatório, e como um documento de persuasão.

17.2.1 O PLANO DE MARKETING COMO UM ROTEIRO

A função de roteiro corresponde ao uso mais fundamental do plano de marketing. O plano fornece à equipe de marketing objetivos específicos para serem atingidos e diretrizes de como alcançá-los. Um plano minucioso deve dizer às pessoas do departamento de marketing o que elas devem fazer, quando e com quais recursos. Se bem preparado, ele deve evitar a descoberta tardia de algo que foi esquecido ou deixado para a última hora. Ele deve garantir que todos conheçam as suas responsabilidades e que nada deixe de ser feito porque alguém pensou que outra pessoa fosse responsável por uma tarefa crucial. Um plano de marketing deve evitar respostas indevidas às ações dos concorrentes. Deve fornecer um direcionamento que possa ser seguido sempre com confiança, com exceção das circunstâncias mais radicais e imprevisíveis. De maneira ideal, deve até fornecer algumas alternativas para responder a acontecimentos inesperados, mas cogitados.

Para fazer tudo isso, o plano de marketing possui partes dedicadas aos objetivos e às estratégias gerais que podem guiar os esforços de marketing. Isso fornece à equipe um sentido lógico e racional para as suas atividades. O plano de marketing também contém detalhes específicos para cada uma das principais responsabilidades de marketing: produto, preço, [ponto de] distribuição e promoção (também conhecidos como os quatro "Ps"). Ele fornece ferramentas de controle para a utilização de recursos como orçamento, prazos e lista de projetos e responsabilidades. Finalmente, os melhores planos têm critérios específicos para medir o progresso e o sucesso dos projetos. Com base nesses fatores, os membros da equipe de marketing possuem um roteiro para a realização de suas tarefas específicas.

O plano de marketing tem diversas outras funções, por ser estruturado como um roteiro. Uma delas é a transferência de responsabilidades; com um plano escrito, novos funcionários e dirigentes podem rapidamente desempenhar, de maneira satisfatória, suas funções no departamento. Outra função de roteiro é uma espécie de alarme para identificar algum desvio na ação da empresa. Se a equipe perceber que está trabalhando constantemente fora do plano de marketing, ela deve reavaliá-lo, juntamente com as premissas em que ele foi baseado, ou deve buscar trabalhar com mais disciplina para evitar pequenas crises que dispersem suas energias. Finalmente, o plano de marketing pode direcionar o planejamento do ano seguinte. Por meio do registro das estratégias, é mais fácil identificar especificamente o que funcionou e o que precisa ser melhorado. Ele fornece um padrão de referência por meio do qual se pode reavaliar e revisar o marketing da empresa, que poderá, então, estar sempre atual e competitivo, consolidando o que funcionou bem e mudando as estratégias que apresentaram desempenho insatisfatório.

17.2.2 O PLANO DE MARKETING COMO UM RELATÓRIO

O plano de marketing desempenha uma função informativa. Ele é utilizado para coordenar os diversos departamentos da empresa, para informar à gerência sobre as atividades do departamento e para manter um registro histórico. Nenhum departamento de uma empresa funciona de maneira isolada em relação ao resto da companhia, e todos devem ser coordenados para atingir uma eficiência máxima. A gerência precisa das informações do plano de marketing para ajudar na coordenação dos departamentos e para ter certeza de que as estratégias da diretoria estão sendo seguidas pelo departamento de marketing. O plano de marketing pode manter toda a organização informada, de tal maneira que os conflitos sejam prontamente identificados e resolvidos, antes que investimentos caros sejam feitos. Por exemplo, se a área de marketing planeja uma estratégia com ênfase em inovação, a área de pesquisa e desenvolvimento (P&D) precisa saber disso para dar suporte a essa estratégia. Mas e se P&D estivesse planejando focalizar os seus esforços em desenvolvimentos visando a reduções de custos? A comunicação clara entre os departamentos é necessária, e o plano de marketing pode ajudar, mantendo todos na organização informados. O documento é também um compromisso com a gerência; ele define as atividades que o departamento de marketing vai se esforçar para cumprir. A gerência pode usar o plano de marketing como base para fazer as projeções de desempenho corporativo e as avaliações de funcionários.

Finalmente, o plano de marketing é mantido como um registro histórico. A manutenção desse documento permite à empresa traçar tendências e verificar como as ações de marketing afetaram o comportamento do consumidor. Ele relembra à equipe de marketing suas estratégias e objetivos anteriores, o que ela atingiu e em que ela falhou. Esse registro também oferece uma perspectiva geral para orientar novos gerentes e funcionários.

17.2.3 O PLANO DE MARKETING COMO FERRAMENTA DE PERSUASÃO

O plano de marketing é uma importante ferramenta de vendas — ele vende as ideias do departamento de marketing para as pessoas com recursos que podem auxiliar a atingir os objetivos corporativos.

O plano de marketing é utilizado, juntamente com o plano de negócios, para atrair investidores para a empresa, para persuadir empresários importantes a se tornarem parceiros da empresa e para que o departamento de marketing consiga os recursos financeiros e pessoais necessários para alcançar os seus objetivos. Ele é também utilizado pelo gerente de marketing para conseguir cooperação e comprometimento da equipe de marketing (apesar de que o ideal é que os membros de sua equipe participem da criação do plano). Como os planos de marketing não servem apenas para transmitir informações, mas também para vender ideias, eles devem ser persuasivos. Os melhores planos de marketing não se limitam a relatar fatos, mas fornecem argumentos convincentes, justificativas sólidas e projeções de resultados desafiadores. Alguém que lê um plano de marketing deve pensar: "Estas ideias são ótimas. Isto vai funcionar. Eu acredito nisto".

Para ser persuasivo, um plano de marketing deve fazer mais do que enunciar objetivos e atividades; ele deve fornecer argumentos que justifiquem o funcionamento do plano e evidências que sustentem esses argumentos. A pesquisa, os dados coletados e as análises realizadas devem estar incluídos no plano de marketing. Os melhores planos de marketing fornecerão análises profundas como base de conclusões sólidas. Dessa base sólida, o plano de marketing fornece objetivos e ações detalhados. Os argumentos devem ser racionais e razoáveis, baseados em fatos e análises. O plano deve mostrar a lógica que leva uma questão de mercado particular a uma ação prática e a um objetivo lucrativo.

A ordem na qual o plano é desenvolvido não é a sequência em que ele é apresentado. No processo, coleta de dados, pesquisa e análises devem vir em primeiro lugar. Após isso, os objetivos e planos de ação são desenvolvidos. No documento escrito, no entanto, os objetivos são apresentados em primeiro lugar com as ações que serão tomadas para atingi-los. Eles são sustentados por um resumo da análise que justifica o funcionamento do plano, explica como as necessidades são apresentadas e mostra que os objetivos são alcançáveis. Os dados e as análises são colocados em apêndices no final do plano. Na realidade, muitos leitores nunca irão olhar as análises no final do plano, mas saber que elas estão lá ajuda a persuadi-los de que há uma forte base empírica por trás do plano proposto.

Apresentar as informações quase completamente na ordem inversa em que foram desenvolvidas torna um plano de marketing muito eficiente e persuasivo. Raramente, ideias e pesquisas se desenvolvem em sequência, mas de maneira não linear. O plano de marketing, no entanto, deve ser organizado para apresentar os resultados combinados numa ordem focalizada. Essa apresentação concentrada pode ter um grande impacto. Ela deve estar baseada em fortes argumentos para fazê-la ainda mais poderosa e persuasiva.

As pessoas que leem o plano de marketing como um instrumento de vendas são leitores críticos. Não querem comprometer os seus recursos com um plano passível de falhas, pois precisam se sentir confiantes de que o plano vai funcionar. Um plano de marketing que simplesmente enumera objetivos e planos de ação é menos convincente do que o mesmo plano com os argumentos claramente construídos e com as evidências que os suportam incluídas. Além disso, esses leitores querem ver resultados. Um plano de marketing persuasivo deve convencer investidores, parceiros e gerentes de que os resultados projetados são possíveis.

17.3 CARACTERÍSTICAS DE UM BOM PLANO DE MARKETING

Não há dois planos de marketing exatamente iguais, mesmo que eles sejam igualmente bons. Um plano de marketing que melhor serve às necessidades de uma empresa pode ser muito superficial para outra. Uma pequena empresa pode produzir um plano de marketing com duas páginas, enquanto uma empresa multinacional com muitos produtos pode ter um do tamanho de um livro. Um único plano pode cobrir todo o portfólio de produtos de uma empresa, enquanto outro pode criar planos para cada linha de produtos ou marca separadamente. Alguns planos podem se concentrar na distribuição do produto, enquanto outros enfatizam a promoção, porque operam em setores diferentes, com fatores críticos de sucesso distintos. E mesmo planos feitos para a mesma empresa podem, em exercícios diferentes, variar para atender às necessidades da empresa em períodos distintos. Cada empresa deve decidir quais serão o objetivo e o foco do seu plano (ou planos) de marketing.

O comum a todos os bons planos de marketing é que eles identificam e analisam as condições de mercado básicas que afetam o setor em que a empresa atua, focalizam claramente seus esforços em prioridades que agregam valor à companhia e fornecem detalhes suficientes para poderem ser implementados e avaliados. O processo de redação do plano e a qualidade das informações que ele contém são mais importantes do que o formato utilizado.

Um bom plano de marketing também é:

- bem organizado (flui de maneira lógica e facilita a busca de informações);
- claro (fácil de ler e entender, utiliza diagramas, gráficos e informações dispostas em tópicos para apresentar informações);
- completo (com um nível de análise e detalhe apropriado às necessidades da empresa);
- coerente (internamente, com a política da empresa e com as informações de mercado);
- honesto (com citações de fontes, utilização de premissas explícitas);
- racional (com análises que levam a conclusões e recomendações);
- persuasivo (com bases que sustentam as recomendações, com justificativas de decisões);
- atual (revisado e atualizado de acordo com a velocidade de mudança do setor).

Uma última característica de um bom plano de marketing não é intrínseca ao plano, mas sim ao seu uso. O plano deve guiar as atividades de maneira coerente e deve ser revisto com regularidade. Deve ser evocado frequentemente para direcionar o dia a dia das atividades de marketing. Também deve ser utilizado como base para verificações regulares ou avaliação de progresso. O departamento de marketing está fazendo o que estava planejado? Está atingindo os resultados esperados? Se as respostas forem negativas, a equipe de marketing deve estar reagindo a situações de mercado de curto prazo, em vez de priorizar os objetivos de longo prazo identificados no processo de planejamento. Uma razão para escrever um plano de marketing é escolher a direção que se pretende seguir, em vez de ser levado pela corrente.

É muito importante que o plano seja verificado e revisto regularmente. Se ele não está sendo seguido ou não está atingindo os resultados esperados, pode ser que esteja ultrapassado, não seja realista ou não tenha sido muito bem concebido. Mesmo que sejam guiados por um *software* complexo e por fórmulas de modelagem sofisticadas, os planos dependem das pessoas para que as informações sejam acuradas e as interpretações, profundas. Se o plano não é seguido, há um problema de foco da equipe de marketing ou há um problema com o próprio plano.

Os planos devem ser revisados e novos planos devem ser regularmente redigidos para que a empresa se beneficie de seu processo de elaboração. A frequência dependerá do setor e da empresa — quanto mais rápido o mercado e a empresa mudam, com mais frequência o plano de marketing deve ser revisto e revisado. No entanto, a menos que a empresa esteja enfrentando grandes perdas ou mudanças radicais no mercado, a direção estratégica básica deve ser coerente. As implementações podem ser ajustadas com mais frequência para se ajustarem às circunstâncias atuais.

O sucesso pode não ocorrer imediatamente, mas um plano bem desenvolvido, que tenha como base informações acuradas e princípios de marketing racionais, deve mostrar resultados. O plano deve ser utilizado como um juiz e ele mesmo deve ser julgado. Ele deve julgar se os esforços de marketing estão seguindo as diretrizes do plano. Deve ser julgado para definir se deve ser seguido.

17.4 A REDAÇÃO DE UM PLANO DE MARKETING

17.4.1 DESENVOLVENDO O PLANO

A redação de um plano de marketing não é um processo linear, mas recursivo. Esta seção vai apresentar alguns passos para assegurar a redação de um plano bem desenvolvido e completo, mas, às vezes, até depois de passar para a etapa seguinte, o passo anterior deve ser revisto e retrabalhado. São esse processo recursivo e a passagem pela sequência de etapas que asseguram que o plano de marketing seja um processo valioso que contribuirá para o desenvolvimento da estratégia. Esse processo pode parecer confuso, quando muitas ideias e fatos são lançados e todos parecem igualmente valiosos ou igualmente impossíveis. Porém, ao continuar o processo de avaliação e organização, as ideias principais se reduzirão apenas às razoáveis, criativas e acessíveis.

O desenvolvimento de uma parte do plano de marketing pode levantar questões que requeiram a revisão de seções precedentes do plano, o que pode parecer um retrocesso, mas apenas se pensarmos que um plano de marketing deve ser um processo linear. Na preparação do plano de marketing de maneira recursiva, cada parte é bem desenvolvida, razoável e coordenada com as outras partes do plano. Não é um retrocesso buscar um nível maior de aprimoramento. A discussão das ambiguidades e opções ajuda a assegurar que o resultado final seja trabalhável e, possivelmente, um sucesso. Ele também será defensável, e o documento final poderá ser escrito de maneira persuasiva.

17.5 AS PARTES DE UM PLANO DE MARKETING

Apesar de os planos de marketing não serem todos iguais, eles devem incluir seções que tratem dos sete assuntos seguintes:

1. páginas de apresentação (folha de rosto, índice ou sumário, introdução);
2. descrição geral da situação atual de mercado (panorama geral da coleta de dados e sua interpretação);

3. objetivos (exposição numa única frase de cada estratégia principal e dos resultados esperados);
4. estratégias (como alcançar os objetivos, mercado-alvo, posicionamento, quatro Ps);
5. implementação (recursos e responsabilidades, avaliação, demonstrativos financeiros);
6. análises (apêndices que mostrem dados e os seus significados);
7. resumos (versões sintetizadas do plano como um todo: resumo executivo e resumo final).

Um plano é desenvolvido quase na ordem inversa em que é apresentado por escrito. Por exemplo, apesar de os apêndices serem apresentados ao final, neles estão os dados e as análises que devem ser utilizados no início do processo. O resumo executivo é apresentado em primeiro lugar, mas reúne detalhes que só podem ser conhecidos depois que o plano inteiro tiver sido preparado. Esta seção analisará o plano de marketing na ordem em que ele deve ser desenvolvido. Assim, apesar de as páginas de apresentação serem o primeiro item que compõe o plano de marketing, elas serão vistas por último, na Seção 17.5.7. Do mesmo modo, as análises serão a primeira seção a ser vista, em vez da penúltima.

Ao final desta seção, há duas amostras dos pontos principais que indicam a ordem em que o plano deve ser apresentado.

17.5.1 ANÁLISES

O primeiro passo para redigir um plano de marketing é a revisão do último plano realizado. A equipe de marketing atingiu os objetivos definidos no plano? Por quê? A estratégia básica ainda é adequada ou precisa ser ajustada às condições de mercado atuais ou aos recursos da companhia? O plano foi verdadeiramente seguido? Por quê? Quais foram os fatores que contribuíram para o seu sucesso ou fracasso?

Nem todas essas perguntas podem ser respondidas apenas revisando cautelosamente o plano. O plano atual deve ser feito para responder à situação atual. Os dados devem ser coletados e analisados para que a situação atual de mercado e a situação da empresa possam ser compreendidas. A história da companhia ou do produto pode ser valiosa para o entendimento da situação atual. Apesar de haver muitas ferramentas e assuntos que podem ser considerados, todos os planos de marketing devem, pelo menos, considerar o produto e a empresa, a concorrência e os consumidores.

Análise é a seção do plano de marketing que torna úteis as informações disponíveis.

De uma maneira bem simples, **análise** significa tornar úteis as informações disponíveis. Não basta apenas coletar e relatar as informações. Ela requer que se reflita sobre as informações e sobre o que elas significam. A análise não apenas apresenta fatos, mas explica por que eles são importantes. Do universo inteiro de informações disponíveis, as análises focalizam, priorizam e aplicam as informações às questões atuais de marketing para essa empresa, marca ou produto em particular. Com o processo de análise, a equipe de marketing deve identificar os fatores-chave que a desafiam, aqueles que são mais importantes para o sucesso da empresa ou do produto.

As informações reunidas e as análises que as tornam úteis devem ser incluídas nos apêndices do plano de marketing. A inclusão dessas informações no apêndice não significa que elas não sejam importantes; na verdade, elas formam a base para o plano inteiro. As análises são as justificativas racionais para todas as decisões de marketing subsequentes. No entanto, as informações fundamentais para o processo (ou seja, as que tiveram de ser consideradas e avaliadas) não costumam ser parte integral da estratégia final. Em outras palavras, de todas as informações que tiveram de ser consideradas e avaliadas, grande parte delas não será uma prioridade no momento atual, apesar de ser crucial distinguir as situações particulares. Os resumos das análises são incluídos no plano.

17.5.2 A SITUAÇÃO ATUAL DE MERCADO

Além da inclusão, nos apêndices, de dados de mercado e análises, as questões-chave são também resumidas na seção do relatório que trata da **situação atual de mercado**. Os detalhes completos são fornecidos no Apêndice para aqueles que têm tempo ou motivo para analisá-los. Mas, para a maior parte dos leitores, será suficiente ter um panorama geral dessas constatações. Apesar de ser um texto resumido, ele deve ter um sentido próprio; é preciso que o leitor não tenha de consultar o Apêndice para entender a situação atual de mercado, que é, essencialmente, uma visão resumida da análise de mercado, pois dá uma visão geral da situação atual e alguns detalhes sobre as questões prioritárias.

Situação atual de mercado é a seção do plano de marketing que traz as questões-chave de mercado, sendo considerada uma visão resumida da análise de mercado.

A redução de todos os dados coletados e das análises em apenas uma seção requer capacidade de focalizar, sintetizar e estabelecer prioridades. Esta é a razão pela qual este é um processo valioso. Uma coisa é coletar e analisar informações isoladas, mas o ato de sumarizá-las numa unidade coesa obriga a equipe de marketing a aprofundar sua análise geral.

Esta seção, referente à análise da situação atual de mercado, deve começar o trabalho de persuasão do plano de marketing. As estratégias e os objetivos devem enunciar de maneira lógica as questões levantadas nesse resumo. É essa seção que fornece a base a partir da qual o resto do plano será lido e avaliado. Se a seção levanta questões de novas tecnologias, estas devem ser tratadas no restante do plano. Por outro lado, se o plano focaliza a aplicação de novas tecnologias, mas estas não são identificadas na situação atual de mercado, será mais difícil justificar essas estratégias do que se os desafios e as oportunidades de novas tecnologias tivessem sido introduzidos na seção que trata da situação atual do mercado.

17.5.3 OBJETIVOS

Uma vez que a situação atual de mercado tenha sido revisada, a equipe de marketing deve decidir como irá reagir a ela. Esta é a etapa que desenvolve os **objetivos** do plano de marketing, para a qual costuma haver duas abordagens. Em algumas empresas, a equipe de marketing começa com um objetivo geral que desenvolve como a sua própria meta ou que é fornecido a ela pela alta gerência. Desse objetivo geral (por exemplo, um aumento de participação de mercado para 35% ou um aumento de 10%

Objetivos é a seção do plano de marketing que define de que forma a empresa reagirá ao mercado.

da receita de vendas), a equipe de marketing desenvolve estratégias para alcançar objetivos específicos. Em outras empresas, a equipe de marketing começa por considerar os vários recursos e ferramentas disponíveis (por exemplo, nosso orçamento é R$ 400 mil e nossa prioridade são os canais de distribuição) e, então, cria objetivos específicos baseados no impacto que espera causar. Em qualquer um dos dois casos, o importante não é definir o que vem primeiro, mas sim que ambos devem acontecer de maneira inter-relacionada, lógica e prática.

Os objetivos de um plano de marketing estão sempre relacionados com o lucro, a não ser que se trate de uma organização não governamental ou pública. Os acionistas estão no negócio para ganhar dinheiro; então, um objetivo que tão somente *mencione* o lucro não é suficiente. A questão que deve ser tratada, por meio dos objetivos do plano de marketing, é como obter lucros. Os objetivos de marketing explicam a maneira como o marketing vai contribuir para o resultado da empresa. Por exemplo, os objetivos devem ser o aumento da participação de mercado, a redução de despesas, o aumento de vendas ou, ainda mais especificamente, a atração de novos consumidores de um segmento específico do mercado, o aumento da experimentação do produto, o aumento da lembrança de marca, entre outros. Os melhores objetivos são os específicos e mensuráveis, como "aumento da participação de mercado em 10%", em vez de "aumento da participação de mercado". Os objetivos devem também estar focalizados nos resultados e não no processo; por exemplo, "aumentar a lembrança de marca para 50%" é melhor do que "45 comerciais de televisão no horário nobre".

Diretrizes similares são aplicadas para os objetivos de marketing de organizações sem fins lucrativos. Ainda que não necessariamente meçam os seus resultados em termos financeiros (com exceção de suas atividades de levantamento de fundos), elas podem e devem medir seus resultados em termos práticos. Quantas pessoas a organização não lucrativa pretende alimentar? Que percentagem de adolescentes usará preservativos? Quantos adultos estarão alfabetizados até o final do ano? Os objetivos para as organizações não lucrativas podem ser específicos, mensuráveis e focalizados em resultados. Perceba que o objetivo não era quantos adolescentes terão aulas sobre sexo seguro, mas quantos terão um comportamento seguro em relação ao sexo. As organizações não lucrativas, algumas vezes, se concentram nas atividades e esquecem que são as atividades de seus clientes (o seu comportamento) que são, geralmente, o objetivo final. Por meio do foco nos resultados comportamentais, as organizações sem fins lucrativos são mais capazes de fazer o elo crucial entre as suas atividades e os resultados sociais desejados. Ou, ainda, elas podem perceber que esse elo não está acontecendo e que precisam reavaliar os métodos utilizados para atingir as suas metas. Nenhuma organização sem fins lucrativos existe para dar aulas como lazer puro, mas para alfabetizar as pessoas. Por que medir o desempenho por meio de quantas aulas são ministradas? O objetivo deveria ser quantas pessoas são alfabetizadas.

Os objetivos podem ter de ser revisados e reescritos muitas vezes no processo de elaboração de um plano de marketing. Objetivos que pareciam razoáveis hipoteticamente podem ter de ser revisados quando as limitações de orçamento são consideradas. Ou, ainda melhor, as estratégias podem ser tão fortes que os objetivos iniciais parecem fáceis e podem ser revisados para aumentar o desafio. Em qualquer um dos casos, apenas escrever os objetivos não quer dizer que essa seção do plano de marketing esteja concluída. O desenvolvimento do plano de marketing é um processo recursivo, e os objetivos podem precisar ser escritos e reescritos à medida que o restante do plano é desenvolvido.

17.5.4 ESTRATÉGIAS

As **estratégias** correspondem à maneira como a equipe de marketing vai atingir os objetivos do plano. As estratégias estão relacionadas a fazer escolhas; por exemplo, de um número quase ilimitado de possibilidades, a estratégia identifica qual será a mais eficaz para a empresa, nesse determinado momento. As estratégias aplicam as variadas ferramentas de marketing para a situação de marketing específica e atual. As estratégias e as ferramentas de marketing foram abordadas nos capítulos anteriores deste livro. Com uma combinação de estratégias e ferramentas, a equipe de marketing tem uma imensa gama de ações que pode escolher para ganhar vantagem competitiva e lucro.

Estratégia é a seção do plano de marketing que traz a maneira como a equipe de marketing vai atingir os objetivos do plano.

Assim como os objetivos, as estratégias podem ter de ser revisadas e reescritas diversas vezes no desenvolvimento do plano de marketing. Essa etapa é o momento de considerar várias alternativas, bem como seus custos e benefícios. Qualquer mudança numa pequena parte do plano de marketing levará a ajustes em outras partes. A equipe de marketing pode até ter de voltar aos dados e às análises iniciais para determinar qual combinação estratégica é adequada para atingir os objetivos desejados. Ela pode achar que não tem todas as informações de que precisa para tomar a decisão; pode ser melhor voltar atrás e buscar mais dados ou dados mais específicos, relacionados com as alternativas que estão sendo consideradas.

É importante não ter pressa na elaboração da estratégia do plano de marketing, mas utilizar esse processo para desenvolver soluções criativas e avaliar alternativas. As melhores estratégias, provavelmente, não serão as primeiras colocadas no papel. As que formarão a estrutura do plano final serão aquelas que destacarem as forças do produto, enfrentarem efetivamente a concorrência, atenderem às necessidades do público-alvo e derem lucro para a empresa, com um investimento razoável de dinheiro e esforço. O desenvolvimento de estratégias que fazem tudo isso exige muita reflexão e imaginação criativa.

Essas estratégias devem ser justificadas no plano final. Por que estas e não outras? Como esses planos ocupam a situação de mercado atual? Por que esses planos atingem os seus objetivos? Como o plano de marketing é um documento persuasivo, utilizado para assegurar recursos e conseguir a cooperação da gerência e dos funcionários da área de marketing, as estratégias devem ser acompanhadas de explicações precisas. Os argumentos devem ser lógicos, razoáveis e baseados nas descobertas de pesquisa da análise de mercado. Não é suficiente ter uma ideia excelente; a estratégia tem de ser justificável.

Entre as primeiras decisões estratégicas que devem ser tomadas estão aquelas referentes ao mercado-alvo e ao posicionamento de mercado. Que consumidores devem ser considerados? É importante ajustar os benefícios do produto aos interesses e à renda dos consumidores, e considerar também quem são os consumidores nos quais a concorrência está focando seus esforços e como ela está fazendo isso. Deve haver uma boa razão para escolher um grupo entre outros. O posicionamento está relacionado ao público-alvo e às ações da concorrência em relação a ele. Que imagem o produto ou a marca podem criar para o público-alvo para fazer com que o produto ou a marca se diferenciem do da concorrência? As demais decisões estratégicas serão afetadas pela escolha do mercado-alvo e do posicionamento. Mas, novamente, o processo é recursivo, e o mercado-alvo do plano final pode não ter sido o primeiro a ser considerado.

Os quatro Ps (produto, preço, [ponto de] distribuição e promoção) devem ser considerados. São as ferramentas básicas da estratégia de marketing. As informações que constam nos capítulos deste livro podem ser aplicadas no desenvolvimento de estratégias que atingirão resultados positivos.

Da mesma forma como cada uma das seções discutidas até o momento, as estratégias podem precisar ser trabalhadas e retrabalhadas. Cada uma afetará as outras; então, elas devem ser coordenadas para serem mais efetivas. Elas devem também se ocupar da situação de mercado atual e responder às descobertas realizadas nas pesquisas. As opções devem ser avaliadas utilizando cenários otimistas e pessimistas, considerando condições de mercado distintas e as reações dos concorrentes. Planos de contingência também devem ser desenvolvidos com os planos iniciais. Se a equipe de marketing não tiver informações suficientes para se decidir entre as diversas opções, ela pode precisar de mais pesquisas para ajudá-la a escolher. Na verdade, se as necessidades de pesquisa são enormes, como em situações em que o departamento de marketing considera mudanças radicais, como a introdução de novas marcas ou produtos, a estratégia deve incluir pesquisas adicionais como uma parte do plano, de maneira tal que os resultados possam direcionar os planos futuros.

17.5.5 IMPLEMENTAÇÃO

Implementação é a seção do plano de marketing que traz o roteiro de ação no plano terminado, funcionando como um "teste da realidade" do processo.

A seção de **implementação** de um plano de marketing serve como um roteiro de ação no plano terminado e como um "teste da realidade" no processo. Como guia de ação, a equipe de marketing saberá quem é responsável pelo quê, com quais prazos e com quais recursos. São os detalhes de como fazer que transformam as diretrizes estratégicas em ações. Como um "teste da realidade", quando essa seção do plano é escrita, ela deve esclarecer alguns problemas com a estratégia. Por exemplo, definindo o prazo de cada etapa, pode ficar claro que o plano não pode ser concluído no prazo previsto. Ou, com a preparação de um orçamento detalhado, a equipe de marketing pode perceber que algumas atividades terão de ser excluídas ou reduzidas. Pode ser necessário voltar alguns passos e revisar os objetivos ou estratégias, para ter certeza de que eles são razoáveis, dado o orçamento e os recursos da empresa.

Na seção do plano de marketing que trata da implementação, há, geralmente, seções que lidam com o orçamento e com os recursos humanos. A parte do orçamento deve apresentar os custos e benefícios em termos financeiros.

Cada atividade deve estar ligada ao seu custo estimado. Deve haver também um custo total estimado e uma previsão de vendas geral. Essa seção deve mostrar uma análise de ponto de equilíbrio, para os cenários otimista e pessimista, bem como as projeções de lucros e perdas. Os demonstrativos financeiros podem mostrar os desempenhos passados, assim como projeções futuras, além do período do plano em si, mas devem sempre incluir os demonstrativos financeiros que estão diretamente relacionados ao plano. Essa seção financeira é crucial para determinar se o plano é financeiramente possível e lucrativo. Algumas vezes, é difícil medir o resultado financeiro de uma estratégia, como melhorar a imagem da marca. Mas, considerando que o objetivo final de um negócio seja o lucro, deve haver alguma relação entre o aprimoramento da imagem e o resultado da empresa. Para as organizações sem fins lucrativos, a relação é entre a melhoria da imagem e os resultados práticos desejados; os custos serão considerados em relação aos benefícios sociais e não aos lucros financeiros.

Na questão dos recursos humanos, a seção do plano que trata da implementação deve identificar pessoas ou departamentos que serão responsáveis por atuar nas estratégias e alcançar os objetivos. Esta é, geralmente, uma boa ocasião para um gráfico que mostre um prazo para cada atividade e quem é o responsável por ela. Essa seção pode ser organizada por datas. Por exemplo: em março, a equipe de vendas deve ser treinada e a agência de publicidade deve ser contratada; em abril, a equipe de vendas deve fazer contatos importantes e a agência deve apresentar a sua proposta. Ou, ainda, por tarefas ou unidades funcionais. Por exemplo: a equipe de vendas deve ser treinada em março e fazer contatos importantes em abril; a área de propaganda deve contratar a agência em março e revisar as propostas em abril. Essa seção também pode ser organizada por pessoas, relacionando cada profissional às suas responsabilidades. O fundamental é que cada estratégia do plano seja desmembrada em atividades e que cada atividade tenha um orçamento, um profissional responsável e um prazo. Mesmo pequenas empresas, com apenas uma ou duas pessoas na área de marketing, precisam desses detalhes como um "teste da realidade" e um roteiro operacional.

O último detalhe da seção referente à implementação é frequentemente chamado de avaliação ou controle. Ele é necessário para acompanhar o progresso e para medir o desempenho alcançado. Como os outros assuntos relacionados à implementação, a avaliação e o controle devem ser detalhados com orçamento, responsáveis e prazos para as ações. É muito importante realizar, constantemente, pequenas verificações, em vez de esperar o grande relatório anual de final de ano. Essa seção pode especificar, por exemplo, que o responsável envie a cada mês um relatório por escrito com o progresso da atividade. Ou pode requerer uma reunião semanal com os profissionais que estão trabalhando em cada tarefa, para relatar o progresso e discutir problemas. Isso evita pequenos atritos e preocupações diárias que possam desviar a equipe de seu objetivo principal, que é seguir o seu plano estratégico e progredir rumo ao alcance de seus objetivos.

Além das medidas de progresso, da avaliação e do controle, também existem as medidas de desempenho, as quais devem ser apropriadas aos seus objetivos. Se o objetivo era 25% de participação de mercado, que informações serão utilizadas para determinar essa participação? Se o objetivo era atingir 75% de lembrança de marca, como ela será medida, por quem e quanto custará? Se o objetivo não era de vendas, dados de vendas não devem ser uma medida de desempenho. Novamente, nessa fase do plano, a equipe deve repensar os seus objetivos e ter certeza de que eles serão valorizados pela empresa e contribuirão para os objetivos dela.

17.5.6 RESUMOS

Resumo é a seção do plano de marketing que apresenta uma descrição breve do plano, fornecendo as informações mais importantes de forma sintética e fácil de ler.

Os **resumos** são descrições sintetizadas do plano de marketing que fornecem as informações mais importantes numa seção breve e fácil de ler. Se uma pessoa dispõe de apenas cinco minutos, ela vai conseguir ler o resumo e conhecer o plano básico. Os resumos devem ser suficientemente completos para serem compreendidos sem a necessidade de explicações adicionais. Os resumos costumam ser lidos para avaliar ou filtrar; se o plano descrito neles parece satisfatório, o leitor buscará os detalhamentos no resto do plano. Já que a avaliação inicial pode determinar se o restante do plano será lido, é crítico que os resumos sejam redigidos para serem coerentes e persuasivos. Devem fornecer os objetivos e as estratégias básicas do plano com os argumentos mais fortes que o sustentam, os quais devem estar relacionados com resultados de pesquisas e análises da situação de mercado atual e explicar por que esse plano vai funcionar nessas condições. Os resumos também devem destacar os resultados positivos e lucrativos que são esperados desse plano. O resumo, que deve ser específico e não geral, tem de responder a três perguntas: o que será feito, por que e com quais resultados.

O resumo é praticamente a última parte do plano de marketing a ser redigida, no qual todo o trabalho desenvolvido nas outras seções do plano é refinado e concentrado. Apenas as questões mais importantes sobre a situação atual, as decisões estratégicas críticas e os argumentos mais fortes devem ser incluídos. Os objetivos, que foram minuciosamente analisados e refinados, são incluídos como resultados esperados. Esta é a parte mais importante do resumo: como a empresa se beneficiará seguindo esse plano.

O processo de redação do resumo é uma boa verificação da qualidade do plano. Se a equipe de marketing tem dificuldades para identificar as razões que a levam a seguir o plano, ela deve voltar às seções iniciais e verificá-las. Ela pode precisar revisar as suas análises iniciais e ter certeza de que o plano está adaptado à situação de mercado e aos pontos fortes da empresa. Se a equipe tem dificuldades para escrever a essência do plano em uma frase curta, então deve voltar atrás, priorizar e refinar o seu foco.

Planos longos terão dois resumos, ao passo que planos curtos terão apenas um. O **resumo executivo** está localizado no início do relatório, onde é fácil de ser encontrado. Como a primeira cena de um filme, ele prepara o leitor para o restante da apresentação. Diferentemente de um filme, ele também cobre os principais pontos da trama e conta como a história termina. Para a maior parte do plano, cada seção deve ter o tamanho necessário para fornecer as informações e suprir as necessidades de cada empresa. Entretanto, um resumo executivo deve sempre ser breve. Uma página é a norma e duas páginas é o limite absoluto. Em relatórios longos, um **resumo final** também é incluído na última seção. Ele pode ser mais longo do que o resumo executivo, fornecendo mais detalhes e explicações mais completas. Mas o resumo final também deve cobrir os pontos importantes do plano inteiro num formato condensado, deve ser compreensível para qualquer pessoa que somente o leia e deve dar argumentos fortes e focalizar em resultados positivos.

17.5.7 PÁGINAS DE APRESENTAÇÃO

As **páginas de apresentação** não fornecem informações sobre a situação ou estratégia de marketing, mas informações sobre o relatório em si. Elas ajudam o leitor a entender o conteúdo do plano de marketing e a encontrar no plano o que ele deseja. Apesar de ser a primeira a ser lida, a seção de apresentação é a última a ser redigida, porque faz referência ao conteúdo geral do plano de marketing.

Páginas de apresentação fazem parte da seção do plano de marketing que traz informações sobre o relatório em si, ajudando o leitor a entender o conteúdo do plano de marketing e a encontrar o que deseja.

A folha de rosto com o título é a primeira coisa que o leitor verá no plano de marketing. Em documentos mais informais, ela serve como capa; em documentos formais, ela será a primeira página após a capa. A folha de rosto deve conter o nome e o cargo da pessoa responsável pela sua apresentação. Num grande departamento de marketing, possivelmente muitas pessoas ajudam na elaboração do plano, mas o nome impresso na folha de rosto é o do executivo responsável pelo produto final. A folha de rosto deve conter ainda a data em que o documento foi submetido (se for uma proposta), ou a data em que se tornou um documento corporativo oficial e um título, o qual deve definir, especificamente, o escopo do relatório (produto, marca ou empresa que ele engloba e período que abrange).

A introdução do plano de marketing é outra parte importante, apesar de ser relativamente curta. A **introdução** é a primeira seção no corpo do relatório. O seu propósito é especificar o que é ou não abordado no relatório, fornecer o contexto e explicar ao leitor como está organizado.

Introdução é a primeira seção no corpo do relatório com o objetivo de especificar o que é ou não abordado nele, fornecer o contexto e explicar ao leitor como o relatório está organizado.

A introdução deve incluir um pouco do contexto do plano, que pode consistir de uma história breve do produto ou de alguns aspectos do plano de negócio corporativo relacionados ao plano de marketing. Essa introdução pode explicar por que um novo produto foi desenvolvido ou algo sobre a situação de mercado que influencia o restante do relatório. Essa informação é incluída para orientar o leitor em relação ao material que ele vai ler no relatório, mas não é um resumo do relatório. Ele é feito para os leitores que não conhecem o produto ou a marca ou precisam ser lembrados deles.

A introdução deve ainda especificar claramente o escopo do relatório. O título é uma versão curta dele, e deve ser escrito também na introdução. Deve especificar se o plano de marketing vai cobrir todo o marketing de todos os produtos da empresa ou somente uma linha de produtos. A introdução deve deixar claro se o plano de marketing não aborda todas as atividades planejadas do departamento de marketing, talvez apenas a estratégia de promoção ou a de entrada num novo país. Ela deve também explicar onde o resto da estratégia de marketing pode ser encontrado (por exemplo, remeter o leitor ao plano de marketing do ano anterior) e assegurar ao leitor que essa parte se coordena com o resto do plano de marketing (é o que deve ocorrer). Explicando claramente o escopo do relatório na introdução, o leitor pode saber imediatamente se contém a informação que ele deseja, o que evitará que leia o relatório inteiro e sinta que ele estava incompleto.

Outra parte da introdução que ajuda a orientar os leitores é a rápida apresentação de como o relatório foi organizado e o que o leitor vai encontrar no seu conteúdo. Isso também ajuda a alinhar as expectativas do leitor com o que ele vai encontrar no relatório. Com essa descrição escrita, especialmente em planos de marketing mais longos, um índice ou sumário pode ser também necessário. Ele consiste em uma lista de títulos de seções e de apêndices, com os números de página referentes. Também em planos longos, uma lista de tabelas pode ajudar o leitor a encontrar facilmente as estatísticas e os números de que precisa. A introdução, a folha de rosto e o índice fornecem o objetivo, o contexto e a organização, preparando o leitor para o restante do relatório e ajudando-o a utilizá-lo de maneira eficiente.

17.6 EXEMPLOS DE ESTRUTURAS DE PLANOS DE MARKETING

Os planos curtos, menos formais, são geralmente compostos de:

- folha de rosto;
- resumo executivo;
- introdução;
- situação de mercado atual;
- objetivos;
- estratégias;
- demonstrativos financeiros;
- implementação/plano de ação;
- avaliação/controle;
- apêndices.

A maioria dos planos longos ou formais conta com:

- capa;
- folha de rosto;
- resumo executivo;
- sumário;
- lista de tabelas e quadros;
- introdução;
- situação de mercado atual;
- objetivos gerais;
- objetivos para o produto/marca A;
- estratégias para o produto/marca A:
  - a) mercado-alvo para o produto/marca A;
  - b) posicionamento para o produto/marca A;
  - c) definição de produto para o produto/marca A;
  - d) preço para o produto/marca A;
  - e) ponto de venda para o produto/marca A;
  - f) promoção para o produto/marca A;
  - g) pesquisa para o produto/marca A;
- objetivos para o produto/marca B;
- estratégias para o produto/marca B:
  - a) mercado-alvo para o produto/marca B;

b) posicionamento para o produto/marca B;
c) definição de produto para o produto/marca B;
d) preço para o produto/marca B;
e) ponto de venda para o produto/marca B;
f) promoção para o produto/marca B;
g) pesquisa para o produto/marca B;
• demonstrativos financeiros gerais:
a) para o produto/marca A;
b) para o produto/marca B;
• implementação/plano de ação:
a) para o produto/marca A;
b) para o produto/marca B;
• avaliação/controle:
a) para o produto/marca A;
b) para o produto/marca B;
• resumo final;
• apêndices.

RESUMO

O plano de marketing é um documento formal do planejamento estratégico utilizado para direcionar e coordenar o trabalho, prestar contas à alta direção, obter recursos e incentivar parcerias com investidores e outras empresas. É um documento que desempenha as funções de roteiro, relatório e ferramenta de persuasão.

Os planos de marketing definem estratégias com fundamento em análises das condições básicas de mercado que afetam o setor em que a empresa atua, focalizando claramente seus esforços em prioridades que agregam valor à empresa. Observe que o plano não é uma análise, mas é baseado numa análise.

É importante que o plano de marketing seja bem organizado, claro, completo, coerente, honesto, racional, persuasivo e atual.

Os planos devem estar orientados de maneira coerente com as estratégias gerais da empresa e, por isso, devem ser revisados regularmente.

As seções de um plano de marketing incluem páginas de apresentação, descrição geral da situação atual de mercado, objetivos, estratégia, implementação, análises e resumos.

As análises focalizam, priorizam e aplicam as informações às necessidades atuais de marketing da empresa.

A situação atual de mercado é uma visão resumida da análise de mercado e fornece detalhes sobre as questões prioritárias.

Os objetivos de marketing explicam a maneira como o marketing vai contribuir para o resultado da empresa.

As estratégias correspondem à maneira como a equipe de marketing vai atingir os objetivos do plano.

A seção de implementação engloba o orçamento, os recursos humanos e a avaliação e o controle.

O resumo — seção muito importante, que costuma ser lida com mais frequência — apresenta a descrição sintetizada do plano de marketing, respondendo basicamente a três perguntas: o que será feito, por que e com quais resultados.

Termos e Conceitos Importantes

Análises
Descrição geral da situação atual de mercado
Estratégias
Implementação
Introdução
Objetivos
Páginas de apresentação
Plano de marketing
Resumos

QUESTÕES PARA REVISÃO E DISCUSSÃO

1. Discuta o propósito de um plano de marketing.
2. Por que é importante manter o plano de marketing como registro histórico?
3. Comente a função persuasiva do plano de marketing.
4. Que características um plano de marketing deve apresentar?
5. O plano de marketing pode ficar desatualizado? Explique.
6. A redação de um plano de marketing é um processo linear? Justifique sua resposta.
7. Descreva as seções que um plano de marketing deve incluir.

8. Por que as informações e as análises de sustentação devem ser incluídas no apêndice e não no corpo do plano?
9. Sabemos que os objetivos de um plano de marketing estão relacionados com o lucro, a não ser que se trate de uma organização não governamental ou pública. Como organizações sem fins lucrativos podem definir objetivos de marketing específicos e mensuráveis?
10. Por que é importante que as estratégias do plano de marketing sejam justificadas?
11. Qual o papel da função *controle* na seção de implementação?
12. O que é resumo executivo?
13. Comente a estrutura formal de organização de planos de marketing.

RESOLVENDO UM CASO

PLANEJAMENTO E ESTRATÉGIAS DO MERCADO DE BISCOITOS NO BRASIL

A disputa pelo mercado de biscoitos no Brasil é muito acirrada. Os biscoitos São Luiz, sob o guarda-chuva da Nestlé, lideram o mercado, à frente de 260 empresas, o que gera um consumo de 150 mil toneladas de biscoitos.

Em 1994, a Danone começou a atuar nesse mercado, diversificando sua linha de produtos, cujo carro-chefe, há mais de 30 anos, são os produtos lácteos.

Analisando o mercado de biscoitos, a Danone vislumbrou uma oportunidade de expansão e crescimento e passou a operar em todo o território nacional.

As estratégias utilizadas pela empresa foram entrar no mercado utilizando o próprio nome Danone e concentrar esforços em três marcas de biscoitos. A Danone adquiriu o controle acionário de A Campineira, fabricante dos biscoitos Triunfo, e também se associou à empresa Aymoré.

O resultado dessa estratégia é que, em apenas um ano de operação, a empresa detinha 6,5% de participação de mercado e seu faturamento havia crescido 27%.

Os consumidores estão sendo beneficiados com essa competição de alto nível no mercado nacional. Há oferta de uma gama de produtos de boa qualidade e empresas procurando ganhar espaço nesse mercado competitivo.

Para manter ou elevar a posição em um mercado tão disputado como esse, é importante que as empresas tenham definidas suas estratégias e seus planos de ação, realizados a partir de um bom planejamento de marketing. Afinal, outras empresas podem estar analisando esse mercado e se preparando para entrar nessa concorrência.

Fonte: Edilson Coelho. Danone busca liderança da área de biscoitos. *O Estado de S. Paulo,* 29 mar. 1999.

PERGUNTAS

1. Descreva a situação atual do mercado de biscoitos no Brasil.
2. Que fatores, em sua opinião, influenciam a alta competitividade do mercado de biscoitos em nosso país?
3. Em sua opinião, que estratégias a Danone deveria adotar neste momento, para assegurar sua crescente participação de mercado?

Explore mais

www.nestle.com.br; www.danone.com.br; www.aymore.com.br.

ELABORANDO UM PROJETO

REFLETINDO SOBRE PLANO DE MARKETING

Suponha que você é um profissional de marketing de uma empresa tradicional de um setor específico. A empresa em que você trabalha apresenta uma cultura conservadora de gestão e vem perdendo mercado devido à falta de inovação e à excessiva aversão ao risco.

Você percebe uma oportunidade de mercado para os produtos da empresa que envolve o lançamento de um produto pouco usual e pouco explorado pelo mercado. Para persuadir a diretoria, você deverá apresentar um plano de marketing para fundamentar a sua proposta.

Antes de iniciar a confecção do plano, você deverá refletir sobre aspectos que serão discutidos em cada seção do plano, descrevendo os tipos de informações necessárias para realizar as análises e as bases requeridas para orientar a definição de objetivos e planos de ação.

Para esse projeto, você não deverá elaborar o plano de marketing completo, mas apenas avaliar pontos relevantes que serão abordados em cada tópico para fundamentar o início da confecção do plano.

Você deverá descrever a inovação de produto ou serviço que está recomendando para a empresa. Que tipo de inovação você sugere? Produtos de higiene oral para animais? Carros com pneus coloridos? Variação de sabor de adoçantes? Um canal de televisão exclusivo para novelas brasileiras?

Capítulo 18

Avaliação do Desempenho Estratégico em Marketing

Marcos Henrique Nogueira Cobra

VISÃO GERAL DO CAPÍTULO

Este capítulo introduzirá a discussão de questões relacionadas à avaliação do desempenho estratégico em marketing. No início do capítulo, apresentaremos os desafios externos e internos que permeiam o cotidiano das organizações. Discutiremos a necessidade do redirecionamento de marketing, a partir da adoção de novas estratégias de comunicação, segmentação e orientação para a equipe de vendas. Nessa parte do capítulo, discutiremos esses fatores com enfoque sobre a realidade brasileira. Contextualizaremos a importância da concorrência no progresso organizacional e introduziremos alguns modelos de avaliação de competitividade. Em seguida, apresentaremos o conceito de valor para avaliação de desempenho das empresas. Finalmente, apresentaremos a análise que deve ser feita com canais e consumidores, bem como uma lista de verificação para avaliação da capacidade competitiva das organizações.

OBJETIVOS DO CAPÍTULO

Depois de concluir este capítulo, você será capaz de:

1. identificar os desafios ambientais externos e internos à organização;
2. discutir aspectos do redirecionamento de marketing, trazendo-os à realidade brasileira;
3. contextualizar a importância da concorrência para o progresso empresarial;
4. explicar os modelos de avaliação de competitividade;
5. discutir o conceito de valor e valor percebido na avaliação de desempenho organizacional;
6. utilizar uma lista de verificação (*checklist*) para avaliação da capacidade competitiva.

18.1 INTRODUÇÃO

"O passado muitas vezes é responsabilizado pelos equívocos do presente. A preocupação com o futuro é a justificativa para a pressa e os atropelos..."[1]

A área de negócios exige hoje das empresas uma transparência cristalina de seus desempenhos, dos recursos alocados e dos resultados alcançados.

Muitas obras abordam a busca do desempenho organizacional de uma forma evolucionária, mas poucos livros são efetivamente revolucionários. A maioria dos livros repete o que existe de conhecimento dentro do atual estágio do mundo dos negócios.

Enquanto o mundo passa por uma revolução cultural, pode-se observar que o mercado está cada dia mais carente de soluções inovadoras, para atender consumidores cansados dos produtos e serviços atuais.

O que o empresário brasileiro e os executivos em geral querem é, aparentemente, tornar as empresas mais competitivas e ganhar dinheiro. E isso implica entender que "uma boa maneira de ganhar dinheiro é deixar de perder", segundo o comandante Rolim Amaro, fundador da TAM Linhas Aéreas. Para que os resultados alcançados em marketing possam ser devidamente valorizados, é preciso compreender a eficácia de certos eventos externos e internos, ou seja, é preciso avaliar a atividade mercadológica como uma maneira de alcançar os objetivos estratégicos e evitar gastos desnecessários ou inadequados.

18.1.1 DESAFIOS EXTERNOS

Externamente, é necessário entender de que maneira a economia afeta os negócios da empresa e influencia o comportamento de diversos mercados e de que maneira as empresas podem se prevenir ou mesmo tirar proveito de tais acontecimentos.

Por exemplo, a economia mundial regula-se pelos humores da economia do "Tio Sam". Aparentemente, os Estados Unidos desenvolveram a economia da opulência e jogaram muito dinheiro no desenvolvimento de produtos de alto valor agregado, enquanto os japoneses se concentraram em produtos com valor agregado menor e de melhor qualidade. Por outro lado, o patamar salarial norte-americano é mais elevado do que os patamares de salários japoneses e europeus, o que torna seus produtos mais caros e, portanto, menos competitivos. Mas a força de consumo de um mercado de mais de 250 milhões de pessoas com elevado poder aquisitivo estabelece uma atratividade irresistível para produtos de todo o mundo. É o domínio pela força de consumo...

18.1.2 DESAFIOS INTERNOS

Internamente, as empresas precisam desenvolver parâmetros que permitam aferir o seu grau de competitividade e sua eficiência operacional, para vencer as mais diversas turbulências ambientais.

[1] SILVA, Luiz Maurício de Andrade da. *Instrumentalização do planejamento estratégico:* aplicação no setor aeroviário comercial brasileiro. 2001. Tese (Doutorado em Administração) — Faculdade de Economia e Administração, Universidade de São Paulo, São Paulo.

Partindo do pressuposto de que as organizações globais já encontraram respostas para os desafios ambientais externos e internos, procuramos concentrar o escopo deste capítulo naquelas empresas que ainda estão em busca de um referencial estratégico. Esta parte pretende auxiliar o executivo de marketing na sua reflexão acerca da qualidade e eficácia do desempenho da sua empresa.

Figura 18.1
Passos para a avaliação do desempenho estratégico

Figura 18.2
Etapas do exercício de autodiagnóstico para aferir o desempenho em marketing

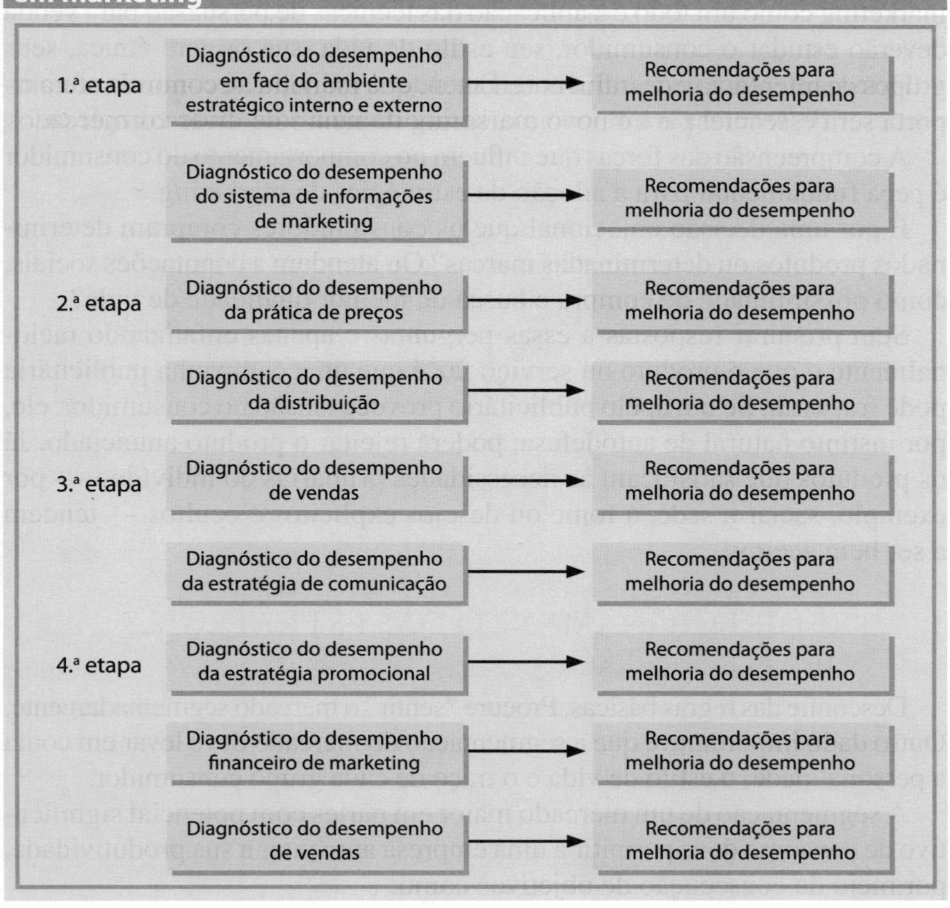

18.2 O REDIRECIONAMENTO DO MARKETING

As preocupações com o meio ambiente fazem com que os consumidores alterem com frequência os seus padrões de consumo. Por outro lado, estruturas organizacionais inadequadas levaram e estão levando muitas empresas ao fundo do poço. As estruturas superdimensionadas, uma sociedade centrada no mercado globalizado e a falta de identificação das novas necessidades de consumo são alguns dos desafios para o redirecionamento do marketing.

A má distribuição de renda no país e a globalização, a sucessão de diversas turbulências e o agravamento da crise social, com qualificação profissional inadequada aos novos tempos, baixos níveis de escolaridade, escassez de novas oportunidades de emprego etc., tudo isso, entre outros fatores, significará a necessidade de coragem para adaptar forças e moldar um novo e verdadeiro marketing, em que as decisões acerca de produtos e serviços deverão levar em conta, cada vez mais, a nova realidade do consumidor brasileiro, sobretudo o de baixa renda — e não mais se centrar apenas no mercado de alta renda.

18.2.1 REDIRECIONAMENTO DAS ESTRATÉGIAS DE COMUNICAÇÃO

As campanhas publicitárias desvinculadas da realidade do comportamento do consumidor certamente são arriscadas. A formulação da estratégia de marketing como um todo e a aplicação das técnicas de persuasão para venda deverão estudar o consumidor, seu estilo de vida, sua origem étnica, seus grupos de referência e de influência. Entender o indivíduo e como ele se comporta será essencial para o novo marketing de uma sociedade complexa.

A compreensão das forças que influem no comportamento do consumidor é peça fundamental para a adoção de estratégias de marketing.

É por uma decisão emocional que os consumidores compram determinados produtos ou determinadas marcas? Ou atendem a conotações sociais, como possibilidade de compra e busca de melhor qualidade de vida?

Sem procurar respostas a essas perguntas e apenas enfatizando racionalmente o que o produto ou serviço faz é que uma campanha publicitária pode fracassar. Se um apelo publicitário provoca tensão no consumidor, ele, por instinto natural de autodefesa, poderá rejeitar o produto anunciado. Já os produtos que satisfaçam às necessidades primárias do indivíduo — por exemplo, saciar a sede, a fome ou desejos explícitos e ocultos — tendem a ser bem aceitos.

18.2.2 REDIRECIONAMENTO DAS ESTRATÉGIAS DE SEGMENTAÇÃO

Desconfie das regras básicas. Procure "sentir" o mercado segmentadamente. Outro dado importante é que a segmentação do mercado deve levar em conta a personalidade, o estilo de vida e o traço de cada grupo consumidor.

A segmentação de um mercado maior em partes com potencial significativo de consumo deve permitir a uma empresa aumentar a sua produtividade, por meio da consecução de objetivos como:

- aumentar a participação de mercado em segmentos de potencial de consumo interessantes;
- exercer um esforço concentrado de marketing e avaliar os resultados com maior facilidade, além de minimizar recursos físicos, financeiros e humanos;
- facilitar a concentração do esforço de vendas e de distribuição nos segmentos-chave;
- diminuir sensivelmente os investimentos em publicidade e promoção de vendas, antes pulverizados, e concentrá-los em mercados menores;
- aumentar a lucratividade e a imagem da empresa nos segmentos-chave;
- atingir mercados em diversos pontos do país, por meio do correio eletrônico.

Considerando a extensão territorial do Brasil e a amplitude de mercado existente, fica fácil entender a importância da segmentação como instrumento de busca de nichos de mercado, que, por exemplo, poderão estar na adequação de produtos e serviços à mulher, que representará, até 2005, mais da metade da população economicamente ativa (PEA), ou à população de baixa renda (até três salários mínimos), que está ao redor de 71,3% da PEA. É nítida a tendência de substituição de produtos de maior valor agregado.

18.2.3 REDIRECIONAMENTO DA EQUIPE DE VENDAS

Moldar uma nova e poderosa equipe de vendas, preparada para exercer o marketing para seu cliente dentro de sua atividade de vendas, é certamente um dos desafios atuais. A época do vendedor tomador de pedidos, e com ela, também, a era das certezas, acabou. Já não existe a garantia da venda fácil, em que tudo que se produzia era vendido. O mercado mudou, os tempos são outros. O homem deve ser moldado para fazer marketing, para integrar às suas ações de vendas um papel de generalista, de um gerente de território, que venda, cobre, negocie, faça promoção, pesquise, identifique necessidades, saiba prestar bons serviços ao seu cliente e, sobretudo, esteja preparado para propor alternativas de soluções a cada problema cotidiano do seu cliente.

É preciso investir em treinamento e em incentivos para que a tropa de choque seja mais ativa, agressiva e dirigida para resultados mais amplos. Como gerente de conta, o novo vendedor *trade marketing* deve saber agir com conhecimento de marketing e habilidade de vendas.

18.2.4 ASPECTOS NECESSÁRIOS AO REDIRECIONAMENTO DE MARKETING

Com a perda do poder aquisitivo da população em geral, as mudanças de padrão de consumo mostram que é preciso mudar para evitar que produtividade e competitividade baixas corroam as bases das empresas. Os itens a seguir descrevem ações que devem ser consideradas nesse momento de transição.

- Mais do que nunca, é preciso identificar as necessidades latentes e não satisfeitas, quer no consumo de massa, quer no consumo industrial (*business-to-business*).

- É preciso identificar prontamente as mudanças de padrão de consumo domiciliar e industrial que afetarão os negócios da empresa. Se possível, antecipe-se a elas, diferenciando e diversificando produtos e mercado.
- É útil ampliar o conhecimento de marca com os mercados potenciais, tornando tangíveis os aspectos intangíveis de cada marca ou produto.
- É desejável ampliar o conhecimento do produto e, se possível, ampliar o produto, pela anexação de serviços que tornem seu uso mais difuso. O portfólio de produtos da empresa precisa estar permanentemente equilibrado.
- É necessário racionalizar os esforços mercadológicos e de produção para buscar a rentabilidade, não pelo simples aumento do faturamento, mas pela produtividade e pelo poder de mercado.
- É preciso que as empresas entendam que não basta investir em instalações, máquinas e equipamentos, se uma parte do investimento não for direcionada para solidificar posições no mercado por meio do marketing.
- Deve-se ter como lição que é preciso aprender a conviver com as turbulências e com as limitações atuais e saber administrá-las.

Essa situação deve levar as empresas no Brasil a posicionarem melhor seus produtos e serviços no mercado, com objetivos mais realistas e estratégias de marketing baseadas nos perfis de consumo que se renovam. E, sobretudo, deve-se redirecionar o marketing para, respeitando as forças sociais vigentes, proporcionar melhores alternativas de qualidade de vida, voltadas mais para o "ser", valorizando o amar, desejar, dar, mais do que o "ter", o que acarreta a ilusão de que ter é poder e que para serem felizes as pessoas precisam possuir objetos. É o tempo da empresa cidadã, mais responsável socialmente.

18.3 DIAGNÓSTICO DO AMBIENTE ESTRATÉGICO

O diagnóstico do desempenho competitivo da empresa deve levar em conta sua capacidade de manobra em relação aos desafios do ambiente interno perante seus valores, sua missão, o escopo de seu negócio, sua capacidade gerencial, seu poder de mercado, suas sinergias e sua força motriz. Também é preciso considerar sua habilidade em neutralizar o impacto do ambiente externo, representado pela economia, pela tecnologia, pelo governo, pela cultura, pela demografia.

18.4 É PRECISO COMPETIR PARA PROGREDIR

No mundo dos negócios, uma empresa cresce quando consegue descobrir oportunidades raras de mercado. No entanto, ela só consegue se consolidar quando está apta a enfrentar a concorrência.

Arnold Toynbee, historiador inglês, costumava dizer que um povo só se transforma numa raça, numa nação, quando consegue vencer múltiplos desafios internos e externos, por exemplo, uma catástrofe, uma epidemia, uma guerra. Da mesma forma, por analogia, é possível especular que uma empresa só consegue progredir quando tem maturidade e recursos para enfrentar a concorrência e respeitar o meio ambiente e ainda obter vantagens competitivas mensuráveis.

A prosperidade é aliada das empresas orientadas pelo mercado e para o mercado. Mas a prosperidade só é alcançada quando buscada com afinco e competência. As empresas mais competitivas são, em geral, as mais prósperas, e a competitividade depende, em larga escala, da capacidade da empresa em inovar e crescer.

As empresas que proporcionam elevado valor a seus produtos são, em geral, inovadoras e se antepõem aos possíveis e eventuais obstáculos. Já as empresas reativas apenas reagem às turbulências ambientais e à concorrência. As regressivas parecem caranguejos, que ora andam para frente, ora para trás.

Em função das características operacionais, as empresas acabam moldando sucessos ou fracassos. Tudo depende da capacidade de interagir com o ambiente externo, em função da qualidade de seus recursos humanos, financeiros, produtivos e organizacionais.

18.5 MODELOS DE AVALIAÇÃO DE COMPETITIVIDADE

A avaliação da capacidade competitiva de uma organização deve ser um exercício permanente. Uma acomodação, por mais rápida que seja, pode ser desastrosa. As mutações ambientais e organizacionais são tão frequentes e rápidas que podem tornar regressivas empresas que se consideram proativas.

Os desafios são tão grandes e imprevisíveis que uma decisão tardia pode tornar obsoleto um negócio próspero. Para fazer frente às alterações do ambiente externo e do interno, uma organização precisa moldar um complexo sistema de alarme.

Uma sirene muito forte, com choques elétricos, deveria ser acoplada às cadeiras dos principais dirigentes de uma empresa. A cada momento de acomodação, o sistema de alarme deveria disparar.

Na ausência de recursos tecnológicos para despertar dirigentes sonolentos, os instrumentos de avaliação de competitividade devem ser incorporados à rotina organizacional.

18.5.1 AVALIAÇÃO DO AMBIENTE INTERNO

A análise do poder de competição de uma empresa deve começar por um exercício de auto-avaliação, pois, muitas vezes, o maior inimigo de uma empresa é ela mesma. Com um recurso mal alocado, uma missão equivocadamente definida e estratégias inadequadas, muitas empresas acabam implantando uma filosofia gerencial incoerente e definindo erradamente a natureza do seu negócio. Por isso mesmo, acabam tendo desempenhos insatisfatórios. Para planejar estratégias coerentes que proporcionem vantagens competitivas, uma empresa precisa ter necessariamente bem definidos os parâmetros de:

Missão é uma definição clara do direcionamento do negócio.

Missão. A **missão** é uma definição clara do direcionamento do negócio. Ela deve ser feita a partir de missões econômicas e sociais, que tracem a incumbência e o compromisso das pessoas da organização na busca da sobrevivência e perpetuação que levem ao desenvolvimento do negócio a longo prazo, moldando padrões de excelência que proporcionem, ao mesmo tempo, vantagens competitivas e bem-estar à comunidade em geral.

Sem uma definição clara da sua missão, uma empresa poderá estar perseguindo objetivos sem conexão com a sua razão de ser.

Definição do negócio. Uma empresa sem definição clara do tipo de negócio em que atua pode perder competitividade, em decorrência de uma dispersão de esforços. Qual é o negócio da empresa hoje e qual deverá ser daqui a cinco, dez e quinze anos? O jornal *O Estado de S.Paulo* está no negócio de jornal? No negócio de comunicação? No negócio de informação?

Na atualidade, poder não é mais dinheiro nas mãos de muitos. O poder vem da informação nas mãos de poucos, como diz John Naisbitt. Por isso, o *Estado* deve estar no negócio de informação. Estando no negócio de informação, o jornal pode e deve conceber produtos atualizados para o público comprador de informação e assim ter condições de enfrentar melhor seus concorrentes.

Controlando permanentemente a definição do seu negócio, uma empresa estará mais bem preparada para enfrentar os desafios ambientais e a concorrência em especial.

Recursos necessários. Uma organização é, por certo, mais competitiva se os recursos disponíveis forem adequados ou superarem os da concorrência. Tendo recursos financeiros, tecnológicos e produtivos mais abundantes, uma empresa poderá desenvolver, por exemplo, produtos mais atraentes para oferecer ao mercado, visando a obter diferenciais estratégicos. Com recursos humanos mais qualificados, a empresa estará apta a atender melhor ao mercado do que a sua concorrência. Contudo, não basta ter recursos mais abundantes. É preciso saber administrá-los com mais competência e criatividade. Portanto, avaliar como os recursos estão sendo administrados e corrigir eventuais falhas com presteza pode ser fator determinante de sucesso competitivo para as organizações, sobretudo para aquelas que atuam em mercados turbulentos.

Capacidade gerencial. A qualidade dos recursos humanos de uma empresa pode ser o fator-chave de seu sucesso. A mão de obra produtiva e as agências competentes podem tornar um negócio mais atraente. Portanto, é importante avaliar e controlar o desempenho humano, moldando métodos de trabalho racionais e alocando máquinas e equipamentos modernos para a melhoria da produtividade.

Pode-se avaliar o desempenho gerencial de uma organização pelo Coeficiente de Criatividade dos gerentes, ou seja, pela forma como a inteligência de cada um pode ser utilizada de maneira criativa para aumentar a produtividade. Um gerente criativo pode estimular a empresa com novas ideias aplicadas aos métodos de trabalho e novos produtos, mais do que um "gerente burocrata eficiente".

O gerente burocrata é cumpridor de ordens, um verdadeiro capataz. É eficiente por respeitar e cumprir normas e ordens, mas não é eficaz porque não contribui criativamente para aumentar o nível de competitividade e produtividade da sua empresa.

Fator relacionamento interno. Quando o nível de relacionamento das pessoas dentro da organização é bom, elas ficam mais produtivas, o que gera maior competitividade. Portanto, dependendo da qualidade de relacionamento interno, a empresa será mais ou menos competitiva. Detectar problemas de relacionamento e eliminá-los é tarefa do *endomarketing,* ou seja, do marketing interno, que deve vender às pessoas da organização os objetivos e as estratégias da empresa, para que todos vibrem num só sentido: atender às necessidades do mercado e enfrentar a concorrência. Controlar esse fator é, por certo, um dos novos desafios do profissional de marketing.

Poder de mercado. Uma organização é mais competitiva quando sua imagem no mercado é melhor, como decorrência de produtos mais adequados. Com custos controlados, bons produtos podem ter vantagens adicionais de preços em relação à concorrência. Controlar custos de fabricação e de comercialização, além de avaliar o posicionamento de cada linha de produtos, em cada segmento de mercado, é uma tarefa árdua, porém compensadora.

O posicionamento de cada produto ou grupo de produtos em cada segmento de mercado deve ser avaliado permanentemente com base em pesquisas de controle rotineiras. O portfólio de produtos deve ser vigiado como uma caixa-forte de dinheiro, pois qualquer desequilíbrio pode dar oportunidades para o crescimento de algum concorrente. Com uma situação mais favorável entre a oferta de produtos e a demanda de mercado, uma empresa pode obter poder de mercado, ou seja, o mercado desejará seus produtos mais intensamente do que ela conseguirá atendê-lo.

18.5.2 MATRIZ DE AVALIAÇÃO COMPETITIVA — FATORES ORGANIZACIONAIS

Resumindo os principais fatores organizacionais em uma matriz de confronto, o desempenho da empresa pode ser avaliado em relação ao desempenho do principal concorrente e dos demais concorrentes. Com essa avaliação subjetiva, é possível identificar os principais pontos organizacionais a serem corrigidos. Caso a empresa pretenda minimizar a subjetividade do julgamento desses fatores, poderá também conduzir uma pesquisa com fornecedores e clientes e identificar a ótica deles em relação à sua organização e aos demais concorrentes.

18.6 A MAGIA DO VALOR PERCEBIDO

18.6.1 O QUE TEM VALOR PARA UM CLIENTE?

Quando uma pessoa adquire um produto ou mesmo um serviço, ela espera um benefício de valor, ou seja, uma recompensa pelo valor monetário despendido na compra.

Quando esse valor excede a sua expectativa, ele é mágico, mas, quando está aquém da expectativa, é trágico. Uma refeição ruim é cara, independentemente do preço.

A noção de valor percebido é inerente ao conceito de marketing, e a pesquisa permite identificar os atributos ou benefícios de valor para um consumidor. A técnica de mensuração de valor é a comparativa: "Na comparação entre este café da marca Cobra e este outro café da marca Abóbora, qual é o de melhor sabor?". Uma vez feita a comparação, é possível identificar, primeiro, se o sabor efetivamente agrega valor, e, em seguida, pode ser feita uma medida em escala de valores, de 0 a 10 ou por outro critério, e assim chegar a identificar numericamente o valor percebido.

18.6.2 A NATUREZA DO VALOR

Valor é quanto valem os benefícios técnicos, econômicos, de serviços e sociais de um produto ou serviço para um determinado cliente.

O **valor** é quanto valem para um determinado cliente os benefícios técnicos, econômicos, de serviços e sociais de um produto ou serviço. Diversos cuidados precisam ser tomados quando se procura mensurar o valor percebido de um produto ou serviço. O primeiro fator é determinado em termos monetários. O segundo representa os benefícios em termos específicos; o terceiro é quanto representa o valor para o cliente, na troca do produto pelo preço que ele paga. A ação da concorrência pode inibir o valor percebido pelo cliente, uma vez que a oferta do concorrente pode ser percebida como de maior interesse ou valor.

Mas não existe só o valor econômico. Um carro de luxo, por exemplo, é um objeto de atração sexual. Especialistas em comportamento humano, como o professor Jacob Pinheiro Goldberg, doutor em psicologia e professor da University College London Medical School, defendem a ideia de que um carro é poderoso símbolo fálico, importantíssimo, portanto, na atração sexual.

Um carro importado de luxo provoca registros subjetivos de força, poder e, pela capacidade de velocidade ou potência, pode estar associado à atração sexual.[2] Nesse caso, o valor é subjetivo e psicológico, mas não menos importante de ser detectado.

18.6.3 COMO INVESTIR EM CONHECIMENTO?

Para identificar o valor percebido por um consumidor, é preciso investir em conhecimento, o que significa levantar informações que assegurem melhor tomada de decisão. Ou seja, por meio de pesquisas é possível determinar o que o cliente **quer** e **o que** ele espera de um serviço, como ele percebe o serviço. Uma vez mensurado o valor percebido pelo cliente, é possível estabelecer uma estratégia sobre o que realmente tem significado e importância para esse cliente.

Mensurado o valor percebido pelo cliente por meio de investigação, é preciso comunicar na propaganda os pontos de valor que realmente os clientes daquele serviço buscam.

[2] Carrões são objeto de atração sexual. *Folha de S.Paulo,* São Paulo, 29 ago. 1999. Caderno 6, p. l.

Figura 18.3
Valor percebido pelo cliente: o que é importante

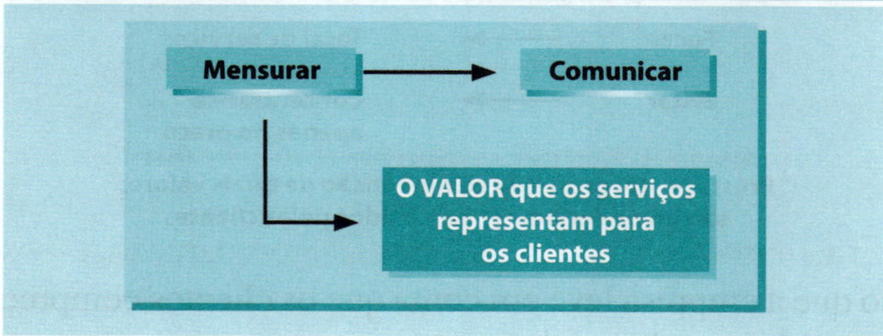

18.6.4 QUESTÕES-CHAVE A SEREM RESPONDIDAS

Entre as questões a serem respondidas, destacam-se, entre outras, as seguintes:

1. Como se define valor?

O valor é algo que o cliente busca em um serviço, em conformidade com as suas expectativas em relação ao que lhe é ofertado. É algo semelhante a um benefício. Para quem está se afogando, a corda só tem valor se servir para tirá-lo da água. Uma corda de excepcional qualidade e bonita não tem valor se o seu uso não for percebido como relevante ou importante.

2. Como se pode mensurar o valor?

Por meio de pesquisa, é possível identificar e mensurar um valor. A técnica de mensuração, nesse caso, pode ser comparativa, do tipo: "Para você, o que é mais importante no serviço aéreo: o atendimento de *check-in* ou o atendimento de bordo?". Feita a comparação, é pedido ao entrevistado que dê notas de 0 a 10. Tabulada a pesquisa, é possível identificar o que realmente tem valor para o consumidor de serviços.

3. Qual será, realmente, o valor percebido pelos clientes nos serviços ou produtos ofertados?

Muitas vezes, uma empresa infere o que o cliente valoriza e, com isso, implanta uma estratégia equivocada. É importante investir no conhecimento do valor percebido. O que um cliente valoriza num banco, por exemplo: é a garantia ou o bom atendimento? Dependendo do momento, a garantia pode ser um valor percebido como importante, mas, a partir do instante em que todos os bancos ofereçam garantia, aquele que tiver o melhor atendimento pode ser percebido como melhor.

Figura 18.4
Valor percebido pelo cliente: questões a responder

- **Como se define valor?**
- **Como podemos mensurá-lo?**
- **Qual será, realmente, o valor percebido pelos clientes nos serviços ou produtos?**

Quando uma empresa foca um pressuposto equivocado, pode vir a ter problemas. Por exemplo, se ela achar que o que tem valor para o cliente é o preço e não levar em conta outros fatores igualmente importantes, o seu lucro pode ser diminuído desnecessariamente.

Figura 18.5
Valor percebido pelo cliente: persuasão

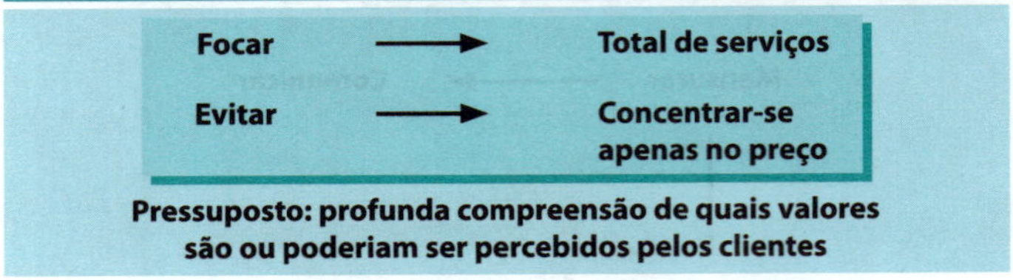

É preciso que a empresa leve em conta que os clientes compreendem suas próprias necessidades e demandam eficientemente aquilo de que precisam... Mas, muitas vezes, eles não conseguem atribuir valor real a suas demandas.

Figura 18.6
Valor percebido pelos clientes: particularidades

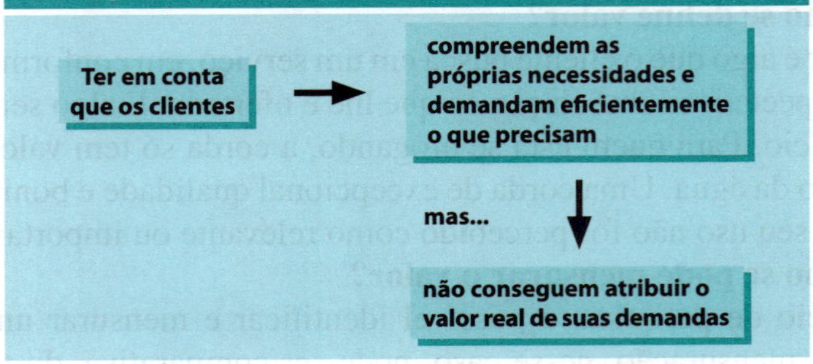

O valor é, portanto, quanto valem para os clientes de um determinado serviço os benefícios técnicos deste, os serviços agregados a ele e ainda seus benefícios econômicos e sociais.

Figura 18.7
Valor percebido pelo cliente: benefícios

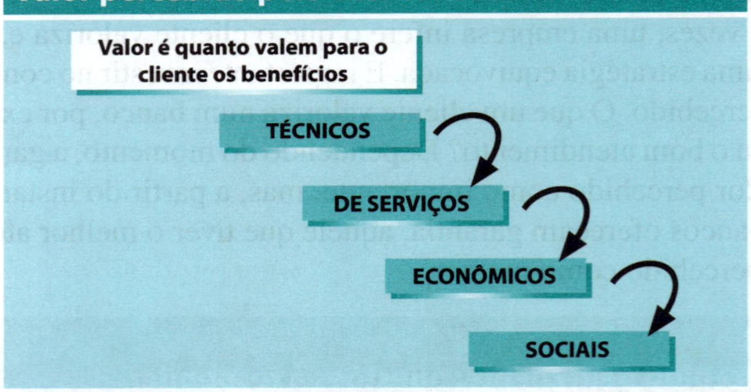

Alguns cuidados precisam ser tomados para mensurar o valor percebido pelo cliente ou consumidor:

- o que representa o valor em termos monetários;
- o que representam os benefícios em termos específicos;
- o valor percebido é o que o consumidor obtém em troca do preço que ele paga;
- a mensuração do valor deve levar em conta o contexto mercadológico da empresa, uma vez que há sempre uma ação da concorrência que pode inibir o valor percebido.

Figura 18.8
Valor percebido pelo cliente: mensuração

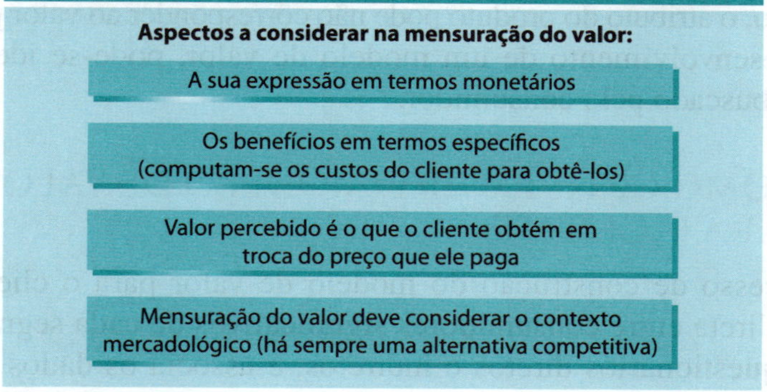

18.6.5 OBJETIVOS DO VALOR PERCEBIDO

Além de descobrir o valor percebido pelos clientes, é preciso ajudá-los a enxergar os benefícios dos serviços ofertados. Por outro lado, é importante saber como atingi-los, oferecendo algo que efetivamente tenha valor para eles.

A estratégia de valor percebido tem como objetivo obter espaço na mente do consumidor, inibindo a ação de produtos concorrentes. Portanto, quanto maior for o valor percebido pelo cliente, maiores serão as oportunidades de o produto ganhar mercado.

Figura 18.9
Valor percebido pelos clientes: objetivos

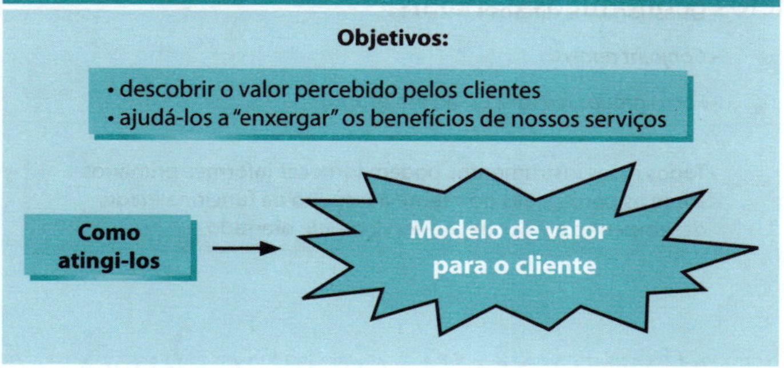

18.6.6 O MODELO DE VALOR PARA O CLIENTE

O modelo de valor para o cliente é uma representação do valor percebido. Ele se baseia na mensuração de custos e de benefícios de um dado serviço prestado a um cliente. O modelo é construído a partir de informações obtidas por meio de entrevistas com vários consumidores de cada segmento importante. O **valor percebido** é relativo ao benefício que o consumidor espera do produto, ou seja, a quantidade de prêmio que o produto pode oferecer. O **benefício** é algo que o consumidor espera obter do produto e não tem, necessariamente, nada a ver com o que o produto ou serviço é. O **"produto"** diz respeito a seus atributos ou características físicas.

Por exemplo, durante anos, o detergente Omo fazia menção em sua publicidade ao fato de "lavar mais branco"; depois, pesquisas descobriram que o valor percebido pela consumidora era "o cheirinho de limpeza" que ficava na roupa.

Portanto, o atributo do produto pode não corresponder ao valor percebido. Com o desenvolvimento de um modelo de valor, pode-se identificar o benefício buscado pelo consumidor.

18.6.7 COMO CONSTRUIR O MODELO DE VALOR PARA O CLIENTE

O processo de construção do modelo de valor para o cliente usa a pesquisa direta entre consumidores significativos de cada segmento, por meio de questionários diretos e indiretos, e associa os dados com base na técnica estatística de *conjoint analysis*. Outro critério utilizado para levantar dados sobre os clientes é o denominado *focus group* (ou discussão em grupo), em que são entrevistados apenas os consumidores com determinado perfil, como vimos no Capítulo 14. Toda essa metodologia objetiva levantar informações primárias acerca da percepção do cliente a respeito da funcionalidade, do desempenho e do valor de um produto ou serviço ofertado.

Figura 18.10
Modelo de valor para o cliente

Processo de construção:

- Uso de pesquisa direta: mais utilizada, mais acurada, permite obter dados diretos e a qualquer tempo
- Questionários diretos e indiretos
- *Conjoint analysis*
- *Focus groups red* (discussão em grupo)

- Todos esses instrumentos podem fornecer informes primários sobre as percepções do cliente a respeito da funcionalidade, desempenho e valor de um serviço a ele ofertado

18.6.8 ENTENDENDO O VALOR PERCEBIDO PELO CLIENTE

A partir do reconhecimento do valor percebido pelo cliente, é possível que sejam introduzidas melhorias no produto e nos serviços que o acompanham. Pode-se também saber quanto o cliente estaria disposto a pagar por essa melhoria no desempenho do produto. Por meio de um modelo de determinação do valor percebido, consegue-se levantar esse tipo de informação, habilitando a empresa a oferecer ao mercado produtos de valor percebido mais alto.

18.7 ANÁLISE DE DESEMPENHO COM CLIENTES E CONSUMIDORES

A análise do desempenho de uma empresa em relação aos seus clientes (canais intermediários) e principais consumidores permite avaliar os principais pontos a serem corrigidos. A análise de clientes e consumidores pode ser realizada tomando como base três pontos principais: segmentação, motivação dos clientes e necessidades não identificadas.

Segmentação. Envolve as seguintes questões:

- Quem são os compradores e usuários do produto ou serviço?
- Quem são os maiores compradores?
- Quem são os compradores potenciais que ainda não são clientes da empresa e como eles podem ser identificados?
- Como poderia ser segmentado o mercado?

Motivação dos clientes. Diz respeito a saber:

- O que motiva os clientes e/ou consumidores a comprar e usar os produtos ou serviços?
- Quais atributos do produto ou do serviço são realmente importantes?
- Que objetivos os clientes e consumidores buscam?
- Quais as mudanças desejáveis que estão ocorrendo na motivação de clientes e consumidores?

Vejamos, a seguir, um modelo de avaliação de competitividade.

Figura 18.11
O diagnóstico empresarial

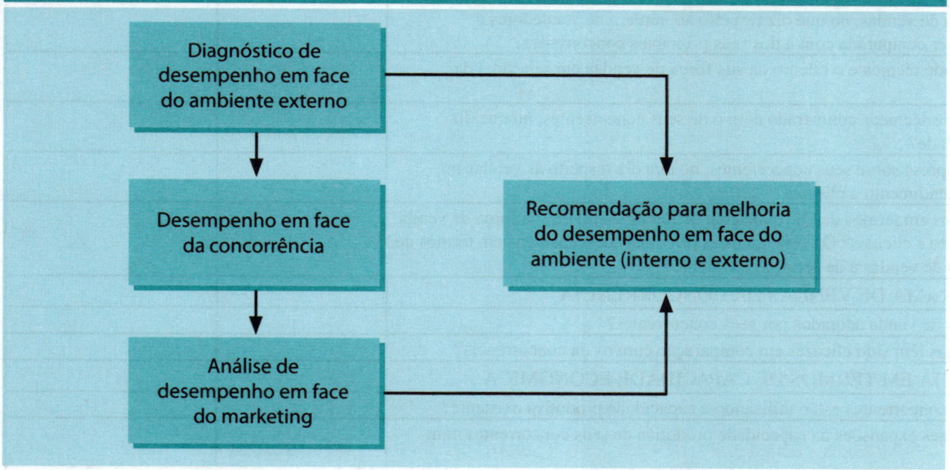

18.7.1 LISTA DE VERIFICAÇÃO PARA AVALIAÇÃO DA CAPACIDADE COMPETITIVA

Preencha os quadros, fazendo sempre um diagnóstico da situação atual e recomendações de ações que, a seu ver, são imprescindíveis.

DESCRIÇÃO	DIAGNÓSTICO	RECOMENDAÇÕES
A. IDENTIFICAÇÃO DE CONCORRÊNCIA DIRETA		
1. Quais são seus concorrentes diretos? Como eles atuam?		
2. Qual tem sido a fatia de mercado de cada um deles nos últimos cinco anos? Quais são os pontos fortes e fracos de "marketing" desses concorrentes'?		
3. Quais são as mudanças ocorridas na participação de mercado de cada concorrente?		
4. Quais são os motivos para estas mudanças?		
5. Que mudanças podem ser previstas para o próximo ano no que diz respeito à participação de mercado? E para os próximos cinco anos?		
B. IDENTIFICAÇÃO DE CONCORRÊNCIA INDIRETA		
1. Que outros produtos poderiam vir a substituir os seus produtos e serviços?		
2. Quais os custos e lucros ou performance destes produtos substitutos?		
3. Quais são os principais fornecedores destes produtos?		
4. Quais as tendências no consumo destes produtos substitutos nos mercados que sua empresa atendeu durante os últimos cinco anos?		
5. Qual a sua avaliação das consequências destes produtos substitutos no próximo ano? E nos próximos cinco anos?		
C. PRÁTICAS E POLÍTICAS DE PREÇOS COMPETITIVOS		
1. Quais são os níveis correntes de preços e as políticas adotadas por seus principais concorrentes?		
2. Qual tem sido a estabilidade dos preços praticados por seus concorrentes nos últimos cinco anos?		
3. Quais são as tendências cíclicas ou sazonais dos preços?		
4. Quais são as principais variações ocorridas nos preços de seus concorrentes no ano passado e neste ano?		
5. O que pode ser previsto em termos de preços competitivos para o próximo ano?		
6. Que programas de promoção de vendas podem ser oferecidos pela concorrência no próximo ano?		
D. CONDIÇÕES DE VENDAS COMPETITIVAS		
1. Quais os termos de vendas significativos de cada concorrente? a - políticas de crédito? c - devoluções? b - descontos por frete? d - garantias?		
E. CANAIS DE DISTRIBUIÇÃO COMPETITIVOS		
1. Que canais de distribuição estão sendo utilizados por seus principais concorrentes? São diferentes dos utilizados por sua empresa?		
2. Quais as vantagens e desvantagens dos canais de distribuição da concorrência?		
3. Compare seus locais de depósito com os da concorrência.		
4. Quais são seus pontos fortes e fracos, no que diz respeito ao serviço de estoque e à disponibilidade do produto em comparação com os da concorrência?		
F. VENDAS COMPETITIVAS E CAPACIDADE DE SERVIÇO TÉCNICO		
1. Como a cobertura da sua força de vendas, no que diz respeito ao número de vendedores e localização estratégica, pode ser comparada com a dos seus principais concorrentes?		
2. Como se classifica a capacidade técnica e o talento da sua força de vendas em relação à da concorrência?		
3. Qual a posição de seus serviços técnicos comparado com o de seus concorrentes, no que diz respeito à quantidade e qualidade?		
4. Quais as vantagens de sua empresa sobre seus concorrentes, no que diz respeito às vendas no campo e serviço técnico de atendimento a clientes?		
5. Quais são as suas desvantagens em termos de QI (quociente de inteligência) de sua força de venda e os de serviços de atendimento a clientes? Ou seja, quais as principais desvantagens em termos de talento e inteligência da força de vendas e de serviços ao cliente?		
G. PROGRAMA DE VENDAS DA CONCORRÊNCIA		
1. Quais os principais programas de venda adotados por seus concorrentes?		
2. Em que medida seus programas têm sido eficazes em comparação com os da concorrência?		
H. CONCORRÊNCIA EM TERMOS DE CAPACIDADE ECONÔMICA		
1. Até que ponto seus principais concorrentes estão utilizando a capacidade produtiva existente?		
2. Há probabilidade de importantes expansões na capacidade produtiva de seus concorrentes num futuro próximo?		
3. Compare seus custos com o da concorrência. Sua posição é vantajosa ou desvantajosa?		
4. Quais as possíveis consequências das respostas dadas às três questões anteriores?		
I. MARCA COMPETITIVA		
1. A propaganda da sua marca é mais persuasiva que a da concorrência?		
2. O *merchandising* da sua empresa é mais eficaz que o da concorrência?		
3. A imagem da marca da sua empresa é mais significativa do que a da concorrência?		

Observe que, na análise dos fatores da concorrência, é preciso lembrar que essas questões são retóricas. Quaisquer atividades, no sentido de coleta de informações, devem ser conduzidas dentro dos limites impostos por uma ética profissional.

SINOPSE DE RECOMENDAÇÕES DA AVALIAÇÃO (avalie os resultados e proponha uma ação estratégica)

Agora, preencha o quadro a seguir para avaliar o desempenho da estratégia de comunicação da sua empresa.

EXERCÍCIO DE AUTOAVALIAÇÃO DO IMPACTO DE PERSUASÃO		%
Marketing mix		
Anúncio (TV, rádio, Internet, impressos etc.)		
Mídia		
Preço		
Merchandising		
Promoção de vendas		
Outdoor		
Imagem de marca		
Venda pessoal		
Embalagem		
Distribuição		
Serviços ao cliente		
Outros		
Total		

Os quadros a seguir devem ser preenchidos para diagnosticar o composto de produtos e serviços da empresa.

FATOR ANALISADO: LUCRATIVIDADE DO PRODUTO	NOTA						DIAGNÓSTICO/ RECOMENDAÇÕES
SUBFATORES	5	4	3	2	1	N	
Grau de liderança em vendas dos novos produtos.							
Grau de estabilidade quanto ao lucro entre os produtos.							
Possibilidades de incremento da lucratividade por meio de uma simplificação da linha de produtos.							

FATOR ANALISADO: LUCRATIVIDADE DO PRODUTO	NOTA						DIAGNÓSTICO/ RECOMENDAÇÕES
SUBFATORES	5	4	3	2	1	N	
Possibilidades de incremento da lucratividade por meio de uma simplificação da linha de produtos.							
Com relação às vendas: participação média dos seus produtos *versus* vendas da indústria (também por produto).							
Efeitos das modificações nas linhas de produtos, na lucratividade do mix de produtos.							
Possibilidade de incremento da lucratividade pela criação de novos usos para os produtos atuais.							
SUBTOTAL: índice de avaliação da lucratividade do produto.							

NOTA	5	4	3	2	1
CLASSIFICAÇÃO	alta	acima da média	média	abaixo da média	baixa

FATOR LUCRATIVIDADE DO PRODUTO	NOTA						DIAGNÓSTICO/ RECOMENDAÇÕES
SUBFATORES	5	4	3	2	1	N	
Grau em que seus produtos atendem aos requisitos de qualidade dos mercados.							
Grau de profundidade das linhas de produtos para atender às necessidades do mercado.							
Grau de aceitação dos produtos por parte de seus clientes.							
Em termos de qualidade, posição média de seus produtos em relação aos dos principais concorrentes.							
Em termos de aceitação, posição média de seus produtos em relação aos dos concorrentes.							
Grau de diversificação de usos finais de seus produtos.							
Grau em que a linha atual atenderá às necessidades de mercado a curto e médio prazos.							
Grau de preocupação com pesquisa e desenvolvimento de novos produtos, e/ou modificação dos atuais, a fim de atender às necessidades em mutação do mercado.							
SUBTOTAL: índice de avaliação da qualidade e aceitação do produto.							

NOTA	5	4	3	2	1
CLASSIFICAÇÃO	alta	acima da média	média	abaixo da média	baixa

FATOR LUCRATIVIDADE DO PRODUTO		NOTA						DIAGNÓSTICO/ RECOMENDAÇÕES
SUBFATORES		5	4	3	2	1	N	
TECNOLOGIA	Grau de necessidade de serviço técnico de sua linha de produtos.							
	Quanto aos produtos novos propostos, grau de necessidade de serviços técnicos.							
	Grau de mudança tecnológica exigido pela criação de novos requisitos para os seus produtos atuais.							

EMBALAGEM	Grau em que o sistema de embalagem atual depende dos requisitos de transporte, manuseio e consumo.							
	Grau em que uma mudança na embalagem influenciaria a maior aceitação do produto.							
ESTOQUE	Grau em que seus níveis de estoque atendem às necessidades dos atuais níveis de vendas.							
	Grau de aumento das vendas e da lucratividade da empresa caso houvesse uma alteração (aumento ou diminuição) nos níveis de estoques.							
SUBTOTAL: índice de avaliação dos fatores gerais.								

NOTA	5	4	3	2	1
CLASSIFICAÇÃO	alta	acima da média	média	abaixo da média	baixa

AVALIAÇÃO DE PRODUTOS	
Fatores de avaliação de produtos	**Índices obtidos pelos fatores individualmente**
QUALIDADE E ACEITAÇÃO DO PRODUTO	
LUCRATIVIDADE DO PRODUTO	
GERAIS:	
• Tecnologia	
• Embalagem	
• Estoque	
TOTAL	
Nota média de avaliação dos produtos	$\dfrac{\textbf{índices}}{\textbf{n.º de fatores}} =$

Preencha o próximo quadro para diagnosticar o desempenho de vendas da sua empresa, conforme o exemplo.

Matriz de avaliação da produtividade da força de vendas

	SIM (1)	NÃO(0)	MAIS OU MENOS (1/2)
1. As visitas dos vendedores aos clientes estão dentro de um nível compatível com o da concorrência?	X		
2. O índice de vendas por visita é satisfatório?	X		
3. O volume de vendas por cliente é adequado?			X
4. O tamanho médio dos pedidos está em níveis desejáveis?		X	
5. O número médio de visitas é adequado?			X
6. O custo por visita é adequado?	X		
7. O custo por pedido é adequado?		X	
8. O custo por cliente é adequado?			X
9. O custo por produto é adequado?			X
10. Cada vendedor cobre todo o seu território de vendas?	X		
TOTAL	4 + 0 + 2 = 6		

$$\text{Desempenho} = \frac{\textit{número de pontos obtidos}}{\text{número total de fatores}}$$

$$\text{Desempenho} = 6/10 = 0{,}6 \times 100\% = 60\%$$

RESUMO

A compreensão e a avaliação de eventos internos e externos à empresa possibilitam o alcance de objetivos estratégicos e evitam gastos desnecessários.

A empresa deve compreender fatores que permeiam os desafios externos, como economia global e comportamento dos mercados.

Em relação aos desafios internos, é importante que as empresas desenvolvam parâmetros para medir o grau de competitividade e eficiência operacional e para superar as turbulências do ambiente.

O marketing deve ser redirecionado a partir de desafios que as empresas enfrentam na atualidade, que envolvem estruturas superdimensionadas, mercado globalizado e necessidades de consumo não identificadas. É importante que, no Brasil, as empresas passem a considerar a realidade do país para desenvolver suas estratégias, o que acarreta a adoção de novas estratégias de comunicação, segmentação e orientação para a equipe de vendas.

O progresso de uma empresa ocorre quando ela apresenta maturidade e recursos para sustentar suas vantagens competitivas e superar a concorrência e as turbulências do ambiente.

A avaliação da competitividade deve ser um exercido permanente e constante no dia a dia das organizações. O autodiagnóstico é o primeiro passo desse processo e inclui a definição e adequação da missão, do negócio, dos recursos, da capacidade empresarial, do relacionamento interno e do poder de mercado. A empresa pode avaliar sua competitividade por meio de uma matriz de confronto que compara o desempenho da organização ao desempenho da concorrência.

O valor percebido é levado em consideração pelos consumidores para avaliar o desempenho da empresa. A técnica de valor é comparativa: o consumidor atribui valor a determinado produto ou empresa quando compara seus benefícios com os de outros concorrentes do mercado.

A análise de desempenho da empresa também deve ser feita com clientes (canais intermediários) e consumidores, tendo como base a segmentação, motivação e necessidades não identificadas.

Termos e Conceitos Importantes

- Avaliação do desempenho estratégico
- Competitividade
- Desafio externo
- Desafio interno
- Diagnóstico do ambiente
- Redirecionamento do marketing
- Valor

QUESTÕES PARA REVISÃO E DISCUSSÃO

1. Cite e explique os desafios externos e internos à organização na atualidade.
2. Discuta o redirecionamento necessário às estratégias de comunicação.
3. Cite e explique os aspectos que devem ser considerados para o redirecionamento de marketing. Relacione esses aspectos com a realidade brasileira.
4. Por que a competição é um fator importante para o progresso das organizações?
5. Que fatores a empresa deve considerar para a avaliação de seu ambiente interno?
6. Como o valor percebido de um consumidor em relação a um produto ou serviço pode ser compreendido e detectado pela empresa?
7. Que cuidados devem ser tomados na mensuração do valor percebido?
8. Por que é importante que as empresas realizem análise de competitividade com os canais intermediários?

RESOLVENDO UM CASO

DE OLHO NO MERCADO

As empresas devem realizar, com regularidade, avaliações de desempenho e de capacidade competitiva para acompanhar as constantes transformações do mercado. Um novo cenário pode ser construído de forma inesperada e repentina a partir do avanço de novos competidores, do surgimento de novos produtos ou da adoção de novas estratégias pelos concorrentes. Diante de uma nova situação de mercado, a empresa é obrigada a fazer uma adaptação à realidade que se instalou no setor. Porém, nem sempre essa adaptação é tão rápida quanto o necessário. Nesse processo, muitas empresas acabam perdendo participação e liderança de mercado.

Foi o que aconteceu com a Latasa, fornecedora de latas de alumínio. A empresa foi obrigada a se reestruturar e a incorporar em suas operações novos valores, como as noções de atração e retenção de clientes, que antes não havia. A Latasa viveu um período muito próspero de vendas quando, durante uma década, foi a única fornecedora de latas de alumínio para refrigerantes e cervejas. Os compradores praticamente não tinham opções de escolha, pois não havia outros fornecedores.

Em 1997, três concorrentes chegaram ao Brasil para disputar a limitada clientela, que era atendida exclusivamente pela Latasa e que estava insatisfeita com o preço cobrado pela empresa. Alguns clientes da Latasa passaram a comprar de novos fornecedores, como a Coca-Cola, que passou a comprar da empresa Rexam*, a Pepsi, que se comprometeu com a Crown Cork & Seal, e a Ambev, que fechou contrato com a Latapack-Ball.

A Latasa, então, entrou em um período de decadência em que perdeu participação de mercado. Em uma reação desesperada, a empresa passou a fornecer produtos para empresas menores, o que elevou o custo de produção e o nível de inadimplência.

Em um segundo momento, a Latasa traçou um novo plano estratégico de reestruturação, por meio do qual pretendia se livrar dos maus clientes e se aproximar dos melhores. Passou a oferecer serviços aos compradores, trocando com outras empresas, por exemplo, os materiais que a empresa não recicla, como vidro e PET, por alumínio. Reorganizou a equipe de vendas, agilizou os processos e passou a detectar problemas nos clientes e a propor soluções para eles.

Dessa forma, a Latasa está conseguindo recuperar seu conceito no mercado. A empresa acredita que, apesar dos avanços conseguidos, ainda precisa desenvolver mais a habilidade de prever o mercado. Essa habilidade de previsão está relacionada à avaliação de desempenho e de capacidade competitiva da empresa.

As avaliações de desempenho estratégico são importantes porque permitem que a empresa visualize a sua situação e a de seus concorrentes, comparando pontos fortes e fracos, vantagens e desvantagens de cada um. As empresas devem sempre estar alertas às possíveis transformações do mercado, preparadas para enfrentar uma mudança brusca e até mesmo antecipar os passos da concorrência.

Fonte: MANO, Cristiane. Tempo de despertar. *Exame*, ed. 731, ano 35, n. 1, 10 jan. 2001.

* Em 2003, a Latasa S/A foi adquirida pelo Grupo Rexam, que se tornou o maior fabricante de latas de alumínio da América Latina, trazendo em seu portfólio empresas como Ambev, Coca-Cola, Kaiser, entre outras.

PERGUNTAS

1. Explique a situação de mercado que levou a Latasa a perder espaço para os novos concorrentes.
2. Em sua opinião, a Latasa poderia ter evitado a perda de participação de mercado se tivesse feito um melhor acompanhamento de sua situação e da situação da concorrência? Explique.

Explore mais

www.rexamcan.com.br www.ball.com www.crowncork.com

ELABORANDO UM PROJETO

AVALIANDO FATORES DE VANTAGEM COMPETITIVA

Analisar os atributos de competitividade de uma empresa é uma tarefa que deve ser realizada constantemente pela própria organização e pela concorrência, como forma de monitoramento de mercado.

Para o seu projeto, você deverá analisar os fatores de competitividade que levam uma empresa a assumir a liderança de um mercado. Para isso, deverá procurar em jornais e revistas de negócios uma reportagem que ressalte a liderança de uma empresa em determinado setor. Partindo dos dados disponíveis nessa reportagem, você deverá analisar quais são as vantagens competitivas que promovem tal liderança e avaliar a posição da concorrência na disputa pela participação de mercado.

BIBLIOGRAFIA

MANO, Cristiane. Tempo de despertar. *Exame,* ed. 731, ano 35, n. 1, 10 jan. 2001.

SILVA, Luiz Maurício de Andrade. *Instrumentalização do planejamento estratégico:* aplicação no setor aeroviário comercial brasileiro. 2001. Tese (Doutorado em Administração) — Faculdade de Economia e Administração, Universidade de São Paulo, São Paulo.

Capítulo 19

Ética em Marketing

Maria Cecilia Coutinho de Arruda

As organizações estão frequentemente sendo confrontadas com dilemas éticos que influenciam a tomada de decisões. Este capítulo tratará da questão da ética em marketing. No início do capítulo, explicaremos o que é ética, os critérios e as condições para a eticidade e os níveis de análise da ética organizacional. Depois, apresentaremos a discussão da ética em marketing e os modelos adotados que definem tais critérios. Também discutiremos ética em pesquisa de mercado, na gerência do composto mercadológico e na auditoria e controle de marketing. Por fim, apresentaremos questões referentes à ética no marketing internacional.

VISÃO GERAL DO CAPÍTULO

OBJETIVOS DO CAPÍTULO

Depois de concluir este capítulo, você será capaz de:

1. definir ética e ética organizacional;
2. identificar os critérios e as condições para a eticidade;
3. analisar a ética nos negócios segundo os níveis pessoal, organizacional e macro;
4. discutir os principais modelos que dão suporte à tomada de decisão em situações que envolvem ética em marketing;
5. discutir ética em pesquisa de mercado, identificando situações comuns que ocorrem no dia a dia das empresas;
6. discutir ética na gerência do composto mercadológico, identificando situações na administração de produto, administração de preços, administração das comunicações com o mercado e administração da distribuição;
7. avaliar questões éticas envolvidas na auditoria e no controle mercadológicos;
8. discutir ética no marketing internacional.

19.1 DISCUTINDO A ÉTICA

Ética em marketing não é uma disciplina, um tema ou uma preocupação nova. O ideal seria que ela fosse impregnando todas as teorias e atividades de marketing de forma integrada, e não apresentada como um capítulo *a mais*. Chegaremos lá!

Enquanto isso, propomo-nos neste capítulo a apresentar algumas ideias básicas de ética, analisando como ela se aplica às tomadas de decisão de marketing. Dividiremos a discussão de alguns tópicos em seis áreas:

1. ética nos negócios;
2. ética em marketing;
3. ética na pesquisa de mercado;
4. ética na gerência do composto mercadológico;
5. ética na auditoria e no controle de marketing;
6. ética no marketing internacional.

19.1.1 ÉTICA NOS NEGÓCIOS

Seu irmão Pedro sofre de diabetes. Numa de suas crises, a insulina estava em falta nas farmácias, e Pedro corria risco de vida. A legislação proíbe que se compre insulina de atravessadores. O que você faria?

Há muitas definições de ética. A palavra tem origem no grego *éthos,* que significa "caráter", referindo-se à índole de uma pessoa. Em nosso entender, **ética** tem o mesmo significado que **moral,** termo que provém do latim *(mos, moris).*

Ética é a parte da filosofia que estuda a moralidade das ações humanas, como boas ou más.

Ética é a parte da filosofia que estuda a moralidade das ações humanas, ou seja, se são boas ou más. Para que uma conduta possa ser considerada ética, três elementos essenciais devem ser ponderados: ação, intenção e circunstâncias.

Se um único desses três elementos não for bom, o comportamento não é ético. A ação, o ato moral, deve ser bom, correto, certo. A intenção ou a finalidade desse ato deve ser boa, certa, correta. As circunstâncias e as consequências do ato devem ser boas, corretas, certas.

Quadro 19.1
Critérios para uma ação ética

CRITÉRIOS DE ETICIDADE	CONDIÇÃO PARA A ETICIDADE
Ação	**Boa**
Intenção	**Boa**
Circunstâncias	**Boa**

A liberdade é uma condição para a conduta ética. Sob coação, uma pessoa não tem como optar pelo bem ou pelo mal. Ao ser obrigada a agir de determinada maneira, a pessoa não tem livre-arbítrio, portanto, não tem condições de exercer a escolha entre o bem e o mal.

19.1.1.1 ÉTICA NAS ORGANIZAÇÕES

Você é diretor de uma montadora de automóveis. As metas de lucro para este ano são altas, e você prevê que as vendas não trarão toda a receita esperada porque o mercado ficou muito concorrido, com a entrada de novos fabricantes estrangeiros e de carros importados. Para atingir as metas, a área de produção apresenta um projeto de: reduzir de 7 mm para 3 mm as chapas de aço e ferro da lataria; substituir por plástico o metal de para--choques e peças; comprar pneus de qualidade inferior. A área de marketing adverte que o consumidor notará a diferença e poderá deixar de comprar o carro. A área de finanças argumenta que é impossível diminuir os preços dos produtos. O que você faria?

A ética nos negócios pode ser analisada em três níveis: pessoal, organizacional ou em termos macro.

Individualmente, cada pessoa terá uma conduta ética se suas ações forem certas, sua intenção correta e as circunstâncias boas. A ausência de um desses três critérios não recomenda a ação do ponto de vista ético. Em caso de dúvida, para encontrar a ação correta podem ser úteis o código de ética profissional, o parecer de colegas ou chefes, além da própria formação moral.

Uma organização se norteia, em geral, por princípios definidos por seus proprietários, acionistas ou diretores. Os funcionários se apoiam nesse sistema de valores para tomar decisões no dia a dia. Códigos de ética setoriais, a legislação, além do parecer de diretores e gerentes, são algumas referências em casos de dificuldade numa tomada de decisão que implique ética.

Macrofatores têm forte influência na ética das organizações: o impacto social de muitas decisões, especialmente em países em desenvolvimento; o cumprimento estrito da legislação nacional e internacional; políticas setoriais; a absorção de tecnologia; o comportamento de empresas concorrentes; e a tendência do mercado. Muitas preocupações da comunidade local ou regional em que se insere a organização devem ser consideradas pela empresa: preservação do meio ambiente, promoção social, ocupação de deficientes e outras.

Assim, nos três níveis, pessoal, organizacional e macro, compartilhamos atitudes, valores e pontos de vista morais com as pessoas. Por causa da nossa liberdade, e de diferentes tendências pessoais, precisamos de regras de base, ou éticas, para nos comportarmos em situações não familiares e que sempre mudam em nossas vidas.

A **ética organizacional** define-se pelo estudo do racional filosófico predominante no processo de tomada de decisão dentro da empresa, e o grau em que isso é comunicado, compreendido, aplicado e reforçado na organização inteira. As circunstâncias sociais, culturais, da comunidade, podem diferir um pouco dos valores pessoais ou organizacionais. Para evitar esse conflito, é comum que as empresas estabeleçam para seus funcionários um código de ética que facilite a interação com os *stakeholders* da instituição. O clima ético depende do esforço de todos os funcionários em aderir física e mentalmente aos valores éticos da organização, em especial no momento de tomada de decisão.

Ética organizacional é o estudo do racional filosófico predominante no processo de tomada de decisão dentro da empresa e do grau em que isso é comunicado, compreendido, aplicado e reforçado na organização inteira.

Normalmente, a moralidade e as leis são limites para a organização. A religiosidade dos funcionários costuma despertá-los para a reflexão moral, levando-os a agir eticamente com voluntariedade. As pessoas mais pragmáticas procuram, em geral, se apoiar no cumprimento racional das leis, buscando uma convivência pacífica e ordenada, que as leva a uma conduta ética pessoal e no relacionamento com os demais, e na posição em que devem tomar decisões que tangenciam ou implicam a ética. Em ambos os casos, a consciência bem formada costuma conduzir ao raciocínio ético.

AlmapBBDO

Muitas organizações desenvolvem ações com a comunidade exercendo um papel social e ético. A Texaco, por exemplo, participa de um programa de alfabetização solidária dirigido a comunidades carentes. Essa ação visa a diminuir o índice de analfabetismo no país. Atua, principalmente, nas regiões Norte e Nordeste, onde o nível de analfabetismo entre adultos é muito alto.

Quadro 19.2
Bases de referência para tomada de decisão em situações que envolvem questões éticas em nível pessoal, organizacional e macro

Níveis	Bases de referência
Pessoal	**Código de ética profissional, parecer de colegas e superiores, formação moral.**
Organizacional	**Cultura organizacional, código de ética setorial, legislação, parecer de diretores e gerentes.**
Macro	**Legislação nacional e internacional, políticas setoriais, comportamento do mercado e valores da comunidade.**

19.1.2 ÉTICA EM MARKETING

Você é gerente de marketing de uma multinacional fabricante de cigarros. Nos países em desenvolvimento, ela usa teor mais elevado de nicotina nos produtos, porque não existem leis tão restritivas. Partindo do princípio de que o nível socioeconômico da população desses países é inferior, os consumidores terão também menos cultura e por isso estarão mais suscetíveis aos apelos da propaganda. Como o cigarro é um dos produtos que mais contribuem com impostos, quase nada é feito em termos governamentais nos países menos desenvolvidos. A matriz exige de você os maiores índices de vendas da empresa em todo o mundo. O que você faria?

A ética em marketing pode ser analisada sob vários prismas, dependendo da doutrina ética que dá suporte aos tomadores de decisão e do modelo socioeconômico ou psicológico adotado.

O modelo de desenvolvimento moral de Kohlberg, psicólogo educacional, pode ser adaptado a empresas e facilita a compreensão do comportamento dos acionistas e diretores de uma organização.[1]

O modelo de contingência avalia as oportunidades e a influência relativa dos grupos de referência, como questões básicas da ética em marketing.[2]

O **modelo da ação racional** favorece a elaboração de soluções alternativas, fatores de peso (marketing e ética) a serem considerados, o juízo ético e a intenção da ação.[3]

Cada um desses modelos, e outros existentes, pode dar suporte às estratégias da organização, de acordo com o conceito de marketing adotado.

Alguns dos tópicos abordados neste livro estariam classificados como no Quadro 19.3.

Quadro 19.3
Objeto e níveis de análise de marketing

Objeto de análise de marketing	Nível de análise de marketing		
	Pessoal	Organizacional	Macro
Conceito		X	X
Ambiente			X
Economia			X
Sociologia			X
Psicologia		X	X
Métodos quantitativos		X	
Informática		X	X
Endomarketing	X	X	
Marketing de serviços	X	X	X
Marketing direto	X	X	
Marketing político	X		X
Marketing pessoal	X		

19.1.3 ÉTICA NA PESQUISA DE MERCADO

Você é gerente de pesquisa de marketing de uma grande organização e contratou um instituto de pesquisa de marketing para avaliar cada uma das marcas da linha de produtos da empresa. Concluídos 75% dos trabalhos de levantamento de dados entre os consumidores, você percebe que as marcas de seus produtos estão sendo bem menos lembradas que as dos concorrentes.

---

[1] Para aprofundamento e análise dos estágios do equilíbrio entre maximização do lucro e considerações éticas na empresa, veja: KOHLBERG, L. Stage and sequence: the cognitive development approach to socialization. In: GOSLIN, D. A. (Org.). *Handbook of socialization theory and research.* Chicago, Rand McNally, 1969, p. 347-480.

[2] FERRELL, O. C.; GRESHAM, L. A contingency framework for understanding ethical decision making in marketing. *Journal o f Marketing,* p. 87-96, Summer 1985.

[3] HUNT, S. D.; VITELL, S. A general theory of marketing ethics. *Journal of Macromarketing,* p. 5-16, Spring 1986.

Você comunica esse resultado preliminar ao diretor de marketing de sua empresa, que exige que você consiga do instituto de pesquisa relatórios que indiquem superioridade de suas marcas em relação à concorrência. O que você faria?

Naturalmente, os profissionais de marketing possuem formação acadêmica suficiente para desenvolver técnicas metodológicas e estatísticas adequadas a cada pesquisa. O compromisso com a objetividade ou precisão se revela fundamental, dada a frequência com que ocorrem práticas enganosas, invasão de privacidade, falta de preocupação com os temas ou com os entrevistados.

Algumas questões éticas mais comuns no tocante à pesquisa de mercado podem ser:

- promessas de anonimato sobre o patrocinador da pesquisa;
- venda ou captação de recursos sob disfarce de pesquisa;
- procedimentos de pesquisa pouco claros;
- estudos de observação sem o consentimento prévio dos participantes da pesquisa;
- uso de técnicas de pesquisa projetiva ou qualitativa;
- cruzamento de dados provenientes de diferentes fontes;
- perguntas e questões muito pessoais;
- uso de bases de dados por computador sem autorização.

Os pesquisadores têm obrigação de explicar claramente ao cliente como se desenvolverá o projeto de pesquisa, qual o custo e quais as limitações do trabalho. As conclusões devem ser apresentadas com precisão e objetividade. A confidencialidade da informação coletada deve ser resguardada e os conflitos de interesses não devem ocorrer.

Em contrapartida, o cliente deve ser objetivo na escolha do fornecedor (instituto de pesquisa ou profissional de pesquisa), deve pagar corretamente e aceitar os resultados técnicos obtidos.

Pesquisas que envolvam o público em geral devem ser claras, para evitar distorcer a opinião dos entrevistados, motivá-los a participar e não confundi-los.

Os relatórios dos pesquisadores devem ser completos, transparentes, objetivos e fundamentados em tabelas, gráficos, figuras que facilitem a compreensão dos usuários.

Várias organizações preocupam-se com a ética na pesquisa de mercado, no Brasil e no exterior, e dispõem de códigos que servem como bom referencial: Associação Brasileira dos Institutos de Pesquisa de Mercado (Abipeme), Sociedade Brasileira de Pesquisa de Mercado (SBPM), Sociedade Europeia de Pesquisa de Opinião Pública e de Mercado (Esomar), Advertising Research Foundation, American Marketing Association, Council of American Survey Research Organizations, Marketing Research Association e Qualitative Research Consultants of America.

Explore mais

http://www.sbpm.org.br; **http://www.esomar.nl.**

19.1.4 ÉTICA NA GERÊNCIA DO COMPOSTO MERCADOLÓGICO

19.1.4.1 ÉTICA NA ADMINISTRAÇÃO DO PRODUTO

Você é gerente de produto de uma linha de doces finos que apresenta forte sazonalidade. Para assegurar que serão atingidas as metas de lucros, você receia que as vendas não sejam suficientes, pois novos fabricantes dos feitos em casa *entraram no mercado no último ano. Discutindo essa dificuldade com o diretor de marketing, ele sugeriu que você diminuísse o volume de doces em cada embalagem, sem alterar o peso indicado no rótulo, apenas durante a época de Natal, Páscoa e Dia das Mães, para reduzir o custo e manter a margem de lucro. O que você faria?*

Os produtos, serviços e ideias de uma organização constituem a razão de sua existência e lhe conferem deveres éticos. Assim, o consumidor tem direito à informação relevante sobre o produto, à segurança e às garantias. Os países normalmente oferecem ampla e pormenorizada legislação para assegurar os direitos e deveres dos produtores e dos consumidores, mas a preocupação ética deve se antecipar à lei. Por prudência, as organizações zelam pelos direitos autorais, pelas patentes de invenções e produtos, além de registros de marcas. Todo cuidado nesse campo se faz necessário.

A ética na administração de produtos sugere que seja questionado o valor moral e social de algumas categorias de bens, como cigarros, bebidas, armas, pornografia e produtos poluentes.

A obsolescência planejada, especialmente em termos de bens de consumo, tem sido discutida nas indústrias, em face do rápido avanço tecnológico e da acirrada concorrência. Questões éticas são levantadas, sobretudo, quando a obsolescência do produto é fruto de modismo ou de preocupação social (indicador de elevado *status* econômico).

Produtos pornográficos ou que revelam mau gosto têm sido questionados em termos éticos. O caráter imoral ou deseducativo de muitos deles é considerado ofensivo por consumidores cada vez mais sensíveis aos apelos de dignidade humana recordados nas organizações, nas famílias e nos meios de comunicação em geral.

Na gerência de produtos, uma análise ética formal deve fazer parte do processo de desenvolvimento desse produto, abarcando questões como uso indevido, intenção, opinião dos *stakeholders* em geral e da concorrência em particular, patentes e registros, *recall* e outras ações de pós-venda, informação ao consumidor antes de retirar o produto do mercado.

Explore mais

http://www.procon.sp.gov.br

O Procon é um órgão que orienta e defende os consumidores contra abusos praticados pelos fornecedores de bens e serviços nas relações de consumo.

http://www.ecurso.com.br

Curso de segurança na Internet para pais, com o objetivo de fazê-los conhecer os benefícios e prejuízos provenientes da Internet e aprender dicas de segurança para aplicá-las quando o filho estiver conectado à Internet.

19.1.4.2 ÉTICA NA ADMINISTRAÇÃO DO PREÇO

Você é gerente de um supermercado na periferia de uma cidade grande. O proprietário acaba de lhe pedir para aumentarem 30% o preço dos mantimentos e do material de limpeza, apenas durante os primeiros dez dias de cada mês, época em que os consumidores recebem os seus salários e fazem as compras do mês. O que você faria?

A determinação dos preços é das mais difíceis decisões em marketing, pois implica análise de custos, concorrência, clientes e governo. Do ponto de vista ético, algumas questões se tornam mais comuns:

Trapaça. Aproveitar-se da escassez do produto para cobrar valores exorbitantes.

Engano. Ludibriar o comprador ou consumidor em relação às características do produto.

Injustiça. Aproveitar-se da necessidade urgente do produto ou serviço, como em caso de emergência, e cobrar valores exorbitantes.

Desonestidade. Determinação incorreta de preços em licitações ou concorrências públicas.

Ponta de estoque. Cobrar o mesmo preço que o mercado em geral, quando os consumidores esperam descontos maiores que os do varejo comum.

Propaganda enganosa. Propaganda de preços que induzem o consumidor a pensar que a vantagem é maior do que ocorre na realidade.

Os princípios de justiça e equidade assumem uma importância enorme nas tomadas de decisões estratégicas de marketing. Nos Estados Unidos, a National Association of Purchasing Management desenvolveu o documento *Principles and Standards of Purchasing Practice,* que oferece boa referência em termos de comportamento ético na determinação de preços.

19.1.4.3 ÉTICA NA VENDA PESSOAL

Você é gerente de uma loja de varejo de produtos domésticos. Um de seus vendedores é muito jovem e, no entusiasmo de vender bastante, exagera na apregoação da qualidade dos produtos, chegando a dizer certas inverdades aos consumidores. Você percebe que esse estilo leva o vendedor a vender mais que os outros. O que você faria?

O poder de persuasão do vendedor na venda pessoal é muito grande, especialmente em países menos desenvolvidos. O caráter educacional da venda deve ser preservado, com a informação sobre especificações, capacidade e limitações do produto ou serviço em questão.

Dadas as condições socioeconômicas e culturais do consumidor ou comprador, o respeito pede que não sejam feitas promessas de difícil cumprimento em termos de prazo, desempenho do produto ou assistência técnica. A impossibilidade de verificar a veracidade da informação, especialmente no caso de se tratar de produto com tecnologia avançada, deixa o consumidor em situação de desvantagem na negociação. A conduta ética deve inibir a má-fé ou a ambição de levar vantagem do menos favorecido, seja qual for a razão.

19.1.4.4 ÉTICA NA PROPAGANDA

Você é gerente de propaganda em uma empresa de grande porte, fabricante de produtos alimentícios. Uma linha de produtos light *foi lançada recentemente, e a agência de publicidade trouxe cinco filmes para você aprovar e encaminhar para veiculação na televisão e em* outdoors. *Todos os filmes ou fotos apresentam mulheres nuas, ressaltando as formas femininas como estímulo para o consumo* light. *Você entende que os anúncios são apelativos e agressivos, mas o publicitário é amigo do presidente de sua empresa. O que você faria?*

A propaganda é uma das potências econômicas de uma sociedade. Ela identifica o patrocinador do produto, serviço ou ideia e lhe atribui a correspondente responsabilidade. Assim, o profissional de marketing é, com frequência, colocado em situações difíceis diante da sociedade e de seus valores.

A crítica em relação à propaganda não reside apenas na persuasão ao consumo, ao uso ou à adesão aos produtos ou serviços, mas especialmente às ideias. A responsabilidade social das empresas não se limita a ações filantrópicas e à solidariedade material, mas se estende ao caráter formativo e educativo das ideias e dos conceitos apresentados em todas as estratégias do composto mercadológico. Especial atenção tem sido dada a questões ligadas a raça, condição social, idade (por exemplo, em anúncios para crianças), apelos eróticos e violentos.

No Brasil, o Conselho Nacional de Autorregulamentação Publicitária (Conar) tem um código de ética claro e detalhado, que serve como referência para anunciantes, publicitários e profissionais dos veículos de comunicação de massa que queiram trabalhar eticamente. No exterior, a American Association of Advertising Agencies Inc. adotou um *Standard of Practices.* A American Advertising Federation criou o *The Advertising Principles of American Business.*

Explore mais

http://www.conar.org.br

19.1.4.5 ÉTICA NA ADMINISTRAÇÃO DA DISTRIBUIÇÃO

Você é gerente de distribuição de um grande atacadista. São concedidos descontos diferentes a clientes que compram embalagens especiais. Você soube que um cliente — um pequeno varejista —, para atender a mais consumidores, abre a embalagem com dez unidades de um produto (volume mínimo estipulado pelo fabricante) e vende o produto por unidade, a um preço proporcionalmente maior. O que você faria?

Os canais de distribuição preveem que os produtos cheguem ao consumidor exatamente — e nas melhores condições possíveis — como saíram das mãos do produtor. Para que isso ocorra, todos os conflitos de canal devem ser solucionados de forma ética.

A decisão de trabalhar com atacadistas, distribuidores exclusivos, varejistas (redes ou não), franquias ou venda direta da fábrica resulta, muitas vezes, em situações éticas delicadas para o produtor. A questão de poder, responsabilidade, propaganda *business-to-business* e descontos exige critérios sólidos de ética e administração mercadológica.

19.1.5 ÉTICA NA AUDITORIA E CONTROLE MERCADOLÓGICO

Você é gerente de marketing de uma prestadora de serviços que atua em todo o país. Como o movimento de funcionários é muito grande, foi contratada uma empresa de táxis para o serviço dentro da cidade. A equipe de vendedores é enorme e está sob sua responsabilidade. Cada representante de vendas solicita um carro no início da manhã e apresenta o recibo das corridas ao final do dia, para reembolso. Para visitar um cliente, você solicitou um táxi da prestadora de serviços, e, ao concluir a corrida o motorista lhe perguntou: "De que valor deseja o recibo?". *Vendo que você não entendeu a pergunta, adiantou-se:* "Os vendedores sempre me dizem que valor querem que conste no recibo". *O que você faria?*

A implementação de um programa de ética em marketing parte do cumprimento das diretrizes das empresas. Os códigos de ética institucionais servem para nortear condutas, mas procedimentos específicos devem constar de normas, manuais ou políticas definidas concretamente para cada setor ou atividade.

Assim, o controle de marketing deve contemplar não apenas dados relativos às vendas — volume e valor —, mas também a forma e os custos que resultaram dessas vendas.

Para assegurar o compromisso ético dos funcionários responsáveis pela administração ou gerência de produtos, serviços e ideias, é importante oferecer-lhes um treinamento de ética. Questões específicas e pertinentes podem e devem ser discutidas, de modo que não restem dúvidas em relação a procedimentos profissionais das equipes de marketing e de vendas. A empresa, ao definir condutas, deve encontrar meios de reforçar as políticas internas, revisá-las quando necessário — ou sistematicamente — e penalizar os responsáveis por seu não cumprimento.

Assim, programas de auditoria e controle de ética em marketing contribuem, direta e indiretamente, para a elevação do clima ético de uma organização, reforçando os princípios e valores que caracterizam sua cultura.

O caráter regular da auditoria e do controle de marketing permite identificar atitudes éticas críticas em cada função ligada à gerência do composto de marketing, possibilitando a seleção de funcionários dispostos a agir com ética nas respectivas áreas. É comum que a avaliação de desempenho dos profissionais de marketing de uma empresa, em algum momento, contemple questões éticas.

A liderança ética, concretizada no exemplo da gerência de marketing, reforça atitudes corretas, estabelecendo uma cultura de trabalho apoiada em princípios e valores. Isso é possível com a participação dos funcionários no processo de tomada de decisão de marketing.

19.1.6 ÉTICA NO MARKETING INTERNACIONAL

Você é gerente de marketing de uma empresa multinacional brasileira, numa subsidiária na Nigéria. Seu produto é uma cola para uso de marceneiros e sapateiros. Você soube que 30% do produto vendido na Nigéria está sendo usado por crianças e jovens viciados, que cheiram cola. O que você faria?

Ao expandir mercado, muitas empresas passam a operar em outros países, seja por oportunidades de vendas, seja por redução de custos ou acesso vantajoso a matérias-primas. A preocupação com hábitos e costumes locais deve existir, mas os princípios e valores básicos devem ser preservados.

Questões como propina, pagamentos facilitadores, presentes e entretenimento costumam gerar polêmicas e celeumas pelo teor ético ou antiético de algumas condutas.

O bom senso que caracteriza um gerente ou profissional de marketing deve levá-lo a refletir sobre os critérios de eticidade e a aplicá-los em cada situação, ainda que, aparentemente, os resultados de vendas sejam menores a curto prazo.

19.2 CONCLUSÃO

Todas as estratégias relativas ao composto mercadológico devem estar definidas à luz da ética.

Bons produtos, serviços e ideias, oferecidos a preços justos, disponíveis com a máxima facilidade, comunicados com ética, asseguram à empresa clientes, fornecedores e distribuidores também éticos. A reputação da organização, sua imagem positiva e sólida com o governo e a comunidade — local, regional ou internacional — garantirão consumidores satisfeitos e fiéis. Como consequência, a ética atrairá bons negócios. O futuro do marketing estará apoiado em alicerces firmes. A ética — até mesmo em termos de lucro — vale a pena.

RESUMO

Ética é a parte da filosofia que estuda a moralidade das ações humanas: se são boas ou más. Para que uma conduta seja considerada ética, três elementos essenciais devem ser ponderados: ação, intenção e circunstâncias.

A ética nos negócios pode ser analisada em três níveis: pessoal, organizacional ou em termos macro. Se faltar um dos três elementos, a ação não é recomendável do ponto de vista ético.

A ética em marketing pode ser analisada de vários prismas, dependendo da doutrina ética que dá suporte aos tomadores de decisão e do modelo socioeconômico ou psicológico adotado. Entre os principais modelos estão o de desenvolvimento moral de Kohlberg, o de contingência e o da ação racional.

Em pesquisa de mercado, é frequente a ocorrência de práticas antiéticas; por isso, o compromisso com a objetividade e a precisão se revela fundamental.

A gerência do composto mercadológico envolve questões éticas na administração de produtos, de preços, de comunicação com o mercado e de distribuição.

A auditoria e o controle de marketing permitem identificar situações éticas críticas em cada função ligada à gerência do composto de marketing, possibilitando a seleção de funcionários dispostos a agir com ética nas respectivas áreas.

Ao expandir suas atividades para outros países, as empresas devem preocupar-se com a manutenção de hábitos e costumes locais, preservando princípios éticos e valores.

Termos e Conceitos Importantes

Ética
Ética em marketing
Ética organizacional
Moral

QUESTÕES PARA REVISÃO E DISCUSSÃO

1. Reveja a definição de ética proposta no texto e explique com suas palavras o que ela significa.
2. Suponha que você seja o diretor de uma grande empresa nacional e que o país esteja passando por uma crise de abastecimento de energia. Para que não falte energia para a população, o governo pediu colaboração com o racionamento. Você é o responsável por coordenar o processo de redução de gastos de energia na empresa. Apesar do trabalho de conscientização realizado, muitos funcionários continuam a desperdiçar energia e parecem não se preocupar com o problema. Essa falta de colaboração fez com que a empresa não atingisse os níveis de redução propostos pelo governo. Analise a ética da situação apresentada segundo os níveis macro, organizacional e pessoal.
3. Suponha que você tenha recebido uma proposta de trabalho interessante de uma concorrente da empresa em que você atualmente trabalha e que você esteja disposto a mudar de emprego. Apesar das inúmeras tentativas de negociação com a nova empresa, ela exige que você comece a trabalhar no dia seguinte. Na atual empresa, você está coordenando um projeto estratégico de marketing, considerado prioritário. Você pretende dizer toda a verdade para o seu chefe logo pela manhã do dia seguinte, mas teme que ele não compreenda e que considere a sua ação antiética. Que critérios e condições de eticidade seu chefe poderia considerar que você feriu?

4. Como você avalia, do ponto de vista ético, a comercialização de produtos que fazem cópias de produtos originais, como os CDs piratas? Como essa situação pode ser controlada?
5. Cite algumas questões éticas comuns na área de pesquisa de mercado.
6. Cite algumas questões éticas comuns na administração de preços.
7. Faz parte do senso comum que fumar é prejudicial à saúde. No Brasil, os anúncios de cigarro são acompanhados de uma mensagem informativa sobre danos causados à saúde, além de serem veiculados em horários determinados. Como você analisa, do ponto de vista ético, as restrições impostas às propagandas de cigarros?
8. Em alguns países, é comum que os consumidores boicotem certos produtos de empresas que não estão agindo segundo a conduta ética estabelecida. Podemos dizer que isso também ocorre no Brasil? Podemos relacionar as ações do consumidor brasileiro às suas condições socioeconômicas e educacionais?

RESOLVENDO UM CASO

VESTINDO A ÉTICA

As empresas brasileiras, seguindo a tendência de outros países, estão começando a sentir pressões para agirem segundo condutas éticas. Basicamente, essas condutas se referem ao respeito com o funcionário, o consumidor e a sociedade, o que inclui ações com a comunidade, preservação do meio ambiente, participação em campanhas solidárias e adoção de políticas internas coerentes com a qualidade de vida dos funcionários.

É claro que, no Brasil, as organizações ainda estão engatinhando nesse processo. Muitas delas se perguntam se vale a pena investir em tais normas éticas e segui-las, e se o consumidor é ou não sensível a tal aspecto.

Os consumidores são sensíveis às condutas éticas das empresas? A resposta da Santista Têxtil é sim, os consumidores percebem os valores éticos que estão agregados ao produto e até aceitam pagar um preço superior ao da concorrência, em função de sua aprovação às ações da empresa. A Santista, que vende seus produtos a preços de 10% a 15% superiores aos da concorrência, detém 60% do mercado de tecidos para roupas profissionais e uniformes e afirma que boa parte desse sucesso é decorrente da percepção positiva do mercado.

A Santista Têxtil garante que a transparência da empresa, por causa de seu capital aberto, promoveu uma cultura de transparência interna, que se reflete na participação ativa dos funcionários em reuniões de vendas e em seu relacionamento com os clientes.

O fato de a Santista exportar parte de sua produção também influenciou sua postura ética. Os clientes internacionais realizam auditoria nos fornecedores para verificar a conduta da empresa em relação ao meio ambiente, trabalho de menores e tratamento dos funcionários.

Na opinião do diretor de recursos humanos da empresa, "o que mais funciona é o exemplo". Os funcionários se sentem motivados a seguir as condutas éticas determinadas pela empresa porque verificam que o discurso é aplicado na prática.

Fonte: REGIS, Rachel. Vendas. Os que caem e os que ficam. Os segredos de um campeão. *Revista Melhor — Vida e Trabalho*, n. 166, mar. 2001, p. 44.

PERGUNTAS

1. Você acha que os consumidores são sensíveis à conduta ética das empresas? Você acha que o consumidor brasileiro leva isso em consideração ao decidir suas compras?
2. Quais aspectos éticos você considera mais importante que as empresas adotem?
3. Em sua opinião, de que forma a sociedade poderia exigir uma conduta ética das empresas?

Explore mais

www.santistatextil.com.br

ELABORANDO UM PROJETO

DISCUTINDO ÉTICA EM ORGANIZAÇÕES

Imagine que você seja gerente de produto de uma empresa multinacional. Essa empresa comercializa produtos de higiene e saúde em várias partes do mundo, incluindo o Brasil. Nessa organização em que você trabalha, há bastante contato entre filiais e matriz: a matriz envia instruções e faz recomendações de como as atividades devem ser coordenadas, e as filiais, por sua vez, reportam suas decisões à matriz. Você recebeu a instrução de lançar um novo produto no país. Na verdade, esse produto já existe no país de origem de sua empresa, porém foi retirado do mercado devido à pressão da associação de consumidores, que alega que ele contém um elemento que pode causar danos à saúde. Há estudos que comprovam que esse elemento pode ser prejudicial à saúde se exposto por muito tempo ao contato de uma pessoa, mas, para isso, seriam necessários alguns anos de exposição ao elemento do produto. Com a intervenção da associação de consumidores, a matriz ficou com um estoque muito grande desse produto e deseja desová-lo no Brasil, e você será o responsável por todo o processo de lançamento, desde a importação até a veiculação na mídia.

Para seu projeto, você deve elaborar um documento para ser enviado à matriz. Esse documento deve conter a sua postura diante da situação. Que argumentos você vai usar para impedir a vinda desse produto ao Brasil? Você permitirá que esse produto seja comercializado em seu país?

BIBLIOGRAFIA

ARRUDA, Maria Cecilia Coutinho de et al. *Fundamentos de ética empresarial e econômica.* São Paulo: Atlas, 2001.

ASHLEY, Patrícia (Org.). *Ética e responsabilidade social nos negócios.* São Paulo: Saraiva, 2001.

BOL, Jan Willem et al. *The integration of ethics into the marketing curriculum:* an educator's guide. Needham Heights, MA: Ginn Press, 1991.

DE GEORGE, Richard T. *Compeling with integrity in international business.* New York: Oxford University Press, 1993.

EVANS, Joel R.; BERMAN, Barry; BARAK, Benny (Org.). *Ethics and social responsibility in marketing.* Hempstead, NY: Hofstra University School of Business Press, 1995.

FERRELL, O. C.; GRESHAM, L. A contingency framework for understanding ethical decision making in marketing. *Journal of Marketing,* Summer 1985.

HUNT, Shelby D.; VITELL, S. A general theory of marketing ethics. *Journal of Macromarketing,* p. 5-16, Spring 1986.

KOHLBERG, L. Stage and sequence: the cognitive development approach to socialization. In: GOSLIN, D. A. (Org.). *Handbook of socialization theory and research.* Chicago: Rand McNally, 1969.

LACZNIAK, Gene R.; MURPHY, Patrick E. *Ethical marketing decisions:* the higher road. Needham Heights, MA: Allyn & Bacon, 1993.

NADELHAFT, Marilyn. An issue of trust: ethics in marketing management. *Harvard Business School Bulletin*, p. 38-48, dez. 1990.

REGIS, Rachel. Vendas. Os que caem e os que ficam. Os segredos de um campeão. *Revista Melhor — Vida e Trabalho,* n. 166, p. 44, mar. 2001.

ROA, Francisco (coord.) et al. *Ética del marketing.* Madrid: Unión Editorial, 1999.

SMITH, N. Craig; QUELCH, John A. *Ethics in marketing.* Boston: Irwin, 1993.

TOLEDO, Geraldo Luciano; SANTOS, Dilson Gabriel dos. A responsabilidade social do marketing. *Revista de Administração FEA-USP.* São Paulo, v. 14(1), p. 45-60, jan./mar. 1979.

Créditos de Propagandas

Peças publicitárias fornecidas pela agência ALMAPBBDO

Anunciante: Texaco
Título: "Nos postos onde você encontra esta faixa, pode entrar de olhos fechados"
Diretor de Criação: Marcello Serpa, Eugênio Mohallem
Redator: MarceloAragão
Diretor de Arte: Marcelo Siqueira
Fotógrafo: Gal Oppido
Produtor Gráfico: José Roberto Bezerra
Atendimento: Fico Meirelles, Izabella Vilaça
Mídia: Luciana Schwartz
Aprovação: Harrison Baptista

Anunciante: Texaco
Título: "Ursa da Texaco. O óleo lembrado por quem mais entende de abastecimento: os agricultores"
Diretor de Criação: Marcello Serpa, Eugênio Mohallem
Redator: Tales Bahu
Diretor de Arte: Rodrigo de Almeida
Fotógrafo: Arquivo
Produtor Gráfico: José Roberto Bezerra
Atendimento: Fico Meirelles, Izabella Vilaça
Mídia: Luciana Schwartz
Aprovação: Harrison Baptista

Anunciante: São Paulo Alpargatas
Título: "Que tal uma top sem celulite, só para variar?"
Diretor de Criação: Marcello Serpa, Eugênio Mohallem
Redator: Eugênio Mohallem
Diretor de Arte: Marcello Serpa
Fotógrafo: Andreas Heiniger
Produtor Gráfico: José Roberto Bezerra
Atendimento: Fico Meirelles, Cristina Chacon
Mídia: Luciana Schwartz
Aprovação: Rui Porto, Paulo Lalli

Anunciante: Bauducco
Título: "Descoberto o segredo dos biscoitos salgados Bauducco: farinha, água e uma pitada de não-sei-o-quê que só os Bauducco sabem", "Nossas lágrimas de saudades da Itália não são salgadas à toa"
Diretor de Criação: Marcello Serpa, Eugênio Mohallem
Redator: Sophie Schonburg
Diretor de Arte: André Laurentino
Fotógrafo: Andreas Heiniger
Produtor Gráfico: José Roberto Bezerra
Atendimento: Martha Almeida, Carolina Derra
Mídia: Wanderley Jovenazzo
Aprovação: Roberto Holzheim

Anunciante: Embratel
Título: "É como se cada byte tivesse um crachá"
Diretor de Criação: Marcello Serpa, Eugênio Mohallem
Redator: Cássio Zanatta
Diretor de Arte: José Carlos Lollo
Fotógrafo: Antônio Rodrigues
Produtor Gráfico: José Roberto Bezerra
Atendimento: Camilla Massari, Andrea Longhi
Mídia: Ricardo Benetti
Aprovação: Wallace Borges Grecco, Eduardo Levy

Anunciante: Elma Chips
Título: "Ruffles Sabor Churrasco"
Diretor de Criação: Marcello Serpa, Eugênio Mohallem
Redator: José Luiz Martins
Diretor de Arte: Axel Levay
Fotógrafo: Giácomo Favretto
Produtor Gráfico: José Roberto Bezerra
Atendimento: Ricardo Taunay
Mídia: Luciana Schwartz

Índice Remissivo

A

Administração de marketing, 10-11
Adotantes iniciais, 102
Ambiente de marketing, 5
Amostra
  não probabilística, 387
  probabilística, 386-387
Amostragem, 386-389
Amplitude, 97
Análise SWOT, 364, 447-449
Aprendizagem, 75
Área de influência, 182-183, 199-201
Assessoria de imprensa, 274, 302
Atacadista, 133-137, 145
Atacado, 131-132
Atendimento ao cliente, 274
Atitude, 76, 277
Atração negocial, 193-194, 197, 199-200
Atributos do produto, 4
Avaliação do desempenho estratégico, 497

B

Banded pack, 347, 348
Banners, 297
Barreiras geográficas, 176
BCG. *Veja* matriz BCG.
Benchmarking, 60
Benefícios do produto, 4, 507
Boca a boca, 41, 77
Branchising, 246
Briefing, 414
Business-to-business, 14. *Veja também* mercado organizacional e mercado de negócios.

C

Cadeia de suprimentos, 218-219, 223
Cadeia de valor, 468-470
Call center. Veja telemarketing.
Canais de marketing ou canais de distribuição, 232-235, 246
Canal de distribuição, 399
Canal de nível l, 145
Canal de nível 2, 145

Canal de nível zero, 145
Cartografia digital, 189-191
Catálogo, 154, 396, 420
Centro comercial, 157-158
Ciclo de vida do produto, 98-102
Ciclo de vida familiar, 62-64
Cliente, 38-87
  dimensões essenciais do, 68
  papéis do, 41-43
  tipologia do, 39-41
Clube atacadista, 152
Co-branding, 245
Cognição, 74
Commoditização, 232
Compatibilidade, 187, 188
Competências, 316-320
Competitividade, 501
Comportamento de compra,
  fatores que influenciam o, 51-78
  modelo estímulo-resposta do, 50-51
Comportamento do cliente, 49-78
Composto de marketing, 9, 50
Composto de produtos, 97
Compra
  de sistemas, 85
  de valor, 82
  esporádica, 82
  nova, 85
  ocasional, 82
  rotineira, 81
Comunicação
  pela Internet, 274, 296-297
  persuasiva, 331-333
Concorrência
  monopolista, 257
  perfeita, 257
Consistência, 97
Consumidor, 38
Contact center, 417. *Veja também call center* e telemarketing.
Container premium, 348
Cooperativa de varejistas, 156
Core business, 54
Cotas de vendas, 29-32, 324-325
Crenças, 75
Critério Brasil, 55-56. *Veja também* Critério de Classificação Econômica Brasil.
Critério de Classificação Econômica Brasil (CCEB). *Veja* Critério Brasil.
CRM (*customer relationship management*). *Veja* gerenciamento do relacionamento com o cliente.
Cross-selling, 416
Cultura, 53
Cumulatividade, 186-187
Curva de adoção de inovações, 101-102
Customer relationship management (CRM). *Veja também* gerenciamento do relacionamento com o cliente.
Customização em massa, 46, 119, 425

D

Dados
  externos, 365-367
  internos, 367
  primários, 364-365
  secundários, 365-367
Data mining, 6, 405
Data warehouse, 405
Database marketing, 6, 300, 396, 402-406. *Veja também* marketing de banco de dados.
Demanda
  de mercado, 5
  do produto, 5
Demografia, 21
Desafio
  externo, 496
  interno, 496-497
Diagnóstico do ambiente, 500
Diferenciação, 232-233
Discussão em grupo, 377-380
Dissonância cognitiva, 77
Distribuição, 126-138
  direta, 127-128
  indireta, 128

E

Efficient consumer response (ECR). *Veja* resposta eficiente ao consumidor.
Elasticidade-preço da demanda, 258-260
Embalagem, 111, 274-275
Empório, 147
Empresa orientada para o mercado, 2
Endomarketing, 503
Entrevista
  em *central location,* 382

em domicílio (ou porta a porta), 382
em profundidade, 377
pessoal, 381-382
por telefone, 382
por telefone totalmente automática, 382-383
E-procurement, 59
Escala de lealdade, 40
Estilo de vida, 68
Estratégia, 442, 449-450. *Veja também* estratégias.
de desenvolvimento de mercado, 100
de desenvolvimento de produto, 99-100
de diferenciação, 103-104
de diversificação, 100
de penetração, 99
de produtos, 96-105
empresarial, 462
Estratégias
de crescimento, 459
focadas na concorrência, 463-467
focadas no mercado, 467
focadas nos potenciais da empresa ou do produto, 468-469
genéricas, 462
Estrutura de gastos, 202-203
Ética, 518-525
em marketing, 520
na administração da distribuição, 525
na administração do preço, 523
na administração do produto, 523
na pesquisa de mercado, 521-522
na propaganda, 524
na venda pessoal, 524
nos negócios, 519
organizacional, 519, 520
Exibitécnica, 350
Experimento, 372-375
Extensão, 97

F

Fatores-chave de sucesso, 446-447, 459-460
Festival center, 159
Focus group. Veja discussão em grupo.
Fornecedores,
classificação dos, 85-87
Franchising, 235-248. *Veja também* franquia.
Franqueado, 239, 241-247
Franqueador, 239, 241-247
Franquia, 156-157. *Veja também franchising.*
de primeira geração, 239
de terceira geração, 239
de quarta geração, 239
de quinta geração, 241
de segunda geração, 239
de sexta geração, 242

G

Gerenciamento
da cadeia de suprimentos, 217-218
de vendas, 328-329
do relacionamento com o cliente, 7-8, 397, 403-408
Gift pack, 346-347
Gimmicks, 348
GIS, 191, 199
GPS, 191-192
Grupo, 59-62

H

Heavy user, 22
Hierarquia
das necessidades de Maslow, 72-73, 94
de clientes, 41
Hipermercado e *supercenter*, 150-151
Home shopping shows, 431

I

Imagem da marca, 104
Inovação descontínua, 112-113
Inovadores, 101
Interceptação de negócios, 186
Isocota, 196
Isócrona, 196

L

Lead generation programs. Veja programas de *lead generation.*
Lei do zoneamento, 175-176
Lembrança da marca, 276
Levantamento por entrevistas e questionários, 380-383
Lifetime value. Veja valor patrimonial de longo prazo.
Lista compilada, 401
Lista de respondentes, 402
Logística, 216-227
Logística
integrada, 218
reversa, 217

Loja
- âncora, 151
- de conveniência, 149
- de departamentos, 151
- de desconto, 150
- especializada, 150
- especializada em categoria, 151

Low profile, 60

M

Magazines, 151
Maioria
- inicial, 102
- tardia, 102

Mala direta, 154, 295, 396, 409-413
Mapa perceptivo, 276
Máquina de venda, 154
Marca, 109-111
Marketing, 2
- de banco de dados, 6. *Veja também database marketing.*
- de fidelização ou de retenção, 300-301.
- de incentivo, 346
- de relacionamento, 6-7, 46, 301, 312-316, 398
- de transação, 8
- digital ou *Web marketing,* 8
- direto, 6, 274, 300-301, 396-432
- direto integrado, 154
- institucional, 8
- interativo, 8
- internacional, 8
- interno. *Veja* endomarketing.
- pessoal, 8
- social, 8
- um a um ou marketing individualizado, 7

Matriz
- BCG, 47, 445, 455-458. *Veja também portfólio de produtos e negócios.*
- de atratividade (do mercado) da GE, 445, 457-458
- produto-mercado, 99, 458-459

Mercado, 3, 256-257
- diferenças entre os mercados de bens de consumo e de negócios, 46
- tipos de, 43-48
- de bens de consumo, 44-47
- processo de compra, 80-81
- tipos de compra, 81-83
- de consumo, 3
- de negócios, 44-47. *Veja também* mercado organizacional.
- processo de compra, 80
- tipos de compra, 84-85
- organizacional, 3. *Veja também* mercado de negócios.

Mercado-alvo, 3
Mercados intensivos em tecnologia, 112-117
Mercearia, 147
Merchandising, 274, 301, 348-350
Método análogo, 187-188
Micromarketing, 19. *Veja também* marketing um a um.
Missão, 445-446, 502
Modelo de Huff, 182-184
Monopólio, 257
Monopsônio, 257
Moral, 518
Motivação, 72
- dos clientes, 509

Multiatributos de produtos, 277

N

Necessidade, 4
- adquirida, 4
- inata, 4

O

Objetivos, 449, 460-461
Observação, 375-376
Ocupação de mercado, 24
Oferta, 422-423
Oligopólio, 257
Oligopsônio, 257
Organizações não govemamentais, 48
Orientação para o mercado, 2
Outlet center, 159

P

Padaria, 149
Painel
- de clientes, 379
- traseiro, 348

Participação
- direta, 41
- indireta, 42

Penetração de mercado, 24
Percepção, 74, 275-276
Perfil AIO. *Veja* perfil psicográfico.
Perfil psicográfico, 57, 68-70
Perguntas
- abertas, 385-386
- fechadas, 384-385

Persuasão, 331
Pesquisa causal, 371-372
Pesquisa
- de marketing, 368-390
- descritiva, 371-372
- exploratória, 371-372
- pelo correio, 383-384
- qualitativa, 376-380

Pesquisas quantitativas. *Veja* levantamento por entrevistas e questionários.
Planejamento, 442
- de marketing, 9-11
- estratégico, 442, 446

Plano
- de vendas, 323-326
- de marketing, 476-491
- análises, 482, 483
- de produto ou linha de produto, 444, 450-451
- descrição geral da situação atual do mercado, 481. *Veja também* situação atual do mercado.
- estratégias, 482-483, 485-486
- exemplos de estruturas, 490-491
- implementação, 482, 486-488
- introdução, 481, 489-490
- objetivos, 482-485
- páginas de apresentação, 481, 489
- resumos, 482, 488-489
- situação atual de mercado, 483

Política governamental, 52
Ponta de estoque, 152
Ponto
- de equilíbrio, 181. *Veja também* ponto de equivalência.
- de equivalência, 183. *Veja também* ponto de equilíbrio.
- isolado, 157, 160

População, 386
Portfólio de produtos ou negócios, 97-98. *Veja também* matriz BCG.
Posicionamento, 104-105, 272, 276
Potencial
- de mercado, 5, 26-28
- de negócio, 202-207
- de vendas, 28-29

Preço, 254-266
Preço de equilíbrio, 256
Premium, 347-348
Princípio da soberania do consumidor, 3
Processo
- de comunicação, 275
- decisório de compra, 78-86. *Veja também* processo de compra.

Produto, 4, 507
Produto
- ampliado, 106
- de consumo, 105
- durável, 106
- não durável, 106

Produtos industriais, 105
Profundidade, 97
Programas
- de fidelização, 428-430
- de *lead generation,* 431-432

Promoção
- de eventos, 274
- de vendas, 274, 346-355

Propaganda, 273-274
- de resposta direta, 419
- enganosa, 524

Proposição de valor, 272-273
Prospect, 39,40
Psicografia, 68
Publicidade, 274

Q

Quantificação de mercado, 19, 24-26
Quatro Ps. *Veja* composto de marketing.
Questionários autorrespondidos, 382
Quiosques, 430

R

Recompra
- direta, 84
- modificada, 84

Recordação da propaganda, 276
Rede
corporativa, 156
voluntária, 156
Redirecionamento do marketing, 499-500
Relações públicas, 274, 301-302 .
Representante, 131
Responsabilidade
estratégica, 10
operacional, 10
Resposta
afetiva, 276-277
cognitiva, 275-276
comportamental, 277
do consumidor, 275
eficiente ao consumidor, 218
Retardatários, 102

S

Satisfação da necessidade, 4
Saturação, 207
Segmentação, 509
estratégias de, 23-24
demográfica, 21
em marketing direto, 405
geográfica, 21
por benefícios, 22
por grau de utilização, 22
psicográfica, 23
socioeconômica, 21
de mercado, 3,18. *Veja também* segmentação.
formas ou critérios para a, 20-23
objetivos, 20-21
vantagens da, 19-20
Segmento-alvo, 20
Segmento de mercado, 3
Segmentos, 257
Self-liquidating, 347
Sensoreamento remoto, 192
Serviço, 4, 106
características, 107
classificação, 107-108
Share of mind, 276
Shopping
center, 157-160
comunitário, 159
de vizinhança, 159
especializado, 159
regional, 159
Sistema, 219-220
Sistema
de informação de marketing, 362-390
de inteligência de marketing, 364-367
individualista, 129
vertical integrado, 130
viário, 176-177
Stakeholders, 4
Subculturas, 54
Superloja, 149
Supermercado, 147
Supply chain management (SCM). *Veja* gerenciamento da cadeia de suprimentos.
Survey. Veja levantamento por entrevistas e questionários.
Suspect, 39-40
SWOT. *Veja* análise SWOT.

T

Técnica
de microanálise, 206
de octetos, 206-207
do vácuo, 205-206
Tecnologia, 53
Telemarketing, 413
ativo, 415
receptivo, 415
Telequalificação, 415
Televenda, 154
Teoria
behaviorista, 75, 93
cognitiva, 75-76
da aprendizagem, 75-76
da escolha individual, 3
da motivação de Freud, 72, 92
da integração geral, 180-181
da uniformidade, 173
das zonas concêntricas, 173
do crescimento axial, 174-175
do crescimento multinuclear, 173-175
do crescimento setorial, 174
do lugar central, 177-179
Território de vendas, 324

Top o f mind, 276

U

Uso do solo, 175-176

V

Valor, 4, 504-508
  da marca *(brand equity)*, 110
  do cliente. *Veja* valor patrimonial de longo prazo.
    para o cliente, 4
  patrimonial de longo prazo, 7
Values and lifestyles program (VALS), 23, 69-70
Vantagem competitiva, 4
Varejista, 132-137, 145
  de preço único, 152
  de serviço, 146-147, 152
  independente, 156
  sem loja eletrônico, 146, 154
Varejo, 144-162
Venda, 274
  colaboração (não manipulativa), 335-336
  consultiva, 334
  criativa, 333
  direta, 153, 338
  em equipe, 336-337
  missionária, 333-334
  negociação, 334-335
  pela televisão, 154
  personalizada, 337-338
  pessoal, 310-340
  por catálogo e mala direta, 154
  relacionamento, 315-316
  SPIN, 336
  tradicional, 333

W

Word of mouth. Veja boca a boca.

Impresso na gráfica das Escolas Profissionais Salesianas